经济刑法学

主　编　楼伯坤
副主编　章惠萍

ZHEJIANG UNIVERSITY PRESS
浙江大学出版社
·杭州·

特别鸣谢：

本书的出版，得到浙江省教育厅和浙江工商大学的立项资助。

关于经济刑法学的几个基本问题(代序)

赵秉志[①]

一、关于经济刑法的地位问题

"经济刑法"这一称谓的起源尚无确切的考证,但一般认为是在 20 世纪初,由德国学者最早提出的。德国学者汉斯·阿亨巴赫(Hans Achenbach)认为"经济刑法的概念是由整体结构中的系列诸要素'集合'而成的",侵害消费者犯罪、环境犯罪、劳动保护犯罪均属于经济犯罪。[②] 因此,德国学者所言的经济刑法不仅包括真正的刑事法上的犯罪构成要件,还包括经济上的违反秩序行为。[③]

史料证实,经济刑法规范是先于经济刑法理论存在的。早期德国经济刑法的立法可以分为两个阶段:一是 1945 年之前的德国经济刑法,它自 1871 年德意志帝国制定若干符合以上经济刑法概念的法律开始,到 1914 年 8 月 4 日的《最高价格法》、1918 年 5 月 8 日的《惩治哄抬物价条例》、1919 年 12 月 13 日颁布并于 1939 年 7 月 4 日修正的《帝国税法典》等法律的颁布旅行为止。这些法律都体现了对经济进行调控的正当性,刑法只是加强经济干预效率的手段而已。此时,在德国法中的经济刑法,主要是指"旨在保护国家在经济领域的调控措施的那一部分刑法",是对采用刑罚手段对经济活动进行干预的法律描述。二是 1945 年后的德国经济刑法改革,当时采取措施对过量的经济刑法内容予以削减,并将由法院施加的刑事罚与属于行政管理职能的秩序罚相区别,其代表作是 1949 年 7 月 26 日通过的《经济刑法简化法》,第一次严格地区分了实质性的经济犯罪行为与违反秩序行为,并于 1952 年 3 月 25 日单独制定了《违反秩序法》,规定以罚款为其典型法律后果的行为。德国现今有效的《1954 年经济刑法》(1975 年修改),就是在其《1949 年经济刑法》的基础上发展而来的。从这个角度讲,经济刑法学是一门研究对经济主体的经济行为予以管控的、以刑罚手段予以处置的法律规范的学问。

经济刑法与刑法有着密切的关系。在逻辑上,经济刑法是刑法学的组成部分;说经济刑法是刑法的一个独立分支,也是从逻辑上推导的结论。依据我国刑法通说,刑法学是"研究刑法及其所规定的犯罪、刑事责任和刑罚的科学"。[④] 因此,我们也可以推导出如下的结论:"经济刑法学是刑法学的一个分支",[⑤]"经济刑法学是以经济刑法为研究对象的科学",[⑥]此

---

① 赵秉志,北京师范大学刑事法律科学研究院教授。

② 罗树中:《经济刑法若干问题研究》,《中外法学》1993 年第 2 期。
③ [德]汉斯·阿亨巴赫(Hans Achenbach)著,周遵友译:《德国经济刑法的发展》,《中国刑事法杂志》2013 年第 2 期。
④ 高铭暄、马克昌:《刑法学》(第八版),北京大学出版社、高等教育出版社 2017 年版,第 1 页。
⑤ 何勤华、徐永康:《法学新学科手册》,浙江人民出版社 1988 年版,第 252 页。
⑥ 刘白笔:《经济刑法学》,《中国法制报》1986 年 9 月 26 日。

等"经济刑法"是关于经济犯罪及其刑事责任的法律规范的总称。在经济刑法这个大概念之下,根据研究内容的不同,还可以演绎出"财产刑法"、"环境刑法"(公害刑法)、"金融刑法"、"公司刑法"、"商事刑法"等概念。这每一个小的门类,都会涉及犯罪、刑事责任和刑罚三项基本内容。至于是否包含经济刑事立法和经济刑事司法实践,①则应当根据话语体系的不同视角分别考察。经济刑法学必定研究经济刑法规范,但它是从规范本身的结构层面进行的,而不涉及经济违法现象犯罪化的过程,其与经济犯罪学还是有差别的。经济刑法也关注经济司法,但它是从规范的应用层面入手的,是对规范立法含义的释明和预断性问题的提示。

因此,我国相关理论研究认为,经济刑法学是刑法学的一个分支,是以研究经济犯罪及其刑事责任与刑罚为内容的相对独立的一门学问。这种相对性包括如下要求:(1)经济刑法学的学科基础仍然是刑法学,它以刑法有关犯罪、刑事责任和刑罚的一般原则、原理、学说为基础。刑法总论的基本内容也是经济刑法学理论的基本内容,经济刑法学可以在此基础上,创设特有的理论学说。(2)经济刑法学的独立,主要表现在其罪名的属性上,都以涉及经济的犯罪为调整对象,其主要内容是我国刑法典分则第三章"破坏社会主义市场经济秩序罪"的全部内容、第六章"妨碍社会管理秩序罪"第六节"破坏环境资源保护罪"和第八章"贪污贿赂罪"中的各种经济犯罪。②(3)经济刑法学是一个自成一体的"小系统",它具有经济类犯罪的固有特征、刑事责任方式及刑罚。

二、关于经济刑法学的现实必要性问题

(一)经济刑法学是适应刑法学科细化的需要

一些相关学科的交叉或汇流,在其邻接点上生长出新的分支学科,是现代科学发展的一个重要特征。在理论上,经济刑法学是在刑法学的基础上发展起来的,这是毫无疑问的。经济刑法学成为专门学科,是深化刑法理论的必然产物,也是与其现实地位相匹配的。有学者说:"经济刑法学是一门年轻而'幼稚'的学科",就是将其与刑法学这个"母学科"相比较而言的。③刑法的发展,按照中国先秦起算,也已经有 4000 多年的历史。现代意义上的刑法学,一般认为是在 18 世纪欧洲资产阶级革命时期出现的,其中 1764 年意大利著名刑法学家贝卡里亚《论犯罪与刑罚》一书的出版,是其重要标志。④ 而对经济刑法学的研究,从 1872 年英国希尔在伦敦发表"犯罪的资本家"演说,首次提出经济犯罪的概念开始,也只有 150 年左右的历史。而以我国台湾地区刑法学者林山田 1977 年出版的《经济犯罪与经济刑法》和我国大陆马立、王东风、王东林 1988 年出版的《经济犯罪与经济刑法》为起点,经济刑法学则只有三、四十年时间。⑤ 因此,经济刑法学在我国无疑是一门十分年轻的学科。这个学科的产生,是刑法学关注现代经济领域生活的产物,是刑法学向更专更细的研究领域纵深发展的结果。

---

① 赵长青:《经济刑法学》,法律出版社 1991 年版,第 10 页;陈兴良:《经济刑法学》(总论),中国社会科学出版社 1990 年版,第 5 页。

② 经济犯罪是否应当包括利用计算机侵犯财产、破坏经济秩序的犯罪,以及强迫劳动、破坏生产经营等在我国侵犯公民人身权利、民主权利罪和侵犯财产罪中与"经济"有关的犯罪,应当以其客体的属性是否具有"经济性"来决定。

③ 李永升、朱建华:《经济刑法学》,法律出版社 2011 年版,第 3 页。

④ 高铭暄、马克昌:《刑法学》(第八版),北京大学出版社、高等教育出版社 2017 年版,第 1 页。

⑤ 李永升、朱建华:《经济刑法学》,法律出版社 2011 年版,第 1 页。

（二）经济刑法学是反映经济刑法立法特殊表达的需要

经济刑法与传统刑法相比具有特殊性，在立法上应当充分重视对其行为类型进行科学描述。因为，"经济刑法的行为类型与概念不同，其属于规范类型，本身具有开放性，在立法上能够更好地适应纷繁变化的社会现实；在进行立法描述时，要以规范的保护目的和具体的行为样态作为类型基准，并就构成要件行为进行明确表述"。[①] 由于经济犯罪通常会涉及经济关系、行政关系等多种社会关系，因此，在经济刑法立法中，需要考虑到在刑法调整前的行政法、经济法的规范形式及其规制方法和程度。这种特殊性大致包括以下四个方面：第一，经济刑法规范在罪状的设定上，广泛使用空白罪状。第二，在共同犯罪主体的确定上，存在"应当负责任者"与"社团不能被追责"的界分问题。经济犯罪是一个全球性问题，各国刑法都有一套自己的调控方法。在经济刑法学理论的借鉴中，是否存在类似学科独立面临着需要共同解决的问题？这是值得关注的。因为在大陆法系的某些国家，长期奉行"社团无犯罪"的理念，使得自然意义上没有行动的人不能成为正犯而游离于特定犯罪之外。在我国现行刑法已经确定单位犯罪的情况下，虽然单位组织成为犯罪主体已经不成为问题，但对单位责任与自然人责任的责任关系上，特别是作为同一罪名下的自然人犯罪的刑事责任与其处于单位犯罪条件的自然人(直接)责任之间，仍存在复杂的关系。这种关系，需要进行深入的思考和研究。第三，经济犯罪的刑事责任形式具有特殊性。与传统的个人罪过责任原则不同，经济犯罪会采用严格责任、代理责任和企业责任等原则，作为对无过错责任的认定依据。例如，我国刑法规定的"污染环境罪"，通说主张本罪的罪过形式是过失，但"两高"2013年6月19日《关于办理环境污染刑事案件适用法律若干问题的解释》第7条规定，"行为人明知他人无经营许可证或者超出经营许可范围，向其提供或者委托其收集、贮存、利用、处置危险废物，严重污染环境的，以污染环境罪的共同犯罪论处。"这就引出一个重要的话题：要么认为污染环境罪的主观心理状态是故意，要么承认司法解释背离了刑法理论的一般原理。这种状况，在经济犯罪的立法中是需要特别关注的。第四，经济犯罪的刑罚设置应当有别于其他普通刑事犯罪。有学者提出，"刑法第三章虽然常常被理解为狭义的系统的经济刑法，但实际上其内容体现出与刑法其他章节整体上的罪刑分配关系，也因此导致对所谓经济犯罪刑罚过重的问题"。[②] 基于经济刑法具有行政属性的特点，在刑罚的设置上，需要把它与其他刑事犯罪做些区分，适当下调刑罚的严厉性程度。有学者指出，就中国而言，经济刑法与行政刑法中刑罚权的分配上，后者就显得稍大，不少经济违法行为应纳入经济刑法，如构成经济诈骗、经济贿赂与贪污罪的金额下限应适当下降。[③] 这表明通过对经济犯罪刑罚设置的轻缓策略，可以为经济犯罪的入罪标准上降低条件，以严密法网，实现"严而不厉"的刑法立法效果。

（三）经济刑法学是适应中国市场经济发展的新型学科

国外经济刑法学的发展已经揭示法律是服务于经济社会发展的工具。传统工商业是社会经济的重要组成部分，这一领域中的经济犯罪活动也最为活跃。[④] 在实行社会主义市场经济的过程中，刑法居于重要的地位，它是维护经济秩序的基本保障。市场经济的正常运行，

---

① 王海桥：《我国经济刑法的行为类型分析》，《福建论坛》(人文社会科学版)2014年第2期。
② 李汉军：《中国经济刑法的立法模式与思路》，《南都学坛》(人文社会科学学报)2010年第6期。
③ 储槐植：《严而不厉：为刑法修改设计政策思想》，《北京大学学报》(哲社版)1989年第6期。
④ 陈泽宪：《西方国家经济刑法概观》，《外国法译评》1993年第2期。

需要有一整套确定市场主体、确立市场运行规则和规范交易秩序、规范各类市场行为、确立国家对市场经济实行宏观调控和社会保障、治理经济犯罪的法律制度。从对市场经济秩序的保护力度来看,民商法、经济法、行政法、经济刑法大体上顺序呈现一种由弱到强的递进关系,经济刑法具有特别重要的作用,是以法律手段维护经济的最后一道屏障。

(四)经济刑法学是提升现代法学教学效果的重要手段

在实施国家卓越法律人才教育培养计划的过程中,高等院校大力推行课堂教学的改革。由于通识课课时和实践性课程的实验、实训课时的增加,使得刑法学的课时被压缩或占用;同时,刑法频繁修改增加了许多新的内容,使本来就紧张的刑法学课程课时显得更加局促。因此,一些法学院就将刑法典分则第三章破坏社会主义市场经济罪的内容拿出来,单独开设选修课,名曰"经济刑法"。但这种只讲法条、罪名,没有系统"经济刑法"理论的知识的课程,未能满足作为学科的"经济刑法学"对理论体系完整性的要求。

三、关于经济刑法学的研究范围问题

经济刑法学作为刑法学下位的独立的法学理论学科,如同其他学科一样,它也有自己的研究对象和研究方法。这是其作为刑法学分支取得独立地位的重要依据。一般而言,经济刑法学的研究对象是"经济刑法",其内涵和外延在各个不同的国家和地区是不一样的。以静态经济刑法为对象与以动态经济犯罪为对象,是界分经济刑法学是建立在逻辑基础上或实践基础上的根本标志。

目前,我国刑法学界对于经济刑法学的研究对象的范围并未达成一致意见,仍然存在着许多分歧。[①]这些不同观点的主要分歧在于两个方面:一是经济刑法学的研究对象是经济刑法规范规制的、被立法确认的经济犯罪,还是包括直接的尚未被刑法规制的经济犯罪(现象)?二是经济刑法学是仅仅研究被法院适用刑罚处置的犯罪,还是包括各类(含行政机关作出)违反经济秩序的违法(犯罪)行为。

我们认为,经济刑法学与普通刑法学的不同之处在于研究对象上:普通刑法学研究特定社会条件下存在的犯罪行为、构成要件和责任形态,而经济刑法学只研究针对经济领域的或者说经济运行的犯罪问题、入罪标准和处罚方法。众所周知,经济运行有其特殊规律,市场主体追求利益最大化是必然行为。因此,研究行为人的主观恶性、反社会性与其他刑事犯罪的差异,在现象考察、入罪条件、处罚措施、执行标准等方面,进行经济类犯罪(行政犯)特殊的刑事政策,是必要的。这就给我们提出了一个课题,经济类犯罪的特殊性才是经济刑法的研究重心。关于经济刑法学研究对象的确立,不仅要全面涉及经济刑法概念中所提到的内容,而且要保持经济刑法学的学术独立性,防止与其他学科产生混淆。

四、关于本书的主要贡献

在国内刑法学界,晚近30余年来已有多部经济刑法学著述问世,并构筑了各自的经济

---

① 刘白笔、刘用生:《经济刑法学》,群众出版社1989年版,第37页;赵长青:《经济刑法学》,法律出版社1999年版,第9页;孙国祥:《中国经济刑法学》,中国矿业大学出版社1989年版,第17页;李永升、朱建华:《经济刑法学》,法律出版社2011年版,第6页。

刑法学学科体系。这是中国刑法学深化、细化的主要成果，它推动了国家的经济建设，也促进了法学教学质量的提升。纵观本书，我认为在这样几个方面是有重要贡献的：

（一）立足于对现实经济犯罪整体的解读

在传统概念上，经济刑法规制的是经济犯罪，这些经济犯罪集中于我国刑法典分则第三章"破坏社会主义市场经济秩序罪"中。因此，有不少教材所称"经济刑法"，实际上就是指破坏经济秩序的犯罪所涉及的罪刑问题，它侧重于以外部关系进行考察。而本书提出经济刑法规制的经济犯罪是破坏"经济"的犯罪，它不仅仅限于经济秩序，也包括经济行为、经济活动和经济制度，还包括诸如破坏环境资源以及贪污贿赂等经济型犯罪，是侧重于对法益内容进行的考察。作者没有将经济犯罪局限于我国刑法典分则第三章规定的"破坏社会主义市场经济秩序"的几种犯罪，是适应现实经济犯罪状况的务实态度，是对我国经济刑法犯罪化范围的调适。

（二）本土化构建了我国经济刑法学的学科体系

基于经济刑法是刑法的分支，因此无论是从教学还是实践的角度，都不需要将全部"刑法原理"复述一遍，而是要突出重点，只研究经济刑法的专门性问题即可。本书作者在这方面是作了努力的。

1. 在体系结构上，本书将经济刑法学总论的核心内容分为经济刑法理论、经济犯罪理论、经济犯罪刑事责任理论及经济犯罪的刑罚等四个部分，兼顾理论、立法与司法的推进需要，层次分明，论点清晰，论据充分。

2. 在引用的资料方面，既有历史的考察，也有前沿的最新成果，且具有代表性。

3. 在经济刑法分论方面，其特色在于构建了"经济刑法的犯罪圈"，在涵盖伪劣商品犯罪、走私犯罪、妨害对经济单位管理秩序犯罪、破坏金融管理秩序犯罪、金融诈骗犯罪、危害税收征管犯罪、侵犯知识产权犯罪、扰乱市场秩序犯罪、破坏环境资源犯罪、利用职务的经济犯罪等类型中，突出与"经济"的关联性。同时，考虑到当代经济犯罪的多样化特点，将职务犯罪分为公职职务犯罪与非公职职务犯罪，并把职务侵占罪、挪用资金罪等作为非公职职务犯罪纳入经济刑法的调整范围。

4. 在具体犯罪名称与章节编排的关系上，体现了"立法至上"的原则，把各章节的罪名以刑法典分则确定的罪名为标准，形成章、节、目的多层次结构，便于学生记忆和运用。

这种布局，既把经济刑法学与刑法学的原理连接起来，保持理论的一致性，又紧紧围绕"经济刑法"具有个性的知识点进行理论阐述和实例分析，是将经济刑法置于整体刑法学的平台上得出的结论，做到了重点突出、详略得当。在教学内容设计上，具有针对性；在教材的功能定位上，具有合理性。这是作者作为一线教师才会有的经验体会，弥足珍贵。

（三）旁征博引并客观评析同行观点从而使理论更加系统

本书作为一部教材的特点是具有研究性。全书引用了大量的文献资料，重要观点的提出，都有对已有成果的评述，使得出的结论具有说服力。

作者清晰阐述了国内外关于经济刑法立法的历史沿革，在此基础上根据刑法分则的相关规定，全面论述了经济刑法规制的各罪的概念和构成要件以及认定该罪应当区分的界限，观点明确，内容丰富，条理清楚，叙论得当，对司法实践有明确的指引和指导作用。

以本书对于经济犯罪之死刑观而言，作者提出了原则上废除经济犯罪死刑的观点，这是符合中国现行刑法立法和刑事司法实际的。早在 2004 年我们就提出中国废除死刑的道路恐怕不会像欧盟一些国家那样,采取一次性全部废除的方式,中国肯定要经过逐步废除的过程,现阶段首先应争取把所有的非暴力犯罪,比如经济性犯罪的死刑全部废除。[①]《刑法修正案(九)》将集资诈骗罪的死刑废除,就是理论推动的结果。[②]

综上所述,我认为,这本"经济刑法学"作为新形态专业教材的出版,是适应当代经济发展、经济犯罪突出和法学教学深化改革这样一些现实需要的产物。参加本书编写的教师,都是一线讲授刑法学和经济刑法学的专业人员,具有丰富的教学经验,教材中的许多内容就是课堂讲义的系统化升级。书中的观点和实例,都是紧密结合我国实际,不仅具有一定的理论深度和较高的理论价值,而且具有现实指导意义,适应了刑法多次修订后的经济刑法格局,对我国刑法理论特别是对经济刑法的研究,将产生重要的影响。但本书也存在一些不足之处,例如对于实例的选择标准和不同罪名案例间的整体性安排,尚需清晰和协调;在界分具体犯罪的要素方面,有些表述还应当更加全面、细致。当然,理论的探索是无止境的,本书也是对中国刑事法学理论探索之路的一种贡献,有助于我国的经济刑法学研究不断向前发展,有助于法学教育事业的进步,同时使自身亦得以不断完善。

---

① 赵秉志:《中国废止死刑之路探索——以现阶段非暴力犯罪废止死刑为视角》,中国人民公安大学出版社 2004 年版。

② 笔者认为,废除集资诈骗罪的死刑,至少有这么几个理由:一是它属于金融诈骗的犯罪,而其他金融诈骗,上次都废除了死刑,它们本来是一块增加的,现实根据是一样的,唯独保留它的根据是不足的。第二就是集资诈骗罪尽管涉众很多,但是被害人都是有一定过错的,他们都是进行投机,进行非法的金融活动,因此这种分散的过错,不能要被告人一方来独立承担,被害人有过错的,被告人的责任程度是应该有所降低的。第三它是一种非暴力犯罪,而且是跟经济领域制度运行有关的,是在制度不完善的情况下出现的违法犯罪活动,这也能减轻犯罪主体的罪责。参见高铭暄、赵秉志等:《关于取消组织卖淫罪、集资诈骗罪死刑的立法建议》,载赵秉志主编:《刑事法治发展研究报告(2009—2010 年卷)》,中国人民公安大学出版社 2011 年版,第 7-10 页。

前　言

一、本书的编写背景

经济刑法学的产生，是法治经济时代刑法学关注经济领域的产物，是刑法学向更专更细的研究领域纵深发展的成果。经济刑法学是刑法学的一个分支，注重于经济犯罪的犯罪构成特征和刑罚适用理论，注重于经济犯罪规范的制定、修改和解释，尤其是注重于对经济犯罪的法律特征和刑罚规律，以及对经济刑事立法与司法中的某些特殊性问题展开比普通刑法学更为深入的专门研究。而现代经济学的发展，为经济刑法学的孕育和形成提供了重要的养料。

如果将1982年全国人大常委会颁布的《关于严惩严重破坏经济的罪犯的决定》作为我国经济刑法理论研究的起点，那么学界对经济刑法理论的研究已走过了四十多年的历程。在这四十多年里，我国探讨经济刑法理论的论文大量出现，但经济刑法学的教材还屈指可数，主要包括陈兴良的《经济刑法学》(1990)，杨敦先和谢宝贵的《经济犯罪学》(1991)，孙国祥的《经济刑法原理与适用》(1995)，赵长青的《经济刑法学》(1999)，刘杰的《经济刑法概论》(2003)，张天虹的《经济犯罪新论》(2004)，孙国祥和魏昌东的《经济刑法研究》(2006)，江维龙的《经济刑法学》(2009)，顾肖荣的《经济刑法》(2009)。这些教材，对于推动中国经济刑法理论的深化、学科形成和人才培养，都发挥了积极作用。但就此类教材的成熟度和适应性而言，也还存在一些需要完善的地方。一是作为理论学科的教材，名称尚未统一；二是教材版本陈旧，2010年后新版的教材很少，远远不能适应法学教学的需要，特别是《刑法修正案(九)》之后新的《经济刑法学》教材更是尚未出版；三是教材体系还有待于完善，经济刑法学与经济犯罪的逻辑关系需要进一步厘清；四是关于经济犯罪的概念、经济犯罪的内涵和外延等一些基本问题并没有取得共识。

社会主义市场经济体制在我国的全面确立，大大激发了人们从事经济活动的积极性，从而促进了我国经济建设的快速发展。但不可否认，市场经济体制在显示其优越性的同时，由于其高度的自由性，也存在着许多诱发经济犯罪的因素，导致经济犯罪的蔓延和加剧。因此，市场经济的发展需要正常的市场秩序作为基础，而正常的市场秩序必须要有完备的市场规则作为保障。然而，从目前相关经济刑法学教材来看，对于经济刑法的研究，普遍存在着与社会主义市场经济脱节的问题，而仅从刑法学的角度来研究经济刑法，往往会忽略了社会主义市场经济本身。因此，有必要编纂一本以"经济"和"刑法"两重视野为特色的、适应我国当前社会主义市场经济发展的经济刑法学教材。

二、本书的适用对象

本教材主要是为本科法学专业高年级学生和研究生而编写的。

根据《教育部、中央政法委员会关于实施卓越法律人才教育培养计划的若干意见》(教高〔2011〕10号)和国家教育部对普通高校本科与研究生法学专业培养方案的要求,着力解决"学生实践能力不强,应用型、复合型法律职业人才培养不足"等问题,需要在法学专业基础学科知识的基础上,结合区域经济社会发展的特殊要求,强化专业人才的培养。本书的编写,就是适应这种实践教学的需要。为此,主编挑选了本省高校法学教学有一定规模的法学院(系)中有多年教学经验的刑法专业教师组成编写小组,将多年来开设《经济刑法》课程的讲授内容进行整理归类,经过一段时间的积极准备,由主编向其所在学校将该教材申请成为校级重点建设项目,进行资料收集和案例分析,通过研讨会等形式确定编写提纲,并安排一部分教师撰写了初稿。随后,该项目进行资源整合,充实编写人员力量,经申请获准成为了浙江省普通高校新形态教材建设项目。

三、本书的内容要点、特色及优势

(一)内容要点

1.在绪论部分,主要介绍经济刑法学的概念、特征和历史发展,重点论述经济刑法学的研究对象与研究方法,以及经济刑法学的学科体系,分清经济刑法学与相邻学科的关系。为增强教材的可读性,为不同层次的研习者提供拓展视野的基础性条件,本教材将对国内外对经济刑法学的研究状况做出综述,用以正确把握已有成果的学术观点及其精华。

2.在总论部分,分成三大主题,即经济刑法理论、经济犯罪理论和经济(犯罪)刑罚理论。为使犯罪与刑罚产生有机联系,在这一部分还加入了"经济犯罪的刑事责任"内容。

在经济刑法理论部分,将阐述经济刑法的概念、特点、功能、渊源和法的溯及力;经济刑法立法的原则、模式和历史沿革;经济刑法的结构,包括经济刑法总则与分则的关系、经济刑法的条文结构和法条竞合;经济刑法适用的前提和适用的要求。

在经济犯罪理论部分,将阐述经济犯罪的概念、特点、范围及分类;经济犯罪的构成要件,包括经济犯罪的客体、客观方面、主体和主观方面;经济犯罪的停止形态、共同犯罪形态和罪数形态。

在经济犯罪责任部分,将阐述刑事责任基本范畴、经济犯罪刑事责任的范围与方式;经济犯罪刑罚的基本原理及种类,经济犯罪刑罚裁量要求,经济犯罪的刑罚执行制度,经济犯罪刑罚的消灭。这部分主要是对经济犯罪论中犯罪构成的要件及其要素进行分解,详细说明要素的界别原理及表现,并将最新的司法解释内容纳入其中,以指导司法应用。

3.在分论部分,将对中国刑法规定的生产、销售伪劣商品罪,走私罪,妨害对公司企业的管理秩序罪,破坏金融管理秩序罪,金融诈骗罪,危害税收征管罪,侵犯知识产权罪,扰乱市场秩序罪,破坏环境资源保护罪和利用职务的经济犯罪等十大类犯罪的具体犯罪构成要件及刑罚措施进行阐述,并将修正案涉及的修改罪名进行调整和修改。

此外,在本教材的编写中,还将根据罪名变化的情况,对教材中的案例预留空间,以便于刑法修订后的教材更新、完善。

(二)主要特色

1.这是省内多所重点高校联合编写的教材。为打造浙江省优秀教材,我们邀请了省内有重要影响的宁波大学法学院、浙江财经大学法学院、温州大学法学院等具有十多年教学经验的具有高级职称或博士学位的专业教师参与本教材的编写。

2.注重立法规范、实践操作与理论探索的结合,讲究实用性。在把教材的内容保持与现行立法修改同步的基础上,将市场经济实践中的重要实例纳入教材,进行理论论证。

3.在编写风格上,将知识性与应用性结合,恰当地处理教材与论著的关系,提升本教材的理论深度(包括对实践问题的阐述),使它可以作为本科高年级学生的指定教材,也可以作为研究生和司法实务工作者的参考书。

4.为适应高等学校系统培养法律与经济复合型专业人才提供教材支撑,也为其他财经、经济类院校培养刑事法律专门人才创造条件。

(三)主要优势

1.教材具有创新性

(1)结构体例创新,由概念到理论,循序渐进,增强教材的引导功能;在每一章正文前加上重点提示,尾部加上本章提要和思考题,便于学生预习和复习。

(2)教材内容创新,本教材把经济刑法原理(特别是国家统一法律职业资格考试的考点)与立法规范和司法解释结合,使学生能够在其中领会和掌握经济刑法中罪刑规范的内在脉络,增强理论联系实际、学以致用的效果。

(3)研究视角创新,鉴于经济犯罪具有以违反经济法律为前提的特征,该教材将刑法与经济法有机结合起来,凸显了对相关经济法律、法规的阐释,以经济违法到经济犯罪为视角探讨经济犯罪的构成要件。

(4)针对性强,专门针对国家对法科生培养的目标,并顾及学生法律职业技能训练的实际需要。

2.编写力量强

本教材编写教师来自五所高校,其中教授3名、副教授3名;博士7名、硕士2名;编写人员都有多次编写专业教材的经验,编写文本质量较高。

本书主编系浙江工商大学法学院教授、法学博士、硕士生导师,刑法学科带头人,浙江省十大优秀中青年法学专家。兼任浙江省高等学校本科专业(法学类)教学指导委员会秘书长、中国犯罪学学会理事、中国刑法学研究会理事、中国廉政法制研究会理事、浙江省律师协会刑事业务委员会顾问;是G20反腐败追逃追赃研究中心兼职研究员、北京师范大学刑事法律科学研究院特邀研究员,有扎实的法学基本理论功底和专业知识,全面了解本学科国内国际的前沿研究成果,学术成果丰硕;已三次组织申报、编写浙江省重点教材《刑法学》(已被评为浙江省优秀教材),两次组织编写应用型本科刑法学教材,有较强的组织能力和研究能力。

3.已有多年教学应用实践

合作院校在本科和研究生阶段都开设了《经济刑法》的课程。特别是设有法学、知识产权专业的学校制定的培养方案,都把《经济刑法》作为刑法学教学深化的内容编入其中。

同时,《经济刑法》既是刑法(学术型)硕士研究生和法律专业学位硕士研究生的选修课,也可以成为法学、经济学等博士研究生"经济犯罪研究"专题的参考课程。可见,《经济刑法》课程的多年教学经验为《经济刑法学》教材的编写打下了坚实的应用基础。

4.与现代教学手段相衔接

本书还将根据教学要求配备主讲教师重要章节的视频(音频)、PPT课件,并把相关司法解释内容,典型案例等通过二维码形式呈现,以增强教学效果。

四、编写人员及分工

本书由浙江工商大学楼伯坤教授担任主编,负责拟写全书的大纲,制定具体的写作计划,进行写作分工、修改、统稿并定稿。

各章的撰稿人如下(按编写章节先后排序):

楼伯坤(浙江工商大学,教授、法学博士):前言、第一章、第二章,第七章、第八章第一、二节,第九章、第十章、第十一章、第十二章、第十四章;

章惠萍(浙江财经大学,教授、法学硕士):第三章、第四章,第六章第一、二节,第十三章;

孙红卫(浙江工商大学杭州商学院,教授、法学硕士):第五章第一、二节,第十五章;

李　娜(宁波大学,副教授、法学博士):第五章第三、四节,第十七章;

董文辉(浙江工商大学,副教授、法学博士):第六章第三节,第十八章;

蔡伟文(浙江工商大学,讲师、法学博士):第八章第三、四、五节,第十六章;

吴之欧(温州大学,副教授、法学博士):第八章第二节(部分);

胡　洋(浙江工商大学,讲师,法学博士):第十六章第一节;

汪恭政(浙江工商大学,讲师,法学博士):第十六章第二节。

目　　录

第三编　经济刑法学分论

第一编

绪　论

第一章　经济刑法学概述

本章主要阐述经济刑法学的概念、特征和历史发展,包括经济刑法学名称的争议观点。重点论述经济刑法学作为学科的基本定位及其范围。

本章重点

- 经济刑法学的概念
- 经济刑法学的特征
- 经济刑法学的立法史
- 经济刑法学的主要学说

第一节　经济刑法学的概念

经济刑法学作为刑法学的一门分支学科,顾名思义是研究"经济刑法"的学科。从通常意义上讲,经济刑法包括两个基本部分:一是经济刑法规范,二是经济刑法现象。经济刑法现象又可以涵盖经济犯罪现象、经济刑法立法应对和经济刑事司法。

1-1

我国首次提出经济刑法学的概念,是在 1986 年 9 月 26 日,刘白笔先生在《中国法制报》发表了《经济刑法学初探》一文,其中指出:"经济刑法学是以经济刑法为研究对象的科学。具体地说,它是以研究经济犯罪及其刑罚的规律为中心,并对经济刑事立法和经济刑事司法实践进行系统研究的具有改革意义的科学,也可以说是对经济犯罪及其刑罚的本质、特征和辩证关系,以及经济刑事立法和司法进行全面研究的具有革新内容的科学。"[①]至今 30 多年间众多学者对经济刑法学的概念扩充了更多的内涵。1988 年出版的《法学新学科手册》提出:"经济刑法学是刑法学的一个分支,是一门以经济刑法为研究对象的科学。"[②]1991 年,赵长青教授在其主编的《经济刑法学》中对经济刑法学概念中涉及的经济犯罪的内容做了更具体的阐述,提出:"经济刑法学是刑法学的一门分支科学,它是以研究经济刑法为对象的科学,它是以研究经济犯罪的发生、发展规律,经济犯罪的认定及其刑事责任为中心,并对经济刑事立法和司法实践进行系统研究的科学。"[③]此外,有的学者认为,经济刑法学就是在经济刑法理论与经济刑事司法实践相结合的基础上,对经济犯罪及其惩治规律,从经济刑事立法、刑事司法等方面,进行理论概括和经验总结的一门学科。[④]

总括上述观点,经济刑法学的概念内容从横向看不外乎经济犯罪、刑事责任及其刑罚等

---

① 陈兴良:《经济刑法学》(总论),中国社会科学出版社 1990 年版,第 5 页。
② 何勤华、徐永康:《法学新学科手册》,浙江人民出版社 1988 年版,第 252 页。
③ 赵长青:《经济刑法学》,重庆出版社 1991 年版,第 10 页。
④ 杨秀英:《新编经济刑法教程》,厦门大学出版社 2011 年版,第 16 页。

三个主要方面；从纵向看，包括经济刑事立法与经济刑事司法实践两个方面。因此，我们认为，经济刑法学作为刑法学的一个分支，是以研究经济犯罪以及刑事责任与刑罚为中心，并对经济刑事立法与经济刑事司法实践进行系统研究的具有革新意义的学科。

第二节　经济刑法学的特征

一、经济刑法学的专业性

1-2

经济刑法学研究的是经济犯罪，在中国刑法分则中主要是指第三章的破坏社会主义市场经济秩序的犯罪。与其他的犯罪不同，经济犯罪无论是在刑事立法还是在司法实践中，它都要涉及经济学的各种知识、经济管理的各个领域、各种专门业务。比如在金融诈骗罪的立法与司法认定上就需要涉及汇票、本票、支票等相关票据专业知识；再比如妨害对公司、企业的管理秩序罪的立法和司法认定上需要涉及公司的设立、公司的组织机构、公司的性质等一系列有关公司法的知识。因此，研究经济刑法学，不仅仅是对其中的犯罪规定及其刑事责任进行相关研究，而且还需要对犯罪本身所涉及的专业知识进行全面系统的研究。总而言之，经济刑法学所具有的专业性特点，需要相关的专业知识作为理论铺垫。

二、经济刑法学的关联性

经济刑法学作为刑法学的分支学科和经济法学的边缘学科，不仅与很多法律学科具有密切的联系，比如宪法学、刑事诉讼法学、证据学、犯罪学、民商法学等，而且与其他社会学科也存在着密切的联系，比如经济学、社会学、政治学等。现就经济刑法学与经济学、刑法学和经济法学的关联性作简要分析。

（一）经济刑法学与经济学的关联性

经济学是研究人类经济活动规律的一门历史悠久的学科，而经济刑法学则是近几年所兴起的对经济犯罪行为及其所应当承担的责任进行专门研究的学科。经济刑法学作为研究经济犯罪的学科，与经济学有着密不可分的联系，主要表现为：一方面，经济学的发展可以为经济刑法学的诞生和完善提供丰富的营养；另一方面，经济刑法学的建立和健全，又将为经济学的研究提供有价值的新情况、新问题和新经验，有利于经济学的发展和完善。因此，经济刑法学与经济学是互相促进的，有着密切的联系。[①]

就经济学与经济刑法学的关系而言，经济犯罪行为属于经济学中的经济越轨行为（包括经济违法与经济犯罪），因此对经济犯罪行为研究，不仅涉及了经济刑法学，而且也必然涉及经济学的相关内容。换言之，对经济刑法学的研究，不能脱离行为的经济学性质，即不能脱离对经济学的研究。美国著名的法学家博登海默指出："一个法律工作者如果不研究经济学与社会学，那么它极容易成为一个社会公敌。"[②]不懂得经济学，就不可能在经济刑法学上取

---

① 刘白笔、刘用生：《经济刑法学》，群众出版社 1989 年版，第 40 页。
② 李永升、朱建华：《经济刑法学》，法律出版社 2011 年版，第 9 页。

得突破性的成就。经济刑法学以研究经济学中的经济越轨行为为中心，但是单纯运用刑事法律规定无法准确认识其社会危害性，只有根植于社会经济制度，运用相关经济学知识，才能得出科学的符合社会实际的结论。此外，经济刑法所研究的经济犯罪行为，不仅具有明显的刑法内涵，还具有深刻的经济内涵，无论忽视其中任一方面的内涵，对于经济刑法的研究都是不全面的。对于我国而言，发展经济刑法学，只有与中国特色社会主义经济制度相结合，即与我国公有制为主体、多种所有制经济共同发展的基本经济制度相结合，才能建立一套完善的适合我国国情的经济刑法学。

就经济刑法学对经济学的作用而言，经济刑法学以刑事法律的角度来研究经济学中的经济越轨行为，为如何处理经济越轨行为提供了新的依据、方法和途径，从而使其得到有效解决，完善社会经济秩序。此外，经济刑法学的健康发展，促进了经济学与法学两大学科的交流、融合，为经济学提供了新鲜的血液，丰富了经济学的内容，为经济学的研究提供具有法律价值的新经验，促进了经济学的发展和提高。

（二）经济刑法学与经济法学的关联性

经济刑法学作为经济法学的边缘学科，与经济法学具有密切的联系，都要求以法学研究视角、法学思维模式等去分析讨论问题。经济法学是以经济法及其发展规律为研究对象的一个部门法学。具体而言，其研究对象包括了《银行法》《商业银行法》《税收征收管理法》《产品质量法》《海关法》《反不正当竞争法》等一系列经济法律、法规，内容十分广泛而庞大。几乎所有的经济法规都有关于法律责任的规定，其中的责任设置主要采取经济制裁和行政制裁的手段，然而当严重违反相关经济法规定时，大多数经济法规中一般都具有承担刑事责任的规定。对于此类严重违反经济法规定的行为，同样也是经济刑法学研究的对象，形成了学科性交叉。正因如此，经济刑法学不仅是刑法学的一门分支学科，同样也是经济法学的一门分支学科，经济刑法学包含于经济法学之中，而经济法学又借助于经济刑法学的刑法规范来对经济犯罪行为予以制裁。所以，研究经济刑法学，不能局限于研究经济犯罪及其刑罚的具体规定，还要将研究视野放宽至相关经济法律、法规，要求以一种刑法学研究的视角和思维去分析经济法律、法规；在具体的经济犯罪的认定上，同样也要结合经济刑法与经济法的规定，以达到准确定罪量刑与有效预防经济犯罪的效果。

（三）经济刑法学与刑法学的关联性

经济刑法学是从刑法学中分离出来的一门新兴的分支学科。经济刑法学作为刑法学的子学科，它与刑法学具有特殊与一般、部分与整体的关系。首先，经济刑法学属于刑法学的一部分，司法实践中具体经济犯罪的认定，都要受到刑法总则的约束，即要遵从刑法的基本原理、原则的指导；其次，经济刑事立法与经济刑事司法也要受到国家总的刑事政策、刑事立法和刑事司法的制约，即要保持经济刑事立法和司法与时俱进；再者，研究经济刑法学不能脱离刑法学的框架，即要求贯彻和保持刑法学研究的基础秉性。就经济刑法学的特殊性而言，经济刑法学之所以具有分离于刑法学的价值，是因为经济刑法学无论在研究对象还是研究方法上，都具有其特殊性，属于典型性的法定犯研究范畴。经济刑法学的研究对象是经济刑法，它调整我国一定的经济关系，涉及了大量经济方面的内容，因此在运用刑法学原理的同时还需要涉及大量的相关经济学以及经济法学的内容。经济刑法学的研究对象的特殊性也导致了其研究方法的特殊性，对于经济刑法学的研究不能照搬刑法学的研究方法，在适用相关刑法学的研究方法的同时,还要运用到相关经济学及经济法学的研究方法,诸如规范经济学、实证经济学、均衡分析、非均衡分析和边际分析等研究方法,否则,经济刑法学就失去了自身应有的特色。

第三节　经济刑法学的历史发展

一、经济刑法学的缘起

1-3

1872 年英国学者希尔(E. C. Hill)在伦敦发表了"犯罪的资本家"的演说,首次提出了经济犯罪的概念,拉开了经济刑法学研究的序幕。在国际社会中,第一次出现具有经济刑法性质的法律,则是 1910 年德国制定的《钾盐贩卖法》。该法是专为保护钾盐生产及其垄断地位而制定的特定领域内的经济秩序法令,由 52 条规定构成,包含了罚金刑与拘役刑,该法也被德国本土学者认为是德国经济刑法的肇始。① 1949 年 7 月 26 日德国颁布了第一部《经济刑法法》(又称《经济刑法统一法》),之后经过简化,并于 1954 年 7 月 9 日正式生效,此后又经过多次修改。1975 年 7 月又颁布了对原经济刑法的简化法。这个简化法颁布之后,只进行过少量修改,一直适用至今。荷兰于 1950 年颁布《经济刑法》,共 87 个条文,主要涉及单位经济犯罪。② 1990 年,又对法人犯罪的条款作出了补充。现行刑法典对法人犯罪的规定采用了总则模式,这意味着,法人可以实施并构成几乎所有的犯罪,只要法人能够确定某一雇员实施了某一特定的行为并且认可该行为或接受该行为产生的利益的,就应承担责任。

相比于我国大陆地区,我国台湾地区对经济刑法学的研究要早一些。它开始于 20 世纪 70 年代,其中代表性的著作当首推林山田先生于 1977 年出版的《经济犯罪与经济刑法》一书。

我国大陆地区经济刑法学的研究起步较晚,若以 1982 年全国人大常委会颁布的《关于严惩严重破坏经济的罪犯的决定》为标志,距今只有四十年的时间;若以我国大陆地区袁文兴的《试论经济犯罪与经济刑法》一文在《甘肃理论学刊》1987 年第 3 期上发表或者马立等编著的第一本系统介绍经济刑法内容的代表著作《经济犯罪与经济刑法》在 1988 年出版为起点,经济刑法学则只有三十几年的历史。③ 因此,若以经济刑法立法史的长短为标准,经济刑法学在我国是一门十分年轻的学科。

二、国外经济刑法的考察

经济刑法立法是惩治和打击经济犯罪的专门性手段,立法内容通过其立法形式表达和体现出来的。经济刑法立法能否采取适宜于其立法内容的立法形式,直接影响着其立法内容是否科学、完备以及其立法效果是否良好。因此,选择适宜的经济刑法立法形式具有重要

① 陈兴良:《经济刑法学》(总论),中国社会科学出版社 1990 年版,第 6 页。
② 荷兰在 1881 年的刑法典中没有规定法人刑事责任的条款。1950 年,荷兰颁布了《经济犯罪法》,在这部法律中,首开荷兰追究法人犯罪刑事责任的先河。王俊平:《荷兰刑法典的发展与特色》,《法学杂志》2009 年第 3 期。
③ 李永升、朱建华:《经济刑法学》,法律出版社 2011 年版,第 1 页。

意义。由于资本主义国家市场经济的发展时间长，一些主要资本主义国家的经济刑法立法也相对比较完善。尽管由于阶级本质上的根本区别，我国社会主义经济刑法的立法内容与资本主义经济刑法的立法内容存在本质不同，但基于相同的立法内容往往可以采用不同的立法形式，不同的立法内容往往可以采取相同的立法形式的立法原理，对国外经济刑法立法形式进行研究和借鉴是很有必要的。

（一）大陆法系国家经济刑法的立法形式

大陆法系国家立法形式的典型特征是主要采用成文法即制定法形式，判例不属于其正式的立法形式。相应地，大陆法系国家的经济刑法立法也都采用了制定法形式，其中最主要采取的是刑法典形式，同时兼采了其他立法形式，共同构成经济刑法立法形式体系。

1.刑法典形式：德国、法国、意大利、日本、瑞典等主要大陆法系国家通过制定刑法典，对包括经济犯罪在内的各种犯罪都统一作出规定。尽管各国刑法典的内容各不相同，但是，刑法典作为各国统治阶级共同用以惩治和打击各种犯罪以维护其社会统治秩序的专门性手段和工具，也有其相同点。各国刑法典都分为总则和分则两部分：总则作为整个法典的统帅，对刑法典的基本原则、刑法的适用范围、犯罪的概念及其构成要件、刑事责任和刑罚等作出规定；分则一般对各种具体犯罪的概念、特征、构成要件、刑事责任和刑罚等作出具体规定。各国刑法典分则在规定经济犯罪方面，采取了不同的立法模式。主要包括：(1)合并式，即刑法典分则没有把经济犯罪单独作为一种独立的犯罪类型予以专门规定，而是将经济犯罪包含于财产犯罪种类之中，与财产犯罪一并作出规定。如瑞士、奥地利等国在刑法上对财产犯罪与经济犯罪不加分别，将经济犯罪归类于财产犯罪。[①] 这种立法模式只看到了经济犯罪与财产犯罪的联系，没有充分认识到两者的具体区别，没有充分认识到经济犯罪是产生于现代市场经济中的一种新型的犯罪类型，把经济犯罪包含于传统财产犯罪类型之中，运用惩治财产犯罪的传统方法来惩治和打击经济犯罪，忽略了经济犯罪的特殊性，忽略了惩治和打击经济犯罪的特有方式，无形中就降低了刑法惩治和打击经济犯罪在现代社会中的重要性，也在一定程度上制约了惩治和打击经济犯罪的社会效果。同时，一方面，把经济犯罪与财产犯罪规定在一起，可能致使分则中对犯罪种类的划分标准混乱，无法确保划分犯罪类型的统一标准，从而影响分则内容以致影响整个刑法典的科学性。另一方面，由于财产犯罪属于一种主要的犯罪类型，其本身就包括了多种多样的具体犯罪种类，而经济犯罪的犯罪种类同样复杂多样，把两者合并在一起加以规定，就会导致分则中对财产犯罪规定的内容过于臃肿和繁杂，与分则规定的其他种类的犯罪内容不成比例，不相对应和对称，这也会影响刑法典体例结构的形式完美。(2)集中式，即在刑法典分则中把经济犯罪从财产犯罪中分离出来，把各种经济犯罪集中起来单独划为一类，在刑法典分则中专门作出规定，独成一章。如意大利等国的刑法典，将经济犯罪单独划为一类，在分则中单独成立一章。[②] 这种立法模式充分认识到经济犯罪与财产犯罪的区别，因而在立法上把它与财产犯罪并列，有利于突出惩治和打击经济犯罪在现代社会中的特别重要性，有利于突出经济犯罪的特征，因而有利于针对经济犯罪的特征，对其采用特有惩治和打击的方式，以取得良好的社会效果。同时，这种立法模式

---

① 陈兴良主编：《经济刑法》（各论），中国社会科学出版社1990年10月版，第10页。
② 陈兴良主编：《经济刑法》（各论），中国社会科学出版社1990年版，第11页。

注意到经济犯罪与财产犯罪所侵犯的客体不同,把经济犯罪和财产犯罪作为两种犯罪类型并列,分别独立成章作出规定,能够确保分则对犯罪类型的划分遵循统一的标准,增强分则和整个刑法典的科学性。而且,把经济犯罪从财产犯罪中分离出来,有利于确保分则对各种犯罪规定的内容的对应和平衡,促进刑法典体例结构的形式完美。(3)分散式,即在刑法典分则中对经济犯罪分散作出规定,而没有完全集中于某一章系统作出规定。其具体做法是:一是把主要的经济犯罪集中规定,单独成章;二是把另外一些经济犯罪分散规定于分则规定的其他几类犯罪之中。比如,德国不仅在其刑法典分则中专设破产罪一章,而且其关于经济犯罪的经济刑法规范并不是集中于一个单独的章节中加以规定,也不是处在一种系统的联系中,相反,这些规范是分散在许多章节之中的。① 这种立法模式虽然在一定程度上贯彻了按照统一标准对犯罪作出分类、对经济犯罪集中统一在专章作出规定的指导思想,但是,由于它又在其他几类犯罪中零星规定了另外一些经济犯罪,致使按照统一标准划分犯罪的指导思想在立法上贯彻不够彻底和完全,不仅使分则内容的科学性受到了削弱,而且有可能导致犯罪类型划分标准的混乱,会影响全部刑法典的科学性。这种立法模式因存在欠缺,应避免采用。

2.附属刑法形式:大陆法系国家除了在刑法典中规定经济犯罪内容之外,还需要在刑法典形式之外,采用其他立法形式规定经济犯罪,附属刑法即是其中之一。因此,附属刑法即在刑法典之外的一些经济法规等单行法规中,除了主要规定由单行法规调整对象决定的权利、义务之外,另外附带规定一些相关的经济犯罪内容,由此形成了关于经济犯罪的附属刑法。附属刑法包括两方面含义:一方面,附属刑法中规定的"刑罚或者罚金仅仅是附加的,主要是附带地为违反义务而规定的";②另一方面,附属刑法存在于经济法规等单行法规定之中,它依赖于单行法规,存在于单行法规中的附属刑法所规定的经济犯罪内容不在其所存在的单行立法中占主要部颁或者主要地位,只是处于次要或者补充地位,它往往是为了强化单行法规的强制力或者针对严重的违法行为作出的补充规定。大陆法系国家由单行法规直接规定经济犯罪内容而构成附属刑法,进而成为经济刑法立法形式是大量存在的,是大陆法系国家经济刑法立法不可缺少的重要组成部分。

3.框架刑法形式:即在立法中仅提纲挈领地规定经济违法行为的条款,而其实质内容,包括罪名的构成要件及其法律效果,则规定在各有关经济法令之中的立法形式。采用框架刑法形式的国家较少,并不普遍。据现有资料,如荷兰于1950年制定的《经济犯罪法》、德国于1954年的《简化经济刑法》等属框架刑法。框架刑法规定的内容并不完全是单纯的经济犯罪的实体法规定,也包括追究经济犯罪的程序法内容,如荷兰的《经济犯罪法》中就包括经济刑事司法组织上的措施等内容。③

(二)英美法系国家经济刑法立法形式

从总体上来说,英美法系国家的立法主要采用判例法形式,兼采用制定法形式与大陆法系国家的经济刑法立法形式存在很大区别。对英美法系国家经济刑法立法形式总体作如下

① 陈兴良主编:《经济刑法》(各论),中国社会科学出版社1990年10月版,第10页。
② 王世洲:《德国经济犯罪与经济刑法研究》,北京大学出版社1999年1月版,第18页。
③ 林山田:《经济犯罪与经济刑法》(修订三版),三民书局1981年版,第96-98页。

概要介绍。

1.判例法。英美法系国家中判例法是其传统的、最主要的立法形式,判例法同样也是英美法系国家经济刑法的正式意义上的最主要立法形式。对经济犯罪的判决,上级法院的判例对下级法院具有法律约束力,实行遵守先例的原则。同时,由于判例详细地解释了各种刑法条款的含义,[1]因此,判例对制定法的适用具有重要作用。

2.制定法。英美法系国家的经济刑法立法形式除了判例法之外,也包括大量的制定法。"判例法和制定法是并行存在、相互作用的。"[2]但是,英美法系各国在以制定法作为经济刑法立法形式方面,各自的做法并不相同,彼此差异很大,需要具体分析。(1)刑法典。尽管作为英美法系诸国法制鼻祖的英国,数百年以来始终未能制定自己的刑事法典,[3]但是,仍有一些英美法系国家制定了刑法典,只是各自立法模式不同。英美法系国家中采用刑法典作为经济刑法立法形式的典型国家是加拿大。加拿大于 1892 年正式颁布《加拿大刑事法典》,若从整体内容上看,加拿大刑事法典是一部包括刑事实体法与程序法在内的综合法典,[4]若从实体法内容上看,根据 1985 年加拿大修正法第 46 章及修正案的规定,该法典及修正法、修正案在其第 10 章规定了"与契约和贸易有关的欺诈交易"、第 12 章"关于货币的犯罪"等专章规定了经济犯罪的内容以及在有关章节中规定了与经济犯罪有密切联系的内容,因而该刑法典是加拿大最重要的经济刑法立法之一。美国经济刑法立法不仅实行判例法形式,而且采用刑法典形式。美国实行联邦制的国家机构,立法上也实行联邦刑法和州刑法形式。联邦刑法不仅指《美国法典》第 15 篇关于"商业和贸易"中有关经济犯罪和刑罚的内容,[5]而且包括《美国法典》第 18 篇规定的有关刑事内容的法规。但是,没有完整的法典体系,法条规范和用语前后不一,刑罚体系也不够完善,故不能称为一部刑法典。[6]而且《美国法典》中也同时规定了刑事诉讼的内容,集实体法和程序法为一体,所以,从严格意义上说,美国联邦至今尚没有一部完整、统一的刑法典。州刑法是美国各州拟制定的刑法,50 个州有 50 部州刑法,其中有 20 多个州在模范刑法典影响下,制定了现代化的法典。[7]美国各州刑事法规法典化运动采取了两种方式:在多数州里,制定法中规定了所有的犯罪与刑罚,刑事诉讼完全依据制定法,法官不能创制新的罪名,也就是否定了判例法。但判例常被引用来解释制定法,作为判决的理由;在少数州里,制定法中只规定了部分犯罪,没有规定的犯罪仍旧依据普通法,即依据判例进行审判。[8]相应地,各州刑法中规定经济犯罪的立法形式各具特点。(2)单行刑法。英美法系一些国家制定了一些包含经济犯罪的单行刑法,对经济犯罪及其刑事责任和刑罚作出规定,从而使单行刑法成为其经济刑法立法的重要的立法形式,如美国的《反组织犯罪侵害合法组织法》等。英国尽管至今亦无刑法典,但却制定了一些包括经济犯罪在内的单

---

① 周密:《美国经济犯罪和经济刑法研究》,北京大学出版社 1993 年版,第 11 页。
② 沈宗灵:《法理学》,北京大学出版社 1999 年版,第 139 页。
③ 卞建林等译:《加拿大刑事法典》,中国政法大学出版社 1999 年版,第 6 页。
④ 卞建林等译:《加拿大刑事法典》,中国政法大学出版社 1999 年版,第 4 页。
⑤ 储槐植:《美国德国惩治经济犯罪和职务犯罪法律选编》,北京大学出版社 1994 年版,第 35 页。
⑥ 周密:《美国经济犯罪和经济刑法研究》,北京大学出版社 1993 年版,第 19 页。
⑦ 朱华荣:《各国刑法比较研究》,武汉出版社 1995 年版,第 224-225 页。
⑧ 朱华荣:《各国刑法比较研究》,武汉出版社 1995 年版,第 224-225 页。

行刑法的内容,如 1967 年的《刑事法》、1968 年的《盗窃罪法》等。①

3.附属刑法。英美法系国家都在其经济管理和行政管理等单行法律、法规中专门规定了经济犯罪及其刑事责任和刑罚内容,并由此形成了附属刑法。美国在这方面的做法尤其突出,制定了种类繁多的经济管理、行政管理的法律、法规,在一些法律、法规中规定了经济犯罪及其刑事责任和刑罚的内容,并运用这些附属刑法手段来惩治和打击经济犯罪,以加强经济管理、行政管理的效率和效力,取得了良好效果。

(三)外国经济刑法立法形式特点的总结和启示

通过以上对大陆法系和英美法系经济刑法立法形式的分析,可作出如下总结,并得到以下启示:

1.各国对经济刑法立法形式的选择,都考虑到了该国的具体国情和立法体制特点。各国都根据本国自身的政治、经济、文化、习惯和法律传统的不同特点,采用了适合本国国情的经济刑法立法体例。如大陆法系国家主要采用以刑法典为轴心的制定法形式,而不采取判例法形式;英美法系国家,如美国、加拿大等,不仅采取判例法形式,而且采取了集实体法和程序法于一体的制定法形式。同时,各国对其经济刑法立法形式的选择和采用都考虑了该国立法体制的因素,即根据不同的立法体制,采用不同的立法形式,立法形式从一定程度上反映了该国的经济刑法立法体制的特点。我国对外国经济刑法立法形式的借鉴和吸收,也不能盲目照搬照抄,需要认真、慎重考虑,应以立足和适合于我国国情和立法体制为前提条件。

2.采用多元化的经济刑法立法形式,并注重不同经济刑法立法形式之间的相互结合、相互补充。尽管各国采用的经济刑法立法形式各不相同,但是,出于经济刑法的立法对象即经济犯罪复杂多变性特点的考虑,各国都从惩治和打击经济犯罪的需要出发,采用了不同的经济刑法立法形式,而不是只采用单一的立法形式,从而实现了经济刑法立法形式多元化。由于不同的经济刑法立法形式各具特点,各有利弊,如果只采用单一立法形式,必然会导致不可克服的局限性。所以,各国在采用不同立法形式的过程中,都没有只让一种立法形式孤立地发挥作用,而是尽可能地把不同的立法形式结合起来,使它们相互补充、相互作用、彼此取长补短而形成完备的经济刑法立法形式体系,在打击经济犯罪中发挥经济刑法立法的整体性作用。

3.确立刑法典在经济刑法立法形式体系中的核心地位,并且把经济附属刑法作为非常重要的形式。各国都充分认识到经济犯罪所具有的极其严重的社会危害性以及由此决定的惩治和打击经济犯罪的艰巨性、长期性,进而认识到树立和强化经济刑法的权威性和严肃性的必要性。因此,大陆法系国家都非常重视采用刑法典形式,并使之成为了多元的经济刑法立法形式体系中的最重要形式,一些英美法系国家也正在日益重视刑法典的立法形式。无论是大陆法系国家,还是英美法系规定,都非常重视单行刑法和附属刑法的立法形式在惩治和打击经济犯罪中的作用,并且单行刑法和附属刑法形式的结构都比较完整、完备。

4.经济刑法立法形式尚没有达到非常成熟的程度,还需要各国继续探索和努力。尽管

---

① 周密:《美国经济犯罪和经济刑法研究》,北京大学出版社 1993 年版,第 94-130 页。

世界各国所采用的多种立法形式总体上取得了比较好的效果,但并不是所有的立法形式都已达到了非常成熟的程度,有的立法形式尚在探索之中,需要在惩治和打击经济犯罪的实践中不断改进和完善。如荷兰和德国采用的框架立法模式,是否完全适宜惩治和打击经济犯罪的需要就颇值探讨。又如,一些国家的刑法典中没有把经济犯罪作为一种独立的犯罪种类设专章集中、统一规定,而是把不同的经济犯罪行为分别规定于不同的章节之中,这就无法确保立法中对犯罪划分的统一标准,从而影响刑法典体例结构的科学性。我国在经济刑法立法中也存在不足之处,如刑法典把关于破坏环境资源的犯罪和侵犯知识产权的犯罪没有统一规定在"破坏社会主义市场经济秩序罪"一章中,需要予以改进和完善。

三、新中国经济刑法学的历史发展

（一）新中国经济刑法学的孕育与诞生

1979 年我国颁布了新中国第一部刑法典《中华人民共和国刑法》,但是当时我国正实行计划经济体制,经济发展中几乎不存在具有市场经济性质的行为。因此 1979 年《刑法》中对经济犯罪行为所作的规定,仅 15 个条文,13 个罪名,其中大多数犯罪行为具有计划经济性质,而对于市场经济的有关规定却过于粗疏。随着我国步入改革开放时期,经济社会的不断发展,单一经济刑法已经无法适应经济建设的要求,大量刑法中没有规定的经济犯罪不断出现,严重破坏了社会主义经济秩序。因此,全国人大常委会于 1982 年颁布《关于严惩严重破坏经济的罪犯的决定》,这是我国官方首次提出了"经济犯罪"的概念。《决定》发布之后,学界立刻掀起对《决定》进行阐述的热潮。我国第一部系统介绍经济刑法学的著作,当属 1988 年由吉林大学出版社出版,马立教授所撰写的《经济犯罪与经济刑法》,由此开始,拉开了我国刑法学界对于经济刑法学学术研究的序幕,之后出现了一系列具有代表性的关于经济刑法学的论著。比如,1989 年刘白笔、刘用生教授出版了《经济刑法学》,以经济刑法的基本原则和有关经济犯罪及其法则为中心,结合经济法规、行政法规和民法中涉及严重违法及关于刑事责任的规定,结合我国当时初步建立市场经济体系的情况,对经济刑法学进行综合分析和探讨;1989 年孙国祥教授主编的《中国经济刑法学》对经济刑法的发展、经济犯罪、经济犯罪的原因与预防、法人经济犯罪、共同经济犯罪、经济犯罪的刑事责任等都作了深入的论述与研究;1990 年陈兴良教授主编的《经济刑法学》（总论）着重对经济刑事立法与经济刑事司法作了详细的介绍;1991 年赵长青教授出版的《经济刑法学》,第一次从宏观上对经济犯罪的相关问题进行探讨,全面系统地研究经济犯罪与经济刑法。至此,我国刑法学界对于经济刑法学的相关问题形成了初步的认识。

（二）我国经济刑法学的发展

1992 年,党的"十四大"正式确立"我国经济体制改革的目标是建立社会主义市场经济体制"。社会主义市场经济体制的正式确立,不仅对于我国经济发展具有跨时代的意义,还对我国经济刑法学的发展提供了巨大的契机。之后,我国经济刑法学取得了巨大的进步,该进步主要体现在经济刑法的法律规定与学术研究之中。

（1）1997 年《刑法》对经济刑法的补充和修正

1997 年修订刑法典的一个主要内容就是对相关经济犯罪的规定作了补充与修改,使其适应社会主义市场经济的需要。具体表现在:首先,增加了经济犯罪的罪名,1997 年《刑法》

分则第三章的"破坏社会主义市场经济秩序罪"由 1979 年《刑法》的 15 条增加到 92 条,罪名由原来的 13 个增加到 92 个。所增加的罪名大多是为了保护市场经济秩序,并且取消了之前刑法中计划经济体制下特有的犯罪。其次,修正了经济犯罪的构成要件,其中主要包括:增加了单位犯罪,扩大了经济犯罪的主体范围;增加过失犯罪,例如签订、履行合同失职被骗罪等;细化了定罪标准,绝大多数犯罪采取了叙明罪状。再者,调整了经济犯罪的刑事责任,扩大了财产刑与死刑的适用。[1]

（2）关于经济刑法学的理论进步

在 20 世纪 80 年代所发表的相关经济刑法学的文章都有一个共同的特点,即把经济问题定位为政治问题,并且用政治性的语言论述经济问题。[2] 政治性色彩过浓会掩盖许多经济刑法学本身的问题。由于受当时历史条件的限制,学界和实务界都主张对经济犯罪从严处罚,甚至认为如果不对极少数罪大恶极的经济犯罪分子仍然不适用死刑,就不利于打击犯罪分子的嚣张气焰,也不利于教育和挽救更多的人,因而增加对严重经济犯罪适用死刑的条款是完全必要的。[3] 如今关于经济犯罪的刑事责任问题,更多的学者从报应刑理论与刑罚功利的角度去考虑,因此更多的学者提倡废除死刑,遵循宽严相济的刑事政策。此外,理论上关于经济刑法学的其他问题,比如经济刑法学的体系构建、经济刑法的立法模式、经济犯罪的具体认定等问题都取得了长足的进步。

近年来,为了适应我国经济的持续发展,以及相关法律的不断更新,在已有相关学术成果的基础上,又产生了许多关于经济刑法学的新观点。比如,2011 年李永升、朱建华教授主编的《经济刑法学》着重对《刑法修正案（八）》修正之后的相关经济犯罪的规定进行系统的论述,为司法机关如何处理和惩治经济犯罪提供了最新的分类标准和最新的资料来源。2013 年李瑞生教授主编的《当代经济刑法学》将经济犯罪分为经济主体犯罪、市场监管犯罪和宏观调控犯罪三大类,从刑法知识论的角度对当代经济刑法学进行了系统的阐述和研究。

虽然,目前我国刑法学界已对经济刑法学进行了一定的研究,发表了诸如上述的具有代表性的著作,但是对于经济刑法学研究仍然处于百家争鸣的状态,许多问题,比如经济刑法的研究对象、研究内容、研究体系等均未达成共识,因此可以说我国大陆地区对于经济刑法学的研究仍然处于起步、探索的阶段。

1-4

复习与练习

本章提要

经济刑法是关于经济犯罪及其刑事责任和刑罚的法律规范的总称。

经济刑法学是研究经济刑法规定的经济犯罪及其刑事责任和刑罚,并对经济刑事立法和经济刑事司法的一般规律进行理论概括的科学。它作为刑法学的一个新兴分支学科,是

---

① 杨秀英:《新编经济刑法教程》,厦门大学出版社 2011 年版,第 13 页。
② 涂龙科:《改革开放三十年来经济犯罪基础理论研究综述》,《河北法学》2008 年第 11 期。
③ 马克昌:《打击严重经济犯罪的锐利武器》,载《马克昌文集》,武汉大学出版社 2012 年版,第 47 页。

法治经济时代刑法学的新的研究领域和重要组成部分。

经济刑法学作为刑法学的一个新兴的分支学科,它是介于刑法学、经济学、经济法学和经济犯罪学之间的边缘学科。

思考题

1.试论经济刑法学的特征。

2.国外经济刑法的立法对我国有什么启示?

参考文献

1.高铭暄、马克昌主编:《刑法学》,北京大学出版社、高等教育出版社 2019 年版。

2.林山田:《经济犯罪与经济刑法》,台湾三民书局 1981 年版。

3.李永升、朱建华:《经济刑法学》,法律出版社 2011 年版。

第二章　经济刑法学的研究对象和研究方法

本章主要阐述经济刑法学的研究对象与研究方法。通过对经济刑法学的研究对象不同学说的理论分析,从法律调整范围的特定性入手,提出确定研究对象的基本要求及其内容。同时,根据经济刑法学作为人文社科门类的属性,揭示其所具有的研究方法的独特性。

本章重点
- 经济刑法学的研究对象
- 经济刑法学的研究方法

经济刑法学作为独立的理论学科,如同其他学科一样,它也有着自己的研究对象和研究方法。这是其作为刑法学的重要分支取得独立地位的重要依据。一般而言,经济刑法学的研究对象是"经济刑法",其内涵和外延在各个不同的国家和地区是不一样的。以静态经济刑法为对象与以动态经济刑法现象为对象,是界分经济刑法学是建立在逻辑基础上的还是实践基础上的根本标志。

第一节　经济刑法学的研究对象

目前,我国刑法学界对于经济刑法学的研究对象的范围并未达成一致意见,仍然存在着许多分歧。其中具有代表性的观点,主要有以下几种:

第一种观点以刘白笔先生为代表,认为结合我国当时经济刑法立法和经济刑事司法的实践和研究现状,我国经济刑法学的研究对象可概括为以下九

2-1

个方面:(1)我国经济刑法学与经济刑法孕育、诞生的历史条件;(2)我国经济刑法学与经济刑法的概念、任务、研究对象及其指导思想;(3)我国经济犯罪的概念、范围、特点、危害及其产生的原因、规律等;(4)我国经济犯罪构成的概念、具体内容及其具体认定的理论与实践问题;(5)我国经济犯罪刑罚的内容及其具体运用的理论与实践问题;(6)我国现有的各种具体经济犯罪的构成特点及其刑事责任;(7)经济刑法学与经济学、经济法学、刑法学的关系;(8)我国经济刑事立法和经济刑事司法中的经验、问题及其完善措施;(9)古今中外有关经济刑事立法与司法实践的研究和批判借鉴。[①]

第二种观点以赵长青教授为代表,认为按照经济刑法学的内涵与外延,其具体的研究对象主要包括以下七个方面:(1)党和国家在社会主义初级阶段的经济理论和经济政策,我国经济刑法典和经济刑法学孕育与诞生的主客观条件;(2)我国经济刑法与经济刑法学的概念、任务、基本原则和体系结构;(3)在社会主义商品经济条件下,我国经济犯罪的概念、特

---

①　刘白笔、刘用生:《经济刑法学》,群众出版社 1989 年版,第 37 页。

征、危害及其产生的原因;(4)我国各种经济犯罪的罪名、罪状、构成要件;(5)法人、自然人进行经济犯罪的刑事责任及其刑罚制度运用中的理论与实践;(6)不断总结我国经济刑事立法和经济刑事司法的经验,从中找出规律,为不断修改、完善我国经济刑法提供依据;(7)对国外经济刑事立法与经济刑事司法的比较研究。① 1997 年《刑法》颁布后,赵长青教授对之前所提出的经济刑法研究对象的其中三个方面作了新的修改,具体为:(1)结合中外刑事立法的经验,认真探索经济刑法与经济犯罪的范围和体系;(2)我国经济刑法与经济刑法学的概念、任务、基本原则;(3)我国各种经济犯罪的罪名、犯罪构成及其认定的理论,划清罪与非罪、此罪与彼罪的界限。② 从修改之后的研究对象中可以发现,随着我国经济刑法学的不断发展,我国经济刑法学研究的重点逐渐从初期的经济刑法学诞生条件转向构建经济刑法学的历史经验,从研究经济犯罪的具体罪名、罪状、构成要件扩大至研究此罪与彼罪之间的界限。

第三种观点以孙国祥教授为代表,认为经济刑法学的研究对象主要有两个问题:一是经济犯罪及其刑事责任的规律;二是经济刑事立法与司法实践的问题。进一步说,它包括以下对象:(1)经济刑法的概念、产生、渊源、特点等基本问题;(2)经济犯罪特征、分类及其认定经济犯罪的理论与实践问题;(3)经济犯罪的一般特点;(4)经济犯罪的刑事政策;(5)经济犯罪产生原因、发展规律和预防方法;(6)我国现有的各种具体经济犯罪的构成特点及其刑事责任;(7)在新的历史条件下新型经济犯罪构成的探讨。③ 该种观点将经济刑法学的研究重心偏向了经济犯罪,大部分研究对象都与经济犯罪有关,与前两种观点存在明显的区别。

第四种观点以李永升教授为代表,认为为了体现经济刑法学本身所具有的特性,防止经济刑法学的研究对象与其他学科重复,经济刑法学的研究对象应当包括以下七个方面:(1)经济刑法学的缘起、概念和研究对象;(2)经济刑法学的体系、与相邻学科的关系以及研究方法;(3)经济刑法的概念、特征、立法原则和立法方式;(4)经济犯罪的概念、特征和分类;(5)经济犯罪的构成要件、犯罪形态、共犯形态、罪数形态及其认定;(6)经济犯罪的处罚原则以及刑罚适用的理论与实践;(7)各种具体经济犯罪的罪名、主要特征、司法认定及其刑事责任。④

我们认为,应当根据经济刑法学的概念来确定经济刑法学的研究范围。如前文所言,经济刑法学是研究经济刑法的学科。具体而言,经济刑法学是以研究经济犯罪以及刑事责任与刑罚为中心,并对经济刑事立法与经济刑事司法实践进行系统研究的具有革新意义的学科。而上述第一种与第二种观点将经济刑法学的"孕育与诞生的条件"与"中外经济刑法史"纳入研究对象的范围,不符合经济刑法学的概念,我们认为,这些内容是经济刑法史所研究的对象,而不是经济刑法学所专门研究的对象。对于第三种观点,我们认为,该观点的研究对象范围过分侧重于经济犯罪,而忽视了经济法学、经济刑法学本身,以及经济刑事立法与司法实践的一些问题,换句话说,该观点所述的研究对象诸如"经济犯罪的一般特点""经济犯罪产生原因、发展规律和预防方法"都是经济犯罪学的研究对象而不是经济刑法学的研究对象。对于第四种观点,我们认为,该观点所论述的研究对象虽然对经济刑法学本身、经济

---

① 赵长青:《经济刑法学》,重庆出版社 1991 年版,第 11 页。
② 赵长青:《经济刑法学》,法律出版社 1999 年版,第 9 页。
③ 孙国祥:《中国经济刑法学》,中国矿业大学出版社 1989 年版,第 17 页。
④ 李永升、朱建华:《经济刑法学》,法律出版社 2011 年版,第 6 页。

犯罪及其刑事责任、经济刑事立法与司法实践都有涉及，但是其中的分类、排序较为混乱，比如将"研究对象"与"研究方法"分为两类、将经济刑事立法的内容与"经济刑法的概念、特征"放在同一类。

综上所述，关于经济刑法学研究对象的确定，不仅要全面涉及经济刑法概念中所提到的内容，而且要保持经济刑法学的学术独立性，防止与其他学科产生混淆。因此，我们认为，经济刑法学的研究对象包括以下八个方面：(1)经济刑法学的概念、特征与体系；(2)经济刑法学的研究对象与研究方法；(3)经济刑法的概念与特征；(4)经济刑法的立法原则、立法方式与立法技术；(5)经济犯罪的概念、特征与分类；(6)经济犯罪的构成要件、犯罪形态、共犯形态、罪数形态及其认定；(7)经济犯罪的刑事责任以及刑罚制度运用中的理论与实践；(8)各种具体经济犯罪的罪名、罪状、刑事责任以及司法认定。

第二节　经济刑法学的研究方法

每个部门法都有自己的研究方法，经济刑法学作为刑法学的分支学科同样有相应的研究方法。经济刑法学的研究方法是一个值得思考的问题，因为所采取的研究方法关系到最终的研究的效果，因此选取合适的研究方法对于学术研究十分关键。我们认为，经济刑法学的研究方法包括：

一、辩证分析法

"马克思主义辩证法"是马克思主义本体论（唯物）和认识论（辩证法）的统一，认为物质世界是普遍联系和不断运动变化的统一整体。同理运用到经济刑法学中，不论是经济刑事立法还是经济刑事司法都应当坚持联系与发展两个基本观点。在经济刑事立法上，要结合当时的经济制度、经济发展状况、法律适用情况等背景，综合分析、全面考察，坚持运用发展的观点来完善经济刑事立法；在经济刑事司法上，对于具体经济犯罪的认定，不能孤立、片面地看待某种行为的性质，而是要将该行为置于当时社会经济发展的大背景下，考察实质上是否破坏了社会主义经济秩序。

二、分析综合法

分析与综合是人类最基本的逻辑思维方法。认识是由感性阶段发展到理性阶段，从具体上升到抽象，再由抽象到具体的过程，就思维活动来讲，就是分析和综合的过程。所谓分析，就是把本质内容分解为各个组成部分、方面、因素，然后分别加以研究，以达到认识本质的一种思维方式。所谓综合，就是把本质内容的各个部分、各个方面和各种因素联系起来加以考虑，从而在整体上把握事物的本质和规律。分析与综合是统一的认识过程的两个侧面，它们共处于一个统一的认识过程中，共同承担着揭示事物本质的任务。分析是综合的前提和基础，没有分析就没有综合，没有综合也就没有分析。分析到了一定程度就会转化为综合，综合取得了一定成果，就会转化为进一步的分析。[①]

---

① 刘建、顾正：《金融刑法论》，海南出版社 2006 年版，第 47 页。

分析综合法具体运用到经济刑法学当中,对于指导经济刑事司法实践具有重要的作用。在办理具体的经济犯罪时,首先要将经济犯罪案件分解为各个组成部分、各个方面,从而达到正确理解犯罪行为性质、了解犯罪情况的目的;其次再把案件的各个部分、各个方面和各种因素互相结合加以考虑,从整体上把握案件的本质和规律,从而对案件作出正确的处理。

三、理论联系实际的方法

马克思主义认为,物质是第一性的,精神是第二性的;人类的认识来源于实践,又反过来为实践服务。经济刑法学是一门应用性学科,其材料来源、理论依据都源自社会实践。因此,在学习经济刑法学的过程中,既要牢固掌握经济刑法的基本知识和基本理论,同时又要与经济刑事司法实践结合起来,坚持理论联系实际的优良学风。在研究经济刑法学的过程中,应该坚持实事求是、一切从实际出发的原则,从理论上对实践中提出的问题进行认真研究,作出科学回答,提出可行性的建议,然后再回到经济刑事司法实践之中加以检验,从而在更好地验证经济刑法理论是否科学的同时,又对经济刑事司法实践起到切实的指导和促进作用。

四、多学科研究法

多学科研究法是指,在研究经济刑法学的过程中,除了利用经济刑法学的相关理论之外,还要运用到其他法学科、经济学、社会学等其他学科的专业知识。就如前文所言,经济刑法学具有关联性的特点,不仅与刑法学科具有关联性,与其他诸如经济学、社会学等学科都具有关联性。为了更好地研究经济刑法学,我们有必要掌握其他学科的理论和方法来帮助我们解决经济刑法理论与实践中存在的问题。此外,研究经济刑法学的目的在于保护我国社会主义市场经济秩序。只有掌握了相关经济知识,才能判断相关经济行为是否客观上破坏了我国社会主义市场经济秩序,正确判断其实质违法性,从而作出合适的判决引导我国经济健康发展。

五、历史与比较研究法

历史研究法是指,比较不同时期的经济刑法学,了解我国经济刑法学的历史发展,研究各个时期经济刑法学的相关立法规定与学术争议,总结历史经验,做到古为今用。比较研究法是指,选取经济刑法学研究水平较高的国家和地区作为考察对象,分析、比较研究国外经济刑法学的概念、体系、研究方法以及国外有关经济刑法的立法规定,总结和归纳国外先进经验,洋为中用,从中发现我国经济刑法学存在的不足。但是不同国度、不同时代的经济刑事立法,具有不同的政治本质和不同的地域特点,因此既不能盲目地排古、排外,也不能完全照搬,而是要善于继承、吸收古人和洋人所创造的经济刑事法律文化中的合理成分,这对丰富和发展我国现代经济刑法理论是有益无害的。[①]

---

① 李永升、朱建华:《经济刑法学》,法律出版社 2011 年版,第 14 页。

复习与练习

本章提要

经济刑法学作为独立的理论学科,如同其他学科一样,它也有着自己的研究对象和研究方法。关于经济刑法学研究对象的确立,不仅要全面涉及经济刑法概念中所提到的内容,而且要保持经济刑法学的学术独立性,防止与其他学科产生混淆。经济刑法学的研究对象包括以下八个方面:(1)经济刑法学的概念、特征与体系;(2)经济刑法学的研究对象与研究方法;(3)经济刑法的概念与特征;(4)经济刑法的立法原则、立法方式与立法技术;(5)经济犯罪的概念、特征与分类;(6)经济犯罪的构成要件、犯罪形态、共犯形态、罪数形态及其认定;(7)经济犯罪的刑事责任以及刑罚制度运用中的理论与实践;(8)各种具体经济犯罪的罪名、罪状、刑事责任以及司法认定。经济刑法学的研究方法是以刑法学研究方法为基础建立起来的,它包括辩证分析法、综合分析法、理论联系实际的方法、多学科研究法和历史与比较研究法等。

思考题

1.经济刑法研究对象独立性的主要内容有哪些?

2.如何理解经济刑法学研究方法与刑法学研究方法的关系?

参考文献

1.高铭暄、马克昌主编:《刑法学》,北京大学出版社、高等教育出版社2019年版。

2.李永升、朱建华:《经济刑法学》,法律出版社2011年版。

3.赵长青:《经济刑法学》,法律出版社1999年版。

第三章　经济刑法学的学科体系

本章主要阐述经济刑法学的体系、经济刑法学与相邻学科的关系,包括经济刑法学与刑法学、经济法学、经济学、经济犯罪学、犯罪经济学的关系。重点论述经济刑法学的体系构成。

本章重点
- 经济刑法学的体系
- 经济刑法与刑法的关系
- 经济刑法与经济法学的关系

第一节　经济刑法学的体系

我国刑法学是一门综合性的学科,它的体系由四个部分构成:第一编是绪论,主要论述有关刑法学的根本性、概括性的问题,包括刑法的概念、性质、特点、基本原则、适用范围等;第二编是犯罪总论,主要讲述犯罪的概念、构成要件、认定标准、原则等问题;第三编是刑罚总论,主要讲述刑罚的概念、种类、量刑原则、量刑制度和行刑制度等问题;第四编是罪刑各论,主要讲述的是各类具体犯罪的概念、构成以及刑事责任。

在探究经济刑法学的体系时,应注意几个问题:经济刑法学是刑法学的分支学科,其内容应具有刑法学的一般属性,但是经济刑法学是特殊的刑法学,只研究与经济犯罪有关的内容。我们所探讨的经济犯罪问题都是在经济、政治、文化、社会发展中出现的问题,经济刑法规范中规定的各类经济犯罪,也是源于经济、行政、民事法规。经济刑法学是将刑法规范与经济、行政、民事法规衔接起来,进而划分罪与非罪的界限。

经济刑法学是刑法学的分支学科,也有独立的学科体系。在经济刑法学的研究体系上,一般学者将其分为经济刑法总论和经济刑法分论两大部分,这已达成共识,但是在内容的安排上各有不同。

我们认为,经济刑法学应分为三部分内容:绪论、经济刑法学总论和经济刑法学分论。其中,绪论部分包括经济刑法学概述、经济刑法学的研究对象与研究方法、经济刑法学的学科体系和经济刑法学的研究现状;总论部分包括经济刑法的一般理论、经济犯罪的一般理论、经济犯罪的刑事责任、经济犯罪的刑罚;分论包括生产、销售伪劣商品罪,走私罪,妨害对公司,企业的管理秩序罪,破坏金融管理秩序罪,金融诈骗罪,危害税收征管罪,侵犯知识产权罪,扰乱市场秩序罪,破坏环境资源保护罪,利用职务的经济犯罪等九类犯罪下的各种具体经济犯罪的罪名、构成要件、司法认定及刑事责任等。分论将破坏环境资源保护罪和利用职务的经济犯罪纳入其中,是因为破坏环境资源保护罪和利用职务的经济犯罪虽然与社会主义市场经济秩序的联系不像第三章所包含的八类经济犯罪关系那么密切,但是这些犯罪与经济活动也有密切的联系。例如,利用职务的经济犯罪,他们不仅侵犯了国家机关工作人员的廉洁性,同时还严重地破坏了国家对经济活动的管理职能,因而具有经济犯罪的性质。

3-1

其他学者也有不同的安排。例如,陈兴良教授将经济刑法学分为总论和分论,他认为经济刑法学具有与普通刑法学不同的特殊性,在构筑其体系时,应当考虑以下因素:第一,经济刑法的散在性。考虑到经济刑法的规定,不一定在一个统一的法典中,经济刑法学建立时就应当超越法条注释的约束,将理论研究的触角伸向立法。第二,经济刑法的特殊性。经济刑法是特别刑法,所以经济刑法学只研究那些与经济有关的具体的特殊问题。第三,经济刑法学的研究内容,不应局限于对犯罪构成及其处罚问题的研究,而应在更大程度上联系有关经济法规的内容,侧重于划分具体经济犯罪与经济违法的界限。所以,陈教授提出:总论可分为上篇和下篇,上篇为经济刑事立法,包括经济刑事立法原则、经济刑事立法内容、经济刑事立法技术等;下篇为经济刑事司法,包括经济犯罪的认定、经济犯罪的量刑、经济犯罪数额与定罪量刑、法人经济犯罪与定罪量刑、共同经济犯罪与定罪量刑、经济犯罪刑事诉讼;此外,在分论的结构上,还应根据犯罪发生的规律,对经济犯罪进行超前性研究。[①] 赵长青教授以 1997 年刑法为基础,将经济刑法学分为总论和分论:总论中包括经济刑法学概述、经济刑事立法的原则和方式、经济犯罪的概念和特征、经济犯罪的构成和认定、经济犯罪的处罚;分论体系基本按照 1997 年《刑法》分则第三章"破坏社会主义市场经济秩序罪"的章节顺序进行安排,并在此基础上,又增加了"侵犯财产罪"、"破坏环境资源罪"和"贪污受贿罪"三章内容。[②] 江维龙编著的《经济刑法学》在体系上也分为总论和分论两个部分:总论是对经济刑法的概念、经济刑法的立法原则、经济犯罪的概念和特征、经济犯罪的形态、单位经济犯罪和共同经济犯罪、经济犯罪的刑事责任、经济犯罪刑罚的研究;分论是对刑法分则第三章"破坏社会主义市场经济秩序罪"的研究,包括生产、销售伪劣商品罪,走私罪,妨害对公司、企业的管理秩序罪,破坏金融管理秩序罪,金融诈骗罪,危害税收征管罪,侵犯知识产权罪,扰乱市场秩序罪八种具体经济犯罪。[③] 陈泽宪教授主编的《经济刑法新论》将经济刑法学分为总论和分论:总

3-2

论部分包括经济刑法学的基本范畴、经济刑法的立法原则与立法方式、经济犯罪的构成特征、经济犯罪的刑罚处罚;分论部分基本上打破了新《刑法》规定的经济犯罪体系,内容包括妨害工商管理秩序的犯罪、破坏金融秩序的犯罪、妨害海关管理秩序的犯罪、危害税收征管的犯罪、侵犯知识产权的犯罪、贪污贿赂犯罪、破坏环境资源的犯罪以及港澳台地区的经济刑法。[④]

上述关于经济刑法学体系的论述各有不同,既有合理之处,也有一定的不足。相比较而言,陈兴良教授的经济刑法学体系构筑于 1997 年刑法修订之前,赵长青教授经济刑法学体系建立在 1997 年刑法修订之后,更贴近于 1997 年刑法体系。在分论的建构上,陈兴良教授的《经济刑法学》(各论),以宏大的体系和超前的意识将我国刑法当时已规定的经济犯罪和未来在我国可能发生的经济犯罪,在罪状、罪名和法定刑的设置等方面均作了论述。可以

---

① 陈兴良:《经济刑法学》(总论),中国社会科学出版社 1990 年版,第 18 页。
② 赵长青:《经济刑法学》,法律出版社 1999 年版,第 12-13 页。
③ 江维龙:《经济刑法学》,广西师范大学出版社 2009 年版,第 26 页。
④ 陈泽宪:《经济刑法新论》,群众出版社 2001 年版,第 1 页。

说,这实际上是一部《经济刑法典》的建议稿,在我们今天研究经济刑法学的过程中,仍然具有重要的借鉴意义。而赵长青教授的分论体系,基本依照我国新《刑法》分则第三章"破坏社会主义市场经济秩序罪"的顺序进行安排,并在此基础上,又增加了"侵犯财产罪"、"破坏环境资源保护罪"和"贪污贿赂罪"。相比较而言,陈兴良教授的经济刑法学总体系建构全面、合理,值得采用。而鉴于1997年《刑法》的实施和经济刑法学以区分经济违法和经济犯罪界限为首要任务的现实,赵长青教授提出的分论体系可以借鉴,但尚需充实、完善。江维龙的经济刑法学体系,总论部分较为合理,但是分论部分只局限于《刑法》分则的第三章"破坏社会主义市场经济秩序罪"中的八节内容,范围较为狭窄。陈泽宪教授的经济刑法学体系,总论部分较为合理,分论打破了《刑法》分则规定的体系,有一定的创新。

第二节　经济刑法学与相邻学科的关系

经济刑法学作为刑法学的一门分支学科,同时也作为一个新兴的独立学科,在研究过程中其与法律学科中的许多学科都存在着密切的关系,如刑法学、刑事诉讼法学、经济学、经济法学、宪法学、证据学、犯罪学、经济犯罪学等等。

一、经济刑法学与刑法学

经济刑法学是结合当前经济犯罪的严峻形势,从刑法学中所衍生出来的一门新兴的、独立的边缘学科。因而,作为刑法学的一门分支,或者说是子学科,首先,它和刑法学这门母学科之间就一定存在着最为密切的关系。作为刑法发展过程中的重要组成部分,经济刑法学对于刑法的基本原理与原则始终是贯彻一致的,如罪刑法定原则、罪责刑相适应原则等刑法原则,在定罪与量刑方面必须要以刑法学为指导;或者说,经济刑法必须在刑法的理念和框架下实施和运行。其次,在经济刑事立法和刑事司法方面,经济刑法学也要受到国家总的刑事政策、刑事立法和刑事司法的制约和把控。然而,虽然说经济刑法学在其所有的基本理论方面都不得不与刑法学相关联,但作为一门独立的学科,经济刑法学有其自身的特殊性,有其自身的专属的研究方向与对象,这使得它拥有了脱离刑法学研究的必要。相比较而言,经济刑法学更侧重于对于经济犯罪的研究;同时,不同于一般刑法中以报应为基础的预防理论,经济刑法学更加注重"预防"这个概念。

例如,关于法律上错误的认定和处理问题,经济刑法学就和刑法学有着很大的出入。在经济刑法学中,绝大多数违法行为都属于法定范畴,但行为人大多不认为自己的经济行为是违法的,这就带来了法律认识方面出现错误究竟该如何处理的问题。毫无疑问,如果是在普通刑法学中,关于法律的认识错误是不影响主观方面故意要件的成立的,因为不法认识只是属于罪责的问题,与故意要件的成立无关。但是,对于特殊的经济犯罪而言,因为其本身作为一门新兴学科,相关规范与限制并不为大多数普通民众所知晓与了解,因而,当涉及经济类犯罪中与之相关的问题时,再适用"法律认识错误与主观方面故意无关"这条刑法理论的话,就未免过于不近人情,也很明显有悖于法感情。

我国台湾地区学者林东茂教授曾援引过一个经济刑法规范进行分析,指出经济刑法法律认识错误的处理原则应该与一般刑法的处理原则略有区别:"银行不得对⋯⋯本行负责

人、职员、或主要股东、或对本行负责人,或办理授信之职员有利害关系者,为无担保授信。但消费者贷款及对政府贷款不在此限。"林东茂教授指出,假如一个银行放款部门的新进职员,可能对于这个禁止的规定不是很清楚,而当他放款给与自己有着血缘关系的亲属,例如兄弟姐妹时,他是明确知道自己是在做什么事的,但他却不清楚的是,在法律上他被禁止这样做。像这样,这种因为欠缺不法认识的禁止错误,我们要如何来处理呢? 如果是按照普通刑法的话,该职员明确知道自己是在做什么,主观上罪名成立,符合故意犯罪的构成要件。而事实上,该职员对于该行为的违法性毫无认识,若以故意犯罪论处,不仅过于严苛,一定程度上也违背了法律本身存在的意义,因而,若以故意犯罪处理是完全不合理的做法。这些形形色色的案件就是催化各类法律部门下独立学科诞生的催化剂。经济刑法学就是如此。大量的经济刑法规范,不仅普通民众、或是一般的职业从业者不知道,有些甚至连专门研究刑法学的老教授也不一定完全能够知晓。这就表示,对于大多数人来说都相当陌生的经济刑法规范,若有人触犯此,是不该让其承担故意犯罪的后果的。对此,德国理论界一直以来都有一种强有力的主张,即对于自然犯的法律认识错误,可以依据罪责原理去处理;但如果是法定犯的禁止错误,则必须以故意理论处理,而经济刑法学中绝大多数行为都是法定犯,则应该适用故意理论来解决法律认识错误。

总而言之,经济刑法学是从刑法学中分离而出的一门独立学科,我们在学习时,既要把握住刑法学的一般原理、原则和方法,同时也要注意不要生搬硬套所有的原理和原则,否则,经济刑法学就会失去其本身的独特性,失去它存在的价值。这些都是我们在学习经济刑法学的过程中必须高度重视并加以注意的问题。

二、经济刑法学与经济法学

在法学领域中,经济刑法学作为一门新兴学科,它与经济法同样有着十分密切的关系。因为在我国,目前尚不存在像刑法典那样具有完整体系的统一的经济法典。我国的经济法主要是从总体上研究国家调整一定经济关系的各项经济法律规范的总称。在德国理论界,有学者认为,经济法这一学科涉及两个领域:公法和私法。它们都以自己的方式调整商品生产、制造、分配以及提供法律服务过程中的法律关系。其定义为:经济法是国家用来调整生活参与者之间以及他们与国家之间的法律关系的所有私法的、刑法的、公法的法律规范和措施的总和。[①] 这与我国对于经济法的理念不谋而合,就这个意义的经济法而言,经济刑法学也是经济法的一个分支学科。而在我国,改革开放三十多年来,社会主义市场经济的飞速发展,我国的经济形势也在不断地发生变化,对此,经济法的调整对象和内容也一直在发生着改变,到现今,经济法的表述早就从最开始的"调整国家机关、企业、事业单位……和公民间在经济活动中所发生的社会关系的法律规范的总称"变成了"经济法是调整宏观调控下一定的市场经济关系的法律规范的总称"。尽管经济法的概念总是因时而变,随势而动,但是,在对于主要研究内容是各式各样的经济法规这一点上,经济法一直是毫无疑问的。而说到经济法规,其实大家也都能发现,任何一种法规,无论是经济法规还是行政法规,都离不开法律

---

① 罗尔夫·斯特博(Rolf Stober),苏颖霞、陈少康译:《德国经济行政法》,中国政法大学出版社 1999 年版,第 15 页。

责任的规定。而有学者认为,经济刑法学与经济法学存在着某些相互交叉的领域,主要也就表现在这里,一方面是经济犯罪通常是违反了有关的经济法规,如公司方面的犯罪违反了《公司法》,金融方面的犯罪违反的是《商业银行法》或《票据法》等金融法;而另一方面,就是许多经济法律中的"法律责任"部分,有时也会涉及对相关附属经济刑法规范的研究。虽然对于违反经济法的法律责任所采取的手段主要是经济制裁和行政制裁,但当某些经济违法行为达到非常严重的地步时,利用刑罚手段进行制裁就成为一项必不可少的方式。正因如此,经济刑法学的存在涉及两门法律学科对于社会关系的调整,在经济法学和刑法学之间也建立了关系密切的纽带,这使它一方面成为刑法学的一门分支学科,另一方面,在某种程度上也成为了经济法学的一门分支学科。因而,我们在学习经济刑法学的时候,不仅要熟练掌握刑法学的基本原理和基本知识,同时也需要掌握经济法学的基本知识,尤其是各种单行经济法规所规定的内容。

当然,有学者也认为,经济刑法学与经济法学的关系还取决于其二者本身的定位与范围。在德国,理论界常把经济法作为经济私法、经济刑法、经济行政法的类称。因而,在某些学者看来,如果把经济法理解成经济行政法的话,那么,经济刑法与经济法之间就不存在着调整方法的交叉,因为二者的调整方法完全不同,经济刑法是用刑罚手段进行干预,而经济法则是运用行政手段进行规制。但在另一方面,该学者也提出,如果把经济刑法理解为综合运用各种调整手段对经济生活的有限干预的话,经济刑法就可以理解为是我国刑法的一个分支。如我国经济法学界的通说认为"经济法是国家为了克服市场调节的盲目性和局限性而制定的调整需要有国家干预的具有全局性的、社会公共性的、需要由国家干预的经济关系的法律规范总称"。[1]

三、经济刑法学与经济学

经济刑法学作为一门综合性的独立学科,从字面看,除了和经济法学、刑法学有着紧密关系外,与经济学也有着密不可分的联系。经济学,是一门研究社会经济发展规律的学科,主要是研究某一特定社会如何解决其经济问题,也就是研究人类经济活动的社会组织。当今社会,经济犯罪与经济增长同步浮现,正因为在不同的经济问题、经济形态下相应而生的层也不穷的经济犯罪类型,经济刑法学才有存在的必要性。而经济刑法学又是以经济刑法为研究对象的学科,它所涉及的内容主要就是各种经济形态下出现的五花八门的经济越轨(失范)行为(包括经济违法与经济犯罪)。由于是在这些特定的经济形态下才出现的不法经济行为,因而在研究经济刑法学的同时,自然也要把握经济学的相关内容。就像美国著名的法学家博登海默所说的那样,如果某一个人未接受经济方面的训练,那么他就无法认识到法律问题与经济问题之间的紧密联系,而这种联系在许多法律领域都存在着。"如果一个人只是个法律工匠,只知道审判程序之方法和精通实在法的专门规则,那么他的确不能成为第一流的法律工作者。"博登海默还十分尖锐地指出:"一个法律工作者如果不研究经济学和社会学,那么他极容易成为一个社会公敌。"[2]这些话语都充分说明了,作为一个法学工作者,了解

---

[1] 李昌麒:《经济法学》,中国政法大学出版社 2007 年版,第 37 页。
[2] 博登海默、邓正来译:《法理学:法律哲学与法律方法》,中国政法大学出版社 1999 年版,第 507 页。

经济学乃至其他学科并能将其融会贯通应用于现实法律生活中的必要性。可以说,作为一个法律人,如果不在一定程度上懂得经济学,不仅不可能在经济刑法学上会有所突破,甚至在普通的法律学科的深入探究中也不可能有多大成就。另外,一般来说,经济越轨行为作为一种非规范性的经济活动,其活动的空间领域、行为方式以及作用的对象,都是与其社会的经济制度以及物质资料再生产制度有关,由于这些活动本身带有很大的隐蔽性和欺瞒性,因此,如果离开了对这些问题的经济分析,就难以认识经济违法行为或是经济犯罪行为的社会危害性。也就是说,对经济违法或犯罪行为的考量和认定,必须以特定的经济形态作为背景,换言之,经济刑法学必须以经济学为背景。另一方面,经济违法或经济犯罪行为之所以具有那么大的社会危害性,不只在于它破坏了法律维持的社会生活秩序,具有不良的社会效应和明显的不法内涵,还在于它同时破坏了正常的社会经济金融秩序,侵犯了法律保障作为最基本人权之一的财产权,对于这些特殊的违法犯罪行为的纠查处罚,如果没有先行揭露其在经济意义上的违法和越轨,我们就不可能准确地把握住这些经济越轨行为的不法内涵。

总而言之,经济刑法学与经济学互为基底,相辅相成。经济刑法学的存在与发展,以经济学为背景,同时它的不断完善与发展也会源源不断地为经济学提供新方向、新思路;而经济学作为经济刑法学的背景,它的发展也能给经济刑法学的研究提供更为充足的理论支撑。二者相互促进、共同进步。

四、经济刑法学与经济犯罪学

不同于经济刑法学是从刑法学中分离而出的一门新兴的、边缘性的学科,经济犯罪学是从犯罪学中分离出来的一门新兴的、边缘性学科。经济刑法学与经济犯罪学的关系,如同刑法学与犯罪学的关系一样,是两个既有密切联系,又有明确区别的不同学科。在我国,因为经济犯罪学出现的历史比较短暂,只有二十几年的时间,因此,在研究过程中的很多方面,经济刑法学与经济犯罪学经常出现相冲突的情况。例如:关于经济犯罪的一般现象与发展规律、经济犯罪的原因及防治措施……这些问题,通常是双方觉得都需要研究的重点。那么,如何区分这两个相近的法律学科呢?我们认为,首先应当辨别清楚它们各自的研究对象与内容。经济刑法学作为刑法学的一个分支,它在研究经济犯罪的时候,其研究重点应该是解释经济犯罪的概念、犯罪构成、经济犯罪处罚的刑罚适用,以及刑法关于经济犯罪规范的制定、修改、解释的问题。而经济犯罪学作为犯罪学的一个分支学科,它侧重研究的应该是经济犯罪的原因、形态、规律、类型特征,以及对经济犯罪的预测和预防对策,即其研究重点应偏向于经济犯罪的现象、原因及防治对策等等事实性方面的问题。经济刑法学与经济犯罪学基于不同的研究宗旨和研究方法而产生了上述逻辑上的研究分野,并不影响有些学者对经济犯罪学和经济刑法学进行糅合研究。譬如,在我国经济刑法学著述中引用率很高的台湾学者林山田所著《经济犯罪与经济刑法》一书,就是综合经济犯罪和经济刑法研究成果的一个典型代表作。杨敦先、谢宝贵主编的《经济犯罪学》在提出经济刑法(学)与经济犯罪学之区别的同时,其研究体例仍然是糅合了两个学科的内容:既研究经济犯罪的原因、条件、类型和预防对策,也研究经济犯罪的刑法规范、犯罪构成和刑罚适用。由此可见,不同学科的相互渗透和交汇,其研究形成的综合性成果,也是满足社会某种综合性需求的发展趋势的需要。不过,虽然经济刑法学与经济犯罪学在研究的内容方面有很多相近之处,但由于二者侧重点不同,因而,它们在研究的角度和方法上是截然不同的。通常情况下,经济刑法学不对经济犯罪原因进行研究,尽管它的基本理论方面有涉及关于原因方面的分析;另外,经济刑法学的立法和处罚仅限于刑法方面,即经济犯罪在刑事责任方面的应对措施,而经济犯罪学包含的领域非常之广,它的研究内容和应对措施也绝不仅仅只是在刑事责任方面,从这一点上讲,经济犯罪学的领域要比经济刑法学更广阔。

五、经济刑法学与犯罪经济学

犯罪经济学,听上去与经济犯罪学很相近,可实际上,它是从经济学中分离出来的一门分支学科,和经济犯罪学是两种完全不同性质的学科。

犯罪经济学产生于上世纪 60 年代的美国,是当代犯罪学研究的主要理论和方法之一。它是以效益为中心,运用经济学的分析方法和分析工具,对犯罪原因、犯罪发展变化的一般规律进行分析,进而构建起以实现社会收益最大化为目标的犯罪防控模型的一门科学。它以犯罪学为体,经济学为用,以市场经济体制的逐步向纵深化发展为背景,认为"犯罪"是指具有稳定偏好、追求预期效用而非财富最大化的理性个人在面临各种行为机会时所选择的损害社会利益的外部经济行为。在当代,它主要是经济学家运用经济学理论和方法研究犯罪问题的一门新兴学科。例如,经济学当中的合理选择的理论、成本理论、边际效用的理论、经济效益的理论等都在犯罪问题的研究上找到了它们各自的位置。譬如,运用合理选择与成本理论研究犯罪动机问题,运用边际效用理论研究刑罚的威慑力问题,运用经济效用理论研究罪犯的改造与诉讼程序问题……都取得了较好的社会效果。

经济刑法学与犯罪经济学,二者都与经济和犯罪有关,但二者的侧重点是很容易区分开来的。前者是从刑法学的角度来研究经济犯罪这一特殊情形下相应的刑罚应对措施,而后者则是从经济学的角度来反向研究刑事犯罪问题。简单地说,二者关系更像是双向行径,经济刑法学能为犯罪经济学提供大量法学的实例和理论基础;而犯罪经济学的发展,则又能为经济刑法学的经济刑事立法和经济刑事司法提供一个更加科学化、合理化的前进道路,从而最终达到预防犯罪和控制犯罪的目的。只有二者间的紧密联系,使得经济刑法学和犯罪经济学得以相辅相成,相互促进。

复习与练习

本章提要

经济刑法学是研究经济刑法规定的经济犯罪及其刑事责任,并对经济刑事立法和经济刑事司法的一般规律进行理论概括的科学。它作为刑法学的一个新兴分支学科,是法治经济时代刑法学的新的研究领域和重要组成部分。

经济刑法学是学者们为便利于从刑法学的角度研究经济犯罪问题,而采用的一个学理概念。经济刑法学作为刑法学的一个新兴的分支学科,它又是介于刑法学、经济学、经济法学和经济犯罪学之间的边缘学科。

思考题

1.经济刑法学与刑法学的关系。

2.经济刑法与经济犯罪的关系。

参考文献

1.高铭暄、马克昌主编:《刑法学》,北京大学出版社、高等教育出版社2019年版。

2.李永升、朱建华:《经济刑法学》,法律出版社2011年版。

3.江维龙:《经济刑法学》,广西师范大学出版社2009年版。

4.林山田:《经济犯罪与经济刑法》,台湾三民书局1981年版。

第四章　经济刑法学的研究现状

本章主要阐述国内外经济刑法学的研究状况,包括美国、德国、日本在不同时期对经济刑法研究的情况。重点论述国内外对经济刑法的立法进程与研究现状。

本章重点

● 国外经济刑法学的研究现状
● 国内经济刑法学的研究现状

4-1

第一节　国外对经济刑法学的研究状况

经济犯罪是一种全球性的社会现象,对于经济刑法的研究一直以来普遍受到各国的重视。美国、日本、德国等国家都经过了百余年市场经济发展的历程,建立了完善的市场经济体制,也逐步形成了较为成熟和稳定的遏制和预防经济犯罪的立法体系和刑事政策。了解并借鉴这些国家对于经济刑法的研究成果,对我国经济刑法深化的以及经济犯罪刑事方面的立法与司法有巨大的帮助。

一、美国对经济刑法的研究

(一)经济犯罪的概念研究

在美国,经济犯罪有一个更普通的名称,叫白领犯罪(智能型犯罪或智慧型犯罪)。1939年,美国著名犯罪学家埃德温・H.萨瑟兰首次提出了"白领犯罪"这个概念。这一概念的提出,开启了美国经济犯罪概念研究的先河,对美国乃至欧美其他国家刑法学和犯罪学的影响都很大。萨瑟兰将白领犯罪界定为"由一种受人尊敬和具有较高社会地位的人在其职务范围内(任职期间)所实施的犯罪"。这种犯罪通常采用诈骗的方式来侵害因职业准则和较高社会地位而存在的委托信任关系[①]。萨瑟兰的白领犯罪概念包含5个基本要素:(1)该行为是犯罪;(2)行为人具有体面的社会地位;(3)具有很高的社会身份;(4)在其职业活动过程中实施;(5)侵害了委托信任关系。可以看出,其观点侧重于强调犯罪主体特征并且将白领犯罪的行为限定于特定的职务活动之内。

萨瑟兰的白领犯罪概念在犯罪学中开辟了一个崭新的领域,但由于其与传统犯罪学的理论体系和研究方法不尽相同,也导致后来相关的研究陷入由于定义模糊带来的长期争论之中。社会学家乔治・沃德(George Void)认为,仅仅因为白领往往是负有更大责任的领导者就被认定其犯罪的做法是不适当的。赫伯特・爱德华兹(Herbert Edelhertz)认为白领犯罪应当包括职位以外的犯罪,而不能简单地以罪犯的职位或职务来界定白领犯罪。詹姆

---

① [美]萨瑟兰:《白领犯罪行为》,《美国社会学评论》,1940年2月第5卷。

士·W.科尔曼在《什么是白领犯罪？关于定义的新战争》一文中，对白领犯罪这一概念提出了几点改进建议。他认为，应当在萨瑟兰定义的基础之上，作出如下几点修改：(1)主体范围应包括中等阶层；(2)在某些金融犯罪中应当对职位设置相应的要求；(3)不能对白领犯罪加上经济、非物质、非暴力的限定，因为利用执法强权机构对公民自由的直接暴力侵犯也是明显的白领犯罪，随意倾倒有害物质或垃圾的行为也是如此。此外，美国学者普遍认为，萨瑟兰的定义强调的是犯罪主体，是富人和有权势的人。因此，具有明显的局限性。这也导致对白领犯罪的研究，在相当一段时间内集中在如何扩展白领犯罪主体方面。一个典型例子就是美国犯罪学家R.昆尼(Richard Quinney)提出的定义。昆尼主张把白领犯罪扩展为所有在职业活动中所进行的犯罪，根本不考虑行为人的社会地位和身份。他甚至建议把白领犯罪改称为职业犯罪。[1]

20世纪60年代以前，美国的经济刑法研究带有很强的纯理论研究色彩，那时的研究成果对刑事立法和司法的影响不大。在20世纪60年代末70年代初，由于经济犯罪问题日益成为社会关注的焦点，对经济刑法概念的研究又广泛开展起来。这一时期的研究范围有所扩展，美国学者在主体资格、立法特征、罪过内容和形式、刑罚的目的和种类、社会监控机构、处理程序等方面，都进行了深入的研究和探讨。今天白领犯罪的含义与萨瑟兰的概念相比，已经发生了很大的变化。

20世纪70年代以来，美国存在着以经济犯罪的概念取代白领犯罪的概念的趋势。美国各司法区的检察部门设立了专门的经济犯罪处。美国学界对经济刑法概念的长期研究所取得的成果，也为立法活动提供了良好的理论基础。1979年，美国国会在《改进司法体系管理法》(The Justice System Administration Improvement Act)中，第一次给白领犯罪下了官方定义：白领犯罪是一种或者一系列通过非体力性的手段，采用隐藏的方法或诡计，以便非法避免付出或者损失金钱财物，或者非法取得金钱财物或者非法获取经济或个人利益的行为。[2] 这个定义受到美国学术界的普遍欢迎，美国联邦调查局也在这个立法定义的基础上制定了自己的工作上的定义。[3]

从目前美国关于经济刑法的理论和实践来看，白领犯罪的概念主要起到统一认识、协调各方执法力量、明确刑法打击对象的作用，以便为制定适当的刑事政策和刑事法律奠定可靠的理论基础。

(二)经济刑法立法的研究

美国关于经济刑法的立法规定基本上都包含在各个时期通过的经济管理法律当中，主要体现在以下四个历史时期：

(1)1887年至1914年：美国联邦政府管理经济时期

1887年通过的《州际贸易法》(The Interstate Commerce Act of 1887)开启了联邦政府管理经济的创始时期。这部法律建立了美国第一个主要的联邦经济管理机构——州际贸易委员会，主要是管理铁路运输活动，其中包括禁止在价格或服务方面对货主或地区的歧

---

① R.昆尼：《白领犯罪研究：重新确定理论研究的方向》，《刑法学、犯罪学与政治学杂志》，第55期。
② 《美国法典》第42篇，第901(a)(18)。
③ W.H.韦伯斯特：《关于联邦调查局对白领犯罪调查和预防理论与方法的考察》，《美国刑法评论》，1990年第17期。

视。该法第 10 条创设了第一种重要的"经济犯罪",规定:故意违反该法的构成轻罪,可以判处罚金。例如,对顾客的收费与价目表上规定的不符,或者给顾客"回扣"的行为,都构成此罪。

1890 年通过的《谢尔曼法》(The Sherman Antitrust Act),针对当时大公司(即"托拉斯")采取的各种窒息竞争导致垄断的行为,规定:禁止签订限制贸易的协定(第 1 条)和禁止垄断(第 2 条),违反该法的任何人都将被判处 1 年以下有期监禁,可以并处 5000 美元以下罚金。1974 年,该罪的法定最高刑提高到 3 年有期徒刑(该罪因此由轻罪上升为重罪),罚金的最高额也提高到对个人的 10 万美元和对公司的 100 万美元。该法的刑事条款一直是联邦政府打击经济犯罪的主要武器之一。

1906 年的《纯净食品和药品法》(The Pure Food and Drug Act),这部法律的制定是对当时食品工业不卫生状况深恶痛绝的结果,它也是规定"无过错危害公共利益行为"的最早法律。在这一时期里,美国国会还制定了其他一些比较重要的经济管理法律。例如,1909 年的《版权法》、1914 年的《克莱顿法》、1935 年的《罗滨逊——帕特曼法》等等。

(2)1932 年至 1940 年:新政时期

在新政时期,美国联邦政府为了加强对经济的管理和控制,颁布了大量的经济管理法律。1933 年的《证券法》(The Securities Act)和 1934 年的《证券交易法》(The Securities Exchange Act)是两部主要的管理股票方面的经济法规,规定了如股票发行登记备案、定期报告、禁止以操纵或欺骗手段购买股票等等。对于股票业,美国国会通过建立一套系统,要求发行股票的公司直接向投资者公开自身经营的情况,从而实现对股票的发行和销售的监督和管理。在美国,证券法一直是打击经济犯罪的重要武器之一。

(3)1968 年至 1977 年:保护环境和保护消费者利益时期

在这个时期,美国国会对工业经济繁荣及其对社会造成的消极影响给予了较多的注意,避免工业产品和劳动条件中的不安全因素、防止空气污染和水污染,是经济方面刑事立法所要解决的重点问题。为此,美国国会颁布了诸多以保护环境或保护消费者权益为主要目的的法律,使用刑罚手段来惩罚和遏制危害社会的行为。例如 1970 年的《职业安全和健康法》(The Occupation Safety and Health Act)和《洁净空气修正案》(The Clean Air Amendment)、1972 年的《联邦水污染防治法》(The Federal water Pollution Control Act)、1972 年的《消费产品安全法》(The Consumer Product Safety Act)、1976 年的《毒物控制法》(The Toxic Control Act)和《资源保护和复原法》(The Resource Conservation and Recovery Act)等。从司法实践的情况看,这个时期规定的经济犯罪规定,与其他时期规定的犯罪相比,适用的案件要少得多。

(4)20 世纪 70 年代末以来:保护对外贸易和金融机构纯洁性时期

70 年代以后的经济犯罪立法活动,主要集中在对外贸易金融机构的管理以及联邦刑法典的制定方面。

在对外贸易方面,最重要的两部法律是 1977 年制定的《反涉外腐败活动法》(The Foreign Corrupt Practices Act)和 1979 年制定的《出口管理法》(The Export Administration Act)。然而,这两部法律都遭到美国商业界的猛烈批评。许多美国商人认为,这两部法律试图把美国的商业道德和信念适用于国际商业活动,结果只能损害美国的海外商业利益。于是，美国国会于 1988 年通过了《贸易和竞争混合法》(Omnibus Trade and Competitiveness Act)，对《反涉外腐败活动法》作了重大修改。在实践中，根据《反涉外腐败活动法》的规定已经有了一些刑事案例，但根据《出口管理法》的规定，只有一些民事案例，尚无刑事案例。

20 世纪 80 年代以来，随着打击毒品犯罪的深入，美国国会开始重视金融机构本身的管理活动。1986 年，美国国会通过了《洗钱控制法》(Money Laundering Control Act)。这部法律规定了严厉的刑罚惩罚（高达 20 年监禁），增加了民事罚款数额，规定可以没收因违反该法所得的全部财产和款项，同时允许个人要求获得 3 倍因该犯罪所造成的损失的赔偿。这种民事与刑事手段相结合的办法，与美国国会 1887 年首次规定经济犯罪以来的一贯做法相一致。

2002 年，为了完善公司治理、加强会计责任，美国参众两院通过了《萨班斯—奥克斯里法》(Sarbanes-Oxley Act)，在该法案的第九章专门针对白领犯罪的刑罚强化方面作出了具体的规定，因此该法案也被称为"2002 白领犯罪刑罚强化法案"。它对当今世界各国的会计、公司治理和证券市场监管都具有深远的影响。

（三）美国经济刑法的研究现状

在美国，随着社会经济的不断发展，白领犯罪案件也在不断增加。在 1997 年到 1999 年的白领犯罪报告中，该项犯罪所占的比重占到了美国联邦调查局报告的全部案件的 3.8%，其中最主要的是诈骗和伪造形式的犯罪。根据美国联邦调查局(Federal Bureau of Investigation)统计，白领犯罪每年所造成的国家损失至少有 3000 亿美元，并有逐年递增的趋势。针对这种趋势，也是为了更好地研究美国的经济刑法问题，美国建立了专门的白领犯罪司法机构，如 1980 年的美国国家白领犯罪中心，2000 年的因特网欺诈投诉中心(IFCC)等等，并制定了一系列的司法对策，力求建立起完善的预防白领犯罪的控制体系。

就学理而言，一般可以将美国的白领犯罪分为商业部门的白领犯罪和政府部门的白领犯罪。美国学者理查德·昆尼则将白领犯罪分为公司犯罪和职务犯罪。美国联邦调查局通常将白领犯罪列为最大的犯罪调查项目。

目前，随着互联网和计算机的发展，在促进美国经济繁荣的同时，也为犯罪提供了新型平台。此外，诸如环境诈骗、金融犯罪等新形态的白领犯罪形式不断涌现。根据美国经济刑法涉及的犯罪形式，相关学者对其的重点研究项目主要包括：反垄断的违背、破产诈骗、计算机犯罪、破坏生态环境的犯罪、金融机构诈骗、政府诈骗、卫生保健诈骗、保险诈骗、知识产权问题、洗钱、腐败、有价证券诈骗、逃税问题、电信市场的诈骗等。

二、德国对经济刑法的研究

德国对于经济刑法的研究主要体现在各个时期的经济犯罪刑事政策上。德国是刑事政策的发源地，也是刑事政策学说最深刻、最系统的国家。人道、法治、公正三大原则贯穿其刑事政策的始终，使得德国现代刑事政策整体上呈现出犯罪网趋宽、刑罚网疏缓，而对特定犯罪刑罚加重的特点。对经济刑法的研究而言，总体也是符合德国一直以来总的刑事政策的，但在不同时期还是有各个时期的不同特点的。

（一）1945 年之前德国经济刑法的发展

德国经济刑法的根源可以追溯到 1869 年的《商业秩序法》和《统一关税法》。在《违反秩序法》第 143 至 153 条和《统一关税法》第 134 至 164 条中分别规定了相应的刑罚条款,尤其是经济刑法中的两个传统的基本犯罪构成要件——诈骗和背信,都有所体现。而德国真正意义的经济刑法诞生于 1914 年,当时它是作为一种具有干涉主义色彩的调控强制法出现的。这种法律的基础来自 1914 年的《授权联邦参议院在战争时期制定关于经济措施的法律》。第一次世界大战之后,德国为了克服因战争造成的物资匮乏困难,继续制定了若干法律,包括 1919 年的《帝国税法典》。这部法律在其第 353 条及其之后各条中首次引入了关于狭义上捐税刑法的以及整体性捐税与海关刑事诉讼的全国统一规定。1929 年以后,为了应对世界经济危机,在德国总统颁布的众多紧急法令中引入了经济调控与经济秩序的新措施,这些措施规定了秩序罚和刑罚作为保障。1933 年,由于纳粹主义者坚持认为"以直接和间接管制的方法对经济进行调控是正当的。使用刑法以便加强经济干预的效率也就没有什么问题了"。因此,当时的帝国政府和其他部门(比如帝国价格监控专员、帝国粮食部长或者由其授权的协会和经济联合会)便被授予了条例的制定权。但这一切所导致的问题是:在刑事罚的刑事司法和秩序罚的行政管理之间出现了职能上的交叉。在 20 世纪上半叶,也就是第二次世界大战期间,德国经济刑法的特点是以刑罚手段确保其实施的强制管理法和价格控制法。我们认为,在某种程度上,该时期德国经济刑法领域的立法特点已经确定,例如 1939 年的《〈帝国税法典〉修正法》。

(二)1945 年及之后德国的经济刑法

第二次世界大战以后,在德国的西方国家占领区以及"联合经济区"(Vereinigten Wirtschaftszonen)里,立法机关立即着手对纳粹德国遗留下来的管制法中过量的刑法内容予以削减,并以符合法治国原则的方式将经由法院施加的刑事罚与属于行政管理职能的秩序罚相区别。联合经济区经济委员会于 1949 年 7 月 26 日通过了《经济刑法简化法》(简称 WISTG 1949,即《1949 年经济刑法》)。在这部法律中,第一次将实质性的经济犯罪行为与违反秩序行为进行了严格的区分。该法第 6 条采用了德国刑法学家埃白哈特·施密特(Eberhard Schmidt)提出的"施密特公式"。1952 年颁布的《违反秩序法》(OWIG)在经过内容上的屡次修订后发展成为今天仍然有效的《1954 年经济刑法》(1975 年修改和公布),它不仅包括了关于可被施加法律后果的规定,还包括了两大类犯罪行为的构成要件:第 1 至 2 条规定的某些法律之保障条款的行为和第 3 至 5 条规定的特定价格规范的行为。

(三)德国经济刑法的改革运动

20 世纪 60 年代中期,德国经历了社会思想上的根本变革,主要体现在 1968 年前后的大学生反叛中。这些反叛的大学生主要是那些在儿童时代经历了战时与战后物资匮乏的、在表面上已适应社会的"质疑的一代"(Skeptische Generation),他们通过游行示威活动、直接民主行动以及公然的违法行为,抗议和抵制父辈们对于纳粹主义的沉默和对于阿登纳时代复辟政策的逆来顺受。当时被视为理所当然的市场经济制度遭到了质疑,实务界和学术界开始认识到这个制度潜藏的阴影。学者们开始讨论经济增长与肆意掠夺自然,资源对环境造成的威胁二者之间的边界问题。从刑事政策角度来讲,对这一问题的讨论有利于形成一个关于经济刑法的改革运动。

德国实务界首先对这场经济刑法改革运动予以接纳,采取措施大力打击违反现行法的可罚行为。1968 年,德国设立了专业检察机构专门负责经济犯罪案件,并将经济犯罪诉讼程序集中于州级法院的经济犯罪合议庭。同时,学术界对于这个长期被忽略而又被认为有些重要的边缘领域——经济刑法产生了浓厚的兴趣。克劳斯·梯德曼(Klaus Tiedemann)教授成为这场新运动的先驱思想家,他的《附属刑法中的构成要件功能》奠定了德国经济刑法的理论根基,并在专业领域引发了极大关注,使得"经济刑法"成为 1972 年在杜塞尔多夫举行的第 49 届德国法学家大会刑法分会之专题会议的焦点。

为了实现经济刑法的改革,德国还专门成立了由 16 人组成的"惩治经济犯罪专家委员会"(Sachverstandigenkommission zur Bekampfung der Wirtschaftskriminalitat)。该委员会通过召集众多专家开会,以及接受众多报告、评论和草案等途径,制定了一个包含若干问题的全面计划,并为每个问题提出了具体建议和解决方案。1976 年通过了第一部《惩治经济犯罪法》,其中就采纳了在专家委员会看来尤为紧迫的立法措施。值得指出的是,新增的补贴诈骗罪的构成要件(《刑法典》第 264 条)单独针对补贴程序中的虚假陈述施以刑罚。1986 年颁布了第二部《惩治经济犯罪法》,该法的重点内容是对惩治计算机犯罪的新构成要件、投资诈骗的构成要件、滥用支票卡与信用卡的构成要件,以及对扣留和贪污劳动者报酬的统一构成要件进行了规定。以上两部法律的颁布,主要应归功于专家委员会对于经济刑法的研究,这也是德国经济刑法改革的重要成果。此外,1980 年的《第十八次刑法修正法》(即《惩治环境犯罪法》)也是这场改革思潮带来的立法成果,该法将整体性环境刑法引入其中,对大部分惩治危害环境行为的刑罚规范进行了整合。

(四)德国经济刑法研究的现状

相比于此前几十年的发展,自 20 世纪 80 年代以来,德国的经济刑法进入了一个没有重大改革的新时代。1970 年前后兴起的汹涌改革浪潮在经过 1986 年第二部《惩治经济犯罪法》之后便逐渐消退,失去了动力。德国对于经济刑法的研究,在内容上可以分为以下几个方面:

1. 逐个进行的应对性立法问题研究

经济刑法领域新发展的显著特色在于缺乏一个贯穿各个步骤的指导思想。刑事政策起不到指导作用,发展动力是由外部条件决定的,即政府所展现的行动能力。政府和议会为了应对真实的或者臆想的危机而制定法律,以便矫正当时已被曝光的弊端。这样制定的法律往往是仓促出台的,属于纯粹的象征性立法。这种立法因为缺乏对现状的充足分析和对行动方案的充分思考,而不可能解决实际的问题。在德国经济刑法中,突出的例证有:(1)在对外经济刑法和战争武器控制刑法的领域,相关法律被修改的目的是,有效查明和制裁德国公司对于国外棘手工程的参与。这里的棘手工程是指利比亚的毒气工厂的建造,伊拉克的武器生产能力的重建,以及联合国的各种禁运措施。(2)1986 年 11 月在瑞士巴塞尔一家化工厂(Sabdoz 公司)发生的火灾导致了一场环境灾难,莱茵河遭到大面积污染。这一事件引发了人们对于德国环境刑法是否有效的激烈讨论,讨论的结果便是 1994 年第二部《惩治环境犯罪法》的出台。(3)1997 年 8 月 13 日《惩治腐败法》在《刑法典》中新增了"破坏竞争罪"一章,该章里增加了早在附属刑法(《反不正当竞争法》第 12 条)就已存在的惩治商业贿赂的刑罚(《刑法典》第 299 条:商业贿赂罪)。而且,立法者还增加了一个新罪名,即在招标中进行限制竞争的约定(《刑法典》第 298 条)。这个罪名几十年来曾经争议不断,也曾在 1986 年遭到一些政治人物的坚决反对。惩治腐败的主导思想为这个在本质上颇有争议的立法行动送来了一股顺风,从而使其跨越了此前貌似困难重重的障碍。

2.欧盟法对德国经济刑法的影响问题研究

作为经济刑法上的立法源泉,欧盟法律的意义日益增加。《欧洲经济共同体成立条约》(即《罗马条约》)第249条第3款意义上的欧共体指令规定了各个成员国议会有效实施其既定目标的义务。同时,《罗马条约》第280条要求采取具有威慑性质的,且在成员国中实现有效保护的措施,以保护欧盟的财政利益;在此过程中订立的国际条约,详细地规定了这些义务。为了说明这些法律渊源对德国经济刑法的影响,列举以下几项重要事例:①

(1)德国的财务报表刑法主要源于欧共体关于统一公司法意义上的财务报表法的各个指令。例如《商法典》第331条中关于虚假申报之构成要件的条文,就是经由1985年12月19日的《财务报表指令法》设立的。

(2)1994年7月26日《有价证券交易法》第38条结合第13至14条关于惩治内幕交易行为的刑罚规定,也是源自欧共体理事会内幕交易指令的规定。此外,2004年的《投资者保护改进法》所引入的《有价证券交易法》条文的规定,对可处以刑罚的与可处以罚款的行为进行了区分,这也是来源于欧共体的指令。

(3)1976年引入的补贴诈骗的构成要件(《刑法典》第264条)经过1998年颁布的《欧共体财政保护法》得到了很大程度的重造和扩展。

(4)汇率和市场操纵法律于2002年作了重新规定,又于2004年进行了修改;这些复杂的发展变化主要起源于《市场操纵指令》。

(5)国家扩大使用企业性制裁法(《刑法典》第14、75条,《违反秩序法》第9、29、30和130条),这也是通过实施欧盟的各项法律得以实现的,德国有关法律的名称对此都有体现。

(6)在德国卡特尔《违反秩序法》中关于违反秩序行为构成要件和被施加的法律后果的改革(《反限制竞争法》第81条第1至3款、第4至6款)是根据2005年《反限制竞争法第七修正案》实施的,而该修正案又是源于2003年的《欧共体卡特尔程序法令》。

3.实践性问题研究

自从德国经济刑法改革以来,通过刑法和违反秩序法来控制经济犯罪行为已经在德国得到实现。但由于调查范围的局限性,经济刑法上的程序仍然存在某些问题,程序上的简化方法就特别重要。此外,作为对经济犯罪进行社会调控的有力工具,《违反秩序法》也得以实施,特别是在卡特尔法程序中,德国联邦卡特尔局作出了高达2.52亿欧元的高额罚款。尽管如此,刑法性控制仍有漏洞,德国的经济政策和刑事政策中缺乏对于犯罪行为进行的一种更加有效地控制。

在过去的十年中,德国已经出现了由非国家机构对于经济犯罪进行的追究。例如大型的会计师事务所根据其兄弟组织秉承"法庭或法庭调查"的理念提供相关服务,而这些服务中涉及的范围包括查明已经发生的违法行为,采取专业性的应对措施,直至为预防有害于经济公司的越轨行为提供支持。这也在某种程度上反映了经济犯罪领域中国家追诉的不足,值得经济刑法的进一步深入探究。

---

① 汉斯·阿亨巴赫(Hans Achenbach):《德国经济刑法的发展》,周遵友译,《国外刑事法制》,2013年第2期。

三、日本对经济刑法的研究

（一）日本经济刑法的定义

日本刑法学界对于何谓"经济刑法"或"经济犯罪"这一概念的见解是各不相同。一般来说，有狭义内涵和广义内涵之分。狭义上的"经济刑法"指的是对违反物资管理、进出口限制、反垄断法等行为的刑罚法规，其保护的法益是超越个人利益的经济秩序与经济利益。广义的"经济刑法"，则是指适用于所有有关企业活动或经济交易的犯罪的处罚规定的总和。①

在日本经济刑法发展的过程中，对经济刑法中所包含的刑罚法规进行过多次的类型化分类，但具体的分类标准都不太明确。此外，日本的司法实务界对有关"智能犯"与"经济案犯"的区分标准也不具有实质性，仅仅是对刑法犯与违反相关经济法令行为的区分。

因此，日本的经济刑法，"并不是就经济刑法的对象进行系统性分类的，而是从分则的角度，把限制有关企业活动与经济交易犯罪的所有刑罚法规总称为经济刑法"。这种分类方式也是有一定特色的。

（二）日本经济刑法的历史沿革

日本有关经济刑法的研究是以20世纪30年代的统制经济为契机发展起来的。② 日本的统制经济是指1931年至1937年的侵略战争爆发后的经济体制，特别是涉及物资动员、劳动力强制部署、物价统制等一系列的经济活动。这也意味着国家利用强制手段介入国民经济活动，干预私法关系。那时的经济刑法被定位成为保护统制经济秩序的，一旦违反或破坏这种秩序，就会被认定具有犯罪性。至今，经济刑法仍然保留这种痕迹。

战后，这种统制经济的经济体制依然存在，实务界和学术界也一直维持着统制经济刑法带来的行政刑法的扩大化、罪刑法定主义原则弱化和刑法理论松懈等状态，对经济刑法的研究也主要是对战时经济刑法"经济犯罪的自然犯化"的倾向性批判。

20世纪50、60年代，日本针对公司董事等个人犯罪的研究成为主流，此时的经济刑法也被称为"个人主体型经济刑法"，主要研究与白领犯罪有关的内容，公司董事职员的财产犯罪被当作重要问题提出，特别是对企业高层干部的犯罪行为研究。

20世纪70年代，随着日本经济高速发展的不良后果的出现，产业公害与食品公害、药物公害、宾馆火灾等企业灾害不断发生，企业为主体的犯罪成为重要的社会问题。1974年，通过通产省的行政指导，石油产业界幕后价格卡特尔等事端败露，被公正交易委员会检举。这是日本反垄断法领域最早的刑事事件。同时，与企业有关的"恶性诈骗"案件不断增加，消费者权益保护的相关法律开始逐步被修改完善。在此期间，对于经济刑法的研究主要是围绕"企业犯罪"和保护消费者并限制恶性诈骗来展开的。这一时期的企业犯罪的特征，主要是在经济高速发展中，存在于各个企业内部的隐患以企业整体犯罪的形式显露出来，引起社会的广泛重视。

20世纪80年代，日本成为世界上屈指可数的经济发达国家。民众的生活也逐渐富裕起来，但这也使得投机获利的社会风气一度高涨。随着经济活动的重心由生产领域向金融领

---

① 芝原邦尔：《经济刑法与市民的经济生活的保护》，《法律时报》1986年第58卷。
② 齐藤丰治：《经济刑法·经济犯罪研究视点的变迁》，《刑法杂志》1989年第30卷。

域转化,诈骗性的交易行为也越来越多,传销、期货交易等利用经济手段欺诈消费者的犯罪案件层出不穷,同时泡沫经济也对此起到了推波助澜的作用。80 年代后期,日本作为行政指导国家本身存在的政治、经济结构问题,导致与此相关的经济犯罪日益突显,主要表现为证券公司的亏空填补、内幕交易、证券价格操纵等等。①

进入 21 世纪以来,日本学者对经济刑法的研究重点放在了具体罪名上,对经济刑法总论的一般性问题研究较少,论著也不多。而日本实务界,由于法律没有规定经济犯罪、经济刑法的定义与范围,所以司法实务界对此没有明确的概念。事实上,东京、大阪、名古屋等地方检察院以特别搜查部为中心重点处理重大的经济犯罪,警察也以生活保安科为中心重点查处侵害消费者利益的恶性诈骗犯罪等。

(三)日本经济刑法的类型化

一般认为,日本的经济刑法包括三大领域,包括维护有关国民经济秩序乃至自由竞争经济秩序的刑罚法规的领域、保护经济交易中当事人的特别刑法的领域、保护以国家财产为中心的经济主体——国家的刑罚法规的领域。这三大领域,根据法益的不同,可以分别把它们对应为"社会法益""个人法益"以及"国家法益"。根据刑法学的特征,与个人的法益相关的经济刑法领域,可以分为保护企业的经营利益的领域以及保护一般消费者利益的领域。由此可见,把一切经济刑法的法益看作是"超个人的(社会性)法益"这一说法在日本是行不通的。基于这一观点,可以将日本的经济刑法进行以下的类型化:

保护投资者等消费者的刑罚法规,即保护经济交易中一般消费者等弱者的刑罚法规。例如,从违反限制传销的法律及出资法等恶性诈骗中对消费者和投资者进行保护,在这里保护的是消费者和投资者的私人财产。从恶性诈骗中保护消费者在经济上、财产上的利益是经济刑法的重要课题,但是消费者保护不应局限于恶性诈骗的问题,与食品及汽车的安全性有关,对生命、身体的侵害、危险的防止、被害的救济也是消费者保护的重要领域②。由于保护受害者是至关重要的,所以必须限制可能产生法益侵害危险的前阶段行为。

保护企业的经营利益的刑罚法规,特别是保护企业财产不受企业内外攻击的刑罚法规。例如《商法》的公司财产危害罪(《商法》第 489 条)、董事等特别渎职罪(《商法》第 486 条)、保护企业秘密等。因此,攻击行为既应当包含一般公众对企业财产的侵害行为,也应包含企业内部人员为个人利益侵害企业财产的行为。但是,由于这类法规具有保护竞争中的"公正性"的责任,所以需要重点保护的是企业与企业的竞争以及交易。

保护国家财政的刑罚法规,例如对偷税漏税犯罪、补助金诈骗罪或者刑法上的协议罪(第 96 条第 3 款第 2 项)进行处罚的刑罚法规。它所保护的法益是国家的财政,也因此保护国内经济秩序而对国际间的交易进行限制。

保护国民经济秩序的刑罚法规:包括《反垄断法》、《证券交易法》等。这些法规最主要的目的是维护自由市场等制度上的利益。

---

① 顾肖荣:《经济刑法(1)》,上海人民出版社 2003 年版,第 286 页。
② 齐藤丰治:《消费者保护与经济刑法》,《现代刑事法》2001 年第 3 卷。

第二节 国内对经济刑法学的研究状况

一、我国经济刑法的立法历程

我国的经济刑法立法是随着我国经济和社会的发展变化而不断发展变化的：在1979年刑法典制定前，我国只有单行经济刑法（或相关形式的文件），如1951年政务院颁布的《妨害国家货币治罪暂行条例》，1956年全国人大常委会颁布的《1957年国家经济建设公债条例》，1958年国务院批准的《关于处理走私等60项原则》及1964年外贸部海关管理局制定的《海关查私工作试行规则》等。

在1979年刑法典中，以分则第三章"破坏社会主义经济秩序罪"中，规定了13个罪名，正式以法典形式规定了经济犯罪，随后又以"决定""补充规定"的方式颁布了一系列惩治经济犯罪的单行刑法，包括1982年《关于严惩严重破坏经济的罪犯的决定》，1988年《关于惩治走私罪的补充规定》，1992年《关于惩治偷税、抗税犯罪的补充规定》，1993年《关于惩治假冒注册商标犯罪的补充规定》《关于惩治生产、销售伪劣商品犯罪的决定》，1994年《关于惩治侵犯著作权犯罪的决定》，1995年《关于惩治违反公司法的犯罪的决定》《关于惩治破坏金融秩序犯罪的决定》《关于惩治虚开、伪造和非法出售增值税专用发票犯罪的决定》。后因我国经济转轨，1997年修订刑法典，并将1979年《刑法》分则第三章更名为"破坏社会主义市场经济秩序罪"，共规定了90个罪名，并在体系编排和内容上做了重大调整和充实。随后，全国人大常委会又于1998年12月29日通过了《关于惩治骗购外汇、逃汇和非法买卖外汇犯罪的决定》。

此外，还有一些经济法律法规，如《中华人民共和国公司法》《中华人民共和国商业银行法》《中华人民共和国票据法》等等，其中附带笼统规定"构成犯罪，依法追究刑事责任"这样的附属条款。通常只有规定了罪状及法定刑的法律规范才称得上是刑法规范，从严格意义上讲，我国的这种经济刑事附属条款称不上附属刑法。[①]

这10次修订具有几个特点：第一，频率快。修改刑法的时间间隔较短，一般间隔两年，时间最长者间隔四年，时间短者间隔一年，甚至一年连续颁布两部修正案，修正频率较高。第二，在新增和修改的罪名中，经济犯罪占据了百分之五十以上，这与市场经济的快速发展有着很大的关系。第三，体现出了轻轻重重的立法倾向：一是通过增加罪状内容，扩充犯罪行为表现方式。第一个《刑法修正案》修改的7个罪名中无一例外地增加了行为方式或者犯罪主体，不同程度地增加了犯罪范围，增加了法网的严密程度。如，在国有公司、企业、事业单位人员滥用职权罪中明确增加了"致使国家利益遭受特别重大损失"作为加重情节，将"徇私舞弊"作为从重处罚的情节。《刑法修正案（三）》对洗钱犯罪的修正，亦是通过直接提高直接责任人员刑罚方式，加重对本罪的处罚。二是对部分犯罪提高了入罪门槛、降低了刑罚力度。《刑法修正案（四）》中对生产、销售不符合标准的医用器材罪，明确降低最低刑罚，并以结果犯代替情节犯，提高了入罪门槛，间接缩小了犯罪圈。《刑法修正案（六）》则主要是通过

---

① 罗荀新：《论我国经济刑法的国际化趋势与立法改革》，[D]西南大学2016年。

提高入罪门槛的方式,降低对相关经济犯罪的处罚。如在违法发放贷款罪中,将"造成较大损失的"修改为"数额巨大或者造成重大损失的";将"造成重大损失的"修改为"数额特别巨大或者造成特别重大损失的"。《刑法修正案(七)》在逃税罪中明确规定减免处罚条件。《刑法修正案(八)》则以大幅度削减相关经济犯罪中的死刑罪名为基础,降低经济犯罪的刑罚。《刑法修正案(九)》对贪污罪受贿罪定罪量刑的标准上,不再规定具体的贪污受贿的数额,而以数额与情节结合为定罪要素,并设置了终身监禁刑作为限制死刑适用的措施。修正案(十一)除了增加若干新罪外,还将职务侵占罪、非法吸收公众存款罪等的法定刑增加了一档,提高了处罚幅度。

但值得注意的是,经济犯罪中的刑罚走向并不是一味的轻缓化,修正案对不少罪名提高了法定刑。如对一些经济犯罪中的罚金刑,改倍比罚金制为非固定数额罚金制,其原因主要是考虑到以往倍比罚金数额较小,不能体现出罚金刑应有的惩罚性。修正案改用非固定数额罚金制,不设置惩罚的上限,有利于发挥罚金的惩罚性作用。修正案针对关系民众安全的食品类犯罪,通过修改相关罪状,加大了对其惩罚力度。如生产、销售假药罪由原来的危险犯修改为行为犯,扩张了犯罪成立范围,提高了对本罪的处罚力度。在生产、销售有毒、有害食品罪中删除了"造成严重食物中毒事故或者其他严重食源性疾患"条件限制,增加了"其他严重情节"情形,间接提高了对该罪的处罚力度。[①]

二、对经济犯罪概念的研究

概念是学科研究的基础,是一切逻辑推理与演绎的起点,非常重要。经济犯罪是一类犯罪事实与犯罪现象,经济刑法则是经济犯罪在刑法中的规范表现,两者是相互对应的关系。"在犯罪现象中,可区分为两个不同方面:一是犯罪现象的规范方面,它属于刑法学的范畴,即刑法学是一门关于如何将现实的案件归属于刑法规范,并阐述和应用这些规范的科学;二是犯罪的事实或实体方面,即犯罪现象、犯罪与环境以及犯罪人个性的关系,则专属于犯罪学的内容。"[②]换言之,经济刑法表现为特定的规范体系,而经济犯罪则是待调整的对象事实,两者是调整方法与被调整对象的关系。例如,行为人实施了《刑法》分则第三章规定的"破坏社会主义经济秩序罪"的某一犯罪,相应就应当依照《刑法》该章规定的罪名定罪处罚。正是经济犯罪与经济刑法之间存在的事实与规范的对应关系,很多学者在界定经济刑法的概念时,基本上都直接引用"经济犯罪"的表述,未将二者区分开来。如有的学者认为,经济刑法是指规定经济犯罪及刑事处罚的刑法规范;[③]有的学者认为,所谓经济刑法,是指我国刑事法律根据维护社会主义市场经济秩序、保护公司财产所有权、加强廉政建设的需要,规定什么行为是经济犯罪和如何追究其刑事责任的刑法规范的总和。[④]正是由于经济刑法与经济犯罪之间特定的对应关系,国内有不少学者在表述时,将两个概念混同使用,不做区分。

---

① 庄乾龙:《从刑法修正案看经济刑法立法走向》,《研究生法学》2014 年第 4 期,第 70 页。
② 张远煌:《刑事政策视野中的"二元"犯罪研究》,载中国人民大学刑事法律科学研究中心组织编写:《现代刑事法治问题探索》(第一卷),法律出版社 2004 年版,第 448 页。
③ 陈兴良:《经济刑法学》,中国社会科学出版社 1990 年版,第 18 页。
④ 赵长青:《经济刑法学》,法律出版社 1999 年版,第 8 页。

三、经济刑法的独立性问题研究

在国内学界，对经济刑法是否具有独立性或者相对独立性，有不同的看法。归纳起来，大致可以分为三种：第一种观点认为，经济刑法学是一门以经济刑法为研究对象的学科。经济刑法学作为一门独立学科在我国刑法学界得到了正式认同。第二种观点认为，经济刑法作为刑法学的一个分支，在理论上只具有相对的独立性。第三种观点主张，经济刑法完全是刑法学研究的一个组成部分，不具有学科意义上的独立性。

我们认为，经济刑法学是刑法学的分支学科，作为一个相对独立的分支学科，是由其研究对象的特定性、服务目的的特殊性决定的。经济刑法学与普通刑法学的不同之处在于：在研究对象上，普通刑法学研究特定社会条件下存在的犯罪现象、犯罪成立的标准和刑罚处罚，而经济刑法学只研究针对经济的或者破坏经济秩序的犯罪问题、犯罪成立标准和相应处罚规则。尤其是现代市场经济条件下，社会上的经济生活十分活跃，经济领域十分广阔，经济关系十分复杂，加之经济主体利益的保护得到强调，崇尚个性自由的理念得到尊重，经济行为性质呈现出较为复杂的特点，违法与犯罪的界限更为模糊。而刑罚惩罚，作为国家维护统治秩序的最后手段，在适用于经济犯罪时，又须持十分谨慎的态度。

四、经济犯罪形式的研究

经济犯罪从形式上看，是一种财产性犯罪。究其根源，是人们私利膨胀对于公共利益和他人利益的侵犯，是对国家利益、公共利益及个人利益的损害。因此，对于经济犯罪而言，刑法制度的构建重点应是，对于被犯罪分子侵占的国家财产、公共财产和个人财产的追回，使损失降低到最低的程度。但是，从现实情况来看，许多经济犯罪分子虽然获刑，但是，其所侵占的财产却无法全部追回，甚至被犯罪者所隐匿，进而影响了刑罚处罚的效果。为此，当代经济刑法学的研究必须高度重视对经济犯罪刑罚制裁效果的研究，以寻求解决此方面问题的方案。

五、经济犯罪的刑事政策

经济犯罪是社会经济发展到一定阶段的产物，是与社会化大生产、商品化生产密切联系的。一国的经济犯罪总是与一国的经济活动和经济制度密切相关的。经济犯罪作为一种客观存在，在市场经济的条件下是无法回避的事实，应当予以高度重视，并采取适当的刑事政策予以遏制。

经济犯罪本身的特殊性决定了经济犯罪刑事政策的特殊性，因此我们应对经济犯罪的政策、策略和方法就应当与对付街头暴力犯罪的政策、策略和方法严格加以区别。用对付街头暴力犯罪的思路和方法治理经济犯罪，并不能降低经济犯罪率。我国对于经济犯罪的打击，既有常规性的依照现行《刑法》规定对经济犯罪的制裁，也有在"严打"政策指导下的对严重经济犯罪的重点打击。但遗憾的是，经济犯罪仍呈现出了大幅增长的态势，出现了大量犯罪数额特别巨大的案件，犯罪的组织性、团伙性日益严重，甚至高智能犯罪居多的特点。刑罚是否具有威慑力，威慑力有多大，这些问题都直接影响到运用刑法打击和控制犯罪效果的实现。由于经济犯罪本身的独特性及转型期的社会现实使刑罚的威慑力在控制经济犯罪中大打折扣，直接导致刑法效果的不佳。为此，我们必须正确地看待经济犯罪，理性地调整经济犯罪的刑事政策。在"宽严相济"的刑事政策精神的指导下,针对经济犯罪与市场经济的天然共生性,经济犯罪主体的贪利心理以及经济犯罪的高智能性特点,要认识到刑罚威慑力的有限性,在严密法网的基础上,尽可能适当采用轻刑化措施,要将现行刑法"自由刑与财产刑并罚"的重心偏向财产刑的合理运用,适度从严控制自由刑,以加大财产刑和资格刑的适用。在行刑政策上,对待经济犯罪服刑人应采取"教育为主"的政策,尤其是高智能性犯罪服刑人,提升他们发挥其才能的积极性,从思想上彻底改变其意识,注重思想改造与才能发挥。在总结我国历来经济犯罪刑事政策基础上,代之以科学的刑事政策,注重"严而不厉",切实地做到"打防结合""打防并举",动用社会力量进行综合治理,以期取得良好的社会效果。[①]

复习与练习

本章提要

经济刑法学作为一个边缘性学科,近年来,随着社会经济的迅速发展,对其的研究越来越受到国内外学者的重视。由于各个国家历史背景、国家政策和经济发展状况等原因,对经济刑法学的研究在不同阶段也会有不同的特点,主要体现在各个时期的经济刑法立法与司法上,也体现在对经济刑法概念等经济刑法的一般性问题的学术探讨中。

美国、日本、德国等国经过百余年市场经济发展的历程,都已逐步形成了较为成熟和稳定的预防和遏制经济犯罪的立法体系和刑事政策。通过了解国外经济刑法的发展历程以及国外经济刑法的研究现状,对比我国经济刑法的研究状况,找出研究重点和突破口,对于加强我国经济刑法的研究,推进经济犯罪方面的立法与司法活动,都有巨大的帮助作用。

思考题

1.综述各国关于经济刑法概念界定的研究。

2.评美国、德国、日本经济刑法学的研究现状。

3.评我国经济刑法学的研究现状。

参考文献

1.顾肖荣:《经济刑法 1》,上海人民出版社 2003 年版。

2.顾肖荣:《经济刑法总论比较研究》,上海社会科学院出版社 2008 年版。

3.章惠萍:《公司经营中的刑法风险》,中国科技大学出版社 2004 年版。

4.赵长青:《经济刑法学》,法律出版社 1999 年版。

[①]　章惠萍:《公司经营中的刑法风险》,中国科技大学出版社 2004 年版,第 87 页。

第二编

经济刑法学总论

第五章　经济刑法理论

本章主要阐述经济刑法的概述、立法、结构和适用,包括经济刑法名称的争议观点等。其中,经济刑法的概述包括其概念、特点、功能、渊源和法律溯及力;经济刑法立法包括立法原则、立法模式及立法沿革史;经济刑法结构包括:罪名、罪状、法定刑及法条竞合等问题;经济刑法的适用主要阐明实践中需要注意的问题。

本章重点

- 经济刑法的概念
- 经济刑法的立法
- 经济刑法的结构
- 经济刑法的适用

第一节　经济刑法概述

一、经济刑法的概念

经济刑法学存在的基础就是经济刑法,无论是经济刑法学的本体理论,还是整体学科建设,离开了经济刑法,经济刑法学将会成为无源之水,无本之木。要想知晓经济刑法的一般理论,首先必须弄清经济刑法的概念。从

5-1

严格意义上说,经济刑法迄今为止仍不是一个法律概念,而是学者们为了便于研究经济犯罪问题而采用的一个学理概念。什么是经济刑法?国内外对此尚无一个统一之概念。

(一)境外关于经济刑法的概念之争论

关于“经济刑法”这一概念的起源尚无确切考证,但一般认为是在 20 世纪初,由德国学者首先提出来的。[1] 但关于经济刑法的确切含义,境外学者一直处于不断的探索与研究之中,境外学者对于“经济刑法”的界定主要是从广义、狭义和折中等几个角度进行的。[2]

1.广义的经济刑法概念

经济刑法是指一切与经济活动、经济利益有关的刑事法律规范,即所有和经济生活有关的刑法规范,都是经济刑法。经济刑法包括传统的财产犯罪,如敲诈、抢夺、盗窃的刑法规范;也包括其他在民商法、经济法以及经济行政法规中具有刑法性质的法律规范;还包括污染环境等“公害刑法”、从事经济管理的附属刑法等。这种观点,早期的刑法文献中称为“经济的刑法”。

---

① 陈兴良:《经济刑法学》(总论),中国社会科学出版社 1990 年版,第 6 页。
② 林山田:《经济犯罪与经济刑法》,台湾三民书局 1981 年版,第 87 页以下。

2.狭义的经济刑法概念

经济刑法是指以整体经济及整体经济中具有重要功能的部门或制度为保护客体的刑法规范。这种观点将经济刑法的面限定得很窄,经过这种限定,传统的财产犯罪与新兴的公害犯罪均被排除在经济刑法之外。因而,我们称之为"狭义的经济刑法概念"。

3.折中的经济刑法概念

经济刑法是指以违反经济法规的经济违法行为的处罚条件及其法律后果为内容的刑事法律规范。这里的经济法规,是指所有规定经济生活与经济活动运行的法律规范。因此,折中的经济刑法概念认为经济刑法就是规范和管制经济交易所需货物生产、制造、分配与交易等活动的刑法规范。根据这种观点,经济刑法包括经济犯罪与经济违法行为,两者统称为"经济违反行为"。

广义的经济刑法概念和狭义的经济刑法概念均不足为取,前者使经济刑法的调整范围过宽,外延过分扩大,而根据逻辑学的一般原理,外延越广,内涵就越小,其区别于其他事物的特质就越少,因而将经济刑法独立出来的意义就不大,与普通刑法规范也不好区分。有学者从法益的角度来看待经济刑法概念的界定。该学者认为,广义的经济刑法与狭义的经济刑法之争同现代西方国家将刑法保护的客体分为所谓"国家法益""个人法益"和"社会法益"是密切联系的。按照广义的经济刑法的本意,经济刑法保护的客体不仅是整体社会经济秩序与经济利益,也包括个人法益;而狭义的经济刑法则将经济刑法功能集中于保护整体经济秩序。但在多种经济成分并存并以私有制为主的西方社会,所谓"个人法益""社会法益"和"国家法益"的区分也是相对的。有些犯罪看似仅仅侵犯个人的经济利益,但未必不影响社会整体的经济秩序。[①]

折中的经济刑法概念认为刑法所保护的法益包括个人的和超个人的经济利益,亦即经济社会的"公益"和消费者及参与经济活动者个人的财产利益,但又将那种在经济活动之外的传统形态的单纯侵犯个人财产的犯罪排除在经济刑法的调整范围之外。因此,折中概念既消除了广义的经济刑法调整范围太宽的弊病,又克服了狭义的经济刑法调整范围过窄的缺陷,因而显得相对科学。

(二)我国学者关于经济刑法的概念之简析

经济犯罪,尤其是大量的经济犯罪的出现,促使我国学者对经济刑法的立法产生了浓厚的兴趣。但是,经济犯罪的概念与范围如何界定?经济刑法的概念与范围如何界定?这些问题,长期以来均在不停地探讨与研究之中。概括起来,对于经济刑法的概念,主要有以下几种主张:

1.经济刑法是国家的统治阶级为了维护本阶级的政治、经济利益,根据自己的意志,通过国家立法机关,制定说明行为是经济犯罪以及对经济犯罪应当如何处罚的法律。但是该种观点是早期人们探讨经济刑法概念的产物,并没有多少实际意义,因为它没有揭示出经济刑法的特征。[②]

2.经济刑法是指经济法规中有关刑罚条款的规定。即经济法规中所规定的对经济违反

---

① 孙国祥:《经济刑法原理与适用》,南京大学出版社1995年版,第6页。

② 孙国祥、魏昌东:《经济刑法研究》,法律出版社2005年版,第4页。

行为,情节严重,依法追究刑事责任的条款。[1] 该种观点只是简单地指出了经济刑法的范围,而并没有指出经济刑法本身的属性。[2]

3.所谓经济刑法,是指违反我国经济管理法规,破坏社会主义经济秩序、经济制度及社会主义公共财产关系、财产制度的经济违法犯罪行为及处罚的法律规范的总和。[3] 该种观点虽然指明了经济刑法的内容,但"制度""秩序""财产关系"等词语的含义不明,违法和犯罪的界限不清,因而欠缺准确性。[4]

4.所谓经济刑法,是指我国刑事法律根据维护社会主义市场经济秩序、保护公共财产所有权、加强廉政建设的需要,规定什么行为是经济犯罪和如何追究其刑事责任的刑法规范的总和。[5] 这一概念从经济刑法所保护的客体上分析,具有一定的理论内涵,但该概念将侵犯公私财产所有权、破坏廉政建设的犯罪都作为经济刑法所规范的内容,有悖于经济刑法的范围。[6]

我们认为,经济刑法不同于普通刑法的特征是规范经济犯罪行为,而经济犯罪是现代商品经济发展的产物,经济犯罪侵犯的经济关系严格地说是市场经济关系,即在市场经济运行过程中形成的社会关系,或者说在商品生产、交换、分配过程中形成的社会关系。所以,经济刑法应以维护国家对市场经济管理秩序为目的,保护社会主义市场经济的正常、有序发展,这才是经济刑法特有的属性。将市场经济关系作为经济刑法保护的客体是较为科学的,因此,应将经济刑法界定为:规定破坏市场经济秩序的犯罪及确定犯罪者刑事责任的法律规范的总和。[7] 这一概念揭示了经济刑法的两个重要属性:第一,经济刑法调整的范围是破坏市场经济秩序的犯罪。那些虽然与经济利益有关,但对市场经济秩序影响不大的犯罪,由普通刑法而不是经济刑法来调整。第二,经济刑法是追究犯罪者的刑事责任,确定了经济刑法特有的调整方法为刑罚。一般的经济违法行为,由于只承担相应的民事责任、行政责任,不属于经济刑法调整的范围。

二、经济刑法的特点

(一)经济刑法的散在性

经济刑法是根源于国家经济部门和经济制度及其经济运行机制而确立的法律规范,因此它所涉及的面十分广泛,而且随着社会经济生活的发展,经济刑法的内容也会相应地随之发展。从世界各国来看,除少数国家专门制定经济刑法典之外,大多数国家的经济刑事法律规范都散见于各种调整经济关系的部门性法规中。经济刑法是一种针对特定事项的专项刑法。根据专项的分类,即可以分为公司刑法、商事刑法、竞业刑法、金融刑法、专利刑法、商标刑法、税捐刑法、破产刑法等。在我国,根据新《刑法》的规定,有关经济刑法的内容除了《刑

---

① 马立:《经济犯罪与经济刑法》,吉林大学出版社 1988 年版,第 21 页。
② 赵长青:《经济刑法学》,法律出版社 1999 年版,第 8 页。
③ 马立:《经济犯罪与经济刑法》,吉林大学出版社 1988 年版,第 23 页。
④ 赵长青:《经济刑法学》,法律出版社 1999 年版,第 8 页。
⑤ 赵长青:《经济刑法学》,法律出版社 1999 年版,第 8 页。
⑥ 孙国祥、魏昌东:《经济刑法研究》,法律出版社 2005 年版,第 5 页。
⑦ 孙国祥、魏昌东:《经济刑法研究》,法律出版社 2005 年版,第 5 页。

法》分则第三章规定的"破坏社会主义市场经济秩序罪"、第六章第六节规定的"破坏环境资源保护罪"和第八章规定的"贪污贿赂罪"外,还有单行刑事法律,诸如1998年12月29日全国人大常委会通过的《关于惩治骗购外汇、逃汇和非法买卖外汇犯罪的决定》、1999年12月25日全国人大常委会通过的《中华人民共和国刑法修正案》、2001年8月31日全国人大常委会通过的《中华人民共和国刑法修正案(二)》、2001年12月29日全国人大常委会通过的《中华人民共和国刑法修正案(三)》、2002年12月28日全国人大常委会通过的《中华人民共和国刑法修正案(四)》、2005年2月28日全国人大常委会通过的《中华人民共和国刑法修正案(五)》、2006年6月29日全国人大常委会通过的《中华人民共和国刑法修正案(六)》、2009年2月28日全国人大常委会通过的《中华人民共和国刑法修正案(七)》、2011年2月25日全国人大常委会通过的《中华人民共和国刑法修正案(八)》、2015年8月29日全国人大常委会通过的《中华人民共和国刑法修正案(九)》和2020年12月26日全国人大常务委员会通过的《中华人民共和国刑法修正案(十一)》等;此外,其他经济法规中所规定的经济犯罪及其刑事处罚规范也属于经济刑法必须涉足的"领地",诸如《产品质量法》《食品卫生法》《药品管理法》《公司法》《商业银行法》《商标法》《专利法》《著作权法》《森林法》《反不正当竞争法》等。正是由于经济刑法所研究的内容一般不是集中在一部刑法典当中,从而使经济刑法不可避免地具有散在性的特征。这种法律散在的特点,可及时适应社会对经济刑法调整的要求,但也同时提醒应当注重经济刑法的运用,必须注意与各种法律、法规的相互配合、相互补充,才能确定某罪的完整犯罪构成。

(二)经济刑法的可变性

经济刑法所规定的经济犯罪,一般都是法定犯。在刑法理论上,法定犯是相对于自然犯而言的,指统治阶级为了特定目的而通过立法所规定的犯罪,它不像自然犯那样具有当然的反社会性和反人道性,只是因为它触犯了刑律,才被认为是犯罪。既然法定犯是由法律禁止规定而成为犯罪的,而经济犯罪又与经济政策具有密不可分的联系,那么当一定阶级的经济政策发生了变化,某一经济犯罪就可能失去其不法内涵而不成为犯罪。反之,某一行为却可能由此而成为经济犯罪。例如,在我国1979年《刑法》适用期间,由于受我国当时的计划经济政策的影响,1979年《刑法》不仅规定了伪造、倒卖计划供应票证罪,还规定了投机倒把罪,将诸多破坏计划经济政策的行为,列入犯罪行为之列。而当我国新《刑法》颁布实施以后,由于我国经济政策由计划经济向市场经济发展,上述破坏计划经济的行为则随之消失。相反地,诸多破坏社会主义市场经济秩序的行为不断地进入经济犯罪的范畴。因此,经济刑法是随着我国不同时期的经济政策的发展变化而变化的,具有十分明显的可变性。

(三)经济刑法的交叉性

经济刑法与经济法规具有密切的联系,这种内容上密不可分的联系甚至超过各种专业刑法之间的联系。例如,《商标法》《专利法》《著作权法》等经济法规中的刑法规范与《商标法》《专利法》《著作权法》都有着直接的联系,成为《商标法》《专利法》《著作权法》不可分割的一部分,这种联系甚至超过它们和其他刑法规范之间的联系。当然,《商标法》《专利法》《著作权法》中的刑法规范又是经济刑法不可分割的一部分,由此使《商标法》《专利法》《著作权法》中的刑法规范具有十分明显的交叉性。由于经济刑法与经济法规具有内容上的这种交叉性,所以经济犯罪与经济违法之间的界限往往不容易划分,因而前述经济刑法概念的折中说对经济刑法作了扩大解释,认为规定经济违法行为的一切法律规范都属于经济刑法,这就把一切经济违法行为都包括进来了,这是不妥的。例如,侵犯商标权的犯罪行为与侵犯商标权的违法行为,侵犯著作权的犯罪行为与侵犯著作权的违法行为之间,都存在相当大的差距,即并非所有的侵犯商标权和著作权的违法行为都是犯罪行为。当然,经济刑法具有交叉性,经济犯罪与经济违法的界限不像普通犯罪那样明确,因而对此加以专门研究是完全有必要的。

（四）经济刑法的强制性

经济刑法的强制性特征是附随于刑法的强制性特征而产生的,也是由刑法本身的特性所决定的。刑法在根本上与其说是一种特别的法律,倒不如说是对其他一切法律的制裁。[①]经济刑法作为一种特别刑法,其强制性尤其如此。在经济法范围内,人们的经济活动首先是得到经济法规的充分保障,在违反相应的经济法规,破坏市场经济秩序时,应当首先由相应的经济法规予以调整,只有当某种经济违法行为具有严重的社会危害性,用民事或者行政制裁措施已经不足以惩罚打击犯罪时,才应当适用经济刑法。因此,经济刑法的"后盾"性质特别明显,即经济刑法在整个国家经济法律体系中起到一种保障和后盾的作用。故而,也有学者将经济刑法的这个特征称为"经济刑法的补充性特征"。[②]经济刑法的补充性显然是由刑法的补充性特征所引申的,刑法的补充性是指由于刑法具有暴力强制性,代价较大,因而只有在其他法律措施不能奏效时才动用刑法,使之成为其他法律的补充性措施。

三、经济刑法的功能

一般而言,学术界所认为经济刑法的功能,是指国家通过经济刑法开展的活动而产生的积极的社会作用和效果。经济刑法的功能既决定于经济刑法的性质,又从某一方面体现和反映经济刑法的性质。从宏观上看,经济刑法的功能,主要体现在以下方面:

（一）经济刑法体现的政治功能

1. 经济刑法具有惩罚的功能

经济刑法采用刑罚处罚的特有方法调整社会经济关系,而任何刑罚都具有惩罚性质。经济刑法作为专门规定经济犯罪及其刑事责任和刑罚内容的法律规范的刑法,也必然具有惩罚经济犯罪的功能,这是经济刑法最重要的功能之一。这种功能集中表现在:经济刑法明确规定,任何人只要实施经济犯罪行为,就必须承担刑事责任,就必须受到刑罚处罚。刑事责任体现了国家对经济犯罪的谴责和否定,是刑罚产生的前提。刑罚体现了国家对经济犯罪分子一定权利和利益的强制剥夺,是经济犯罪分子因为其经济犯罪行为而承担刑事责任的必然结果,其后果是经济犯罪分子物质利益上受到损失或者剥夺经济犯罪分子享有的某种利益,或者肉体上或精神上产生痛苦,使经济犯罪分子切实感到他实施经济犯罪行为的后果已经使他付出、也必须付出代价甚至是极其惨重的代价,以此体现国家对经济犯罪分子的谴责以及在谴责基础上体现的对经济犯罪分子主观恶性的一定程度上的报复,这必然对经济犯罪分子产生惩罚作用。经济刑法所规定的不同刑罚都具有惩罚和

---

① ［法］卢梭:《社会契约论》(中译本),商务印书馆 1980 年版,第 73 页。

② 孙国祥、魏昌东:《经济刑法研究》,法律出版社 2005 年版,第 8 页。

打击经济犯罪的功能,只是不同的刑罚方法对经济犯罪所起的惩罚和打击作用和程度不同而已。

2.经济刑法具有教育和改造的功能

一方面,经济刑法中规定了对经济犯罪分子的刑事责任和刑罚,通过迫使经济犯罪分子承担刑事责任和接受刑罚处罚,使他们意识到实施经济犯罪行为所应承受的痛苦和不利后果,督促他们接受教训,放弃重新实施经济犯罪行为的意图和打算。另一方面,经济刑法通过规定经济犯罪分子的刑事责任和刑罚,能够教育广大人民群众,使他们知道什么是经济犯罪,实施经济犯罪行为必然要承担刑事责任和刑罚处罚的后果,从而自觉遵守国家法律规定,约束自己不去实施任何经济犯罪行为。因此,经济刑法具有既教育经济犯罪分子本人,又教育广大人民的双重作用。经济刑法立法规定经济犯罪及其刑事责任和刑罚,迫使经济犯罪分子承担刑事责任,接受刑事处罚,这只是经济刑法立法的表象功能,而不是其最终功能。其最终功能在于:在惩罚经济犯罪分子的同时,改变其思想和行为,把经济犯罪分子改造成社会的无害因素,使他们不再实施危害社会的经济犯罪行为,而成为对社会有用之人。因此,对经济犯罪分子予以刑罚处罚也可看作是为改造经济犯罪分子而使用的手段。惩罚更侧重对经济犯罪分子已实施的犯罪行为的处罚,改造侧重对已经实施经济犯罪行为的犯罪分子的矫正和扭转,即通过改造经济犯罪分子,防止他们重新实施犯罪。这具有更加积极的意义。

3.经济刑法具有威慑和预防的功能

经济刑法对经济犯罪及其刑事责任和刑罚的明确规定,使社会上有可能实施经济犯罪行为的不稳定分子和危险分子深刻认识到国家对经济犯罪行为的强烈谴责和彻底否定的态度,了解到实施经济犯罪行为必然会导致对自己极其不利的后果,对他们在思想上、心理上产生直接的影响和震慑从而使他们出于对实施经济犯罪所要付出巨大代价的考虑,出于承担刑事责任和承受刑罚处罚后果的畏惧而不敢实施经济犯罪行为。这是经济刑法的政治功能的一个方面。同时,经济刑法更强调预防经济犯罪的功能,这是经济刑法的目的的必然要求。"无论对个人还是对社会,预防犯罪行为的发生要比处罚已经发生的犯罪行为更有价值,更为重要。"[①]把刑罚固有的痛苦强制适用于经济犯罪分子,能够使之对刑罚产生畏怯、恐惧的心理反应,进而产生悔恨和赎罪的意识,而且对经济犯罪分子适用刑罚,能够使之感到社会道义的谴责和否定的压力,从而在一定程度上阻止经济犯罪分子继续或者重新实施经济犯罪行为,起到预防经济犯罪发生的作用。"预防犯罪比惩罚犯罪更高明,这才是一切优秀立法的主要目的。"[②]"制定刑法的目的是要预防犯罪行为的发生。"[③]"在制定刑法时,努力增强而不是减少谴责在预防犯罪行为上的作用是合理的。"[④]由此可见,经济刑法不仅应发挥惩治和打击经济犯罪的功能,更不能忽视其对经济犯罪的预防作用,经济刑法的内容的设计也应时刻强调对经济犯罪的预防作用。

① [德]弗兰茨·冯·李斯特:《德国刑法教科书》(中译本),法律出版社2000年版,第21页。
② [意]贝卡利亚:《论犯罪与刑罚》(中译本),中国大百科全书出版社1993年版,第104页。
③ [美]迈克尔·D.贝勒斯:《法律的原则》(中译本),中国大百科全书出版社1996年版,第335页。
④ [美]迈克尔·D.贝勒斯:《法律的原则》(中译本),中国大百科全书出版社1996年版,第334页。

（二）经济刑法体现的经济功能

1.经济刑法具有补偿的功能

经济犯罪必然使特定主体的经济权利或者经济利益遭受损害，而且经济犯罪所造成的经济损失往往极其巨大，甚至无法估量，其中最主要的是使国家的经济权利、经济利益遭受严重损害。经济刑法不仅规定了对经济犯罪分子适用的各种主刑，而且规定了对经济犯罪适用的各种附加刑，如罚金刑和没收财产等各种刑罚处罚措施，能够使国家遭受的经济损失在一定程度上得到补偿。罚金刑是人民法院强令经济犯罪分子向国家缴纳一定数额金钱的刑罚方法。没收财产是把经济犯罪分子个人所有财产的一部或者全部，强制无偿地收归国有的刑罚方法。在经济刑法立法中对经济犯罪规定罚金刑和没收财产的刑罚方法，不仅能够对经济犯罪分子起到惩罚作用，能够剥夺经济犯罪分子的经济利益，剥夺经济犯罪分子重新犯罪的经济条件，并且能够在一定程度上弥补和减少国家经济利益遭受的损失。

2.经济刑法具有保护的功能

我国的经济刑法是建立在以公有制为主体、多种经济成分并存的经济基础之上的，是为巩固和发展我国社会主义市场经济体制服务的。社会主义市场经济体制的建立和完善，离不开经济刑法立法的保驾护航，由此决定经济刑法具有保护合法经济利益的功能。经济犯罪的显著特点在于破坏经济关系和经济秩序，侵犯经济利益，而且主要是侵害国家、社会的经济利益。经济刑法作为惩罚和打击经济犯罪的手段，能够通过其普遍的强制性和最强烈的严厉性渗透到经济关系的各个层次和领域，遏制发生于经济领域中的各种经济犯罪行为，利用任何手段和方式扰乱经济秩序、破坏经济关系、侵吞和挥霍国家、集体财产、危害经济利益的行为都会被经济刑法立法规定为经济犯罪，并强迫其主体承担刑事责任，被强制接受刑罚处罚，以避免国家利益、社会公共利益和其他主体的合法经济利益遭受不法侵害，从而发挥经济刑法保护国家和全体人民的合法经济利益的功能。

3.经济刑法具有维护的功能

经济犯罪必然破坏社会经济关系和经济秩序，经济刑法对经济犯罪行为规定了严厉的刑罚处罚方法，以此实现对经济犯罪的惩罚和预防，并借此维护正常的经济关系和经济秩序。"刑法的目的是，通过建立一套由禁律、制裁和公平、妥善地处理对个人或社会造成或有可能造成严重危害的犯罪行为的程序组成的制度，致力于维护一个正义的、和平的与安全的社会。"[①]同时，经济刑法还要担负着创立良好经济环境和经济秩序的功能。经济刑法应通过对经济犯罪的惩罚和预防，努力消除经济环境中的消极因素，排除建立良好经济秩序的障碍，从而有力地维护良好的经济环境和经济秩序。

四、经济刑法的渊源

经济刑法的渊源作为经济刑法的具体表现形式，从世界各国和我国的经济刑法的立法实践来看，主要有以下几种：

---

① 　［美］迈克尔·D.贝勒斯：《法律的原则》（中译本），中国大百科全书出版社1996年版，第345页。

（一）世界各国经济刑法的主要渊源

1.刑法典

刑法典是国家的基本法律，具有完备的结构和严谨的体系，一般来说易于了解与操作，而且，将经济犯罪作为一类罪在刑法典中加以规定，还可以节约立法成本。因此，多数国家是在刑法典中对经济犯罪加以规定的。这是过去和现代各国立法的通例。

德国、法国、意大利、日本、瑞典等一些主要的大陆法系国家均是通过制定刑法典，对包括经济犯罪在内的各种犯罪进行统一规定。尽管各国刑法典的内容不尽相同，但是，刑法典作为各国统治阶级共同用以惩治和打击各种犯罪以维护其社会统治秩序的专门性手段和工具，又具有相同点。即便是在刑法典中对经济刑法加以规定，立法上也有不同的规定方式。有的是将经济犯罪进行集中梳理，作为单独的一部分规定在刑法典中，如意大利刑法典；也有的不是将经济犯罪单独加以规定，而是分散于刑法典分则中的各章，如德国刑法典。我国则是将经济刑法的内容规定在单独几章的内容中，例如1997年《刑法》将"贪污贿赂犯罪"规定在《刑法》分则的第八章之中。

2.单行刑法

一般来说，经济犯罪是一种法定犯，经济犯罪的种类及其构成要件因为国家政权的性质、经济发展的水平以及经济结构等诸多因素的不同而有差异。因此，将经济犯罪规定在刑法典中是不太适宜的，因为刑法典作为国家的基本大法，具有相对的稳定性和严肃性，不允许朝令夕改。刑法典中所规定的犯罪应该是具有相对稳定性的自然犯。故而，世界上大多数国家的经济犯罪被规定在单行的经济刑法中。

英美法系的一些国家制定了一些包含经济犯罪的单行刑法，对经济犯罪的构成及其刑事责任以及处罚措施作出了规定，从而使单行刑法成为其经济刑法的重要立法形式，如美国的《反组织犯罪侵害合法组织法》等。[①]

3.附属经济刑法

刑法典具有严肃性和稳定性，一般难以修改，制定专门的单行经济刑法又浪费立法资源，尤其是某些部门经济法领域的经济违法行为，能将之纳入刑事处罚领域的可能极少，制定一部专门的单行刑法不太符合现实，因此，在这种情况下，在各种部门经济法规范围内相应地规定某些刑事违法行为并辅之以刑罚处罚措施就成了比较经济而又合理的立法选择。于是，附属经济刑法就成了较为主要的经济刑法的立法方式，也因此成为经济刑法的主要渊源。不管是在大陆法系国家还是在英美法系国家均是如此，尤以英美法系国家为最甚。一些主要的英美法系国家都在其经济管理、行政管理等单行法律、法规中专门规定了经济犯罪及其刑事责任和刑罚处罚措施的内容，并由此形成了附属经济刑法。比如，美国就制定了种类齐全、繁多的经济管理、行政管理的法律、法规，在很多法律、法规中都规定了经济犯罪及其刑事责任以及刑罚处罚措施的内容，并运用这些附属经济刑法手段来惩治与打击经济犯罪，强化经济管理和行政管理的效率与效力，并取得了良好的效果，《谢尔曼法》《威尔逊关税法》《哈勃斯法》等就是最好的例证。[②]

[①] 周密：《美国经济犯罪和经济刑法研究》，北京大学出版社1993年版，第117页以下。

[②] 李建华：《经济刑法立法研究》，吉林大学出版社2001年版，第180页。

4.修正刑法

利用单行刑法或者附属刑法对刑法典进行修正与完善,在刑法的适用上可能会产生某些障碍,因为无论是单行刑法还是附属刑法,它们在形式上与刑法典具有平行性,在内容上具有不可代替性,因此,在法条的适用上就会产生诸多的法条竞合现象,从而涉及特别法条与普通法条的适用问题。而刑法修正案通过直接对刑法典中的某些法条的内容进行修正、补充与删减,其修正的内容可以直接融入到刑法典中,因而刑法修正案与刑法典之间,在形式上具有同一的特性,在内容上具有可代替性,所以,刑法修正案愈来愈成为修正刑法典的一种主要方式。

利用刑法修正案对刑法典进行修正,在大陆法系国家比较普遍,因为大陆法系国家都是成文法国家。在以不成文法和判例为主的英美法系国家,刑法修正案几乎没有存在的余地。一些主要的大陆法系国家从其刑法典诞生之日起,基本上都通过了若干刑法修正案对刑法进行过修正,如德国、瑞士、日本等。这些刑法修正案在对刑法修正的同时,有些可能就会涉及经济犯罪的修正与补充,因为经济犯罪与传统犯罪不同,经济犯罪具有明显的时代性特征,不同的历史时期,一种经济行为的合法与否是不确定的。经济制度的性质以及经济体制的内容在很大程度上决定着一种经济行为是否合法。

就我国而言,1997年《刑法》是市场经济下的刑法,与1979年《刑法》相比,在经济犯罪的种类、犯罪构成以及刑罚处罚上都有很大的修正与完善,但是随着我国经济的迅猛发展,很多经济犯罪从无到有以至于逐渐猖獗,严重地危害着我国已经建立起来的市场经济秩序和经济制度,因此,从1999年开始,我国先后出台了十一个刑法修正案,这九个刑法修正案应该说主要是以修正、补充与完善经济犯罪为主。从这个意义上说,刑法修正案也应该是经济刑法的渊源之一。

5.国际刑事公约

与传统犯罪不同,经济犯罪往往具有国际性的特点,比如跨国走私、洗钱、侵犯知识产权等。因此,国际社会越来越认识到联合打击经济犯罪的必要性,联合国以及一些主要的地区性国际组织都在本地区内联合各成员国制定和签署了一些主要的旨在打击经济犯罪的国际公约和国际条约。不过,国际刑事公约和条约往往只在原则上规定什么行为是犯罪,但对于某些犯罪的具体的犯罪构成却没有严格的规定,而且,国际刑事公约与条约也不规定某些经济犯罪的具体刑罚措施,因此国际刑事公约能否作为一个国家经济刑法的渊源还取决于该国是否签署该公约并且在多大程度上将国际刑事公约中的经济犯罪内化为本国的经济犯罪,只有该国将国际刑事公约中的经济犯罪内化为本国的经济犯罪时,该国际公约才能成为该国经济刑法的渊源。比如,《联合国反腐败公约》于2003年通过,但直到2005年我国才签署并承认该公约在我国生效,即便如此,《联合国反腐败公约》中的有些犯罪在我国刑法典中还没有规定为渊源。

(二)我国经济刑法的主要渊源

从我国目前的刑事立法看,我国经济刑法的渊源主要有:

1.《中华人民共和国刑法》

1997年修订后的刑法典,是目前我国经济刑法最重要的渊源。刑法典在刑法分则第三章专门规定了"破坏社会主义市场经济秩序罪",分为八节共92条,基本涵盖了市场经济条件下各种类型的经济犯罪。

2.全国人大常委会制定的经济刑事特别法

单行的经济刑事特别法,也是我国经济刑法的渊源。我国1979年《刑法》比较简单,无法适应因经济的快速发展而随之出现的大量经济犯罪。立法者一度制定了与惩治经济犯罪有关的十几个刑法规范。1997年修订刑法时,单行刑事法律的内容绝大部分充实到了刑法典中。但修订刑法实施一年后,全国人大常委会就制定了《关于惩治骗购外汇、逃汇和非法买卖外汇的决定》(1998年12月29日)。单行刑法,不仅对刑法典中的一些经济犯罪行为构成、外延及法定刑幅度作了修改、补充,而且还补充设立了新的经济犯罪。

3.附属刑法

附属刑法就是在民事、经济、行政法规中规定一些刑事规范的条款,也是经济刑法重要组成部分。这种立法形式,可使人们认识到经济失范行为发展到经济犯罪行为的全过程,以及相应责任的变化情况,帮助人们准确把握犯罪构成要件的内涵。我国的附属刑法采取的是依附型模式,只是原则性地规定了需要追究刑事责任的行为类型特征,没有具体犯罪构成要件的内容和刑罚处罚的规定。例如,《食品安全法》第98条规定:"违反本法规定,构成犯罪的,依法追究刑事责任。"这种立法形式,导致附属经济刑法对刑法典具有极大的依赖性,离开了刑法典,附属刑法是无法独立适用的。这就要求在立法时二者必须有机衔接,共同组成协调一致的、完整的认定和惩罚犯罪的结构和体系。否则,如果刑事规范有刑事责任的规定,而非刑事法律无相应内容,或者尽管在非刑事法律中规定了刑事责任条款,但刑法典中缺失,都将产生法律适用的困惑。

4.刑法修正案

刑法修正案是以对刑法典条文补充的形式出现的,将那些需要补充但又与原刑法条文有一定联系的内容作为原刑法条文的一部分。原来我国刑法立法没有采用这种立法形式,后来立法者考虑到采用修正案的形式,不改变刑法的条文总数,可保持刑法典的统一。自1999年12月25日全国人大常委会通过的《中华人民共和国刑法修正案》后,就没有再颁布单行刑法,由刑法修正案承载起对经济犯罪修改、补充的使命。截至2020年12月26日,共颁布了十一个刑法修正案,涉及经济犯罪条款共有61条,占全部经济刑法条文(第三章"破坏社会主义市场经济秩序罪")102条的59.8%,并增设17个新的经济犯罪罪名是经济刑法很重要的组成部分。但是,从立法意图看,刑法修正案是为保持刑法典的统一,对刑法条文的修订,应属刑法典的内容,不应是独立的刑法渊源。

5.立法解释和司法解释

(1)立法解释

立法解释,是指在法律的规定需要进一步明确具体含义或者法律制定后出现新的情况,需要明确适用法律依据的情况下,全国人大常委会所作的解释。立法解释本身应该是刑法渊源的组成部分。如2004年12月29日全国人大常委会《关于〈中华人民共和国刑法〉有关信用卡规定的解释》将刑法规定的"信用卡",扩大到"由商业银行或者其他金融机构发行的具有消费支付、信用贷款、转账结算、存取现金等全部功能或者部分功能的电子支付卡",从而明确了信用卡犯罪中"信用卡"的适用范围。

（2）司法解释

司法解释是国家立法机关赋予最高人民法院、最高人民检察院的一项权力。任何法律规范都带有概括性的特点，不可能作频繁的变动、详细的规定。而随着社会的发展、司法实践的需要，经济犯罪会变得复杂化或出现新的形式，为适应这种变化，增强法律的可操作性，就需要对经济刑法的适用作出解释。[①] 严格意义上，司法解释只是对法律条文原来含义的阐明，并不具有法律渊源的意义。但我国目前的司法解释扩张性明显，适用时实际起到了经济刑法渊源的作用，我们从现实考虑，也将其列入经济刑法的渊源。

近年来，最高人民法院、最高人民检察院（简称"两高"）所作的司法解释的作用和内容主要涉及以下两个方面：

一方面，明确某些法律概念的外延。如在刑法典中某些具体的经济犯罪构成常常将"数额较大""数额巨大"和"重大损失"等规定为罪与非罪、罪轻罪重的界限。由于"数额较大""数额巨大"和"重大损失"是模糊概念，比较抽象和原则，"两高"就通过司法解释对相关经济犯罪的数额起点、量刑标准作出规定，尽可能细化和量化。又如，《刑法》规定有单位犯罪，但就"单位"是否包括私营性质的公司、企业历来有争议，最高人民法院专门就单位犯罪的问题作出司法解释（法释〔1999〕14 号），明确了单位的外延，既包括国有、集体所有的公司、企业、事业单位，也包括依法设立的合资经营、合作经营企业和具有法人资格的外商独资、私营等公司、企业、事业单位。

另一方面，根据立法精神，对经济刑法本身进行修正，这往往是通过刑法的扩张解释来实现的。如《刑法》中对传销行为如何定性，并没有明确的规定，2001 年 4 月，最高人民法院制发的《关于情节严重的传销或者变相传销行为如何定性问题的批复》，将情节严重的传销行为纳入非法经营罪的范围；[②] 又如"伪造"与"变造"本属于不同性质的概念，但 2000 年 11 月，最高人民法院《关于对变造、倒卖变造邮票行为如何适用法律问题的解释》规定，将变造或者倒卖变造邮票数额较大的行为，依照《刑法》伪造、倒卖有价票证罪定罪处罚。

6. 国际刑事公约和司法准则

伴随着经济犯罪的国际化，国际社会制定了一系列旨在打击经济犯罪的国际刑事公约和司法准则。近年来，我国政府和立法机关相继签署或者批准了一些相关公约。如 2003 年 7 月 27 日，全国人大常委会批准的《联合国打击跨国有组织犯罪公约》，其中就涉及打击有组织犯罪、洗钱、腐败等犯罪的国际合作。有时候，国际公约与国内刑法的规定是不一致的，如我国现行《刑法》规定的洗钱罪，其对象是毒品犯罪、黑社会性质组织犯罪、恐怖活动犯罪、走私罪、贪污贿赂犯罪、破坏金融管理秩序犯罪、金融诈骗犯罪的违法所得及收益，而《联合国打击跨国有组织犯罪公约》规定的洗钱罪对象则是一切犯罪的所得及其产生的收益。在刑事司法活动中，国际公约所规定的刑事司法准则能否司法化，即能否直接援引国际公约所规定的刑事司法准则作为判决的依据？这在理论上是有争议的。有观点认为，对已经在我国生效的国际刑事公约所规定的，但还没有得到国内刑法确认的犯罪行为，可以直接依据国际

---

① 根据最高人民法院 1997 年 6 月 23 日发布的《关于司法解释工作的若干规定》的规定，司法解释有"解释""规定""批复"三种形式。

② 2009 年《刑法修正案（七）》又将此行为单独作为"组织领导传销罪"的方式。

公约对该种行为进行定罪。[①] 也有观点认为,在我国刑事司法活动中,没有直接引用国际刑法作为法院判决依据的习惯和实际判例,在国内法没有作出直接规定的情况下,法院不宜直接引用国际法作为判决的依据。[②] 我们认为,要解决这一矛盾,国内刑法立法应及时反映国际刑事公约的内容,就是说,国际刑事司法的准则应该成为国内经济刑事立法的重要根据。

五、经济刑法的溯及力

经济刑法的溯及力从属于经济刑法的时间效力,是关于刑法生效后,对其生效之前发生的,未经审判或者判决未确定的行为是否适用的问题。对于经济刑法的溯及力问题,从我国国现行《刑法》第12条的规定来看,我国刑法采用从旧兼从轻原则,即新法原则上不具有溯及既往的效力,但新法处罚较轻的除外。对于刑法的溯及力问题一般比较容易把握,但也存在着一些有争议的疑难问题。

(一)世界各国对于经济刑法的溯及力采用的原则

对经济刑法的溯及力问题,各国采用的原则有所不同。概括起来,大致包括以下几种原则:

1. 从旧原则

新法对过去的行为一律没有溯及力,完全适用旧法。这一原则充分考虑了犯罪当时的法律状况,反对适用事后法,对行为人比较公平。但如果某一行为按旧法构成犯罪而新法不认为是犯罪,再依旧法进行处罚就不能实现刑法目的,因而也存在弊端。

2. 从新原则

新法对于其生效前未经审判或判决尚未确定的行为,一律适用,即新法具有溯及力。这一原则强调新法适应当前的社会情况,有利于预防犯罪。但是,对行为时法律未规定为犯罪的行为,依新法按照犯罪进行处罚,违背罪刑法定原则,因而有失妥当。

3. 从新兼从轻原则

新法原则上有溯及力,但旧法不认为是犯罪或者处刑较轻时,则按照旧法处理。这一原则弥补了绝对从新原则的不足,既充分发挥了新法适应当前形势的优点,又认真考虑了旧法当时的具体规定,但为了避免事后刑法之嫌,采用的国家不多。

4. 从旧兼从轻原则

原则上适用旧法,新法没有溯及力,但新法不认为是犯罪或者处刑较轻时,则按照新法处理。这一原则弥补了绝对从旧原则的缺陷,既符合罪刑法定原则,又适应当前需要,因而为绝大多数国家所采纳。

(二)我国对于经济刑法的溯及力采用的原则

我国《刑法》规定了罪刑法定原则,从罪刑法定原则中必然引申出刑法不溯及既往的派生原则。因此,我国刑法原则上否认刑法具有溯及力。但从有利于被告的原则出发,对于那些旧法认为是犯罪或者处刑较重,而新法不认为是犯罪或者处刑较轻的行为,例外地承认刑

① 刘守芬:《刑事法律问题专题研究》,群众出版社1998年版,第90页。
② 孙国祥、魏昌东:《经济刑法研究》,法律出版社2005年版,第17页。

法的溯及力。申言之,我国刑法关于经济刑法的溯及力,采用的是从旧兼从轻原则。

我国《刑法》第 12 条第 1 款规定:"中华人民共和国成立以后本法施行以前的行为,如果当时的法律不认为是犯罪的,适用当时的法律;如果当时的法律认为是犯罪的,依照本法总则第四章第八节的规定应当追诉的,按照当时的法律追究刑事责任,但是如果本法不认为是犯罪或者处刑较轻的,适用本法。"第 12 条第 2 款规定:"本法施行以前,依照当时的法律已经作出的生效判决,继续有效。"根据这一规定,对于 1949 年 10 月 1 日中华人民共和国成立至 1997 年 10 月 1 日新《刑法》施行前这段时间内发生的经济犯罪行为,应按以下不同情况分别处理:

(1)当时的法律不认为是经济犯罪,而修订后的刑法认为是经济犯罪的,适用当时的法律,即修订后的刑法没有溯及力。对于这种情况,不能以修订后的刑法规定为犯罪为由而追究行为人的刑事责任。

(2)当时的法律认为是经济犯罪,但修订后的刑法不认为是经济犯罪的,只要这种行为未经审判或者判决尚未确定,就应当适用修订后的刑法,即修订后的刑法具有溯及力。

(3)当时的法律和修订后的刑法都认为是经济犯罪,并且按照修订后的刑法总则第四章第八节的规定应当追诉的,原则上按当时的法律追究刑事责任,即修订后的刑法不具有溯及力。但是,如果修订后的刑法处刑较轻的,则应适用修订后的刑法,即修订后的刑法具有溯及力。这里的处刑较轻,根据 1997 年 12 月 23 日最高人民法院《关于适用刑法第十二条几个问题的解释》第 1 条的规定,是指刑法对某种犯罪规定的刑罚即法定刑比修订前刑法轻。法定刑较轻是指法定最高刑较轻;如果法定最高刑相同,则指法定最低刑较轻。前引司法解释第 2 条还规定:如果刑法规定的某一犯罪只有一个法定刑幅度,法定最高刑或者最低刑是指该法定刑幅度的最高刑或者最低刑;如果刑法规定的某一犯罪有两个以上的法定刑幅度,法定最高刑或者最低刑是指具体犯罪行为应当适用的法定刑幅度的最高刑或者最低刑。

(三)经济刑法的溯及力

在一般情况下,经济刑法的溯及力是确定的,但在某些情况下,由于刑法的修改或者犯罪行为跨越新旧法,由此出现了经济刑法溯及力确定上的以下两种复杂情形。

1.刑法修改而产生的经济刑法溯及力问题

在一般情况下,作为经济刑法溯及力确定的参照物的新法与旧法是容易认定的,但在刑法修改频繁的情况下,新法与旧法就难以认定,因而刑法的溯及力问题更为复杂。例如,1979 年《刑法》规定渎职罪的主体是国家工作人员,1997 年《刑法》规定渎职罪的主体是国家机关工作人员。根据 1997 年《刑法》规定,国家机关工作人员以外的其他国家工作人员的渎职行为,只有符合《刑法》第 168 条规定的徇私舞弊造成破产、亏损罪,才能追究刑事责任,否则不构成犯罪。但 1999 年 12 月 25 日全国人大常委会通过的《刑法修正案》对《刑法》第 168 条进行了修改,罪名相应地改为国有公司、企业工作人员玩忽职守罪和国有公司、企业工作人员滥用职权罪。根据《刑法修正案》,国家机关工作人员以外的其他国家工作人员的渎职行为又被规定为犯罪。在这种情况下,就出现了以下情形:1979 年《刑法》认为是犯罪,1997 年《刑法》不认为是犯罪,《刑法修正案》认为是犯罪。如果将 1979 年《刑法》当作旧法,《刑法修正案》当作新法,不考虑 1997 年《刑法》,那么,旧法与新法均认为是犯罪,应适用处刑较轻的旧法。但如果将 1997 年《刑法》当作旧法，《刑法修正案》当作新法，那么，旧法不认为是犯罪，新法认为是犯罪，根据从旧原则，适用 1997 年《刑法》，其行为不认为是犯罪。对此，我们认为应当严格按照法律更替的时间顺序确定新法与旧法。既然 1979 年《刑法》规定已被 1997 年《刑法》作了修改，因此，相对于《刑法修正案》而言，1997 年《刑法》是旧法，由此确定刑法溯及力。

2. 行为跨越新旧法而产生的经济刑法溯及力问题

在一般情况下，行为或者发生在旧法时，或者发生在新法时，因而经济刑法的溯及力问题是容易确定的。但在犯罪行为有连续或者继续状态的情况下，行为跨越新旧法，在这种情况下，到底是适用旧法还是适用新法，以及在何种情况下适用旧法，在何种情况下适用新法，这是一个较为复杂的问题。我们认为，对此问题的解决，仍应以从旧兼从轻原则为基本精神。行为跨越新旧法，新旧法均规定为犯罪的，无论新旧法的轻重，均应适用新法定罪处罚。行为跨越新旧法，旧法认为是犯罪，新法不认为是犯罪的，适用新法不以犯罪论处。行为跨越新旧法，旧法不认为是犯罪，新法认为是犯罪的，对新法施行以后的行为适用新法定罪处罚。对于这一点，1997 年 10 月 6 日最高人民检察院《关于检察工作中具体适用修订刑法第十二条若干问题的通知》第 3 条规定：如果当时的法律不认为是犯罪，修订刑法认为是犯罪的，适用当时的法律；但行为连续或者继续到 1997 年 10 月 1 日以后的，对 10 月 1 日以后构成犯罪行为适用修订刑法追究刑事责任。

第二节　经济刑法立法

一、经济刑法的立法原则

（一）必要性原则

经济刑事立法的必要性原则，指的是立法者只有在必要的条件下才能将严重的危害社会的经济危害行为规定为犯罪，并追究其刑事责任，依法给予刑事处罚。经济刑法的必要性原则与一国的经济制度、经济违法行为的社会危害性程度以及经济违法行为的刑事责任承担的必要性是相互联系的。

经济刑事立法的必要性的前提是一个国家的经济制度。经济制度决定着经济犯罪的种类与范围，一个经济行为是否违法并且规定为刑事犯罪，与这个国家的经济制度有直接关系的。例如我国 1979 年《刑法》由于是在计划经济的背景下制定而成的，因此其中的经济犯罪有着计划经济的特点，但是进入 20 世纪 80 年代后，我国开始步入全面的改革开放，因此在 1979 年刑法典中规定的很多经济犯罪的构成要件也应当予以修改，将一些新型的经济违法行为规定为犯罪并予以处罚。所以在 1997 年刑法典正式修订之前，我国一共出台了 11 个关于经济犯罪的单行经济刑法。因此可以看出一个国家的经济制度对于经济犯罪的界定有着非常重要的作用。

其次，经济刑事立法必要性的权衡表征，在于经济违法行为的社会危害性程度。根据我国《刑法》第 13 条的规定，经济犯罪是一种危害社会秩序的行为，但是并非所有的危害社会秩序的行为都是经济犯罪，经济犯罪还应当要求违法行为具有严重的社会危害性。因此在立法过程中对于一个行为的社会危害性的鉴定需要比较复杂的步骤。第一步应当判断经济违法行为的本身是否具有危害性，对其危险性作出判断的目的在于发现对其运用刑罚加以制止的必要性。[①]　其次，应当考虑危害行为人的主观恶性，犯罪的主观方面是一切犯罪构成的必要条件，其主要形式有故意和过失两种，故意的主观恶性大于过失的主观恶性，绝大多数经济犯罪要求行为人在主观上具有一定的图利性。除此之外，还应当考察危害行为人的犯罪动机。最后，认定一种经济危害行为是否有严重的社会危害性，还应当考虑危害行为所侵害的经济利益的性质。对于经济危害行为侵害社会主义经济利益的否定性评价，是经济犯罪之社会危害性的核心内容。[②]　经济犯罪具有复杂性、隐蔽性等特点，虽然我国的刑事立法机关总结多年的经验已经制定了经济犯罪的罪名和特点，但是我们仍然不可能制定出一套完美的判断标准，因此我们在具体的判断过程中，应当遵循利益等级保护原则，正确掌握经济违法案件的社会危害程度。

（二）罪刑法定原则

罪刑法定原则是构筑近现代刑法的基石，其基本含义就是对任何行为进行定罪及处罚，必须在刑法中预先设置，刑法中没有规定为犯罪的行为，即便具有严重的社会危害性，也不能进行定罪，更不能进行刑罚处罚，即所谓"法无明文规定不为罪，法无明文规定不处罚"。

罪刑法定原则是倡导罪刑明确性、反对罪刑擅断的必然要求，是近现代刑法反对封建主义刑法的必然结果。对普通刑事犯罪尚且如此，那么作为法定犯范畴的经济犯罪，就更应该坚持该项原则。罪刑法定原则要求立法者和司法者在刑法的渊源上排斥习惯法，在刑法的效力上否定溯及力，在刑法的适用上禁止类推，在法定刑的设置和司法适用上反对不定期刑。

罪刑法定原则在经济刑事立法上首先要求立罪的法定性。所谓立罪的法定性，就是指什么样的经济危害行为是犯罪，必须要有经济刑事立法的明文规定。经济犯罪属于法定犯，因此，立罪的法定性要求立法者在规定经济犯罪的时候必须要明确规定经济犯罪的犯罪构成要件，尽量少用或者不用简单罪状，而代之以叙明罪状。使用空白罪状时，必须要明确指出所要参照的法律法规。在犯罪情节的规定上应尽量少用或者不用"情节严重"、"情节恶劣"等诸如此类的词语，同理，在犯罪结果的构成上，也应该尽量少用或者不用"严重后果""特别严重后果"等词语，以便于此法操作。

我国现行刑法典在经济犯罪的立罪上，对于罪刑法定原则的贯彻是很不彻底的。首先，有些经济犯罪的构成要件规定得十分含糊，甚至在个别经济犯罪的构成上用了一些"兜底"性的词语，致使司法实践中"两可案件"增多，对经济犯罪的惩治与打击产生了不小的阻碍。如《刑法》第191条的洗钱罪规定有五种行为方式，其中第五种规定的是"以其他方法掩饰、隐瞒犯罪违法所得及其收益的性质和来源"。相同的规定还可以见于贷款诈骗罪、信用证诈骗罪、合同诈骗罪等。又如在某些经济犯罪的主体构成要件上也规定得不尽如人意，根据我国刑法的规定，一般的金融诈骗罪，既可以由自然人构成，也可以由单位构成，但是在贷款诈骗罪的主体上，刑法却只规定了自然人主体，而没有规定单位主体，致使司法实践中大量的

---

①　赵长青：《经济刑法学》，法律出版社1999年版，第20页。
②　赵长青：《经济刑法学》，法律出版社1999年版，第19页。

· 57 ·

以单位名义进行贷款诈骗的案件无法定性。为此,最高人民法院不得不出台相应的司法解释,将单位的贷款诈骗行为定为"合同诈骗罪"。当然,对于我国刑法中经济犯罪的构成上使用"情节严重"、"后果严重"、"损失较大"等相关含糊词语的立法例不胜枚举,不一而足。这些立法规定,都给现实的司法实践带来了很多认定上的问题,全国人大常委会和最高人民检察院、最高人民法院又不得不出台大量的立法解释、司法解释来解决这些问题,造成了巨大的立法与司法资源的浪费。

罪刑法定原则在经济刑事立法上还要求制刑的法定性。所谓制刑的法定性,就是要求立法者对具体经济犯罪的法定刑的设置必须明确,以更好地指导刑事司法。

从种类上说,法定刑可以分为绝对确定的法定刑、绝对不确定的法定刑和相对确定的法定刑。绝对不确定的法定刑由于将自由裁量权最大限度地交给司法者,容易引起司法腐败或者司法混乱,因而在经济刑事立法中几乎不予使用。绝对确定的法定刑,由于立法者对某一经济犯罪行为所设置的法定刑过于绝对,司法者无法考虑行为人的其他的影响刑事责任的因素,大大地限制了司法者的自由裁量权,因而在经济刑事立法中也很少使用。只有相对确定的法定刑,既对经济犯罪行为设置了具体的刑种,又设置了相对的可以变化的刑罚幅度,既给司法者一定的自由裁量权,使司法者在量刑时还可以考虑行为人的主观恶性、犯罪样态等因素,同时又在一定的程度上限制司法者的自由裁量权,不致使司法者擅断刑法从而产生司法腐败现象,故而被认为是一种比较科学合理的法定刑。因此,相对确定的法定刑在当今世界各国的经济刑事立法中被广泛应用。

我国刑法中对经济犯罪法定刑的设置相对合理,但也不能说没有不尽如人意之处。第一,在绝对不确定的法定刑方面,我国在罚金刑的设置上就规定了"无限额罚金制",规定罚金数额须根据犯罪的情节予以确定,这就大大地赋予了司法工作人员无限制的自由裁量权;第二,在绝对确定的法定刑方面,我国立法者又走向了另一个极端,规定了"限额罚金制",将某一个经济犯罪的罚金数额直接明确地规定在刑法条文中。这种规定,不仅限制了司法工作人员一定的自由裁量权,而且随着经济的飞速发展,也越来越不利于打击日益猖獗的某种经济犯罪。

(三)前瞻性原则

刑法作为一项基本大法,具有庄重和稳定的特点,不能频繁修改,因此立法机关需要通过大量的单行刑法和刑法修正案来对刑法典进行修改、补充与完善,同时需要颁布最高人民法院和最高人民检察院的一些司法解释。经济犯罪是一种法定犯罪或行政犯罪,与普通的刑事犯罪不同,经济犯罪的内涵与外延往往随着国家政治、经济等因素的变化而变化。这就要求我们在进行经济刑事立法时必须要考虑立法的前瞻性原则。

所谓经济刑事立法的前瞻性原则,就是指经济刑事立法应当充分地反映我国未来社会各方面尤其是经济方面的发展趋势,以及未来的经济犯罪的变化特点,从而能够使经济刑事立法紧跟历史发展的潮流,将经济刑事立法的稳定性与社会政治、经济发展的变化性高度地结合。

从社会因素上看,一国的经济刑事立法必须将现实的经济生活中存在的严重的经济危害行为规定为犯罪。但是,不可否认的事实是,一国的政治、经济等诸种因素始终是处于不断的发展变化之中,因此,经济犯罪的手段、形态和种类也是呈现出不断变化的趋势。如果在经济刑事立法中,立法者不能正确地预测未来的经济发展趋势,仅仅注重于现实社会,就会出现立法远远滞后于现实的尴尬局面,不利于对新型经济危害行为的严厉打击,当然也就不能有效地维护社会经济秩序。1979 年的刑法典出台至今,我国的经济刑事立法就足以说明这一点。1979 年刑法典是在十年动乱之后、拨乱反正的历史环境下仓促出台的,带有明显的计划经济的痕迹。但在该刑法典出台的第二年,我国的经济发展已由计划经济逐步向市场经济过渡。在这个过渡过程中,大量的新型的经济危害行为不断地出现,严重地侵蚀了我国的新型的经济制度与经济秩序,但是由于我国的 1979 年刑法典在立法时缺少前瞻性,致使这些新型的经济危害行为不能及时地得到刑法规制和惩罚,给我国的经济发展造成不可挽回的巨大损失。另外,我国的立法机关又不得不通过大量的附属刑法和单行刑法方式对已有的刑法典进行修订与完善,但是,当大量的单行刑法与附属刑法包括无数的司法解释与刑法典并行共存的时候,带来的问题也是不容置疑的,如犯罪构成要件规定的不和谐性、刑罚规定的失衡性、法条竞合现象的多发性等等,均给我国的经济刑事司法带来了很多的不便与难题,严重地影响了我国对经济犯罪的打击治理。

从法律规范的因素上看,经济刑事立法的超前性是指每个经济犯罪的构成要件及其法定刑的规定与设置都必须符合该犯罪未来的发展趋势,以增强其适应性。在经济刑事立法的时候,为了保证经济犯罪的构成要件和法定刑能正确地反映具体经济犯罪的未来发展趋势,立法者必须对每个经济犯罪的未来发展走向作出预测,简而言之,立法者必须通过对商品经济诸要素以及其他社会因素的发展变化作出预测,以确定相应的经济犯罪的犯罪构成的内容与特点以及该犯罪的法定刑之轻重的设置,保证经济刑事立法对该种经济犯罪从规范层面上作出正确评价。在经济刑事立法的前瞻性方面,我国的经济刑事立法在超前性方面也存在着诸多不尽如人意之处。如《刑法》第 191 条关于"洗钱罪"的上游犯罪的规定,刑法典中仅规定为三类犯罪,即走私罪、毒品犯罪和黑社会性质的组织犯罪,然而,随着国际形势以及国内政治与经济的不断发展,2001 年 11 月 29 日通过的《刑法修正案(三)》将恐怖活动组织犯罪规定为其上游犯罪,2006 年 6 月 29 日通过的《刑法修正案(六)》又将贪污贿赂罪、破坏金融管理秩序罪和金融诈骗罪规定为洗钱罪的上游犯罪。又如 1997 年《刑法》第163 条的"公司、企业人员受贿罪",仅将公司、企业人员规定为该罪的犯罪主体,但对于非国有性质的事业单位和社会团体中的工作人员的"收受他人贿赂并为他人谋取利益"行为却没有作出评判,致使司法实践中很多诸如"足球黑哨"、"医生收受红包、开高价药以赚取高额回扣"的行为无法定罪,给国家和人民造成了极大的损失。故而,《刑法修正案(六)》将该罪主体扩大为"公司、企业或其他单位人员",随后,最高人民法院也将该罪的罪名改为"非国家工作人员受贿罪"。

当然,目前我国的经济刑事立法中存在的问题还很多,在法定刑方面也是如此。根据我们国家反腐倡廉之需要,1988 年立法机关将贪污、受贿罪的最高法定刑提高到死刑,1997 年《刑法》沿袭了该种立法,继续保持该两种腐败犯罪的死刑。但在 2005 年我国签署了《联合国反腐败公约》之后,反腐败犯罪的国际合作不得不要求我们对腐败犯罪的死刑问题进行重新审视。国内学术界和司法实践界关于取消腐败犯罪的死刑的呼声此起彼伏,因为若不如此,我国在对腐败犯罪分子的引渡方面,就会面临国际社会的种种阻碍,国际社会目前基本奉行"死刑犯不予引渡"的基本原则,如对余振东等腐败犯罪分子的引渡就是明显的例证。

上述种种,均要求我们在经济刑事立法时,应当对每种经济犯罪侵犯的客体、行为方式、主体范围以及整个国家的刑事政策的发展变化进行预测和分析,以保证经济犯罪构成要件和法定刑的规定与设置的前瞻性。[①]

（四）罪责刑相适应原则

经济刑法立法的罪、责、刑相适应原则,要求基于经济犯罪及其刑事责任和刑罚之间的相互关系,经济刑法立法对经济犯罪所规定的刑罚应当与经济犯罪分子所犯罪行相适应,应当与经济犯罪分子所承担的刑事责任相适应,从立法规定上实现罪、责、刑三者之间关系的均衡化、对应化。[②] 基于罪责刑相适应原则的基本要求,经济刑法立法应当做到以下两个方面:

第一,经济刑法规定的某一经济犯罪的刑罚的轻重应当与犯罪分子所犯的罪行相适应。经济犯罪分子的罪行是经济犯罪分子实施的触犯经济刑法的经济犯罪行为,其本质在于它具有严重的社会危害性,也就是说,社会危害性对经济犯罪的成立起着决定性的作用。某一经济危害行为之所以称之为罪行而不是其他,就因为它本身具有严重的社会危害性。社会危害性决定着罪行的轻重,而罪行的轻重又直接决定着对经济犯罪分子所处刑罚的轻重,罪行重的,处罚就重,罪行轻的,处罚也就较轻。不能重罪轻刑,更不能轻罪重刑。

第二,经济刑法规定的某一经济犯罪的刑罚的轻重应当与经济犯罪分子所负的刑事责任的轻重相适应。刑事责任是犯罪分子就其严重的危害社会的犯罪行为所必须承担的法律后果。刑事责任的内涵非常广泛,不仅要考虑犯罪行为人的主观恶性和行为的社会危害性,还要考虑犯罪行为人对刑法所保护的法益侵害的轻重。一般来说,刑事责任重的,刑罚就重;刑事责任轻的,刑罚也较轻。

在经济刑法的立法中,罪、责、刑等三个方面绝不是孤立的,一定要体现出三者的密切联系。经济犯罪的轻重,决定着刑事责任的轻重,而刑事责任的轻重又决定着刑罚的轻重。经济犯罪是刑事责任和刑罚的起点,而刑事责任又是经济犯罪和刑罚之间的桥梁,刑罚则是经济犯罪和刑事责任的最终落脚点。据此,该三者的关系可以通过对刑罚的科学规定得以落实和具体表现出来。这就要求立法者要根据经济犯罪行为和刑事责任的轻重确立科学严密、相互衔接的刑罚体系,要明确规定区别对待的处罚原则,要设置轻重不同但是合理恰当的刑种和刑度。纵观我国现行的经济犯罪立法,在罪责刑相适应的原则的贯彻上基本合理,但也不无遗憾之处。贪污罪是国家工作人员利用职务之便侵吞、盗取、骗取或者以其他方法侵占公共财物的行为。就"监守自盗"型之贪污罪而言,与盗窃罪之间应该是一种想象竞合关系,而贪污罪又是一种职务犯罪或者叫作身份犯罪,从理论上说贪污罪的刑事责任应该比一般主体所构成的盗窃罪要重,但是根据我国《刑法》的规定,盗窃罪的定罪数额是"500—2000元",而贪污罪的数额却是3万元。这一点完全违背了刑法的罪责刑相适应原则。另外,我国刑法中,贪污罪和受贿罪的最高法定刑都是死刑,挪用公款罪的最高法定刑是无期徒刑,但作为三者的衍生罪的"巨额财产来源不明罪"的最高法定刑却只有十年,与三者的最高法定刑有天壤之别。巨额财产来源不明罪的构成往往是行为人主观上知道通过贪污、受

---

① 杨辉忠:《经济刑法:原理与实训》,南京大学出版社2014年版,第14页。

② 李建华:《经济刑法立法研究》,吉林大学出版社2001年版,第112页。

贿等途径获取非法财产而故意隐瞒、拒不说明,行为人的主观恶性较之贪污、受贿犯罪分子要大,其社会危害性也大。本来对之应科以重刑,然而却科以轻刑,违背了罚当其罪的原则。

二、经济刑法的立法模式

作为经济刑法立法对象的经济犯罪,来源于不同领域的部门经济法规,其内容丰富而又庞杂。如何用一种立法方式将这些庞杂而丰富的经济犯罪串联并整合起来,形成一个有机的整体,是经济犯罪的立法模式所要承担的任务。经济刑法的立法模式,就是规定经济犯罪及其刑事责任的法律规范的表现形式,具体地说,就是立法机关采用的将经济犯罪及其刑事责任的内容规定下来的具体的法律表现形式。有些学者也将此称为经济刑法的立法形式。[①]

（一）影响经济刑法立法模式的因素

1.经济刑法的立法对象

经济刑法的立法对象就是经济犯罪,而经济犯罪存在于所有的不同的经济领域。经济犯罪一方面随着经济的发展而处在不断的发展变化之中,另一方面,大多数经济犯罪又具有复杂性、专业性、智能性和隐蔽性等特点。随着社会经济关系的发展以及国家经济政策与刑事政策的不断变化,新型的经济犯罪不断出现,而原有的经济犯罪也可能不复存在。这种发展与变化就决定着经济刑法的立法模式,即制定单一经济刑法典模式或者在刑法典中专章规定经济犯罪并非是理想的模式。"经济刑法调整范围的广泛性与复杂性,决定了经济刑法规范的载体即经济刑法立法形式的分散性。"[②]同时,"刑法调整范围的广泛性,决定了刑法规范不可避免的分散性。"也就是说,经济刑法的立法模式最好的就是刑法典或者经济刑法典与单行经济刑法和附属刑法相结合的模式,而不是单一的专门法典模式。

2.经济刑法的目的

经济刑法的目的在于确定和惩罚经济犯罪,维护社会的经济秩序,规制司法,保障经济的健康有序发展和公民的基本人权。[③]经济刑法的立法模式仅仅是一种手段,手段又是为目的服务的,只有采取适当的手段,才有可能达到经济刑法立法的预期效果与目的。经济刑法的立法模式作为国家用于惩治与打击经济犯罪的专门性手段,要想取得良好的社会效果,必须采取有利于实现其最终目的的形式,即经济刑法的立法模式必须紧紧围绕惩治与打击经济犯罪、维护社会的经济秩序以及保障基本人权这一立法目的来进行,从而能够最大限度地、最有效地预防与控制经济犯罪。

3.经济刑法立法内容的表达方式

经济刑法的立法具有很强的技术性和专业性,为了科学地表达经济刑法的立法内容,应根据其立法内容所涉及的发生经济犯罪的不同专业、行业、部门以及立法调整对象范围的宽窄、立法内容数量的多少等方面的需要,选取和确立适合经济刑法立法内容的立法形式。[④]对于需要系统地对经济犯罪作出规定的立法内容,即对于那些调整对象范围宽泛、内容数量大的立法内容,应该采用法典的形式;对于法典未作出的或者虽然作出了规定,但内容不全

---

① 李建华:《经济刑法立法研究》,吉林大学出版社 2001 年版,第 158 页。

② 李建华:《经济刑法立法研究》,吉林大学出版社 2001 年版,第 160 页。

③ 孙国祥、魏昌东:《经济刑法研究》,法律出版社 2005 年版,第 8-9 页。

④ 李建华:《经济刑法立法研究》,吉林大学出版社 2001 年版,第 112 页。

面、欠科学或者在法典颁布以后新产生的某一种类的经济犯罪,可采用单行刑法方式;对于刑法典和单行刑法均未作出规定,但又有必要将其纳入刑事处罚范围的经济违法行为,可以采用在部门经济法中加以规定的附属刑法的立法方式。

(二)国外经济刑法的立法模式

经济犯罪是伴随着市场经济的产生和发展而出现的副产品,因此,经济刑法立法的发展、完善状况与市场经济的发展状况是基本一致的。资本主义国家市场经济的发展时间较早,迄今已经达到相当完善的程度。为了及时、有效地惩治与打击市场经济领域内的各种犯罪,一些主要的资本主义国家的经济刑法无论在内容上抑或形式上,都得到了比较完善的发展。比较大陆法系国家和英美法系国家的经济刑法之立法,在立法模式上主要有以下几种形式:

1.集中式

无论是大陆法系国家还是英美法系国家,其经济刑法立法的模式主要表现为集中式立法。这其中,又表现为以下几种形式:

(1)制定专门的经济刑法典,将经济犯罪完全集中规定在经济刑法典之中。这种经济立法的模式在世界各国并不多见,但在经济刑法立法史上也曾经出现过,或者是现在仍然存在。

荷兰早在 1950 年就颁布了专门的《经济犯罪法》,该法典当时有 87 个条文,但其主要规定的是经济犯罪的侦查与审判程序,至于经济刑法的实体内容,只是在该法典的第一条规定了经济犯罪违反法律的名称和条款,对于经济犯罪的构成要件更是没有提及。因此,这种立法方式被称为"框架立法",其只是提纲挈领地规定违法犯罪行为的性质,但其具体内容,包括经济犯罪的构成要件以及刑事处罚措施仍然规定在其他法律之中。

市场经济较为发达的德国在 1954 年也颁布了《简明经济刑法》。但是,这部法典只规定了经济刑法总则的内容,基本上没有涉及具体的经济犯罪行为及其构成要件,其具体的经济犯罪行为及其构成要件仍然规定在刑法典和其他单行刑法之中。1976 年,德国制定了《反经济犯罪的第一法案》,1986 年又制定了《反经济犯罪的第二法案》,对原先的经济刑法的内容进行了补充与完善。

专门的经济刑法典在世界上之所以比较少见,主要是因为经济刑法的概念至今无法准确地界定,独立的经济刑法典无法涵盖所有的经济犯罪,而且,随着经济的不断发展与调整,经济犯罪与经济刑法的概念也在不断地发展与调整,但经济刑法典必须要维持其稳定性,因此,两者之间不可避免地会产生冲突与矛盾。

(2)在普通刑法典中加以规定。由于刑法典是一国的基本法律,具有成熟与完整的体系,易于掌握与操作,因此,大陆法系的很多国家将经济犯罪规定在刑法典中。但是,即便都是经济犯罪规定在刑法典中,各国也还是采取不同的立法模式。

第一,将经济犯罪集中为一章,在刑法典中进行专章规定。如意大利等国的刑法典,就是将经济犯罪单独划为一类,在分则中独成一章。① 与有些国家的刑法典将经济犯罪与财产犯罪规定在一章不同,这种立法模式充分地认识到经济犯罪与财产犯罪之不同,将经济犯罪

① 陈兴良:《经济刑法学》(各论),中国社会科学出版社 1990 年版,第 11 页。

与财产犯罪并列规定,既突出了经济犯罪的特征,又突出了惩治与打击经济犯罪的重要性。当然,有的学者认为,这种立法模式注意到了经济犯罪与财产犯罪侵害客体的不同,因而把经济犯罪与财产犯罪作为两种不同的犯罪类型并列,分别独立成章作出规定,能够确保分则对犯罪类型的划分遵循和贯彻统一的标准,增强分则与整个刑法典的科学性,而且将经济犯罪从财产犯罪中分离出来,有利于确保分则对各种犯罪规定的内容的对应与平衡,促进刑法典体例与结构的形式完善。[①]

第二,将经济犯罪分散地规定在普通刑法典的各章之中。如有些国家在财产犯罪中规定有经济犯罪,在腐败犯罪一章中也规定有经济犯罪,在妨害社会管理秩序罪中仍然规定有经济犯罪,另外还专门规定有经济犯罪一章。我国的现行刑法典即属此例。

2.分散式

经济刑法是规定经济犯罪及其刑事责任的刑法规范,而经济犯罪又是各部门经济法规中所规定的严重违反经济法规并应承担刑事责任的行为。换言之,经济犯罪一开始多表现为附属经济刑法规范。而随着经济的不断发展,经济犯罪的内涵、构成要件以及刑罚处罚也相应地处在不断的变化之中。因此,采取集中式对经济刑法进行立法有诸多的不妥之处。因为不管是经济刑法典还是普通刑法典,都要维持法典的稳定性、长期性和严肃性,不能朝令夕改。这一点与经济犯罪的不断变化的趋势是相矛盾的。因此,不管是大陆法系国家还是英美法系国家,在经济刑法的立法模式上,多选择分散式立法模式。

分散式立法模式可以分为以下几种形式:

(1)单行经济刑法。采用单行经济刑法的立法模式对经济刑法进行立法的多是英美法系国家。英美法系的一些国家制定了一些包含经济犯罪的单行刑法,对经济犯罪及其刑事责任和刑罚作出规定,从而使单行刑法成为其经济刑法立法的重要形式。如美国的《反组织犯罪侵害合法组织法》等。[②]英国虽然至今尚没有制定专门的刑法典,但却制定了一些包含经济犯罪内容的单行刑法,如1967年的《刑事法》、1968年的《盗窃罪法》等。[③]

(2)附属经济刑法。多数国家除了在刑法典中规定经济犯罪内容之外,还在刑法典之外,采用其他立法方式规定经济犯罪,附属经济刑法便是其中典型的立法例,即在刑法典以外的部门经济法规和部门行政法规中附带规定一些包含经济犯罪的构成及其处罚的内容之规范。附属经济刑法规范包含两方面的含义,一方面,附属经济刑法中规定的罚金或者刑罚仅是附加的,主要是附带地为违反义务而规定的;另一方面,附属刑法存在于部门经济法规和行政法规之中,它依赖于部门法规的存在而存在。在这些部门法规中,经济犯罪及其处罚的内容不是主要的,而是次要及补充的,这些附属部门法规的经济刑法规范往往是为了强化部门法规的强制力或者是针对严重的违法行为而作出的补充规定。

(三)我国经济刑法立法模式的选择

与国外诸多国家的经济刑法的立法模式不同,我国的经济刑法虽然在历史上经过了集中式、分散式再到集中式的立法模式,但从严格意义上说,我国现行的经济刑法的立法模式

①　李建华:《经济刑法立法研究》,吉林大学出版社2001年版,第175页。
②　周密:《美国经济犯罪和经济刑法》,北京大学出版社1993年版,第117-130页。
③　朱荣华:《各国刑法比较研究》,武汉大学出版社1995年版,第184-221页。

还是采取了集中式的典型形式。

1979 年《刑法》是新中国成立以来的第一部正式刑法典。在该部《刑法》的分则的第三章规定了"破坏社会主义经济秩序罪"的内容,虽然说该章当时仅包括 15 个罪名,但是却反映出我国最初的经济刑法的立法模式就是典型的集中式的立法模式,即将当时所有的经济犯罪集合在一起专门规定在刑法典的某章之中。

20 世纪 80 年代之后,我国进入了全面的改革开放时期,传统的经济结构得以调整,新型的经济制度不断建立与完善,在这种经济结构调整和经济制度不断建立的过程中,新型经济犯罪的出现也是历史的必然,原先的在计划经济下不可想象的经济犯罪手段与形式大量地涌现并呈不断猖獗之势,严重地破坏了我国的新型的经济制度。用刑法的方式惩治经济犯罪势在必行。于是,一些新型的经济犯罪就被零散地规定在一些新的部门经济法规之中。但是这些附属的经济刑法规范最后均要指向专门的刑事法律,因为附属于部门经济法规中的经济犯罪既没有专门的犯罪构成的规定,也没有专门的刑事责任的规定,几乎所有的附属经济犯罪最终都以一句"依照刑法的规定追究刑事责任"而结尾。但是这些新型的经济犯罪行为在 1979 年《刑法》中是找不到的,显然其指向的参照物在相关立法上是一种空白。而刑法作为一种基本法律,又具有稳定性和严肃性,不能朝令夕改。于是,全国人大常委会只好用单行刑法的方式来解决这一问题。故而,一些专门规定经济犯罪的单行刑法应运而生。也就是说,在 1980 年至 1997 年这段历史时期,我国的经济犯罪之立法主要采用的是一种分散式的立法模式。各种不同的经济犯罪主要是被规定在一些专门的单行刑法当中,但是这些单行刑法却是分散开来的。

在 1997 年的新刑法典中,立法机关将原本在分散的单行刑法中的诸多经济犯罪又进行了汇总,专门在《刑法》分则的第 3 章重新规定了"破坏社会主义市场经济秩序罪",不同的只是立法机关分为 8 节,以集中体现经济犯罪的领域性和手段性,但仍不失经济犯罪的集中式的立法模式的特点。

1997 年后,随着经济体制改革,更多新型的经济犯罪出现,如何解决经济犯罪的立法问题也成了大家关注的焦点,可以看出,我国立法机关在这个问题上投入了很多心力,摒弃了单行刑法的立法模式,转用刑法修正案的立法方式,这种方式也体现了我国经济刑法立法的集中式特色。

三、新中国经济刑法的立法沿革

(一)新中国成立初期经济刑法的孕育和诞生

新中国成立之初,随着工商业政策的调整,私人资本主义工商业有了相当大的恢复和发展。但也有少数不法资本家乘国家百废待举、各项经济制度不完善之际,违背国家的法律,反对国营经济的领导和人民政府的限制政策,利用市场商品供应紧张的状况,任意抬高物价,不愿意接受加工合同,并腐蚀和拉拢、贿赂国家工作人员,进行偷税、盗窃国家资财、偷工减料以及盗窃国家经济情报等犯罪活动,给当时的国家建设、人民生活、抗美援朝造成了极大的危害。针对这种情况,1951 年年底,国家在工作人员中开展了反贪污、反浪费、反官僚主义的"三反"运动;1952 年年初,国家又在资本主义工商业中开展了反行贿、反偷税漏税、反盗骗国家资财、反偷工减料、反盗窃国家经济情报的"五反"运动,并为这两个运动制定了一些政策法规,如 1952 年 3 月 11 日中央人民政府政务院颁布的《关于处理贪污、浪费及克服官僚主义错误的若干规定》,1952 年 4 月 21 日中央人民政府公布的《中华人民共和国惩治贪污条例》。此外,还公布了一些单行的经济刑法规范,如 1951 年颁布的《妨害国家货币治罪暂行条例》等。这些都可视为当时重要的经济刑法规范,对打击当时经济犯罪活动,稳定社会秩序起到了积极的作用。1953 年开始,新中国进入社会主义改造时期。这一时期经济刑法的主要任务是为了使国家社会主义改造顺利进行。与此相适应,国家制定的有关禁止投机倒把行为的法律政策较多,政务院陆续颁布了关于粮食、棉花、油料等重要物资统购统销的几项命令和市场管理的暂行办法、规定等,均涉及经济刑法内容。社会主义改造完成后,我国实行计划经济,经济刑法的任务主要是为了保护计划经济的运行,集中打击的是那些破坏计划经济的犯罪。

(二)刑法典的颁布及经济刑法的发展

1979 年 7 月 1 日,历经曲折的新中国第一部刑法典《中华人民共和国刑法》终于由五届人大二次会议通过。根据当时的社会背景,刑法典对当时业已存在的经济犯罪行为作了规定,仅 15 个条文,13 个罪名,内容过于粗疏。但是,这不是立法者的疏忽,是特定历史原因造成的。可以说,任何行为规范只不过是一定时期价值观念制度化的结晶。由于当时国家还不承认市场经济,不允许私人从事商品经济活动、参与商品的流通,为了适应这种僵化的经济体制的经济刑法,必然否定一切与市场经济相适应的经济行为的合理性。例如,对于投机倒把的定罪,立法者就把"倒卖国家统购统销和计划分配物资、倒卖耕畜、黑市经纪、买空卖空、居间牟利、非法开设地下工厂、商店、非法组织包工队、运输队、雇工剥削他人、套购商品、转手加价出售、代开证明、代开发票、代订合同等都视为投机倒把的犯罪"。[①] 这种特殊历史条件下形成的刑法观,决定了立法者无法超越当时的政治、经济现实,所以,刑法典的锋芒更多地指向那些政治性犯罪和暴力犯罪,对经济犯罪的规定十分简单,其主要内容就是用刑法禁止任何个人和合伙人或其他经济组织从事工商活动。在改革开放后,经济形势迅速发生变化,1979 年刑法典中的经济刑法内容已经不能适应现实需要,表现在:一是立法者没有预料到经济犯罪会在刑法典制定以后的一两年内像瘟疫一样蔓延,实践中暴露出刑法典对经济犯罪规定不周全;二是一些犯罪构成的规定与改革开放后国家改革开放的经济政策格格不入;三是一些经济犯罪的法定刑设定太低,起不到应有的特殊预防和一般预防作用。针对这种情况,国家在刑法典的基础上,先后制定了一批新的惩处经济犯罪的单行刑事法律。据统计,1979 年《刑法》生效后至 1997 年《刑法》实施前,共制定了 23 个"补充规定""决定",其中绝大部分是经济刑法的规范,不仅增加了经济犯罪的罪名,而且对一些经济犯罪的法定刑也作了修正,加大了惩处力度,成为 1997 年《刑法》实施前主要的经济刑法规范。

(三)1997 年修订刑法对经济刑法的补充和修改

1997 年修订刑法典的一个主要内容就是突出了对市场经济秩序的保护,将改革开放以来制定的一些惩治经济犯罪的单行刑事法律吸收到刑法典中,并且新增加了一批经济犯罪的罪名。具体表现在:

---

① 高铭暄:《中华人民共和国刑法的孕育和诞生》,法律出版社 1981 年版,第 163 页。

1.增加了经济犯罪的罪名

1997年修订《刑法》分则第3章的"破坏社会主义市场经济秩序罪"由原来的15条增加到92条,罪名由原来的13个增加到92个。修订后的刑法对经济犯罪罪名的设置,大致采取以下途径进行:一是吸收了单行经济刑事特别法中的罪名,如生产、销售伪劣商品罪中的罪名,妨害税收管理罪中的罪名等,大多是将原来补充规定、决定中的罪名吸收到刑法典中;二是转移了传统的经济犯罪的罪名,即将与市场经济秩序保护关系不大的一些犯罪转移到了其他章节中,如盗伐林木罪、滥伐林木罪、挪用特定款物罪等;三是取消了一些计划经济体制下特有的犯罪,如倒卖计划供应票证罪等;四是分解了一些经济犯罪的"口袋"罪,如投机倒把罪、走私罪等;五是设立了一些全新的经济犯罪的罪名,如洗钱罪、侵犯商业秘密罪等。

2.对经济犯罪构成要件的修正

(1)扩大了经济犯罪的主体范围。突出表现在扩大了单位犯罪的主体范围。我国刑法典是以自然人犯罪为标本制定的,立法者针对改革开放后单位犯罪猖獗的情况,增加了单位犯罪。单位犯罪的规定起始于走私罪,后来逐渐扩大到受贿,行贿,逃汇,生产、销售伪劣商品罪等。刑法典修订时,增加了单位犯罪的规定,并且扩大了单位犯罪的范围,如假冒专利罪、侵犯商业秘密罪、洗钱罪等。

(2)主观罪过的多样性。1979年《刑法》规定的经济犯罪,都是故意犯罪。1997年修订后的《刑法》中,经济犯罪不仅有故意犯罪,还规定了部分过失经济犯罪,如签订、履行合同失职被骗罪等。

(3)细化了定罪的标准。修订后的《刑法》分解了原《刑法》中的"口袋"罪(如将投机倒把罪分解为非法经营罪,强迫交易罪,倒卖车票、船票罪,非法转让、倒卖土地使用权罪等),绝大部分犯罪采取了叙明罪状,对犯罪构成要件作了较明确的规定。

3.对经济犯罪的刑事责任进行了调整

修订后的经济刑法在刑事责任方面,呈明显加重的趋向。表现在:

(1)调整了死刑适用范围。1979年刑法典对经济犯罪的死刑基本是空白的,1982年以后,立法者考虑到打击经济犯罪的实际需要,扩大了死刑适用的范围,经济犯罪可适用死刑的有:走私罪,生产、销售假药罪,生产、销售有毒、有害食品罪,虚开增值税专用发票罪,集资诈骗罪,金融票据诈骗罪,信用证诈骗罪等。1997年修订《刑法》时,对一些犯罪增设了死刑,也取消了一些罪名的死刑。这导致了在"破坏社会主义市场经济秩序罪"中,可适用死刑的罪名达到16个。

(2)扩大和强化了财产刑的适用,特别是扩大了罚金刑的适用范围。修订后的《刑法》分则条文中,在"破坏社会主义市场经济秩序罪"规定有罚金条文的有80条,占该章条文总数的91%。在财产刑的设置上,有些条款不像过去仅规定可以适用,而是规定必须适用罚金,并对罚金的交纳也作了具体的规定,以杜绝罚而不缴的漏洞。

(四)修订刑法实施后经济刑法的发展

1997年刑法典实行以来,市场经济体制建设取得了长足的发展,经济犯罪也随之发生了变化;波及东南亚的金融危机,使经济犯罪出现了新的手段和方式;此外,修订刑法典实施后,也暴露出其对经济犯罪规定的一些不足和漏洞。针对经济犯罪形势的变化及认识的深化,立法机关又通过了一些刑事法律,对刑法典作了补充和修正。主要有:1998年12月30

日全国人大常委会通过的《关于惩治骗购外汇、逃汇、非法买卖外汇的决定》、1999年12月25日通过的《中华人民共和国刑法修正案》、2001年12月29日全国人大常委会通过的《中华人民共和国刑法修正案(三)》、2002年12月28日全国人大常委会通过的《中华人民共和国刑法修正案(四)》、2005年2月28日全国人大常委会通过的《中华人民共和国刑法修正案(五)》、2006年6月29日全国人大常委会通过的《中华人民共和国刑法修正案(六)》、2009年2月28日全国人大常委会通过的《中华人民共和国刑法修正案(七)》、2011年2月25日全国人大常委会通过的《中华人民共和国刑法修正案(八)》、2015年8月29日全国人大常委会通过的《中华人民共和国刑法修正案(九)》、2020年12月26日全国人大常委会通过的《中华人民共和国刑法修正案(十一)》(以下全部简称《刑法修正案》或《刑法修正案(三)》等)。这些补充或修正所涉及的内容主要有:

1. 新增设了经济犯罪的罪名

新增的罪名有:防碍药品管理罪,骗购外汇罪,隐匿、故意销毁会计凭证、会计账簿、财务会计报告罪,国有公司、企业、事业单位人员失职罪,国有公司、企业、事业单位人员滥用职权罪,妨害信用卡管理罪,虚假破产罪,背信损害上市公司利益罪,骗取贷款、票据承兑、金融票证罪,背信运用受托财产罪,违法运用资金罪,走私国家禁止进出口货物、物品罪,组织领导传销活动罪,对外国公职人员和国际公共组织官员行贿罪,虚开发票罪,持有伪造发票罪,为境外窃取、刺探、收买、非法提供商业秘密罪。

2. 扩大了某些犯罪的对象范围

例如,《刑法修正案》对刑法典第174条、第180条、第182条规定的证券犯罪,增加了期货交易所、期货交易内幕信息、期货交易的虚假信息、期货交易的价格等,《刑法修正案(六)》又将期货交易价格扩大为期货交易市场;《刑法修正案(三)》将洗钱罪的对象扩大到恐怖活动犯罪的违法所得及其产生的收益;《刑法修正案(六)》又将洗钱罪的犯罪对象扩大到贪污贿赂犯罪、破坏金融管理秩序犯罪、金融诈骗犯罪的所得及其产生的收益;《刑法修正案(四)》将《刑法》第155条规定的走私固体废物罪的犯罪对象扩大到液态废物、气态废物,其罪名也因此修改为"走私废物罪";《刑法修正案(八)》将《刑法》第143条规定的生产、销售不符合卫生标准食品罪的犯罪对象由不符合卫生标准食品修改为不符合安全标准的食品。

3. 对某些犯罪的既遂形态作了修正

例如,《刑法》第145条规定的生产、销售不符合标准的医用器材罪,是以发生"对人体健康造成严重危害"的结果作为犯罪既遂的标准。《刑法修正案(四)》将其修改为危险犯,即"生产不符合保障人体健康的国家标准、行业标准的医疗器械、医用卫生材料,或者销售明知是不符合保障人体健康的国家标准、行业标准的医疗器械、医用卫生材料,足以严重危害人体健康的",就构成本罪的既遂。《刑法》第187条规定的用账外客户资金非法拆借、发放贷款罪,是以"造成重大损失"作为犯罪既遂的标准,《刑法修正案(六)》将"数额巨大"作为本罪构成既遂的选择要件之一。《刑法》第144条规定的生产、销售假药罪是以造成"足以严重危害人体健康"的危险状态为构成犯罪既遂的标准,《刑法修正案(八)》将其修改为行为犯,只要实施了生产、销售假药的行为,即构成本罪既遂。

第三节　经济刑法的结构

一、经济刑法总则与分则的关系

5-2

我国《刑法》自1997年修订实施以来,因经济改革、社会变迁对刑法调整的需求,迄今又作了十次修改,出台了一个《决定》和十一个修正案。从历次刑法修改的内容看,经济刑法是重点,十一个刑法修正案涉及《刑法》100多个分则条文,其中涉及经济犯罪的修改达60多个条文,接近分则条文修改总数的50%。

（一）经济刑法犯罪化的主要内容

1997年《刑法》修订的主要内容之一是突出了对市场经济秩序的保护,将改革开放以来制定的一些惩治经济犯罪的单行刑事法律吸收到刑法典中,并新增了一批经济犯罪的罪名。随着经济的发展,经济犯罪也呈现出不同的形态,1997年《刑法》已无法全面规制市场经济过程中新出现的犯罪。为了确保社会主义市场经济关系和经济秩序正常进行,促进社会主义市场经济的顺利发展,刑法需要加大惩治经济犯罪的力度。但是,经济犯罪与一般刑事犯罪既有区别又有联系,经济犯罪虽然也是发生在社会生活中,但由于这种犯罪主要集中在社会经济活动领域,因此,这类犯罪无论在主观构成要件上,还是客观构成要件上,都有其自身的特征：

第一,经济犯罪客体的公益性、社会性和多样性。经济犯罪侵害的客体是国家的经济关系和经济秩序,所针对的是国家和社会整体经济利益及其重要经济部门与经济制度。经济关系和经济秩序是社会中处于重要地位的社会关系和秩序,这种关系和秩序直接关系着国家和社会的生存和发展,经济犯罪所侵犯的客体不是某个私人的利益,因此,经济犯罪的客体具有明显的公益性和社会性。经济犯罪客体的多样性,是指经济犯罪同类客体的多样性。社会经济关系可以表现为商品的生产关系、商品的交换关系、经济管理、经济秩序等等,具有明显的复杂性。实际情况表明,一种犯罪行为一般不会同时破坏所有的经济关系,在通常情况下,一种犯罪行为只会破坏一种或者几种经济关系。因此,经济关系的多样性,决定了经济犯罪客体的多样性。刑法对经济犯罪的规定就是根据经济犯罪的不同客体进行分类,如现行《刑法》分则第三章的"破坏社会主义市场经济秩序罪"；分则第八章的"贪污贿赂罪"；分则第五章"侵犯财产罪"中的"职务侵占罪"和"挪用资金罪"；分则第六章第六节规定的"破坏环境罪",根据经济关系的不同方面,分别规定了不同类型的经济犯罪,比如生产、销售伪劣产品罪,走私罪,金融诈骗罪等等。在经济犯罪这个大类中,包含如此多的小类罪,正是经济犯罪客体多样性的表现。

第二,经济犯罪主体的范围。犯罪主体是犯罪构成的重要组成部分。一般而言,经济犯罪主体可以分为三类,即经济犯罪的法人主体、经济犯罪的非法人团体主体、经济犯罪的自然人主体。

在经济犯罪发展的过程中,许多犯罪都是有组织的犯罪。伴随着经济的发展,法人等经济主体地位和作用的不断显现,单位犯罪在数量上呈现上升的趋势。在市场经济中,各种单位(尤其公司等法人单位)扮演着重要的角色,是经济交往和经济活动的主体。而在单位犯罪中,单位中的自然人可以有组织、有计划、分工协作进行犯罪活动,因此,与自然人犯罪相比,单位犯罪具有更大的欺骗性、隐蔽性和危害性。在行为主体上,伴随着经济主体的完善,法人主体将在经济活动中发挥越来越大的作用,相应地,法人犯罪在整个犯罪中也会占更大的比重。之所以要强调这一点,是因为法人犯罪与自然人犯罪有很大的区别,其具有较强的"理性人"特征。基于此,建立相应的刑事政策使立法有不同的侧重点便显得十分重要。

第三,经济犯罪的客观方面是刑法所规定的,说明某种经济犯罪行为的成立而必须具备的客观事实特征,表现为行为人违反经济行政管理、民事、商事法律、法规,侵害市场经济秩序,实施了刑法所禁止的经济犯罪行为。经济犯罪的客观方面是不同法律部门对经济犯罪行为进行多重法律评价的最为直观的根据,因而它也是经济犯罪刑事责任的归责根据之一。

经济犯罪的客观方面具有以下特点:首先是它的复杂性。经济犯罪由于发生在市场经济运行领域,因而相对于其他类型的犯罪,其犯罪结构十分复杂。市场经济运行领域是一个极其庞大的动态领域,其中围绕商品的生产、交换、分配和消费形成的纷繁复杂的经济关系相互交织在一起,几乎囊括了国民经济的各个行业和部门。而近年来随着中国劳动力市场、金融市场、证券期货市场、房地产市场及科技市场等形形色色的经济犯罪大量滋生、蔓延,呈现出前所未有的特点。其次是它的智能性。经济犯罪的行为人一般具有较高的文化程度,很多人甚至具有丰富的经济、财税、贸易、会计或者法律方面的专门知识,具有长期从事经济活动的经验,在犯罪手段上,一般不直接使用暴力、不明火执仗、不具有攻击性,犯罪人往往以其专业知识或利用其职务便利,深思熟虑、精心策划,通过钻法律空子达到牟取非法经济利益之目的,因而经济犯罪在西方被称为"白领犯罪"。最后是它的隐蔽性。经济犯罪并不像传统犯罪那样赤裸裸地违反社会公德和人们所熟知的行为规则,其行为人往往是经济关系的一方当事人,使用的犯罪手段具有经济活动的性质,因而其犯罪不容易被公众所知晓,其社会危害性也不易被人们所认识。

第四,纵观经济犯罪的主观方面,大多数是故意,主观故意是多数经济犯罪的必备要素,是罪与非罪的界限。公安机关在办理经济犯罪案件时,要准确地认定犯罪嫌疑人实施犯罪时的主观内容。经济犯罪主观故意是指行为人在经济活动过程中,在进行某一具体经济行为时,行为人对自己的行为及其可能带来的结果有所认识,并在此认识的因素上,行为人为了追求某种结果或者某个行为过程,希望或者放任自己的行为所带来的后果的心理态度。

(二)经济刑法分则的分类

我们认为,从我国目前的刑事立法情况分析,经济犯罪包括《刑法》分则第 3 章规定的"破坏社会主义市场经济秩序罪"、分则第 8 章规定的"贪污贿赂罪";分则第 5 章"侵犯财产罪"中的"职务侵占罪"和"挪用资金罪"、分则第 6 章第 6 节规定的"破坏环境资源保护罪",以及全国人大常委会以《决定》和《刑法修正案》方式补充规定的有关经济犯罪。这些经济犯罪行为可以分为以下几种类型:

第一,妨害工商管理秩序的犯罪。包括资信诈欺方面的犯罪、伪劣产品方面的犯罪、妨害竞争方面的犯罪、危害企业方面的犯罪。

第二,破坏金融管理秩序的犯罪。包括货币方面的犯罪、融资方面的犯罪、证券方面的犯罪、票据方面的犯罪、洗钱犯罪、保险方面的犯罪、期货方面的犯罪等。

第三,妨害海关管理秩序的犯罪。包括走私禁止进出口的物品的犯罪、走私限制进出口的物品的犯罪和走私普通物品的犯罪。

第四，危害税收征管的犯罪。包括偷税、抗税、逃避追缴欠税、骗取出口退税、发票方面的犯罪。

第五，侵犯知识产权的犯罪。包括侵犯商标权的犯罪、侵犯专利权的犯罪、侵犯著作权的犯罪和侵犯商业秘密的犯罪。

第六，贪污贿赂犯罪。包括贪污罪、贿赂罪、挪用公款罪、巨额财产来源不明罪、隐瞒境外存款罪、私分国有资产罪、私分罚没财物罪。

第七，破坏环境资源的犯罪。包括污染环境的犯罪、破坏水产资源的犯罪、破坏野生动物资源的犯罪、破坏土地资源的犯罪、破坏矿产资源的犯罪、破坏林木资源的犯罪。

（三）经济刑法总则与分则的关系

随着社会经济的不断发展，各种经济现象层出不穷，经济犯罪现象也越来越呈现出复杂的态势，经济刑法已然成为刑法中相当成熟和完整的一部分，也形成了总则和分则的立体框架。经济刑法总则浓缩了刑法基本理论，支撑、引领经济刑法体系的建立、发展和完善；经济刑法分则主要是法律适用的指导，用以解决司法实践中的具体问题。经济刑法总则的内容由经济刑法分则具体规定的各种犯罪加以落实，经济刑法分则依存于经济刑法总则而存在，条文的适用则依赖于总则的指导与规定。两者是普遍性与特殊性的关系。

经济刑法的总则有其存在意义，由于经济犯罪的具体形式和刑罚的复杂性，某些犯罪行为在经济刑法体系中会产生不同的定位，出现罪与非罪、此罪与彼罪等问题，还可能涉及诸如犯罪形态、共同犯罪、数罪并罚等原理和规则。并且，一些行为需要进行罪与非罪的检视。这些都需要运用经济刑法的总则来加以识别。同时，经济犯罪的刑罚也比较多元，针对刑罚的选择、合并和具体执行，也需要有概括性的原理和规则来指导。

针对经济刑法总则模块进行研究和阐述可称之为总论，即关于总则规范内容、意义及其内在的关联性、规律性的认识，针对经济刑法分则模块的研究和阐述可称之为各论，就是关于分则规范内容、意义及其内在关联性、规律性的认识。基于研究的自由性和教义学的特点，经济刑法总论和各论所涉范围要宽于经济刑法总则和分则，它以各门类理论为指针，以法条为对象，运用字面含义、逻辑推理、分析对比等方法，力求探究经济犯罪的历史沿革、立法动因、经济刑法规范的真实含义，并发展出一些专门化的理论，如经济犯罪构成的理论，经济犯罪因果关系的理论等。经济刑法总则和分则不断地吸收总论和各论的研究成果，使自己更加完善和科学。在我国市场经济体制推行的大背景下，经济刑法总论和各论有广阔的研究空间。

二、经济刑法的条文结构

从沿革上看，经济刑法的总则性规定是从分则的各个犯罪规定中逐渐产生的。经济刑法总则是关于经济刑法的指导思想、任务和适用范围，以及关于犯罪和刑罚一般原理原则的规范体系，是定罪量刑所必须遵守的共同的规则。我国现行刑法设置的总则条文，明确了刑法的任务、基本原则和适用范围，犯罪，刑罚，刑罚的具体运用和其他规定。应当说，刑法总则各个条文是彼此独立的。但是，共处于刑法总则中的条文，相互之间还是存在一定关联的，并且，刑法总则条文与刑法分则条文之间也存在着一定的联系。经济刑法分则中规定了很多犯罪,每种犯罪都有各自不同的犯罪构成要件。但是,如果我们把每种犯罪的具体内容暂且搁置一边,可以看出每一个分则条文其实只有两个内容,一个是罪状,即对犯罪状况的描述,另一个是法定刑,即对应当判处刑罚的规定。罪状和法定刑就是刑法分则条文的基本结构。

(一)经济刑法条文结构举例

下面我们以相关罪名为例,从罪名、罪状、法定刑三个方面来分析经济刑法的条文结构。

"生产、销售伪劣商品罪"作为一个类罪,具体包括一个数额犯(销售金额 5 万元以上的):生产销售伪劣产品罪(第 140 条);两个抽象危险犯:生产、销售假药罪(第 141 条)和生产销售有毒有害食品罪(第 144 条);两个具体危险犯:生产销售不符合安全标准的食品罪(第 143 条)和生产不符合标准的医用器材罪(第 145 条);四个实害犯:生产销售劣药罪(第 142 条),生产不符合安全标准的产品罪(第 146 条),生产销售伪劣农药、兽药、化肥、种子罪(第 147 条)和生产销售不符合卫生标准的化妆品罪(第 148 条)。具体在刑法中的表述为:

《刑法》第 140 条规定,生产者、销售者在产品中掺杂、掺假,以假充真,以次充好或者以不合格产品冒充合格产品,销售金额 5 万元以上不满 20 万元的,处 2 年以下徒刑或者拘役,并处或者单处销售金额 50%以上 2 倍以下罚金;销售金额 20 万元以上不满 50 万元的,处 2 年以上 7 年以下有期徒刑,并处销售金额 50%以上 2 倍以下罚金;销售金额 50 万元以上不满 200 万元的,处七年以上有期徒刑,并处销售金额 50%以上 2 倍以下罚金;销售金额 200 万元以上的,处 15 年有期徒刑或者无期徒刑,并处销售金额 50%以上 2 倍以下罚金或者没收财产。

第 149 条:生产、销售本节第 141 条至第 148 条所列产品,不构成各该条规定的犯罪,但是销售金额在 5 万元以上的,依照本节第 140 条的规定定罪处罚。

生产、销售本节第 141 条至第 148 条所列产品,构成各该条规定的犯罪,同时又构成本节第 140 条规定之罪的,依照处罚较重的规定定罪处罚。

第 150 条:单位犯本节第 140 条至第 148 条规定之罪的,对单位判处罚金,并对其直接负责的主管人员和其他直接责任人员,依照各该条的规定处罚。

又如在"妨害对公司企业的管理秩序罪"中,刑法表述为:

第 158 条:申请公司登记使用虚假证明文件或者采取其他欺诈手段虚报注册资本,欺骗公司登记主管部门,取得公司登记,虚报注册资本数额巨大、后果严重或者有其他严重情节的,处 3 年以下有期徒刑或者拘役,并处或者单处虚报注册资本金额 1%以上 5%以下罚金。

单位犯前款罪的,对单位判处罚金,并对其直接负责的主管人员和其他直接责任人员,处 3 年以下有期徒刑或者拘役。

第 159 条:公司发起人、股东违反公司法的规定未交付货币、实物或者未转移财产权,虚假出资,或者在公司成立后又抽逃其出资,数额巨大、后果严重或者有其他严重情节的,处 5 年以下有期徒刑或者拘役,并处或者单处虚假出资金额或者抽逃出资金额 2%以上 10%以下罚金。

单位犯前款罪的,对单位判处罚金,并对其直接负责的主管人员和其他直接责任人员,处 5 年以下有期徒刑或者拘役。

第 160 条:在招股说明书、认股书、公司、企业债券募集办法等发行文件中隐瞒重要事实或者编造重大虚假内容,发行股票或者公司、企业债券、存托凭证或者国务院依法认定的其他证券,数额巨大、后果严重或者有其他严重情节的,处5年以下有期徒刑或者拘役,并处或者单处罚金;数额特别巨大、后果特别严重或者有其他特别严重情节的,处五年以上有期徒刑,并处罚金。

控股股东、实际控制人组织、指使实施前款行为的,处五年以下有期徒刑或者拘役,并处或者单处非法募集资金金额百分之二十以上一倍以下罚金;数额特别巨大、后果特别严重或者有其他特别严重情节的,处五年以上有期徒刑,并处非法募集资金金额百分之二十以上一倍以下罚金。

单位犯前两款罪的,对单位判处非法募集资金金额20%以上一倍以下罚金,并对其直接负责的主管人员和其他直接责任人员,依照第一款的规定处罚。

第161条:依法负有信息披露义务的公司、企业向股东和社会公众提供虚假的或者隐瞒重要事实的财务会计报告,或者对依法应当披露的其他重要信息不按照规定披露,严重损害股东或者其他人利益的,或者有其他严重情节的,对其直接负责的主管人员和其他直接责任人员,处5年以下有期徒刑或者拘役,并处或者单处罚金;情节特别严重的,处5年以上10年以下有期徒刑,并处罚金。

前款规定的公司、企业的控股股东、实际控制人实施或者组织、指使实施前款行为的,或者隐瞒相关事项导致前款规定的情形发生的,依照前款的规定处罚。

犯前款罪的控股股东、实际控制人是单位的,对单位判处罚金,并对其直接负责的主管人员和其他直接责任人员,依照第一款的规定处罚。

第162条:公司、企业进行清算时,隐匿财产,对资产负债表或者财产清单作虚伪记载或者在未清偿债务前分配公司、企业财产,严重损害债权人或者其他人利益的,对其直接负责的主管人员和其他直接责任人员,处5年以下有期徒刑或者拘役,并处或者单处2万元以上20万元以下罚金。

第163条:公司、企业或者其他单位的工作人员利用职务上的便利,索取他人财物或者非法收受他人财物,为他人谋取利益,数额较大的,处3年以下有期徒刑或者拘役;数额巨大或者有其他严重情节的,处3年以上10年以下有期徒刑,并处罚金;数额特别巨大或者有其他特别严重情节的,处10年以上有期徒刑或者无期徒刑,并处罚金。

公司、企业或者其他单位的工作人员在经济往来中,利用职务上的便利违反国家规定,收受各种名义的回扣、手续费,归个人所有的,依照前款的规定处罚。

国有公司、企业或者其他国有单位中从事公务的人员和国有公司、企业或者其他国有单位委派到非国有公司、企业以及其他单位从事公务的人员有前两款行为的,依照本法第385条、第386条的规定定罪处罚。

第164条:为谋取不正当利益,给予公司、企业或其他单位的工作人员以财物,数额较大的,处3年以下有期徒刑或者拘役,并处罚金;数额巨大的,处3年以上10年以下有期徒刑,并处罚金。

为谋取不正当商业利益,给予外国公职人员或者国际公共组织官员以财物的,依照前款的规定处罚。

单位犯前款罪的,对单位判处罚金,并对其直接负责的主管人员和其他直接责任人员,依照第一款的规定处罚。

行贿人在被追诉前主动交待行贿行为的,可以减轻处罚或者免除处罚。

第 165 条:国有公司、企业的董事、经理利用职务便利,自己经营或者为他人经营与其所任职公司、企业同类的营业,获取非法利益,数额巨大的,处 3 年以下有期徒刑或者拘役,并处或者单处罚金;数额特别巨大的,处 3 年以上 7 年以下有期徒刑,并处罚金。

第 166 条:国有公司、企业、事业单位的工作人员,利用职务便利,有下列情形之一,使国家利益遭受重大损失的,处 3 年以下有期徒刑或者拘役,并处或者单处罚金;致使国家利益遭受特别重大损失的,处 3 年以上 7 年以下有期徒刑,并处罚金:

(一)将本单位的盈利业务交由自己的亲友进行经营的;

(二)以明显高于市场的价格向自己的亲友经营管理的单位采购商品或者以明显低于市场的价格向自己的亲友经营管理的单位销售商品的;

(三)向自己的亲友经营管理的单位采购不合格商品的。

第 167 条:国有公司、企业、事业单位直接负责的主管人员,在签订、履行合同过程中,因严重不负责任被诈骗,致使国家利益遭受重大损失的,处 3 年以下有期徒刑或者拘役;致使国家利益遭受特别重大损失的,处 3 年以上 7 年以下有期徒刑。

第 168 条:国有公司、企业的工作人员,由于严重不负责任或者滥用职权,造成国有公司、企业破产或者严重损失,致使国家利益遭受重大损失的,处 3 年以下有期徒刑或者拘役;致使国家利益遭受特别重大损失的,处三年以上七年以下有期徒刑。。

国有事业单位的工作人员有前款行为,致使国家利益遭受重大损失的,依照前款的规定处罚。

国有公司、企业、事业单位的工作人员,徇私舞弊,犯前两款罪的,依照第一款的规定从重处罚。

第 169 条:国有公司、企业或者其上级主管部门直接负责的主管人员,徇私舞弊,将国有资产低价折股或者低价出售,致使国家利益遭受重大损失的,处 3 年以下有期徒刑或者拘役;致使国家利益遭受特别重大损失的,处 3 年以上 7 年以下有期徒刑。

(二)罪名

通过以上几个重点经济刑法分则的条文结构我们可以看出,经济刑法的罪名是以罪状为基础的,罪名包含在罪状之中。在简单罪状的情形之下,罪状就是罪名。根据罪名的不同情况,可以划分为以下几种不同的类型:

第一,类罪名与具体罪名。类罪名是指某一类犯罪的名称,也就是我国刑法分则所规定的各种犯罪的每一章的名称,类罪名的特点在于只是对某一类犯罪的名称作出了概括,但是本身既不能作为定罪的罪名使用,也不包含法定刑的内容。

具体罪名是指各种具体犯罪的名称。具体罪名规定在包含有罪刑单位内容的经济刑法分则条文之中。具体罪名是司法机关追究刑事责任的法律依据,也是确定行为人的行为构成某种犯罪的依据。

具体罪名规定在类罪名之中,各种具体罪名排列组合成为各类罪名。类罪名与具体罪名之间是一种包容和被包容的关系。

第二,单一罪名与选择罪名、概括罪名。单一罪名是指刑法分则条文所规定的是单纯的一种犯罪,不包含涉及其他犯罪的内容,也不能分解使用的罪名形式。刑法分则条文所规定的罪名大部分是以单一罪名的形式出现的,单一罪名在使用时通常不会发生歧义。

选择罪名是指经济刑法分则条文所包含的犯罪构成内容复杂,在一个条文中包含了不同的行为方式或者不同的犯罪对象,既可以按照行为方式的不同或者犯罪对象的不同分别确定罪名,也可以概括为一个罪名使用的罪名形式。如走私、贩卖、运输、制造毒品罪就是行为方式不同的选择罪名形式。

（三）罪状

罪状是指刑法分则条文对于某种犯罪具体状况的描述。只有符合某种犯罪成立的条件,才能构成某种犯罪。根据刑法分则条文对基本罪状的描述方式,罪状可以概括为四种形式,即简单罪状、叙明罪状、引证罪状和空白罪状。

第一,简单罪状。指经济刑法分则条文对某种犯罪的具体状况不作任何描述,只是列出罪名。之所以如此是因为立法者认为该种犯罪不需要描述,只要看到罪名就可以理解和明白。如《刑法》第 170 条规定"伪造货币的"就是简单罪状。

第二,叙明罪状。又称说明罪状,是指经济刑法分则条文对某种犯罪的具体状况作了详细的描述,以便说明该种犯罪构成的具体条件。如《刑法》第 162 条规定"公司、企业进行清算时,对资产负债表或者财产清单作虚假记载或者在未清偿债务前分配公司、企业财产,严重损害债权人或者其他人利益的"等就是叙明罪状。

第三,引证罪状。是指经济刑法分则条文对某种犯罪的具体状况不作任何描述但需要引用刑法分则的其他条文说明该种犯罪构成的具体条件。

第四,空白罪状。又称参见罪状,是指经济刑法分则条文只规定了某种犯罪行为,但是具体的犯罪构成条件要参照其他法律、法规的规定才能确定。如《刑法》第 344 条规定"违反森林法的规定,非法采伐、毁坏珍贵树木的",需要参照枪支管理的有关规定和森林法的有关规定才能确定是否构成犯罪,这就是空白罪状。

（四）法定刑

经济刑法分则的法定刑依据《刑法》分则条文中法定刑的刑种、刑度是否确定以及确定的程度为标准,可以将法定刑划分为绝对确定的法定刑、绝对不确定的法定则和相对确定的法定刑两种类型。

首先,绝对确定的法定刑是指《刑法》分则条文规定的法定刑的刑种和刑度只有一个的法定则,法官没有任何自由裁量的余地,我国《刑法》中规定的绝对确定的法定刑的条文数量极少。绝对确定的法定刑的最大问题在于没有任何松动的余地,而犯罪并不是千篇一律没有变化的,任何一种犯罪都有不同于其他犯罪的情节,即使是两个同一种犯罪之间也是有各种各样区别的,不管犯罪的情节如何都只能适用一种刑罚方法予以处罚,显然缺乏必要的灵活性。从世界各国的刑事立法趋势来看,绝对确定的法定刑正在越来越少被采用,经济刑法为了避免过度干预经济和市场,因此也很少采用绝对确定的法定刑。

其次,相对确定的法定刑是指在经济刑法分则条文中明确规定对该种犯罪适用的刑种和刑度,并对最高刑和最低刑作出限制性的规定。相对确定的法定刑有较大的裁量幅度,便于审判机关根据犯罪人的不同情况适用不同的刑罚,是我国刑法分则条文中普遍采用的形式。

比如经济刑法中规定两种以上的刑罚方法,同时对有期徒刑的最高限度作出规定,如

《刑法》第 140 条规定：生产者、销售者在产品中掺杂、掺假，以假充真，以次充好或者以不合格产品冒充合格产品，销售金额 5 万元以上不满 20 万元的，处 2 年以下徒刑或者拘役。有期徒刑的最低限度、拘役和管制的最高和最低限度都应当依照《刑法》总则的有关规定确定。还有规定两种以上的主刑、两个以上的量刑幅度并同时规定附加刑，其中有期徒刑只规定最低限度。如《刑法》第 383 条规定：贪污数额特别巨大或者有其他特别严重情节的，处 10 年以上有期徒刑或者无期徒刑，并处罚金或者没收财产；数额特别巨大，并使国家和人民利益遭受重大损失的，处无期徒刑或死刑，并处没收财产。还有规定援引其他条文中规定的法定刑。如《刑法》第 386 条规定：对犯受贿罪的，根据受贿所得数额及情节，依照本法第 383 条的规定处罚。索贿的从重处罚这种规定方式是为了使条文简化，避免不必要的重复。

三、经济刑法的法条竞合

（一）刑法中法条竞合的概念

法条竞合是指同一个犯罪行为因刑事立法作出重复性的规定，出现了可能同时触犯多个法条的情形，依法只适用其中一个法条定罪量刑的情况。法条竞合是大陆法系刑法理论上颇为重要且又极为复杂的一个理论问题，是大陆法系刑事立法中经常出现的一种立法现象。我国刑法从表现形式上看，基本上属于大陆法系范畴，因此，法条竞合不但在刑法理论上有过激烈的讨论，而且在我国刑法规范中也大量存在。经济犯罪中存在大量的法条竞合的情形。例如，《刑法》第 140 条的生产、销售伪劣产品罪与第 141 条至第 148 条的规定之间就是典型的法条竞合。法条竞合是立法和司法上常见的现象。我国刑法理论对法条竞合也很重视。人们对此发表了大量的学术论文和专著，学术的争鸣促进了法条竞合理论的发展与深入。近年来，法条竞合的理论争论逐渐减少，但是法条竞合理论问题仍然没有得到解决。例如，有学者指出，关于法条竞合的理论，"表面上平静无波，实际上各家尚处于战国时代"。[1] 在讨论经济刑法中的法条竞合的问题之前，有必要对法条竞合的理论作出一番梳理，解决了一般的理论问题，才能深入地探讨作为特殊现象的经济犯罪中的法条竞合的问题。

（二）刑法中法条竞合的类型

法条竞合的情况下，法条之间的具体关系是包容关系、交叉关系还是两者都有，在刑法理论界有两种代表性的观点。第一种观点认为，法条竞合是指一个犯罪行为同时触犯两个法律条文，其中一个法律条文的内容与另一个法律条文的内容之间存在包容或者交叉关系。该种观点认为，在如下两种情况下均可以构成法条竞合：一是两个法条之间具有包容关系，即一个法条的全部内容为另一个法律条文内容的一部分；二是两个法条之间存在交叉关系，即一个法条内容的一部分为另一个法条内容的一部分。[2] 第二种观点认为，法条竞合是指一个犯罪行为同时触犯两个法律条文，其中一个法律条文的内容为另一个法律条文的内容所包含。即只有当两个条文存在包含关系时才构成法条竞合。[3] 我们赞同第一种观点，认为法

---

[1] 陈志辉：《刑法上的法条竞合》，法律出版社 1998 年版，第 259 页。
[2] 王作富：《中国刑法适用》，中国人民大学出版社 1987 年版，第 295-296 页。
[3] 马克昌：《刑法理论探究》，法律出版社 1995 年版，第 145 页。

条竞合中数法条之间的关系包括了包容关系或交叉关系。

法条竞合的基本特征是：一个犯罪行为同时触犯了数个法条，数法条之间有相互重合关系。① 事实上，法条竞合的情形是由于立法本身的复杂性所导致的，行为人只是实施了一个犯罪行为，但由于法条之间的交叉、包容关系，致使该犯罪行为可以同时符合数个法条规定的数个犯罪构成，对此，一般适用特别法优于普通法、重法优于轻法的法律适用原则。即当法律对某种犯罪行为作出特别规定时，原则上应该适用特别法条的规定，但倘若采用特别法优于普通法的原则有违罪责刑相适应的刑法基本原则，而适用重法优于轻法原则又符合这一基本原则的话，就应适用重法，排斥轻法。这种情况通常发生在交叉重合形式的法条竞合中。② 前述特别法优于普通法以及重法优于轻法的法律适用原则，并非是当前者在认定存在困难时就当然地适用后者来替代，这明显地违反了罪责刑相适应原则和刑罚谦抑性原则，况且一般而言孰为特别、孰为普通还是可以根据法条之间的包容或交叉关系以及法条的具体表述予以区分，倘若确有难以区分的情形，那么首要考虑的应该是如何处理才更好地符合罪责刑相适应原则，而非绝对的就适用重法优于轻法的原则。

（三）经济刑法的法条竞合

1. 在"破坏社会主义市场经济秩序犯罪"中出现的法条竞合

在《刑法》分则的第3章"破坏社会主义市场经济秩序犯罪"中，具体分为生产、销售伪劣商品罪，走私罪，妨害对公司、企业的管理秩序罪，破坏金融管理秩序罪，金融诈骗罪，危害税收征管罪，侵犯知识产权罪和扰乱市场秩序罪。在以上犯罪种类中，都不同程度地存在着法条竞合的情况。

首先，对于生产、销售伪劣商品罪，《刑法》第140条明确规定了生产、销售伪劣产品罪。这一犯罪的对象是伪劣产品，行为特征是生产、销售，伪劣产品未加限定，当然包括了所有掺杂掺假、以次充好、以劣充优的产品。而《刑法》在第141条至148条之中又规定了具体的生产、销售特殊伪劣产品罪。这几种具体的特殊的伪劣产品与第140条所规定的是一种从属关系、包容关系。这样，生产、销售《刑法》第141条至第148条之规定的特殊伪劣产品，实际上又同时触犯了第140条的规定。特别是《刑法》第149条规定：生产、销售本节第141条至第148条所列产品，不构成各该条规定的犯罪，但是销售金额在5万元以上的，依照本节第140条的规定定罪处罚。生产、销售本节第141条至第148条所列产品，构成各该条规定的犯罪，同时又构成本节第140条规定之罪的，依照处罚较重的规定定罪处罚。这更说明此类犯罪法条竞合的普遍性。

其次，对于走私罪，《刑法》第157条规定：武装掩护走私的，依照本法第151条第一款（走私武器、弹药罪、走私核材料罪、走私假币罪）的规定从重处罚。武装掩护走私的内容，是指所有禁止进出境、限制进出境的货物、物品。没有武装掩护这一特殊情形的，就以所走私的物品性质来定罪量刑。然而一旦有武装掩护的行为，就又触犯了《刑法》第151条之规定。这样一来，一个走私行为就发生了法条竞合的现象。对于此类竞合，第157条已经明确了适用的罪名和刑罚。

---

① 马克昌：《犯罪通论》，武汉大学出版社1999年第3版，第628、629页。
② 马克昌：《犯罪通论》，武汉大学出版社1999年第3版，第638页。

再次，对妨害公司、企业的管理秩序罪，《刑法》第158条虚报注册资本罪规定的采取其他欺诈手段虚报注册资本的行为特征与《刑法》第159条的虚假出资往往存在交叉关系，有时一个行为会同时符合这两个条文的内容。类似的情况在有关本类犯罪的《刑法》第160条欺诈发行证券罪与第161条规定的违规披露、不披露重要信息罪中也存在。

2. 在其他犯罪中出现的法条竞合

上述破坏市场经济秩序的犯罪中，每节的犯罪之间有可能出现竞合，除此以外，其他各类犯罪之间也往往容易出现竞合情况。

例如，生产、销售伪劣商品的犯罪，在实施的过程中往往会在伪劣的商品中使用优质商品的商标，就可能会出现生产、销售伪劣产品罪与假冒注册商标罪、销售假冒注册商标的商品罪的法条竞合。

又如，《刑法》第266条诈骗罪与第192条至第198条各种金融诈骗罪之间存在包容的关系，如行为人基于一个故意实施骗取集资款的行为，就会同时触犯普通诈骗罪与集资诈骗罪二罪，适用法条时应根据特别法优于普通法的原则依集资诈骗罪论处。

《刑法》第171条第1款的购买假币罪与该条第2款的金融工作人员购买假币罪之间也存在包容的关系，是基于犯罪主体不同而形成的法条竞合，前罪是一般主体，而后罪则仅限于金融工作人员这种特殊主体。

在合同诈骗罪与票据诈骗罪之间、票据诈骗罪与贷款诈骗罪之间存在交叉的关系。《刑法》第224条规定的合同诈骗罪中，其中包括"以伪造、变造、作废的票据或者其他虚假的产权证明作担保"的行为方式，这就与票据诈骗罪中的"明知是伪造、变造的汇票、本票、支票而使用的"以及"明知是作废的汇票、本票、支票而使用的"的行为方式存在交叉，当行为人使用伪造、变造、作废的票据在签订、履行合同过程中，骗取对方当事人财物的，就同时触犯了合同诈骗罪与票据诈骗罪，《刑法》将这种票据诈骗行为作为合同诈骗的方式之一，则此时特别法应该是合同诈骗罪。另外，对于履行合同时，签发空头支票支付货款的情形应该如何认定，人们看法不一：有观点认为该情况属于牵连犯，其中目的行为是合同诈骗，手段行为是票据诈骗，应该从一重罪处罚；还有观点认为，以签发空头支票的方式支付合同货款，显然是一行为触犯两罪名，而不是两个行为两个罪名，所以并不是牵连犯问题，而是属于想象竞合犯。我们认为当属合同诈骗罪与票据诈骗罪的法条竞合犯。理由在于：首先，使用签发空头支票的行为方式支付合同货款的行为应该视为整体的一个犯罪行为是毫无疑义的；其次，所谓想象竞合犯，是指一个犯罪行为触犯数个罪名的犯罪形态，行为人触犯的数罪名中任何一个罪名都无法全面评价其犯罪行为，这是想象竞合犯的重要标志，[①]而在使用签发空头支票的行为方式支付合同货款的行为中，无论合同诈骗罪还是票据诈骗罪都能全面评价之，就犯罪自身而言，是属于单纯的一罪，只是有两个法条可以适用而已，因此这种情况并非想象竞合犯；再次，上述情形属于合同诈骗罪与票据诈骗罪交叉式的法条竞合，因为在合同诈骗罪中"以其他方法骗取对方当事人财物"的行为可以涵盖使用签发空头支票的方法，因此上述情形同时触犯了合同诈骗罪和票据诈骗罪的规定，而且两罪在使用签发空头支票的行为方式支付合同货款进行诈骗的部分存在着重合关系，所以应该构成法条竞合关系。那么在具体适用

① 姜伟著：《犯罪形态通论》，法律出版社1994年版，第432页。

法律时又应该如何定罪量刑呢？我们认为,既然"签发空头支票"的欺骗行为已经在票据诈骗罪中作出专门的明文规定,因此应该适用《刑法》第194条票据诈骗罪来处理。

在《刑法》第193条贷款诈骗罪中,规定了"使用虚假的证明文件"诈骗贷款的行为方式,当行为人是以伪造、变造、作废的汇票、本票、支票作为证明文件诈骗贷款的,则同时触犯贷款诈骗罪与票据诈骗罪,此时使用虚假票据的行为成为贷款诈骗罪的客观构成要件。

另外有学者根据《刑法》第183条的两款规定,即第1款"保险公司的工作人员利用职务上的便利,故意编造未曾发生的保险事故进行虚假理赔,骗取保险金归自己所有的,依照本法第二百七十一条的规定定罪处罚"以及第2款"国有保险公司工作人员和国有保险公司委派到非国有保险公司从事公务的人员有前款行为的,依照本法第三百八十二条、第三百八十三条的规定定罪处罚"得出上述条款是保险诈骗罪与职务侵占罪、保险诈骗罪与贪污罪发生法条竞合的结论,[①]我们赞成这种看法。《刑法》第198条保险诈骗罪中也有"故意编造未曾发生的保险事故进行虚假理赔,骗取保险金"的行为方式,该罪的主体明确规定仅限于投保人、被保险人与受益人,而当保险公司的工作人员拥有这三种特殊身份之一时,再利用职务上的便利,故意编造未曾发生的保险事故进行虚假理赔,骗取保险金归自己所有的,就形成保险诈骗罪与职务侵占罪的法条竞合。第2款亦是同理。

事实上,区别法条竞合与想象竞合犯的难度较大,因为二者的相似之处确实很多,容易混淆。如对于证券交易所、证券公司的从业人员,证券业协会或者证券管理部门的工作人员,故意提供编造的虚假信息并且传播,诱骗投资者买卖证券,扰乱证券交易市场,造成严重后果的行为,属于想象竞合犯还是法条竞合呢? 有观点认为该行为既触犯现行《刑法》第181条第1款编造并传播证券交易虚假信息罪,又触犯第2款诱骗投资者买卖证券罪。我们以为这种观点值得商榷。首先,证券交易所、证券公司的从业人员,证券业协会或者证券管理部门的工作人员,故意提供虚假信息,诱骗投资者买卖证券的行为,是属于编造并传播证券交易虚假信息罪与诱骗投资者买卖证券罪的交叉重合部分,可见这两个法条之间存在交叉关系;其次,在发生法条竞合的情况下,是只能适用一个法律条文而排斥其他法律条文。这是因为法条竞合中的诸种事实特征归根结底只与一个法条规定的犯罪构成全部相符,就是说它所触犯的数个法条,只有其中一个法条才是对法条竞合的最全面、最准确的法律评价。想象竞合犯则与之不同,除了行为仅有一个而外,其他诸种事实特征分别与其所触犯的数法条中规定的犯罪构成相符合,就是说用它所触犯的数法条中哪个法条对其进行法律评价都可以。因此,在想象竞合犯的处罚上是采用"从一重罪处断"原则。[②] 根据上述区分原则,对于证券交易所、证券公司的从业人员,证券业协会或者证券管理部门的工作人员,故意提供编造的虚假信息并且传播,诱骗投资者买卖证券,扰乱证券交易市场的行为,只能适用编造并传播证券交易虚假信息罪或者诱骗投资者买卖证券罪对之进行评价,而不可能同时适用编造并传播证券交易虚假信息罪和诱骗投资者买卖证券罪进行评价。因此,上述情形更为符合法条竞合的情形。

---

① 屈学武:《金融刑法学研究》,中国检察出版社2004年版,第168页。
② 吴振兴:《罪数形态论》,中国检察出版社1996年版,第173页。

第四节　经济刑法的适用

一、经济刑法的地位

一些相关学科的交叉或汇流,在其邻接点上生长出新的分支学科,是现代科学发展的一个重要特征。经济刑法学作为刑法学的一个新兴的分支学科,它又是介于刑法学、经济学、经济法学和经济犯罪学之间的边缘学科。

5-3

首先,经济刑法学的产生,是法治经济时代刑法学关注经济领域生活的产物,是刑法学向更专更细的研究领域纵深发展的成果。经济刑法学作为刑法学的一个分支,与刑法学有着千丝万缕的"亲缘"联系。具体地讲,经济刑法学是以研究经济犯罪及其刑罚的规律为中心,并对经济法学和刑法学之间的犯罪和预防问题进行全面研究的学科,它是关于什么行为是经济犯罪以及对经济犯罪应当如何处罚的法律;而刑法学关于犯罪与刑事责任的基本概念、基本原则和基本理论,对经济刑法学的研究具有重要的指导作用,经济刑法学对刑法学的原理并不作重复性研究,而是研究其对经济犯罪和经济刑法问题的具体适用,尤其更侧重于对经济犯罪的特征和刑罚规律特点,以及对经济刑事立法与司法中的某些特殊性问题展开比普通刑法学更为深入的专门研究。正如毛泽东在《矛盾论》中所指出:"科学研究的区分,就是根据科学对象所具有的特殊矛盾性。因此,对于某现象的领域所特有的某些矛盾的研究,就构成某一门科学的对象。"

其次,现代经济学的发展,为经济刑法学的孕育和形成提供了重要的养料。"经济"一词社会含义极为丰富、宽泛。经济学关于经济的定义,以及对于生产、分配、交换、消费这些社会经济活动过程的各环节的研究成果,为准确地界定经济犯罪的概念和范围提供了重要的经济学依据。经济学作为研究如何有效利用资源的科学,揭示了资源的稀缺和爱护资源的极端重要性。这也有助于我们理解为什么将破坏环境资源保护的犯罪列入经济犯罪的范围。

再者,经济刑法学与经济法学存在某些相互交叉的研究领域,它是由两种现实状况所决定的:一是经济犯罪通常会违反有关的经济法规,如公司方面的犯罪违反《公司法》,金融犯罪违反《商业银行法》《票据法》等,走私犯罪违反《海关法》,偷税犯罪违反《税法》等。因此,经济刑法学在研究经济犯罪问题时必须要研究有关经济法律规范。二是许多经济法律中的"法律责任"部分,附设某些规定经济犯罪的刑事规范,所以,以经济法为研究对象的经济法学,有时也会涉及对相关附属经济刑法规范的研究。此外,打击经济犯罪的刑事政策与国家经济法律的发展变化也有着十分密切的联系,它们对于经济刑事立法和经济刑事司法的影响,也是经济刑法学研究所应关注的课题。

第四,经济刑法学与经济犯罪学的关系。如同刑法学与犯罪学的关系一样,是两个既有密切联系,又有明确区别的不同学科。经济犯罪学作为犯罪学的一个分支学科,它侧重研究经济犯罪的原因、规律、类型特征,以及对经济犯罪的各种预防对策和预测。而经济刑法学在研究经济犯罪的同时,更注重的是经济犯罪的犯罪构成特征和刑罚适用,以及刑法关于经济犯罪规范的制定、修改、解释。经济刑法学与经济犯罪基于不同的研究宗旨和研究方法而产生了上述逻辑上的研究分野，并不影响人们对经济犯罪学和经济刑法学进行糅合研究。由此可见，不同学科的相互渗透和交汇，其研究形成的综合性成果，也是满足社会某种综合性需求的一种发展趋势。

因此，经济犯罪问题的客观存在，呼唤着经济法学和刑法学的合作。可见，无论是从保证正常的经济秩序出发，还是从惩治和预防经济犯罪角度考虑，都有必要将经济法规范连成一个有机的整体，全面调整现实生活中经济法律和刑事法律的关系。从这个意义上说，经济法制的完善，离不开刑法。适用刑法手段惩治经济犯罪，应该是经济法制建设的重要组成部分。经济刑法是社会主义市场经济的产物，确切地说，它是我国社会主义市场经济条件下经济犯罪现象反映的产物，它是经济法律关系和刑事法律关系发展到一定阶段的产物。

第五，经济刑法有属于自身的独立体系。我国的刑法学是一门综合性的学科。它的理论体系是按照其内在联系而建立起来的，主要由四个部分组成：第一编为绪论，主要论述一些根本性、概括性的问题，包括刑法的概念、阶级本质、任务、指导思想和基本原则、适用范围等；第二编为犯罪总论，论述有关犯罪的普遍性问题；第三编为刑罚总论，论述的是有关刑罚的一些普遍性问题；第四编为犯罪各论，论述的是各种犯罪构成和量刑原则。而经济刑法相对于普通刑法来讲，是专业刑法，它具有普通刑法的一般特征。因此，刑法学的基本原理适用于经济刑法学。但经济刑法学只研究与经济犯罪有关的内容，其他与经济犯罪无关的内容则不予研究，所以经济刑法学不像普通刑法学的体系那样完整，具有本身的特殊性。这是经济刑法学有别于普通刑法学体系的第一个特点；经济刑法学对种种具体经济犯罪的研究，在内容上不局限于对犯罪构成及处罚的阐述，而更侧重于划分一些具体犯罪与非罪的界限，特别是对一些经济法律尚无明文规定的行为进行一些超前研究，这是经济刑法学体系区别于普通刑法学体系的第二个特点。

二、经济刑法适用的要求

为了规范良好的经济市场秩序、惩处经济违法犯罪行为，除具备制定良好的经济刑法外，需确保制定好的法律能够得到规范的、正确的执行。因此，司法机关在适用经济刑法时，需满足在追诉犯罪、审判罪犯、执行刑罚等阶段的刑事政策要求。这些政策不仅关系刑法，还涉及刑事诉讼法、监狱法、行刑法等领域。经济刑法的适用应满足如下要求：

（一）侦查追诉阶段应注意的问题

刑事侦查是刑事司法活动的起点，在这个阶段，侦查机关根据相关犯罪线索调查案件事实、收集证据、确定犯罪嫌疑人、对案件性质和罪名进行初步认定，并决定是否采取进一步的刑事措施。侦查工作质量的好坏关系到刑事司法活动的成败。在这一阶段，应该关注的是：

1. 提高经济犯罪的追诉率

目前经济犯罪处于高发阶段，经济安全形势比较严峻，虽然不少犯罪分子已经绳之以法，但是我们应该清醒地看到，被曝光、被查办的只是诸多经济犯罪案件中的一部分，很多经济犯罪都被湮没了。造成该现象的主要原因在于：一方面，由于政策法规的漏洞和监管的缺失，使得一部分隐藏较深的罪案未被发现或相隔很久才被发现，在金融机构发案数量中有很大一部分是陈年旧案就能说明这一点。除了金融机构外，中国股票市场近年来违规违法行为频发，许多可疑的交易行为和市场异动现象中不免隐藏着犯罪，得到查处的只是很小一部分,而大部分都没有得到及时彻查,如成都红光案在民事诉讼认定构成证券欺诈之后长达三年之久才启动刑事程序就是典型的例子;另一方面,由于有的地方对经济犯罪打击态度不坚决,相当一部分金融机构内部人员实施的本属于犯罪的行为被当作违纪违规行为而"消化"掉了,而有的金融机构之外的犯罪人被政府当作"能人"加以"保护"、姑息,再加上公安、检察机关普遍存在的人力不足、侦查技术不高、装备有限等问题,对一些经济罪案无暇查处或延缓查处,导致了经济犯罪追诉率较低的状况。当然这往往也是经济犯罪普遍存在的一个问题。对此,我们以为,对于经济犯罪应该高度重视、深挖严查、决不姑息。除了侦查机关主动去发现犯罪线索外,金融监管机关、金融中介机构、行政监管部门等要有高度的责任感,一旦发现犯罪的蛛丝马迹,就要及时、坚决地向司法机关反映和移送。此外,要严格规范公安机关撤案制度及检察机关的不起诉制度,既不随意将一般的犯罪边缘现象一概纳入犯罪领域,也不轻易放过犯罪。

2. 慎重适用刑事强制措施

我国《刑事诉讼法》规定了拘传、取保候审、监视居住、刑事拘留、逮捕等刑事强制措施以保证刑事侦查活动的顺利进行,而在办案过程中,侦查机关运用得最多的仍然是拘留、逮捕等监禁措施。我们认为,经济犯罪分子的人身危险性并不高,对其实施拘留、逮捕主要是为了防止其逃匿或串谋、毁灭证据妨碍侦查。但如果侦查工作开展得早,侦查手段有效,防范措施得力,这些隐患是可以被控制住的,比如在国外及香港地区,对待此类犯罪分子基本上是广泛采用交纳保释金、限制离境等措施来防范,进而可以避免因侦查周期长而产生的超期羁押现象,因而在适用刑事强制措施尤其是剥夺人身自由的刑事强制措施时应该采取谨慎的态度。

3. 提高侦查效率

我国台湾学者陈朴生认为:"刑事诉讼之机能,在维持公共福祉,保障基本人权,不计程序之烦琐,进行之迟缓,亦属于个人无益,于国家、社会有损,故诉讼经济于诉讼制度之建立实不可忽视。"[①]现在涉嫌经济犯罪的案件的侦查流程是由公安机关先立案侦查,待侦查终结后再移送检察机关审查起诉,通过审查后方向法院提起公诉,这一周期耗时一般较长,遇到比较复杂的案件时,公安机关和检察机关更会达成一种默契,检察机关往往根据《刑事诉讼法》关于检察机关一共可行使两次退回补充侦查权的规定,"技术性"地为侦查多赢得一些时间。虽然侦查机关在本意上是为了更负责、更全面地把握案情,追查出案件真相,但如果案件的侦查占用了大量的时间和司法资源,侦查成本会大大提高,而且时间拖延过长会带来如证据灭失、追赃难度变大、受害人迟迟无法得到补偿等问题,因此司法机关在侦破经济犯罪案件时要注意提高侦查效率。

(二)审判阶段应注意的问题

审判阶段是适用法律的核心环节,大致可以把它分为定罪和量刑两个环节。定罪从根本上说是一种主观见之于客观的能动性过程,包含着专业性很强的证据审查和法律推理。量刑则是一个综合性的事实评判与价值评判过程。在刑事审判过程中,刑事政策发挥着法律所未能发挥的作用,因为成文法国家刑法典的规定都是抽象的、精炼的,只是总括性地描

---

① 陈朴生:《刑事经济学》,台湾正中书局 1975 年版,第 327 页。

述了犯罪构成和处刑幅度,对同一宗具体的案件,不同的审判人员可能会作出不同的结果,这种情况下就需要遵循一定的要求和原则,保证判决的合理性和中立性。下面拟从定罪和量刑两个环节分别提出在审理经济犯罪时需要注意的问题:

1. 定罪工作中的问题

过去我们总结的定罪阶段刑事政策主要有两个,一是"一要坚决,二要慎重,务必搞准",二是"不纵不枉"。从司法的性质和追求的目标来看,这两大刑事政策无疑是非常正确的。但是在司法实践中特别是审理经济案件时,该两大原则能否得到切实的贯彻呢?做到这一点有相当大的难度,其中主要的障碍来自证据方面。由于很多经济犯罪案件作案手段隐蔽,而且由于经济行为本身就有很大的随机性、不可回溯性,比较难重复犯罪过程,不但收集证据难度大,即使能收集到一些实物证据,也不一定能构成直接的因果证明关系,在证据链条的组合和证明程度的确认上仍有很大的困难。在经济犯罪广泛存在这种证据困境的情况下,我们认为,定罪环节可以在上述两个大原则的基础上,尝试一些新措施。例如鼓励被告人认罪的制度。在美、英、意等国,其刑事诉讼制度中规定了辩诉交易制度,即起诉和辩护双方律师进行磋商和谈判,起诉方以撤销部分指控、降格指控或者建议法官从轻判刑等许诺换取被告人作认罪答辩,以便节省审判所需要的时间和开支,特别是避免审判的不确定性。从国外的司法实践来看,如果被告人主动认罪,法官可以径直判刑,被告人也可以获得较轻的刑罚。虽然我国《刑法》在修正过程中把坦白从宽作为了法定量刑情节,但该原则和西方的认罪制度还是存在很大差异的。司法工作人员在审理经济犯罪案件时,如果被告人坦白承认被指控的罪名的,法官可以能动地决定简化审判过程,取消调查、质证、辩论等环节,直接定罪。相应地,在量刑过程中则要相应的采用认罪认罚从宽制度落实对被告人从轻、减轻、免除处罚。

2. 量刑过程中存在的问题

法官在量刑时掌握着一定的自由裁量权,无不对犯罪动机、犯罪性质、犯罪手段、危害后果、被告人的年龄、智力、身心健康状态、被告人的身份、前科情况、认罪态度、案件的社会影响、被害人对被告人的态度、被害人受补偿的程度、相似案件的处理方式、上级司法机关的判决思路等等予以充分考虑,同时,法官也必然会受到刑事政策的影响和制约。刑事政策是左右法官自由裁量的重要因素。由于刑法所具有的公正与功利二元价值,法官在量刑中,最明智的选择应当是"以最小限度的对犯罪人利益的损害达到防卫社会的目的"。这也应是审理经济犯罪案件的落脚点。对于危害经济安全的犯罪在确定对被告人适用何种刑罚和刑罚组合时,应理性认识刑罚的威慑性,充分考虑各种刑罚的弊端及相互间的可替代性原则,并顾及今后刑罚执行的效果。

(1)尽可能地限制适用死刑。由于对死刑的种种弊病学界已有较多分析,在此我们不再赘述。刑法修正案(八)取消了13个死刑罪名,死刑罪名由68个减至55个。其中涉及经济犯罪的罪名有9个,包括走私文物罪,走私贵重金属罪,走私珍贵动物、珍贵动物品罪,走私普通货物、物品罪,票据诈骗罪,金融凭证诈骗罪,信用证诈骗罪,虚开增值税专用发票、用于骗取出口退税、抵扣税款发票罪,伪造、出售伪造的增值税专用发票罪。刑法修正案(九)死刑罪名减少了9个,其中涉及经济犯罪的罪名有5个,包括走私武器、弹药罪,走私核材料罪,走私假币罪,伪造货币罪,集资诈骗罪。从1997年全面修改刑法以后,一直到《刑法修正案(八)》之前这段时间没有再增加死刑罪名,从《刑法修正案(八)》开始减少死刑罪名,第一次减少了 13 个,之后又减少了 9 个,它是根据社会发展、变化来掌握刑罚的调整。总的看,只能说严格控制和慎重适用死刑是一贯坚持的刑事政策,减少死刑要根据社会发展、犯罪情况的变化和当时的社会环境来决定。但是可以肯定的是,严格控制死刑、逐步减少死刑是中国刑法前进的方向。逐步减少死刑并控制死刑的适用,是符合国际趋势的做法,体现了宪法关于"尊重和保障人权"的精神,也是落实十八届三中全会关于逐步减少死刑罪名的改革任务。特别是在科技发达的今天,一个属于初犯或偶犯的犯罪人如果掌握了高科技技术,就很可能一举突破《刑法》所规定的数额标准,对此不加辨别地适用死刑可以说是缺乏人道主义、不符合理性的。因此,对于严重的危害经济安全的犯罪,审判人员可以考虑采用这样的刑事政策:除非找不到不判死刑的理由(而不是可以找到判死刑的理由),或者是有比立法本身规定更严重的判处死刑的理由,否则就应该坚决不判死刑。对于前者,在我国立法中不判死刑的理由(即可以或应该从轻、减轻、免除处罚的直接理由)比较少,主要有如自首、立功、未成年人、部分残疾人、孕妇等,另外则是一些特定理由,如从犯、胁从犯、犯罪预备、犯罪未遂、犯罪中止、正当防卫、紧急避险等,此外还规定最高人民法院可以核准特殊情况下的减轻处罚,因此我们应该用刑事政策来确立更多的可以不判死刑的合法理由,例如认罪、初犯等;对于后者,在同时符合两条或两条以上可以判处死刑的条件的,才适用极刑,如除了数额特别巨大外还必须同时有其他严重情节,除了是犯罪集团首要分子外还必须是累犯,等等,否则一般情形下不应该首先选择死刑的适用。

(2)谨慎适用无期徒刑。自由刑的最大合理性在于它能够遏制再犯。有观点分析,就特别预防而言,无期徒刑的效力十分明显,如果犯罪人不具有减刑、假释资格,无期徒刑基本上能够彻底剥夺犯罪人的再犯能力,如果犯罪人能够被减刑、假释,那么它也能够在较长的时间里剥夺犯罪人的再犯能力。[①] 从刑罚效益上看,无期徒刑剥夺犯罪人的终身自由,每对一个罪犯判处无期徒刑,就意味以后将需要耗费大量资源,如保障吃穿住、身体健康等基本生活条件的开支、配置监所和看管人员的开支。即使是罪犯终身无偿劳动改造,也只能创造有限的经济效益,而且我们还应该反推,如果罪犯不被终身监禁则为社会创造更多的财富可能会更多。从这方面看,无期徒刑的效益实际上是很不经济的。经济犯罪中很多是高智商的白领犯罪,需要特定的经济、社会环境才能实施犯罪,把他们同社会隔离开来,与经济环境隔离开来,很多犯罪人就丧失了继续犯罪的机会和能力。另一方面,这些犯罪人知识层次高,头脑灵活,智力胜于体力,通过强迫劳动来改造好他们的思想实非轻而易举。因而,对法定最高刑为无期徒刑的经济犯罪,应持谨慎态度,除非特别必要,一般不应定无期徒刑,而对于法定最高刑为死刑的罪名,则可以将其作为死刑的替代手段积极地加以运用。

(3)合理适用有期徒刑。在一定时期内限制人身自由的刑罚在各国刑法中都运用得非常广泛,它通过隔离改造方式,对具有人身危险性和再犯可能性的罪犯进行惩罚及剥夺其再犯能力,并利用刑罚的严肃性对潜在犯罪人起到一定的威慑作用。我国现有的一些经济犯罪在量刑中有期徒刑的起刑点和刑罚档次都较严,需要合理地加以运用。即对于数额、情节、损失都严重危害经济安全的犯罪,才考虑适用 10 年以上有期徒刑,对于只具备上述一项

---

① 王媛:《无期徒刑的刑事政策分析》,载赵秉志:《刑事政策专题探讨》,中国人民公安大学出版社 2005 年版。

或两项的,则应结合犯罪动机、被告人的身份、案件的社会影响等因素,综合考虑所判刑期的长短。对于经济犯罪的短期自由刑的适用问题,除了坚持罪责刑相适应原则外,还应注意以下两方面:第一,扩大缓刑的适用。我国《刑法》规定,对于被判处拘役、三年以下有期徒刑的犯罪人,根据其犯罪情节和悔罪表现,暂缓执行刑罚确实不致再危害社会的,可以适用缓刑。现在,不少地方的法院对扩大缓刑的适用范围形成了越来越多的共识。应该说,对经济犯罪适用缓刑是比较可取的,作为刑事政策应该充分发挥缓刑之长处,对危害经济安全犯罪中符合该量刑档次,又有自首、坦白、协助有关机关积极挽回损失行为等悔罪情节的,应该优先考虑判处最高刑为 3 年有期徒刑的刑罚,以便能够适用缓刑。第二,积极探索短期自由刑的替代处分方法。短期自由刑的弊端已遭人们非议多时,诸如对罪犯的威慑力不大、改造效果有限、①极易交叉感染等等。针对短期自由刑的这些弊端,刑事司法实践应该为立法提供多种可供选择的替代方案,如考虑建立短期自由刑易科制度,完善财产刑、资格刑,实施社区矫正制度等等,作为备用的选择。《澳门刑法典》第 64 条规定,"如对犯罪可选剥夺自由之刑罚或非剥夺自由之刑罚,则只要非剥夺自由之刑罚可适当及足以实现处罚之目的,法院须选非剥夺自由之刑罚",就是很好的范本。

(4)突出罚金刑的适用。现代意义上的罚金刑首先是为了避免自由刑,特别是短期自由刑的弊端而发展起来的,其意义在于通过剥夺犯罪人的金钱而使其产生痛苦,以财产上的损失唤起受刑人的规范意识,以防止其再犯,同时起到威慑一般人的作用②。对于罚金刑,我国目前立法虽然大规模扩大了它的适用范围,但将罚金刑定位于附加刑,在适用中基本上以并科为主。对于较轻微的经济犯罪,可以考虑单处罚金刑,突出它的经济惩罚性。在国外立法中,如果被告人自愿并且有能力支付罚金,法院可以决定减轻被告人的刑期。我国在历史上也有赎刑的规定,但一直被片面理解为富人可以倚仗财势逃避刑罚进而受到批判。罚金刑对部分图利性强的危害经济安全犯罪的效果是比较直接的,我国可以进一步细致罚金刑的计算标准,增加一些罚金刑的适用情形,提高单处罚金刑的适用频率。

(5)增加资格刑种类。资格刑和自由刑、财产刑一样,也在一定程度上具有遏制和惩罚犯罪的独特效用。资格刑的用意在于通过剥夺犯罪人从事某些行为的资格、资质,对其部分权利进行限制,并对其声誉加以贬斥,达到对犯罪的特殊预防作用,同时也能产生一般预防作用。在惩治经济犯罪的过程中,剥夺或限制犯罪人从事有关经济事务的资格和能力是非常有效的措施。《刑法修正案(九)》纳入了"从业禁止"这一措施,体现了立法者期望能进一步发挥资格刑功能的目标。

(三)刑罚执行阶段应注意的问题

刑罚执行是指国家通过对犯罪人执行刑罚从而对其进行矫治。该阶段对惩罚和教育改造犯罪分子,使其能够重新回归社会具有重要的作用。在执行涉嫌经济犯罪的犯罪分子时应注意以下问题。

1. 以行刑社会化作为刑罚执行方向之一

在传统社会里,除了剥夺犯罪人生命的极刑外,最普遍刑罚执行就是将审讫的犯罪人收

---

① 王媛:《无期徒刑的刑事政策分析》,载赵秉志:《刑事政策专题探讨》,中国人民公安大学出版社 2005 年版。

② 陈兴良:《本体刑法学》,商务印书馆 2001 年版,第 700 页。

监执行,使之与社会隔离,这是一种封闭型的执行模式。随着社会的进步,人们逐步认识到用暴力来"矫正"暴力并不是一种好办法,行刑社会化的理念逐渐崛起,相对开放的行刑政策越来越受到各国的重视。"行刑社会化是刑罚执行原则之一,是指刑罚执行过程中依靠社会力量对受刑人进行帮教,使之易于回归社会。社会化原则包括两方面的内容:一是调动社会的积极因素影响社会,让社会参与对犯罪人的改造;二是培养受刑人再社会化能力,使之能适应正常的社会生活"①。行刑社会化具有开放性,不仅在行刑地点上不同于传统的封闭式的监禁,而且在执行人员的参与上增加了各种社会力量进行心理疏导、亲情感化、行为矫正、物质帮助等综合性援助,使得犯罪人在不脱离社会的前提下悔过自新进行改造。它是一种面向社会、依靠社会、服务社会的行刑模式。关于行刑社会化的开展具体表现在各国均制定并大量适用社区刑罚,使罪犯在社会上接受矫正,最大限度地减少监禁刑的适用。其主要形式包括社区矫正、开放式处遇、社会帮教等。其中社区矫正包括缓刑、假释和社区服务等;开放式处遇可分为外出制、归假制和周末解禁制;社会帮教可以一对一帮教,又可以帮教小组集体帮教,形式具有多样性。如在美国,监禁刑的主要替代形式多达 10 种:缓刑、假释、强化的监督项目、家中监禁(软禁)、电子监控、中途训练所、连续的报告中心、罚款、赔偿、社区服务②。2003 年 7 月,我国最高人民法院、最高人民检察院、公安部、司法部发布的《关于开展社区矫正试点工作的通知》,提出了在我国构建社区矫正制度的思路、任务和工作方法,标志着行刑社会化正式在我国司法制度中有了一席之地,在《刑法修正案(八)》中确立了社区矫正法律制度,其适用对象是被判处管制、缓刑、被暂予监外执行、被裁定假释、被剥夺政治权利并在社会上服刑的五类犯罪人。社区矫正是与监禁矫正相对的行刑方式,是指将符合社区矫正条件的罪犯置于社区内,由专门的国家机关在相关社会团体和民间组织以及社会志愿者的协助下,在判决、裁定或决定确定的期限内,矫正其犯罪心理和行为恶习,并促进其顺利回归社会的非监禁刑罚执行活动。社区矫正是贯彻行刑社会化理念的一项重要举措,既具备应有的矫正效果,又能很好地实现使罪犯复归社会的目标。正如蔡墩铭教授认为:"社会性可谓人生活于社会上应有之人格属性……监狱只有一方面设法除去人犯之反社会性,另一方面重视人犯之社会教育与训练,方可使出狱之人犯获得社会性,真正适应社会,不再为非作歹"③。这一《通知》的出台,标志着我国行刑制度向行刑社会化迈出了重要的一步。社区矫正的任务包括"在犯人和社区之间建立或重新建立牢固的联系,使罪犯归入或重归社会生活中去,恢复家庭关系,获得职业的教育。就广泛的意义而言,即在于为犯人在社会正常生活中获得一席之地提供帮助。这不仅要求必须努力改变每一名罪犯——这一点曾经是复归模式的唯一目标,而且这需要发动和改造社会及其各类机构"④。

因此,我们应该以社区矫正的开展为契机,继续以行刑社会化作为刑罚执行政策的方向之一,实行监禁刑和行刑社会化双轨制的行刑模式。严格的行刑政策与宽松的行刑政策事实上是并行不悖的。在经济犯罪方面,重刑犯数量不少,对其中改造难度大、再犯可能性高的犯罪人以及累犯应坚持实施监禁,并严格限制假释。对部分认罪态度好,积极进行改造,

---

① 高铭暄、马克昌:《刑法学》,北京大学出版社、高等教育出版社 2000 年版,第 310 页。
② 刘强:《美国刑事执行的理论与实践》,法律出版社 2000 年版,第 205-242 页。
③ 蔡墩铭:《矫治心理学》,正中书局 1988 年版,第 648 页。
④ [美]克莱门斯·巴特勒斯,孙晓雳等译:《矫正导论》,中国人民公安大学出版社 1991 年版,第 22 页。

思想转变彻底的罪犯,则可以视情况减轻刑罚、改变行刑方式、实行假释,而不必拘泥于其过去犯罪的危害性有多大,造成的损失有多重①。由于大部分经济犯罪的犯罪人人身危险性并不大,而且事实上也没有充分的证据证明监禁改造的效果要远高于其他的改造措施,反而监禁改造的成本及负面效应都比较明显,因此,可以以行刑社会化作为此类犯罪刑罚执行的方向之一。

　　2.坚持惩治犯罪和保护经济相结合的行刑政策

　　对犯罪人行刑除了达到实现犯罪特殊预防和一般预防的目的之外,还应尽量恢复正常的社会关系,人们往往过于重视前者而忽视了后者。经济犯罪除了造成经济秩序、经济安全的破坏外,也往往造成不同程度的公私财产损失,这种损失既包括有形的货币财富,也包括无形财富如信用、商誉等,被害人既包括国家,也包括一些机构和个人。因此,对经济犯罪人员执行刑罚时应充分考虑到这一点,通过有关的措施来加以补救。具体而言,执行刑罚时应该确认和支持对犯罪所利用的工具和非法所得进行全面的追缴,对犯罪的赃款流向进行彻底追查,使被害人尽可能地得到有效的赔偿及补偿。在我国现行法律的规定中,对犯罪工具和非法所得的追缴由公安、检察机关负责,被害人提起的附带民事赔偿诉讼由法院执行,但是执行效果都存在一定的问题,如没有具体的规定可循,被害人往往得不到很好的补偿,这方面的问题还需有关部门给予重视。

复习与练习

本章提要

　　经济犯罪与一般刑事犯罪既有区别又有联系,经济犯罪虽然也是发生在社会生活中的犯罪,但由于这种犯罪主要集中在社会经济活动领域,因此,这类犯罪无论在主观构成要件上,还是客观构成要件上,都有自身的特征。

　　社会应对经济危害行为的手段应该是多元的,通过经济刑法达到维护经济秩序的目的有效但有限,经济刑法犯罪化应秉承审慎之精神,面对经济刑法犯罪化需要时,仍应坚持必要性、谦抑性和法益侵害性等刑事立法的一般理念及政策,未来经济刑法的犯罪化是平稳而不是激进前行。

思考题

　　1.经济刑法的条文是如何构成的?

　　2.经济刑法分则和总则的关系是什么?

　　3.举例说明经济刑法法条竞合的特殊情形。

---

　　① 如英国人里森因违法从事期货交易造成13亿美元的损失,并导致老牌银行巴林银行破产,被判入狱七年,但因其在狱中表现良好,入狱三年半后即被提前释放。

第六章　经济犯罪理论

本章主要阐述经济犯罪的概念、经济犯罪现象的特点、经济违法行为的犯罪化范围、分类及经济犯罪的构成要件。重点论述经济犯罪概念、分类及经济犯罪的构成要件，经济犯罪的未完成形态、经济犯罪的共同犯罪和经济犯罪的罪数形态。

本章重点

- 经济犯罪概念
- 经济犯罪的类型
- 经济犯罪的构成要件内容
- 经济犯罪的未遂条件
- 经济犯罪的共同犯罪
- 经济犯罪的罪数标准
- 经济犯罪的法条竞合
- 经济犯罪的牵连犯形式

第一节　经济犯罪概述

一、经济犯罪的概念

（一）经济犯罪概念界定的学术争议

研究经济犯罪，首要任务就是解决对经济犯罪概念的理解问题，这直接关系到经济刑法学研究对象范围的大小以及研究所追求的目标。

早在 1939 年，美国犯罪学教授萨瑟兰（H·S·Sutherland）首次提出了"白领犯罪"这一概念，并对其进行了定义：所谓白领犯罪，是指受社会所尊重及具有崇高社会地位与经济地位的人，在其职业活动中谋取不法利益而破坏刑法的行为。这一概念的提出开启了学者对经济犯罪概念研究的先河，但萨瑟兰教授对这一概念的界定，更多的是侧重于社会学和犯罪学的角度，对行为主体适用范围的认识具有一定的局限性，不能囊括经济犯罪的外延。之后，各国的许多学者对经济犯罪这一概念相继提出了自己的理解和认识。德国学者林德曼认为经济犯罪是一种侵害国家整体经济及其重要部门与制度的可罚性行为。这一观点揭示出经济犯罪所侵害的是国家整体经济结构及经济管理秩序，已成为德国刑法学界的通说。1963 年，荷兰学者莫勒提出，经济犯罪是违反所有以直接或间接影响经济生活为目的而制定法规的犯罪行为。但是这一观点以侵害法益为特征，将经济犯罪概念定义得过于宽泛。我国台湾学者林山田结合各种观点，将经济犯罪定义为："意图谋取不法利益，利用法律交往和经济交易所允许的经济合同方式，滥用经济秩序的诚实信用原则，违反所有直接或间接规

范经济活动的有关法令,而不足以危害正常之经济活动与干扰经济生活秩序,甚至于破坏整个经济结构的财产犯罪或图利犯罪。"①

6-001

20世纪80年代开始,伴随着改革开放和社会经济的迅速发展,我国内地法学界越来越重视对经济犯罪问题的研究,一直把经济犯罪概念作为热点问题加以讨论。但到目前为止,我国在立法上仍然没有对"经济犯罪"作出明确的界定,学术界也没有形成统一的观点。对经济犯罪概念的认识主要有以下几种代表性的观点:

1.宏观经济犯罪概念

大经济犯罪概念认为,经济犯罪是指违反国家工业、农业、财政、金融、税收、海关、工商、森林、水产、矿山等经济管理法规,或者盗窃、侵吞、骗取、哄抢、非法占有公私财物和公民的合法财物,破坏社会主义经济秩序和经济建设,使国家、集体和人民的利益遭受严重损害,依法应当受到刑罚处罚的行为。② 大经济犯罪概念将一切以获取经济利益为目的的犯罪都包括在经济犯罪概念中。依据这种观点,经济犯罪的范围应当包括:(1)破坏社会主义经济秩序罪;(2)侵害财产罪;(3)以获取经济利益为目的的其他犯罪。

2.中观经济犯罪概念

中观经济犯罪概念认为,经济犯罪是指在市场经济运行领域中,或者在实施组织、领导、管理、监督职务活动中,从牟取不法经济利益出发,违反国家经济管理法规,破坏经济秩序和廉政制度,依照刑法应负刑事责任的行为。或表现为利用职权牟取暴利的行为。③ 换言之,经济犯罪是指一切侵害社会主义经济关系,依照法律应当受到刑罚处罚的行为。依据此观点,经济犯罪的范围应包括:(1)破坏社会主义经济秩序罪;(2)利用职权谋取利益的贪污贿赂罪;(3)与职务活动有关的侵害财产罪;(4)破坏环境资源罪。这一观点,依然将侵犯财产犯罪纳入经济犯罪中,但不同于大经济犯罪概念中的侵犯财产罪,这里所指的侵犯财产犯罪仅限于与职务活动有关的侵犯财产罪(即利用职权的职务犯罪),相对缩小了经济犯罪的范围,更加强调经济犯罪对国家廉政制度的破坏。

3.微观经济犯罪概念

微观经济犯罪概念认为,经济犯罪是与市场经济活动本身联系的,本质上是一种存在于市场经济的财产流转过程中,故意违反国家经济管理法规,严重破坏社会主义市场经济秩序的行为。④ 也就是说,认为经济犯罪仅指破坏社会主义市场经济秩序的犯罪。这种观点将经济犯罪的范围限制在《刑法》明文规定的范围内,从而把财产犯罪和贪污、贿赂罪等与经济有关的犯罪均排除在外。

虽然,学者们对经济犯罪的概念存在许多不同的认识,但对不同观点进行综合比较后,我们可以发现大多数学者对于经济犯罪所有的以下特征都有一致的认同:

1.经济犯罪发生在经济运行过程中。经济犯罪侵害的是市场经济运行过程中形成的社会关系,所以经济犯罪总是发生在生产、分配、交换、消费等与此相关的经济活动中。可以这样说,发生在经济领域中的一切犯罪不一定都是经济犯罪,但经济犯罪一定是发生在经济领

---

① 林山田:《经济犯罪与经济刑法》,台湾三民书局1981年版,第13页。
② 孙广华:《论经济犯罪》,《中国法学》,1989年第2期。
③ 赵长青:《经济刑法学》,法律出版社1999年版,第52页。
④ 马克昌:《经济犯罪新论》,武汉大学出版社1998年版,第1-4页。

域的经济活动中以及与此相关的经济活动管理中。

2.经济犯罪的目的是为了谋取不法利益。实施经济犯罪的行为人通常都具有谋取不法利益的目的。这里的不法利益主要是指他们所追求的经济利益,包括金钱或者其他财产性利益。当然,对贿赂犯罪行贿人追求的利益是否是经济利益目前仍然存在一定的争议。此外,经济犯罪的行为人在主观上多是具有非法获取经济利益的目的,由此所导致的客观结果必然损害一定的经济利益。所以,有人主张经济犯罪只能是一种故意犯罪。但是,我们认为,经济犯罪中也可以由过失构成,这一点在现行的立法中也有所体现。例如刑法中规定的签订、履行合同失职被骗罪,出具证明文件重大失实罪中都由过失构成。

3.经济犯罪违反经济法规。经济犯罪都会相应地违反有关的经济法规。这一特征将经济犯罪与其他侵害财产的犯罪都区分开来,例如盗窃、抢劫、抢夺、诈骗、敲诈勒索、贩卖淫秽物品等犯罪都不存在违反经济法规的问题。但是,由于立法协调和难易程度等原因,造成了有关经济犯罪的规定先于相关的经济法规的出台,这样的情形也不在少数。譬如当年在《证券法》还没有出台前,就已经在刑法中先行规定了内幕交易罪、编造并传播影响证券交易的虚假信息罪、诱骗投资者买卖证券罪、操纵证券交易价格罪等证券方面的犯罪。当然,这种立法脱节现象会随着法制的逐步健全和完善而消失。

4.经济犯罪侵害市场经济关系。市场经济关系主要是指市场经济中的生产关系、交换关系以及消费关系。生产关系,是指人们在物质资料的生产过程中所形成的社会关系,包括了生产资料所有制的形成,人们在生产中的地位和相互关系,产品分配的形式。交换关系,是指人们在产品的买卖和互换中形成的社会关系。而消费关系则是指人们在生产资源和生产成果的消费过程中形成的社会关系。以上三种关系都是在经济运行过程中产生的,共同构成了市场经济关系。市场经济关系作为我国刑法所保护的社会关系中的重要组成部分,任何经济犯罪都会侵犯一定的经济关系。

5.经济犯罪严重破坏了市场经济秩序。经济犯罪对社会具有严重的危害作用,必然地,也会破坏市场经济秩序。例如,生产、销售伪劣产品犯罪破坏了生产、交换秩序;金融类犯罪破坏了金融市场的秩序;税收犯罪破坏了收入分配秩序;侵犯知识产权、扰乱市场经济秩序犯罪等破坏了市场经济的正常秩序。

我们认为,只有将上述各个基本特征作为有机的统一体来认识,才能比较准确地界定经济犯罪的概念。

(二)现代各国经济刑法的主要渊源

1.在普通刑法典中规定

由于刑法典是国家的基本法律,具有完整的体系,易于了解和操作,因此,经济刑法的大部分内容规定在刑法典中是现代各国立法的通例。大陆法系的经济刑法规范就主要存在于普通刑法典中,只是规定的模式有所区别。有集中式规定的,如1968年修改的《意大利刑法典》第7章对公共信用犯罪的规定,第8章有关工商经济犯罪的规定;也有分散式的规定,如德国经济刑法规范的最重要的部分存在于《德国刑法典》中,但这些规范并不集中于一个章节中加以规定,而是分散在许多章节中。[①]

---

① 杨秀英:《经济刑法学》,中国人民公安大学出版社2007年版,第7-10页。

2.经济刑事特别法(单行刑法)

经济刑事特别法,是指国家为了适应某种特殊需要而针对某一类或某几种经济犯罪而颁行的单行刑事法律。在国外,一般认为刑法典规定的主要是结构稳定的自然犯,而经济刑法所调整的经济关系十分复杂,且处在不断的变化之中,经济刑法的规范完全包括在具有相对稳定性的普通刑法典中是不太合适的。因此,各国的经济刑法规范被大量规定在单行的特别法中。单行的经济刑事特别法经过施行以后,其内容逐步成熟、稳定,修订刑法时就可能被充实到刑法典中,例如,德国立法机关于1976年颁布了第一部《反经济犯罪法》,对经济领域某些新兴的犯罪作出规定,同时对追诉和审判经济犯罪的组织机构进行相应调整。不仅如此,与经济的发展要求相互呼应,德国还在1986年出台了第二部《反经济犯罪法》、1997年出台了《反腐败法》,以对伴随经济的进一步发展而新出现的破坏经济秩序、影响自由竞争的行为加以不断的立法调整和修改,以更好地保护经济的发展。随着刑法的进一步改革,这些经济刑事特别法的内容被逐步吸收到刑法典之中。在奥地利,随着一批单行法规的问世,损毁、干扰、滥用电子程序数据的计算机犯罪、消极破产犯罪、内幕交易犯罪等行为被犯罪化,关于经济犯罪的刑法规定被极大地强化了。

3.附属刑法

附属刑法是指散见于经济法、行政法等非刑事法律中的有关经济犯罪与刑罚的规定。附属刑法有两类:一是依附型的附属刑法,即在有关的经济或行政法规中尽管规定了刑事责任的条款,但这些刑事责任条款必须依附于刑法典才能适用。二是独立型的附属刑法,是指在行政、经济法规中设立具有独立罪名和法定刑的犯罪,该条款可直接作为定罪量刑的依据。美国在此方面的做法尤为突出,美国制定了种类齐全、名目繁多的经济管理、行政管理的法律法规,在很多法律法规中都规定有经济犯罪及刑事责任和刑罚的内容。德国不仅在《税法》中规定税收犯罪的法律基础,还在《信用业法》、《保险业监管法》、《证券业交易法》、《反不正当竞争法》、《专利法》等多部法律中规定了大量的经济犯罪。[1]

4.独立的经济刑法典

制定一部系统规定经济犯罪与刑罚的独立的经济刑法典,是一些国家所作的立法尝试,这与普通刑法典的存在并无相悖之意。这种尝试在市场经济较为发达的德国,早在20世纪50年代初,德国就对分散在各个单行的非刑事法律中的刑法规范做了大幅度的修改,拓展为《经济刑法统一法》。荷兰也于1950年公布了经济刑法,总计有87个条文。但其主要规定的是经济犯罪的侦查和审判程序,至于经济刑法的实体内容,只是在该法律的第一条列举了经济犯罪违反法律的名称和条款,而经济犯罪的具体构成要件及其内容没有规定其中,这种框架立法,不过是一种编纂型的立法方式。[2]

经济刑法的概念无法精确地界定,独立的经济刑法典无法周延涵括所有的经济犯罪,同时随着经济发展,经济刑法需要不断地调整,而这与制定了一部相对稳定的经济刑法典是相矛盾的。所以,即使少数国家制定了经济刑法典,仍不可避免地将大量经济刑法的内容分散规定在普通刑法或其他法律法规中,真正运用经济刑法典的场合并不多。

---

① 孙国祥、魏昌东:《经济刑法研究》,法律出版社2005年版,第9-12页。
② 孙国祥、魏昌东:《经济刑法研究》,法律出版社2005年版,第9-12页。

5.国际法律中有关经济刑法的规范

现代市场经济的特点之一,就是经济全球化。当今世界,各国经济的联系越来越密切,经济越来越具有跨国性,跨国性的经济犯罪也增多,这就促进了打击经济犯罪的国际合作。这些合作通常是通过双边的、地区的或者国际条约实现的。这些条约具有经济刑法的性质。例如,关于打击洗钱犯罪的国际公约、关于知识产权保护的国际公约等,都成为一些国家或地区经济刑法的渊源。①

6-002

二、经济犯罪现象的特点

经济犯罪现象是社会经济发展到一定时期的产物,具有鲜明的时代性特征。同时,经济犯罪作为一种特殊犯罪类型,与整个社会的复杂性相适应且呈现出自身的复杂性,有着不同于其他犯罪的特点。研究经济犯罪,首先要对经济犯罪的外在表现形式进行全面系统的考察,只有深刻地认识了经济犯罪现象的各种特点,才能切实把握经济犯罪的运动规律,才能制定出控制经济犯罪的有效对策。一般来讲,经济犯罪现象的特点主要包括以下几个方面:

(一)鲜明的时代性

经济犯罪作为一种社会现象,自古以来就存在。无论是自然经济时代,还是计划经济时代,抑或是现在的市场经济时代,都有破坏相应经济犯罪存在,而且因为所处时代不同,呈现出不同的特点。就拿走私犯罪来说,在计划经济时代,由于一切商品的生产、流通都被纳入计划的轨道,商品的进货渠道和销售渠道都非常有限,所以一般对走私物品仅限定在日用小商品、家电之类,而在市场经济时代,由于国际市场大门的打开,走私物品已经发展到了汽车、油料等大宗生产资料领域,这也对市场经济造成了巨大的冲击。

此外,从经济犯罪的数量上来看,一些在计划经济条件下不可能存在的罪名,如妨害对公司、企业的管理秩序犯罪,妨害金融秩序的犯罪等,特别是股票、债券、电信领域中的犯罪,随着市场经济时代的发展,迅速形成起来。从经济犯罪的性质角度来看,计划经济时代的简单性决定了破坏计划经济秩序的犯罪的简单性。同样地,市场经济时代的复杂性也决定了经济犯罪的复杂性。例如在计划经济时期,将一些扰乱经济秩序的犯罪统一概括为投机倒把罪,而在市场经济时期,实行罪行法定原则,将投机倒把罪这一口袋罪名进行了重新的罪与非罪、此罪与彼罪的整理。经济犯罪是社会经济发展的特定产物,对经济犯罪的研究,应当从社会经济的历史发展中,深入认识该类犯罪的内在本质和时代特征。

(二)发生领域的特定性

经济犯罪的发生领域具有特定性,这是由经济犯罪的性质决定的,经济犯罪作为一种侵害经济秩序、经济关系的犯罪,决定了它只能发生在与一国的经济活动以及经济制度密切相关的领域中,也就是只能发生于经济领域中的经济活动或者经济管理活动中。随着社会经济的发展,社会分工逐渐细化,导致了商品的社会化,各种要素市场(如资本市场、劳动市场、生产资料市场、科学技术信息市场等)的形成和存在造成了社会关系的日趋复杂化,而个人本位主义和追求经济利益最大化的动机的驱使,增加了个体利益与国家、社会利益,局部利

---

① 杨秀英:《经济刑法学》,中国人民公安大学出版社 2007 年版,第 7-10 页。

益与社会整体利益摩擦的机会。经济犯罪正是在这样的环境条件下孕育的。

在新中国成立后的计划经济体制下,政府包揽了几乎一切的经济决策权。社会的生产、流通、交换、分配和消费,均由国家统一管理、集中控制。任何个人、单位或组织的活动,均被纳入国家的统一计划之中,并且负有忠实履行国家指令性计划的义务,否则就是违法、犯罪。而与此相关的经济犯罪比较单一,从我国 1979 年《刑法》的条文中也可以看出基本都属于对抗国家计划经济制度的犯罪行为。

改革开放使得我国社会包括政治、经济体制、社会生活等发生了巨大变化。在经济上,随着市场经济体制替代计划经济体制以及我国加入 WTO,我国的经济呈现出高度的社会化、市场化、国际化等特征。利益主体多元化,社会关系日益复杂化,新的经济关系不断产生,"作为时代发展变化的产物并反映时代变化特征的,与先前社会中的有关经济犯罪有显著区别的新型犯罪行为,也即新型经济犯罪"不断生发出来,[①]成为社会主义市场经济建设中的一种不可忽视的破坏力量。这一点在《刑法》条文的设置上也有所体现。在 1997 年《刑法》分则第三章中,除了法条和罪名的增加外,刑事立法对犯罪的规定也比较全面,包括了如生产环节,流通领域,公司、企业、金融等与经济活动的相关环节和过程。我们可以看到,经济犯罪现象具有发生领域上的特定性,只有发生在经济活动以及经济运行过程中的犯罪,才是典型意义上的经济犯罪。

(三)经济犯罪的复杂性

经济犯罪与杀人、放火、强奸、抢劫、盗窃等传统的暴力犯罪相比,呈现出复杂性的特点,主要表现为以下几个方面:

1.行为人的行为是否正当合法的界限难以界定

社会主义市场经济体制的建设过程中,经济不断地发展变化,新事物、新情况、新问题层出不穷,企业管理、国家的立法落后于经济发展的情况时有发生。由于认识上的思维惯性,即使一些行为人的行为已经在法律条文中作出了新的规定,但人们对于罪与非罪的判断标准很难转变过来,这就使行为人行为的合法与犯罪的界限问题难以确定。一些经济犯罪分子利用市场体制不健全以及经济改革中出现的漏洞,以"改革、开放、搞活"为旗号,以"合同""承包""联营"为幌子,把经济犯罪活动与合法正当经济活动交错在一起,让人难辨真假。近些年来,犯罪分子以发展经济为名目进行诈骗,使得商业金融、票据等经济类诈骗案件层出不穷,也导致了司法实践中对经济犯罪的认定过程更加复杂。

2.经济犯罪与经济违法行为难以界定

经济犯罪以经济行为为基础,所以它必然涉及民法、经济法等法律、法规,经济纠纷、民事纠纷、行政违法与经济犯罪的界限是不容易划清的。经济犯罪的规定对于刑法本身就是一个难题。同时,经济犯罪的定罪与政策的规定关系密切,由于经济发展的速度不同于相对稳定的刑法,所以常常是政策先行,但政策的不稳定性也会给经济犯罪的定罪造成很大的困难。最后,在刑事立法方面也存在着不完善的问题,某些条文规定过于笼统,缺乏可操作性,影响了经济犯罪行为与经济违法行为的区分。

---

① 高铭暄:《新型经济犯罪研究》,中国方正出版社 2000 年版,第 7 页。

3.经济犯罪往往存在保护层,加大了查处案件的难度

经济犯罪分子为降低被惩罚的风险,总是要罗织一定的"关系网",千方百计地寻求权力的保护。在地方利益的驱使下,一些犯罪因得到地方保护主义的庇护而难以追究。像一些地方政府以发展地方经济为名,对本地区发生的经济犯罪案件,什么样的人、什么样的行为不能处理,都有成文或者不成文的规则,以对抗国家的法律。全国范围内的"打假"之所以难以取得令人满意的效果,重要原因就是地方保护主义作祟——把"打假"同发展地方经济对立起来,怕"打假"影响本地区搞活经济。更有一些国家工作人员与犯罪分子有千丝万缕的联系,害怕"拔出萝卜带出泥",千方百计地"捂盖子",这些现象的存在,无疑增加了打击经济犯罪的难度。

(四)经济犯罪的隐蔽性

经济犯罪的隐蔽性,是指在社会生活中有着众多的、复杂的、不容易被人识明的犯罪,人们对这种犯罪的认识常常模糊不清。经济犯罪的隐蔽性,主要来自以下几个因素:

1.经济犯罪具有法定犯和智能化的特征

较之于自然犯,法定犯主要是针对由于法律的专门规定而被视为犯罪的行为。由于经济犯罪大都发生在商品经济运行领域中,其行为的违法性主要是通过相应的经济法规来加以规定的。所以,大多数的经济犯罪都属于法定犯的范畴。在社会危害性问题上,自然犯直接违反社会公德,其社会危害性极易为人们所感知,案件发生后容易破案,犯罪黑数小。而经济犯罪人通常作为经济关系的一方,使用的手段也具有经济活动性质,加之经济法规不同于一般的道德标准,在社会公众眼里,经济犯罪的社会危害性就被涂上了一层朦胧的色彩,公众对其社会危害性感受不深,在很大程度上强化了经济犯罪的隐蔽性,从而使经济犯罪成为犯罪黑数最高的犯罪之一。

2.经济犯罪行为人的欺骗性

经济犯罪之所以不易为人察觉,是与它的欺骗性分不开的。从经济犯罪的主体身份来看,经济犯罪的主体大多属于白领阶层,通常具有供销员、业务员、厂长、经理、会计甚至党政领导干部等各种职衔,其罪恶的一面往往难以被人识别。主体社会地位的高尚性,使得他们在从事经济犯罪的过程中出入自由;同时,他们借助长期从事经济活动的经验和在智能方面的高智商性,利用自己的职业、专长进行犯罪,在犯罪前往往经过深思熟虑、精心策划,犯罪时手段狡猾,花样翻新,又有合法经济活动作掩护,犯罪后又有足够的时间湮灭罪迹。正是由于经济犯罪主体在社会身份上的优越性,使其经济犯罪活动披上了合法的外衣,较之其他刑事犯罪更具有隐蔽性。从经济犯罪的表现形式来看,随着我国市场经济的不断发展,不法分子往往以经济投资等各种名义,大肆进行各种各类犯罪活动,扰乱了社会经济秩序。

3.经济犯罪被害人的顾虑性

一般来说,经济犯罪并不会对被害人的人身权利构成直接的威胁,但在司法实践中,不少经济犯罪的被害人一旦遭受财产损失后,往往很少会通过刑事法律来解决问题。他们的疑虑主要表现为以下几点:一是担心诉诸刑事会使财产损失无法挽回。如果国家追究经济犯罪分子的刑事责任,受害者的损失便难以追偿。二是对司法机关缺乏信心。由于经济犯罪的复杂性,政策与法律的界限有时候并不容易划清,再加上现行司法机关的追诉能力有限,司法实践中的不少经济犯罪案件最后都是不了了之。这种现状往往使被害人持怀疑态度,不愿与司法机关配合。三是被害人害怕自身受到牵连。经济犯罪案件往往发生在行为

人与被害人的经济交往过程中,这其中的被害人损失,许多情况下被害人自身也存在一定的过错,为了维护自身的名誉或者害怕司法机关的深入查处,常常会选择退而求其次,进而不敢揭露犯罪。

（五）经济犯罪的社会危害性

1.经济犯罪给社会造成的经济损失特别巨大

我国每年因经济犯罪造成的物质损失是十分惊人的。据统计,近年来经济犯罪涉案金额越来越大,1995 年的无锡新兴公司邓斌非法集资案,集资数额达 32 亿元。2003 年的浙江"银泰集资诈骗案"的集资诈骗数额已经达到了 55 亿元。2020 年的浙江"三三宝丽来特大集资诈骗案"的集资诈骗数额更是达到了 536 亿元。

2.经济犯罪所造成的损失具有扩散性

经济犯罪从严格意义上讲,是一种动态性的犯罪,其犯罪后果也随着犯罪行为所涉及的经济活动的时间范围的动态变化而有所扩散,使得经济犯罪的社会危害性较之其他刑事犯罪的社会危害性显得更加严重。例如上文所提到的集资诈骗罪,从纵向上来比较,我们可以看到其涉案金额也在一次又一次地刷新着记录。再如在走私犯罪猖獗的情况下,不但关税受损,而且直接冲击我国本土工业的发展。曾以擅长经商而闻名于世的潮汕地区,由于一度出现走私猖獗、骗税多发、造假难禁的问题,经济受到沉重打击;曾经是经济特区的汕头市,GDP 的增长一度在全国倒数第一。又如,大量的假化肥、假农药、假种子充斥市场后,常常造成一些地区大面积减产甚至颗粒无收,比天灾的危害更大。[①]

3.经济犯罪会严重毒害社会风气,容易诱发腐败现象发生

腐败是一个国家丧失民心最直接的原因。严重的经济犯罪直接地冲击着市场经济秩序,使得国家和人民的利益遭受到重大损失。同时,它也毒化着人们的思想和社会风气,助长了腐败现象的蔓延,导致经济交往的成本增加,经济活动的正常秩序遭到破坏,人与人之间的信任普遍降低,整个国家缺失信用系统。经济犯罪往往与腐败紧密相连,当经济犯罪分子认为可以通过"关系"、贿赂等方式获取非法利益时,他们就可能将经济犯罪的实施建立在与腐败集团合作的基础上。在厦门远华走私案中,涉及百余名政府官员被"拉下水",84 名被告人被控犯罪受审,14 名要犯被判处死刑。[②] 近些年来,经济犯罪与腐败现象在犯罪的实施过程中相互催化,整个社会的经济犯罪愈演愈烈,政商勾结,经济犯罪涉案的金额动辄上亿,涉案的官员级别也是越来越高,不得不说是一个非常重要的原因。

三、经济犯罪的犯罪化范围及分类

（一）经济犯罪的范围

经济犯罪的犯罪化与非犯罪化问题,不仅关系到刑法对经济生活的干预适度与否、刑法能否对经济犯罪进行有效的抗制,而且涉及刑法与民商法、经济法、行政法等部门法之间的关系,以及它们在社会生活中各自所处的地位。在经济犯罪呈不断攀升趋势的今天,我国的经济犯罪立法应当走一条犯罪化还是非犯罪化的道路,已经成为摆在我们面前的一项重要课题。

---

① 杨秀英:《经济刑法学》,中国人民公安大学出版社 2007 年版,第 37 页。
② 杨秀英:《经济刑法学》,中国人民公安大学出版社 2007 年版,第 37 页。

　　讨论经济犯罪的犯罪化与非犯罪化问题,必须首先弄清楚"犯罪化"与"非犯罪化"的含义。所谓"犯罪化",是指法律上原来没有规定为犯罪的行为,现在却严重或可能对社会产生严重危害的某种行为,被纳入刑法规范之中,使之犯罪化,从而将本不是犯罪的行为在法律上作为犯罪进行规定,使其成为刑事制裁的对象。所谓"非犯罪化",则是对与"犯罪化"相反趋势的一种指称。它是指立法、司法机关将一些对社会危害不大、没有必要予以刑事惩罚,但又被目前的法律规定为犯罪的行为,通过立法不再作为犯罪或通过司法不予认定为犯罪,从而将该种行为合法化或降格为行政措施处理,使刑罚不再对之适用。实行犯罪化的目的,在于动用刑罚手段干预社会生活,通过规制新的犯罪形态把非罪转化为罪,从而增大刑法对某些危害行为的打击力度,使那些严重危害社会的行为得到遏制,避免其进一步地蔓延、泛滥。但是,重犯罪化的立法思想仍然带有极大的缺陷。为了保证刑法的完整性和有效性,就应当针对在扩张刑法的定罪化作用力时,相应地保持一种非犯罪化的反作用力,将所有不再具有重大社会危害的行为下放到非刑罚处理的次要地位上去。正如洛克所言:法律按其真正的含义而言,与其说是限制,还不如说是指导一个自由而又智慧的人去追求他的正当利益,它并不在受法律约束的人们的一般福利范围之外做出规范。非犯罪化思想的意义,不仅在于它揭示了社会生活中存在的非犯罪化的客观事实现象,而且在于它提示了刑法介入社会生活时必须持慎重的态度,应将其限定在合理的限度内的价值理念。

　　由于经济违法行为发生在经济生活的各个领域,其犯罪种类繁多,对于某种行为是否违法、违法程度是否达到了需要用刑法去进行调整的界限判断,都需要依赖各类经济、行政法律、法规去作出实质性的界定。如果将其统一在刑法典中进行犯罪化规定,必将导致大量经济犯罪的罪状采取空白罪状的形式,不可能在法律条文中准确、详细地描叙该犯罪的具体特征,这也将导致刑法的明确性程度降低,不利于刑法构建明确的行为规范。犯罪化与非犯罪化问题,是刑事立法中的一个重要问题,刑法调整和规范的社会经济关系是变动不居的,国家应当根据现实的社会情势、犯罪态势以及由此决定的控制犯罪的现实需要,适时修订刑法规范或者将刑法尚未规定具有犯罪内涵的违法行为予以犯罪化。

　　(二)经济犯罪的分类

　　1.国外经济犯罪的分类

　　经济犯罪伴随着商品经济发展而产生。在古代刑法中,无论是西方的罗马法,还是中国的《唐律》,都只有财产犯罪的分类,而没有经济犯罪的分类。经济犯罪的分类,是指按照一定的标准或一定的目的,对经济犯罪进行分门别类的方法和措施。而在现代的各国刑法中,大多规定了经济犯罪,也涉及经济犯罪问题。但是,由于对经济犯罪外延的理解不同,其划分的标准有所区别,对经济犯罪的分类也存在较大的差异。

　　欧洲共同体在1981年的各国高级领导人会议中提出,经济犯罪包括以下16种类型:联合企业的犯罪,跨国公司的犯罪,以欺骗的方法获取国家或国际组织贷款及其挪用的犯罪、计算机犯罪,设立徒有虚名的公司的犯罪,账目不清或以不正当手段借款,诈骗公司资本、公司违反有关劳动卫生与安全规则、对债权人进行诈骗、侵害消费者利益、非法竞争或虚假广告,公司偷税犯罪,关税犯罪,汇率犯罪,股份交易或金融犯罪和环境犯罪。[①]

---

　　① 　孙国祥、魏昌东:《经济刑法研究》,法律出版社2005年版,第53页。

在美国,由于长期实行判例法,对经济犯罪没有一个统一的法律规定。但是,在美国司法实践的过程中,学者们对经济犯罪的范围也取得了一些共识。他们认为,经济犯罪一般有以下 5 类:(1)企业垄断与组织犯罪;(2)诈骗犯罪与诈欺行为(包括一般虚假陈述、违反联邦劳动法的犯罪、邮件诈骗罪和电讯诈骗、保险诈骗、海关诈骗、证券诈骗和诈骗消费者犯罪以及公司税收诈欺行为、医疗保险项目中的诈欺行为和破产诈骗);(3)商业、金融犯罪(包括商业间谍、商业贿赂罪、内部情报交易罪和银行犯罪);(4)环境、卫生方面的犯罪(包括环境犯罪、违反联邦食品与药品管理的犯罪、违反《职业安全与健康法》犯罪);(5)涉外腐败活动犯罪。

在意大利的刑法分则中,专门将经济犯罪独立成章,即第八章"关于工商经济之罪"。其中包括了诈欺操纵物价罪、妨害工商自由罪、对国家工业之诈欺罪、经商诈欺罪、贩卖伪劣食品、贩卖虚伪标记的商品罪等犯罪。相比于瑞士、奥地利等国将经济犯罪都归入"财产罪"一章中的立法方式,意大利刑法将经济犯罪作为独立的一类犯罪的做法显得更具科学性。

在德国,犯罪学家、刑法学家和司法官员一般认为经济犯罪是一类较为复杂的犯罪。但学者们至今尚未对经济犯罪界定出一个完整的科学概念。根据他们的观点,如果以构筑经济刑法体系为目的来进行划分,经济犯罪主要包括以下 4 类:(1)与国家财政经济有关的违法行为,例如伪造金钱和有价证券、涉及税收和国家补贴的违法行为等;(2)与国民经济及其部门经济有关的违法行为,主要是保护银行业、交易所业、信用经济、保险经济、自由竞争制度、必需品保障制度等保护经济机构的刑事法律规定;(3)与企业经济及其单独部门有关的违法行为,涉及保护企业产品的生产及销售,以及有利于正当竞争的法律规定;(4)使大众和消费者遭受损害的违法行为,主要指环境保护、食品卫生、价格、广告等与此有关的犯罪。[①]

日本的学者们对经济犯罪的研究也非常重视。根据日本学者藤木英雄对经济犯罪的研究,他主张将经济犯罪分为 10 类:(1)企业经管人的犯罪;(2)企业从业人员职务上的犯罪;(3)不动产交易犯罪;(4)有关金融的犯罪;(5)围绕票据、支票的犯罪;(6)有关证券的犯罪;(7)由担保、信用赊卖及其他交易关系产生的犯罪;(8)公务员的经济犯罪(包括职务上的泄露秘密和私分公有财产罪等);(9)贿赂罪;(10)有关企业秘密的犯罪(包括企业间谍罪)。

俄罗斯也很重视对经济犯罪的刑事立法。《俄罗斯联邦刑法典》第 8 编规定了经济领域的犯罪,根据规定,经济领域的犯罪包括侵犯所有权的犯罪、经济活动领域的犯罪、商业组织和其他组织中侵犯职务利益的犯罪三部分。其中第 22 章专章规定了典型经济犯罪的内容,即经济活动领域的犯罪。根据该章,经济犯罪包括妨碍合法经济活动,登记非法的土地契约,非法经营,非法从事银行活动,虚假经营活动,使非法取得的资金或其他财产合法化(洗钱),取得或销售明知是犯罪赃物的财产,非法取得贷款,恶意逃避清偿信贷债务,垄断行为和限制竞争,强制实施或强制放弃实施法律行为,非法使用商标,违反国家检验标记的制作和使用规则,明显虚假的广告,非法获取和泄露构成商业秘密或银行机密的信息、收买职业体育比赛和商业性文娱竞赛的参加者和组织者,有价证券上市(发行)的舞弊行为,伪造货币或有价证券或销售伪造的货币或有价证券,伪造信用卡或结算卡或其他支付凭证或销售伪造的信用卡或结算卡或其他支付凭证,走私、非法输出可用于制造大规模杀伤性武器、军事

---

① 王世洲:《德国经济犯罪与经济刑法研究》,北京大学出版社 1999 年版,第 152 页。

装备和军事技术的工艺、科技情报和服务,不正当破产行为,公民逃避纳税,欺诈消费者等共计 32 种犯罪。[①]

2.我国经济犯罪的分类

在我国,最早进行经济犯罪分类和划分范围的是台湾地区的学者林山田,他将经济犯罪划分为以下十种:经济诈欺犯罪(包括对政府经济辅助措施所为的经济欺诈、诈欺贷款、押汇诈欺、诈骗投资和国际贸易的诈欺),资本逃避,竞业犯罪(包括企业独占、不法约定而把持市场、围标、不实广告、工业间谍、经济性的工业破坏),漏税犯罪(包括漏进漏出而逃税、分散所得漏去综合所得税、虚报不实的成本费用或损失以漏去营利事业所得税、短报或浮报进口货价而漏税和改组事业而行"合法"漏税),破产犯罪,经济贪污,保险犯罪,支票犯罪,电脑犯罪和其他违反国家经济法令的犯罪行为。[②]

在我国大陆地区,对经济犯罪的划分和范围界定,归纳起来,主要有以下几种不同分类:

(1)按照刑事立法的规定为标准,经济犯罪可分为以下 4 类:破坏社会主义经济秩序方面的犯罪,侵犯财产方面的犯罪,刑法中规定的其他有关破坏经济的犯罪,各种经济法规以及经济性的行政法规中有关经济犯罪的规定。[③]

(2)按其存在的环节和客体为标准,经济犯罪可分为以下 5 类:生产环节、交换环节、分配环节、消费环节经济关系被侵犯的犯罪,国家自然经济资源同人口经济资源被侵犯的犯罪,国家金融证券经济制度被侵犯的犯罪,国内纵横向层次经济关系被侵犯的犯罪,涉外经济关系与国际经济关系被侵犯的犯罪。[④]

(3)以其实施犯罪的手段为标准,经济犯罪可以分为以下 5 类:运营型,指其犯罪手段以运送货物,异地销售,牟取暴利为特征的某些犯罪;诈欺型,指犯罪分子以诈欺为手段,骗取他人财物,获取不义之财的犯罪行为;破坏型,指犯罪分子破坏集体生产,毁坏公私财物,破坏生态平衡,以达到泄私愤、谋私利的目的的某些犯罪;渎职型,指犯罪分子利用手中掌握的公共权力,执法犯法,败坏政府声誉,侵占公私财物的公务员犯罪;损害型,指犯罪分子以损害公共利益为手段,盗窃公共财物,伪造、变造国家货币、票证,妨害国家税收管理的犯罪行为。[⑤]

(4)按经济犯罪实施的方法和手段为标准,经济犯罪可以分为以下 7 类:营利型经济犯罪,欺诈型经济犯罪,组织型经济犯罪(又称共同经济犯罪),职务型经济犯罪,挪用型经济犯罪,破坏型经济犯罪,新技术型经济犯罪。[⑥]

(5)按其侵犯的客体为标准,经济犯罪可以分为以下 10 类:侵犯海关、外汇管理制度的犯罪,侵犯市场管理制度的犯罪,侵犯证券、票证管理制度的犯罪,侵犯金融、保险管理制度的犯罪,侵犯税收管理制度的犯罪,侵犯商标、专利管理制度的犯罪,侵犯自然资源、环境保

6-003

---

① 李永升、朱建华:《经济刑法学》,法律出版社 2011 年版,第 50-51 页。
② 林山田:《经济犯罪与经济刑法》,台湾三民书局 1982 年版,第 19-36 页。
③ 刘白笔、刘用生:《经济刑法学》,群众出版社 1989 年版,第 56-57 页。
④ 夏吉先:《经济犯罪与对策——经济刑法原理》,世界图书出版公司 1993 年版,第 195 页。
⑤ 康树华:《比较犯罪学》,北京大学出版社 1994 年版,第 187 页。
⑥ 周密:《论证犯罪学》,群众出版社 1991 年版,第 320-323 页。

护制度的犯罪,侵犯经济秘密保守制度的犯罪,侵犯财经管理制度的犯罪,侵犯国家经济管理职能的犯罪。

(6)经济犯罪根据不同的标准可以进行不同的划分:从经济犯罪主体的角度把经济犯罪分为公民犯罪、合伙人犯罪、法人犯罪;从经济犯罪侵犯的客体角度将经济犯罪分为侵害财产的犯罪、侵害债权的犯罪、侵害知识产权的犯罪;从经济犯罪的行为方式分类,可分为制作式的犯罪、运输式的犯罪、销售式的犯罪和侵占式的犯罪。①

以上六种分类是在我国 1979 年《刑法》实施期间根据刑事立法和刑法理论研究的需要对经济犯罪所作的分类。在 1997 年《刑法》颁布实施后,根据刑法的规定,对于经济犯罪的分类又出现了几种新的观点:

(1)按其侵犯的客体的不同,可以将经济犯罪分为以下 8 类:生产、销售伪劣商品的犯罪,走私犯罪,妨害对公司、企业的管理秩序的犯罪,破坏金融管理秩序的犯罪,金融诈骗犯罪,危害税收征管的犯罪,侵犯知识产权的犯罪和扰乱市场秩序的犯罪。②

(2)按经济犯罪行为将其分为以下 7 种类型:妨害工商管理秩序的犯罪,破坏金融管理秩序的犯罪,妨害海关管理秩序的犯罪,危害税收征管的犯罪,侵犯知识产权的犯罪,贪污贿赂犯罪和破坏环境资源的犯罪。③

(3)按照大经济犯罪概念的内涵和外延,可以将经济犯罪分为以下 11 类:生产、销售伪劣商品罪,走私罪,妨害对公司、企业的管理秩序罪,破坏金融管理秩序罪,金融诈骗罪,危害税收征管罪,侵犯知识产权罪,扰乱市场秩序罪,侵犯财产罪,破坏环境资源保护罪,贪污贿赂罪。④

(4)主张将传统的财产犯罪从经济犯罪的领域中剔除出去,认为经济犯罪可以分为以下10 大类型:生产、销售伪劣商品罪(包括生产、销售一般伪劣商品的犯罪和生产、销售特殊伪劣商品的犯罪),走私罪(包括走私普通货物、物品的犯罪和走私特殊货物、物品的犯罪),妨害对公司、企业的管理秩序罪(包括侵犯公司、企业资本制度的犯罪,侵犯公司、企业信息制度的犯罪,侵犯公司、企业廉洁制度的犯罪,损害公司、企业利益的犯罪),破坏金融管理秩序罪(包括妨害货币管理的犯罪,破坏银行信用的犯罪,侵犯证券、期货管理的犯罪,金融工作人员的渎职犯罪,破坏外汇管制的犯罪和清洗犯罪资金的犯罪),金融诈骗罪(包括破坏资金市场秩序的犯罪、破坏金融信用制度的犯罪和破坏社会保险程序的犯罪),危害税收征管罪(包括直接危害税收管理的犯罪和间接危害税收管理的犯罪),侵犯知识产权罪(包括侵犯商标权的犯罪、侵犯专利权的犯罪、侵犯著作权的犯罪和侵犯商业秘密权的犯罪),扰乱市场秩序罪(包括扰乱市场竞争秩序的犯罪、扰乱市场交易秩序的犯罪和扰乱市场进入秩序的犯罪),破坏环境资源保护罪(包括破坏自然环境的犯罪、破坏野生动物资源的犯罪、破坏土地资源的犯罪、破坏矿产资源的犯罪和破坏森林资源的犯罪),贪污贿赂罪(包括贪污、挪用、私分公共财物的犯罪、贿赂犯罪和其他破坏廉洁制度的犯罪)。⑤

---

① 王银:《经济犯罪探因》,兰州大学出版社 1988 年版,第 11-24 页。

② 杨秀英:《经济刑法学》,中国人民公安大学出版社 2007 年版,第 40-42 页。

③ 陈泽宪:《经济刑法新论》,群众出版社 2001 年版,第 14 页。

④ 赵长青:《经济刑法学》,法律出版社 1999 年版,第 72 页。

⑤ 李永升、朱建华:《经济刑法学》,法律出版社 2011 年版,第 52-53 页。

从上述各种观点来看,对于经济犯罪可以从不同的角度进行分类,由此可见经济犯罪的复杂性和多样性。然而,经济犯罪研究的目的不是为了研究而研究,而是希望通过对经济犯罪分类的研究达到对经济犯罪的归类有一个科学的标准。本书更倾向于上文的最后一种观点,将经济犯罪按照经济犯罪概念的内涵和外延划分为 10 大类,并将传统的财产犯罪从中排除,这样更有利于对经济犯罪概念的准确理解,不仅有助于对经济犯罪的理论研究,也利于从更广泛的角度对经济犯罪进行防控实践。

第二节　经济犯罪的构成

一、经济犯罪的构成概述

我国刑法理论将犯罪构成界定为某种具体犯罪的法定规格和标准,即决定某种行为成立犯罪所必须具备的一系列主客观要件的总和。经济犯罪作为刑事犯罪的一种具体情况,同时也遵循着犯罪构成理论的一般规律。故经济犯罪的构成是指我国《刑法》所规定的,决定某种经济犯罪行为的成立所必须具备的一切主客观要件的有机整体。

对比于经济犯罪的概念,经济犯罪的构成是在其基础之上,在明确了经济犯罪中罪与非罪的界限的前提下,进一步明确:经济犯罪于何种情况下成立?经济犯罪的成立需要具备怎样的法定条件? 即:经济犯罪中罪与非罪、此罪与彼罪的更为具体的标准。经济犯罪的构成是经济犯罪的概念的具体化、规范化[1],也就是说,经济犯罪的构成是成立某种经济犯罪的具体标准和法定规格,它具体包括经济犯罪的客体、经济犯罪的客观方面、经济犯罪的主体和经济犯罪的主观方面这四个方面。

故,其有以下三个基本特征:

1. 经济犯罪的构成是一系列主客观要件的有机统一

经济犯罪的构成具有整体性,任何一个经济犯罪的构成都包括诸多方面的要件,这些要件有的表明犯罪客体、客观方面的,有的则表明犯罪主体、主观方面的,它们有机统一于某种具体经济犯罪的犯罪构成。例如,依照我国《刑法》第 382 条的规定,构成贪污罪必须具备:(1)行为人侵犯的是公共财产的所有权;(2)行为上主要表现为利用职务上的便利,侵吞、窃取、骗取或者以其他手段非法占有公共财物的行为;(3)行为主体必须是国家工作人员;(4)行为人主观上具有犯罪的故意。上述四个要件必须同时具备,方可构成贪污罪,如果缺少其中任何一个方面的要件,则均不能认定为贪污罪的法定情形。任何一种经济犯罪的构成,都是一系列主客观要件的有机统一,且各要件之间相互联系、密不可分、缺一不可。

2. 经济犯罪的构成是从某种具体经济犯罪行为的众多事实中抽象出来的[2]

经济犯罪的构成具有抽象性,任何一个具体的经济犯罪行为都是由众多的事实特征构成,而只有对该行为的社会危害性及其程度具有决定意义而为该行为成立犯罪所必需的事实特征,才是该种经济犯罪的构成要件。承接上例,只要是国家工作人员故意地利用职务上

---

[1]　甘功仁:《经济刑法教程》,中国财政经济出版社 1997 年版,第 58 页。
[2]　李永升、朱建华:《经济刑法学》,法律出版社 2011 年版,第 55 页。

的便利,实施了侵吞、窃取、骗取或者以其他手段非法占有公共财物,侵犯了公共财产所有权的行为,即构成贪污罪。诸如贪污行为发生的时间(段)、侵犯公共财产所有权的手段和方式、公共财产所有权的具体内容等事实特征均不影响本罪成立,此类事实特征可理解为某种经济犯罪行为的案情。

3.成立经济犯罪所必须具备的各要件是由我国《刑法》加以规定的

经济犯罪的构成具有法定性。经济犯罪作为刑事犯罪的一种具体情况,其行为同时涉及经济类法规和刑法典的内容,兼具经济违法性与刑事违法性两个方面的特征。因此,对于某种经济犯罪的认定要同时考察其行为是否违反经济类法规的规定和其行为是否违反刑法典的规定这两个方面,如果某种行为仅在经济类法规中被禁止,但未被刑法典禁止,那么该种行为便不能被认定为经济犯罪行为。例如,我国《商标法》第 52 条规定,未经商标注册人的许可,在同一种商品或者类似商品上使用与其注册商标相同或者近似的商标的,属侵犯注册商标专用权;我国《刑法》第 213 条规定,未经注册商标所有人许可,在同一种商品、服务上使用与其注册商标相同的商标,情节严重的,处 3 年以下有期徒刑或者拘役,并处或者单处罚金;情节特别严重的,处 3 年以上 10 年以下有期徒刑,并处罚金。可见,只有一行为被经济类法规和刑法所禁止时,才可认定其为经济犯罪。

二、经济犯罪的客体

(一)经济犯罪的客体概述

犯罪客体的一般定义是指我国刑法所保护的、为犯罪行为所侵害的社会关系。经济犯罪的客体目前在理论学界尚有争议:有的认为经济犯罪的客体是指我国经济、行政、民事和刑事法律所保护的而被经济犯罪行为所侵犯的社会主义经济关系;有的认为经济犯罪的客体,是我国经济、行政、民事和刑事法律所保护的,而为经济犯罪行为所侵害和威胁的社会主义经济关系;有的认为经济犯罪不仅违反了国家经济管理法规,侵害了国家正常的经济管理活动,而且还侵犯了社会主义财产所有权关系,即侵犯的客体是复杂客体。[①]

在市场资源配置中的决定性地位不断加强、社会主义市场经济法制不断完善的背景下,我们认为,经济犯罪的客体,应当是指我国刑法所保护的、为经济犯罪行为所侵害的社会主义市场经济关系,即社会主义市场经济秩序以及与经济范畴相关联的其他社会经济关系。[②]经济犯罪的本质在于其对市场秩序的侵害性。[③] 故其有以下两个基本特征:

(1)经济犯罪的客体是刑法保护的社会主义市场经济关系。某种特定的社会主义市场经济关系能否成为经济犯罪的客体,关键在于其是否属于刑法所保护的范畴。并非所有的社会主义市场经济关系都能成为经济犯罪的客体,只有这些经济关系受刑法调整、被刑法所保护时,才能成为经济犯罪的客体。

(2)经济犯罪的客体是为经济犯罪行为所侵害的社会主义市场经济关系。即我国刑法所保护的社会主义市场经济关系,在受到某种经济犯罪行为的侵害的情况之下,才能成为经

① 甘功仁:《经济刑法教程》,中国财政经济出版社 1997 年版,第 67-68 页。
② 李永升、朱建华:《经济刑法学》,法律出版社 2011 年版,第 60 页。
③ 张天虹:《经济犯罪新论》,法律出版社 2004 年版,第 10 页。

济犯罪的客体。这是因为,社会主义市场经济关系作为一种静态的社会关系,在没有受到某种经济犯罪行为的侵害之前,它所代表的只是这些社会关系本身。

（二）经济犯罪的客体分类

根据经济犯罪行为所侵害的社会关系的范围、大小、层次等情况,可将其分为一般客体、同类客体和直接客体三个不同的类型。

（1）一般客体

一般客体,又称之为共同客体,是指所有经济犯罪行为所共同侵犯的社会主义市场经济关系,即整体意义上的我国刑法所保护的社会主义市场经济关系。经济犯罪的一般客体是对所有经济犯罪客体的高度概括和抽象,提示了所有经济犯罪的共性。不论某种经济犯罪行为的具体表现形式和社会危害性如何,从整体上看,它都侵害了我国刑法所保护的社会主义市场经济关系。市场经济秩序就是经济犯罪的一般客体,侵害市场经济秩序是一切经济犯罪危害本质的共性。[①]

（2）同类客体

同类客体,是指具体的某一类经济犯罪行为所共同侵犯的社会主义市场经济关系,即部分意义上的我国刑法所保护的社会主义市场经济关系。经济犯罪的同类客体,是对经济犯罪分类的重要标准。我国社会主义市场经济秩序是由市场经济中各种不同的规则、管理制度组成的整体或者体系,如国家的市场管理制度、金融管理制度、税收管理制度、公司和企业管理制度、产品质量管理制度等。由不同的规则、管理制度构成的社会主义市场经济秩序具有多样性的特点,所以经济犯罪的同类客体也具有多样性。同时,各种经济犯罪不可能直接侵犯整体意义上的市场经济秩序,只能侵犯市场经济秩序的某一方面或者某一部分,我国刑法典第三章对破坏社会主义市场经济秩序罪的规定,就是针对经济犯罪的多种同类客体进行细化规定和分类。

（3）直接客体

直接客体,是指具体的某一个经济犯罪行为所共同侵犯的社会主义市场经济关系,即具体意义上的我国刑法所保护的社会主义市场经济关系。在现实生活中,各种各样的经济犯罪行为都是具体的,它们只能侵犯一种或者数种具体的我国刑法所保护的社会主义市场经济关系,而不可能同时侵犯我国刑法所保护的所有的社会主义市场经济关系。例如,侵犯知识产权罪直接侵犯了国家对知识产权的保护制度,危害税收征管罪直接侵犯了国家的税收管理制度等。经济犯罪的直接客体往往能够直接体现某一经济犯罪的特征和特性,因此其成为区分经济犯罪中此罪与彼罪的重要标准。

同时,经济犯罪的直接客体具有多重性和复杂性。因此,根据其侵犯社会主义市场经济关系的复杂程度,可以分为简单客体和复杂客体。若某一具体经济犯罪可能会同时侵犯两种或者两种以上的社会主义市场经济关系,则称其为复杂客体,即一个具体经济犯罪行为侵犯的客体超出其所在类罪的范围。[②] 例如,生产、销售伪劣产品罪不仅侵犯了产品质量管理制度,同时也侵犯了消费者的合法权益;损害商业信誉、商品声誉罪不仅侵犯了公平市场竞

---

① 孙国祥、魏昌东:《经济刑法研究》,法律出版社 2005 年版,第 37 页。
② 陈泽宪:《经济刑法新论》,群众出版社 2001 年版,第 38 页。

争秩序,而且侵害了受害人的商业信誉或者商品声誉。若某一种经济犯罪行为只侵犯了刑法所保护的某一种社会主义市场经济关系,则称其为简单客体,如上例中的危害税收征管罪、侵犯知识产权罪等侵犯的直接客体。

综上,经济犯罪的一般客体、同类客体和直接客体三者间具有一般与个别、整体与部分的关系,每一个具体的经济犯罪行为都同时具有经济犯罪的一般客体、同类客体和直接客体三者;同时,经济犯罪的客体也是区分经济犯罪中罪与非罪、此罪与彼罪的重要标准,亦是明确不同经济犯罪的特性并将其分类的重要标准。

三、经济犯罪的客观方面

(一)经济犯罪的客观方面概述

经济犯罪的客观方面,是指我国刑法所规定的、说明某种经济犯罪行为对刑法所保护的社会主义市场经济关系造成损害的客观外部事实特征。经济犯罪的客观方面是构成经济犯罪必须具备的要件。故其有以下三个基本特征:

(1)经济犯罪的客观方面具有法定性。我国《刑法》对所有经济犯罪的客观方面都有明确的规定,如金融诈骗,生产、销售伪劣产品,妨害公司、企业的管理秩序,破坏金融管理秩序,侵犯知识产权,危害税收征管等。同时由于其法定性,所以刑法所规定的某一犯罪必要的客观事实特征,即为这种犯罪之成立所不可缺少的要素,而刑法未予规定的客观要素,则不属于该罪之客观要件。[1]

(2)经济犯罪的客观方面是以客观事实特征为主要内容的。每一个具体的经济犯罪行为都包含主观、客观两方面的事实特征。主观方面是人有意识、有意志的活动,例如,某人基于某种诈骗的动机,产生了试图实施诈骗行为的意图等主观活动。与主观方面对应的则是客观方面,客观方面是主观方面的客观化或外在化的表现。例如,危害行为、危害结果及两者间的因果关系,行为对象、数额、情节、地点、时间等。

(3)经济犯罪的客观方面是经济犯罪成立所必须具备的要件。如果不具备客观方面,则也不具备能够说明社会主义市场经济关系受到该行为侵害的客观事实,因此就无法构成经济犯罪。

(二)经济犯罪的客观方面的内容

根据我国刑事立法的规定,经济犯罪的客观要件包括经济犯罪的危害行为,经济犯罪的危害结果,经济犯罪的行为对象,经济犯罪的犯罪数额和经济犯罪的犯罪时间、地点、方法等内容。

(1)危害行为

经济犯罪的危害行为是指行为人在其罪过支配之下所实施的侵害社会主义市场经济关系的行为,危害行为是一切经济犯罪的构成所必须具备的基本要件,也是某一经济犯罪的构成的核心内容。

经济犯罪的复杂性决定了经济犯罪的行为方式是多种多样的,它具体表现为以下几种:

①作为。作为经济犯罪构成要件的作为,是指行为人积极实施经济刑法所禁止实施的

---

[1] 高铭暄、马克昌:《刑法学》(第7版),北京大学出版社、高等教育出版社2016年版,第61页。

经济危害行为。作为是经济危害行为中最常见的行为方式。

②不作为。经济犯罪构成的不作为，是指行为人消极地不实施法律要求实施的行为。经济犯罪的行为方式绝大多数都是由作为构成的，但是不能据此就否认不作为的存在，不作为同样是某些经济犯罪的行为方式，如偷税罪的行为方式只能是不作为。同时，不能把任何一种积极的危害行为，都叫做非法行为，因为非法的不作为，并非指行为人什么都不做。如，偷税行为是非法的不作为，但并非行为人对此什么都不做，相反地行为人为了非法的不作为往往要做出许多非法行为，如伪造、变造、隐匿、擅自销毁账簿、记账凭证等行为。

（2）危害结果

经济犯罪的危害结果是指经济犯罪行为对刑法所保护的社会主义市场经济关系造成的实际损害的事实。与经济犯罪的隐蔽性、抽象性和复杂性相比，经济犯罪的危害结果通常都是显而易见的，如走私犯罪活动给国家关税造成的经济损失，偷税、逃税的犯罪活动给国家税收造成的经济损失，制假制劣的犯罪活动给国家和广大消费者利益造成的损害，都是可以通过具体的计量手段来进行测算的。

正由于经济犯罪具有这一方面的特性，因此，一般而言，确认经济犯罪的危害结果与其危害行为之间的因果关系，相对来讲也就比较容易一些，只要有了某一犯罪结果的发生，顺其线索找到行为人或者其实施的危害行为，基本上就可以明确它们之间的因果关系。

（3）行为对象

经济犯罪的行为对象，是指为经济犯罪行为直接侵害的人和物。首先，它是由我国刑法所明文规定的，如伪劣商品，武器、弹药、核材料，伪造的货币，文物，贵重金属，珍贵动物及其制品，珍稀植物及其制品，有价证券、银行票据、增值税专用发票，注册商标、专利、商业秘密、证明文件等；其次，它是某些经济犯罪的构成要件，如变造货币罪的对象必须是货币，如果不是针对货币实施的，就不构成犯罪。假冒注册商标罪的对象必须是注册商标，如果侵犯的是非注册商标就不构成犯罪。

（4）犯罪数额

经济犯罪的数额，作为经济犯罪的客观要件之一，不仅对于某一经济活动或者经济行为是否构成犯罪具有非常重要的作用，而且对于某一经济犯罪行为的量刑轻重也具有十分重要的影响。根据我国刑事立法的规定，经济犯罪的数额可分为定罪数额和量刑数额两种情况。所谓经济犯罪的定罪数额，是指决定某一经济活动或经济行为是否构成犯罪的数额。如生产、销售伪劣产品的行为是否构成犯罪，关键就是要看其销售的金额是否达到5万元，如果在5万元以上的，则构成该罪；如果没有达到这一数额标准的，则不构成该罪。在这里，销售金额5万元即为定罪的数额。所谓经济犯罪的量刑数额，是指对某种经济犯罪的量刑轻重具有决定作用的数额。如在很多的经济犯罪条款中均有"数额较大""数额巨大""数额特别巨大"等规定，这里的数额指的是经济犯罪的量刑数额，其数额大小不同，对于某种犯罪的处刑轻重也有所差异。

（5）犯罪时间、地点、方法

经济犯罪的时间、地点和方法是指行为人实施某一经济犯罪行为的时间、场所和具体方式。作为经济犯罪构成客观方面的选择要件，这些要素只有在某一经济犯罪对这些方面的内容有某种特定要求的情况下，才具有构成要件的意义，反之，则不具有构成要件的意义。

因此,经济犯罪的时间、地点和方法,只是对于少数特定的经济犯罪的构成才具有决定性的影响。例如,我国《刑法》第 340 条、第 341 条规定的非法捕捞水产品罪与非法狩猎罪,就对这两种犯罪的时间、地点和方法作了特定的要求。构成上述犯罪,必须是在"禁渔期""禁渔区"或者"禁猎期""禁猎区"采用"禁用的工具"和"禁用的方法"才能构成,如若不然,则不能依照这两种犯罪进行处理。

四、经济犯罪的主体

6-004

(一)经济犯罪主体的概念

经济犯罪的主体是指实施经济犯罪行为,依法应负刑事责任的行为人。根据我国刑法的有关规定,经济犯罪的主体可分为自然人和单位两类。

(二)经济犯罪的自然人主体

作为犯罪主体的自然人,须达到刑法规定的最低刑事责任年龄,并且须具备刑事责任能力。按照我国《刑法》第 17 条的规定,已满 16 周岁的人犯罪,应当负刑事责任。已满 14 周岁不满 16 周岁的人,犯故意杀人、故意伤害致人重伤或者死亡、强奸、抢劫、贩卖毒品、放火、爆炸、投放危险物质罪的,应当负刑事责任。已满 12 周岁不满 14 周岁的人,犯故意杀人、故意伤害罪,致人死亡或者以特别残忍手段致人重伤造成严重残疾,情节恶劣,经最高人民检察院核准追诉的,应当负刑事责任。已满 12 周岁不满 18 周岁的人犯罪,应当从轻或者减轻处罚。因不满 16 周岁不予刑事处罚的,责令他的父母或者其他监护人加以管教;在必要的时候,依法进行专门矫治教育。而不满 12 周岁的人,无论实施《刑法》上规定的任何犯罪行为,造成任何严重后果,均不负刑事责任。这样法律从年龄上划定了一个较为适合的刑事责任范围,以便使不应负刑事责任的人免受司法追诉。然而仅有年龄上的规定还不足以限制刑事责任的范围。为了体现法律的宽容和人道主义精神,刑法对精神疾病、生理缺陷的人和未成年人犯罪,规定了较轻的处罚方式。

在刑法学中,自然人作为犯罪主体,可以根据其身份的不同,分为一般主体和特殊主体。对于某些自然人经济犯罪主体的构成来讲还有某种特定身份的要求,像这种有特定身份要求的经济犯罪主体,就是经济犯罪的特殊主体。从我国刑法的规定来看,自然人经济犯罪的特殊主体主要有以下几个方面:

1. 国家工作人员。根据《刑法》第 93 条的规定,国家工作人员具体包括以下四类人员:(1)国家机关中从事公务的人员;(2)国有公司、企业、事业单位、人民团体中从事公务的人员;(3)国家机关、国有公司、企业、事业单位委派到非国有公司、企业、事业单位、社会团体从事公务的人员;(4)其他依照法律从事公务的人员。如《刑法》第 382 条规定的贪污罪、第 384 条规定的挪用公款罪、第 385 条规定的受贿罪等,都是由国家工作人员才能构成的特殊主体的犯罪。

2. 公司、企业人员。在经济犯罪中,妨碍对公司、企业管理秩序的犯罪主体主要是公司企业人员。如公司、企业工作人员为亲友非法牟利罪、如徇私舞弊低价折股、出售国有资产罪等。

3. 负有某些特定义务的人员。在经济犯罪中,有些犯罪只能由负有特定义务的人员构成。如偷税罪、抗税罪只能由纳税人构成;保险诈骗罪只能由投保人、被保险人或者受益人构成;虚假广告罪只能由广告主、广告经营者或者广告发布者构成。

4.从事某种特定职业的人员。如金融工作人员购买假币、以假币换取货币罪,违法发放贷款罪,非法出具金融票据罪等。

（三）经济犯罪的单位主体

经济犯罪与传统犯罪相比,有一个十分显著的特点,就是可以由法人或者非法人组织构成。我国刑法将法人或者非法人组织实施的犯罪,统称为单位犯罪。而单位经济犯罪,是指单位作为犯罪主体实施破坏社会主义市场经济秩序的犯罪行为的总称。]在我国《刑法》分则所规定的具体单位犯罪中,130多种单位犯罪就有60%是属于经济犯罪。这一数字表明单位所实施的犯罪都与单位所从事的经济活动有关,也表明经济领域中单位犯罪的多发性。

根据《刑法》第30条的规定,经济犯罪的单位主体有以下几种:

1.公司。公司是指依据《中华人民共和国公司法》成立的有限责任公司和股份有限公司。公司是企业的一种组织形式,是具有法人资格的独立的经济体。股份有限公司,是指其全部资本分为等额股份,股东以其所持股份为限对公司承担责任,公司以其全部资产对公司的债务承担责任。有限责任公司是指符合法律规定的股东出资组建,股东以其出资额为限对公司承担责任,公司以其全部资产对公司的债务承担责任的企业法人。公司的重大决策权掌握在公司的股东大会和董事会,这两个机构作出的决定属于公司的集体决定,这是公司作为经济犯罪主体与其他单位的不同之处。

2.企业。企业是指上述公司以外的,以营利为目的,运用各种生产要素（土地、劳动力、资本和技术等）,向市场提供商品或服务,实行自主经营、自负盈亏、独立核算的具有法人资格的社会经济组织。包括国有企业、集体企业、私营企业、联合企业、外资企业和各种合资合作企业。

3.事业单位。事业单位,是指国家为了社会公益目的,由国家机关举办或者其他组织利用国有资产举办的,从事教育、科技、文化、卫生等活动的社会服务组织。《事业单位登记管理暂行条例》（国务院第252、411号令）规定,事业单位具有以下四个特征:(1)依法设立。事业单位的设立,应区分不同情况由法定审批机关批准,依法登记,或者依照法律规定直接进行法人登记。(2)从事公益服务。事业单位从事的是教育、科技、文化、卫生等涉及人民群众公共利益的服务活动,一般不履行行政管理职能。(3)不以营利为目的。事业单位一般不从事生产经营活动,经费来源有的需要财政完全保证,有的可通过从事一些经批准的服务活动取得部分收入,但取得的收入只能用于事业单位的再发展,不得用于管理层和职员分红等。(4)社会组织。事业单位是组织机构而不是个人,要有自己的名称、组织机构和场所,有与其业务活动相适应的从业人员和经费来源,能够独立承担民事责任。

4.机关。是指代表国家从事社会公共事务管理的机构,它包括国家权力机关、国家行政机关、国家司法机关、国家军事机关等。从司法实践上看,并不是所有的国家机关都可以作为经济犯罪的主体。随着国家机关管理体制的日趋完善,国家机关实施经济犯罪的可能性会降低。

5.团体。这里所说的团体是指社会团体,即社会成员本着自愿的原则,依照法律自愿组织起来的群众性自治组织。包括:人民群众团体、社会公益团体、宗教团体、学术研究团体等。社会团体是当代中国政治生活的重要组成部分。中国目前的社会团体大都带有准官方性质。《社会团体登记管理条例》规定,成立社会团体必须提交业务主管部门的批准文件。业务主管部门是指县级以上各级人民政府有关部门及其授权的组织。社会团体实际上附属在业务主管部门之下。哪些单位可以成为经济犯罪的主体,必须以《刑法》分则条文的具体规定为准。

（四）经济犯罪主体特征

通过对经济犯罪主体特征的界定可以为经济犯罪主体的资格提供标准,这也是经济犯罪主体特殊性的体现。经济犯罪的主体具有的一般特征都是通过具体实施经济犯罪的自然人和单位的特征来体现的,总而言之,经济犯罪主体的特征主要包括以下两点:

（1）经济犯罪主体通常有一定的特殊身份

经济犯罪是一种较为隐秘的犯罪,行为人通常是利用自己所从事的职业或者利用自己的特殊身份实施犯罪,因此具有特殊身份是经济犯罪主体的首要特征。比如,逃税罪是由有纳税义务的纳税人实施的,企业、公司的老板、经理及有关财会人员都可以构成逃税罪的主体,而贪污、受贿罪必须由国家机关工作人员实施完成,等等。经济犯罪主体所具有的特殊身份,为经济犯罪主体实施相关犯罪提供了可能性,同时也使经济犯罪往往难以察觉。

（2）经济犯罪主体智力水平相对较高

纵观我国近年来的经济犯罪案件,经济犯罪主体的智力水平都呈上升趋势,智能型犯罪愈演愈烈,观其原因,主要是由于经济犯罪主体往往拥有较为丰富的财务知识,因而实施的犯罪也大都是智能型犯罪。比如在逃税罪中,犯罪主体大都具有较高的数学水平,并利用自身的高智力,对账目做手脚,例如涂改账目、做假账等,金融犯罪主体利用自己的金融知识和高科技手段进行经济犯罪等。

五、经济犯罪的主观方面

6-005

（一）经济犯罪主观方面的概念和意义

经济犯罪的主观方面,是指刑法所规定的、构成某种经济犯罪必须具备的行为人对自己所实施的某种经济犯罪行为及其危害结果所持的心理态度。它不仅反映出犯罪人主观恶性的大小,而且是区分罪与非罪、此罪与彼罪的重要标志和影响量刑轻重的重要因素。研究经济犯罪的主观方面,对于深刻认识和把握经济犯罪的本质特征和活动规律,有效地惩治经济犯罪,具有十分重要的意义。

（二）经济犯罪主观方面的罪过形式

经济犯罪的主观过错形式,一般来讲,不外乎故意和过失两个方面。经济犯罪的故意,是指经济犯罪主体明知道自己的行为会发生危害社会的结果,并希望或者放任这种结果发生的心理态度。这种心理态度包括两个基本因素:认识因素和意志因素。

经济犯罪故意的认识因素是经济犯罪主体对自己行为的违法性和产生危害结果有明确认识。但是由于危害结果不会凭空产生,它与危害行为及犯罪侵害的客体等客观事实情况是紧密联系的,因此,具体案件中行为人需要明知的内容也不同。对经济犯罪而言,成立犯罪的故意,行为人需明知以下内容:第一,明知行为的性质,即自己行为危害社会的性质。刑法明确规定了成立犯罪故意必须具备危害社会的性质。如果行为人对行为的危害社会的性质没有认识,则就缺乏成立犯罪故意的认识因素。不过,这种认识并不要求行为人了解自己的行为触犯的是什么样的具体条文,应受什么样的刑罚处罚,只要求行为人认识到该种行为是不合法的,就具备了危害社会的认识。第二,明知自己的行为会发生危害社会的结果。成立犯罪故意,行为人应明知自己的行为会发生危害社会的结果。

经济犯罪故意的意志因素包括犯罪主体对于危害结果所持的希望和放任两种心理态度。在经济犯罪中,大多数犯罪主体对于危害结果是抱希望的态度,即要达到某种犯罪目的,少数犯罪主体则表现为对危害结果的发生持放任态度,如为满足个人私欲,放任危害国家、集体利益或者公民合法权益的危害结果发生。

需要指出的是,在由故意构成的经济犯罪中,这里的故意是否包括间接故意在内?关于这个问题,在我国刑法学界曾经有两种不同的观点:有一种观点认为,经济犯罪只能由直接故意构成。因为按照我国刑法理论之通说,间接故意犯罪不存在犯罪目的。第二种观点认为,经济犯罪的主观方面是明知自己的行为会发生破坏社会主义市场经济秩序或非法剥夺公私财产所有权的危害结果,并且希望或者放任这种结果发生。因此,经济犯罪不仅可以由直接故意构成,还可以由间接故意构成。我们认为,第二种观点是可取的。因为,尽管在大多数情况下,经济犯罪都是出于贪财图利的目的和动机实施的犯罪,其主观罪过形式主要表现为直接故意,但是并不能由此得出经济犯罪在任何情况下都不能由间接故意构成。因此,经济犯罪既可以由直接故意构成,也可以由间接故意构成。

(三)经济犯罪的犯罪目的

经济犯罪的目的,是指经济犯罪主体希望通过犯罪行为达到某种结果的心理态度。从刑法的规定来看,由于各种各样法人经济犯罪的表现形式不同,其犯罪的故意也有所差别,但是主要有以下几个方面:

1. 以非法占有为目的

在民法理论中,所有权有占有、使用、受益、处分权能。占有是最根本也最能体现所有权性质的权能。占有可以分为两种:合法占有和非法占有。合法占有,是指依据法律规定或所有人的意志而由非所有人对所有人的财产加以占有。非法占有,是指行为人实施犯罪行为时客观上对财物的实际非法控制状态和主观上企图通过危害行为达到对财物实际非法控制的目的而不是要求行为人对财物的永久控制。非法占有为目的是许多经济犯罪主体所追求的主观目的。刑法为了强调一些犯罪中行为人对占有目的的非法追求,明确规定只有出于非法占有的目的时,行为人才能构成某种罪,如《刑法》192条规定的集资诈骗罪、《刑法》第193条规定的贷款诈骗罪、《刑法》第224条规定的合同诈骗罪等。对于这些特定的"目的犯"而言,主观上是否出于非法占有为目的就成为罪与非罪、此罪与彼罪的一个重要界限。

2. 以牟利为目的

以牟利为目的是指为了出售、出租、自用、转让等谋取经济利益的行为。在经济犯罪中,有的犯罪主观上要求行为人需要具有牟利的目的,如《刑法》第175条规定的高利转贷罪、《刑法》第228条规定的非法转让、倒卖土地使用权罪等。从司法实践上来看,虽然绝大多数经济犯罪的行为人主观上都基于这一目的,但是只有在立法上作出明确规定的,才能将其视为该罪成立的主观要件之一。

3. 以营利为目的

在经济犯罪中,有的犯罪主观上要求行为人需要具有营利的目的,如《刑法》第217条规定的侵犯著作权罪、《刑法》第218条规定的销售侵权复制品罪等。刑法将营利目的规定为犯罪的构成要件,是因为营利目的在某些情况下能说明行为的社会危害性,如果没有营利目的,行为的社会危害性就没有达到犯罪程度。营利目的从两个方面说明社会危害性:第一,营利目的说明行为人的主观恶意性重。营利目的表明行为人以犯罪为手段获取非法利润，同没有这种心理状态的犯罪相比，更加说明行为人应当受谴责和非难。第二，营利目的客观危害严重。营利目的使行为人更积极主动和反复继续实施某种行为，从而导致行为人扩大犯罪行为的规模和加重危害结果。

4. 以谋取不正当利益为目的

在经济犯罪中，有的犯罪主观上要求行为人需要具有谋取不正当利益的目的，如《刑法》第 389 条规定的行贿罪、《刑法》第 391 条规定的对单位行贿罪等。在《刑法》规定的以上犯罪中，之所以要强调构成各种行贿罪必须以谋取不正当利益为目的，主要是为了将谋取不正当利益而行贿的行为与本类犯罪行为区分开来。因为同样是行贿的行为，若不从行为人主观目的上加以区分，就容易混淆罪与非罪行为之间的界限。因此，行为人在主观上是否以谋取不正当利益为目的，对于本类犯罪的认定具有十分重要的作用。

5. 以传播为目的

在经济犯罪中，有的犯罪主观上要求行为人需要具有传播目的，如《刑法》第 152 条规定的走私淫秽物品罪就要求"以牟利或者传播为目的，走私淫秽的影片、录像带、录音带、图片、书刊或者其他淫秽物品的，处 3 年以上 10 年以下有期徒刑，并处罚金；情节严重的，处 10 年以上有期徒刑或者无期徒刑，并处罚金或者没收财产；情节较轻的，处 3 年以下有期徒刑、拘役或者管制，并处罚金"。

第三节　经济犯罪的形态

一、经济犯罪的停止形态

（一）经济犯罪停止形态概述

停止形态，是犯罪特殊形态的一种类型。刑法理论上的故意犯罪停止形态，是指故意犯罪在其发生、发展和完成的过程及阶段中，因主客观原因而停止下来的各种犯罪状态。绝大多数的经济犯罪为故意犯罪，因此，研究经济犯罪的停止形态意义尤为重要。

绝大多数经济犯罪的犯罪主观方面为故意，一般都要经历预谋、策划、准备工具等预备阶段，同时又有生产、经营或者其他着手实施过程，直至达到完成的状态。因此，可将经济犯罪的发生发展阶段大致分为预备阶段和实行阶段，经济犯罪的预备阶段，是指从行为人开始实施犯罪预备行为之时作为起点，到行为人完成犯罪预备行为而尚未着手实施犯罪实行行为之时为终点，经济犯罪的实行阶段，是指从行为人着手实施犯罪实行行为之时为起点，到行为人完成犯罪即达到犯罪既遂为终点。

按照经济犯罪停止下来时犯罪是否已经完成作为标准，可将经济犯罪的停止形态分为完成形态和未完成形态两大类型。

（二）经济犯罪的完成形态

经济犯罪的完成形态，是指经济犯罪的既遂形态。按照刑法理论的通说，犯罪既遂，是指行为人所故意实施的行为已经具备了某种犯罪构成要件的全部要素。根据我国刑法分则对各种直接故意犯罪构成要件的不同规定，经济犯罪既遂

6-1

主要有以下三种不同的类型：

1. 经济犯罪的行为犯

行为犯，是指以法定的犯罪行为的完成而非要求造成物质性的或有形的犯罪结果作为既遂的犯罪形态。行为犯只要实施法律规定的某种危害行为就可以构成犯罪既遂，但行为需要一个完成的过程，且需要达到一定的程度，并非一经着手就成立犯罪既遂。如《刑法》第141条："生产、销售假药的，处……"，又如《刑法》第151条："走私武器、弹药、核材料或者伪造的货币的，处……"，再如《刑法》第170条："伪造货币的，处……"。行为犯在立法上的特点表现为简洁明了，在基本罪状中直接对犯罪行为进行描述，而危害后果往往以结果加重犯的形式出现。

2. 经济犯罪的危险犯

危险犯，是以行为人实施的危害行为造成法律规定的发生某种危害结果的危险状态作为既遂标志的犯罪。经济犯罪中的危险犯主要存在于食品、药品生产、销售环节，其显著标志是"足以"，如《刑法》第143条："生产、销售不符合食品安全标准的食品，足以造成严重食物中毒事故或者其他严重食源性疾病的，处……"，又如《刑法》第145条："生产不符合保障人体健康的国家标准、行业标准的医疗器械、医用卫生材料，或者销售明知是不符合保障人体健康的国家标准、行业标准的医疗器械、医用卫生材料，足以严重危害人体健康的，处……"。危险犯从主观上看，既可以是直接故意，也可以是间接故意，但是即使是直接故意心态之下，其犯罪既遂也不是造成物质性的、有形的犯罪结果，而是法定的客观危险状态的出现。

3. 经济犯罪的结果犯

结果犯，是指不仅要实施具体犯罪构成客观要件的行为，而且必须发生法定的犯罪结果才成立既遂的犯罪，即以法定犯罪结果的发生与否作为犯罪既遂与未遂区别标志的犯罪。所谓法定的犯罪结果，是指犯罪行为通过对犯罪对象的作用而给犯罪客体造成的物质性的、可以具体测量确定的、有形的损害结果。如《刑法》第142条："生产、销售劣药，对人体健康造成严重危害的，处……"，又如《刑法》第162条："公司、企业进行清算时，隐匿财产，对资产负债表或者财产清单作虚伪记载或者在未清偿债务前分配公司、企业财产，严重损害债权人或者其他人利益的，对其直接负责的主管人员和其他直接责任人员，处……"。上述两例中，发生了人体健康严重危害，或是造成债权人或者其他人利益严重损害的，才成立犯罪既遂，否则不成立犯罪既遂。

经济犯罪的既遂是经济犯罪的完成形态，对其处罚时，只要依照刑法分则对某种经济犯罪所规定的刑事责任直接适用即可，当然，在既遂犯同时具备其他宽严处罚的情节尤其是具有法定的宽严处罚情节时，要注意同时引用相关的条款，在综合考虑犯罪危害程度和犯罪人的主观恶性大小的基础上，再决定适用恰当的处罚。

（三）经济犯罪的未完成形态

经济犯罪的未完成形态，以犯罪停止下来的原因为标准，可再分为犯罪预备、犯罪中止、犯罪未遂三大类型。

1. 经济犯罪的预备形态

（1）经济犯罪预备形态的主客观特征

我国《刑法》第22条第1款规定："为了犯罪，准备工具、创造条件的，是犯罪预备。"

该条是犯罪预备行为的表述,反映出犯罪预备形态的主客观特征。通过考虑该条规定,并结合我国刑法理论,可以认为,犯罪预备形态是指行为人为实施犯罪而开始创造条件的行为。经济犯罪预备形态的特征可以概括为:

第一,经济犯罪预备形态的客观特征。研究经济犯罪预备形态的客观特征,需要从两个方面进行。一方面,经济犯罪预备形态中,行为人已经开始实施犯罪的预备行为。犯罪预备是为犯罪实行和完成准备工具和创造条件的,如生产、销售伪劣商品犯罪中,行为人寻找生产场地、购置生产设备、研究产品配方等,如果是为完成生产、销售伪劣商品行为服务的,即为犯罪预备行为。又如高利转贷罪中,行为人以转贷牟利为目的,准备了贷款材料意图套取金融机构信贷资金的,即为犯罪预备行为。

应当注意,犯罪预备不等于犯意表示。所谓犯意表示,是指以口头、文字或者其他方式对犯罪意图的外化的、单纯的表露。如某企业家向朋友表达了自己想向社会不特定公众吸收存款的意图,但其没有实施任何行为;又如某书商在日记中写出了自己想通过盗版书籍发家致富的心愿,但其没有实施任何行为。犯意表示因其没有实施任何危害社会的行为而不具有犯罪性,也不能对其施以任何的惩罚,这也是犯意表示与犯罪预备的区别所在。当然,应当注意犯意表示向犯罪预备的转化,如果行为人已经开始为犯罪准备工具、创造条件,则具有社会危害性,应当认定为犯罪预备。

另一方面,经济犯罪预备形态中,行为人尚未着手实施犯罪的实行行为。所谓犯罪的实行行为,是指刑法分则中具体犯罪构成要件的行为。如出售、购买、运输假币罪中,行为人尚未着手实施出售、购买、运输假币的行为;又如集资诈骗罪中,行为人尚没有着手向社会不特定公众非法实施诈骗方法集资的行为。这意味着,行为人在犯罪预备形态中,其犯罪活动在具体犯罪实行行为着手实施以前停止下来。这一特征是犯罪预备形态和犯罪未遂形态的显著区别。

上述两个方面实际上表明犯罪预备形态的空间范围以行为人开始犯罪的预备行为为起点,在着手犯罪实施行为之前停止下来。

第二,经济犯罪预备形态的主观特征。研究经济犯罪预备形态的主观特征也需要从两个方面进行。一方面,经济犯罪预备形态中,行为人进行犯罪预备活动的意图和目的,是为了顺利地着手实施和完成犯罪。行为人为了犯罪而实施准备工具、创造条件的行为,实际上是受犯罪主观方面驱动而产生的,这一主观方面就是顺利地着手和完成其所期待完成的犯罪。

另一方面,经济犯罪预备形态中,行为人尚未着手实施犯罪的实行行为即停止下来,并非行为人的本意,而是出于行为人意志以外的原因。从行为人自身出发,其对犯罪继续下去并进入犯罪实行阶段充满期待,且积极追求这一结果的发生,但事与愿违,由于其意志以外原因的出现,其行为不能继续下去而被迫停止下来。这揭示了犯罪预备形态中行为人的主观恶性,也是犯罪预备形态与犯罪预备形态中的中止形态区别的显著标志。

上述客观和主观特征的同时具备和有机结合,就构成了经济犯罪预备形态的完整内涵,并使其与经济犯罪其他停止形态相区别。同时符合上述主观特征的行为人,是经济犯罪预备犯。

(2)经济犯罪预备形态的类型

根据《刑法》第22条第1款的规定,结合经济犯罪的具体特点,可以将经济犯罪的预备形态分为以下两种类型：

第一，为实施经济犯罪准备工具的行为。所谓犯罪工具，是指犯罪分子进行犯罪活动所用的一切器械物品。经济犯罪中，根据相关犯罪的特点，犯罪工具较多表现为生产、加工设备、车辆、船只、飞机、票、证、卡、券、标识、合同等等。准备犯罪工具，即制作、购买、租借、改装等取得工具，为实施犯罪做好准备的行为。

第二，其他为实施犯罪创造便利条件的行为。结合相关犯罪的特点，这种类型的经济犯罪预备行为主要包括：学习技术手段、研究产品配方、了解市场行情、寻找销赃渠道等等。

（3）经济犯罪预备形态的处罚

《刑法》第 22 条第 2 款规定："对于预备犯，可以比照既遂犯从轻、减轻处罚或者免除处罚。"对于经济犯罪预备犯的处罚，应当适用该规定。具体而言，应考察行为人预备所犯罪行的性质和危害程度、行为人预备行为的进展程度、行为人的人身危险性程度等等，视具体情况决定是从轻、减轻处罚还是免除处罚。

2.经济犯罪的未遂形态

我国《刑法》第 23 条第 1 款规定："已经着手实行犯罪，由于犯罪分子意志以外的原因而未得逞的，是犯罪未遂。"所谓"未得逞"，一般认为是未能完成犯罪，即未能达到犯罪既遂。根据我国《刑法》规定并结合我国刑法理论，可以将犯罪未遂概括为行为人已经着手实行具体犯罪构成的实行行为，由于其意志以外的原因而未能完成犯罪的一种犯罪停止形态。

（1）经济犯罪未遂形态的特征

第一，经济犯罪未遂形态中，行为人已经着手实行犯罪。所谓着手实行犯罪，是指行为人已经开始实施《刑法》分则规范里具体犯罪构成要件中的犯罪行为。行为人是否已经着手实行犯罪，是区别犯罪未遂形态和犯罪预备形态的显著标志，也是区分犯罪预备阶段和犯罪实行阶段的关键标志。因此，对其主客观特征应准确把握：首先，在主观上，行为人实行具体犯罪的意志已经直接支配客观实行行为并通过后者开始充分表现出来；在客观上，行为人已经开始直接实行具体犯罪构成客观方面的行为，这些行为不再是准备工具、制造条件的性质，而是犯罪的实行行为，这种行为已经开始直接侵犯某种犯罪的犯罪客体。如虚假破产罪的行为人已经开始隐匿财产、擅自发行股票罪的行为人已经开始发行股票、销售侵权复制品罪的行为人已经开始向顾客销售侵权复制品，等等。

第二，经济犯罪未遂形态中，犯罪停止下来而没有完成。犯罪停止下来没有完成，是指行为人实施的犯罪没有完全齐备《刑法》分则规定的某一具体犯罪构成的全部要件，是区分犯罪未遂和犯罪既遂的显著标志。如贷款诈骗罪的行为人虽然实施了贷款诈骗行为，但是银行或者其他金融机构尚未放贷给行为人，又如提供虚假证明文件罪的行为人虽然已经为他人制作好虚构了巨额资产的虚假证明文件，但尚未提供给他人的，等等。犯罪未遂形态，在行为犯、危险犯和结果犯中有不同的标准。其中，行为犯的未遂是指法定的犯罪行为未能完成；危险犯的未遂是指法定的危险状态没有具备；结果犯的未遂是指法定的犯罪结果没有发生。[①] 对于犯罪没有完成的理解，应当结合上述类型犯罪作出具体把握。还应注意，一是不能认为犯罪未遂就不会产生任何危害后果，其只是没有发生具体犯罪构成中特定的危害

---

① 高铭暄、马克昌：《刑法学》（第 6 版），北京大学出版社、高等教育出版社 2014 年版，第 154 页。

后果,如合同诈骗罪,在签订合同过程中,行为人没有成功骗取对方当事人财物,没有发生被骗自然人或者单位财产所有权丧失的法定危害结果,但是,被害自然人或者单位可能会因签订合同丧失商机、资金占用等其他方面损失。

第三,经济犯罪未遂形态中,犯罪停止下来而没有完成,是因为行为人意志以外的原因。犯罪活动正在实施,之所以停止在未完成形态,原因在于犯罪分子意志以外的原因,这是犯罪未遂形态区别于犯罪中止形态的显著标志。"意志以外的原因"应当足以阻止其犯罪意志,从性质上看,这种原因与犯罪分子的意志是相违背的;从程度上看,这种原因达到了犯罪分子无法抗拒进而无法继续犯罪的程度。换言之,一些轻微阻碍因素存在的情况下,行为人停止犯罪的,并非其意志以外的原因,可考虑其是自动停止犯罪。在经济犯罪中,"意志以外的原因"包括被执法人员发现、被被害人识破,以及技术手段不过关、工具设备问题,还包括行为人主观上的认识错误,如对实施犯罪的对象、手段、方法产生认识错误,等等。

上述三个特征,前两个是经济犯罪未遂形态的客观特征,后一个是经济犯罪未遂形态的主观特征,三个特征齐备,符合刑法理论上"主客观相统一"的原则。符合三个特征的行为人,称之为"未遂犯"。

(2)经济犯罪未遂形态的类型

我国刑法理论一般将犯罪未遂划分为两对类型:

一对类型是实行终了的未遂和未实行终了的未遂。此对类型的分类标准是犯罪实行行为是否终了。所谓犯罪实行行为实行终了,是指犯罪分子自认为实现犯罪意图所必要的全部行为都实行完毕。经济犯罪多表现为未实行终了的未遂,如正在生产伪劣产品即被稽查,正在实行保险诈骗时被当场识破,等等。经济犯罪实行终了的未遂,如行为人假报出口材料,向税务部门骗取出口退税款,材料已交至税务部门,数额已达到法定标准,但是其行为实行终了到犯罪既遂即骗取国家出口退税款还有一段距离,在行为人实行终了之后,由于行为人意志以外原因而致使未达到完成状态,即未达到既遂状态,即属于这种情况。

另一对类型是能犯未遂与不能犯未遂。此对类型是以行为的实行能否构成既遂为标准的。能犯未遂,是指犯罪行为有实际可能达到既遂,但是由于行为人意志以外的原因未能达到既遂即停止下来的情况。如行为人运输侵权复制品,刚到交易市场即被抓获。不能犯未遂,是指因行为人对有关犯罪事实认识错误而使犯罪行为不可能达到既遂。经济犯罪的不能犯未遂多表现为对象不能犯的未遂,如误认为是注册商标而假冒、误认为是假币而运输、误认为是枪支而走私,等等。

(3)经济犯罪未遂形态的处罚

《刑法》第23条第2款规定:"对于未遂犯,可以比照既遂犯从轻或者减轻处罚。"对于经济犯罪未遂犯的处罚,应当遵从该规定比照进行适用。具体而言,应考察行为人所犯罪行的性质和危害程度、行为人犯罪未遂所属类型、未遂形态距离犯罪完成的远近程度、行为人犯罪意志的坚决程度等等,视具体情况决定是从轻处罚还是减轻处罚。

3.经济犯罪的中止形态

我国《刑法》第24条第1款规定:"在犯罪过程中,自动放弃犯罪或者自动有效地防止犯罪结果发生的,是犯罪中止。"根据这一规定并结合我国的刑法理论,可以将犯罪中止定义为在犯罪过程中,行为人自动放弃犯罪或者自动有效地防止犯罪结果发生,因而未完成犯罪的一种犯罪停止形态。

(1)经济犯罪中止形态的特征

根据我国《刑法》规定、刑法理论以及司法实践中的情况,犯罪中止可以分为两种情形:

一是自动停止犯罪的犯罪中止。这种类型的中止需要具备三个条件:第一,时空性。犯罪中止发生在犯罪过程中。这是犯罪中止成立的客观前提条件,如果犯罪已经达到既遂状态,是不可能成立犯罪中止的。而当犯罪因为行为人意志以外的原因停止在犯罪预备或者犯罪未遂状态时,同样不可能再成立犯罪中止形态。因此只有从犯罪预备行为开始,到形成犯罪既遂形态之前的时间范围内,才有犯罪中止存在的可能性。在经济犯罪中尤其要注意自动恢复原状情形中犯罪形态的判断,如在诸多欺诈类、诈骗类、骗取类、受贿类、逃税类犯罪中,要注意诈骗、受贿、逃税既遂后财物的返还,这类情形中由于已不具备犯罪中止成立的时间条件,不能视为犯罪中止。第二,自动性。即行为人停止犯罪系其自动为之,这是犯罪中止的本质特征,也是犯罪中止形态与犯罪预备形态和犯罪未遂形态的实质区别。犯罪中止的自动性,是指行为人出于自己的意志而放弃了自认为当时本可继续实施和完成的犯罪。行为人在主观上放弃了犯罪的意图,在客观上停止了犯罪的行为。如行为人为生产伪劣药品而研制出配方,但真心悔过,放弃生产行为;又如行为人准备给非国家工作人员以贿赂,但是在同非国家工作人员共进午餐时,经过考虑最终没有将贿赂款拿出来。第三,彻底性。即指行为人彻底放弃了原来的犯罪。成立犯罪中止,需要行为人在主观上彻底打消了原来的犯罪意图,并且在客观上放弃了自认为本可以继续进行的犯罪行为。这里的彻底应该理解为相对的彻底,是行为人放弃了其当时正在进行的某个具体的犯罪,而非绝对的彻底,即并非在任何时候都不再实施犯罪行为。

二是自动有效防止犯罪结果发生的犯罪中止。自动有效防止犯罪结果发生的犯罪中止,是指在某些犯罪的某些特殊情形下,行为人已经着手实行的犯罪行为可能造成但尚未造成犯罪既遂所要求的犯罪结果,在这种情形下所成立的犯罪中止。该犯罪中止的成立,除了要具备上述时空性、自动性和彻底性的特征,还应具备"有效性"的特征,原因在于该种情形下,行为人的犯罪行为已经十分接近既遂形态,具备相当的危险性,行为人必须有效地防止他已实施的犯罪的法定结果的发生。如明知是不符合保障人身财产安全的国家标准的高压锅而出售给某居民,后高压锅发生爆炸,虽然主动救治该居民,但该居民抢救无效死亡的,仍成立销售不符合安全标准的产品罪。

(2)经济犯罪中止形态的类型

结合我国《刑法》规定、刑法理论以及司法实践,可将经济犯罪的中止形态分为以下类型:

第一,以犯罪发生的阶段为标准,分为预备中止和实行中止。预备中止,是指在犯罪预备阶段,行为人自动放弃犯罪,未再着手实施犯罪的实行行为。如行为人准备好了票据诈骗的材料,未实施诈骗自动销毁。实行中止,是指行为人在着手实施犯罪实行行为之后,自动放弃犯罪或者自动有效防止犯罪结果的发生,使犯罪未进行下去,未达到犯罪既遂的形态。如行为人已经为毒品犯罪分子开立了资金账户,但是在提供给该毒品犯罪分子之前又基于自己意志予以注销的行为。

第二,以犯罪行为是否实行终了为标准,分为实行终了的中止和未实行终了的中止。实行终了的中止,是指行为人已经完成犯罪的实行行为,但是犯罪实行行为离犯罪既遂尚有距离,行为人在既遂之前基于自己的意志自动放弃犯罪。如行为人已致电他人要求虚开增值税专用发票,但在发票开出之前又基于自己的意志致电他人要求放弃开具。未实行终了的未遂,是指行为人尚未完成犯罪的实行行为,即基于自己的意志自动放弃犯罪。如行为人制作假冒他人署名的美术作品,当作品制作一半时,基于自己的意志自动放弃继续制作。

第三,以行为人的中止行为方式为标准,分为积极中止和消极中止。积极中止,是指行为人不但需要自动停止实施犯罪,还应以积极的行为防止犯罪结果的发生。如销售劣药的行为人除停止销售行为外,还应收回被销售的劣药以防止造成人体健康严重危害。消极中止,是指行为人自动停止实施犯罪行为即可成立犯罪中止。如捏造虚伪事实意图损害他人商业声誉的行为人,基于自己意志的原因放弃将捏造的事实予以散布,即成立犯罪中止。

(3)经济犯罪中止形态的处罚

《刑法》第24条第2款规定:"对于中止犯,没有造成损害的,应当免除处罚;造成损害的,应当减轻处罚。"对于经济犯罪中止犯的处罚,应当遵从该规定进行适用。与预备犯、未遂犯的"比照既遂犯"处罚不同,中止犯的从宽幅度因损害结果的有无而确定。具体而言,中止犯的处罚原则是"应当"即必须从宽处罚,具体从宽幅度视情况而定,如造成了损害的,应当减轻处罚;应综合考察中止犯罪的各种主客观情况,如具体损害程度、中止犯罪的原因等等,对没有造成损害的,应该免除处罚。

二、经济犯罪的共同犯罪形态

(一)经济犯罪共同犯罪形态概述

犯罪可根据实施犯罪的人数分为一人单独实施的犯罪和二人或二人以上共同实施的犯罪,前者一般称为单独犯罪,后者一般称为共同犯罪。我国《刑法》第25条规定:"共同犯罪是指二人以上共同故意犯罪。二人以上共同过失犯罪,不以共同犯罪论处;应当负刑事责任的,按照他们所犯的罪分别处罚。"

经济犯罪多与生产、经营有关,而生产、经营的环节较多、程序较为复杂,因此其多表现为共同犯罪。根据《刑法》规定、刑法理论以及司法实践,可将经济犯罪的共同犯罪定义为二人以上共同故意实施的破坏社会主义市场经济关系的犯罪。

(二)经济犯罪共同犯罪的成立条件

1.主体条件。经济犯罪共同犯罪的主体,必须是两个以上达到刑事责任年龄、具有刑事责任能力的人或者法律规定的能够成为某种经济犯罪主体的公司、企业、事业单位、机关、团体等单位。在经济犯罪中,在生产、经营中参与犯罪的自然人或者单位都有可能成立共同犯罪,具体而言,共犯既可以都是自然人,即自然人共同犯罪,如生产伪劣产品的犯罪人,可以是组织者和生产者多人成立共同犯罪,也可以都是单位,即单位共同犯罪,如两个公司共同实施走私犯罪行为,还可能表现为自然人和单位,即自然人和单位共同犯罪,如自然人教唆企业实施伪造增值税专用发票犯罪。

2.客观条件。经济犯罪共同犯罪在客观上表现为共同的经济犯罪行为。所谓共同的犯罪行为,是指各行为人的行为共同指向同一犯罪,相互联系、相互配合,形成一个统一的犯罪活动整体。具体而言,经济犯罪共同犯罪在客观上有三个层面的要求:一是各个共同犯罪人所实施的行为都必须是犯罪行为；二是虽然各个共同犯罪人所实施的行为在具体分工或者表现形式上有所区别，但是他们彼此联系，相互配合，结成了一个有机联系的统一整体，共同指向同一犯罪；三是各个共同犯罪人的行为都与发生的经济犯罪结果之间具有刑法上的因果关系。共同的经济犯罪行为既包括共同的预备行为，也包括共同的实行行为。共犯行为是一个整体，但可能存在着分工，如帮助行为、教唆行为。应当注意：在共谋的情况下，部分共谋人不参与实施具体的实行行为的，共谋行为本身也是预备行为，属于共同行为。

3.主观条件。按照刑法理论，成立共同犯罪，必须二人以上具有共同的犯罪故意。所谓共同犯罪故意，是指各共同犯罪人认识他们的共同犯罪行为和行为会发生的危害结果，并希望或者放任这种结果发生的心理态度。从认识因素上看，共同犯罪行为人认识到自己与他人相互配合共同实施犯罪，共同犯罪行为人同时认识到自己的行为性质，并且认识到共同犯罪行为的性质，还能认识到自己的行为会引起的危害结果以及共同犯罪行为会引起的社会危害结果。从意志因素上看，共同犯罪行为人希望或者放任自己的行为引起的结果和共同犯罪行为会发生的危害结果。此外，成立共同犯罪，重要的主观要件是：共同犯罪人之间必须存在意思联络。这种意思联络是共同犯罪人在犯罪意思上的互相沟通，即共犯人主观上存在彼此联络，都认识到自己不是在孤立地实施犯罪，而是在和他人一起共同犯罪。但是并不要求所有的共同犯罪人之间都存在意思联络。如甲教唆乙生产假药，甲乙存在意思联络，丙帮助乙生产假药，乙丙存在意思联络，而即使甲丙之间不存在意思联络，也不影响共同犯罪的成立。

（三）经济犯罪共同犯罪形式及其刑事责任

我国刑法是以作用为主兼顾分工对共同犯罪人予以分类，具体而言分为主犯、从犯、胁从犯以及教唆犯四类。

1.经济犯罪的主犯。我国《刑法》第26条规定："组织、领导犯罪集团进行犯罪活动的或者在共同犯罪中起主要作用的，是主犯。三人以上为共同实施犯罪而组成的较为固定的犯罪组织，是犯罪集团。对组织、领导犯罪集团的首要分子，按照集团所犯的全部罪行处罚。对于第三款规定以外的主犯，应当按照其所参与的或者组织、指挥的全部犯罪处罚。"按照此规定，经济犯罪的主犯，是指根据我国刑事立法的规定，组织、领导某一经济犯罪集团进行经济犯罪活动或者共同经济犯罪中起主要作用的犯罪分子。经济犯罪以集团犯罪形式出现也较为常见。因此，经济犯罪集团犯罪中的主犯可细化为犯罪集团首要分子、犯罪集团中除首要分子以外的主犯。如某走私集团中，集团首要分子是主犯，集团中组织、领导集团走私的骨干分子也是主犯。除犯罪集团以外，一般的共同犯罪中起主要作用的，是一般共同犯罪的主犯。如三人合谋实施保险诈骗，其中提起犯意、策划诈骗方案、直接实施诈骗行为的，是主犯。

根据《刑法》第26条的规定，对组织、领导犯罪集团的首要分子，按照集团所犯的全部罪行处罚。对于集团首要分子以外的主犯，包括集团中除首要分子以外的主犯和一般共同犯罪中的主犯，应当按照其所参与的或者组织、指挥的全部犯罪处罚。

2.经济犯罪的从犯。我国《刑法》第27条规定："在共同犯罪中起次要或者辅助作用的，是从犯。对于从犯，应当从轻、减轻处罚或者免除处罚。"经济犯罪因其生产、经营环节复杂，较多表现为共同犯罪，因此从犯的认定及责任十分重要。经济犯罪中，从犯表现为两种情况，一是在共同犯罪中起次要作用的犯罪分子，通常是指在共同经济犯罪中起次要作用的实行犯,即行为人直接参与某一经济犯罪活动,但是在整个活动中所起的作用较小,不起主要作用。当然所谓的较小的作用是相对于主犯而言的,在具体犯罪中往往表现为没有造成严重后果或者情节较轻。二是在共同犯罪中起辅助作用的犯罪分子,通常是指为实施共同犯罪提供有利条件或者其他便利,使犯罪得以顺利进行或者最终完成。辅助作用与次要作用的区别在于,犯罪分子没有直接参与犯罪活动中,而是提供某种帮助。我国《刑法》中部分条文明确规定了共犯,如《刑法》第 156 条规定:"与走私罪犯通谋,为其提供贷款、资金、账号、发票、证明,或者为其提供运输、保管、邮寄或者其他方便的,以走私罪的共犯论。"《刑法》第 198 条规定:"保险事故的鉴定人、证明人、财产评估人故意提供虚假的证明文件,为他人诈骗提供条件的,以保险诈骗的共犯论处。"2001 年 4 月 9 日,最高人民法院、最高人民检察院《关于办理生产、销售伪劣商品刑事案件具体应用法律若干问题的解释》第 9 条规定:"知道或者应当知道他人实施生产、销售伪劣商品犯罪,而为其提供贷款、资金、账号、发票、证明、许可证件,或者提供生产、经营场所或者运输、仓储、保管、邮寄等便利条件,或者提供制假生产技术的,以生产、销售伪劣商品犯罪的共犯论处。"上述条文中行为人所起的作用即为辅助作用。按照《刑法》规定,无论是次要的实行犯还是起辅助作用的帮助犯,都应当从轻、减轻处罚或者免除处罚。

3. 经济犯罪的胁从犯。我国《刑法》第 28 条规定:"对于被胁迫参加犯罪的,应当按照他的犯罪情节减轻处罚或者免除处罚。"胁从犯,是指被胁迫参加犯罪的犯罪分子。这类犯罪分子是在受他人威胁或者逼迫的情形下,不情愿而参与犯罪的,如武装走私犯罪分子胁迫某船主运输走私物品,某洗钱集团胁迫某银行职员参与洗钱,等等。对于胁从犯应从两个角度看待,一方面,参与犯罪行为与胁从犯的意志本身有所违背,所以其具有一定的可宽宥性。另一方面,胁从犯不同于无反抗能力、无选择余地、完全丧志意志自由的人,胁从犯仍有一定的意志自由,因此对其仍应施加一定的处罚,但是应当从宽处罚。具体是减轻处罚还是免除处罚,要结合行为人所实施犯罪的性质、被胁迫的程度、在共同犯罪中所起的作用、犯罪后对犯罪行为及结果的态度等因素确定。当然,还应注意胁从犯的转化,如果行为人开始是因为被胁迫而参加犯罪,但后来积极主动地实施犯罪行为,可认定为主犯。

4. 经济犯罪的教唆犯。我国《刑法》第 29 条规定:"教唆他人犯罪的,应当按照他在共同犯罪中所起的作用处罚。教唆不满十八周岁的人犯罪的,应当从重处罚。"结合本条规定,可以认为,经济犯罪的教唆犯,是指故意唆使他人实施破坏社会主义市场经济秩序的犯罪。其成立要件包括:从客观上看,行为人实施了唆使他人实施破坏社会主义市场经济秩序犯罪的行为,如唆使他人生产伪劣化妆品、唆使他人走私淫秽物品,等等。从主观上看,行为人有教唆他人实施犯罪行为的故意。行为人认识到被教唆者符合犯罪主体要件、认识到他人无犯罪意图、认识到自己的教唆行为会使他人产生犯罪意图。对于教唆犯的责任,分为以下三种情况。一是被教唆人,犯了被教唆的罪的,应当按照教唆犯在共同犯罪中所起的作用处罚。"应当按照他在共同犯罪中所起的作用处罚",是指对教唆犯的处罚,不是以实行犯为转移,而是按照教唆犯自身在共同犯罪中所起作用的主次来判断,教唆犯在共同犯罪中起主要作用,就按主犯处罚,教唆犯在共同犯罪中起次要作用,就按从犯处罚。二是教唆不满 18 周岁的未成年人犯罪的,应当从重处罚。经济犯罪生产、经营环节较多,部分环节对于年龄的要求并不高,因此教唆未成年人参与的案件时有发生,应当按照《刑法》规定予以严惩。三是被教唆的人没有犯被教唆的罪，对于这种教唆犯，可以从轻或者减轻处罚。如行为人教唆他人侵犯著作权，但是对方当场拒绝，对于教唆犯可以视具体情况从轻处罚或者减轻处罚。

三、经济犯罪的罪数形态

（一）经济犯罪的罪数形态概述

罪数，是指犯罪的单复数问题，在刑法理论上指一罪或数罪。罪数形态，是指表现为一罪或者数罪的各种类型化的犯罪形态。经济犯罪的罪数形态，是指某种经济犯罪按照刑法所确定的标准究竟是构成一罪还是构成数罪，即在罪数上呈现的类型的犯罪形态。研究经济犯罪的罪数形态，有助于准确认定犯罪、科学判处刑罚，因而意义重大。

（二）经济犯罪的若干常见罪数形态具体认定

1. 经济犯罪的法条竞合犯

法条竞合，是指行为人实施一个犯罪行为，触犯两个或两个以上的法条，其中一个法条的内容能够为另一个法条所包容的情况。在出现法条竞合时，即涉及如何认定罪数及如何处罚的问题。经济犯罪中，存在较多的法条竞合犯。如《刑法》第 140 条规定的生产、销售伪劣产品罪和第 141 条至第 148 条所规定的生产、销售八种特殊的伪劣商品所构成的犯罪的关系，《刑法》第 151 条、第 152 条所规定的走私特殊物品所构成的犯罪与第 153 条规定的走私普通货物、物品罪之间的关系，《刑法》分则第 3 章第 5 节规定的金融诈骗罪与第 5 章规定的普通诈骗罪之间的关系，均属于法条竞合犯的范畴。上述法条竞合犯的特征在于行为人实施一个犯罪行为，但是触犯了两个法条，且两个法条之间存在包容关系。经济犯罪的法条竞合犯的处理，原则上适用"特别法优于普通法"的规则，如上述例子中，行为人生产、销售特殊伪劣商品的，直接以相关生产、销售伪劣商品犯罪定罪量刑，走私特殊物品的，直接以相关走私犯罪定罪量刑。这是因为，刑法之所以将有关物品从一般物品中独立出来进行立法规制，就是为了加强对某些特殊领域社会关系的保护，对相关犯罪进行精准打击，因此应该适用特殊法以体现立法精神。如上文所述，经济犯罪的法条竞合犯原则上应当适用"特别法优于普通法"的规则，但是当按照特别法定罪不能做到罪责刑相适应时，换言之，当出现法条竞合并按照特别法定罪，对其量刑如果轻于按照一般法的定罪量刑，此时若仍坚持按照特别法定罪量刑，将有失公平正义。这种情形下，应当适用的处理规则是"重法优于轻法"。我国《刑法》第 149 条第 2 款规定："生产、销售本节第一百四十一条至第一百四十八条所列产品，构成各该条规定的犯罪，同时又构成本节第一百四十条规定之罪的，依照处罚较重的规定定罪处罚。"这一规定较好地体现了法条竞合犯"重法优于轻法"的处理规则。

2. 经济犯罪的想象竞合犯

想象竞合犯，是指一个行为触犯数个罪名的犯罪形态。在想象竞合犯的情形下，行为人只实施了一个行为，但这个行为触犯了数个罪名。对于想象竞合犯，我国刑法理论界的通说是从一重罪处断，即依照行为触犯的数个罪名中法定刑较重的犯罪定罪处刑。我国刑法立法部分条文对此予以肯定，如《刑法》第 133 条之一第 2 款规定："有前款行为，同时构成其他犯罪的，依照处罚较重的规定定罪处罚。"经济犯罪因其自身复杂特点，也存在较多的想象竞合犯情形，如销售假冒注册商标的商品罪可能同时触犯销售伪劣产品罪，因为假冒注册商标的商品通常属于伪劣产品，但是行为人仅实施销售行为，因此属于理论上的想象竞合犯，从一重罪处断。明知他人从事欺诈发行股票、债券、非法吸收公众存款,擅自发行股票、债券、集资诈骗或者组织、领导传销犯罪活动,为他人提供广告宣传的,是本罪与其他共同犯罪的想象竞合犯,应当从一重罪处罚。① 相关司法解释也对涉及的想象竞合犯予以明确规定,如2010年3月2日最高人民法院、最高人民检察院《关于办理非法生产、销售烟草专卖品等刑事案件具体应用法律若干问题的解释》第5条规定:"行为人实施非法生产、销售烟草专卖品犯罪,同时构成生产、销售伪劣产品罪、侵犯知识产权犯罪、非法经营罪的,依照处罚较重的规定定罪处罚。"

3.经济犯罪中的牵连犯

牵连犯,是指以实施某一犯罪为目的,其方法行为或者结果行为又触犯其他罪名的犯罪形态。在牵连犯的情形下,行为人是以实施一个犯罪为目的而实施了两个以上的行为,这两个以上的行为之间存在牵连关系且触犯不同罪名。对于牵连犯的处断,刑法典没有明确规定,我国刑法理论界的通说认为,对牵连犯的处理不实行数罪并罚,而是"从一重处断",即按照数罪中最重的一个罪所规定的刑罚处理,在该最重的罪所规定的法定刑范围内酌情确定执行的刑罚。而从我国《刑法》及司法解释规定来看,对经济犯罪牵连犯的处理规定并不统一,有特殊规定的,应当遵照特殊规定:

(1)有的规定从一重处罚。如2002年9月17日最高人民法院《关于审理骗取出口退税刑事案件具体应用法律若干问题的解释》第9条:"实施骗取出口退税犯罪,同时构成虚开增值税专用发票罪等其他犯罪的,依照刑法处罚较重的规定定罪处罚。"

(2)有的规定为数罪并罚。如《刑法》第198条第2款:"有前款第四项、第五项所列行为,同时构成其他犯罪的,依照数罪并罚的规定处罚。"按该条文规定,投保人、被保险人故意造成财产损失的保险事故,骗取保险金的,或者投保人、受益人故意造成被保险人死亡、伤残或者疾病,骗取保险金的,如同时触犯故意杀人罪、故意伤害罪、故意毁坏财物罪等,应该数罪并罚。

(3)有的规定不从重也不并罚,直接规定构成某一罪。如《刑法》第229条第2款规定:"前款规定的人员,索取他人财物或者非法收受他人财物,犯前款罪的,处五年以上十年以下有期徒刑,并处罚金。"根据该条文规定,行为人索取他人财物或者非法收受他人财物,并提供虚假证明文件的,直接以提供虚假证明文件罪判处相应刑罚。又如2004年12月8日最高人民法院、最高人民检察院《关于办理侵犯知识产权刑事案件具体应用法律若干问题的解释》第13条规定:"实施《刑法》第二百一十三条规定的假冒注册商标犯罪,又销售该假冒注册商标的商品,构成犯罪的,应该依照《刑法》第二百一十三条的规定,以假冒注册商标罪定罪处罚。"

复习与练习

本章提要

经济犯罪是一种侵害国家整体经济及其重要部门与制度的可罚性行为。经济犯罪现象

---

① 张明楷:《刑法学》(第4版),法律出版社2011年版,第743页。

是社会经济发展到一定时期的产物,具有鲜明的时代性、复杂性、多样性和隐蔽性。经济犯罪发生在经济运行过程中,经济犯罪违反了经济法规,经济犯罪的目的是为了谋取不法利益,后果是严重破坏了市场经济秩序。经济犯罪的客体是我国刑法所保护的、为经济犯罪行为所侵害的社会主义市场经济关系。经济犯罪的客观要件包括经济犯罪的危害行为、经济犯罪的危害结果、行为与结果之间的因果关系,经济犯罪的行为对象、经济犯罪的犯罪数额和经济犯罪的犯罪时间、地点、方法等内容。经济犯罪的主体包括自然人和单位两类。经济犯罪的主观方面既可以是故意也可以是过失。

按照经济犯罪停止时犯罪是否已经完成作为标准,可将经济犯罪的停止形态分为完成形态和未完成形态两大类型。经济犯罪的完成形态,是指经济犯罪的既遂形态。经济犯罪的未完成形态,以犯罪停止的原因为标准,可再分为犯罪预备、犯罪中止、犯罪未遂三大类型。

经济犯罪的共同犯罪是指二人以上共同故意实施的破坏社会主义市场经济关系的犯罪。经济犯罪共同犯罪的主体,必须是两个以上达到刑事责任年龄、具有刑事责任能力的人或者法律规定的能够成为某种经济犯罪主体的公司、企业、事业单位、机关、团体等单位。经济犯罪共同犯罪在客观上表现为共同的经济犯罪行为。经济犯罪共同犯罪的主观方面表现为二人以上共同的经济犯罪故意。我国刑法是以作用为主兼顾分工对共同犯罪人予以分类,经济犯罪的共同犯罪人具体而言分为主犯、从犯、胁从犯以及教唆犯四类。

经济犯罪的罪数形态,是指某种经济犯罪按照刑法所确定的标准究竟是构成一罪还是构成数罪,即在罪数上呈现的类型的犯罪形态。

思考题

1.如何理解经济犯罪的范围?

2.经济犯罪有哪些特点?

3.如何理解经济犯罪的构成要件?

4.经济犯罪既遂主要有哪些不同的形态?

5.经济犯罪共同犯罪的成立条件是什么?

6.经济犯罪共同犯罪的形式有哪些?

7.经济犯罪的法条竞合犯如何认定?

参考文献

1.林山田:《经济犯罪与经济刑法》,台湾三民书局1981年版。

2.顾肖荣:《经济刑法总论比较研究》,上海社会科学院出版社2008年版。

3.杨秀英:《经济刑法学》,中国人民公安大学出版社2007年版。

4.孙国祥、魏昌东:《经济刑法研究》,法律出版社2005年版。

5.李永升、朱建华:《经济刑法学》,法律出版社2011年版。

6.高铭暄、马克昌:《刑法学》,北京大学出版社2016年版。

第七章　经济犯罪的刑事责任

本章主要阐述刑事责任及经济犯罪刑事责任的概念、特征。重点论述经济犯罪刑事责任的范围及经济犯罪刑事责任的实现方式。

本章重点
- 刑事责任的概念和特征
- 经济犯罪刑事责任的概念和特征
- 经济犯罪刑事责任的范围
- 经济犯罪刑事责任的实现方式

第一节　刑事责任的概念与特征

刑事责任是刑法的基本范畴,也是刑法学的核心概念之一,尤其是在大陆法系的犯罪论体系当中。我国刑法典不仅以"犯罪和刑事责任"作为总则第二章第一节标题,而且还在刑法典具体条文中多处频繁使用"刑事责任"一词。此外,在附属刑法条款中这一术语更为常见。刑法中有关犯罪和刑罚的规定,都是围绕"是否追究刑事责任"和"如何追究刑事责任"而展开的,因此要研究经济犯罪刑事责任首先必须对刑事责任进行认真的研究。

一、刑事责任的概念

在刑法学领域,"责任"一词有两种基本含义:一是指实施犯罪行为的人应受惩罚、制裁的法律地位或可能性;二是主观归责的可能性。现代西方刑法学一般认为,刑事责任即有责性,是指能够对行为人客观上符合犯罪构成要件的违法行为进行非难和谴责,它与构成要件符合性和违法性一道,是成立犯罪的三大条件之一。究竟什么是刑事责任? 我国刑法学界有诸多不同的表述,归纳起来,主要有以下五种代表性观点:

其一,法律责任说。认为刑事责任是国家司法机关依照法律规定,根据犯罪人行为以及其他能说明犯罪的社会危害性的事实,强制犯罪人负担的法律责任。我国学者胡石友早在1981 年即撰文提出这种观点,他认为"刑事责任就是触犯刑事法规的人,应当受到公安、司法机关依法追究,承担管制或者拘役、有期徒刑、无期徒刑、死刑或者罚金、剥夺政治权利、没收财产等八种刑罚处罚"。[①] 这是我国刑法学界早期较为普遍的定义方法,如认为刑事责任是"违反国家刑法的犯罪行为在法律上应负的责任",是"实施刑事法律禁止的行为所必须承担的刑事法律规定的责任",是"犯罪人应当承担刑事法律规定的责任"等。[②]

---

① 胡石友:《谈谈法律责任》,《光明日报》1981 年 1 月 6 日。
② 曲新久:《论刑事责任的概念及其本质》,《政法论坛》1994 年第 1 期。

其二,法律后果说。认为刑事责任是行为人实施《刑法》所禁止的犯罪行为而必须承担的法律后果。这是我国刑法学界比较流行的一种观点,如《中国大百科全书·法学》将刑事责任解释为:"犯罪主体实施刑事法律禁止的行为所必须承担的法律后果"。[①] 上海辞书出版社的《法学词典》在增订版时就放弃了初版时的"责任说"转而采用"后果说",认为刑事责任是指"依照刑事法律规定,行为人实施刑事法律禁止的行为所必须承担的法律后果"。[②]

其三,刑事义务说。认为刑事责任是犯罪人因其犯罪行为根据刑法规定向国家承担的体现着否定评价的法律义务。其实,在语义上,"责任"一词有两层含义:其一是积极意义上的责任,指份内应做之事,亦即职责、义务;其二是消极意义上的责任,指没有做好份内应做之事而产生的义务,亦即担负后果的义务,消极意义上的责任是一种事后责任,即由于没有履行好职责、义务而产生的责任,义务与责任之间是有区别的,不能混为一谈。因此,将刑事责任定义为刑事法律义务是不准确的。

其四,刑事负担说或者法律关系说。认为刑事责任是国家与犯罪人之间的一种刑事法律关系,国家为了维护自身的生存条件,在清算犯罪行为时,强迫行为人承受的刑事负担。该说以刑事责任的内容为落脚点,认为刑事责任是"依照刑事法律规定行为人实施刑法禁止的行为所必须承担的法律后果。"[③]这种观点将刑事责任归结为犯罪人犯罪后应当承受的刑事负担,指出了刑事责任与犯罪行为之间存在的因果性关系。

其五,否定评价说或责难说、谴责说。认为刑事责任是国家对犯罪人及其所犯罪行所给予的否定性评价和谴责。[④] 从国家与犯罪人两个方面定义刑事责任,从法律性和伦理性两个角度定义刑事责任,并且主张刑事责任既包括对犯罪行为的否定性评价,也包括对犯罪人的谴责。这种观点将刑事责任归结为犯罪人犯罪后应当承受的刑事负担,指出了刑事责任与犯罪行为之间存在的因果性关系。

上述各种观点从不同的方面和角度阐述了刑事责任的内容与特征,虽然各有其合理之处,但也存在着一些不足和缺陷。例如,"法律责任说"和"刑事负担说"只是把刑事责任笼统地归为法律责任或者法律义务,没有揭示刑事责任的本质和特殊内容;"法律后果说"混淆了刑事责任和刑罚的界限;"刑事义务说"混淆了责任和义务的关系;"否定评价说"对刑事责任和刑罚的内在关系关注不够,没有全面揭示刑事责任的内容。

我们认为,所谓刑事责任,是指刑事法律规定的,因实施犯罪行为而产生的,由司法机关强制犯罪人承担的刑事制裁或者单纯的否定性法律评价。刑事责任所体现的是国家和犯罪人之间的刑事法律关系。国家不仅在法律上要求犯罪人承担刑事责任,同时也通过侦查、起诉、审判和执行刑罚等强制手段追究犯罪人的刑事责任。

二、刑事责任的特征

根据上述关于刑事责任的定义,刑事责任具有不同于其他法律责任的如下特征:

---

① 《中国大百科全书　法学》,中国大百科全书出版社 1984 年版,第 668 页。

② 《法学词典》增订版,上海辞书出版社 1984 年版,第 289 页。

③ [苏]Н·А·别利亚耶夫、М·Л·科瓦廖夫,马改秀等译:《苏维埃刑法总论》,群众出版社 1987 年版,第 23 页。

④ 高铭暄、马克昌:《刑法学》,北京大学出版社、高等教育出版社 2000 年版,第 20 页。

（一）强制性

所谓强制性，是指刑事责任是犯罪人向国家所负的责任，反映了犯罪人与国家之间的关系，国家由其司法机关代表它强制犯罪人承担刑事责任。不同的法律责任依存于不同的法律关系，法律关系的性质和主体不同决定了责任人直接的负责对象也不同。刑事责任产生和存在于犯罪人与国家之间的刑法关系之中，因而犯罪人的刑事责任是向国家和社会所负的责任也即犯罪人在国家和社会面前应承担因犯罪而产生的刑事义务并接受相应的法律制裁。"刑事责任是一种由犯罪行为所引起的法律效应，是一种强制犯罪人向国家承担的法律责任。"①与其他法律责任相比，刑事责任的强制性更为强烈，具体表现在以下两个方面：第一，刑事责任是直接借助国家强制力实现的责任，通常必须由特定的国家机关，例如公安机关、检察院、法院、监狱等予以追究；第二，刑事责任由审判机关确定后，通过法定机关强制犯罪人承担。

（二）严厉性

所谓严厉性，是指与民事责任、行政责任、经济责任等其他法律责任内容相比，刑事责任内容的否定性评价最为强烈，制裁后果最为严厉。国家立法和司法机关之所以赋予刑事责任严厉的惩治性，是基于刑事责任的确立和追究都是以危害性最大的违法行为——犯罪行为的存在为前提的。刑事责任的基本表现形式是刑罚，是一种最严厉的法律制裁方法。刑事制裁虽然也包括《刑法》规定的非刑罚处罚处理办法，例如，《刑法》第 37 条规定的训诫、具结悔过、赔礼道歉、赔偿损失等，但主要还是指《刑法》规定的刑罚。"刑罚，是国家为了防止犯罪行为对法益的侵犯，由法院根据刑事立法，对犯罪人适用的建立在剥夺性痛苦基础上的最严厉的强制措施。"②刑罚不仅可以剥夺犯罪人的政治权利、财产权利、人身自由，甚至可以剥夺犯罪人的生命。即便是仅仅对被告人宣告有罪而免予刑事处罚，其否定性的评价意味也甚于其他法律责任。

（三）人身专属性

刑事责任是一种严格的个人责任，一方面，只有犯罪人本人才是刑事责任的承担者；另一方面，刑事责任承担者的范围只限于犯罪人本人，既不能扩大，也不能转移，更不可替代。法律责任的性质不同，责任的主体和承担责任的原则也是不同的。在社会主义国家，刑事责任的主体一般是达到责任年龄、具有责任能力，并实施了犯罪行为的自然人。我国刑法关于犯罪概念、构成犯罪的各种要件、共同犯罪、刑罚以及分则中各种具体犯罪的规定，无不体现了这种严格的个人责任原则。③犯罪是刑事责任存在的前提，犯罪行为是由犯罪人实施的，所以只能由犯罪人承担刑事责任，没有犯罪的人，由于不具有承担刑事责任的前提，因而不能承担刑事责任。这也体现了我国刑法的罪责自负原则，其意义在于反对古代刑法中的缘坐责任和株连责任，防止滥用司法权，以保障人们合法的权利与自由。

（四）确定性

所谓确定性，是指行为人实施了犯罪行为，就必然要承担刑事责任，或者说，行为人实施

---

① 高铭暄主编：《刑法学原理》（第一卷），中国人民大学出版社 1993 年版，第 418 页。
② 张明楷：《刑法学》，法律出版社 2007 年版，第 391 页。
③ 徐斌：《论刑事责任的概念和特征》，《吉林大学社会科学学报》1987 年第 2 期。

了犯罪行为就必然追究其刑事责任。行为人一旦选择了一定的行为,就必须对该行为及其后果承担责任。同样,行为人选择了犯罪行为,就必须承担作为犯罪行为的法律责任的刑事责任。"刑事责任是刑事法律强制犯罪人向国家所负的一种法律责任,而不是向被害人承担的一种责任。"[①]因此,对犯罪人追究刑事责任是国家司法机关必须履行的职责和义务。只要行为人的行为构成犯罪行为,国家就应当追究其刑事责任,行为人就应当承担刑事责任。此外,刑事责任是犯罪事实的综合反映,也是刑法规范的现实化,刑事责任为确定刑罚提供根据和标准。刑事责任一经确定,犯罪人和被害人均不能自行变更,也不能进行私了。与此同时,刑事责任应当坚持内容与形式的统一,实现刑事责任的确定完整。一定的刑事责任总是和一定的法律制裁形式联系在一起的,没有无刑事责任的制裁形式,也没有无制裁形式的刑事责任,只是不同的刑事责任有着不同的制裁形式。

第二节　经济犯罪刑事责任的范围

经济犯罪由于具有严重的社会危害性,而国家对经济犯罪的否定态度最终正是以经济犯罪行为人承担法律责任的方式转化为现实的,对经济行为人科以法律责任,是惩治经济犯罪和预防经济犯罪的重要手段。市场经济的不断成熟,推动了市场领域的不断扩大和经营行为类型的日新月异,这就不可避免地导致市场经济活动中失范和边界模糊的违规行为的增加,不

7-1

同程度地扰乱了市场秩序,又给司法处理不断带来新的问题。因此,我们要在研究经济犯罪所引起的法律责任的基础上,正确认识经济犯罪刑事责任的范围,使刑法介入满足随时应对社会现实的需要,实现刑法的预设价值,从而保障社会主义市场经济的正常秩序。

一、经济犯罪的法律责任

法律责任是法学基本范畴之一,也是现实法律运行操作中必须予以充分把握和高度重视的概念,是法学理论和法律实践中一个极其重要的问题。人们通常在多种意义上使用"责任"一词。广义的责任与义务同义,如"每个公民都有遵守法律的责任"、"国家有责任尊重和保障人权"等。狭义的责任仅指做出违法行为之后所必须承担的不利负担。专门意义上的"法律责任"一词,采用的是狭义上的责任概念,是指由于违背了相关的法律规定而必须承受的责任。

根据不同的标准,法律责任具有不同的类型。这里从法律责任所涉及的法律关系的不同特点,将法律责任分为刑事责任、民事责任、行政责任和违宪责任。

（一）刑事责任

是指违反刑事法律义务而引起的,由国家强制实施的,体现行为人应受谴责性的刑事负担。正如马克昌教授所言的:"犯罪行为是刑事责任产生的前提;没有实施犯罪行为,刑事责任就不可能产生。'无犯罪则无刑事责任',是现代刑法公认的原则。"[②]

---

① 张明楷:《刑事责任论》,中国政法大学出版社 1992 年版,第 29 页。
② 马克昌:《刑罚通论》,武汉大学出版社 1995 年版,第 78 页。

（二）民事责任

是指违反了民事义务所应承受的不利负担，主要产生于侵权和违约，民事责任主要是补偿性责任，但也包含某些惩罚性责任。实践中，主要由国家审判机关通过民事诉讼来确认，在民事责任与刑事责任共同产生于同一侵害事实的情形下，还可以通过刑事附带民事诉讼来解决。

（三）行政责任

是指违反了行政法律义务而应当承受的法律上的不利负担。包括社会成员不履行行政管理方面的法定义务而应当受到的行政处罚等法律责任，也包括国家工作人员违法行使职权的渎职行为所引起的行政处分等法律责任。

（四）违宪责任

是指直接违背宪法义务的行为所应当承担的不利负担。这里的"违宪"是指直接违背宪法的行为，包括宪法法典和宪法性法律、宪法惯例。其责任主体为特殊主体，虽然任何违法行为在最终意义上都属于违反宪法，但是并不是任何主体都可能承担违宪责任。

经济犯罪的法律责任，是经济犯罪与法律责任融合后形成的，是指由经济犯罪可能引起的不同法律责任形式，经济犯罪行为是引起经济犯罪法律责任的唯一原因，但由经济犯罪行为引起的法律责任类型却不是单一的。抛开违宪责任，在一般意义上讲，刑事责任、民事责任和行政责任之间是存在彼此交叉重合的，因此经济犯罪可能承担多种法律责任。

首先，市场经济秩序依赖于多个法律部门。刑法规范、行政法规范、经济法规范、民商法规范是调整经济活动、进行经济管理活动的最主要法律部门。不同的法律部门共同作用于市场经济领域，其各自具备独立的价值和特殊的功能。法律的有效运行，不仅体现在微观上单个法律部门对其调整对象进行的有效调整，而且也反映在宏观上各个法律部门之间的合理分工，彼此互助，弥补各自之间的功能性不足。由于经济法、商法在我国目前还没有形成自己独立的法律部门，没有配置自己独立的法律责任，因此经济犯罪在法律责任的承担上，主要包括刑事责任、民事责任和行政责任三类。

其次，同一经济犯罪行为实施主体具有多重法律身份。经济犯罪发生于市场经济领域中，同一市场主体既与其他地位平等的市场主体开展经济活动，又接受国家对于经济活动的管理和调控。在经济活动或者经济管理活动中，基于不同法律部门的调整而产生不同性质的法律关系，同一市场主体当处于不同性质的法律关系中时，具有不同的法律主体身份和法律地位。在经济活动或者经济管理活动中，基于同一主体以不同法律身份参与不同性质的法律关系的普遍性以及同时又具有违反不同法律规范的可能性，使得经济犯罪产生多种法律责任成为可能。[①]

再次，同一经济犯罪行为具有多重违法性，造成性质不同的危害后果。不同危害结果的性质，是对其违法性认定的标准之一，进而是对其法律责任进行确定和分类的重要考量因素。经济犯罪不仅具有刑事违法性，还兼具行政违法性，即因违反了行政法规范、经济法规范而构成行政违法；民事违法性，可能因同时违反民法规范、商法规范而构成民事违法。比如违反了《反垄断法》《反不正当竞争法》《公司法》等与国家维持整体经济秩序相关的法律法

---

① 麻锐：《经济犯罪法律责任论纲》，吉林大学 2008 年博士论文，第 57 页。

规和民事法律规范。即同一经济犯罪行为既可能是经济犯罪行为又是行政违法行为还是民事违法行为,体现在法律责任的承担上就有可能承担多重法律责任。

最后,不同类型的法律责任具有地位的独立性和功能的互补性。同一经济犯罪行为,若符合不同类型法律责任的构成要件,则会导致其犯罪主体同时承担不同的法律责任。由经济犯罪行为所引起的不同类型的法律责任,各自在责任的目的、责任构成要件、责任承担形式、责任的减轻或者免除、责任归责原则、追责程序等方面各不相同,彼此之间独立,具有地位的独立性和功能的互补性。在经济犯罪中,民事责任、行政责任与刑事责任之间的紧密联系性、相互衔接性、功能互补性等,确保了更好地实现惩罚和打击经济犯罪的目的。

二、经济犯罪的法律责任重合

所谓法律责任重合,是指行为人的同一行为具有多重违法性,符合两个或两个以上不同性质的法律责任的构成要件,依法应当承担多种不同性质的法律责任的情形。根据经济犯罪的性质及其行为特征,同一经济犯罪,可能同时违反不同的法律规范,因此而承担其中一种或几种法律责任。例如,犯罪行为既触犯了刑法构成犯罪,应当追究其刑事责任;又违反民事法律规范,可以根据被害人的请求,责令其承担民事责任;还可能同时依法应追究其行政责任、受到行政处罚或行政处分。

(一)刑事责任和民事责任的重合

经济犯罪的刑事责任与民事责任的重合是由经济犯罪行为的多重违法性决定的。经济犯罪主体的同一犯罪行为既违反经济法、商法规范,符合民事责任的构成要件,又同时违反刑法规范,符合刑事责任的构成要件,依照法律的规定,应当同时承担民事责任和刑事责任。这两种独立的法律责任是不能相互吸收或相互替代的。例如:行为人实施侵犯知识产权的犯罪行为,不但违反了《刑法》的规定,应当承担刑事责任,而且侵犯了受害人的知识产权,应当依照知识产权法律的规定承担赔偿损失的民事责任。最高人民法院在有关司法解释中规定,单位直接负责的主管人员和其他直接责任人员,以单位骗取财物为目的采取欺骗手段对外签订经济合同,骗取的财物被该单位占有、使用或处分而构成犯罪的,除依法追究有关人员的刑事责任,责令该单位返还骗取的财物外,如给被害人造成经济损失的,单位应当承担赔偿责任。单位直接负责的主管人员和其他直接负责人员,以该单位的名义对外签订经济合同,将取得的财物部分或者全部占为己有构成犯罪的,除依法追究行为人的刑事责任外,该单位对行为人因签订、履行该经济合同造成的后果,依法应当承担民事责任。[①] 在刑事立法和司法实践中,单纯的经济犯罪刑事责任与民事责任重合的情形比较少,主要集中于1998年4月公布的《最高人民法院关于在审理经济纠纷案件中涉及经济犯罪嫌疑若干问题的规定》之中。

(二)刑事责任与行政责任的重合

我国《行政处罚法》第 8 条明确规定:"公民、法人或者其他组织因违法受到行政处罚,……构成犯罪的,应当依法追究刑事责任,不得以行政处罚代替刑事处罚。"与此相对应

---

① 《最高人民法院关于在审理经济纠纷案件中涉及经济犯罪嫌疑若干问题的规定》,1998 年 4 月 9 日最高人民法院审判委员会第 974 次会议通过法释〔1998〕7 号。

的是，我国《刑法》分则第三章"破坏社会主义市场经济秩序罪"中有相当多的条文与其衔接。刑法所规定的行政犯罪，可罚性一般依赖于相关行政法规范，反映了行政法对刑法的规范效应，作为犯罪主体的行为人违反相关行政法法律法规，具备行政责任的构成要件，产生了刑事责任和行政责任的重合。[①] 这种重合，主要是基于相关的经济犯罪行为既触犯了行政法律规范，又符合刑法规定的犯罪构成要件。经济犯罪作为一种严重的经济违法行为，有时与一般的经济违法行为难以分辨，在实践中往往导致经济犯罪的刑事责任与经济违法的行政责任难以区别，在客观上增加了用经济违法行为的行政责任代替经济犯罪的刑事责任的案件数量。此类经济犯罪主要以侵犯国家经济管理秩序为特征。以危害税收征管犯罪为例，我国相应的《税收征收管理法》等规定，应由税务机关追缴税款，处以罚款。又以我国《刑法》第159条规定的虚假出资罪为例，按照公司法的规定，情节严重的撤销公司的登记。在走私罪中，我国刑法典第三章第二节规定的各种走私罪，不仅严重侵犯了国家海关税收管理秩序，而且同时也违反关于海关税收的行政法规范、经济法规范，具备行政责任的构成要件，作为犯罪主体的行政相对人应同时承担行政责任，产生行政相对人刑事责任和行政责任的重合。

（三）刑事责任与民事责任、行政责任三者的重合

刑事责任与民事责任、行政责任三者的重合，是指同一经济犯罪行为在同时具备了行政责任、民事责任的构成要件的情况下，引起的犯罪主体应承担的刑事责任、行政责任、民事责任同时并存的状态。此类情况较为多见，即针对刑法规定的犯罪，民法、行政法等对于该行为也均有相应的规定。以《刑法》第140条规定的生产、销售伪劣产品罪为例，对此种行为，民法总则中就规定了承担民事责任的方式是赔偿损失，而《产品质量法》中则规定了责令停止生产销售、没收违法所得、罚款以及吊销营业执照的行政处罚；又以《刑法》第213条规定的假冒注册商标罪为例，承担民事责任的方式是停止侵害、消除影响、赔偿损失，而《商标法》及其《实施细则》中则规定了收缴商标标识、销毁侵权物品等行政处罚。

三、经济犯罪刑事责任的概念及特征

经济犯罪刑事责任是经济犯罪必然产生的法律责任形式，是经济犯罪分子应承担的主要法律责任形式。为了维持良好的市场经济秩序，有效规制经济犯罪，我们有必要对经济犯罪刑事责任进行深入的分析和研究。

（一）经济犯罪刑事责任的概念

通过上述对法律责任的概念及经济犯罪法律责任多重性的分析，可对经济犯罪刑事责任作以下定义：经济犯罪刑事责任，是指经济犯罪分子基于其经济犯罪行为而引起的，为体现国家对该犯罪分子的谴责和否定而由代表国家的司法机关追究的，该犯罪分子应当承担的接受刑罚处罚的否定性后果。

从国家的角度看，经济犯罪的刑事责任意味着严厉的法律制裁和惩罚，是国家机器对违法犯罪行为的一种强制；从产生的途径上看，经济犯罪的刑事责任是由经济犯罪行为所引起的，且需要经过法院的司法裁判；从终极实现上看，经济犯罪的刑事责任是通过刑罚的适用

[①]　张旭、顾阳:《行政犯罪中刑事责任和行政责任聚合之处断规则》,《辽宁大学学报(哲学社会科学版)》2012年第3期。

而被具体化的。经济犯罪与经济犯罪刑事责任有着密切的联系：经济犯罪的存在与否决定了经济犯罪刑事责任的存否，经济犯罪的危害程度决定了经济犯罪的刑事责任的程度。

（二）经济犯罪刑事责任的特征

1. 经济犯罪刑事责任以经济犯罪为前提

"无犯罪则无刑事责任"是现代刑法公认的原则。经济犯罪刑事责任亦如此，其刑事责任是基于经济犯罪行为而产生，并以经济犯罪为前提。行为人实施经济犯罪行为是经济犯罪刑事责任的根据和原因，经济犯罪刑事责任是经济犯罪行为直接引起的必然结果。这里的经济犯罪行为并不是作为经济犯罪客观意义上的行为，而是作为经济犯罪构成要件的主客观要件相统一意义上的经济犯罪行为。任何经济犯罪行为必然产生刑事责任。行为人的行为只要具备了经济犯罪的构成要件，就必然会产生并要承担刑事责任。根据我国刑法的规定，任何一种犯罪的成立，都必须要以犯罪构成四要件为必要条件。具备经济犯罪四个方面的构成要件是追究其经济犯罪刑事责任的依据，即包括经济犯罪的主体、经济犯罪的主观方面、经济犯罪的客体、经济犯罪的客观方面。但是，具备经济犯罪四方面的构成要件，不一定必然导致民事责任和行政责任的产生。对经济犯罪追究其民事责任需要以该经济犯罪行为给受害人造成特定的损害后果或危险状态为必要，只有在经济犯罪给特定受害人造成特定损害后果或者危险状态时，且具备经济犯罪民事责任的构成要件，行为人才在承担刑事责任的同时，一并承担民事责任。可见，经济犯罪并不必然承担行政责任和民事责任，有的经济犯罪同时应承担刑事责任、行政责任和民事责任，但有的经济犯罪只承担刑事责任。可见，经济犯罪行政责任和民事责任是经济犯罪派生出来的法律责任形式，具有或然性。

2. 经济犯罪刑事责任承担的优先性

在法律责任的体系分布中，刑事责任、民事责任和行政责任等处于同一层次和相同地位，各自对其所调整的社会关系发挥作用。但是在经济犯罪法律责任体系中，虽然经济犯罪的刑事责任、民事责任和行政责任依然是独立的法律责任形式，但是在追究经济犯罪法律责任时，刑事责任的承担具有优先性，而经济犯罪的行政责任和民事责任则处于次要、补充地位。其原因在于：首先，经济犯罪刑事责任最能有效地实现对经济犯罪的规制。经济犯罪因其直接破坏社会主义市场经济秩序，进而严重侵犯国家、社会的整体利益和相关主体的个体利益，与其他种类的犯罪和违法行为相比，对于整体市场经济秩序的破坏程度上更为直接和严重。由于刑事责任和刑事制裁紧密相连，刑事责任这种最严厉的责任类型直接体现其处罚性质，最直接地表达出国家对经济犯罪的谴责和否定态度，这种惩罚力度相比较其他处罚方法是最严厉的。与之相对的，追究经济犯罪人的民事责任和行政责任对经济犯罪行为人的惩罚力度远不及追究其刑事责任。其次，经济犯罪刑事责任最能有效地预防经济犯罪。一方面，通过追究经济犯罪行为人的刑事责任，把刑罚特有的痛苦强制适用于犯罪分子，使其对刑罚产生畏惧的心理反应，感受到国家对其谴责和否定的压力，从而达到有效地预防经济犯罪的继续发生或重新发生；另一方面，通过追究经济犯罪行为人的刑事责任，使其接受刑罚的处罚，能够威慑、警告潜在的犯罪者，使其知晓事实经济犯罪行为必然产生对其不利的法律后果，从而有效地预防经济犯罪行为的发生。追究经济犯罪行政责任和民事责任在预防经济犯罪方面，不如追究其刑事责任的预防作用直接。再次，由于经济犯罪刑事责任产生的原生性和必然性，在对经济犯罪追究法律责任时，其刑事责任的追究比行政责任和民事责任追究具有优先地位。① "从整体的法律意义上讲,国家为了使遭受上述违法行为破坏的法律秩序得以最有效的恢复,最优先追究的法律责任应当是刑事责任。也就是说,对刑事责任的追究应当是第一位的。其次才能在条件许可的情况下,考虑追究那些仍然依法应当追究的民事责任(如故意伤害罪的赔偿责任)或者行政法律责任。"② "在刑事责任和民事责任或者行政法律责任因同一违法行为引起时,刑事责任居于优先追究的地位。国家对刑事责任具有优先追究权。"③

3.经济犯罪刑事责任的严厉性和不可免责性

每种法律责任形式都是以国家强制力为后盾,法律制裁为其实现的形式,都具有一定的惩罚性和严厉性。但是,与行政责任和民事责任相比,"刑事责任是一种性质最为严重、否定评价最强烈、制裁后果最严厉的法律责任"④。在经济犯罪分子因同一经济犯罪行为而同时承担刑事责任、民事责任和行政责任的情况下,其所承担的刑事责任的惩罚性和严厉性远远强于其所承担的民事责任和行政责任。经济犯罪必然产生经济犯罪刑事责任,国家司法机关必须依法追究经济犯罪分子的刑事责任。一方面,"刑事责任是犯罪人向国家承担的一种责任,这种责任不以被害人的意志为转移,被害人无权变更、免除犯罪人的刑事责任"⑤;另一方面,经济犯罪刑事责任具有不可免责性,"国家不可以放弃对犯罪人的刑事责任追究,犯罪人和被害人之间不能对刑事责任问题进行协商"⑥。在规制经济犯罪中,经济犯罪刑事责任的免责性不是绝对的,如对于已经过诉讼时效的犯罪不予追究其刑事责任或者犯罪人在追诉时已经死亡等情况就属于例外。但是在法理上分析,对于犯罪行为人定罪而免于刑罚处罚,并不是免除了其刑事责任。因为刑事责任的承担在内容上并不必然导致刑罚处罚,刑罚处罚只是承担刑事责任的典型,而不是全部内容。通过对犯罪行为人宣告有罪,而免于刑罚处罚,这种否定性评价使其同样承担了刑事责任。⑦

4.经济犯罪刑事责任包含大量的单位责任主体

经济犯罪发生于市场经济领域中,其中大量的市场主体是单位,包括法人或非法人组织。在现代市场经济体系中,单位是越来越重要的市场主体,大量的经济行为是以单位的名义做出的。大量的单位经济主体的出现也使规制市场经济的法律规范不同于在传统自然经济或垄断经济体制下制定的法律规范。我国"刑法典分则所规定的百余种单位犯罪中,绝大多数属于经济犯罪"⑧。"法人或者非法人单位作为犯罪主体,主要是存在于经济犯罪之中,这是经济犯罪的显著特点之一"⑨。在其他类型的犯罪中,大多以自然人作为犯罪主体,而单位作为犯罪主体的则相对较少。由于经济犯罪中存在较多的单位犯罪,致使经济犯罪刑事责任中包含有大量的以单位为主体的承担刑事责任的情况,追究单位经济犯罪的刑事责任

---

① 麻锐:《经济犯罪法律责任论纲》,吉林大学 2008 年博士论文,第 81 页。
② 张文主编:《刑事责任要义》,北京大学出版社 1997 年第 1 版,第 67 页。
③ 张文主编:《刑事责任要义》,北京大学出版社 1997 年第 1 版,第 67 页。
④ 高铭暄主编:《刑法学原理》(第一卷),中国人民大学出版社 1993 年第 1 版,第 418 页。
⑤ 张明楷:《刑事责任论》,中国政法大学出版社 1992 年第 1 版,第 29 页。
⑥ 刘东根:《刑事损害赔偿研究》,中国法制出版社 2005 年第 1 版,第 45 页。
⑦ 杨维林:《经济犯罪的法律规制》,吉林大学 2012 年博士论文,第 72 页。
⑧ 孙利:《经济犯罪研究与刑法适用》,中国检察出版社 2001 年版,第 36 页。
⑨ 徐武生:《经济犯罪与经济纠纷》,法律出版社 1998 年版,第 29 页。

就相对追究自然人刑事责任更为复杂和特殊，这也是其他类型犯罪刑事责任所不具备的特殊属性。

四、经济犯罪刑事责任的范围界定

由于经济刑法调整领域中的社会关系复杂性，刑事、民事和行政责任存在交错的现象很常见，前述法律责任之间难免产生界限模糊、责任程度不清的问题，影响了经济刑法的调整效果。在市场经济的发展过程中，要不断激发民众的探索精神和竞争意识，并增加其对市场预期的信心，应当特别慎重地界定经济犯罪行为，审慎地划分经济犯罪刑事责任的范围。

（一）经济犯罪刑事责任应符合"刑法不得已"原则

刑法调整的对象和手段具有特殊性，这种特殊性决定了刑法对犯罪进行立法设定和司法确认时都必须严守它作为其他法律之补充和作为社会最后的控制手段的国家法律体系定位，只能处罚值得它处罚同时又是其他法律制度本身的制裁措施不能有效制止的行为。刑法所调控的行为应当既是与道德违反行为、民事违法行为、行政不法行为相比而具有最严重的社会危害性和主观可谴责性的行为，同时也是国家和社会的其他控制手段、制裁手段所无法处理的行为，刑法的适用应当是国家在调整社会关系、控制社会秩序的各种途径中最后的不可避免的选择，是不得已的选择。[①] 随着国家对经济生活的管理和干预的加强，国家借助刑法的手段以规定经济犯罪的形式介入市场活动的行为也日益增长，这不仅表现为在各国的刑法典中经济犯罪规定的增加，更体现在不断增加的附属刑法规范中。对于经济犯罪来说，不但基于现代刑法的基本属性要遵循刑法的不得已原则，而且基于其发生的机制和存在环境的特殊性，更需要严格遵循这个要求，严格限定刑法介入经济活动的深度和广度。市场经济本身具有自我调节和控制的能力，国家权力不能任意介入其中，只有当这种非常态的经济活动危及国家和社会的整体利益，而其自身又无法调整的情况下，国家权力才有干预的可能性和合理性。在市场经济中，经济犯罪刑事责任的追究也应该遵循这一原则，刑法所追究的刑事责任应该是用尽其他非刑罚手段都无法调整（预防和制止）而刑罚不得已"处罚"的行为。

（二）民事责任承担机制能够有效调控的经济行为不能追究刑事责任

在经济生活中，发生于交易主体之间的行为属于平等主体之间的民事行为。行为人因过错而侵犯相对方的人身或财产权利首先构成民事侵权或违约行为，应追究其民事责任。绝大多数民事违法行为通过民事责任承担机制就可以恢复被损害的权利，解决由此而产生的争端，并预防和制止类似的行为再次发生。如果采取民事责任承担机制能有效调控经济活动中违反市场规则的行为，则意味着社会中还存在着可替代的且社会付出成本更低的社会调控方式，追究其刑事责任就不具有不可避免性。因此，只有那些主观上对市场规则持蔑视态度，客观上威胁到国家和社会整体利益，通过追究其民事责任无法预防和制止的行为，我们才有必要追究其行政责任甚至是刑事责任。在司法实践中，经济犯罪刑事责任和民事责任的交叉重合，增加了具体经济犯罪的刑事责任追究的难度。特别需要注意的是，如果经济犯罪主体的刑事责任和民事责任均以财产形式加以实现，而其因财产的不足以同时承担

---

① 陈忠林：《刑法散得集》，法律出版社 2003 年版，第 121 页。

两种责任时,应当坚持民事财产责任优先承担的原则。我国刑法典第 36 条对此做了明确的规定:"由于犯罪行为而使被害人遭受经济损失的,对犯罪分子除依法给予刑事处罚外,并根据情况判处赔偿经济损失。承担民事赔偿责任的犯罪分子,同时被判处罚金,其财产不足以全部支付的,或者被判处没收财产的,应当先承担对被害人的民事赔偿责任。"

(三)行政责任与刑事责任的有效衔接

如前所述,刑法所规定的行政犯罪,可罚性往往依赖于相关行政法规,反映了行政法对刑法的规范效应,作为犯罪主体的行为人违反相关行政法律法规,具备行政责任的构成要件,产生刑事责任和行政责任的重合。[1]

日本学者指出:在日本当代的有关经济活动的法律规范中,违反行政规制的行为首先是行政处罚的对象,而在此基础上,几乎所有的违反行为都被附加了刑罚条款,但有关需要科以刑罚的经济犯罪行为与只能够行政处分的违反经济秩序行为的区别并没有真正搞清楚,只有对没有实质犯罪性的行为采用违反规制行为的方法来加以行政处分,才能有利于抑制刑罚权的滥用。[2] 德国刑法学者认为:虽然经济领域的违反秩序行为的规定在广义上也被认为属于经济刑法的范畴,许多经济领域的违反秩序的行为因为以刑罚为处罚手段而同时也能够作为犯罪行为加以惩处,但由于秩序罚本质上属于行政制裁措施,理论上和立法上都将以秩序罚为后果的违反秩序的行为与以刑罚为后果的经济犯罪明确区别开来,这就要求我们明确:在经济犯罪的领域内,在使用刑事法律的必要性上,民事和行政手段是否应当是首选的措施。[3] 美国学者从处罚的实际效益的角度指出,对白领犯罪最有效的处罚,是尽量用罚款代替坐牢。囚禁那些不具有侵犯性的白领罪犯,不仅埋没了他的才能,也无法弥补他给社会造成的损失。惩罚白领罪犯的钱包比惩罚他们的身体更能击中要害。[4] 我国台湾学者认为,在立法上,行政不法的领域乃因国家任务与行政目的的日渐增多而日益扩张,尤其是规范工商企业活动的经济与财税等的行政规章,而把本该赋予行政罚或秩序罚等法律效果的行政不法行为,轻易地赋予了刑事罚的法律效果,使为数不少的行政法律规范因其所附刑罚的规定而变成了"实质刑法",造成所谓的"刑法的膨胀"现象和"刑事法规的肥大症",致使刑事司法机构的工作负担直线上升,不但无益于刑法秩序的维持,而且使刑事司法机构无法集中全力从事重大犯罪的追诉,故应当对此谋求改善。[5] 上述学者的观点都认为基于刑法在现代社会控制体系中的最后手段的观念,在经济生活中尽可能应该以行政责任来替代刑事责任。也有我国学者认为,"对破坏市场经济秩序的犯罪案件,实际发生多、查处少,行政处理多、移送司法机关追究刑事责任少,查处一般犯罪分子多、追究幕后操纵主犯少,判缓刑多、判实刑少"。[6] 这就是目前司法实践中存在的典型的"以罚代刑"的问题,这种行为将对行政犯罪的行政责任认定作为刑事责任认定的前置程序,以行政处罚代替刑事追诉,混淆了司

① 张旭、顾阳:《行政犯罪中刑事责任和行政责任聚合之处断规则》,《辽宁大学学报(哲学社会科学版)》2012 年第 3 期。
② [日]神山敏雄,尹琳译:《经济刑法的理论框架》,载顾肖荣主编《经济刑法(1)》,上海人民出版社 2003 年版,第 20-22 页。
③ 王世洲:《德国经济犯罪与经济刑法研究》,北京大学出版社 1999 年版,第 74-76 页、104、108 页。
④ 成涛、卢晓亮:《美国白领犯罪的现状与法律对策评述》,顾肖荣《经济刑法(1)》,上海人民出版社 2003 年版,第 314 页。
⑤ 林山田:《经济犯罪与经济刑法》,台北三民书局 1981 年版,第 108-109 页。
⑥ 麻锐:《经济犯罪刑事责任纲要》,吉林大学博士论文,2008 年,第 259 页。

法权和行政权的界限,阻碍了司法机关对行政违法犯罪案件的有效打击。

因此,在对行政犯罪的法律规制中,应重视行政责任和刑事责任的有效衔接,充分发挥二者相互协作的合力,从而形成更为有效的责任体系。一方面,从刑事责任的最严厉性看,能充分体现刑法的保障法和事后法功能,而行政责任的惩罚力度有限,法律强制力和威慑力略显薄弱;但另一方面,也应当看到刑事责任的弊端,刑事责任过于刚性和严厉,而行政责任通过灵活多样的责任承担方式,有效弥补了刑事责任通过刑罚实现惩罚的方式单一性,更加有效地应对现实中繁杂的行政犯罪,更好地起到了对经济犯罪的预防作用。值得注意的是,我国刑事立法中的"有罪附条件罚",如我国《刑法修正案(七)》对《刑法》第201条规定的逃税罪进行了修正,增加了1款,即"有第1款行为,经税务机关依法下达追缴通知后,补缴应纳税款,缴纳滞纳金,已受行政处罚的,不予追究刑事责任;但是五年内因逃避缴纳税款受过刑事处罚或者被税务机关给予二次以上行政处罚的除外"。其中,因"补缴应纳税款,缴纳滞纳金,并且接受行政处罚"导致不予追究刑事责任,实际上是一种行政处罚优先的出罪化,即在符合法定条件的情况下,认为不适合刑事责任更为妥当,这就充分体现出两种责任取舍上的价值判断。

第三节　经济犯罪刑事责任的实现

刑事责任的实现就是使抽象的、可能的和处于形成阶段的刑事责任转化为评价阶段的刑事责任,并使之具体化为一定的形式。确定了犯罪人的刑事责任,并不意味着刑事责任已经完全实现,将刑事责任外化为一定形式的刑事制裁措施或者具体处理结果,也是刑事责任实现的必要组成部分。

需要注意的是,实现刑事责任的方法和刑事责任实现的形式是两个既互相联系又互相区别的概念。前者是保证刑事责任得以实现的各种措施;后者是使刑事责任具体化的各种形式,如刑罚、非刑罚的刑事处分方法和免予刑事处分。前者是保证刑事责任得以实现的各种措施,即除了上述措施外,还包括刑事诉讼中适用的强制措施;后者是使刑事责任具体化的各种形式,是前者的组成部分,如刑罚的刑事处分方法和免予刑事处分,都应包含否定性评价和谴责这一刑事责任的本质属性。因此,刑事诉讼、民事诉讼以及行政诉讼中的强制措施,都不是刑事责任的实现形式,而只是服务于追究刑事责任的手段和方法。经济犯罪刑事责任实现,是指在确定了经济犯罪刑事责任的存在和特征,解决了经济犯罪刑事责任的范围之后,强制犯罪人实际承担刑事责任的法律制裁措施。

根据我国现行《刑法》的规定,我国刑法中刑事责任的实现形式,绝大多数表现为刑罚和非刑罚刑事处分方法两类,个别犯罪的刑事责任则表现为免除刑罚。本文主要介绍经济犯罪的刑罚处罚方法和非刑罚处罚方法。

一、经济犯罪的刑罚处罚方法

刑罚是《刑法》规定的,由国家审判机关依法对犯罪分子适用的,限制或剥夺犯罪分子某种权益的最严厉的强制性法律制裁措施,是实现刑事责任最主要和最基本的形式。在我国,刑罚的种类包括主刑(管制、拘役、有期徒刑、无期徒刑、死刑)和附加刑(罚金、没收财产、剥夺政治权利、驱除出境等）。根据主刑和附加刑的特点再进行分类，我们可以将其分为：生命刑、自由刑、财产刑、资格刑。

（一）经济犯罪的生命刑

经济犯罪的生命刑即死刑，是指剥夺经济犯罪分子生命的刑罚方法，是刑罚体系中最为严厉的主刑，由于它在所有的刑罚方法中已达到极点，故又称为极刑。我国刑法规定，只有对罪行极其严重的经济犯罪分子适用死刑。一方面，对于极其严重的经济犯罪分子实行死刑，符合刑法罪责刑相适应的基本原则，通过剥夺其生命，彻底根绝了其重新实施经济犯罪的能力，有利于实现特殊预防和一般预防；另一方面，我国社会主义市场经济体制还处于发展和完善阶段，严重的经济犯罪行为对我国的市场经济秩序的建立和完善具有极大的破坏性，因此，为了保护市场经济秩序，实现对经济犯罪的有效惩治和预防，我国也应该继续对罪行极其严重的经济犯罪适用死刑。但是，在经济犯罪刑罚适用上，我们应该严格控制死刑。据统计，截止到 2005 年 10 月，完全废除死刑的国家达 81 个，占全球国家总数的 40%；废除普通犯罪死刑的国家有 12 个，占全球国家的 6%；事实上废除死刑（10 年内在司法中未执行过死刑）的国家有 35 个，完全废除死刑、废除普通犯罪死刑的国家和事实上废除死刑的国家总数为 128 个，占全球国家总数的 60%。[①] 经济犯罪取消和慎用死刑，成为刑事立法和司法的一项国际趋势。因为"经济犯罪和财产犯罪，是发生在经济生活中，它所侵害的客体是经济秩序和财产关系，因此，对这些犯罪适用死刑有悖于死刑的刑罚等价观念。而且，死刑也并不是预防经济犯罪和财产犯罪的灵丹妙药，对于经济犯罪更是如此"[②]。"预防经济犯罪的关键不在于施以死刑，而在于完善法制、堵塞漏洞、消除腐败、违法必究"[③]。可见，对于经济犯罪，我国在继续适用死刑的同时，必须注意慎用死刑，同时，应严格按照刑法典对死刑适用所规定的严格条件予以适用。令人欣喜的是，2011 年《刑法修正案（八）》在经济犯罪的死刑立法上做了重大变革，取消了部分经济犯罪的死刑，由原来的 16 个死刑罪名减至 7 个，2015 年《刑法修正案（九）》又一次做了调整，直接减少了 5 个涉及经济犯罪的死刑罪名，[④]向限制经济犯罪的死刑适用迈出了一大步，但是，在经济犯罪领域是否可以考虑完全废除死刑仍是一个值得探讨的问题。

（二）经济犯罪的自由刑

自由刑是当代世界各国刑法的刑罚体系中居于中心地位的刑罚方法，也是经济犯罪的主要刑罚之一。经济犯罪的自由刑是指以剥夺或者限制经济犯罪分子人身自由为内容的刑罚方法。"当对经济犯罪的犯罪人适用自由刑，剥夺或限制其人身自由时，犯罪人将永远或者在一定期限内失去参与经济领域各种活动的自由，亦失去了继续实施经济犯罪的能力。"[⑤]因此，自由刑能有效地实现对经济犯罪行为的惩罚和预防。经济犯罪的自由刑主要包括：（1）管制。即对经济犯罪分子不予关押，只对其人身自由给予限制，并交给公安机关执行和

---

① 马骊华、余芳：《我国经济犯罪死刑浅析——以适用死刑的目的为视角》，《广西政法管理干部学院学报》2005 年第 5 期。

② 陈兴良主编：《刑种通论》，中国人民大学出版社 2007 年版，第 115 页。

③ 陈兴良主编：《刑种通论》，中国人民大学出版社 2007 年版，第 116 页。

④ 具体为：走私武器、弹药罪，走私核材料罪，走私假币罪，伪造货币罪，集资诈骗罪。

⑤ 陈泽宪：《经济刑法新论》，群众出版社 2001 年版，第 66 页。

群众监督改造的刑罚方法。管制作为一种严厉程度最轻的主刑,主要应适用于罪行比较轻或者具有从轻或者减轻情节且不需要实施关押的经济犯罪分子。由于经济犯罪是一宗非暴力型的犯罪类型,管制应属于一种适宜其犯罪特征且效果较好的刑罚方法。历史地看,经济犯罪中管制刑的适用经历了一个从无到有的过程。例如,早期的 1979 年《刑法》在经济犯罪的规定中,基本没有设置这种刑罚方法。[①] (2)拘役。即剥夺经济犯罪分子的短期人身自由,就近执行并实行劳动改造的刑罚方法,是作为有期徒刑和管制的选择刑。拘役属于较轻的主刑,应适用于较轻的经济犯罪。"必须严格依照刑法的有关规定,只对那些社会危害程度较轻,犯罪情节比较简单,主观恶性不深,重新犯罪可能性小的经济犯罪人适用拘役,从而最大限度地避免拘役刑的弊端,更有效地运用拘役刑惩治经济犯罪。"[②]关于拘役刑对经济犯罪的适用效果究竟是利大于弊还是弊大于利,目前在国内外的刑法专家和学者中均存在争议。[③] 我们认为,经济犯罪的拘役刑应当保留,一方面是保持刑罚体系的完整,另一方面是兼顾经济犯罪惩治和预防的多重样式。(3)有期徒刑。即剥夺经济犯罪分子一定时期的人身自由,强迫其劳动并接受教育改造的刑罚方法。有期徒刑是对经济犯罪分子适用最广泛的一种刑罚方法。根据我国立法规定,经济犯罪有期徒刑的立法规定主要有以下四种,分别在某一具体立法中规定了一个罪刑单位、两个罪刑单位、三个罪刑单位和四个罪刑单位,具体适用中又以短期徒刑、中期徒刑和长期徒刑为表征。[④] (4)无期徒刑。即剥夺经济犯罪责任人的终身自由,强制其参加劳动并接受教育和改造的刑罚方法。无期徒刑是剥夺自由刑中最严厉的刑罚,它介于死刑和有期徒刑之间,凡是规定有死刑的条文,一律将无期徒刑作为可供选择的法定刑;凡是没有规定死刑为最高刑的条文中,大多数经济犯罪将无期徒刑作为最高刑。因此,对于经济犯罪分子应该慎重适用无期徒刑。它的适用对象必须是罪行严重,可是又不必判处死刑,但是又需要与社会永久隔离的犯罪分子。

(三)经济犯罪的财产刑

财产刑是仅次于生命刑和自由刑的一种刑罚方法,在世界各国的刑罚体系中都占有重要的地位,尤其是在我国经济犯罪的惩防体制中,适用观念的转变带来的是财产刑在经济犯罪中的地位越来越重要。经济犯罪的财产刑,是指依法剥夺犯罪分子财产和财产利益的刑罚方法。由于经济犯罪具有贪利性的特点,为了有效地实现对经济犯罪分子的惩罚和打击,经济犯罪的财产刑在经济犯罪刑事责任的实现方式中具有特殊地位。但经济犯罪的刑罚是以自由刑为主还是以财产刑为主,历来是有争论的问题。主张以自由刑为主的人认为,经济犯罪者都是唯利是图者,本身就有冒险性,若对其仅仅处以罚金,则使其感受不到国家惩罚的严厉性,而只会认为是一次投机生意的失败,使刑罚的一般预防和特殊预防效果难以实现,因此,经济犯罪的刑事责任的方法,应以自由刑为主,财产刑为辅。而主张以财产刑为主的人则认为,刑罚的方法应与犯罪的性质相适应,经济犯罪多以非法牟利为目的,具有贪利

---

① 李永生、朱建华:《经济刑法学》,法律出版社 2011 年版,第 98 页。

② 孙利:《经济犯罪研究与刑法适用》,中国检察出版社 2001 年第 1 版,第 97 页。

③ 甘雨沛、何鹏:《外国刑法学》(上册),北京大学出版社 1984 年版,第 501 页;邓天来、邓修明:《论拘役刑的存与废》,《法学研究》1989 年第 4 期。

④ 针对有期徒刑的法定刑幅度,大体可分为三种情况:3 年以下的有期徒刑为短期徒刑;10 年以下 3 年以上的有期徒刑为中期徒刑;10 年以上的有期徒刑为长期徒刑。

性的特点,罚金等财产刑是理想的惩罚手段,"金钱是凝固化或是具体化的自由",因此从实质上看,受刑人不仅仅是缴纳了一定数额的金钱,也剥夺了一定形态的物质享受的自由。目前刑法学界对于经济犯罪大多数倾向于扩大财产刑的适用,缩小自由刑的适用范围。经济犯罪的财产刑包括罚金和没收财产两类。

1.罚金刑

即以剥夺犯罪分子一定数额的金钱为内容的刑罚处罚方法,要求人民法院依法判处犯罪分子承担向国家缴纳一定数额金钱的义务。罚金刑在经济犯罪刑事责任实现中具有重要作用。首先,对于贪利型犯罪,通过罚金刑使其非法获得的利益被强制剥夺,犯罪的目的落空,这样的惩罚具有很强的针对性和直接性;其次,对经济犯罪分子实行罚金刑,剥夺其继续犯罪的物质基础,使其在经济上失去继续进行经济活动的能力,在某种意义上,达到了将其驱逐出市场经济领域的效果;最后,对单位犯罪主体处以罚金刑是规制单位经济犯罪最主要的方式。在经济犯罪中,存在大量的单位经济犯罪情况,由于单位犯罪主体的特殊性,决定了我国刑法中规定的大多数刑罚种类都不能适用于单位犯罪主体,而罚金刑是我国目前刑罚中明确规定的适用于单位犯罪的唯一的刑罚种类,可见,在规制单位经济犯罪中,罚金刑的地位不可替代。根据我国刑法的规定,对经济犯罪罚金数额的规定方式主要有以下三种:无限额罚金制,在实践中具体依情节定夺;限额罚金制,如破坏金融管理秩序罪、金融诈骗罪等中规定了 10 万元、20 万元罚金的上限;倍比罚金制,根据涉罪金额的倍数或者百分比确定罚金数额。在罚金的具体缴纳中,又规定了诸如一次或分期缴纳、强制缴纳、随时追缴和减免缴纳等多种方式。

2.没收财产

没收财产,即以国家强制的方法,将经济犯罪分子个人所有财产的一部分或者全部收归国家所有的刑罚处罚方法。刑法的没收有两种情况:一种是没收犯罪分子个人所有财产的一部或者全部,这种刑罚主要适用于实施了比较严重的经济犯罪,被没收的财产应全部上缴国库,即所有权由国家原始取得;另一种是追征或特定物的没收,即以宣判的手段,没收罪犯个人所得的非法利益。犯罪的非法利益,是指犯罪直接取得之物,原则上,罪犯取得的非法利益应及时返还被害人,但如果被害人也有过错时,则不能将非法利益返还对方,如受贿取得的财物就不可能返还给行贿者。在没收财产的执行中,应当注意对"犯罪分子个人所有的财产"的界定,且不能将不属于经济犯罪分子本人所有的财产无端地没收,同时应当承认犯罪分子所负正当债务偿还较之于刑罚没收执行的优先性。

(四)经济犯罪的资格刑

经济犯罪的资格刑,是指依法剥夺、限制、终止经济犯罪分子行使一定权利的资格或者条件的刑罚方法。资格刑在刑罚方法中是一种内容极为独特的刑罚方法,具有一定的从属性,起到弥补其他刑罚之不足的补充作用。我国刑法典中的资格刑属于附加刑,包括剥夺政治权利以及驱逐出境。驱逐出境主要针对犯罪的外国人,所以,针对我国公民的附加的资格刑,我国只有剥夺政治权利。然而,对于经济犯罪,剥夺其政治权利的资格刑作用不大,随着社会主义市场经济的发展,现行刑法设置的资格刑已经不适应社会发展的需要,也不利于保障经济活动主体行使权利,因此,增设新型的资格刑非常有必要。

对于经济犯罪的资格刑,应注意几点:第一,经济犯罪的资格刑是一种附加刑,它应与经济犯罪的其他刑罚相互配合,才能在惩罚和打击经济犯罪中发挥积极的作用;第二,作为经济犯罪刑事责任的承担形式的资格刑应与作为行政处罚承担形式的剥夺一定资格相区别,避免两者相互混淆。"作为刑罚方法的剥夺一定的资格与作为行政处罚的剥夺一定的资格在某些情况下会发生重合的现象,即同一种剥夺资格,在某些情况下属于刑罚方法,在另一些具体情况下又属于行政处罚。"[①]同时,在我国,许多可以适用于经济犯罪的具有资格刑性质的措施并不属于刑罚措施,而是属于行政法的处罚措施。对此,应将作为经济犯罪刑事责任实现形式的资格刑与作为行政责任实现形式的剥夺行政相对人的一定资格相互区分,而且应在立法上将适宜适用于经济犯罪的具有资格刑性质的行政处罚措施规定为刑法上的资格刑,以更好地适应惩罚和打击经济犯罪的客观需要。《刑法修正案(九)》增加了一款作为刑法第 37 条之一,设置了"从业禁止"的规定:"因利用职业便利实施犯罪,或者实施违背职业要求的特定义务的犯罪被判处刑罚的,人民法院可以根据犯罪情况和预防再犯罪的需要,禁止其自刑罚执行完毕之日或者假释之日起从事相关职业,期限为三年至五年。"有学者认为这项规定是我国关于资格刑规定的一个变化。但是我们认为"从业禁止"措施既不是一个新的刑种,也不属于刑罚之列,而是非刑罚的法律后果,其主要目的在于防止犯罪分子再次利用其职业和职务之便进行犯罪。

二、经济犯罪的非刑罚处罚方法

非刑罚处罚方法,是指人民法院对犯罪分子适用的刑罚以外的处理办法。非刑罚处罚制度是在对刑罚理念深刻反思的基础上产生的刑事制度,其与刑罚制度并列,是传统刑罚手段的必要补充或者替代措施,是对构成犯罪的行为的一种处理方式,具有教育、改造、惩治犯罪分子的功能。非刑罚处罚方法有两个重要性质:一方面,非刑罚处罚方法是犯罪的法律后果,而不是一般违法行为的法律后果,实现的是刑事责任;另一方面,非刑罚处罚方法具有非刑罚性,是刑法以外的刑事责任实现形式。在刑法中规定非刑罚处理方法,表明我国对犯罪的处理不是单纯依靠刑罚,而是兼采多种方法。对于那些罪行轻微、不需要判处刑罚的犯罪分子,给予适当的非刑罚处罚,一方面体现了我国刑法"惩办与宽大相结合"的基本刑事政策,另一方面也给予犯罪分子一定的否定评价,使其受到教育、警戒,不致再次犯罪,从而达到预防犯罪的目的。对我国而言,根据目前社会发展状况和当前经济犯罪的特点,经济犯罪刑事责任的另一种重要的实现方式就是非刑罚处罚方法。

(一)非刑罚处罚与保安处分

与非刑罚处罚方法密切相关的另一个概念是保安处分。保安处分是指,以特殊预防为目的,以人身危险性为适用基础,对符合法定条件的特定人所采用的,以矫正、感化、医疗等方法,改善适用对象,预防犯罪的特殊措施。保安处分的特点是对被处分人适用该措施,不是基于犯罪的结果,而是基于他的"反社会性"等个人情况;其适用的目的不是报应与惩罚,而是通过教育和改造来消除或限制他危害社会的状况,以预防其做出严重危害社会的行为,是刑法上用以补充或代替刑罚以维护公共利益的措施。它适用的对象不限于有犯罪行为的人,也包括有犯罪嫌疑或妨害社会秩序嫌疑的人。保安处分是现代刑事责任方式双轨制的

---

① 陈兴良主编:《刑种通论》,人民法院出版社 1993 年第 1 版,第 473 页。

具体表现。世界上绝大多数国家都有保安处分的规定,针对职业性的经济犯罪分子,用刑罚或仅仅用刑罚是达不到特殊预防效果的,应结合保安处分进行惩治。我国法律体系中没有专门的保安处分制度,但是有不少学者认为,"在我国现行法律体系中,没有保安处分之名,但却有保安处分之实。"①事实上,我国刑事法律和行政法中已存在类似于国外保安处分的各种措施,如我国《刑法》第64条规定关于没收犯罪分子违法所得的一切财物、违禁品和供犯罪所用的本人财物的规定,《刑法》第37条之一规定的从业禁止规定。②

非刑罚处罚方法与保安处分虽然都是非刑罚处置措施,但仍有以下区别:首先,适用对象不同。前者仅适用于实施了犯罪行为的人;而后者既可以适用于犯罪人,也可以适用于那些没有实施犯罪行为但有很强的犯罪倾向的人,因为保安处分的基础是行为人的人身危险性,在一定的场合,只要客观上有实施犯罪行为的危险性显然存在,即具备对此危险行为采取必要的处分措施的可能。其次,适用条件不同。前者的适用是以犯罪行为所体现的社会危害性为先决条件,而后者的适用以行为人的不法行为体现的人身危险性为先决条件。最后,预防手段不同。前者是对犯罪人的一种制裁和惩罚,具有伦理非难的性质,以此预防犯罪。保安处分对犯罪的预防则注重改善和教化,它是通过矫治、感化、医疗、援助、教育等方式,净化行为人的心灵,以此达到预防犯罪的效果,即是通过个别的处遇达到改善犯罪者的目的。根据经济犯罪的特点,本书主要讲述的是非刑罚处罚方法。

(二)经济犯罪非刑罚处罚的适用范围

由于非刑罚处罚的法律制裁性轻于传统刑罚,因此,对于适用非刑罚处罚的经济犯罪行为应该有严格的规定。

1. 经济犯罪行为的性质已经构成刑事案件

适用非刑罚处罚方式的经济犯罪案件,应当是进入刑事诉讼程序的案件,包括提起公诉的案件、正在进行审判的案件,也包括侦查机关已经作为刑事案件立案侦查的案件。这些同社会生活中大量存在的普通的治安案件、轻微的经济违法案件相比,就案件性质而言就有着根本的不同:前者是刑事案件,应当依照刑事法律规定追究其刑事责任,后者则按照行政法律法规做出处理,不存在非刑罚化的问题。

2. 经济犯罪的主体主观上必须认罪,且有悔过表现

如果犯罪分子拒绝认罪、没有悔意,就说明其仍然存在一定的主观恶性,对其实施非刑罚处罚起不到应有的教育改造效果,其甚至可能更变本加厉地继续实施违法行为,这就与节约司法资源、预防犯罪的目的相背离了,也与当前刑事司法改革试点完善中的刑事案件认罪认罚从宽制度不相符。

3. 经济犯罪案件在客观上社会危害性较小

只有那些社会危害性相对较小的经济犯罪案件,才可以通过非刑罚处罚方法基本恢复因其犯罪行为而受扭曲的社会关系,平复社会公众的心理,做到"罚当其罪"和"罪—责—刑"的适度平衡。适用非刑罚处罚方法的经济犯罪案件在客观方面,其行为(或涉案金额)应当

---

① 赵秉志:《中国刑法修改若干问题研究》,《法学研究》1996年第5期。

② "因利用职业便利实施犯罪,或者实施违背职业要求的特定义务的犯罪被判处刑罚的,人民法院可以根据犯罪情况和预防再犯罪的需要,禁止其自刑罚执行完毕之日或者假释之日起从事相关职业,期限为三年至五年。"

处以基本起刑档。例如,现行《刑法》第 140 条规定,"生产者、销售者在产品中掺杂、掺假,以假充真,以次充好或者以不合格产品冒充合格产品,销售金额五万元以上不满二十万元的,处二年以下有期徒刑或者拘役,并处或者单处销售金额百分之五十以上二倍以下罚金;……"当行为人违法销售产品的金额刚满 5 万元或者超过 5 万元不多时,综合其他可宽恕的情节,即可对其适用非刑罚的处罚方法,而当其违法销售的金额超过定罪起点太多或者有其他恶劣情节时,适用非刑罚处罚方法就显失公平了。

(三)经济犯罪非刑罚处罚的种类

针对经济犯罪的特点,目前我国适用经济犯罪的非刑罚处罚方法主要有以下几种:

1. 社区矫正

社区矫正是行刑社会化的产物,是宽严相济刑事政策的体现,作为一种不使罪犯与社会隔离并利用社区资源教育改造罪犯的方法,是所有在社区环境中管理教育罪犯方式的总称。2011 年《中华人民共和国刑法修正案(八)》,明确规定了对判处管制、缓刑以及假释的罪犯依法实行社区矫正,标志着我国社区矫正法律制度的确立。对于一些主观恶性不大,数额较小的经济犯罪行为,人民法院可以在审理后对其处以社区矫正的处罚。社区矫正是符合社区矫正条件的罪犯交由专门的国家机关,在相关社会团体和民间组织以及社会志愿者的协助下,在判决、裁定或决定确定的期限内,矫正其犯罪心理和行为恶习,并促进其顺利回归社会的非刑罚处罚方法。这种处罚方法强制被处罚人从事一定量的社区服务工作或其他社会公益服务,被处罚人必须在一定期间内累计服务达到处罚要求的时间,处罚即算执行完毕。这种处罚并不是完全限制人身自由,受处罚人可以弹性安排服务时间,但必须在要求时限内完成定量服务。经济犯罪鲜明的主体特征及经济犯罪的特点决定了其作为社区矫正对象的必要性,考虑到经济犯罪的易传播性、经济犯罪的易复发性和涉众型经济犯罪的防控需求等,[①]经济犯罪大都为贪利性犯罪,与恶性犯罪相比,人身危害性较小,且有些行为人本身具有一定的技能,通过社区矫正让其以自己的无偿义务劳动来弥补自己的错误,能取得更好的惩罚效果和社会反应,如社区矫正机构对法院宣告了"从业禁止"的人员进行监管和执行。

2. 资格处罚

正如前文所述,剥夺资格的处罚,在我国行政法规、经济法规中大量存在,应予以充分重视与调用,并建立我国经济违法的资格处罚制度。

第一,从业禁止。从业禁止是指当某种职业或营业成为犯罪的直接或间接条件时,对其从业者禁止从事该项职业或营业活动的处分。我国《刑法修正案(九)》在《刑法》第 37 条之后增加了一条"从业禁止",作为第 37 条之一,即"因利用职业便利实施犯罪,或者实施违背职业要求的特定义务的犯罪被判处刑罚的,人民法院可以根据犯罪情况和预防再犯罪的需要,禁止其自刑罚执行完毕之日或者假释之日起从事相关职业,期限为 3 年至 5 年。被禁止从事相关职业的人违反人民法院依照前款规定作出的决定的,由公安机关依法给予处罚;情节严重的,依照本法第 313 条的规定定罪处罚。其他法律、行政法规对其从事相关职业另有禁止或者限制性规定的,从其规定"。"从业禁止"这类措施不仅是刑法,在许多行政管理法

---

① 陈宗攀:《经济犯罪社区矫正的实现路径》,《云南社会主义学院学报》2013 年第 4 期。

律法规中也都有类似的规定,比如《证券法》①、《公司法》②、《会计法》③等等。"从业禁止"在本质上是法院为了预防犯罪、保障社会公众安全和维护社会公众利益而根据被告人的犯罪情况,对其所采取的一项预防性的非刑罚处分措施,是刑法对法律后果的完善(也有学者明确指出它就是保安处分措施)。因为经济犯罪很多是职业上的犯罪,表现为滥用所从事的职业或营业而犯罪的行为,或者是违背其职务或业务上的义务而为的犯罪行为,禁止从业的处罚方法无异于釜底抽薪。瑞典、日本等国的刑法典都有这方面的规定。经济犯罪的主体大都具有从事某种经营活动的资格,具有某一合法的职业,甚至担任某种公职,这类人之所以实施犯罪行为,是其主观的贪利性与业务熟练性相结合的结果,同时其具有的某种资格也为其实施经济犯罪提供了方便条件。如果对经济犯罪只适用罚金刑和自由刑,而不剥夺其从事与其犯罪行为有关的职业资格或职务,那么当行为人的主观意志再次与其业务能力相结合合具有某种资格时,就会再次产生犯罪动力,实施新的经济犯罪。

第二,法人资格处罚。单位作为一种行为主体,往往利用其在社会中公务、业务或经营的特定资格身份去实施犯罪,因此对单位犯罪配置资格刑从而限制或禁止其犯罪资格,无疑是一种有效的刑罚方法,这是针对单位的主体身份而作出的合理考虑。根据单位犯罪的主体特征及活动范围,对其设置资格刑类型可以有三种选择:限制从事业务活动;停业整顿;强制撤销,这三种形式在性质上都属于剥夺从事特定职业资格的资格刑类型。因为在经济犯罪中,有很多为法人犯罪,资格处罚对于遏制法人经济犯罪有着非常重要的作用。部分行政法规现有的处罚措施对于法人来说,几乎等同于剥夺自然人的生命和自由。如《中华人民共和国水污染防治法》第74条规定:"违反本法规定,排放水污染物超过国家或者地方规定的水污染物排放标准,或者超过重点水污染物排放总量控制指标的……限期治理期间,由环境保护主管部门责令限制生产、限制排放或者停产整治。限期治理的期限最长不超过一年;逾期未完成治理任务的,报经有批准权的人民政府批准,责令关闭。"这里的"停产""关闭"的处罚对于法人的惩治作用,其严厉程度甚至超过了传统的刑罚措施。因此,在社会主义市场经济条件下,将这些行政处罚措施直接用作非刑罚措施,不失为一种有效的方法。此外,剥夺法人获得的荣誉称号,如"质量信得过单位""优秀企业"等,也可以作为一种惩治法人的非刑罚处罚方法。

3.经济处罚

第一,惩罚性赔偿。即司法机关根据被害人的经济损失和精神损害情况,判处或责令行为人对被害人给予一定经济补偿的非刑罚处罚方法。我国《刑法》第36条规定:"由于犯罪行为而使被害人遭受经济损失的,对犯罪分子除依法给予刑事处罚外,并应根据情况判处赔偿经济损失",这种赔偿损失实质上是由刑事实体法规定的民事赔偿,刑法如此规定是出于

---

① 《中华人民共和国证券法》第233条规定"违反法律、行政法规或者国务院证券监督管理机构的有关规定,情节严重的,国务院证券监督管理机构可以对有关责任人员采取证券市场禁入的措施。前款所称证券市场禁入,是指在一定期限内直至终身不得从事证券业务或者不得担任上市公司董事、监事、高级管理人员的制度"。

② 《中华人民共和国公司法》第146条规定"因贪污、贿赂、侵占财产、挪用财产或者破坏社会主义市场经济秩序,被判处刑罚,执行期满未逾五年,或者因犯罪被剥夺政治权利,执行期满未逾五年,不得担任公司的董事、监事、高级管理人员"。

③ 《中华人民共和国会计法》第40条规定"因有提供虚假财务会计报告,做假帐,隐匿或者故意销毁会计凭证、会计帐簿、财务会计报告,贪污、挪用公款,职务侵占等与会计职务有关的违法行为被依法追究刑事责任的人员,不得取得或者重新取得会计从业资格证书"。

节约诉讼成本的考虑。但这种赔偿仅适用于给被害人造成的实际物质损失,并不包括精神损害。而作为惩罚性赔偿,不仅赔偿数额可以大于实际物质损失,而且还可以包括精神损害赔偿。由于对经济犯罪免除了传统的自由刑的处罚,被害人更有可能产生心理失衡,因此,经济犯罪中受害人的物质损失固然应该赔偿,但是那些因经济犯罪行为所导致的精神损害补偿也应该包括在内。

第二,司法罚款。这里的司法罚款因处罚主体、处罚对象和处罚目的的不同,明显区别于行政处罚。与罚金刑相比较,因处罚的前提和目的不同,二者也明显存在差异。司法罚款的创设,借鉴于易科罚金制度。易科罚金是用缴纳罚金的方式代替原宣告的刑期的制度,以罚金代替短期自由刑,是把自由刑变换为财产刑的方式。易科罚金是易科制度的一种类型,目的是弥补短期自由刑之不足。易科罚金制度在中国大陆现行的法律规范中出现很少,只在《外国人入境出境管理法实施细则》中有所规定。由于存在以钱赎刑之嫌,易科罚金制度在我国存在很大的争议,但是其具有的减少狱政开支、避免狱中交叉传染恶习等优点,这是短期自由刑所不具备的。经济犯罪多以非法牟利为目的,具有贪利性的特点,对于一些情节较轻的案件(如判处短期徒刑或者拘役、管制的案件),可以采取易科司法罚款的处理方式。当然,这种方法不适用于经济上十分富有,仅凭经济处罚难以产生惩罚教育效果的人。

4.道德教育处罚

道德教育处罚包括训诫、责令具结悔过和赔礼道歉、舆论曝光等。这种方式在我国现行的法律法规中有章可循,如我国《刑法》第37条的规定。[①] 训诫就是对行为人进行批评或谴责,并责令其限期改正或告诫其不再犯罪;责令具结悔过就是责令行为人用书面的方式保证以后不再重犯;赔礼道歉,就是责令行为人公开向被害人当面承认错误;舆论曝光就是对于经济案件不仅公开审判、宣判,而且还可以通过报纸、电视等新闻媒体进行报道,将犯罪分子的真实姓名、犯罪事实和法院的审判结果,做详细的报道,使这些经济犯罪事实广为人知,一方面使他人提高警惕,另一方面则使已经犯罪的犯罪人不敢再犯,从而产生特殊预防和一般预防的效果。

5.行政处罚和行政处分的强制建议

刑事诉讼中,侦查机关、公诉机关、审判机关一般不具有行政处罚和行政处分的权力,但上述机关可以具有相关行政处罚或行政处分的强制建议权,即对于不适用传统刑罚处罚的案件,上述机关可以对这些案件的被追诉人作出行政处罚或者行政处分的强制建议,这种强制建议一经作出,则有关行政机关必须执行。通过这种强制建议,使违法行为人不因其刑事责任的免除而免除一切责任,确保经济犯罪刑事处罚和行政处罚、处分相衔接,通过承受较大的行政责任,使其真切感受到国家对其行为的严厉否定,以达到教育和惩治的目的。

---

① "对于犯罪情节轻微不需要判处刑罚的,可以免予刑事处罚,但是可以根据案件的不同情况,予以训诫或者责令具结悔过、赔礼道歉、赔偿损失,或者由主管部门予以行政处罚或者行政处分。"

复习与练习

本章提要

刑事责任,是指刑事法律规定的,因实施犯罪行为而产生的,由司法机关强制犯罪者承担的刑事制裁或者单纯的否定性法律评价。刑事责任所体现的是国家和犯罪人之间的刑事法律关系,具有强制性、严厉性、人身专属性和确定性。经济犯罪刑事责任是经济犯罪必然产生的法律责任形式,是经济犯罪分子应承担的主要法律责任形式,是指经济犯罪分子基于其经济犯罪行为而引起的,为体现国家对该犯罪分子的谴责和否定而由代表国家的司法机关追究的,该犯罪分子应当承担的接受刑罚处罚的否定性后果。由于经济刑法调整领域中的社会关系复杂性,刑事、民事和行政责任存在交错的现象很常见,前述法律责任之间难免产生界限模糊,责任程度不清的问题,影响了经济刑法的调整效果,应当特别慎重地界定经济犯罪行为,审慎地划分经济犯罪刑事责任的范围。经济犯罪刑事责任的实现,是指在确定了经济犯罪刑事责任的存在和特征,解决了经济犯罪刑事责任的范围之后,强制犯罪人实际承担刑事责任的法律制裁措施。主要包括经济犯罪的刑罚处罚方法和非刑罚处罚方法。

思考题

1. 试述经济犯罪刑事责任的范围。
2. 试述经济犯罪刑事责任的实现方式。

参考文献

1. 林山田:《经济犯罪与经济刑法》,台湾三民书局 1981 年版。
2. 张明楷:《刑事责任论》,中国政法大学出版社 1992 年版。
3. 陈兴良主编:《刑种通论》,人民法院出版社 1993 年版。
4. 高铭暄主编:《刑法学原理》(第一卷),中国人民大学出版社 1993 年版。
5. 张文主编:《刑事责任要义》,北京大学出版社 1997 年版。
6. 王世洲:《德国经济犯罪与经济刑法研究》,北京大学出版社 1999 年版。
7. 陈泽宪:《经济刑法新论》,群众出版社 2001 年版。
8. 陈兴良主编:《刑种通论》(第二版),中国人民大学出版社 2007 年版。
9. 高铭暄、马克昌主编:《刑法学》,北京大学出版社、高等教育出版社 2019 年版。

第八章 经济犯罪的刑罚

本章重点阐述两个方面的内容。一是经济犯罪刑罚的一般原理,包括刑罚的概念、特征、功能、目的和刑罚适用的基础等;二是经济犯罪刑罚的种类,包括刑罚的体系与结构及具体类别。

本章重点

- 刑罚的特征
- 刑罚的功能
- 刑罚的目的
- 刑罚适用基础
- 刑罚的体系
- 刑罚的种类

第一节 经济犯罪的刑罚概述

刑罚的一般理论,主要包括刑罚的概念、功能和目的,它是刑罚论的重点,也是刑法学的重要组成部分。其中,刑罚目的论可以说是刑罚论的核心。本节主要阐述刑罚的概念、特征、刑罚的功能、刑罚的目的和刑罚适用的基础,以帮助全面、深入地理解刑罚理论。

一、刑罚概述

(一)刑罚的一般概念与特征

1. 刑罚的概念

刑罚,是刑法规定的,由国家审判机关依法对犯罪分子所适用的剥夺或者限制其某种权利的最严厉的法律强制方法。我国刑法将刑罚的种类分为主刑和附加刑。主刑有管制、拘役、有期徒刑、无期徒刑和死刑五种;附加刑有罚金、剥夺政治权利、没收财产三种,还有一种特殊附加刑即是驱逐出境。

2. 刑罚的特征

(1)刑罚是国家法律规定的强制方法。刑罚是刑法的基本内容,是刑法实施的表现与后果。刑法作为一个国家的基本部门法,它规定的内容是对公民重要权利的处置,因此,一般都由国家的最高立法机关依照法定的程序来制定的。在我国,根据《宪法》的规定,《刑法》的制定、修改只能由全国人大及其常委会作出,其他任何机关、团体和个人都无权规定刑罚这种强制方法。

(2)刑罚的内容为对受刑者一定权利的限制和剥夺。无论是传统的报应刑论还是现代的目的刑论,刑罚作为对犯罪的制裁措施,具有给犯罪人带来身体的、精神的或财产的剥夺性痛苦的功能,这是刑罚的本质要求。这种痛苦相对于其他法律制裁措施而言,无疑是最强烈和最严厉的。它不仅可以剥夺犯罪人的政治权利、财产权利,而且还可以限制或剥夺犯罪人的人身自由,甚至可以剥夺犯罪人的生命。

(3)刑罚是国家最为严厉的制裁措施。为了有效治理国家、维护社会秩序和保障公民权利,国家根据行为违法性和危害性的特点,制定了刑事、民事、行政、纪律等各类制裁措施。除刑事制裁外的其他制裁措施均不涉及生命权等重大人身权利,即使在特定情形下限制人身自由的措施,也是时间较短且不具有刑罚性质。可见,刑罚作为刑事制裁的主要方式,与其他制裁措施相比,整体上是最为严厉的处罚措施。

(4)刑罚只能由人民法院依照法定程序适用于特定的人。在我国,刑罚适用的主体只能是人民法院。人民法院有权对犯罪人适用刑罚,但必须符合法律的规定。这里的法律主要是《刑法》和《刑事诉讼法》,即以《刑法》的规定为依据,并遵循《刑事诉讼法》规定的诉讼程序进行。不经过应有的诉讼程序,是不能适用刑罚的。同时,罪责自负原则下,人民法院刑罚适用对象只能是犯罪人本身。刑罚是对犯罪人的犯罪行为所作出的否定评价,是对犯罪人的道义谴责,它是因犯罪所产生的当然的法律后果。与之相适应,刑罚处罚的对象只能是实施了犯罪行为的犯罪人,包括自然人和单位。因此,犯罪人既是犯罪行为的实施者,也是刑罚的承担者。刑罚既不能适用于动植物和其他非人的对象,也不能适用于与犯罪无关的无辜者。

(5)刑罚是由特定机关执行的制裁措施。根据我国《刑法》和《刑事诉讼法》的规定,死刑、罚金和没收财产由人民法院执行,无期徒刑和有期徒刑由监狱或其他劳改场所执行,拘役和剥夺政治权利由公安机关执行,对管制刑则实行社区矫正。这也是刑罚区别于其他制裁措施的标志之一。

(二)刑罚与犯罪、刑事责任、刑罚权之间的关系

总的说,刑罚与犯罪、刑事责任以及刑罚权都是认识和处理刑事犯罪过程中必然要涉及的基本范畴,它们之间既有联系、又有区别。

1.刑罚与犯罪的关系

刑罚与犯罪的关系是对立统一的关系。刑罚与犯罪的对立表现在两个方面:(1)从国家的角度看,犯罪是危害社会、破坏社会秩序的行为,而刑罚则是惩罚犯罪、保卫社会的重要手段。(2)从犯罪人的角度看,犯罪是为了侵害国家、社会或者个人的利益,给社会造成痛苦,而刑罚则是对犯罪人施加的痛苦。刑罚与犯罪的统一表现在:(1)二者起源相同,即都是人类社会发展到一定阶段的产物,它们都是在阶级社会中产生的。(2)二者因果相承,即犯罪是刑罚的原因,刑罚是犯罪的结果,没有犯罪,就没有受刑罚惩罚的可能性。(3)二者趋势联动,即犯罪态势趋重,则刑罚的配置也相应趋严;犯罪态势趋缓,则刑罚的配置也相应趋轻;犯罪消失了,刑罚也就不存在了。

2.刑罚与刑事责任的关系

刑罚与刑事责任是同时产生,同时成立的,它们是一个事物的两个方面,没有先后之分。一个行为成立犯罪之时,也是刑事责任确定之日。二者的联系表现在:(1)它们都以犯罪为前提,没有犯罪,就没有刑事责任和刑罚。(2)二者互相依存,一方面,刑事责任决定刑罚,没有刑事责任,刑罚的配置和裁量就没有依据;另一方面,刑罚是刑事责任的实现形式,没有刑

罚,刑事责任就不能实际地追究。二者的区别主要表现在:(1)刑罚是刑事责任的一种外在表现形式,它比较具体;而刑事责任是刑罚适用的内在依据,相对而言,它比较抽象。(2)二者内容不同,刑罚是对犯罪人一定权利的剥夺和限制,而刑事责任是对犯罪人的否定评价。(3)刑事责任的实现方式多种多样,刑罚虽是其最基本、最重要的解决方式,但并非唯一的方式,除了刑罚,刑事责任还可以通过非刑罚措施或者免予刑罚的方式解决。

3.刑罚与刑罚权的关系

刑罚与刑罚权之间也是既有联系、又有区别。所谓刑罚权,是指国家基于对社会的管理或统治,依法对犯罪人惩罚的权力。从层次上说,理论上通常将刑罚权分为一般的刑罚权和个别的刑罚权。只要发生犯罪,国家就可以对犯罪人实行刑罚惩罚,这种一般、抽象意义上的刑罚权,就是一般的刑罚权;发生具体的犯罪时,国家可以对具体犯罪人实行刑罚惩罚,这种个别、具体意义上的刑罚权,就是个别的刑罚权。从内容上讲,刑罚权包括制刑权、求刑权、量刑权和行刑权。制刑权是指国家立法机关在刑事立法中创制刑罚的权力,这种权力在我国只能由全国人民代表大会及其常务委员会行使,其内容主要包括确定刑种、建立刑罚体系、规定刑罚裁量的原则、刑罚执行方法与制度以及具体犯罪的法定刑。求刑权是指对犯罪行为提起刑事诉讼的权力。这种权力原则上由检察机关行使,但国家也将部分轻微犯罪(告诉才处理的犯罪)的求刑权赋予被害人。量刑权是指人民法院对犯罪人决定科处刑罚的权力。行刑权是指特定机关将人民法院对犯罪人判处的刑罚付诸现实执行的权力。可见,刑罚是制刑权的结果,是求刑权、量刑权和行刑权的依据。而刑罚权是制刑权的根据,是刑罚正当性的内在要素。因此,明确刑罚与刑罚权之间的关系有利于全面、整体地把握国家与犯罪人之间的刑事法律关系。

二、刑罚的功能

(一)刑罚功能的概念与特征

刑罚功能,是指国家制定、适用和执行刑罚对人们可能产生的积极作用。刑罚的功能具有如下几个特征:

1.刑罚的功能是刑罚对人们产生的作用

所谓对人们产生的作用,是指刑罚对犯罪人、被害人以及社会上其他人产生的作用。刑罚是对犯罪人适用的,当然会对犯罪人产生一定的作用;但是刑罚不仅直接影响犯罪人,还对被害人和其他社会成员也会产生作用。刑罚对被害人的作用,主要是补偿作用,即通过对犯罪人的惩罚而实现对被害人的物质和精神上的补偿;刑罚对其他社会成员的作用,包括对社会上的不稳分子或者说潜在的犯罪人的警告作用和对广大群众与犯罪作斗争的激励作用。所以考察刑罚的功能,不能只限于考察刑罚对犯罪分子本身的作用,而应从整个社会的角度,即从对整个社会的作用来考察,才能对刑罚的功能有全面、恰当的评价。

2.刑罚的功能是刑罚可能产生的积极作用

刑罚的适用,既有积极的作用,也有消极的影响。作为国家规定刑罚并加以适用,目的在于追求其对社会可能发生的积极作用。刑罚这种在客观上具的有产生相应积极作用的可能性,是刑罚本身存在的根据。如果客观上根本不可能产生积极作用,自然谈不上刑罚的功能。认识刑罚积极作用的可能性,有助于将刑罚功能与刑罚适用实际产生的效果区别开来,不至于因某种原因未产生积极效果而否定刑罚功能的存在。

3.刑罚的功能是制定、裁量、执行刑罚可能产生的作用

这表明刑罚的功能不是仅就刑罚的判处或刑罚的执行某一点而言的,而是从刑罚的制定到刑罚的裁量再到刑罚的执行整个过程而言的,如果不这样考察就会失之于片面。国家制定刑罚,对某种犯罪规定一定的法定刑,会使人们知道实施某种危害社会的行为会受到什么样的刑罚处罚,从而会使人们在心理上产生影响。审判机关对犯罪人裁量判处一定的刑罚,执行机关对犯罪人执行刑罚,不仅会对犯罪人产生作用,也会对犯罪人以外的人产生作用。可以说,刑罚的功能是刑罚的制定、裁量、执行全过程的功能。

(二)刑罚功能的内容

根据功能以及对象范围的不同,可以将刑罚的功能概括为三个方面:对犯罪人的功能、对被害人的功能和对社会的功能。

1.对犯罪人的功能

刑罚是对犯罪人适用的强制方法,它首先对犯罪人发生作用。刑罚对犯罪人的功能,主要有如下两种:

(1)惩罚功能。刑罚的惩罚功能,是指刑罚的适用不仅使犯罪人因被剥夺或限制某种重要权利而感受到的痛苦,而且使其因受到政治和道义上的否定评价而感受到耻辱。刑罚如果不具有这种对犯罪人产生痛苦和耻辱的感觉,那么刑罚就失去了它作为遏制犯罪的惩罚措施的价值。因此,任何刑罚都具有惩罚功能,这是各种刑罚的共性。但不同刑罚还具有不同的惩罚功能,这是各种刑罚的个性,如死刑具有剥夺犯罪人生命的功能,它从肉体上将犯罪人加以消灭,使犯罪人本人永远不可能再危害社会;无期徒刑、有期徒刑、拘役等自由刑具有剥夺犯罪人身体自由的功能,它将犯罪人置于与社会隔离的场所。不同刑罚的不同功能对防止服刑人重新犯罪的强度是不同的。

(2)教育改造功能。教育改造功能,是指在刑罚执行过程中,注重犯罪人人性的特点,对其进行感化教育,通过劳动意识的培养,使其成为遵纪守法、自食其力的公民。它可以说是我国刑罚对犯罪人的主要功能。刑罚对犯罪人的惩罚功能是与刑罚与生俱来的功能,它具有久远的历史;而刑罚对犯罪人的教育改造功能,则是近代目的刑论产生以后才为刑法学者所大力倡导。在我国,刑罚的改造功能,主要通过劳动改造和教育改造来实现的。

2.对被害人的功能

这里的被害人,包括犯罪行为的直接受害者和直接受害者的家属。刑罚对被害人的功能,主要是安抚功能,即通过对犯罪人适用刑罚处罚,一定程度上满足被害人及其家属要求惩罚犯罪人的诉求,平息他们因被犯罪行为侵害而产生的复仇情绪,抚慰其内心的创伤,避免产生新的矛盾冲突和犯罪。

刑罚安抚功能的实现,有赖于对法律的准确把握和正确适用。在司法实践中,刑罚必须依法适用,不能一味地为满足被害人及其家属的愿望和要求,背离罪责刑相适应原则对犯罪人适用刑罚。

3.对社会的功能

刑罚虽是对犯罪人适用的强制方法,但它同时也是社会的防卫手段。因而,刑罚不但对犯罪人发生作用,而且对社会也会产生积极的作用。刑罚对社会的功能,主要表现在以下三

个方面：

（1）威慑功能。威慑功能，也称威吓功能，是指刑罚以其具有剥夺权利的强制力使人畏惧而不敢犯罪。刑罚的威慑功能体现在立法、裁判和执行三个阶段中。在立法阶段，国家通过刑法规定具体犯罪的刑罚，使有犯罪危险倾向的人不敢作案；在裁判阶段，通过司法机关对犯罪人的具体犯罪适用刑罚，使那些不稳定分子清楚犯罪所给予的惩罚的严厉性，从而放弃犯罪；在执行阶段，通过犯罪人被判处刑罚的实际执行，向社会昭示犯罪人身受执行刑罚之苦，回心向善。当然，刑罚的威慑功能也是有限的，它不能对任何人都能产生威慑的效果。对绝大多数人来说，他们奉公守法，从没有想到违法犯罪，这不是因为害怕犯罪后会受到刑罚处罚，而是由于他们具有良好的思想意识；对于极少数恶性很深或者犯罪习性很深的人来说，他们尽管知道犯罪后会受重惩，还是不惜以身试法，刑罚对他们很难发挥威慑功能。

（2）教育功能。对一些犯罪规定一定的刑罚，可以教育广大人民群众，了解违法犯罪行为的后果，自觉地遵纪守法。对犯罪人判处应得的刑罚和执行刑罚，可以使广大人民群众进一步了解犯罪与刑罚的具体关系，认识犯罪之后刑罚的不可避免性，提高人民群众遵纪守法的自觉性和同犯罪分子斗争的积极性。这说明对应处刑罚的犯罪人判处刑罚，对广大人民群众都具有教育意义。

（3）鼓励功能。犯罪人的犯罪行为，侵害公民利益，危害社会秩序，广大奉公守法的公民，对之无不心怀痛恨。在犯罪人受到刑罚的宣判和执行时，他们会受到鼓舞，消除同违法犯罪作斗争的后顾之忧。这有助于鼓励公民大胆揭发、检举犯罪行为，同违法犯罪行为作斗争。可以说，刑罚对罪犯的现实适用，就是对人民群众与犯罪分子作斗争的支持与鼓励。

三、刑罚的目的

（一）刑罚目的的概念

所谓刑罚目的，是指国家制定、适用和执行刑罚所期望达到的效果。刑罚目的，体现着刑罚的性质和国家运用刑罚同犯罪作斗争的指导思想，决定着刑罚体系和刑罚种类的确立，是构建刑罚制度的出发点和归宿，影响着刑罚适用的效果。因此，刑罚目的决定或制约着刑罚的其他全部问题，是刑罚论的核心和要害。

（二）刑罚目的的内容

在我国，刑法学者对于刑罚目的内容的认识，观点不同，表述各异，但多数学者认为，刑罚的目的是预防犯罪，具体包括特殊预防和一般预防。

1. 特殊预防

所谓特殊预防，是指通过对犯罪人适用、执行刑罚，防止其重新犯罪。可见，特殊预防的对象只能是犯罪人，也即实施了危害社会的行为，依法应当承担刑事责任的人。防止已经犯罪的人重新犯罪，可以采取多种方式，而刑罚则是最重要的一种预防手段。刑罚在特殊预防中的具体作用方式表现为：（1）通过对极少数罪行极其严重的犯罪人适用和执行死刑，永远剥夺其再犯罪之可能。这是一种最简单、最有效的特殊预防，但在现代社会它不应成为实现特殊预防的主要途径。（2）通过对绝大多数犯罪人适用和执行自由刑，一方面使其与社会隔离,防止再危害社会;另一方面也可对其进行教育改造,使他们改过自新,重新做人。(3)通过对经济犯罪、财产犯罪和其他贪利型犯罪的犯罪人适用和执行财产刑,剥夺其继续犯罪的物质条件。(4)通过对某些犯罪人适用和执行资格刑,剥夺其某种权利或资格,防止其利用这些权利或资格进行新的犯罪活动。当然,这并不是说对犯罪人判处和执行刑罚就能自然实现特殊预防的目的,而是要通过多方面的协调配合,坚持惩罚与教育相结合、劳动与改造相结合的方针,以实现特殊预防。

2.一般预防

所谓一般预防,是指通过制定刑罚和对犯罪人适用、执行刑罚,威慑、警戒其他人,防止社会上可能犯罪的人走上犯罪道路。由此可见,一般预防的对象不是犯罪人,而是没有犯罪的社会成员,包括危险分子、不稳定分子、刑事被害人以及其他社会成员。由于预防对象的不同,决定了实现特殊预防和一般预防的方式的差异。刑罚是直接施加于犯罪人的,因此,特殊预防的方式侧重于刑罚的物理性强制和由此而产生的精神威慑。而一般预防的对象并不是犯罪人,所以一般预防的方式只能是通过对犯罪人适用和执行刑罚这一客观事实,以期对其他社会成员产生一定的心理影响。具体来说,一般预防的方式主要包括:(1)通过制定刑罚和对犯罪人适用、执行刑罚,威慑、警戒社会上的不稳定分子,使他们不敢以身试法。(2)通过制定刑罚和对犯罪人适用、执行刑罚,表明国家对犯罪行为的否定态度,抚慰被害人,防止报复性犯罪活动的发生。(3)通过制定刑罚和对犯罪人适用、执行刑罚,教育和鼓励广大人民群众积极地同犯罪作斗争。

3.特殊预防与一般预防的关系

特殊预防和一般预防是刑罚目的的两个方面,它们之间是紧密结合、相辅相成的。没有特殊预防,一般预防也很难实现;而没有一般预防,则特殊预防的效果就没有意义。在整个刑事立法和刑事司法过程中,对任何一个犯罪规定和适用刑罚,都包含着特殊预防和一般预防的目的。因此,制定、适用和执行刑罚,既要考虑特殊预防,也要考虑一般预防,二者不可偏废。如果舍弃了其中任何一个方面,都将使刑罚的目的难以实现。当然,在不同的环节,对于特殊预防与一般预防是可以根据具体情况的不同而有所侧重的。例如,在刑事立法上要侧重一般预防,而在量刑与刑罚执行上要侧重特殊预防。又如,对于累犯、惯犯等再犯可能性较大的犯罪人,应侧重于特殊预防;对于初犯、偶犯等再犯可能性小的犯罪人,应侧重于一般预防。

四、刑罚的适用基础

(一)刑罚适用基础的概念

刑罚的适用基础,是指刑罚可以在什么样的场合适用,它需要具备哪些基础性条件。根据刑法的基本理论,"行为人的行为是犯罪"与"行为人的行为应当受刑罚惩罚",只是一个逻辑的结论,是否需要适用刑罚,要根据行为人的实际状况和法律的规定来决定。例如,行为人盗窃了他人价值 5000 元的电脑一台,但事后查明该窃贼的年龄离 16 周岁还差 1 天,因此就不能对其追究刑事责任,当然也就不能适用刑罚。又如,行为人行凶刺杀他人,被侦查机关捉拿归案,检察机关也查明:本案事实清楚、证据确实充分,行为人的行为已经构成故意杀人罪而向法院提起公诉。但在法院审理案件的过程中,被告人因意外而死亡,因此,就没有必要再对被告人定罪,因此也就不需要适用刑罚。在我国刑法中,凡是依法不能被追究刑事责任的情形,都不存在适用刑罚的问题,不是适用刑罚的基础。

从刑法理论与司法实践结合的角度考察,在审判工作中要能够具体适用刑罚,必须具备两个基本条件:一是行为人的行为应当承担刑事责任;二是审判机关依法对被告人进行了定罪。上述两个条件必须同时具备,缺一不可。

(二)刑事责任

1.刑事责任的概念和特征

刑事责任,是指由行为人违反刑法规范义务的行为所引起的、体现国家对行为人否定的道德政治评价的、应由其自身承担的刑事法律后果。对于刑事责任,应从两个方面来理解:从行为人角度讲,刑事责任是行为人对违反刑法规范义务的行为(犯罪)所引起的刑事法律后果(刑罚)的一种承担;从国家角度讲,刑事责任就是国家对实施犯罪行为的人的一种否定评价。

刑事责任具有以下特征:(1)强制性。刑事责任是一种由犯罪行为所引起的国家强制犯罪人承担的法律责任。(2)严厉性。刑事责任是性质最为严重、否定性评价最为强烈、制裁后果最为严厉的法律责任。(3)专属性。刑事责任只能由犯罪的个人或单位承担,具有专属性,不可转嫁,不能替代。这是"罪责自负原则"的要求。

刑事责任不同于民事责任等其他法律责任,具体表现在:(1)基础不同。刑事责任只能由实施犯罪行为的人承担,而其他法律责任不以犯罪行为为必要前提。(2)程序不同。行为人是否承担刑事责任,只能由国家司法机关依照刑事诉讼程序来决定,而其他法律责任的追究则通过民事、行政程序进行。(3)法律后果不同。刑事责任的法律后果是予以刑罚处罚,这是最严厉的国家制裁方法;而其他法律责任不会引起刑罚处罚这种严厉的法律后果,其承担方式较刑事责任的承担方式而言相对要轻缓得多。

2.刑事责任的根据

刑事责任的根据,所要回答的是犯罪人基于何种理由承担刑事责任、国家基于何种理由追究犯罪人刑事责任的问题。刑事责任的根据,包括法律事实根据和哲学理论根据两个方面。

(1)法律事实根据。刑事责任的法律事实根据,在于行为人的行为具备刑法规定的犯罪构成。犯罪构成是犯罪概念的具体化,是犯罪基本属性的法律表现。立法者通过罪状设置具体的犯罪构成,使具有严重社会危害性的犯罪行为具体化、特定化。因此,行为具备犯罪构成是刑事责任的法律事实根据。这里的事实根据包括犯罪手段、犯罪对象、危害结果、犯罪前的一贯表现、犯罪后的态度等,它们影响刑事责任的程度。应当指出,决定刑事责任程度大小的,首先应当是行为具备的犯罪构成要件中的事实。但犯罪构成事实不是唯一的根据,除了犯罪构成要件的事实外,在犯罪案件的客观、主观、主体以及其他方面,都还存在着一系列能够影响和说明刑事责任程度轻重的事实。

(2)哲学理论根据。犯罪人承担刑事责任的哲学理论根据,在于犯罪人基于自己的主观能动性或相对自由意志实施了犯罪行为。辩证唯物主义认为,意识指导人的行为。一个人实施何种行为,在一定限度内具有选择的自由,即具有相对自由意志。由于这种相对自由意志,使得国家能够要求人们按照一定的社会标准选择和决定自己的行为,并且依据人们所选择、决定的行为是否符合该社会标准来给予肯定或否定的评价。因此,当行为人选择了危害国家、社会和人民利益的犯罪行为时,就为国家对行为人的行为给予否定评价提供了依据。因此,追究犯罪人刑事责任的哲学理论根据,就在于犯罪人基于自己的主观能动性选择实施了犯罪行为。

国家可以追究犯罪人刑事责任的哲学理论根据,还在于犯罪人具有社会性。犯罪实施者同其他人一样,不仅是自然的存在物,而且是社会的存在物。而犯罪行为是在一定的社会环境中实施的,危害了一定的社会关系。国家作为社会关系的维护者,维护这种社会关系,既是其权利,也是其义务。因此,国家对基于主观意志实施危害社会的犯罪人,追究其刑事责任是法律本身的要求。

3. 承担刑事责任的方式

根据不同的情况,刑事责任的解决可以分别采取以下几种方式:(1)定罪判刑方式。即对犯罪人在作出有罪判决的同时予以刑事制裁即适用刑罚。这是解决刑事责任最常见、最基本的方式。人民法院对行为人作有罪判决时才有权适用这种方式来解决行为人的刑事责任问题。(2)定罪免刑方式。即在确定行为人的行为构成犯罪、应负刑事责任的前提下,以免除刑罚处罚的方式解决行为人的刑事责任问题。(3)消灭处理方式。这是指本来行为人的行为已构成犯罪,应负刑事责任和应受刑罚处罚,但法律规定不需要追究行为人的刑事责任,从而使刑事责任归于消灭,行为人不再负刑事责任。如已超过追诉时效期限的犯罪人,其刑事责任基于时效的届满而消灭。(4)转移处理方式。刑事责任的转移处理方式只能对享有外交特权和豁免权的外国人适用。根据我国《刑法》第11条的规定,享有外交特权和豁免权的外国人的刑事责任,通过外交途径解决。

(三)定罪

定罪是全部刑事司法活动的核心问题,只有准确定罪,国家的刑罚权才能正确实现。定罪是融刑事实体法与刑事程序法于一体的司法活动,它既是司法人员的主观认识过程,要求司法人员充分发挥其主观能动性查明案件事实,并找到可以适用的法律规范;又是适用法律对事实与法律的评判过程,需要对事实和法律作出判断和应用。因此,在刑法中研究定罪问题具有特别重要的意义。

1. 定罪的概念与特征

关于定罪的概念,理论界存在不同观点。有学者认为:"定罪就是司法机关根据案件事实和依照刑事法律认定犯罪嫌疑人和被告人的行为是否符合犯罪构成的活动。"也有的学者认为:"定罪就是人民法院按照刑事诉讼程序,确定被审理的案件事实与刑法中所规定的犯罪概念和犯罪构成是否相符合的活动。"我国刑法通说认为:"定罪,是指司法机关依法认定被审理的行为是否构成犯罪以及构成何种犯罪的活动。"定罪的主要特征如下:

(1)主体的特定性。定罪的主体只能是人民法院,因为定罪权属于刑事审判权的一项基本内容,而能够行使审判权的机关只能是法院,这是现代法治国家刑事诉讼的最基本规则。根据我国《刑事诉讼法》第12条规定:"未经人民法院依法判决,对任何人都不得确定有罪。"这就表明,只有人民法院才有对被告人定罪的权力。

(2)对象的特定性。定罪的对象是被告人的行为。首先,定罪只能针对行为而不是行为人。因为没有行为即没有犯罪,缺乏通过作为或不作为形式表现出来的犯罪行为,不能确定被告人有罪。其次,定罪指向的是受到追诉的被告人的行为。如果脱离了被告人的行为,就无法准确定罪。

(3)根据的法定性。定罪的根据是犯罪事实与刑事法律。定罪的事实是依法定程序证明了的案件事实,即是经正当程序确定的法律事实。定罪的法律主要是刑事法律,是广义范畴上的刑事法律。

(4)内容的专门性。定罪的内容是确定被告人的行为是否符合刑法规定的犯罪构成,即其是否构成犯罪、构成何种犯罪。具体包括:确定罪与非罪;确定此罪与彼罪;确定轻罪与重罪;确定一罪与数罪;确定未完成犯罪的形态;确定是否成立共犯。以上内容并非都存在于一个行为当中,应根据案件具体情况予以确定。

2.定罪的原则

定罪的原则,是指国家审判机关在进行定罪活动时应当遵循的行为准则。对于定罪的原则,学者们的观点并不一致,主要有这样一些主张:(1)依法定罪原则、客观公正原则、必要性原则和疑罪从无原则;(2)合法原则、平等原则、协调原则与谦抑原则;(3)程序法定原则、证据裁判原则、无罪推定原则、罪之法定原则、主客观相统一原则、必要性原则;(4)主观与客观相统一的原则,等等。

我们认为,定罪的原则要兼顾程序和实体两方面的法律,同时也不能面面俱到。因此,定罪的原则可以包括以下几个:

(1)程序法定原则。程序法定原则,是指司法机关的定罪活动只能由国家审判机关依照法定程序进行,不得超越法定职权或违反法定程序办案。这里包含两层含义:一是只能由具有法定审判权的法院进行;二是在定罪活动中不得违反刑事诉讼法的程序。

(2)无罪推定原则。无罪推定原则,是指在刑事诉讼中,任何受到刑事追诉的人在未经法院依法判决有罪之前,应被视为无罪。也就是说,要确定被告人有罪,需要具备两个条件:一是由指控被告人犯罪的机关或人员提供确实充分的证据;二是由审判机关依照法律程序对被告人作出犯罪的认定。我国《刑事诉讼法》第12条规定就是这种基本精神的体现。

(3)罪之法定原则。罪之法定原则,是罪刑法定原则的一部分,它是指什么行为是犯罪应由刑法明文规定,对于刑法分则没有明文规定的行为,不得予以定罪。这一原则要求:第一,对于被告人的行为是否构成犯罪、构成何种犯罪、是轻罪还是重罪、一罪还是数罪,都要以刑法规定的犯罪构成为标准,正确地确定其罪名;第二,在依据空白罪状定罪时,必须依照刑法条文中已指明的需要参照的其他法律、法规进行,不能任意解释;第三,对于刑法无明文规定的,不能确定为犯罪。

(4)主客观相统一原则。主客观相统一原则,是指在犯罪的成立上不能只采用主观或者客观中某一方面的标准,而应当将主观与客观相结合,防止片面性。这一原则的内容主要表现为以下两个方面:一是犯罪构成中主观要件与客观要件的统一,即行为人主观罪过与行为客观危害相统一;二是行为的社会危害性与行为人的人身危险性相统一。社会危害性是犯罪行为的特征,它通过在主观罪过支配下的危害行为对社会关系的损害得以表现;人身危险性是犯罪人的特征,主要通过犯罪人的人格特征得以体现。因此,兼顾主观与客观、行为与行为人的统一,对于正确定罪具有重要意义。

第二节　经济犯罪的刑罚种类

刑罚体系是在确定刑种、实行分类的基础上,依其轻重程度排列成的一个有机联系的整体,旨在发挥刑罚的积极功能、实现刑罚目的。本节主要阐述刑罚体系的概念、特点,刑罚的种类及其适用,以及非刑罚处理方法的种类及其适用。

一、刑罚体系概述

(一)刑罚体系的概念

刑罚体系,是指由刑法依照一定的标准对各种刑罚方法进行分类并依其轻重排列而成的刑罚序列。刑罚体系有以下特点:首先,刑罚体系是以刑罚方法(即刑种)为内容,并按照一定的次序排列而成。刑种是刑罚体系的基本构成要素,没有刑种,就不可能有刑罚体系。其次,刑罚体系是由刑法明文规定的。刑罚体系由哪些刑种组成,是由立法者确定的,这也是罪刑法定原则的必然要求。根据我国刑法的规定,刑罚分为主刑和附加刑,主刑包括管制、拘役、有期徒刑、无期徒刑和死刑;附加刑包括罚金、剥夺政治权利、没收财产和驱逐出境。再次,刑罚体系的确立依据是发挥刑罚功能、彰显刑罚目的。无论刑种的选择和排列,都是以发挥刑罚功能、彰显刑罚目的为指导思想的。纵观刑法史,不同的历史时期,即报复刑时期、威慑刑时期、教育刑时期等不同阶段,有不同的指导思想,决定了有不同的刑罚体系。

(二)刑罚的分类

在各国刑罚体系中,根据不同的标准,刑罚基本上有两种分类方法:

1.以刑罚剥夺犯罪分子的权利的性质为标准

以刑罚剥夺犯罪分子的权利和利益的性质不同为标准,可分为生命刑、自由刑、财产刑和资格刑四种。(1)生命刑,是指剥夺犯罪分子生命的一种刑罚方法,如死刑,它是最重的一种刑罚方法。(2)自由刑,是指剥夺或限制犯罪分子人身自由的一种刑罚方法,如有期徒刑、无期徒刑、拘役等,这是各种刑罚方法中运用最广泛的一种刑罚方法。(3)财产刑,是指剥夺犯罪分子财产的一种刑罚方法,如罚金、没收财产等,在经济犯罪中适用较广泛。(4)资格刑,是指剥夺犯罪分子行使某种权利的资格的一种刑罚方法,如剥夺政治权利等。

2.以刑罚方法的适用方式为标准

以某种刑罚方法只能单独适用还是可以附加适用为标准,可分为主刑和附加刑两种。(1)主刑,也叫基本刑罚,主要特点是只能独立适用,而不能附加适用的刑罚方法。对一罪,只能判处一个主刑,不能判处两个以上的主刑。如果犯有数罪,可以判处几个以上的主刑,但要按一定的规则把各罪的刑罚加以合并,最后决定执行一个主刑,而不是执行两个以上的主刑。(2)附加刑,有的叫从刑,主要特点是补充主刑适用的刑罚方法。附加刑的主要特点是既可以独立适用,也可以作为主刑的附加刑适用。

(三)我国刑罚体系的特点

根据《刑法》第33条的规定,我国刑法中主刑包括管制、拘役、有期徒刑、无期徒刑和死刑。我国《刑法》第34条规定了罚金、剥夺政治权利与没收财产三种附加刑;第35条规定了适用于犯罪的外国人的驱逐出境,这是一种特殊的附加刑。

我国刑罚体系具有以下特点:

1.宽严相济、目标统一

轻重不同的刑种组成了我国刑罚体系,无论是主刑还是附加刑,都是有轻有重。如主刑中较轻的有管制、拘役,也有较重的有期徒刑,更重的是无期徒刑,最重的是死刑。这些都体现了我国刑罚体系宽严相济的特点。这种刑罚体系,其目标是通过贯彻惩罚与教育相结合的方针,收到预防犯罪的实效。

2.体系完整、结构严谨

我国刑罚由主刑和附加刑构成了一个完整体系,主刑和附加刑相互补充。不同的刑种对受刑人造成的痛苦不同,可以适用于不同的犯罪和不同的犯罪分子,以充分体现罪刑相适应原则。此外刑罚体系的结构也很严谨,主刑在先,附加刑在后,体现了主刑是对犯罪分子适用的主要刑罚方法,附加刑是补充适用的一种刑罚方法。主刑和附加刑均是根据各自的严厉程度由轻到重依次排列。

2.内容合理、方法人道

我国刑罚体系的内容立足于我国的国情,各个刑种都包含了惩罚与教育改造的机制,适应了我国刑事政策的需要。我国刑罚体系以自由刑为中心,并扩大了罚金刑的适用范围,符合世界各国刑罚发展趋势。我国所有刑罚方法(除死刑立即执行外)都强调对犯罪分子的教育和改造,不包含对犯罪人肉体摧残、人格侮辱、精神折磨、牵连家属的内容,我国刑罚具有人道性。

二、主刑

我国刑法规定的主刑有管制、拘役、有期徒刑、无期徒刑和死刑五种。

(一)管制

管制,是指对犯罪分子不予关押,但限制其一定自由,依法实行社区矫正的刑罚方法。管制是我国独创的一种刑罚方法,是最轻的一个刑种。由于管制是对犯罪分子不予关押,作为一种开放型的刑罚方法,符合刑罚改革的国际趋势。管制的特点:

1.对犯罪分子不予关押

即不剥夺犯罪分子的人身自由,而是放在社区改造。这种不剥夺自由的特点,可以避免短期自由刑交叉感染等弊端,将犯罪分子留在社会上可以保持正常的工作和生活,有利于罪犯的劳动和改造,以及后期的回归和融入社会。

2.限制犯罪分子的人身自由

管制区别于免予刑罚处罚,主要体现在对犯罪分子人身自由的限制上。根据《刑法修正案(八)》的规定,在《刑法》第38条中增加一款作为第二款:"判处管制,可以根据犯罪情况,同时判令犯罪分子在执行期间不得从事特定活动,不得进入特定区域、场所,不得接触特定的人。"根据《刑法》第39条的规定,限制自由的具体内容是:(1)遵守法律、行政法规,服从监督;(2)未经执行机关批准,不得行使言论、出版、集会、结社、游行、示威自由的权利;(3)按照执行机关规定报告自己的活动情况;(4)遵守执行机关关于会客的规定;(5)离开所居住的市、县或者迁居,应当报经执行机关批准。但对于被判处管制的犯罪分子,在劳动中应当同工同酬。

3.对自由的限制有一定期限

根据《刑法》第38条、第69条的规定,管制的期限为3个月以上2年以下,数罪并罚时不得超过3年。根据《刑法》第41条的规定,管制的刑期,从判决执行之日起计算;判决执行以前先行羁押的,羁押1日折抵刑期2日。根据《刑法》第40条的规定,被判处管制的犯罪分子,管制期满,执行机关应即向本人和其所在单位或者居住地的群众宣布解除管制。

4.对被管制的犯罪分子依法实行社区矫正

管制作为一种开放性的刑罚,实际上离不开群众的监督改造。《刑法》第39条规定的"服从监督",也实际上就是在社区接受群众的监督改造。《刑法》第40条规定的"被判处管制的犯罪分子,管制期满,执行机关应即向本人和其所在单位或者居住地的群众宣布解除管制",这也说明判处管制的犯罪分子在管制期间是受群众监督的。

(二)拘役

拘役,是短期剥夺犯罪分子自由,就近执行并实行劳动改造的刑罚方法。拘役是介于管制和有期徒刑之间的轻刑,是一种短期自由刑,在我国刑法中适用面较宽,仅次于有期徒刑。根据《刑法》第42条至第44条的规定,拘役具有如下特点:

1.拘役适用于罪行较轻的犯罪分子。拘役主要适用于那些罪行较轻,但又必须短期剥夺其人身自由进行劳动改造的犯罪人。

2.拘役是短期剥夺自由的刑罚方法,与管制有明显区别。同时与行政拘留、刑事拘留、民事拘留在性质、适用对象、适用机关、适用的法律依据等方面都有明显区别。根据《刑法》第42条、第64条的规定,拘役的期限为1个月以上6个月以下,数罪并罚时不得超过1年。《刑法》第44条规定,拘役的刑期,从判决执行之日起计算;判决执行以前先行羁押的,羁押1日折抵刑期1日。

3.拘役就近执行并可以探亲。《刑法》第43条第1款规定:"被判处拘役的犯罪分子,由公安机关就近执行。"第2款规定:"在执行期间,被判处拘役的犯罪分子每月可以回家一天至两天;参加劳动的,可以酌量发给报酬。"这说明拘役的执行机关是公安机关。就近执行,是指公安机关对于人民法院判处拘役的犯罪分子,有条件建立拘役所的,放在拘役所执行;没有条件的可放在就近的监狱或其他监管场所执行;远离监狱和其他监管场所的,可以放在就近的看守所或其他监管场所内执行;但在监狱、劳改队或看守所执行的,要实行分管分押,以防交叉感染。对放在监狱、其他监管场所执行拘役的犯罪分子,要组织其劳动。对放在看守所执行的,应创造条件使其参加一定的生产劳动。在执行期间,受刑人每月可以回家1至2日。参加劳动的,根据受刑人参加生产劳动的表现、技术水平等情况,发给适当的报酬。

(三)有期徒刑

有期徒刑,是指剥夺犯罪分子一定期限的人身自由,并强制进行劳动改造的刑罚方法。有期徒刑是自由刑的主体,在刑罚体系中占有重要地位。因为有期徒刑适用范围大,不但刑期可长可短,而且幅度较大,在幅度内又可分不同的档次,这就使有期徒刑既可适用于严重的犯罪,也可适用于一般的犯罪,还可适用较轻的犯罪。有期徒刑最能体现罪责刑相适应原则和刑罚个别化原则。犯罪的社会危害性大小不同,刑罚的轻重也就不同,针对轻重不同的犯罪,选择长短不一的刑期。我国有期徒刑有以下特点:

1.有期徒刑的适用对象非常广泛

我国的有期徒刑是适用范围最广的刑种。它适用于各种犯罪，在刑法分则中凡是具体规定法定刑的，都包含有期徒刑。由于有期徒刑轻重长短不同，幅度也较大，有利于法院根据案件的不同情况，判处轻重相适应的刑罚。

2.有期徒刑的期限跨度大

根据《刑法》第45条的规定，有期徒刑的期限为6个月以上15年以下。有期徒刑的最高期限一般为15年，但在以下三种情况可以超过15年。第一，根据《刑法》第69条的规定，有期徒刑数罪并罚时不得超过20年，其中有期徒刑总和刑期在35年以上的，最高不得超过25年。第二，根据《刑法》第50条的规定，判处死刑缓期执行的，如果确有重大立功表现，2年期满以后，减为15年以上20年以下有期徒刑。第三，判处无期徒刑的犯罪分子，如果获得减刑，实际执行的刑期可能超过15年。至于有期徒刑刑期的计算与折抵，《刑法》第47条规定，有期徒刑的刑期，从判决执行之日起开始计算；判决执行以前先行羁押的，羁押1日折抵刑期1日。

考虑到有期徒刑的刑期幅度很大，如果不在法定刑中对有期徒刑的幅度作进一步的规定，会导致法官自由裁量权太大，出现量刑不均衡的现象，所以，《刑法》对具体犯罪有期徒刑的幅度作了规定，具体有以下情况：1年以下、2年以下、3年以下、5年以下、1年以上7年以下、2年以上5年以下、2年以上7年以下、3年以上7年以下、3年以上10年以下、5年以上10年以下、7年以上10年以下、5年以上、7年以上、10年以上和15年。

3.有期徒刑的执行实行强制劳动改造

根据《刑法》第46条规定，被判处有期徒刑的犯罪分子，在监狱或者其他执行场所执行。其他执行场所，如少年犯管教所，它是以少年犯为对象的执行机关，关押12周岁以上不满18周岁的未成年罪犯。此外，《刑事诉讼法》第264条规定，对于被判处有期徒刑的罪犯，在被交付执行刑罚前，剩余刑期在3个月以下的，由看守所代为执行。《刑法》第46条规定，被判处有期徒刑的犯罪分子，"凡有劳动能力的，都应当参加劳动，接受教育改造"。此处的劳动改造是强制性的，除丧失劳动能力的以外，都必须参加劳动。所以我国对判处有期徒刑的犯罪分子，不是消极地关押和监禁，也不是将执行机关当作单纯从事生产的企业，而是通过劳动的方式，教导犯罪分子学习一定的生产技能，将其改造成为自食其力、遵纪守法的公民，以达到预防犯罪的刑罚目的。

（四）无期徒刑

无期徒刑，是指剥夺犯罪分子终身自由，实行强迫劳动并接受教育改造的刑罚方法。无期徒刑具有如下特点：

1.剥夺犯罪分子终身自由

无期徒刑是剥夺犯罪分子终身自由的刑种，是剥夺自由刑中最严厉的刑罚方法，其严厉程度仅次于死刑。因而，它的适用对象是罪行严重，但又不需剥夺生命的犯罪分子。虽然从理论上或法律规定上讲，无期徒刑是剥夺终身自由，无限期关押，但实际上由于《刑法》同时规定了减刑、假释等制度，被判处无期徒刑的犯罪分子很少有终身服刑的，只要悔过自新，就可以回归社会，并没有断绝犯罪分子的再生之路。

2.对犯罪分子实行强制劳动改造

根据《刑法》第46条的规定,被判处无期徒刑的犯罪分子,在监狱或其他执行场所执行;凡具有劳动能力的,应参加劳动,接受教育改造。被判处无期徒刑的犯罪分子,除没有劳动能力的以外,都必须参加无偿劳动,接受教育改造。《刑法》规定的减刑、假释制度,同样适用被判处无期徒刑的犯罪分子,目的是促使犯罪分子积极改造,回归社会。

3.不可以孤立地适用

根据《刑法》第57条的规定,被判处无期徒刑的犯罪分子,应当附加剥夺政治权利终身。一方面是因为被判无期徒刑的犯罪分子,刑事违法性程度较高,剥夺其政治权利具有应然性,另一方面是出于刑罚执行便利的考虑,承担无期徒刑罪责的犯罪分子,在监所执行区内,无法有效实施选举权和被选举权、言论、出版、集会、结社、游行、示威自由的权利等政治权利。与此同时,由于无期徒刑没有期限,被判决执行前先行羁押的时间不能折抵刑期,即羁押时间不能折抵刑期。

(五)死刑

死刑,是剥夺犯罪分子生命的刑罚方法。死刑以剥夺犯罪分子的生命为内容,又被称为生命刑。由于生命一旦被剥夺则不可恢复,所以,死刑是刑罚方法中最严厉的刑罚,故又被称为"极刑"。在各个刑种中,死刑的历史最源远流长,但从18世纪资产阶级启蒙思想家贝卡利亚提出废除死刑的主张以来,死刑的存废之争已持续了两个多世纪,大多是围绕人的生命价值、死刑是否具有威慑力、是否违宪、是否有利于贯彻罪刑相适应原则、是否会助长人们的残忍心理、是否符合刑罚目的的、是否符合历史发展趋势等问题展开了激烈的争论,从而形成两派观点:主存论和主废论。

死刑问题近年来也是我国刑法理论上的一个热点问题,减少死刑,而不是废除死刑是目前我国理论上的共识。我国《刑法》对死刑作出了明确规定,彰显了立法态度。我国现阶段必须保留死刑:第一,司法实践中还存在极其严重的犯罪,需要死刑保护国家和公民的重大利益。第二,保留死刑有利于刑罚目的的实现。对那些罪行极其严重的犯罪人,只有适用死刑,才能达到特殊预防的目的;同时,对那些意图实施极其严重的犯罪的人也有警告作用,达到一般预防的目的。第三,保留死刑符合现阶段的社会价值观,被公众认同和支持。总之,保留死刑符合我国的基本国情。

保留死刑是我国的基本态度,但坚持少杀、慎杀,反对多杀、滥杀,防止错杀、误杀,严格控制死刑的适用,是我国死刑的基本政策。这在我国《刑法》中得到了充分体现,对死刑的适用作了多方面的限制性的规定。

1.死刑适用条件的限制

《刑法》第48条规定:"死刑只适用于罪行极其严重的犯罪分子。"所谓罪行极其严重,是指犯罪的性质极其严重,犯罪的情节极其严重,行为人的人身危险性极其严重,即主客观危害都极其严重。这是适用死刑应该遵循的总体标准。

2.死刑适用对象的限制

《刑法》第49条和《刑法修正案(八)》规定:犯罪的时候不满18周岁的人和审判的时候怀孕的妇女,不适用死刑。对于犯罪时已满75周岁的人,不适用死刑,但以特别残忍手段致人死亡的除外。这一规定体现了我国刑法对未成年人、妇女和老人的人道主义精神。这里需要注意以下问题：

（1）不适用死刑，是指既不能适用死刑立即执行，也不能适用死刑缓期二年执行。它不能理解为可以判处死刑，但暂时不执行，待罪人年满18周岁或怀孕妇女分娩后再执行死刑。

（2）对于犯罪的时候不满18周岁和审判的时候怀孕的妇女，即使罪行极其严重，也不能适用死刑，只能判处其他刑罚。但对于犯罪时已满75周岁的人，如果以特别残忍手段致人死亡的，仍然可以适用死刑。

（3）犯罪的时候，是指犯罪人实施犯罪行为的时候。审判的时候怀孕的妇女，当然包括在人民法院审判的时候，被告人是怀孕的妇女。[①]

3. 死刑适用程序的限制

根据《刑事诉讼法》第20条规定，死刑案件只能由中级以上的法院进行一审，基层法院无权受理死刑案件。《刑法》第48条规定：死刑除依法由最高人民法院判决的以外，都应当报请最高人民法院核准。死刑缓期执行的，可以由高级人民法院判决或者核准。中级法院判处死刑的第一审案件，被告不上诉的，应当由高级法院复核后，报请最高人民法院核准；高级法院判处死刑的第一审案件被告人不上诉的，以及判处死刑的第二审案件，都应当报请最高人民法院核准。死刑缓期执行的，可以由高级法院判决或者核准。死刑核准程序是在一般的一审、二审程序之外，对死刑案件予以审核批准的特别监督程序。该制度严格了死刑的适用程序，在制度上为死刑的准确、公正适用提供了有力的保障，客观上也能起到限制死刑适用的作用。

4. 死刑执行制度的限制

《刑法》第48条规定："对于应当判处死刑的犯罪分子，如果不是必须立即执行的，可以判处死刑同时宣告缓期二年执行。"这就是死刑缓期执行制度，简称死缓。这是我国独创的制度。死缓不是独立的刑种，而是死刑的一种执行制度。即死刑有两种执行方法，一种是死刑立即执行，一种是死刑缓期执行。死缓的适用需要注意以下四个方面：

第一，适用对象必须是应当判处死刑的犯罪分子。这是适用死缓的前提条件。应当判处死刑是指根据犯罪分子所犯罪行极其严重，即罪该处死。

第二，不是必须立即执行。这是根据犯罪分子所犯罪行，虽然罪该处死，但又不是非执行不可。刑法没有明确规定属于"不是必须立即执行"的情形。根据刑事审判经验，一般具有以下情形的，可以认为属于"不是必须立即执行"：犯罪后自首、立功或者具有其他法定从轻情节的；在共同犯罪中罪行不是最严重的；因被害人的过错导致犯罪人激愤犯罪的；有其他应当留有余地的情况的；等等。

第三，死缓的结果。死缓不是一个独立的刑种，而是死刑的执行方法，所以被判处死缓的犯罪人在缓期执行期满后，根据其表现就可能有多种结果。《刑法》第50条规定有以下情形：判处死刑缓期执行的，在死刑缓期执行期间，如果没有故意犯罪，二年期满以后，减为无

---

① 最高人民法院1998年8月13日的《关于对怀孕妇女在羁押期间自然流产审判时是否可以适用死刑问题的批复》规定：怀孕妇女因涉嫌犯罪在羁押期间自然流产后，又同一事实被起诉、交付审判的，应当视为"审判的时候怀孕的妇女"，依法不适用死刑。据此，被告人在羁押期间分娩的，应视为审判的时候怀孕的妇女；被告人在羁押期间无论是否自然流产还是人工流产，也视为审判的时候怀孕的妇女；在羁押期间已经怀孕的妇女，无论其怀孕是否违反国家计划生育政策，也视为审判的时候怀孕的妇女。

期徒刑;如果确有重大立功表现,二年期满以后,减为25年有期徒刑;如果故意犯罪,情节恶劣的,报请最高人民法院核准后执行死刑;对于故意犯罪未执行死刑的,死刑缓期执行的期间重新计算,并报最高人民法院备案。同时,对被判处死刑缓期执行的累犯以及因故意杀人、强奸、抢劫、绑架、放火、爆炸、投放危险物质或者有组织的暴力性犯罪被判处死刑缓期执行的犯罪分子,人民法院根据犯罪情节等情况可以同时决定对其限制减刑。

第四,死缓的期间计算。《刑法》第51条规定:"死刑缓期执行的期间,从判决确定之日起计算。死刑缓期执行减为有期徒刑的刑期,从死刑缓期执行期满之日起计算。"根据最高人民法院2002年11月5日《关于死刑缓期执行的期间如何确定问题的批复》的规定,死刑缓期执行的期间,从判决或者裁定核准死刑缓期2年执行的法律文书宣告或送达之日起计算。所以死缓判决确定之前的羁押时间不计算在缓期2年的期限之内。如果死缓减为有期徒刑的,有期徒刑的期限从死刑缓期执行期满之日起计算,而不是从裁定之日起开始计算,即缓期2年届满后至裁定减为有期徒刑之前的羁押时间,应计算在减刑之后的有期徒刑的刑期之内。

三、附加刑

附加刑,是补充主刑适用的刑罚方法。其特点是既可独立适用,又可附加于主刑而适用。根据《刑法》第34条、第35条的规定,我国刑法中有罚金、剥夺政治权利、没收财产与驱逐出境四种附加刑。

(一)罚金

1.罚金的概念

罚金,是人民法院判处犯罪分子向国家缴纳一定数额金钱的刑罚方法。作为财产刑的一种,它与行政罚款在处罚性质、适用对象、适用机关、适用法律依据等方面有诸多区别。罚金刑主要适用于贪图牟利、经济犯罪等与财产有关的犯罪。罚金刑的适用,可以剥夺犯罪分子继续犯罪的资本,对犯罪分子再次实施犯罪起到一定的预防作用。

2.罚金的适用方式

根据刑法分则的规定,罚金刑的适用方式有:一是选处罚金,即将罚金作为选择法定刑,只能单独适用,不能附加适用。如《刑法》第270条规定,将代为保管的他人财物非法占为己有,数额较大,拒不退还的,处2年以下有期徒刑、拘役或者罚金。二是单处罚金,即对犯罪分子只能判处罚金,不能判处其他刑罚。单处罚金只适用于犯罪的单位。三是并处罚金,即对犯罪分子判处主刑的同时附加适用罚金,而且是必须附加适用,不能单独适用。如《刑法》第263条规定,以暴力、胁迫或者其他方法抢劫公私财物的,处3年以上10年以下有期徒刑,并处罚金。四是并处或者单处罚金,即罚金既可以附加适用,也可以独立适用。如《刑法》第222条规定,广告主、广告经营者、广告发布者违反国家规定,利用广告对商品或者服务作虚假宣传,情节严重的,处2年以下有期徒刑或者拘役,并处或者单处罚金。

3.罚金数额的确定

《刑法》第52条规定:"判处罚金,应当根据犯罪情节决定罚金数额。"这说明罚金数额必须以犯罪情节为根据。罚金是犯罪的一种法律后果,应当与犯罪的危害程度和犯罪分子的人身危险性相适应,而犯罪的危害程度和犯罪分子的人身危险性都是由犯罪情节决定的。

犯罪情节包括犯罪手段、犯罪对象、犯罪的后果、犯罪的时间地点等各方面的情况。在确定罚金的具体数额时必须全面考虑犯罪情节,同时还要考虑犯罪分子的经济情况、支付能力。因为罚金是判处犯罪分子向国家缴纳一定数额的金钱,在决定罚金数额时应当考虑所判处的罚金刑能否执行的问题。另外还要考虑对犯罪分子判处罚金能否起到教育和改造犯罪分子的作用。

此外罚金数额的确定,还要根据《刑法》分则的规定。分则规定的有以下几种情况:一是不确定罚金刑,即《刑法》没有规定具体数额,由法官根据犯罪情节酌情判处。如《刑法》第216 条规定,假冒他人专利,情节严重的,处 3 年以下有期徒刑或者拘役,并处或者单处罚金。二是相对确定罚金刑,即在法定的数额幅度之内由法官依据犯罪情节决定应当判处的数额。如《刑法》第 207 条规定,非法出售增值税专用发票的,处 3 年以下有期徒刑、拘役或者管制,并处 2 万元以上 20 万元以下罚金。三是浮动罚金刑,即以违法所得或犯罪涉及的数额为基准,处以一定比例或倍数的罚金。如《刑法》第 202 条规定,以暴力、威胁方法拒不缴纳税款的,处 3 年以下有期徒刑或者拘役,并处拒缴税款 1 倍以上 5 倍以下罚金。

4.罚金的缴纳

根据《刑法》第 53 条的规定,罚金在判决指定的期限内一次或者分期缴纳。期满不缴纳的,强制缴纳。对于不能全部缴纳罚金的,人民法院在任何时候发现被执行人有可以执行的财产,应当随时追缴。由于遭遇不能抗拒的灾祸等原因缴纳确实有困难的,经人民法院裁定,可以延期缴纳、酌情减少或者免除。据此,罚金有以下五种缴纳方式:(1)一次缴纳,即犯罪分子根据判决确定的数额和指定的期限,一次性缴纳完毕。这种方式,一般是针对罚金数额不多,或有能力缴纳的犯罪分子。(2)分期缴纳,即犯罪分子根据判决确定的数额和指定的期限,分几次缴纳完毕。这种方式,一般是针对罚金数额较大,一次缴纳有困难的犯罪分子。(3)强制缴纳,指在判决确定的期限届满以后,犯罪分子未缴纳或未全部缴纳的,由人民法院强制其缴纳的方法。这种方式,主要是针对有缴纳能力的犯罪分子。(4)随时追缴,指对于不能全部缴纳罚金的犯罪分子,人民法院在任何时候发现被执行人有可以执行的财产的,应当随时追缴。不能全部缴纳的原因,往往是由于被执行人转移、隐匿财产,造成不能全部缴纳的假象,使法院无法采取强制缴纳的执行方式。所以这种执行方式,主要是针对被执行人转移、隐匿财产的犯罪分子。(5)延期或减免缴纳,即如果由于遭遇不能抗拒的灾祸等原因,犯罪分子缴纳确实有困难的,经人民法院裁定,可以延期缴纳、酌情减少或者免除。这种方式,主要是针对遭遇客观困难的犯罪分子,如遭遇火灾、地震等灾祸,罪犯因患病、伤残等丧失劳动能力的情形。

(二)剥夺政治权利

1.剥夺政治权利的概念和内容

剥夺政治权利,是指剥夺犯罪分子参加管理国家和政治活动权利的刑罚方法。根据《刑法》第 54 条的规定,剥夺政治权利是剥夺以下权利:(1)选举权和被选举权;(2)言论、出版、集会、结社、游行、示威自由的权利;(3)担任国家机关职务的权利;(4)担任国有公司、企业、事业单位和人民团体领导职务的权利。

2.剥夺政治权利的适用对象和适用方式

剥夺政治权利的适用对象很广泛,在犯罪的性质上、犯罪的轻重上均无限制,既可适用于危害国家安全的犯罪,也可适用于普通刑事犯罪;既可适用轻罪,也可适用重罪。在适用方式上,既可独立适用,也可附加适用。

(1)应当附加适用剥夺政治权利的情形,即法院必须依法附加适用剥夺政治权利。根据《刑法》第56条、第57条的规定,应当附加适用剥夺政治权利的情况有两种:第一,对危害国家安全的犯罪分子应当附加剥夺政治权利。对此类犯罪分子,不管其适用的主刑是何种刑罚,都应当附加剥夺政治权利,但根据分则规定独立适用剥夺政治权利的除外。第二,对于被判处死刑、无期徒刑的犯罪分子,应当剥夺政治权利终身。对此类犯罪分子,不管其犯罪的性质和类型,只要是被判处死刑、无期徒刑的,就必须剥夺政治权利终身。这既是对他们予以政治上的否定评价,也是防止他们如果获得赦免或假释后,再次利用政治权利实施犯罪,还有利于处理某些民事法律关系。

(2)可以附加适用剥夺政治权利的情形,人民法院根据案件具体情况确定对犯罪分子是否适用附加剥夺政治权利。根据《刑法》第56条规定,对于故意杀人、强奸、放火、爆炸、投毒、抢劫等严重破坏社会秩序的犯罪分子,可以附加剥夺政治权利。此外,根据最高人民法院1998年1月13日的《关于对故意伤害、盗窃等严重破坏社会秩序的犯罪分子能否附加剥夺政治权利问题的批复》,对故意伤害、盗窃等其他严重破坏社会秩序的犯罪,犯罪分子主观恶性较深、犯罪情节恶劣,罪行严重的,也可以附加剥夺政治权利。

(3)独立适用剥夺政治权利,一般是犯罪性质较轻的或犯罪性质虽然较重但情节较轻的犯罪。独立适用剥夺政治权利由分则明确规定,如果分则没有规定独立适用剥夺政治权利,不得予以适用。

3.剥夺政治权利的期限

剥夺政治权利的期限有以下四种情况:(1)对于判处死刑、无期徒刑的犯罪分子,应当附加剥夺政治权利终身。(2)对于死刑缓期执行减为有期徒刑的,或者无期徒刑减为有期徒刑的,应当把附加剥夺政治权利的期限改为3年以上10年以下。(3)独立适用剥夺政治权利或者判处有期徒刑、拘役而附加剥夺政治权利的,其期限为1年以上5年以下。(4)判处管制附加剥夺政治权利的,其期限与管制的期限相同,同时执行。

4.剥夺政治权利刑期的起算与执行

根据《刑法》第55条、第57条、第58条的规定,剥夺政治权利的刑期起算与执行有以下情况:(1)被判处管制附加剥夺政治权利的,剥夺政治权利的期限与管制的期限同时起算,同时执行。(2)被判处有期徒刑、拘役附加剥夺政治权利的,剥夺政治权利的期限,从有期徒刑、拘役执行完毕之日或者假释之日起计算。剥夺政治权利的效力当然施用于主刑执行期间。(3)死刑缓期执行减为有期徒刑或者无期徒刑减为有期徒刑的,应当把附加剥夺政治权利的期限改为3年以上10年以下。剥夺政治权利的期限从减刑后的有期徒刑执行完毕之日或者假释之日起计算。剥夺政治权利的效力当然施用于主刑执行期间。(4)独立适用剥夺政治权利的期限,从判决执行之日起计算、执行。

剥夺政治权利由公安机关执行。根据《刑法》第58条第2款的规定,被剥夺政治权利的犯罪分子,在执行期间,应当遵守法律、行政法规和国务院有关部门关于监督管理的规定,服从监督;不得行使《刑法》第54条规定的各项权利。

（三）没收财产

1. 没收财产的概念

没收财产，是指将犯罪分子个人所有的财产的一部分或全部强制无偿地收归国有的一种刑罚方法。没收财产与罚金虽然都是财产刑，但有本质区别，没收财产是没收犯罪人现实有的一部分或全部财产，财产可以是金钱，也可以是其他财物，而罚金只剥夺犯罪人的金钱，这些金钱不一定是现实有的。没收财产与追缴犯罪所得、没收违禁品和供犯罪所用的物品，也有本质区别。根据《刑法》第 64 条："犯罪分子违法所得的一切财物，应当予以追缴或者责令退赔；对被害人的合法财产，应当及时返还；违禁品和供犯罪所用的本人财物，应当予以没收。没收的财物和罚金，一律上缴国库，不得挪用和自行处理。"犯罪所得财物，理应追缴或责令退赔，使公私财物恢复原状；违禁品是国家禁止个人非法持有的物品，理应没收，其性质是行政性强制措施；供犯罪所用的个人财物，其财物本身具有诉讼证据的作用。

2. 没收财产的适用方式

根据我国刑法分则的规定，没收财产适用方式有：

（1）与罚金刑选择并处，即法官在没收财产刑与罚金刑两种附加刑之间选择适用，二者必选其一。如《刑法》第 358 条规定，组织、强迫他人卖淫的，处 5 年以上 10 年以下有期徒刑，并处罚金；有下列情形之一的，处 10 年以上有期徒刑或者无期徒刑，并处罚金或者没收财产。

（2）应当并处适用，即没收财产必须附加主刑适用。如《刑法》第 240 条规定，拐卖妇女、儿童的，情节特别严重的，处死刑，并处没收财产。

（3）可以并处适用，即没收财产可以附加主刑适用，也可以不附加主刑适用的情形。如《刑法》第 113 条规定，犯本章（分则第一章"危害国家安全罪"）之罪的，可以并处没收财产。

3. 没收财产的范围

我国《刑法》第 59 条规定："没收财产是没收犯罪分子个人所有财产的一部分或者全部，没收全部财产的，应当对犯罪分子个人及其扶养的家属保留必需的生活费用。在判处没收财产的时候，不得没收属于犯罪分子家属所有或者应有的财产。"据此规定：其一，没收财产的范围只能是犯罪人个人所有的财产，犯罪分子家属所有或者应有的财产不在此列。犯罪分子家属所有的财产，是指所有权属于犯罪分子家属的财产。犯罪分子家属应有的财产，是指家庭共有财产中，犯罪分子家属应当所有的那部分财产。其二，没收财产可以是没收犯罪分子个人所有财产的一部分，也可以是全部。具体多少，由法官根据案件的具体情况酌情判处。如果没收全部财产的，应当对犯罪分子个人及其扶养的家属保留必需的生活费用。其三，考虑到民事债权债务关系的优先性，《刑法》第 60 条规定，没收财产以前犯罪分子所负的正当债务，需要以没收的财产偿还的，经债权人请求，应当偿还。

（四）驱逐出境

驱逐出境，是指强迫犯罪的外国人离开中国国（边）境的一种刑罚方法。《刑法》第 35 条规定，对于犯罪的外国人，可以独立适用或者附加适用驱逐出境。据此规定，驱逐出境可以独立适用，也可以附加适用，但由于它仅适用于犯罪的外国人，对中国人不适用，所以《刑法》第 34 条没有把它规定为一般的附加刑，而是作为一种特殊的附加刑。在我国境内的一切外国人必须遵守我国的法律,除享有外交特权和豁免权的以外,外国人在我国境内犯罪的,一律适用我国刑法。如果犯罪的外国人继续居留在我国境内有害于我国国家、社会、公民利益的,可以适用驱逐出境,以预防在我国境内再犯罪。根据《刑法》第35条的规定,对犯罪的外国人是可以适用驱逐出境。所以在具体适用时,既要考虑案件的具体情况,也要考虑我国与犯罪的外国人所属国之间的关系,慎重适用。

四、非刑罚处理方法

(一)非刑罚处理方法的概念

非刑罚处理方法,是指对犯罪分子所适用的刑罚以外的处理方法。非刑罚处罚方法的特点是对犯罪人适用,但又不具有刑罚性质,所以叫非刑罚处理方法。我国刑法规定非刑罚处罚方法,说明我国对犯罪的处理不是单纯只有刑罚方法,而是采取多种形式,既体现了惩罚与宽大相结合的刑事政策,同时对犯罪分子进行社会化教育,达到预防犯罪的目的。

(二)非刑罚处理方法的种类

根据《刑法》第36条、第37条和第37条之一的规定,我国非刑罚的处理方法有以下几种:

1.赔偿经济损失

《刑法》第36条规定,由于犯罪行为而使被害人遭受经济损失的,对犯罪分子除依法给予刑事处罚外,并应根据情况判处赔偿经济损失。承担民事赔偿责任的犯罪分子,同时被判处罚金,其财产不足以全部支付的,或者被判处没收财产的,应当先承担对被害人的民事赔偿责任。

判处赔偿经济损失的,必须具备以下条件:(1)被害人的经济损失必须是由犯罪分子的犯罪行为造成的,即犯罪行为与被害人的经济损失之间有刑法上的因果关系。(2)适用的对象是依法被判处刑罚的犯罪分子。(3)民事赔偿责任优先履行,在被判处的对被害人的经济损失全部予以赔偿后,再以其剩余的财产缴纳罚金,或者作为没收财产的执行对象。

2.训诫、责令具结悔过、赔礼道歉、赔偿损失、由主管部门予以行政处罚或者行政处分

《刑法》第37条规定:对于犯罪情节轻微不需要判处刑罚的,可以免予刑事处罚,但是可以根据案件的不同情况,予以训诫或者责令具结悔过、赔礼道歉、赔偿损失,或者由主管部门予以行政处罚或者行政处分。训诫,是指人民法院对犯罪分子当庭予以批评或者谴责,责令其改正的一种教育方法。责令具结悔过,是指人民法院责令犯罪分子用书面方式保证悔改,以后不再犯罪的一种教育方法。责令赔礼道歉,是指人民法院责令犯罪分子向被害人承认错误、表示歉意的一种教育方法。责令赔偿损失,是指人民法院对犯罪情节轻微不需要判处刑罚的犯罪分子,在免除其刑事处罚的同时,根据犯罪行为对被害人造成的经济损失情况,责令犯罪分子给予被害人一定经济赔偿的一种处理方法。

判处赔偿经济损失与责令赔偿损失,都是赔偿被害人经济损失的非刑罚处理方法,二者的不同之处是:判处赔偿经济损失与刑事处罚一并适用,责令赔偿损失适用于依法被免予刑事处罚的犯罪分子,是独立适用。由主管部门予以行政处罚或者行政处分,是指人民法院根据案件的情况,向犯罪分子的主管部门提出对犯罪分子予以行政处罚或者行政处分的建议,由主管部门给予犯罪分子一定的行政处罚或者行政处分的一种非刑罚处理方法。行政处

罚,是指行政执法机关依照国家行政法规和行政处罚法律的规定,给予被免予刑事处罚的犯罪分子以经济制裁、剥夺人身自由或行政许可等处罚,如罚款、行政拘留等。行政处分,是指犯罪分子的所在单位或基层组织,依照行政规章、纪律、章程等,对被免予刑事处罚的犯罪分子予以行政纪律处分,如开除、记过、警告等。

训诫、责令具结悔过、赔礼道歉、赔偿损失、由主管部门予以行政处罚或者行政处分的适用条件:(1)行为人必须构成犯罪。(2)适用对象是由于犯罪情节轻微不需要判处刑罚而被免予刑事处罚的犯罪分子。(3)根据案件的具体情况需要对犯罪分子给予适当处理的。这些处理方法有利于犯罪分子悔过自新,不再犯罪,同时取得被害人的宽恕,缓和犯罪人与被害人之间的矛盾,对维护社会稳定有利。

3.禁止从事相关职业

因利用职业便利实施犯罪,或者实施违背职业要求的特定义务的犯罪被判处刑罚的,人民法院可以根据犯罪情况和预防再犯罪的需要,禁止其自刑罚执行完毕之日或者假释之日起从事相关职业,期限为 3 年至 5 年。被禁止从事相关职业的犯罪分子违反人民法院依照前款规定作出的决定的,由公安机关依法给予处罚;情节严重的,依照《刑法》第 313 条的规定定罪处罚。其他法律、行政法规对其从事相关职业另有禁止或者限制性规定的,从其规定。

第三节　经济犯罪的刑罚裁量

一、经济犯罪刑罚裁量的概念

经济犯罪刑罚裁量,又称为经济犯罪的量刑,是指人民法院根据被告人所犯经济罪行的事实、性质、情节及社会危害程度,在定罪的基础上,依法决定对被告人是否判处刑罚,判处何种刑罚,判处多重的刑罚,以及对所判刑罚是否立即执行的刑事审判活动。

8-1

经济犯罪的量刑,除具有一般量刑的基本特征之外,还具有自身的独特属性:(1)经济犯罪的量刑应当尽可能地体现针对性。经济犯罪的性质决定了经济犯罪的量刑需要多适用罚金和没收财产这样的经济刑,以尽可能地体现以刑遏罪的针对性、有效性。随着经济刑的积极作用日益凸显,罚金和没收财产这样的附加刑会越来越趋向于作为主刑而适用,以发挥更大的刑罚裁量效应。(2)经济犯罪的量刑有利于充分体现平等性、相称性。经济犯罪不同于危害公共安全、侵犯人身权利、破坏社会管理秩序等传统刑事犯罪,它通过可直观、可预测、可计算的犯罪手段及危害后果来确保认知和实现罪刑相适应。例如,欺诈型经济犯罪的共同特点就是为了非法谋取一定数额的钱财,因此,对它们普遍适用罚金刑和财产刑,能够发挥较强的刑罚威慑和预防功能。(3)经济犯罪的量刑形式具有多样性。经济犯罪不同于其他犯罪类型的特点决定了其量刑形式的多样性。对于严重或者特别严重的经济犯罪,可以考虑适用无期徒刑或者死刑,并附加剥夺政治权利和没收财产;对于较重的经济犯罪,可以考虑适用有期徒刑,并附加罚金或者没收财产;对于较轻的经济犯罪,可以考虑适用拘役,并处罚金或者没收财产;对于轻微的经济犯罪,可以考虑适用管制刑,或者单处、并处罚金刑。

经济犯罪缘于经济活动的繁荣、复杂而呈现多样性,为了有效应对经济犯罪,其量刑形式也必然具有多样性。(4)经济犯罪的量刑轻重,主要取决于数额、次数、手段、后果等各种可量化的情节。经济犯罪的立案查处依赖经济犯罪的数额、次数、手段、后果等犯罪事实,经济犯罪的量刑同样需要依赖这些犯罪事实。有所不同的是,前者依赖这些犯罪事实仅需要达到一定标准即可,例如,非法虚开增值税发票罪只需要行为人虚开的票面数额达到1万元就符合立案标准。后者依赖的这些犯罪事实通常是指达到立案标准后剩余的那些数额、次数等犯罪事实,故称之为情节,旨在起到对法定刑的调节或修正作用。

二、经济犯罪刑罚裁量的原则

关于经济犯罪刑罚裁量的原则,学界有各种观点及归纳。例如,效率原则、功利原则、均衡原则、节俭原则、平等原则、经济原则等,有的甚至将量刑的基本原则直接混同为经济犯罪的量刑原则,因此,要正确界定经济犯罪的量刑原则,必须弄清以下三方面的关系问题:一是经济犯罪的量刑原则与经济犯罪的刑罚治理关系;二是经济犯罪的量刑原则与量刑的基本原则之间的关系;三是经济犯罪的量刑原则在量刑实践中的特殊意义,即为什么要单独确立经济犯罪的量刑原则。首先,经济犯罪的量刑原则正确与否显然关系到经济犯罪的刑罚治理能否稳妥、有效地贯彻、付诸实践的问题。经济犯罪的刑罚治理包括立法层面的刑罚配置、司法层面的刑罚裁量和行政层面的刑罚执行。其中,司法层面的刑罚裁量具有在立法与行政之间承上启下的媒介作用,其适用原则的正确与否,不仅对自身层面的过程及结论产生影响,而且对立法与行政层面的效能也会产生不可忽视的影响。例如,经济犯罪的量刑节俭原则在量刑中的运用,就使得经济犯罪的量刑结果表现为在与其罪行相称的基础上适当、有意地限缩,进而表现在经济犯罪的刑罚执行上也会积极推动减刑、假释的适用。其次,经济犯罪的量刑原则与量刑的基本原则是处于不同层次的原则,它们之间是一种上下位阶的从属关系。"以事实为根据,以法律为准绳"的量刑基本原则对经济犯罪的量刑原则具有包容性和指导性,但这只是居于宏观的视角而言。因为如果对量刑的具体操作是提供一种直接的指导作用,那么它只能被称为规则,而不可能具有"原则"之本意。换言之,经济犯罪的量刑原则相对于量刑的基本原则具有特殊性,与此同时,相对于其他犯罪的量刑原则而言又具有独特性或独有性,从而既旨在实现经济犯罪的量刑特殊化,又旨在实现经济犯罪的量刑个别化。再者,经济犯罪的量刑原则是专门针对经济犯罪的量刑活动而发挥指导作用,因此,具有充分契合经济犯罪特点,科学、合理衔接经济犯罪的刑罚配置,从而起到对经济犯罪对症下药,使罪刑相适应原则在经济犯罪的量刑中得到有力彰显。

经济犯罪的量刑原则作为指导经济犯罪量刑活动的基本准则,包含着量刑活动所固有的价值观与价值目标,只是表现在经济犯罪这种具体犯罪类型的量刑活动中需要更加的细化与明确。众所周知,任何刑罚裁量的价值观与价值目标,都期待在不违背罪刑相适应原则的前提下,以最少的刑罚投入获得最大的刑罚效益。即以最轻的刑罚裁量去求得刑罚的整体效应显现出当今刑罚裁量的基本价值观与价值目标。这就是说,刑罚裁量要始终围绕着它们而确立相应原则。

(一)量刑均衡原则

最早可以追溯到原始社会的同态复仇和奴隶社会的等量报复。以眼还眼、以牙还牙,是均衡原则最原始、最粗俗的表现形式。其作为量刑的一项基本原则,是在资产阶级革命胜利之后,为纠正重定罪、轻量刑的错误倾向,把量刑与定罪置于同等重要地位所取得的重大成果。

长期以来,在刑事审判活动中,对量刑环节及其意义存在着错误认识。大多数司法官员认为:刑法对犯罪规定的量刑幅度大,因此,只要定性准确即可,至于多判几年或少判几年无关紧要。基于这种认识,在处理上诉、申诉案件时,就形成了一种不成文的规则,确属定性错误或量刑畸轻畸重的,才可能予以改判,而对于量刑偏轻偏重的,一般维持原判。针对这种错误倾向,为了切实贯彻罪刑相适应原则,就必须提高对量刑重要性的认识,把定性准确和量刑适当作为衡量刑事审判工作质量好坏的不可分割的有机组成部分,以此来检验每一个具体刑事案件的处理结果。

贯彻量刑均衡原则,必须纠正重刑主义的错误思想,强化量刑和谐的执法观念。贯彻量刑均衡原则,必须纠正量刑轻重悬殊的不公现象,实现量刑平等。就经济犯罪的量刑而言,应当:(1)遵守同案同判的量刑规则,即类似的经济犯罪案件在处理的轻重上应基本相同。(2)建立经济犯罪的量刑案例指导及参酌标准,确保不同法院、不同法官之间在经济犯罪案件的刑罚裁量时有据可依,有据可循,避免量刑偏差和失衡。(3)积极改进量刑方法,逐步实现经济犯罪量刑的规范化、科学化和合理化。

(二)量刑个别化原则

刑罚个别化的思想,可以追溯到古罗马时期。如美国犯罪学者齐林指出:"法官按个别情形以定刑罚的理论,是由罗马教法庭所创始的。"但刑罚个别化作为一项原则,最早于1869年由德国刑法学者沃尔伯格首先提出,它是刑事实证学派反对刑事古典学派所主张的罪刑相适应原则的结果。在刑事古典学派看来,人的意志绝对自由,人在行为时的理性能力平等,犯罪的差异表现为行为的客观危害,因此,适用刑罚时只能以行为给社会造成的客观危害为尺度;刑事实证学派从主观主义刑法出发,主张行为决定论,否定人的意志自由,认为犯罪是行为人的生理、心理状况与其所处的社会环境相互作用的结果。由于不同的人的生理、心理条件并不相同,犯罪表现出的人身危险性也就存在差异。人身危险性是通过犯罪人的各种人格因素表现出来的,具有个别性的特征,因此,实证学派主张量刑时应以反映犯罪人的人身危险性大小的个人情况而非犯罪行为给社会造成的客观危害为标准的个别化原则。刑罚个别化原则考虑具体犯罪人不同的个人情况而在量刑时予以区别对待,以更有效地教育改造罪犯从而预防其重新犯罪。但是,过于强调人身危险性而忽视甚至否定犯罪行为的客观现实危害,又极易导致量刑擅断。有鉴于此,现代资产阶级刑法学者所主张的刑罚个别化原则基本上是以承认行为责任原则为基础。这实际上也是实证学派向古典学派的折衷。

量刑个别化原则的内涵究竟是什么?首先,它是在承认罪刑均衡原则基础上的刑罚个别化。其次,量刑的实质是把法定的罪刑关系变为具体、明确的罪刑关系。因此,量刑个别化是指被告人实际应负刑事责任在刑罚上的具体化、明确化。具体来说,不仅要正确评价犯罪行为所体现的社会危害性程度,还要适当考虑犯罪人的人身危险性大小,从而决定对被告人是否判处刑罚以及如何判处刑罚。简单地说,量刑个别化就是对社会危害性轻重和人身危险性大小应然判处刑罚的个别化。再者,从刑事政策考虑,罪刑相适应原则同时具有公正和功利两大刑法价值取向。为了体现功利性,罪刑相适应当然包含人身危险性的内涵。例如，在经济犯罪中对主体身份的规定就显然是考虑了人身危险性这一情况。量刑个别化不是对罪刑相适应的补充或与之相并列的原则，而是其本身就是罪刑相适应的应有之义。只不过是罪刑相适应侧重于宏观性，而量刑个别化则在量刑领域把罪刑相适应加以具体化、现实化。由于罪刑相适应已经考虑了每个案件的社会危害、情节、性质和犯罪人的人身危险大小、罪过、目的、动机等情况，它本身包含了量刑个别化。量刑个别化不是毫无边际的个别化，而是遵从罪刑相适应原则及其指导，是相对的个别化。量刑个别化正是为了做到真正的罪刑相适应。因此，罪刑相适应与量刑个别化具有逻辑上的一致性，两者是宏观与微观、抽象与具体、可能与现实之间的关系。

量刑个别化原则的实质在于区别对待，即根据犯罪行为和犯罪人的不同具体情况适用不同的刑罚处理方式，实现罪刑关系的个别化，从而达到预防犯罪的目的。因此，首先要对犯罪人的人身危险性予以考察，据以评判犯罪人的人身危险性大小；其次要在正确评判人身危险性的基础上处以相应刑罚。所谓人身危险性，是指犯罪人再次犯罪的可能性，具体表现为犯罪人的反社会性格或危险倾向。对此，许多国家实行了人格调查制度。至于如何评判人身危险性，则仍离不开相当性的评判方法，即按照一般的社会观念和人们的社会生活经验，通过各种实例的比较，将犯罪人所具有的某些个人情况评价为一定程度的人身危险性。当然，同样也离不开法官主观能动性的发挥。可见，从科学发展的角度出发，借鉴国外经验，总结我国的量刑实践，建立有中国特色的人格调查制度，使人身危险性的考察、评判更趋于规范化、科学化、合理化，无疑具有重要意义。

经济犯罪的本质在于破坏了社会主义市场经济秩序。这种秩序本身是随着国家经济政策、经济制度的调整而不断变化。从一定意义上说，经济犯罪的社会危害性只是立法者的主观感受而并非一个不变的客观事实。只有严重扰乱社会经济秩序的经济行为，才是经济犯罪，也就是说，只有极少数的严重扰乱社会经济秩序的经济行为，才会引起立法者的关注，从而通过立法来实现对此类犯罪的打击。因此，在经济犯罪的量刑中贯彻个别化原则，就是要求司法人员严格遵守已有刑事法律规范关于各种经济犯罪的规定，据以体现对不同经济犯罪的社会危害性实施不同取向的刑罚治理，对同一类型不同经济犯罪个案实施不同程度的刑罚治理；就是要求司法人员针对不同经济犯罪主体的身份、能力及一贯表现，即旨在对经济犯罪人的人身危险性进行区别对待，个别处理。就是要求司法人员重视不同经济犯罪类型，不同经济犯罪个案中的数额、数量、次数、手段、后果、动机等情节，对应然适用的法定刑实施科学、合理、规范的自由裁量，并施以适当、适度的刑量修正与调节，真正实现罪刑相适应原则在经济犯罪量刑中的贯彻与运用。

（三）量刑谦抑原则

刑罚是针对犯罪的恶，是一种以恶制恶，因此，任何刑罚都会带来痛苦，应当避免或最低限度地使用刑罚。首先，刑罚的机能不可能无限：一方面，对犯罪而言，刑罚是一种有力手段，但又不是唯一手段，更不是决定性手段。控制犯罪，从根本上说，是要致力于消灭犯罪的原因，而不是依赖对犯罪的惩处；另一方面，刑罚并不适用于所有犯罪，只能将其慎重地适用于必要的范围内。这就是所谓的量刑谦抑原则。谦抑，从字面上解读，是指缩减或者压缩；从文理上解释，指谦让、抑制，具有通过权衡利弊之后主动予以控制之意，是一种综合判断的结果。其中，经济、节俭的涵义则是从经济效益的角度观察、考虑问题，是谦抑的题中之义，故量刑的谦抑性,又称为量刑的经济性或者节俭性。它要求司法人员应当以最小的支出——少用,甚至不用刑罚(而用其他刑罚替代措施),以获取最大的法律及社会效益——有效地预防和控制犯罪。最早提出量刑节俭原则的是英国功利主义大师边沁。正如其所述,"功利主义的基本定律在于以最小的支出获得最大的收益"。把功利主义用于量刑,就是要求司法人员在量刑时尽量缩减刑罚,通过对犯罪人适用最少的刑罚求得最大效益的预防。

量刑谦抑性的提出是基于对刑罚功能有限性的认识。尽管早在 17、18 世纪,刑事古典学派就已提出了罪刑均衡原则,借以反对刑罚擅断,但主要是立足刑罚公正性的立场,而非认识到刑罚本身的特性而予以限制。直到刑事实证学派认识到刑罚兼具积极与消极两重性,为了限制刑罚的消极性,谦抑思想才逐渐受到重视。实现量刑谦抑的主要途径就是刑罚裁量的非刑罚化和非监禁化。于此,人们提出了刑罚的辅助性原则,即在一般情况下,应当尽量限制适用刑罚,如果不是为了消除更大的恶,就没有必要使用刑罚。刑罚作为一种极端和最后的手段,只有当其他法律手段无法有效保护其法益时,才能使用。因此,致力于寻求刑罚的替代方法,甚至争取公共和私人的帮助以及利用协调和调解程序,通过某些非官方机构和团体的介入避免冲突进入刑事诉讼领域。将轻微犯罪行为非刑罚化是当今各国刑事司法发展的趋势。我国自 20 世纪 80 年代以来,在司法领域一直采取从重惩治犯罪的严打政策,但实践证明,一味的严刑峻法并不能有效预防犯罪。相反,近些年来,犯罪率不但一直居高不下,而且还有逐年递增之势。故而应当检讨和反思,提倡量刑谦抑。量刑谦抑原则符合我国国情,因为,法律具有相对的稳定性,司法更具有变易性。在司法重刑化现象已是不争事实的情况下,对刑罚的适当限制便只能通过量刑谦抑予以解决。

对于经济犯罪而言,量刑谦抑原则包括以下几个方面的内容:

(1)不用或少用刑罚

不用刑罚是指对罪行轻微或较轻的经济犯罪人在不需要判处刑罚时,对其仅作有罪宣告而免除刑罚。需要注意的是,对他们免除刑罚并不等于免除刑事责任。免除刑事责任意味着国家不再把经济犯罪人的行为作为犯罪来追究刑事责任,即不仅包括刑的免除还包括罪的免除,而定罪免刑本身就是刑事责任的一种承担方式。对经济犯罪轻微或较轻的犯罪分子不用刑罚,主要是考虑到这类犯罪社会危害性不大,犯罪人的人身危险性较小,对犯罪分子进行有罪宣告已足以体现国家的否定评价并教育、感化犯罪分子,而不需要再判处刑罚。如果判处刑罚反而不能体现"惩罚仅是手段、教育改造才是目的"的刑事政策,而且还可能得到相反效果,使犯罪分子厌恶,甚至仇视刑罚。不过,对免除刑罚的犯罪分子还可以适用训诫等非刑罚处罚方法,以强化国家对犯罪分子否定评价的效果。

(2)尽可能适用轻刑

适用轻刑是指对经济犯罪分子依其责任可以判处轻刑时要尽量判处轻刑而不应适用重刑。适用轻刑包括两种情况:一是同时存在多个可适用的刑种时,判处性质较轻的刑种。经济犯罪可适用的刑种相比其他犯罪更为广泛,而且通常单处或附加适用罚金、没收财产。因此,对于罪行轻微或较轻的经济犯罪,能用轻刑,就尽可能不用重刑;能单处附加刑,就尽可能不用主刑;能用主刑,就尽可能不用长期自由刑。二是适用的刑种具有一定的幅度时,尽可能判处较少(低)的刑量。这包括判处较低期限的有期自由刑或剥夺政治权利刑和较小数额的财产刑。需要注意的是,适用轻刑一般是指在法定刑幅度内适用较轻的刑种或较小的刑量,但也不排除低于法定刑判处刑罚。

（3）鼓励缓刑或缓期执行

一般来说,刑罚一经判处生效即意味着马上交付执行。但是为了克服实际执行刑罚所可能带来的弊端,许多国家同时规定了暂缓制度。只要犯罪分子在一定期间内按照有关规定被认为已改过自新而不需实际执行原判刑罚,即可不再对其适用原判刑罚。在我国,不仅有这种缓刑制度,甚至还独创了死刑缓期执行制度。在量刑中,在符合法定条件下尽量判处缓期或者暂缓执行刑罚,既可以限制刑罚的实际适用,同时又保留了刑罚对犯罪分子的威慑力,因此不失为刑罚运用一举两得的好方法。对罪行轻微或较轻的经济犯罪适用缓刑,有利于鼓励经济犯罪分子自我克制、自我约束,在考验期内遵守法规,接受改造,服从监督,并避免自身相关经济活动遭受影响,造成中断,从而发挥刑罚的法律效果与社会效果双重功能。对罪行严重或极其严重的经济犯罪减少死刑适用,已成为各国刑罚发展的一种趋势。尽管有的经济犯罪社会危害性很大,还可能引起连锁性的社会反应,甚至造成经济危机,但适用死刑并不能有效遏制经济犯罪的内生原因,也不利于保护因经济犯罪而受害的广大民众的经济利益。对可以判处死刑的经济犯罪分子选择判处死刑缓期二年执行或无期徒刑,就是意在体现量刑谦抑性原则。正如有观点认为,死刑在经济犯罪中的泛用导致了诸多弊端:违背了刑法的谦抑精神;违背了刑罚的公正性;不符合刑罚的目的;与刑罚的人道主义相抵触。[①] 为了顺应废除死刑的国际刑事司法潮流,我国已从废除经济犯罪的死刑着手,逐步减少死刑的适用,直至最后全面废除死刑。

三、经济犯罪刑罚裁量的情节

（一）经济犯罪刑罚裁量的情节概念

经济犯罪刑罚裁量的情节,也可称为经济犯罪的量刑情节,是指人民法院在被告人所犯经济罪行及应然适用的法定刑基础之上,据以确定对其是否处刑、处刑轻重以及是否立即执行的各种主客观事实情况。

（二）经济犯罪刑罚裁量的情节特征

从经济犯罪角度而言,由于适用的刑罚种类较多,刑罚幅度较大,因此,需要根据不同的量刑情节起到合理调控被告人基准刑的作用。这有利于实现宽严相济的刑事政策,也有利于充分体现区别对待的经济犯罪刑罚裁量原则。经济犯罪的量刑情节,遵循一般犯罪的量刑情节特征:（1）量刑情节与犯罪构成事实有关,但是属于犯罪构成基本事实之外的事实情况,包括罪前、罪中、罪后的各种主客观事实;（2）量刑情节反映犯罪的社会危害程度和犯罪人的人身危险性程度;（3）量刑情节是在对被告人裁量刑罚时需要予以评析或重点考虑的事实依据。

（三）经济犯罪刑罚裁量的情节分类

经济犯罪的量刑情节,遵循一般犯罪的量刑情节分类,按照量刑情节是否有法律明文规定为标准,可分为法定情节与酌定情节。法定情节,是指法律明文规定在量刑时必须予以考虑的情节。它既包括刑法总则规定的对各种经济犯罪共同适用的情节,也包括刑法分则对

---

① 参见:李进平,《经济犯罪废除死刑的多维思考》,《特区经济》2010 年第 3 期。

特定经济犯罪适用的情节。我国刑法对经济犯罪规定了以下四种法定情节：一是从重处罚情节；例如，国有公司、企业、事业单位的工作人员，徇私舞弊，玩忽职守造成破产、严重损失的或者滥用职权造成破产、严重损失罪的（《刑法》第 168 条），伪造货币并出售或者运输伪造的货币的（第 171 条第 3 款）；银行或者其他金融机构的工作人员利用职务上的便利，窃取、收买或者非法提供他人信用卡信息资料的（第 177 条之一第 3 款）；银行或者其他金融机构的工作人员违反国家规定，向关系人发放贷款的（《刑法》第 186 条第 2 款）。二是从轻处罚情节。三是减轻处罚情节。四是免除处罚情节。酌定情节，又称裁判情节，是指刑法没有明文规定，根据立法精神从审判实践经验中总结出来的，反映犯罪行为的社会危害性程度和犯罪人的人身危险性程度，在量刑时酌情适用的情节。在司法实践中，经济犯罪的常见酌定情节主要有：犯罪动机，犯罪手段，犯罪的时间、地点等当时的环境和条件，犯罪侵害的对象，犯罪所造成的损害结果，犯罪人的个人情况和一贯表现，犯罪后的态度。对经济犯罪量刑时，除适用法定情节之外，应注意以下酌定情节对量刑的重要影响：

1. 身份情节

经济犯罪是一种职业性、专业性较强的犯罪类型。行为人正是利用自己所从事的职业或所掌握的专业技术实施犯罪。因此，经济犯罪与主体的人格身份要素紧密相关，具有特殊身份是经济犯罪主体的首要特征，也是据以量刑的重要依据。例如，《刑法》第 177 条之一第 3 款规定，银行或者其他金融机构的工作人员利用职务上的便利，窃取、收买或者非法提供他人信用卡信息资料的，从重处罚。

2. 数额情节

数额是经济犯罪定罪量刑的重要依据，如何把握犯罪数额与量刑的关系，一直以来是各级人民法院刑事审判中关注的重点问题。犯罪数额的表现形式多种多样，分别有：（1）违法所得数额，是指通过犯罪实际获得的利益数量。经济犯罪，从行为人的主观目的来说，是为了牟取非法利益，而违法所得数额的大小正好反映了这一目的的实现程度，因此，对于量刑具有重要意义。我国刑法中关于违法所得数额的规定，在绝大部分情况下规定为数额较大。例如，《刑法》第 204 条规定，以假报出口或者其他欺骗手段，骗取国家出口退税款，数额较大的，处 5 年以下有期徒刑或者拘役，并处骗取税款 1 倍以上 5 倍以下罚金。（2）违法经营数额，是指经济犯罪中非法经营所存在的货币或物品的数量。经济犯罪的违法经营数额表明经济犯罪的规模，它对于确定行为的法益侵害程度具有一定的影响，因此，对于量刑具有重要意义。经营型经济犯罪必然具有违法所得数额，立法者之所以不以违法所得数额，而以违法经营数额作为定罪与量刑的条件，主要是考虑到在经营型经济犯罪中，由于犯罪的发展进程不同，违法所得数额往往难以确定。尤其是在经营亏损的情况下，营利目的未能实现，不利于司法机关对经济犯罪的定罪与量刑。例如，《刑法》第 140 条规定，生产者、销售者在产品中掺杂、掺假，以假充真，以次充好或者以不合格产品冒充合格产品，销售金额 5 万元以上不满 20 万元的，处 2 年以下有期徒刑或者拘役，并处或者单处销售金额 50% 以上 2 倍以下罚金。至于销售金额，根据 2001 年 4 月 5 日最高人民法院、最高人民检察院《关于办理生产、销售伪劣商品刑事案件具体应用法律若干问题的解释》第 2 条第 1 款的规定，销售金额是指生产者、销售者出售伪劣产品后所得和应得的全部违法收入，即实际是指生产、销售伪劣产品的货值，因而应属一种违法经营数额。（3）特定数额，我国刑法除了规定违法所得数额和违法经营数额以外,还规定了某些特定数额。例如,《刑法》第153条规定的走私普通货物、物品罪,第158条规定的虚报注册资本罪,第160条规定的欺诈发行证券罪等,就分别涉及偷逃应缴税额、注册资本金额、募集资金金额等特定数额。

对于许多经济犯罪来说,犯罪数额是其量刑的主要依据。因为犯罪数额的大小直接反映其社会危害程度,在其他因素相同的情况下,犯罪数额越大,其社会危害性越大,反之,其社会危害性越小,亦即,犯罪数额在经济犯罪量刑中具有十分重要的地位。调整治理经济犯罪的思路,体现犯罪数额与量刑的对等关系,就应该根据不同时期的打击需要,及时以司法解释的形式确定每类经济犯罪或者每种经济犯罪的数额起刑及各档次标准,从而体现我国刑事政策的有效性和及时性。由于我国经济犯罪数额的不统一,部分学者提出的以补充立法的形式确立我国经济犯罪数额等级体系,从而完善立法上的缺陷。经济犯罪数额等级体系早在1997年《刑法》修订以前就有学者提出,但终因其不成熟而搁置。但1997年《刑法》经过多年来的实践操作,具体的经济犯罪数额等级体系的形成条件已经成熟。具体而言,就是以《刑法修正案》为形式,所有经济犯罪数额都应规定在一个总的条文之中,按照当前常用的起刑标准,依次递进组建一个等级体系,并将各类经济犯罪所规定的"数额较大""数额巨大""数额特别巨大""重大损失""情节严重""严重后果"等概括性表述,依据上述等级体系,确定为具体的适用等级。同时,务必对经济犯罪等级体系尽可能地细化,从而在量刑时能够以犯罪数额作为量刑的适用层次,避免法官的过度自由裁量。

3.次数情节

次数情节通常是作为犯罪的构成要件事实而设置。当然,次数情节也可作为增加刑罚量的事实依据。对于以"多次"作为定罪要求的,要根据犯罪的不同类型、不同情况予以区别对待,一般以两次为限。例如,2000年5月12日最高人民法院《关于审理扰乱电信市场管理秩序案件具体应用法律若干问题的解释》第3条规定,2年内因非法经营国际电信业务受过行政处罚2次以上的,可认定为非法经营行为,构成《刑法》第225条规定的非法经营罪。但如果在经济犯罪中具有3次以上相同或相似的行为,那么可以作为增加刑罚量的事实依据,在量刑时作为从重处罚情节予以考虑。

4.目的情节

经济犯罪具有贪婪性,这是由经济犯罪的牟利性所决定。在经济犯罪中,虽然对大部分的罪行不要求具有明确的主观目的,但是绝大部分的经济犯罪总是与非法牟利的主观目的紧密关联,并时常作为量刑的重要因素予以考虑。例如,2013年11月14日最高人民法院、最高人民检察院、公安部《关于办理组织领导传销活动刑事案件适用法律若干问题的意见》第6条规定,以非法占有为目的,组织、领导传销活动,同时构成组织、领导传销活动罪和集资诈骗罪的,依照处罚较重的规定定罪处罚。于此,表明组织、领导传销活动罪虽不需要以非法占有为目的,但实际是以发展人员的数量作为计酬或者返利依据,从而直接或间接达到非法牟取利益的目的。该实际目的,既可作为定罪的依据,也可作为处罚较重的量刑依据。

5.结果情节

经济犯罪的结果情节是指可以造成某种经济关系或经济秩序较重社会危害结果及其可能性的事实,它可以表现为某种危险结果,也可以表现为某种实害结果。危险结果情节通常会在条文中表述为"足以……",以示具有造成某种危害结果的危险。实害结果情节通常会在条文中表述为"对……造成严重损害",以示客观造成了某种损害结果的实际发生。例如，《刑法》第141条规定的生产、销售假药罪，其结果情节就是危险结果；《刑法》第142条规定的生产、销售劣药罪，其结果情节则是实害结果。一般而言，在经济犯罪中，危险结果是定罪的依据，如果在此基础上又出现了实害结果，那么该实害结果就成为了量刑的依据，是对某种经济犯罪加重法定刑或从重处罚的重要情节。

6. 退赃退赔情节

退赃退赔情节是指经济犯罪人在归案后将犯罪所得的赃款、赃物退还给受害人或者以一定的金额折价赔偿受害人因经济犯罪所造成的损失。在经济犯罪中，绝大多数犯罪人都会从中获得利益，受害人则由此而招致损失。因此，归案后，犯罪人是否愿意，并积极主动地退赃退赔，成为衡量犯罪人是否具有认罪、悔罪表现的重要依据。亦即，犯罪人是否退赃退赔，以及退赃退赔多少，不仅直接决定了法益损害可恢复的程度，也直接反映了犯罪人人身危险性的大小，应作为经济犯罪量刑时一个非常重要的情节因素予以考虑，故有观点主张将退赃退赔情节设置为法定量刑情节，以提高其适用的机会和效率。

综上所述，对经济犯罪量刑情节的适用，还须注意以下问题：(1)应当从重处罚情节。为严厉打击经济犯罪中的某些行为方式或因主体身份所引起的重大刑事责任，在刑法分则的个罪条款中往往会有专门规定。例如，武装掩护走私的(《刑法》第157条第1款)；国有公司、企业、事业单位的工作人员，徇私舞弊，犯有国有公司、企业、事业单位人员失职罪或国有公司、企业、事业单位人员滥用职权罪的(第168条第3款)；伪造货币并出售或者运输伪造的货币的(第171条第3款)。(2)正确理解和掌握法定"应当""可以"以及酌定情节的不同运用。"应当"是法定绝对性情节，审判人员在量刑时必须适用，否则，构成悖法。"可以"是法定相对性情节，由审判人员根据案件的具体情况和以往经验灵活掌握，既可以适用，也可以不适用，但原则上应予适用，若不适用，则须说明原因及理由。酌定情节是刑法条文未予明确规定的情节，完全由审判人员根据以往经验从正在审理的个案事实中酌情甄别提取的情节。既然审判人员将其特别提取，那么意味着在量刑时会作为一种例外事由予以适用。何况，并非所有的经济犯罪案件都存在法定量刑情节，但是每个经济犯罪案件都会存在酌定量刑情节。因此，酌定情节是量刑情节的重要组成部分，在某些情况下，甚至起着法定情节所无法起到的作用。可见，尽管在量刑情节中有应当与可以、法定与酌定的类型之分，但由于经济犯罪的专业性、技术性特征使其行为及结果危害较为隐蔽，不易被认知和鉴别，因此，在对其定罪量刑时，审判人员特别强调"坦白从宽、抗拒从严"以及当前宽严相济刑事政策的运用，旨在鼓励犯罪人尽可能自首、坦白、退赃退赔，这样既有利于查清案件事实，也有利于恰当量刑，从而有效发挥刑罚对经济犯罪的预防功能。(3)现实生活中的经济犯罪案件错综复杂。有的案件，既有从重处罚情节，又有从轻处罚情节；有的案件，有若干个从重处罚情节和若干个从轻处罚情节；有的案件，既有可以从轻，又有可以减轻，还有可以免除处罚的情节。因此，在量刑时，应当综合考察案件的各种情节，全面衡量哪一个或者哪几个情节是主要的，从而确定适用刑罚的轻重。如果整个案情是较轻的，就不能因为犯罪人具有某一从重处罚情节而对其判处较重的刑罚。反之，如果整个案情是较重的，也不能因为犯罪人具有某一从轻处罚情节而对其判处较轻的刑罚。毕竟，情节只是对被告人应然判处的法定刑起到修正调节的辅助作用，而不是主体作用，更不是替代作用。

第四节　经济犯罪的刑罚执行

一、经济犯罪行刑概述

根据我国刑法的规定,刑罚体系中的刑罚方法分为主刑和附加刑。主刑由重到轻依次为死刑、无期徒刑、有期徒刑、拘役和管制。死刑又称生命刑,后面四种刑罚方法又称为自由刑。附加刑包括罚金、剥夺政治权利、没收财产和驱逐出境。罚金和没收财产又称为财产刑,剥夺政治权利和驱逐出境又称为资格刑。对经济犯罪的处刑,几乎涉及了上述所有的刑罚方法。

8-2

二、经济罪犯自由刑的执行

所谓自由刑,是指剥夺犯罪人的人身自由的刑罚方法。自由刑是当前各国刑法中适用最为广泛、最为普遍、最为重要的刑罚方法。在我国刑事立法所确立的刑罚体系中,自由刑也占据着中心位置。当然,这种状况在经济犯罪的刑罚裁量与刑罚执行中同样有所体现。自由刑是刑罚文明化、人道化的重要标志。自由刑本身所具有的特点和优势使其能适应刑事政策的变化和需要,从而成为一种具有旺盛生命力的刑罚方法。自由刑以时间为单位,具有可分割性,便于实现罪刑相称,极大地克服了死刑和肉体刑的缺陷。自由刑包括了两类体现不同刑罚观念、具有内在逻辑联系的刑罚方法:剥夺自由刑与限制自由刑;还包括了三类体现不同刑罚执行程度与强度,具有不同权利义务内容及其法律后果的刑罚方法:终身自由刑、长期自由刑和短期自由刑。

不可否认,就自由刑的执行方式而言,首先,将犯罪人关押在监狱中,中断其社会生活,久而久之,会使犯罪人丧失作为社会人的自我意识,使其重返社会面临重重困难。由此,对正常社会生活的适应障碍以及监禁期间对他产生的负效用,都增加了其获释后重新犯罪的可能性。不仅如此,犯罪人在相互接触的过程中还可能形成"交叉感染",从而形成新的犯罪性。而短期自由刑又因其刑期短,缺少刑罚应有的严厉性,不能充分发挥对犯罪人教育改造和威慑的功能;与此同时,收监执行可能造成"交叉感染",增强其人身危险性。亦即,作为轻刑的一种,对罪行轻微的犯罪人适用,不但不能促使其悔过自新,反而有可能使其自暴自弃,甚至产生对抗情绪。其次,作为执行自由刑所进行的矫正,受到刑罚报应和一般预防等其他刑罚目的的制约,从而可能与特殊预防的需要发生冲突。个别化是刑罚执行应遵循的一项重要原则,对犯罪人的矫正尤其应当关注犯罪人的人身危险性,但自由刑的执行受宣告刑的刑期制约,也就是说,宣告的刑期是确定的,而犯罪人的人身危险性在执行过程中是变化的,在审判时较大,但在行刑过程中通过教育改造已经减少;在审判时较小,但在行刑过程中由于受交叉感染而剧增。由此,对于前者,虽然可以通过减刑调节,但如果在其不具备减刑条件的情况下,就可能出现已无必要仍需执行的"刑罚过剩"情况;对于后者,在没有合法正当理由的情形下,不能因其人身危险性的增大而延长其刑期,可能出现有必要继续关押,却因刑期已满不得不释放的情况,从而使刑罚的特殊预防目的难以实现。再者,自由刑是一种不经济的刑罚,尤其是终身自由刑、长期自由刑的社会成本颇高,使监狱成为国家财政的一个重大负担。尽管在自由刑的执行过程中,可以通过犯罪人的劳动创造一定的经济利益,但国家在监管机构、设施、人员方面付出的成本巨大,远远超出了犯罪人所创造的利益。因此,若从经济犯罪的角度来说,自由刑的执行更非一种理想选择。换言之,对经济犯罪的刑罚裁量与执行,应优先考虑适用财产刑和资格刑。只有在迫不得已的情况下,才有必要基于惩罚与报应对经济犯罪适用自由刑。

无期徒刑是剥夺犯罪人终身自由,强制其参加劳动并接受教育和改造的刑罚方法。从理论上讲,无期徒刑意在将犯罪人无期限地关押在一定场所,使其没有人身自由。例如,对那些犯罪情节严重、社会危害巨大的经济犯罪,如果不适用和不执行无期徒刑,就不足以实现罪刑相适应原则,也不足以惩治和预防这类犯罪。但是,从实际来看,并不是将所有被判处无期徒刑的犯罪人都关押至死,而是只要其具有悔过自新的表现,符合刑法规定的减刑或假释条件,照样可以回归社会。不过,值得注意的是,一方面,随着刑事立法对经济犯罪死刑规定的逐步废除,对其适用无期徒刑将成为最严厉的处罚措施。另一方面,对于那些本该判处死刑的经济犯罪分子,由于受到限制、甚至废除死刑的趋势所致,可以选择采取终身监禁,不得减刑、假释的刑罚执行方式予以替代,以彰显刑罚的威慑与惩戒功能。

有期徒刑是剥夺经济犯罪人一定期限的人身自由,强制其参加劳动并接受教育和改造的刑罚方法。从刑法规定来看,对经济犯罪有期徒刑的法定刑设置大体可以分为三种情况:(1)10年以上为长期徒刑;(2)3年以上10年以下为中期徒刑;(3)3年以下为短期徒刑。而根据经济犯罪的实际情况,审判人员会基于刑法规定的多种罪刑单位及多种量刑幅度有针对性地裁量刑罚;监狱干警也会针对经济犯罪人的刑罚执行情况,相应地提出减刑或假释建议,可前提条件是,该经济犯罪人确有悔改或立功表现,至少部分实现了刑罚的特殊预防效应。尽管当前对经济犯罪适用和执行财产刑、资格刑的呼声日盛,但相比较而言,有期徒刑仍是迄今最普遍和最广泛的刑罚执行方法。

拘役是短期剥夺犯罪人的人身自由,由公安机关就近执行并对其进行劳动改造的刑罚方法。因拘役的刑期极短,故称为短期自由刑。随着世界各国经济犯罪狂潮的来临和冲击,人们对短期自由刑究竟能否起到预防和惩治经济犯罪的作用产生了更大怀疑。这不仅因为经济犯罪是“专业”人员驾轻就熟、手到擒来的结果,而且因为经济犯罪人往往主观贪婪、蓄谋已久,对其判处拘役很难起到或根本起不到教育和改造的作用,再加之拘役执行时羁押生活带来的“交叉感染”所产生的副作用,由此,学界一再提出尽量以财产刑、资格刑替代短期自由刑,从而发挥不同刑罚对经济犯罪的预防和惩治作用,也在一定程度上有助于减少短期自由刑的弊端。当前,关于短期自由刑的改革和探讨,主要是围绕其弊端及限制化而展开。面对世界范围内刑罚轻缓化、执行公开化和社会化的演进趋势,不仅自由刑的执行已无必要继续恪守监禁模式,而且使用替代措施将成为限制短期自由刑适用、克服短期自由刑弊端的最频繁手段。近年来,短期自由刑的替代措施已呈多元化、多样化趋势,并日臻完善。如此,既减少了监狱羁押人数,尽可能地缩减了短期自由刑所带来的消极影响,也凸显了像公益劳动刑或社区服务刑等替代刑的行刑效益。

管制是限制犯罪人的一定自由但不予关押而将其交由公安机关执行和群众监督改造的一种刑罚方法。虽然管制刑可以避免监狱生活带来的“交叉感染”,也不致影响犯罪人的劳动、工作和家庭生活,因而有利于犯罪人的改造和社会秩序的安定,但是实践表明,限制自由刑,尤其是短期限制自由刑,对具有贪婪性、贪利性特征的经济犯罪而言,所起到的预防与惩治效应非常有限,也很低效。为此,与其对经济犯罪适用和执行管制刑,毋宁适用和执行具有同样益处,又能克服其弊端的附加刑。例如,财产刑、资格刑、公益刑等。

在我国,自由刑一直处于"高成本、低收益"运行。若要扭转这一格局,必须着手从两个方面进行改革:一方面,在保证刑罚有效性的前提下,最大程度地减少不必要的自由刑投入;另一方面,通过建立健全各项刑罚执行制度来最大限度地提升自由刑的预防效果。迄今为止,尚无任何一种刑罚方法能够取代自由刑在刑罚体系中的优势地位,这说明自由刑仍有其存在的价值和意义,只是需要扬长避短,更好地发挥自由刑的效益:(1)虽然通过剥夺犯罪人的人身自由可以控制其在一定时期内的再犯能力,但犯罪人在被限制人身自由的情况下,同样可控制其再犯能力。既然如此,对经济犯罪就应尽可能地执行管制刑及社区矫正。(2)通过对犯罪人的改造矫正来消除其反社会意识,使其重新成为遵纪守法的公民。虽然对经济犯罪人的改造矫正效果一度被认为是自由刑的核心价值,但随着监禁刑弊端的不断暴露,人们逐渐怀疑监禁刑对犯罪人的改造效果。在此背景下,人们开始重视非刑罚、非监禁刑的执行。(3)通过执行自由刑以使经济犯罪人不敢再犯。可见,自由刑的威慑效应发挥,须适用和执行的刑罚足以超过犯罪收益为必要,但并非越重越好。由此,刑罚威慑效应的发挥,除取决于刑罚的严厉性外,还取决于刑罚的确定性与及时性,故从严从快地打击经济犯罪,使其逃不出法网恢恢,才是最有效的治理方法。

三、经济犯罪财产刑的执行

在我国,随着对经济犯罪刑罚适用观念的转变,财产刑在经济犯罪中的地位变得越来越重要。对经济犯罪予以刑罚惩治,实质是对经济生活的正当干预,由此产生了干预如何适度的问题。"重刑化"与"轻刑化"即为刑罚对经济生活干预深度的两种表现形式。近年来,刑法学界围绕该问题展开了探讨。一是如何才能做到既杜绝"重刑化",又能有效遏制经济犯罪。对此,有学者指出,对经济犯罪应广泛适用财产刑和资格刑,限制适用自由刑和生命刑。具体而言,就是为了有效预防经济犯罪,应当通过适用罚金和没收财产,剥夺犯罪人所拥有的大量财富,使其深感进行经济犯罪并不值得,无利可图,并通过责令其关闭生产、经营的企业,吊销其营业证照,禁止从事原来的职业,不许担任公司、企业的领导职务,使其彻底失去继续作案的条件。也就是说,对经济犯罪分子适用财产刑和资格刑,既能够有效地遏制经济犯罪的发展势头,又能够明显降低刑罚的严厉程度,减少刑罚的适用总量,符合刑罚所具有的谦抑性原则。二是根据对经济犯罪处罚的有效性原则,遵循经济犯罪本身的特点,有针对性地适用各种刑罚或者在现有刑罚种类的基础上,进一步完善、提升财产刑和资格刑的适用及执行力度,才能切实有效地遏制经济犯罪。

我国现有的刑罚体系是一种以自由刑为中心、广泛适用生命刑的刑罚体系。这种刑罚体系对于惩治经济犯罪有着明显的不足和缺陷。首先,经济犯罪分子,特别是欺诈型经济犯罪分子的共同点,就是通过一定的手段和方式谋取利益,因此,对他们适用罚金、没收财产等财产刑,既是对经济犯罪给予应有的惩罚,也是对他们再犯的物质条件予以必要的剥夺。其次,单位犯罪主体无法适用生命刑与自由刑,故财产刑就成为可供选择的刑罚方法。何况,面对经济犯罪,生命刑、自由刑所表现出来的无力与无奈,更使财产刑理应上升为主要刑罚方法,这也符合世界各国规制经济犯罪刑事立法的潮流。再者,经济犯罪分子总是以牟取暴利或以非法营利为目的,即属贪利型犯罪,因此,对他们适用财产刑,从而有效、彻底地剥夺他们的不法所得,使他们在经济利益上占不到任何便宜,真正触及其痛处,是惩治经济犯罪的必由路径。

既然自由刑的意义在于惩罚,那么对经济犯罪而言,其适用的价值就不大,因此,若要有效发挥财产刑在预防经济犯罪中的作用,则可以适当减少自由刑的适用而加大财产刑的力度,使其威慑力得到充分张扬。虽然这可能加重财产刑,从表面上看,似有重刑主义之嫌,但由于实际减少了自由刑的适用,因此,在整体上仍是取向轻刑化路线的取向,追求刑罚的"严而不厉"。亦即,在刑事司法中,注重以财产刑逐步替代自由刑来惩治经济犯罪,显见是一种明智之举,也符合刑罚发展的趋势和方向。例如,罚金刑在不少国家越来越被广泛地适用就是一个最好诠释。

在我国,尽管财产刑是刑罚的种类之一,但事实上财产刑的适用与执行并没有获得足够重视。例如,《刑法》分则规定的经济犯罪几乎都涉及罚金刑,但在实践中适用和执行的状况均不佳,尤其是难以得到或根本无法得到执行的情况还较为普遍,使得罚金刑的判决有时纯粹成为了一种"宣告"或摆设。这既与一直以来司法裁判注重自由刑和生命刑,而忽视财产刑的观念紧密相关,也与侦查人员在采取强制措施时不注量对犯罪嫌疑人的财产控制,审判人员在量刑时不注量财产刑的单处或并处适用有关,以至于犯罪分子在刑罚执行期间没有被剥夺重新犯罪的经济基础,在刑罚执行完毕或减刑、假释后仍然重操旧业者大有人在。为此,完善我国经济犯罪的财产刑,保持其量刑力度与行刑效果,应当做到:(1)对所有贪利型经济犯罪都务必适用财产刑。例如,《刑法》第167条规定,国有公司、企业、事业单位直接负责的主管人员,在签订、履行合同过程中,因严重不负责任被诈骗,致使国家利益遭受重大损失的,处3年以下有期徒刑或者拘役;致使国家利益遭受特别重大损失的,处3年以上7年以下有期徒刑。从该条款的潜在内容来看,犯罪主体可能出于贪婪或贪利动机而置国家利益于不顾,所以导致国家利益遭受损失,但遗憾的是,该条款并没有关于财产刑的规定,不足以实现对犯罪人的特殊预防。又如,《刑法》第169条规定,国有公司、企业或者其上级主管部门直接负责的主管人员,徇私舞弊,将国有资产低价折股或者低价出售,致使国家利益遭受重大损失的,处3年以下有期徒刑或者拘役;致使国家利益遭受特别重大损失的,处3年以上7年以下有期徒刑。该条款既然已经明确了国有公司、企业或其上级主管部门直接负责的主管人员"徇私舞弊",就表明他们的犯罪动机是基于贪婪或贪利,否则,不会做出"将国有资产低价折股或者低价出售"的行为,所以,为实现对犯罪人的特殊预防,在适用自由刑的同时,应增加并处罚金刑,并可根据其主观恶性与危害结果的严重程度,处以一定幅度数额的罚金。(2)在减轻自由刑力度的同时,适当加大财产刑的力度。既然财产刑相比自由刑来说更能发挥对经济犯罪的惩治与预防作用,那么加大财产刑的适用和执行力度就具有现实必要。尽管这可能使一些企业或个人遭到重罚,陷入生产经营的不利局面,但为了维护公平竞争的市场经济秩序,以促进经济长期稳定健康的发展,付出必要的代价是值得的。何况,市场经济就是法治经济,对于市场中的任何一个参与者都必须以尊重规则为前提。正因为如此,才需选择以经济惩罚之道还治经济违法犯罪之人。(3)未来经济犯罪的刑罚体系变革应该着重考虑三方面因素,充分发挥财产刑的威慑力度,从根本上遏制经济犯罪。一是由自由刑为主向财产刑为主的变革,并在适用和执行财产刑时注意考察行为人的贪利动机,专业技术手段及其特定行业、特定领域的社会危害结果。因为经济犯罪最为突出的一个特点就是其主观层面的贪利动机。若要达到遏制经济犯罪的目的,就必须遏制行为人潜在的贪利动机。二是行为手段的隐蔽性特征。经济犯罪之所以不易被发现,就在于其行为手段的专业性、技术性,即经济犯罪主体往往利用自己从事特定行业、特定领域的便利条件,利用自己掌握的专门知识和擅长技能等业务条件实施犯罪,并采取一定的方法粉饰、掩盖其罪行。因此,要遏制经济犯罪,就必须从这个角度入手,在对犯罪人适用和执行财产刑的同时,兼顾适用和执行资格刑,以彻底剥夺犯罪人的再犯条件与能力。三是所造成的特定危害结果。经济犯罪由于涉及面广、侵犯的法益复杂,不但可能引起较大的社会危害,而且易于引起连锁性的恶害反应,以至于酿成经济危机,因此,刑法一般将其设定为行为犯,以免危害结果的实际发生。若出现了实害结果,则给予加重处罚。经济犯罪的巨大破坏性要求刑法加强对经济秩序的维护,而市场经济的本质属性又要求刑罚为经济自由而保持谦抑的价值取向,这似乎陷入了一个窘境。但只要善于运用财产刑,并逐步实现以财产刑取代自由刑,就不会陷入这个窘境,相反,会最终摆脱这个窘境。

罚金是指人民法院依法判处犯罪人向国家缴纳一定数额金钱的刑罚方法。从犯罪性质上看,我国刑法中的罚金刑主要适用于三种犯罪:(1)经济犯罪。《刑法》分则第 3 章规定的"破坏社会主义市场经济秩序罪",共有 90 多个条文,基本上都规定了罚金的单处或附加适用。(2)财产犯罪。《刑法》分则第 5 章规定的"侵犯财产罪",共有 14 个条文,其中 9 个法条规定了罚金刑。(3)其他故意犯罪。《刑法》分则第 6 章规定的"妨害社会管理秩序罪",共有 100 多个条文,其中约 50% 的条文规定了罚金刑。此外,在《刑法》分则第 4 章"侵犯公民人身权利、民主权利罪"中也有少数条文规定了单处或者并处罚金。罚金刑的种类较为丰富,主要有固定罚金刑、比例罚金刑、倍数罚金刑和累进罚金刑四种,都便于经济犯罪的适用和执行。然而,罚金刑的执行是当前法院面临的一个共同难题。据资料表明,罚金刑案件的执结率不足 5%,中止执行率更是达到了 85% 以上。究其原因,乃在于罚金刑必须以犯罪人具备相应的缴纳能力为执行的前提,否则,即使判处,也无济于事,形同虚设。但不可否认的是,扩大罚金刑的适用是世界发展的潮流和必然趋势,因此,应从这样几个方面完善罚金刑的适用和执行:(1)罚金作为一种刑罚方法,可以采取强制手段迫使犯罪分子缴纳。如果没有钱款缴纳,可以对其拥有的合法财产采取查封、扣押、冻结、拍卖措施变现,用作折抵罚金。(2)如果没有合法财产可供变现的,可以在犯罪人执行完自由刑之后令其通过一定的劳动报酬或其他收入缴纳。(3)如果一次性缴纳有困难的,可以令其分批缴纳或执行日数罚金刑,即按日缴纳。总之,完善罚金刑的适用和执行,要旨在实现罚金刑的确实可行,便利可行。

没收财产是指人民法院判令被告人将其个人所有财产的一部或者全部强制无偿地收归国有的一种刑罚方法。它是我国附加刑中唯一不能单独适用的刑种,因此,只能附加适用于较严重的犯罪。由于经济犯罪是为了牟取非法利益或以牟利为目的而进行的犯罪,因此,剥夺犯罪人的财产利益无疑是对其有针对性的惩处和预防,亦即,经济犯罪应作为适用和执行没收财产刑的重要对象。我国刑法分则规定应当并处没收财产的经济犯罪较多。例如,情节严重的走私罪、伪造有价票证罪、伪造货币罪或运输假币罪、集资诈骗罪等。具体案例,可参见浙江省金华市中级人民法院 2009 年 12 月 18 日对被告人吴英犯集资诈骗罪所做出的一审判决,其中就有"并处没收其个人全部财产"的判决内容。根据《刑法》第59条的规定,没收财产的范围应当从以下三个方面加以确定:(1)没收财产是没收犯罪分子个人所有财产的一部或者全部。所谓犯罪分子个人所有财产,是指属于犯罪分子本人实际所有的财产及与他人共有财产中依法应得的份额。应当严格区分犯罪分子个人所有财产与其家属或者他人财产的界限,只有依法确定为犯罪分子个人所有的财产,才能予以没收。至于没收财产是一部还是全部,应考虑以下几个因素:犯罪分子所处主刑的轻重;其家庭的经济状况和其人身危险性大小。(2)没收全部财产的,应当对犯罪分子个人及其扶养的家属保留必需的生活费用,以维持犯罪分子个人和扶养的家属的生活。(3)在判处没收财产的时候,不得没收属于犯罪分子家属所有或者应有的财产。所谓家属所有财产,是指纯属家属个人所有的财产,如家属自己穿用的衣物、个人劳动所得财产。家属应有财产,是指家庭共同所有的财产中应当属于家属的那一份财产。对于犯罪分子与他人共有的财产,属于他人所有的部分,也不得没收。根据刑事诉讼法的规定,没收财产的判决,无论附加适用或者独立适用,都由人民法院执行;在必要的时候,可以会同公安机关执行。关于需要以没收的财产偿还债务的问题,《刑法》第60条规定:"没收财产以前犯罪分子所负的正当债务,需要以没收的财产偿还的,经债权人请求,应当偿还。"根据这一规定,只有同时具备了以下三个条件,才能以没收的财产偿还债务:(1)必须是没收财产以前犯罪分子所欠债务,包括所负国家、集体和个人的债务。(2)必须是合法的债务。非法债务,例如赌债、高利贷中超出合法利息部分的债务不在此列。对此,2000年11月15日最高人民法院《关于适用财产刑若干问题的规定》第7条明确规定:《刑法》第60条规定的"没收财产以前犯罪分子所负的正当债务",是指犯罪分子在判决生效前所欠他人的合法债务。(3)必须经债权人提出请求。偿还犯罪分子所负债务,仅限于没收财产的范围内,并按我国《民事诉讼法》规定的清偿顺序偿还。2017年1月5日,最高人民法院和最高人民检察院联合发布《关于适用犯罪嫌疑人、被告人逃匿、死亡案件违法所得没收程序若干问题的规定》,旨在解决司法实践中争议较大、反映突出的法律适用问题。其中,第12项明确了申请没收的财产与犯罪的关联性的证明标准:申请没收的财产具有高度可能属于违法所得及其他涉案财产的,应当认定"申请没收的财产属于违法所得及其他涉案财产"。

四、经济犯罪资格刑的执行

资格刑属于附加刑的一种,是指剥夺或限制犯罪人从事某种活动的条件、身份,以及剥夺或限制犯罪人由于从事某种活动所形成的身份的刑罚[①]。它包括剥夺政治权利、驱逐出境和禁止从业准入三种资格刑。资格刑具有剥夺犯罪人某种能力和条件,防止短期自由刑弊端的功能。资格刑与自由刑、生命刑相比较,具有宽缓性、温和性特征。随着刑罚人性化、轻缓化趋势的发展,资格刑必然会受到越来越多的重视。从资格刑的本质来看,其应然是一种针对经济犯罪的有效刑罚方法,即增设经济犯罪的资格刑,既是预防和治理经济犯罪所必需,也是亟待解决当前经济犯罪适用资格刑不足的迫切问题。尤其是增设以剥夺经济犯罪人从事特定职业或实施特定活动为内容的资格刑显得尤为重要和突出。即针对司法实践中

---

① 参见王俊,《资格刑的反思与重构》,《云南法院网》2014年12月9日。

越来越多的经济犯罪分子利用其特定职业、特定活动进行犯罪的情况,可考虑将刑罚体系之外的剥夺从事特定职业或实施特定活动的民事或行政处罚方法纳入刑罚体系。例如:当招投标人员利用其从业资格及便利条件进行犯罪时,就可判处吊销其执业资格,从而禁止其从事相应职业的权利。在现代社会,公司、企业法人已成为经济活动中不可或缺的主体,我国刑法明确规定了单位犯罪,因此,设立适用于单位犯罪的资格刑就应是其刑罚体系中的一大亮点和特色。例如,《法国刑法典》第3编第1章第2节专门规定了适用于单位犯罪的资格刑。根据法国刑法第131—39条之规定,可适用于法人的资格刑分别包括:法人之设立是为了实施犯罪行为或者法人被转移了经营目标而实施犯罪行为,若其所犯重罪或轻罪对自然人可处五年以上监禁刑时,法人予以解散,并禁止直接或间接从事一种或几种职业性或社会性活动;关闭用于实施犯罪行为的企业机构或一家或数家机构;排除参与公共工程;禁止公开募集资金;禁止签发支票以及使用信用卡付款等。

由于资格刑所剥夺的是犯罪人的"资格",它所具有的优点和作用与自由刑、生命刑相比,不可同日而语。这主要表现在两个方面:第一,预防警戒作用。通过对犯罪人资格的剥夺,能够对其他具有同样资格的人起到一定的警戒作用,使之珍惜自己来之不易的职业资格,从而不去从事与自己的职业资格不相称的违法犯罪活动,以免使自己丧失这种资格。第二,防止再犯作用。被剥夺一定资格的犯罪人,往往是利用本人的某种资格从事一定的犯罪活动,因此很难保证将来他就不会再利用这种资格实施犯罪,因而,对这种犯罪人判处资格刑,他就丧失了这种职业资格,这样就可以有效地防止其再次利用这种资格进行犯罪活动,从而能够有力地打击经济犯罪,使资格刑的适用由此具有了社会防卫的功能。

完善我国经济犯罪的资格刑可以借鉴外国的立法体例及经验做出以下建构:首先,由于资格刑有着不同的种类和内涵,因此,在经济犯罪中,资格刑有其特定含义,具体是指:(1)禁止从事特定的职业或行业。从我国目前的立法状况来看,对犯罪人不能从事某些特定职业或行业虽作了一些规定,但尚未上升到刑罚层面。例如,《中华人民共和国会计法》第40条规定:"因有提供虚假财务会计报告,做假帐、隐匿或者故意销毁会计凭证、会计帐簿、财务会计报告,贪污、挪用公款、职务侵占等与会计职务有关的违法行为被依法追究刑事责任的人员,不得取得或重新取得会计从业资格证书";《中华人民共和国拍卖法》第15条第2款规定:"被开除公职或者吊销拍卖师资格证书未满五年的,或者因故意犯罪受过刑事处罚的不得担任拍卖师。"从中可以看出,立法者对不同职业或行业人员的要求是不一样的。因此,在将职业禁止转化为资格刑的时候,需要注意的是,应当有所选择、严格控制。只有当他们利用了特定身份并进行与其职业道德不相称的犯罪时,才可以适用刑罚意义上的"禁止从事特定职业"。对那些几乎不可能利用职业或行业地位进行经济犯罪的应排除在外,否则,刑罚有虚置之嫌。(2)对于单位经济犯罪而言,我国现行刑法只能判处罚金,而单一的罚金刑执行效果并不理想。有些单位正是利用自己的资金优势,一而再、再而三地实施犯罪,表明单一的罚金刑已不足以有效遏制单位犯罪的发生。因此,在单位犯罪中增设相应的资格刑,禁止到单位犯罪主体从事一定的营业:停业整顿和刑事破产,那么对惩治和预防单位犯罪将起到点睛式的作用。所谓停业整顿,是指定期剥夺单位从事工商活动的权利;所谓刑事破产,则是指无期剥夺单位从事工商活动的权利。(3)禁止担任非国有企业高级管理人员的权利。所谓非国有企业高级管理人员,从主体角度看,既包括原先在国有企业工作的高级管理人员,也包括本来就在非国有企业工作的高级管理人员;从职业范围的角度看,不应指一般的管理职位,而应以企业的高级管理职位为限。在我国现有的刑事立法中,虽然尚没有禁止担任非国有企业高级管理人员的规定,但从保护和促进经济健康发展的需要来看,有必要将其纳入刑法的资格刑范畴之中。其次,对刑法中资格刑的适用主体必须有严格限制,不是对所有的经济犯罪人都适用,而主要适用于两类人员:一是利用其特定身份进行与其身份或职业道德不相称的犯罪行为,包括公司、企业的董事长、董事、经理、监事、财务主管、董事会秘书等。二是经济活动中的中介服务人员。中介服务人员的范围很广,对此,仅指那些需要通过特定考试取得国家许可从业资格的人员,包括清算师、律师、会计师、拍卖师、审计师等。再者,对经济犯罪适用资格刑应有明确的期限规定。就资格刑的期限而言,可以分为终身剥夺和定期剥夺两种类型。终身剥夺一般适用于犯有重罪或从事特定职业的犯罪人;定期剥夺是指在一定期限内剥夺犯罪人的某种资格,具体期限应根据案件的具体情况做出不同规定,一般以 1~5 年为宜。同时,资格刑作为一种附加刑,在定期剥夺的情况下,剥夺资格的效力当然及于主刑执行期间。此外,应建立资格刑的减免、恢复制度,也就是说,对那些执行刑罚一段时间后确实已经改造好的犯罪人,可以通过一定程序减少原判决所确定的资格剥夺期限或者说提前恢复犯罪人被剥夺或者被限制的资格。如此,才能达到刑罚惩教结合的目的。

五、经济犯罪的减刑和假释

(一)减刑

根据《刑法》第 78 条的规定,"被判处管制、拘役、有期徒刑、无期徒刑的犯罪分子,在执行期间,如果认真遵守监规,接受教育改造,确有悔改表现的,或者有立功表现的,可以减刑;有下列重大立功表现之一的,应当减刑:(一)阻止他人重大犯罪活动的;(二)检举监狱内外重大犯罪活动,经查证属实的;(三)有发明创造或者重大技术革新的;(四)在日常生产、生活中舍己救人的;(五)在抗御自然灾害或者排除重大事故中,有突出表现的;(六)对国家和社会有其他重大贡献的。减刑以后实际执行的刑期不能少于下列期限:(一)判处管制、拘役、有期徒刑的,不能少于原判刑期的二分之一;(二)判处无期徒刑的,不能少于十三年;(三)人民法院依照本法第五十条第二款规定限制减刑的死刑缓期执行的犯罪分子,缓期执行期满后依法减为无期徒刑的,不能少于二十五年,缓期执行期满后依法减为二十五年有期徒刑的,不能少于二十年。"

对于经济犯罪,2014 年年初,中央政法委出台了《关于严格规范减刑、假释、暂予监外执行,切实防止司法腐败的指导意见》,要求对职务犯罪、破坏金融管理秩序和金融诈骗犯罪从严把握,从严考核,从严执行。其中对三类罪犯"确有悔改表现"的认定,需要增加几项特殊条件,例如:三类罪犯是否通过主动退赃、积极协助追缴境外赃款赃物、主动赔偿损失等方式,积极消除犯罪行为所产生的社会影响等。意见还规定,对服刑期间利用个人影响力和社会关系等不正当手段企图获得减刑、假释机会的,即使客观具备减刑、假释的条件,也不得认定其"确有悔改表现";对三类罪犯中因重大立功而提请减刑、假释的案件,原判死刑缓期执行、无期徒刑的破坏金融管理秩序和金融诈骗犯罪的减刑、假释案件,一律开庭审理。对三类罪犯中有的减刑次数多、两次减刑之间间隔时间短等问题明确规定,对依法可以减刑的三类罪犯,适当延长减刑的起始时间、间隔时间,从严把握减刑幅度。比如,对被判处无期徒刑的三类罪犯,确有悔改表现或者立功表现的,由过去执行 2 年以上方可减刑延长到现在执行 3 年以上方可减刑,而且增加规定,减为有期徒刑后,一次减刑不超过 1 年有期徒刑,两次减刑之间应当间隔 2 年以上;判处死缓入狱后,减刑后的最低刑期不少于 22 年。2016 年 9 月 19 日,最高人民法院颁布了《关于办理减刑、假释案件具体应用法律的规定》明确了对破坏金融管理秩序和金融诈骗犯罪等罪犯,不积极退赃、协助追缴赃款赃物、赔偿损失,或者服刑期间利用个人影响力和社会关系等不正当手段意图获得减刑、假释的,不得认定其"确有悔改表现"。对符合减刑条件的破坏金融管理秩序和金融诈骗犯罪罪犯,被判处 10 年以下有期徒刑的,执行 2 年以上方可减刑,减刑幅度应当从严掌握,一次减刑不超过 1 年有期徒刑,两次减刑之间应当间隔 1 年以上。对被判处无期徒刑的破坏金融管理秩序和金融诈骗犯罪罪犯,符合减刑条件的,执行 3 年以上方可减刑,减刑幅度应当从严掌握,减刑后的刑期最低不得少于 20 年有期徒刑;减为有期徒刑后再减刑时,减刑幅度比照本规定第 6 条从严掌握,一次不超过 1 年有期徒刑,两次减刑之间应当间隔 2 年以上。但罪犯有重大立功表现的,可以不受上述减刑起始时间和间隔时间的限制。对被判处死刑缓期执行的职务犯罪罪犯,破坏金融管理秩序和金融诈骗犯罪罪犯,符合减刑条件的,执行 3 年以上方可减刑,一般减为 25 年有期徒刑,有立功表现或者重大立功表现的,可以比照本规定第 10 条减为 23 年以上 25 年以下有期徒刑;减为有期徒刑后再减刑时,减刑幅度比照本规定第 6 条从严掌握,一次不超过 1 年有期徒刑,两次减刑之间应当间隔 2 年以上。对被判处死刑缓期执行的罪犯经过一次或者几次减刑后,其实际执行的刑期不得少于 15 年,死刑缓期执行期间不包括在内。死刑缓期执行罪犯在缓期执行期间不服从监管、抗拒改造,尚未构成犯罪的,在减为无期徒刑后再减刑时应当适当从严。对被限制减刑的死刑缓期执行罪犯,减为无期徒刑后,符合减刑条件的,执行 5 年以上方可减刑。减刑间隔时间和减刑幅度依照本规定第 9 条的规定执行。被限制减刑的死刑缓期执行罪犯,减为有期徒刑后再减刑时,一次减刑不超过 6 个月有期徒刑,两次减刑间隔时间不得少于 2 年。有重大立功表现的,间隔时间可以适当缩短,但一次减刑不超过 1 年有期徒刑。对被判处终身监禁的罪犯,在死刑缓期执行期满依法减为无期徒刑的裁定中,应当明确终身监禁,不得再减刑或者假释。被判处管制、拘役的罪犯,以及判决生效后剩余刑期不满 2 年有期徒刑的罪犯,符合减刑条件的,可以酌情减刑,减刑起始时间可以适当缩短,但实际执行刑期不得少于原判刑期的二分之一。

(二)假释

根据《刑法》第 81 条规定,被判处有期徒刑、无期徒刑的犯罪分子,在执行一定刑期之后,因其遵守监规,接受教育和改造,确有悔改表现,不致再危害社会,而附条件地将其予以提前释放。假释在我国刑法中是一项重要的刑罚执行制度,正确地适用假释,把那些经过一定服刑期间确有悔改表现、没有必要继续关押改造的罪犯放到社会上进行改造,可以有效地鼓励犯罪分子服从教育和改造,使之早日复归社会,有利于化消极因素为积极因素。对假释的犯罪分子,在假释考验期限内,依法实行社区矫正,但对犯罪分子决定假释时,应当考虑其假释后对所居住社区的影响。如果没有《刑法》第 86 条规定的情形,假释考验期满,就认为原判刑罚已经执行完毕,并公开予以宣告。有期徒刑的假释考验期限,为没有执行完毕的刑期;无期徒刑的假释考验期限为 10 年。假释考验期限,从假释之日起计算。对犯罪分子的假释,由执行机关向中级以上人民法院提出假释建议书。人民法院应当组成合议庭进行审理,对符合法定假释条件的,裁定予以假释。非经法定程序不得假释。

2016 年 9 月 19 日,最高人民法院颁布了《关于办理减刑、假释案件具体应用法律的规定》明确了对破坏金融管理秩序和金融诈骗犯罪等罪犯办理假释案件时,认定没有再犯罪的危险,除符合《刑法》第 81 条规定的情形外,还应当根据犯罪的具体情节、原判刑罚情况,在刑罚执行中的一贯表现,罪犯的年龄、身体状况、性格特征,假释后生活来源以及监管条件等因素综合考虑。被判处有期徒刑的罪犯假释时,执行原判刑期二分之一的时间,应当从判决执行之日起计算,判决执行以前先行羁押的,羁押 1 日折抵刑期 1 日。被判处无期徒刑的罪犯假释时,刑法中关于实际执行刑期不得少于 13 年的时间,应当从判决生效之日起计算。判决生效以前先行羁押的时间不予折抵。被判处死刑缓期执行的罪犯减为无期徒刑或者有期徒刑后,实际执行 15 年以上,方可假释,该实际执行时间应当从死刑缓期执行期满之日起计算。死刑缓期执行期间不包括在内,判决确定以前先行羁押的时间不予折抵。《刑法》第 81 条第 1 款规定的"特殊情况",是指有国家政治、国防、外交等方面特殊需要的情况。对于生效裁判中有财产性判项,罪犯确有履行能力而不履行或者不全部履行的,不予假释。

减刑和假释是针对罪犯的两大阳光政策或者说是宽大制度。两项政策或制度的相同点都是为了积极改造罪犯和为改造效果较好的罪犯提供早日返回社会的可能和条件,从而进一步促进罪犯的积极改造。但是两者无论从设立目的、执行方式,还是适用条件、社会效果等方面都有着显著区别:(1)对象不同。假释适用于被判处有期徒刑、无期徒刑,且执行了一定期限刑罚的犯罪分子;减刑适用于被判处管制、拘役、有期徒刑、无期徒刑,且在刑罚执行期间确有悔改或立功实施的犯罪分子。(2)次数不同。假释只能适用一次,且附有考验期和必须遵守的条件;减刑可以根据实际情况使用多次。(3)内容不同。假释是将犯罪分子提前释放,在考验期内予以考验;减刑是适当减少犯罪分子的刑期,犯罪分子仍然在监狱里执行相应的刑期。(4)法律后果不同。减刑没有考验期,即使犯罪分子在减刑以后再犯新罪,已减去的刑罚也不再执行;假释附有一定的考验期,被假释的犯罪分子在考验期内,如果没有发生撤销假释的法定事由,假释考验期满,即认为原判刑罚已经执行完毕;如果考验期内发生撤销假释的法定事由,则撤销假释,依法实行数罪并罚或者收监执行尚未执行完毕的刑罚。由于假释相比减刑存在如下优点:(1)缩短服刑期,有利于减少监狱管理成本;(2)只是变更了执行方式,而未改变原判刑罚,有利于维护审判稳定和权威;(3)适用标准高,矫正质量好,有利于促进罪犯的再生改造;(4)对避免罪犯重新犯罪起到震慑作用。因此,各国的刑罚执行倾向于采用假释而非减刑制度。这对我国经济罪犯的假释执行具有启示和借鉴作用。

第五节 经济犯罪刑罚的消灭

一、执行完毕

我国《刑法》第 65 条规定:"被判处有期徒刑以上刑罚的犯罪分子,刑罚执行完毕或者赦免以后,在五年以内再犯应当判处有期徒刑以上刑罚之罪的,是累犯,应当从重处罚,但是过失犯罪除外。"对"刑罚执行完毕"应当如

8-3

何理解,是仅指有期徒刑执行完毕,还是包括附加刑执行完毕?1995 年 8 月 3 日,最高人民法院研究室在关于如何理解刑罚执行完毕问题的答复中指出,"刑罚执行完毕"是指所判主刑执行完毕。因为:(1)根据《刑法》第 65 条的规定,一般累犯的构成除必须具备"刑罚执行完毕或者赦免以后,在五年以内再犯"这一时间条件和前后罪都是故意犯罪这一主观条件外,还必须具备前罪被判处的刑罚与后罪应当判处的刑罚都是"有期徒刑以上刑罚"这一刑种条件。否则,均不能构成累犯。所以,确定"刑罚执行完毕"的涵义,不能忽视条文中隐含的限定条件而进行机械地推演。何况,从刑法表述的逻辑关系来看,《刑法》第 65 条中规定的"刑罚"应当理解为"有期徒刑以上刑罚",不能扩大理解为包括"主刑和附加刑"。(2)如果将法条所称的"刑罚执行完毕"机械地理解为所有的刑罚,即包括主刑和附加刑,则是对罪犯合法权益的过度损害。例如,根据我国《刑法》规定,附加刑中剥夺政治权利的期限为 1 年以上 5 年以下,附加剥夺政治权利的期限,从有期徒刑、拘役执行完毕之日或者从假释之日起计算,也就是说如果把附加刑计算在内的话,就可能把构成累犯的期限向后延长了 1 年至 5 年,这是违背立法精神的。(3)如果此处的刑罚执行完毕还包括附加刑,在某些情况下,就会很难确定累犯时间的上限。比如罚金刑,由于罪犯个人的经济情况不同,罚金的具体判罚也不同。罚金的缴纳可以是一次缴纳,可以是分期缴纳,也可以是随时缴纳。在判决所确定缴纳期限以后,有的犯罪分子对其财产进行秘密的转移、变卖、隐瞒,从表面上看犯罪分子表面上无力缴纳全部罚金,也使得人民法院对其也无法采取强制缴纳的执行方式。但当人民法院发现被执行人有可以执行的财产时,罚金的执行就不再受时间限制,可以对犯罪分子随时追缴罚金,也就是说,在这种情况下,此罚金刑执行完毕的时间根本无法确定,据此何以谈累犯。

当前,对于"刑罚执行完毕"的争议存在两种模式之争:第一种模式,《刑法》第 65 条中的"刑罚执行完毕"是指主刑执行完毕,而第 71 条中的"刑罚执行完毕"则是指主刑和附加刑全部执行完毕;第二种模式,《刑法》第 65 条中的"刑罚执行完毕"是指主刑和附加刑全部执行完毕,而第 71 条中的"刑罚执行完毕"则是指主刑执行完毕。第一种模式的观点和理由是:其一,这一条款中"刑罚"一词先后出现三次,对照上下文理解,三处意思应当同一,前后两处均是指有期徒刑以上的主刑。其二,在我国现有刑罚的执行条件下,如果将"刑罚执行完毕"理解为包括附加刑,必将扩大累犯的范围。例如,《刑法》第 53 条在有关罚金的缴纳中规定,人民法院在任何时候发现被执行人有可以执行的财产,应当随时追缴,而司法实践中犯罪分子有期徒刑以上的主刑执行完毕 5 年内,罚金刑还没有执行完毕的情况并不鲜见。对《刑法》第 71 条中的"刑罚执行完毕"应理解为主刑和附加刑均执行完毕。理由是:其一,第 69 条的规定分为两款,分别是有关主刑和附加刑的,同时《刑法》第 32 条明确规定:刑罚分为主刑和附加刑。这一点也得到了 1994 年最高人民法院给上海市高级人民法院的《关于在附加剥夺政治权利执行期间重新犯罪的被告人是否适用数罪并罚问题的批复》(以下简称《批复》)的认同。该批复指出:对被判处有期徒刑的罪犯,主刑已执行完毕,在执行附加剥夺政治权利期间又重新犯罪,如果所犯新罪无须判处附加剥夺政治权利的,应当按照 1979 年《刑法》第 64 条第 2 款、第 66 条的规定,在对被告人所犯新罪作出判决时,将新罪所判处的刑罚和前罪没有执行完毕的附加剥夺政治权利,按照数罪并罚原则,决定执行的刑罚,即在新罪所判处的刑罚执行完毕以后,继续执行前罪没有执行完毕的附加剥夺政治权利。第二种模式的观点和理由：其一，单从法律条文的统一性来讲，同一部法典中，同一法律名词所表达的意思应该是一致的。《刑法》第 65 条第 1 款中的"刑罚"应当和该法典其他条文中的"刑罚"内涵一致。《刑法》第 32 条明确规定了刑罚分为主刑和附加刑，所以认为第 65 条第 1 款中的"刑罚执行完毕"单指主刑执行完毕的看法于法无据。其二，如果认为第 65 条中的"刑罚执行完毕"单指主刑执行完毕，那么在主刑执行完毕后，在附加刑执行期间又犯应当判处有期徒刑以上之罪，并且是故意犯罪的就构成累犯，应当从重处罚，但是，1994 年最高人民法院《批复》中明确规定：对被判处有期徒刑的罪犯，主刑已执行完毕，在执行附加剥夺政治权利期间重新犯罪的，在对被告人所犯新罪作出判决时，将新罪所判处的刑罚和前罪没有执行完毕的附加剥夺政治权利，按照数罪并罚原则决定执行的刑罚。显然，认为"刑罚执行完毕"仅仅指主刑执行完毕的思想是与最高人民法院批复的精神相悖的。其三，为了加大对累犯的打击力度，遏制再犯罪率的上升，维护社会稳定，1997 年《刑法》修改时将原《刑法》中构成累犯的期限从 3 年改为 5 年。从《刑法》修改的指导思想来看，将附加刑的执行期限计入刑罚执行期限，符合立法原意。因此，"刑罚执行完毕"不仅包括主刑的执行完毕，还应当包括附加刑的执行完毕。

造成上述两种模式之争的原因在于：未能准确理解 1994 年最高人民法院的《批复》与《刑法》第 65 条、第 71 条的关系。1994 年最高人民法院《批复》中规定：对被判处有期徒刑的罪犯，主刑已执行完毕，在执行附加刑剥夺政治权利期间又重新犯罪，如果所犯新罪无须判处附加刑剥夺政治权利的，应当按照 1979 年《刑法》第 64 条第 2 款、第 66 条的规定，在对被告人所犯新罪作出判决时，将新罪所判处的刑罚和前罪没有执行完毕的附加剥夺政治权利，按照数罪并罚原则，决定执行的刑罚，即在新罪所判处的刑罚执行完毕以后，继续执行前罪没有执行完毕的附加刑剥夺政治权利。这一《批复》是针对上海高院的一个具体案件所做的答复，批复的内容具有针对性，因此，在解读时不能随意地扩大理解；而且，当时《批复》的主要目的是要解决当事人尚未执行的附加剥夺政治权利如何继续执行的问题，因为主刑已经执行完毕，所以并罚解决的是附加刑的执行。基于此，如果把这一《批复》进行扩大解释的话，其实是将解读者的主观目的强加给了《批复》。客观地讲，上述两种观点均是扩大解释《批复》的结果。《刑法》第 65 条与第 71 条在刑法典中虽然均规定于"刑罚的具体运用"一章中，但是二者的地位与功能并不相同。一般累犯制度只是一个法定的量刑情节，所以它是确定刑罚之前法官考虑的一个因素；而第 71 条规定的是一个人犯有数罪时，确定刑罚之后的刑罚合并执行问题，因此，它是定罪量刑之后如何具体计算最终实际执行的刑罚的一种技术手段。从这个角度来思索，当二者竞合时不能同时适用，只能根据具体案情择其一而适用。因此，《刑法》第 65 条与第 71 条规定中的"刑罚执行完毕"，指的都是主刑执行完毕。只有对此作统一理解，才能使《刑法》中第 4 章"刑罚的具体运用"一章中诸种制度的功能得以完整体现，彼此的关系得以理顺，同时也保持了刑法体系的完整性。此外，《刑法》第 32 条规定的刑罚种类是一个概括性规定，是对于刑罚的一种总体性介绍，并未涉及刑罚的具体运用，这也是第 32 条归属于刑法典第 3 章"刑罚"中第 1 节"刑罚的种类"之下的根本原因；而涉及"刑罚执行完毕"的两个条文，即《刑法》第 65 条、第 71 条都属于刑罚的具体运用，从两者的关系来看，"刑罚"和"刑罚的运用"之间是种属关系，不能将二者的含义等同看待，否则就违反了形式逻辑的有关原理。

经济犯罪涉及的刑罚种类较多,不仅涉及五种主刑,还涉及三种附加刑,因此,也会同样面临上述如何理解刑罚执行完毕的问题。但不管怎样,从《刑法》关于累犯的立法本意来看,应当是指在主刑执行完毕以后。至于最高人民法院的两个答复看似矛盾,实际却把握住了立法原意。当然,为了避免适用上的误解与歧义,可考虑将《刑法》第 65 条的规定修改为:"被判处有期徒刑以上刑罚的犯罪分子,主刑执行完毕或者赦免以后,在五年以内再犯应当判处有期徒刑以上刑罚的,是累犯"。

二、追诉时效

追诉时效是刑法规定的司法机关追究犯罪人刑事责任的有效期限。犯罪已过法定追诉时效期限的,不再追究犯罪分子的刑事责任;已经追究的,应当撤销案件,或者不予起诉,或者宣告无罪。《刑法》第 87 条规定,犯罪经过下列期限不再追诉:(1)法定最高刑为不满 5 年有期徒刑的,经过 5 年。(2)法定最高刑为 5 年以上不满 10 年有期徒刑的,经过 10 年。(3)法定最高刑为 10 年以上有期徒刑的,经过 15 年。(4)法定最高刑为无期徒刑、死刑的,经过 20 年。如果 20 年后认为必须追诉的,须报请最高人民检察院核准。所谓法定最高刑,就是法律规定的最高刑期,例如,合同诈骗罪的法定最高刑是无期徒刑,其追诉时效为 20 年。《刑法》第 88 条规定,在人民检察院、公安机关、国家安全机关立案侦查或者在人民法院受理案件以后,逃避侦查或者审判的,不受追诉期限的限制。被害人在追诉期限内提出控告,人民法院、人民检察院、公安机关应当立案而不予立案的,不受追诉期限的限制。《刑法》第 89 条规定,追诉期限从犯罪之日起计算;犯罪行为有连续或者继续状态的,从犯罪行为终了之日起计算。在追诉期限以内又犯罪的,前罪追诉的期限从犯后罪之日起计算。

根据我国《刑法》关于追诉时效的起算规定,所谓"犯罪之日",应指犯罪构成诸要件的具备之日,即犯罪成立之日,而不仅仅指犯罪人所实施的危害行为的终了之日。据此,该起算规定可表述为:"追诉期限从犯罪成立之日起计算;犯罪行为有连续或者继续状态的,从犯罪行为的终了之日起计算"。具体而言,可以将追诉时效的起算作如下之理解:(1)对行为犯,应从行为实施之日起计算;(2)对结果犯,应从结果发生之日起计算;(3)对结果加重犯,应从严重后果发生之日起计算;(4)对于牵连犯,应从重行为成立之日起计算;(5)对于预备犯、未遂犯、中止犯,应分别从犯罪预备、犯罪未遂、犯罪中止成立之日起计算;(6)对于连续犯,应从犯罪行为终了之日起计算;(7)对于继续犯,应从犯罪行为的终了之日起计算。根据我国《刑法》关于追诉时效的延长规定,确认被追诉人是否构成"逃避刑事追诉或者审判",应以其主观上是否认识到自己已经被刑事追诉为前提,即只有当被追诉人知道自己已经被司法机关追诉而采取各种手段来逃避追诉的,方能够无限延长其追诉时效;相反,在被追诉人不知自己已经被刑事追诉而实施了某些行为的情况下,就不能够仅仅因为刑事司法机关的追诉活动在客观上受到了被追诉人的行为的影响,而对其进行无限期追诉。否则,就可能罪及无辜、侵害被追诉人的合法权利,损害刑事法律的公正价值。因此,确定是否构成"逃避侦查或者审判",需要满足以下几个条件:(1)行为人在客观上对司法机关对其进行的刑事追诉活动造成了妨碍。(2)"逃避"行为须发生在侦查机关立案侦查或者人民法院受理案件之后。(3)行为人须出于故意,即明知自己的行为会妨碍司法机关对其犯罪事实的追诉,却希望或者放任这种结果的发生。这是确认行为人构成"逃避侦查或者审判"的主观条件。尽管追诉时效的无限延长有利于震慑罪犯,促其尽快认罪伏法,履行刑事法律义务,也有利于保障被害人的权益,但若是不作任何限制,显然未能全面把握打击犯罪与保障被告人权的平衡度。

刑法设置追诉时效的目的在于:(1)促进司法效率,节约司法资源。一个案件发生后经过较长时间仍未追诉,其犯罪证据很可能因时过境迁而灭失。在这种情况下进行侦查、起诉、审判,会严重影响司法机关对现行犯罪的工作效率,使大量案件积压、拖延,造成司法资源的疲惫和损耗。有了时效制度,则可以使司法机关尽快从陈年旧案的被动局面中解脱出来,集中精力查处新的案件。(2)维护刑事司法的权威和尊严。对陈年旧案的追诉,很可能使司法机关无功而返,从而使司法机关的权威和尊严受到挑战,公众的法情感和法信仰受到损害。(3)确保利益冲突得到有效解决。追诉时效能够促进刑事司法机关积极追究犯罪人的刑事责任,促进刑事自诉人及时控告犯罪人的不法罪行,以确保案件争讼的及时解决。(4)保障社会秩序的稳定。已过追诉期限,行为人未再犯罪,本身说明其人身危险性正在减少,因此,继续追究其刑事责任没有多少实际意义。对于那些隔阂已然消除的自诉案件而言,旧事重提只会破坏双方之间业已稳定的关系,引发新的怨恨。超过追诉时效的法律后果在于:(1)对于公诉案件而言,除法律有特别规定之外,意味着司法机关的刑事追诉权自动消灭,不能再因同一种犯罪事实追究行为人的刑事责任;已经立案侦查、提起诉讼、开庭审判的,应当分别撤销案件、不起诉、终止审理。(2)对于刑事自诉案件而言,意味着如果刑事被害人或其法定代理人、近亲属没有在法定追诉期限内向法院提起控诉,则自诉人在其后因同一事实提起的刑事控诉均不能得到法院的支持。(3)对于犯罪人而言,意味着只要在法定追诉期间内没有受到刑事追诉,那么其原本应当承担的刑事责任得以彻底解脱,在其后的任何时候都不会因同一犯罪事实而受到刑事追究,即享有了"一事不再罚"的权利。

综上,经济犯罪的追诉时效需要注意以下问题:首先,从客观方面来说,经济犯罪有行为犯与结果犯之分,但以行为犯为主;从社会危害性来说,经济犯罪有重罪与轻罪之分,但以重罪为主;从追诉方式来说,经济犯罪只有公诉方式。因此,经济犯罪的追诉时效通常从犯罪行为的实施之日起或终了之日起计算,且追诉时效较长。其次,经济犯罪的被害人在追诉期限内提出控告,公检法机关应当立案而不予立案的,显然是一种渎职行为,由此造成超过追诉时效的后果理应由公检法机关承担,直至立案时起开始计算。再者,对经济犯罪的追诉时效延长应有一个限度。从我国经济犯罪的法定最高刑,以及我国刑法追诉时效最长一般为20年的规定来看,以不超过20年为宜。

三、赦免

赦免,是指由国家元首或最高国家权力机关以政令的形式,由国家最高司法机关执行,免除犯罪人罪责或者减免犯罪人刑罚的一种制度。由于赦免的对象是犯罪人,赦免的结果是导致追诉权和行刑权归于消灭,所以,各国刑法都把它纳入刑罚消灭制度。

赦免包括大赦和特赦。大赦,是指国家元首或者国家最高权力机关,对某一时期内犯有一定罪行的不特定犯罪人,一概予以赦免的制度。特赦,是指国家元首或者国家最高权力机关对已受罪行宣告的特定犯罪人,免除其全部或者部分刑罚的制度。大赦与特赦的区别在于:(1)特赦的对象特定,大赦的对象不特定。(2)特赦只能在法院判决之后进行;大赦既可以在法院判决之后进行,也可以在法院判决之前进行。(3)特赦只能赦其刑;大赦既赦其刑,也赦其罪。（4）特赦后再犯罪，有可能构成累犯；大赦后再犯罪，不存在累犯问题。（5）特赦需要公布被赦人的名单，大赦不需要公布被赦人的名单。我国《宪法》只规定了特赦，而未规定大赦。依据我国《宪法》第 67 条和第 80 条的规定，特赦由全国人民代表大会常务委员会决定，由国家主席发布。新中国成立以来，我国共实行了八次特赦，从已实行的情况来看，具有以下特点：（1）特赦对象，除第一次包括反革命罪犯和普通刑事罪犯与第八次的贪污受贿犯罪、军人违反职责犯罪、故意杀人、强奸、抢劫、绑架、放火、爆炸、投放危险物质或者有组织的暴力性犯罪、黑社会性质的组织犯罪、贩卖毒品犯罪、危害国家安全犯罪、恐怖活动犯罪的罪犯，其他有组织犯罪的主犯及累犯外的罪犯外，都是战争罪犯。（2）特赦的范围仅限于全国各地某类罪犯中的一部分人，而不是对某类罪犯全部实行特赦，更不是对个人实行。（3）特赦的条件是罪犯经过服刑改造，确已改恶从善。对尚未宣告刑罚或者刑罚虽已宣告，但尚未开始执行的罪犯不赦免。（4）特赦的效力只及于刑罚，不及于罪行。（5）特赦一般由党中央或国务院提出建议，经全国人大常委会审议决定，由国家主席发布特赦令，并授权最高人民法院执行。2015 年 8 月 24 日，十二届全国人大常委会第十六次会议审议了全国人大常委会关于特赦部分服刑罪犯的决定草案。其中，对被判处 3 年以下有期徒刑或者剩余刑期在 1 年以下的服刑罪犯拟予特赦，这也是我国时隔 40 年之后的再一次特赦。作为较轻的经济犯罪，例如，虚报注册资本罪，违规披露、不披露信息罪，假冒专利罪，损害商业信誉、商品声誉罪，虚假广告罪，串通投标罪，出具证明文件重大失实罪，逃避商检罪等，就属于该特赦的适用范围。在新中国成立 70 周年之际，我国对依据 2019 年 1 月 1 日前人民法院作出的生效判决正在服刑的九类罪犯实行特赦，以推进民主法治建设和社会和谐发展。

复习与练习

本章提要

刑罚，是刑法规定的由国家审判机关依法对犯罪分子所适用的剥夺或者限制其某种权利的最严厉的法律强制方法。刑罚与犯罪、刑事责任以及刑罚权之间相互关联，既有联系、又有区别，要注意正确把握。刑罚的功能，是指国家制定、裁量和执行刑罚对人们可能产生的积极作用，包括对犯罪人的功能、对社会的功能和对被害人的功能三个方面。刑罚目的，是指国家制定、适用和执行刑罚所期望达到的效果。刑罚目的论是刑罚论的核心和要害。在西方国家，刑罚目的论主要有报应刑论、目的刑论和折中刑论三种。在我国，通说认为，刑罚的目的是预防犯罪，具体包括特殊预防和一般预防。特殊预防和一般预防是刑罚目的的两个方面，它们之间是紧密结合、相辅相成的。刑罚的适用需要有两个前提：一是行为人被确定为具有刑事责任；二是审判机关决定给予定罪。

刑罚体系，是指由刑法依照一定的标准对各种刑罚方法进行分类并依其轻重排列而成的刑罚序列。我国刑罚体系中的刑罚方法分为主刑和附加刑。我国刑法规定的主刑包括管制、拘役、有期徒刑、无期徒刑和死刑五种。附加刑有罚金、剥夺政治权利、没收财产三种。另外还有一种特别附加刑，即驱逐出境。非刑罚方法，是指对犯罪分子所适用的刑罚以外的处理方法。我国刑罚体系中的非刑罚方法包括赔偿经济损失、训诫、责令具结悔过、赔礼道歉、赔偿损失、由主管部门予以行政处罚或者行政处分。

经济犯罪刑罚的裁量,要坚持一般量刑原则外,还要坚持量刑均衡原则、量刑个别化原则和量刑谦抑原则。充分考虑经济犯罪的身份、数额、次数、目的、结果和退赃退赔等情况;并重点关注其减刑、假释的特殊要求。

思考题

1. 如何理解刑罚的概念与特征?

2. 刑事责任的根据是什么?

3. 定罪的原则有哪些?

4. 刑罚功能有哪些表现?

5. 什么是刑罚体系?

6. 简述我国刑法中主刑、附加刑的种类。

7. 我国刑法中对经济犯罪死刑有哪些限制规定?

8. 简述剥夺政治权利的适用对象和适用方式。

9. 经济犯罪的刑罚裁量要坚持哪些特有原则?

10. 经济犯罪的减刑、假释有哪些特殊要求?

参考文献

1. 邱兴隆:《刑罚理性导论》,中国政法大学出版社 1998 年版。

2. 高铭暄、马克昌主编:《刑法学》,北京大学出版社、高等教育出版社 2016 年版。

3. 张明楷:《刑法学》,法律出版社 2016 年版。

第三编

经济刑法学分论

第九章 生产、销售伪劣商品罪

社会主义市场经济是法治经济。制定完善的经济管理法律、法规体系,规范一切市场经济行为,并同一切破坏市场经济秩序的行为作斗争,是保持经济发展和社会稳定的必要条件。近十几年来,生产、销售伪劣商品等行为十分猖獗,严重危害了国民经济的发展和公民的合法权利,必须运用法律武器予以严肃整治。本章主要阐述生产销售伪劣商品罪的概念和特征,重点是阐明生产、销售伪劣产品罪,生产、销售假药罪,生产、销售劣药罪,生产、销售不符合安全标准的食品罪,生产、销售有毒、有害食品罪,生产、销售不符合标准的医用器材罪,生产、销售不符合安全标准的产品罪,生产、销售伪劣农药、兽药、化肥、种子罪,生产、销售不符合卫生标准的化妆品罪的犯罪构成要件及其刑罚适用问题。

本章重点

- 生产、销售伪劣产品罪
- 生产、销售、提供假药罪
- 生产、销售不符合安全标准的食品罪
- 生产、销售有毒、有害食品罪
- 生产、销售不符合标准的医用器材罪
- 生产、销售不符合安全标准的产品罪

第一节 生产、销售伪劣商品罪概述

一、生产、销售伪劣商品罪的概念

生产、销售伪劣商品罪,是指以非法牟利为目的,在从事工商业活动中,违反国家规定,生产、销售伪劣商品,严重损害用户和消费者利益,危害社会主义市场经济秩序,应受到刑法处罚的犯罪行为。

所谓"违反国家规定",根据《刑法》第 96 条的规定,刑法中所称的违反国家规定,是指违反全国人民代表大会及其常务委员会制定的法律和决定,国务院制定的行政法规、规定的行政措施、发布的决定和命令。可见,刑法所称的违反国家规定,仅指违反了上述两个国家机关的规定,其他各级国家机关的规定不是刑法所称的国家规定,因此违反了其他各级国家机关的规定并不构成刑法所称的违反国家规定。全国人民代表大会及其常务委员会是最高国家权力机关,行使国家立法权和重大国事的决定权,其作出规定的主要形式为制定和通过有关法律和决定。国务院是最高国家行政机关,根据宪法规定,国务院可以制定行政法规、规定行政措施、发布决定和命令,这些行政法规、行政措施、决定和命令主要是由国务院直接制定、规定和发布的,也包括国务院各部委或直属机构制定的经国务院批准并以国务院名义发布的行政措施、决定和命令。违反了国务院制定、规定或者发布的行政法规、行政措施、决定和命令,也构成了刑法所称的"违反国家规定"。

所谓"伪劣商品",有广义、狭义两种涵义。广义的伪劣商品,是指生产、销售的商品,违反国家有关法律、法规的规定,其质量、性能达不到强制性标准的要求;或冒用、伪造厂名、厂址、质量认证标志;或失去了使用价值的物品。它包括了假冒商品,其法律责任既可能是刑事的,也可能是民事、经济、行政的。狭义的伪劣商品是作为生产、销售伪劣商品罪犯罪对象的伪劣商品,即指生产、销售的商品违反国家法律、法规的规定,质量低劣不合格或者失去了使用价值。根据《产品质量法》第49、50、52条的规定,狭义的伪劣商品主要包括:(1)不符合保障人体健康和人身、财产安全的国家标准、行业标准的产品。(2)掺杂、掺假,以假充真,以次充好的产品。(3)不合格的产品。(4)失效、变质的产品。

二、生产、销售伪劣商品罪的特征

(一)犯罪客体

本类犯罪的犯罪客体为复杂客体,因行为人所生产、销售的伪劣商品的品种、性质、用途不同,其所侵犯的具体复杂客体有所不同。例如:生产、销售伪劣产品罪的犯罪客体为社会主义市场经济秩序和消费者的财产权;生产、销售假药罪、劣药罪的犯罪客体是药品管理制度和消费者的财产权、人身权。在这些生产、销售伪劣商品所侵犯的复杂的犯罪客体中,社会主义市场经济秩序是最基本的、最主要的犯罪客体,决定着生产、销售伪劣商品罪的类罪性质,其他犯罪客体处于次要地位。因此,生产、销售伪劣商品罪属于破坏社会主义市场经济秩序犯罪的范畴,属于经济犯罪,而不属于有关侵犯财产权犯罪,或者侵犯人身权利犯罪或危害公共安全犯罪。

(二)犯罪客观方面

生产、销售伪劣商品罪在客观方面最显著的特征是行为人在客观上实施了生产、销售伪劣商品的行为。所谓生产、销售伪劣商品,就是指行为人故意在生产、销售的产品中掺杂、掺假,以假充真,以次充好或者以不合格产品冒充合格产品的情形。由于行为人所生产、销售的伪劣商品的种类、性质、用途不同,刑法对行为人所构成的具体的有关生产、销售伪劣商品方面的犯罪的客观要件的要求也有所不同。因此,在认定有关生产、销售伪劣商品罪时,必须具体分析行为人所生产、销售的伪劣商品的种类、性质、用途,并以此来确定其犯罪成立在客观上所要求的构成要件,从而科学而、准确地界定罪与非罪、此罪与彼罪,做到定罪准确,量刑适当,罚当其罪。

(三)犯罪主体

本罪的犯罪主体是特殊主体,只有商品的生产者和销售者才可能成为犯罪主体。这里的"生产者、销售者"是广义的,既可以是个人,也可以是单位。而单位既可以是合法成立的,也可以是未经工商部门登记注册的非法单位。因此,无需审查其有无经营执照和许可证,有无生产经营和销售资格。无论是合法成立的,还是非法成立的,不影响单位构成犯罪。作为个人犯本罪的,为一般主体,即凡达到刑事责任年龄、具有刑事责任能力的自然人,即可成为本罪的主体。当然,不具有完全行为能力的人不能成为本罪的主体。

（四）犯罪的主观方面

在主观上，生产、销售伪劣商品犯罪为故意犯罪，要求行为人对其生产、销售的伪劣商品在主观上必须是出于明知，包括直接故意和间接故意，即在明知合格产品质量标准的情况下，故意掺杂、掺假，以假充真，以次充好，以不合格产品充当合格产品。所谓明知，是指行为人在主观上已经确实知道生产、销售的物品属于伪劣商品或者根据客观证据、情形证明行为人确实可能知道其所生产、销售的物品是伪劣商品而不是其他物品的情况。"明知"不等于"确知"，只要根据客观实际情况，结合行为人主观情形，证实行为人在主观上出于能明知而且可能明知而行为人不能否认即可。根据本类犯罪的性质和实际生活中的发案情况，本类犯罪主体在主观上大都具有谋取非法经济利益之目的。过失不构成本类犯罪。如果行为人对其生产、销售的伪劣商品不是出于故意，由于疏忽大意、不负责任而过失生产、销售这类产品的，或者是由于生产技术水平达不到要求或者受他人欺骗等完全客观原因导致行为人对其生产、销售的伪劣商品在主观上出于过失，而非出于故意的，则行为人不构成本类犯罪。

三、生产、销售伪劣商品罪的立法

我国对生产销售伪劣商品罪的立法，历史较短。1979年《刑法》颁布后，《中华人民共和国商标法》第10条规定："假冒他人注册商标，包括擅自制造或者销售他人注册商标标识的，除赔偿被侵权人的损失，可以并处罚款外，对直接责任人员由司法机关依法追究刑事责任。"1985年5月9日《最高人民法院关于个人非法制造、销售他人注册商标标识而构成犯罪的应按假冒商标罪惩处的批复》将假冒商标罪的主体解释为企事业单位或者个体工商业者。同年，"两高"《关于当前办理经济犯罪案件中具体应用法律的若干问题的解答》（试行）中指出："在生产、流通中，以次顶好、以少顶多、以假充真、掺杂使假"是投机倒把犯罪行为之一。此前的全国人大常委会《关于严惩严重破坏经济的罪犯的决定》提高了投机倒把罪的法定刑。我国现有的上述刑事立法和刑事司法解释在打击和遏制生产、销售伪劣商品犯罪中起到了积极的作用，但随着商品经济的发展和犯罪状况的复杂化，它已经远远不能适应同该类犯罪作斗争的现实需要了。

然而，这一立法还不能全面准确概括制售伪劣商品犯罪的各种复杂情况。因为按照当时的司法实践，对于生产者、销售者在产品中掺杂、掺假，以假充真，以次充好或者以不合格产品冒充合格产品的行为，是以投机倒把罪定罪处刑的。"两高"《关于当前办理经济犯罪案件中具体应用法律的若干问题的解答（试行）》列举8种投机倒把行为，这8种行为的社会危害性不尽相同，如按照相同的罪名和法定刑处刑，是有碍刑法科学化趋势的。即使是生产者、销售者在产品中掺杂、掺假，以假充真，以次充好或者以不合格产品冒充合格产品的行为，也是复杂多样的，其社会危害性存在显著差别，而现行立法简单地将它区别为"情节严重"和"情节特别严重"两种，也不能充分体现罪刑相适应原则，况且刑事立法也没有规定认定情节是否特别严重的明确标准。在当时的立法所包含的情况之外，还存在大量的制售伪劣商品的情况，这些情况难以准确地归为哪一种犯罪，使司法实践出现选择困难。

为此，1997年《刑法》将其进行补充和完善。《刑法》分则第3章从第140条到第149条，共10个条文规定了10个罪名，分别是：生产、销售伪劣产品罪，生产、销售、提供假药罪，生产、销售、提供劣药罪，妨害药品管理罪，生产、销售不符合安全标准的食品罪，生产、销售有毒、有害食品罪，生产、销售不符合标准的医用器材罪，生产、销售不符合安全标准的产品罪，生产、销售伪劣农药、兽药、化肥、种子罪，生产、销售不符合卫生标准的化妆品罪。

四、生产、销售伪劣商品罪的司法应用

在惩治伪劣商品犯罪的司法实践中，严格区分合法与违法、违法与犯罪的界限至关重要。定性不准，或枉或纵，均有损于法律的权威和公正，也不利于经济的正常发展。刑罚作为最严厉的强制手段，不仅可以剥夺犯罪人的财产权利，而且可以剥夺其政治权利、人身自由权利乃至生命，因此它只是国家专门对付犯罪的特殊手段，只能对犯罪人适用。

（一）正确认定生产、销售伪劣商品行为罪与非罪的界限

主要应考虑以下几个因素。（1）商品质量状况。正确判明一种商品是否属于伪劣商品，必须把握以下几点：一是该商品严重不符合有关法律法规对产品质量规定的必须满足的要求；二是该商品的主要指标达不到有关的产品质量标准或明示担保条件；三是该商品已基本失去其应当具备的使用性能；四是在造成危害结果的情况下，还应查明商品质量同危害结果之间有无直接的因果关系。（2）犯罪数额大小。在刑法中，对伪劣商品犯罪数额做出明确规定的只有第140条规定的生产、销售伪劣产品罪。根据该条的规定，生产、销售伪劣产品的销售金额必须达到一定数额才构成犯罪。要注意，以往的实践中多以侵权利润计"违法所得"，现刑法明确规定以伪劣商品的销售金额论。立法根据销售金额的大小不同，分别规定了四个不同的量刑幅度。根据该条规定，生产、销售伪劣产品的销售金额在5万元以上的，即可构成本罪。由此可见，销售金额的大小不仅是衡量本罪量刑轻重的依据，也是界定罪与非罪的一个重要标准。（3）犯罪情节的轻重。在刑法所规定的各种具体的伪劣商品犯罪中，有相当一部分犯罪成立要求具备法定的犯罪情节。因此，对于这些犯罪来说，犯罪情节的轻重，成为区分罪与非罪界限的关键。根据刑法的规定，确定生产、销售伪劣商品行为罪与非罪的情节具体包括以下几类：第一，足以危害人体健康，如含有大量对人体有害的成分，或者严重污染、变质的，就能对人体健康构成威胁；第二，对人体健康造成严重危害，如使消费者或用户中多人病情恶化，身体致伤致残等情形；第三，造成严重后果，如致使消费者或用户多人致伤致残，或发生火灾、爆炸等事故致使公私财产直接损失达2万元以上的情形；第四，生产遭受较大的损失，如致使大量牲畜、家禽伤残死亡；或使庄稼大面积减产、绝收，造成直接经济损失达5万元以上等。（4）销售者对伪劣商品的明知状况。根据刑法的规定，因销售有关伪劣产品而构成有关犯罪的，均以销售者对伪劣商品的"明知"作为一个必要的要件。销售者对于所售伪劣商品的"明知"，属于对犯罪对象性质的认识范畴，这是犯罪故意中认识因素的一个重要内容。在司法实践中，判断销售者是否明知，宜综合考虑以下几方面因素：一是主体资格是否合格，即行为人是否具备正当的商业主体资格。二是进货渠道是否正当，即行为人是否从有正规合法手续的生产厂家或供货商处进货，有无正规的进货手续或合同。三是交易活动是否公开，是否经过公开招、投标活动定购的商品。四是成交价格是否合理，即成交价格是否与市场价格相距甚远，或者在购销活动中是否存在高额账外暗中回扣。五是商品标志和外观质量是否合格、齐全，是否粗制滥造。

（二）正确处理法条竞合

按照通说的观点，法条竞合，"是指一个行为同时符合了数个法条规定的犯罪构成要件，但从数个构成要件之间的逻辑关系来看，只能适用其中一个法条，当然排除适用其他法条的情况。"①法条竞合应当符合以下两个特征：首先是一行为同时符合数个犯罪的构成要件，法条竞合现象的发生虽然以法条之间的某种逻辑关系为基础，但同样需要某一行为事实之存在；法条竞合不同于单纯一罪，而属于认识上的数罪。其次是仅能适用其中一个法条，这是有关法条竞合法律效果的表述，是对刑法"禁止多重评价"原则的贯彻，在具体适用中除非法律明文规定重法优先，否则优先适用特别法。《刑法》第149条第1款规定："生产、销售本节第一百四十一条至第一百四十八条所列产品，不构成各该条规定的犯罪，但是销售金额在五万元以上的，依照本节第一百四十条的规定定罪处罚。"第2款规定："生产、销售本节第一百四十一条至第一百四十八条所列产品，构成各该条规定的犯罪，同时又构成本节第一百四十条规定之罪的，依照处罚较重的规定定罪处罚。"刑法理论上的通说认为，第141条至第148条针对特殊伪劣产品犯罪的规定，相对于第140条普通伪劣产品犯罪而言，可谓特别法，根据特别法优于普通法的法条竞合适用原则，"通常应以特别法即依规定生产、销售特别种类的伪劣产品的犯罪的法条论处，但《刑法》第149条第2款规定'依照处罚较重的规定定罪处罚'，即依重法优于轻法的原则处理类似问题"。②　总的来说，有本节"生产销售伪劣商品罪"中其他罪的行为，但还不够处罚的，只要违法销售额达5万元以上，仍要按本罪处刑。同时都构成的，选重者处罚。这体现了对破坏经济秩序犯罪从严惩处的方针。

第二节　生产、销售伪劣商品罪分述

一、生产、销售伪劣产品罪

（一）生产、销售伪劣产品罪的概念

生产、销售伪劣产品罪，是指生产者、销售者违反产品质量管理法规，在产品中掺杂掺假，以假充真，以次充好或者以不合格产品冒充合格产品，销售金额达到一定数量的行为。本罪属选择性罪名，可根据行为人的具体行为方式，分别认定为生产伪劣产品罪、销售伪劣产品罪或者生产、销售伪劣产品罪。

9-1

考察生产、销售伪劣产品罪的立法发展。1979年的刑法典是在计划经济社会背景下制定的，由于在当时生产和销售伪劣产品的问题并不十分突出，因此并没有专门的罪名设置，只是在第六章"妨害社会管理秩序罪"中第164条中有特殊的规定：以营利为目的，制造、贩卖假药危害人民健康的，处2年以下有期徒刑、拘役或者管制，可以并处或者单处罚金；造成严重后果的，处2年以上7年以下有期徒刑，可以并处罚金。在1997年前的司法实践中，司法机关对生产、销售伪劣产品的犯罪行为一般是以依投机倒把罪，制造、销售假药罪，以危险

---

① 张明楷著：《刑法学》（第四版），法律出版社2011年版，第418页。
② 高铭暄、马克昌主编：《刑法学》（第五版），北京大学出版社、高等教育出版社2011年版，第377页。

方法危害公共安全罪，玩忽职守罪处罚。伴随着市场经济的不断发展，完整意义上的生产、销售伪劣产品罪在1997年的刑法典中得以确立。本罪名具体规定在《中华人民共和国刑法》第140条和2001年的最高人民法院、最高人民检察院颁布实施的《关于办理生产、销售伪劣商品刑事案件具体应用法律若干问题的解释》中，后续一直沿用至今。

（二）生产、销售伪劣产品罪的特征

1. 本罪的客体是复杂客体，它侵犯了两种社会关系：其一，国家对产品质量的监督管理；其二，广大消费者、用户的合法权益。

本罪的犯罪对象是伪劣产品。何谓伪劣产品？根据《中华人民共和国产品质量法》第26条和第27条的规定，是指未达到国家、行业标准，不具备使用性能，产品标注、说明与实际不符，或已经失效变质，可能危及人体健康、财产安全的产品。根据《刑法》第140条的规定，伪劣产品包括：（1）掺杂、掺假的产品；（2）以假充真的产品；（3）以次充好的产品；（4）以不合格冒充合格的产品。通常限于特定种类伪劣产品，如药品、食品、医疗器械、农业生产资料等之外的普通伪劣产品。生产、销售特定种类的伪劣产品，如果不构成《刑法》第141条至第148条各条规定的犯罪，但是销售金额达到5万元以上的，可按照《刑法》第149条第1款的规定，以本罪论处。

2. 本罪的客观方面表现为生产者、销售者实施了在产品中掺杂掺假，以假充真，以次充好，或者以不合格产品冒充合格产品的行为。即四种危害行为方式：（1）掺杂掺假。在产品中掺入杂质或者异物，致使产品不符合国家法律、法规或者产品明示标准所规定的质量要求，降低、丧失产品应有使用性能的行为。如在小麦中掺入草籽（掺杂）；在磷肥中掺入同一颜色的泥土（掺假）。（2）以假充真。以不具有某种使用性能的产品冒充具有该种使用性能的产品的行为。这种情况与掺假的区别在于：两者中，前者的产品全部是假的，后者的产品仅部分是假的。如以自来水冒充矿泉水。（3）以次充好。以低等级、低档次产品冒充高等级、高档次产品，或者以残次、废旧零配件组合、拼装后冒充正品或新产品的行为。如以人工制皮服装冒充动物天然皮服装销售（以同种品质较差的合格产品冒充同种品质较好的合格产品）；以劣等的陶瓷处理品冒充优等的陶瓷处理品销售（以同种品质较差的不合格产品冒充同种品质较好的不合格产品）。（4）以不合格产品冒充合格产品。不符合《中华人民共和国产品质量法》第26条第2款规定的质量要求的产品。根据《产品质量法》第26条第2款的规定："产品质量应当符合下列要求：（一）不存在危及人身、财产安全的不合理的危险，有保障人体健康，人身、财产安全的国家标准、行业标准的，应当符合该标准；（二）具备产品应当具备的使用性能，但是，对产品存在使用性能的瑕疵作出说明的除外；（三）符合在产品或者其包装上注明采用的产品标准，符合以产品说明、实物样品等方式表明的质量状况。"不符合上述要求的产品，属于不合格产品。

如果对上述各种危害行为方式难以进行产品质量确定的，应当委托法律、行政法规规定的产品质量检验机构进行鉴定。

以上诸种行为须是行为人在生产、销售中发生的行为。生产，指从产品生产前的准备一直到产品生产完成之间的一系列制造性活动。销售，指产品生产完成后，准备出售一直到产品已出售给消费者、用户之间的一系列经营性活动。只要行为人在生产、销售过程中实施了上述行为中的某一种，就可能构成本罪。但是否能实际按照本罪论处，生产、销售的伪劣产品的销售金额还需达到 5 万元以上。这是区分生产、销售伪劣产品罪与非罪的重要法定标准。所谓销售金额,指生产者、销售者出售伪劣产品后的全部违法所得和应得的全部违法收入,包括出售伪劣产品后已得到的违法收入和已经出售伪劣产品按照合同或者其他约定将要得到的违法收入,但不扣除成本和有关费用。多次实施生产、销售伪劣产品的行为,未经处理的,销售金额累计计算。因此,生产、销售伪劣产品而销售金额不足 5 万元,或者不是为了销售而生产伪劣产品的情形,不能认定为本罪。

3. 本罪的主体是一般主体。凡是达到刑事责任年龄、具有刑事责任能力,从事生产、销售伪劣产品的生产者、销售者,都可能成为本罪的主体。而且,根据《刑法》第 150 条的规定,生产、销售伪劣产品的单位,也可以成为本罪主体。

4. 本罪的主观方面只能是故意。即行为人明知生产、销售的是伪劣产品,仍予以生产或者销售。行为人通常具有非法牟利的目的,但非法牟利的目的不是本罪的构成要件。因此,行为人是否具有非法牟利的目的,不影响本罪的成立。但是,如果行为人主观上出于过失,则不构成本罪。

（三）生产、销售伪劣产品罪的认定

1. 本罪的罪与非罪的界限

应当以本罪的构成特征为标准进行考察,主要注意以下几个问题:(1)生产、销售伪劣产品的销售金额是否达到 5 万元的问题。如上所述,销售金额是认定本罪的重要法定标准。它反映了行为人生产、销售伪劣产品的社会危害程度强弱和主观恶性大小,因此,生产、销售伪劣产品只有达到了一定数额标准,才能表明其具有较强的社会危害性和较大的人身主观恶性,从而有必要将其作为犯罪予以处理。如果销售金额不足 5 万元,则属一般违法行为,可给予行政处罚。(2)生产、销售伪劣产品的主观故意问题。生产、销售伪劣产品罪虽不要求以非法牟利为目的作为主观要件,但显然排除过失犯罪。意在维护公平竞争的市场经济秩序和打击侵犯消费者合法权益的恶意逐利行为。因此,行为人因过失而生产、销售伪劣产品的行为,不构成本罪。例如,甲某由于轻信他人的产品推介和广告宣传,购进一批伪劣产品,被有关部门查获后才得知自己购进的竟然是伪劣产品。这时,该伪劣产品的销售金额即使已超出 5 万元,但甲某缺乏主观故意而不构成本罪。同时,还须注意到某些行为人虽具有生产伪劣产品的行为,但其主观目的不在于销售,而是为了自用或其他不进入市场流通的意图,也不构成本罪。

2. 本罪与本节规定的生产、销售特定种类伪劣产品犯罪的界限

《刑法》第 141 条至第 148 条分别规定了生产、销售、提供假药、劣药,妨害药品管理罪,生产、销售不符合安全标准的食品,有毒有害食品,不符合标准的医用器材,不符合安全标准的产品,伪劣农药、兽药、化肥、种子,不符合卫生标准的化妆品九种特定种类伪劣产品的犯罪。与本罪的区别在于:(1)犯罪对象不同。本罪的犯罪对象是伪劣产品,刑法未作特别的限定。而这九种犯罪的犯罪对象是刑法限定的特别种类的伪劣产品。(2)犯罪客观方面不同。本罪以"销售金额 5 万元以上"为构成犯罪的要件。这九种犯罪以"足以严重危害人体健康"或者"对人体健康造成严重危害"等为构成犯罪的要件。这九种犯罪当然也符合《刑法》第 140 条规定的本罪构成,与本罪形成普通法与特别法的法条竞合关系。通常按照特别法优先于普通法的法条竞合处理原则,以《刑法》对这九种犯罪分别规定的法条论处。但还

须兼顾《刑法》第149条第2款规定："依照处罚较重的规定定罪处罚。"即还须兼顾重法优先于轻法的另一项法条竞合处理原则。其次，如果生产、销售这九种特定种类的伪劣产品，不构成各该条规定的犯罪，而销售金额在5万元以上的，仍按照本罪论处。

3.本罪的一罪与数罪

行为人生产、销售特定种类的伪劣产品，销售金额在5万元以上，既构成《刑法》第141条至第148条各该条所规定的犯罪，又构成本罪的，按照法条竞合"重法优于轻法"的处理原则，依据《刑法》第149条第2款的规定，应以其中处罚较重的罪论处。行为人为了生产、销售伪劣产品，假冒他人注册商标，或伪造、擅自制造他人注册商标标识，在构成本罪的同时，又触犯假冒他人注册商标罪或非法制造、销售非法制造的注册商标标识罪的，按照牵连犯"择一重罪从重处罚"的原则，应以本罪论处。行为人生产、销售的伪劣产品进入流通市场后，引起了不特定多数人人身、财产安全潜在危险或实际损害的，按照想象竞合犯"择一重罪处罚"的原则，应以其中处罚较重的罪论处。行为人在生产、销售伪劣产品的过程中，又涉及妨害公务、行贿等行为的，应以数罪并罚论处。对于属于本节的犯罪，在作案时间、行为过程、侵害对象上发生分离或具有特定性的，也应按数罪进行处理。

4.本罪的既遂与未遂

只要行为人生产或销售的伪劣产品预计或实际销售金额在5万元以上，就构成既遂。只有行为人对预计销售金额在5万元以上的伪劣产品进行全面生产，由于意志以外的原因案发而使生产未完成时，才可能构成未遂。此外，如果伪劣产品尚未销售，货值金额达到《刑法》第140条规定的销售金额3倍以上的，也以生产、销售伪劣产品罪（未遂）定罪处罚。

（四）生产、销售伪劣产品罪的处罚

根据《刑法》第140条和第150条的规定，犯本罪的区别以下情形处理：销售金额5万元以上不满20万元的，处2年以下有期徒刑或者拘役，并处或者单处销售金额50%以上2倍以下罚金；销售金额20万元以上不满50万元的，处2年以上7年以下有期徒刑，并处销售金额50%以上2倍以下罚金；销售金额50万元以上不满200万元的，处7年以上有期徒刑，并处销售金额50%以上2倍以下罚金；销售金额200万元以上的，处15年有期徒刑或者无期徒刑，并处销售金额50%以上2倍以下罚金或者没收财产。

单位犯本罪的，对单位判处罚金，并对其直接负责的主管人员和其他直接责任人员，依照自然人犯本罪的规定处罚。

（五）生产、销售伪劣产品罪的司法实践

在司法实践当中，法律对生产、销售伪劣产品罪规定相对简单，但是本罪又是一个多发犯罪，且往往情况十分的复杂，故而司法实践中经常会出现理解上的偏差，给司法人员在认定本罪上造成难度。

1.关于"伪劣产品"的探讨

生产、销售伪劣产品罪的犯罪对象应该是产品，其中产品又有合格产品、伪劣产品之区分，这里研究的伪劣产品在我国刑法学界又将其称为犯罪所生之物，是区分罪与非罪、此罪与彼罪的重要因素之一，即只有生产者、销售者的产品质量违反了国家关于产品质量法的相关规定时，其生产、销售的行为才能定性为犯罪行为。"伪劣产品"首先是产品，有的学者主张本罪中所阐述的"产品"其范围只能是在我国《产品质量法》中明确规定的,而《产品质量法》中没有规定或者是明确排除在外的不能属于本罪的犯罪对象。[①] 该种界定过于狭隘,不适应面对社会分工不断细化的局面,容易放纵犯罪。因此本书主张只要能够通过我国现行的相关产品质量管理的法律规定,区分出质量好坏的产品,都能够且应该成为本罪的犯罪对象,都属于本罪调整的范围。

2.关于"销售金额"的探讨

本罪的"销售金额",目前理论界和司法实践中并没有形成统一的意见。最高人民法院、最高人民检察院2001年发布的《关于办理生产、销售伪劣商品刑事案件具体应用法律若干问题的解释》第2条规定:刑法第140条、第149条规定的"销售金额",是指生产者、销售者出售伪劣产品后所得和应得的全部违法收入。对于假冒货值金额的认定,法院主张应当以该类产品在黑市当中流通的价格来计算,而不应该以市场流通的真实货价来计算。与此同时,对于尚未销售的伪劣产品的货值金额,有标价的以标价计算,没有标价的则按照同类合格产品的中间价格计算。

二、生产、销售、提供假药罪

(一)生产、销售、提供假药罪的概念

生产、销售、提供假药罪,是指违反国家药品管理法规,生产、销售假药或者药品使用单位的人员明知是假药而提供给他人使用,危害人体生命、健康的行为。生产、销售假药行为规定为犯罪,始于1979年的《刑法》规定,制售假药这一危害社会的行为首次得到了《刑法》的关注,该法第164条规定:"以营利为目的,制造贩卖假药危害人体健康的,处2年以下有期徒刑、拘役或者管制,可以并处或者单处罚金;造成严重后果的,处2年以上7年以下有期徒刑。可以并处罚金。"从条文中可以看出:第一,当时对制售假药行为的入罪是极其严格的,在主观形态方面要求明确的营利性目的,在客观方面则要求造成危害人体健康的实害结果。第二,对制售假药行为的量刑是宽缓的,仅是最高刑罚为7年有期徒刑的自由刑和单纯罚金刑的财产刑。1993年施行的《关于惩治生产、销售伪劣商品犯罪的决定》的第2条对生产、销售假药罪进行了补充性规定,删除了营利性目的的主观要求;实害犯向危险犯的转化;整体量刑幅度的提升。1997年的《刑法》更是明确了死刑适用的可能性。历史地看,生产、销售假药罪的立法在2016年以前表现出以下两大特征:首先是整体上呈现出由宽至严的立法趋势,基于定罪与量刑两个角度进行的分析,入罪门槛的降低以及法定量刑的加重。其次是从只关注实害结果到危害结果与具体危险的相兼顾,其中对于"足以严重危害人体健康"的关注,则是依据2009年出台的相关司法解释,查封的涉案假药,需要由司法机关先行审查是否存在"足以严重危害人体健康"的危险性,当存在争议时,可以将省级以上药品监督管理部门设置或者确定的药品检验机构的鉴定结论(现改为"鉴定意见")为参考,进行准确的认定。2020年我国通过的《刑法修正案(十一)》再次对生产、销售假药罪的条款进行修正,将《刑法》第141条修改为:"生产、销售假药的,处3年以下有期徒刑或者拘役,并处罚金;对人体健康造成严重危害或者有其他严重情节的,处3年以

9-3

---

① 李亮:《论生产、销售伪劣产品罪的几个问题》,南昌大学2016年硕士论文,第7页。

上 10 年以下有期徒刑,并处罚金;致人死亡或者有其他特别严重情节的,处 10 年以上有期徒刑、无期徒刑或者死刑,并处罚金或者没收财产。药品使用单位的人员明知是假药而提供给他人使用的,依照前款的规定处罚。

9-4

(二)生产、销售、提供假药罪的特征

1. 本罪的客体是复杂客体,它侵犯了两种社会关系。一种表现为国家药品管理秩序;一种表现为不特定多数人的健康权利。药品是一种特定用途和特殊作用的商品,与广大民众的生命、健康息息相关。为保障广大民众的生命、健康安全,维护药品的有效管理,国家针对药品的生产与销售与提供,往往严格规定,特别关注,并设立一系列相关法律制度予以监督。因此,生产、销售、提供假药的行为,既是对广大民众生命、健康权利的侵犯,也是对国家药品管理秩序的侵犯。

本罪的犯罪对象是假药。所谓假药,是指依据《中华人民共和国药品管理法》的规定属于假药的药品或非药品,具体指以下四种情况:(1)药品所含成分与国家药品标准规定的成分不符;(2)以非药品冒充药品或者以他种药品冒充此种药品;(3)变质的药品;(4)药品所标明的适应症或者功能主治超出规定范围。生产、销售、提供以上假药之一的,都可认定为生产、销售、提供假药的行为。

2. 本罪的客观方面表现为违反国家药品管理法规,生产、销售假药或者药品使用单位的人员明知是假药而提供给他人使用,危害人体生命、健康的行为。依次包括三方面内容:(1)违反国家药品管理法规。主要指不符合法规所要求的生产、经营条件和主体资格;不遵守行政审批程序;未取得相应的生产、经营许可证件;未严格按照保障质量的工艺流程和工艺方法等违规情形,也就丧失了生产、销售符合质量标准的药品的前提条件。(2)实施了生产、销售、提供假药的具体行为。根据 2014 年 11 月 3 日"两高"《关于办理危害药品安全刑事案件适用法律若干问题的解释》第 6 条的规定,所谓"生产",是指下列行为之一:(1)合成、精制、提取、储存、加工炮制药品原料的行为;(2)将药品原料、辅料、包装材料制成成品过程中,进行配料、混合、制剂、储存、包装的行为;(3)印制包装材料、标签、说明书的行为。"销售"主要指将自己生产或者他人生产的假药非法出售(零售或者批发)的行为,包括医疗机构、医疗机构工作人员明知是假药、劣药而有偿提供给他人使用(《刑法修正案(十一)》已将该种行为规定为提供假药罪或提供劣药罪),或者为出售而购买、储存的行为。本罪属于行为选择性罪名,只要实施了生产或者销售假药行为之一的,都可认定为构成本罪,罪名为生产假药罪销售假药或提供假药。如果既实施了生产假药的行为,又实施了销售假药的行为还实施季提供假药的行为,也只构成本罪,罪名为生产、销售、提供假药罪,而不实行数罪并罚。(3)具有危害人体生命、健康的可能性。即具有对人体生命、健康造成法益侵害的现实危险。本罪属于行为犯,如果造成了对人体生命、健康的实际侵害,则构成本罪的结果加重犯,依照相应的法定刑处罚。

3. 本罪的主体是一般主体,作为假药的生产者、销售者,既可以是达到法定刑事责任年龄,且具有刑事责任能力的自然人,也可以是单位。作为假药的提供者,则必须是药品使用单位的人员和药品使用单位,对生产者、销售者的含义,我国刑法没有做出明确的解释,理解时不应拘泥于某种形式,宜从广义上掌握。假药的生产者应包括参与假药生产的各个流程的操作人员和管理人员。例如投料员、混料员、压片员、分装员、包装员、工艺员、质检员、车间主任等。假药的销售者包括假药的批发商和零售商。依照最高人民法院1999年6月18日《关于审理单位犯罪案件具体应用法律有关问题的解释》的规定,能够成为生产、销售假药罪的犯罪主体的单位可以是国有、集体所有的公司、企业、事业单位,也可以是依法设立的合资经营、合作经营企业和具有法人资格的独资、私营公司、企业、事业单位。单位犯罪的,实行双罚制,对单位判处罚金,并对其直接负责的主管人员和其他直接责任人员,依照《刑法》第141条的规定处罚。

4.本罪的主观方面是故意。对于该罪的主观方面理论界存有不小的争议,主要表现为以下几种代表性的观点:第一种观点认为本罪的主观方面是直接故意,即行为人明知自己生产、销售、提供的是假药,必然危害人体健康,但仍进行生产、销售、提供。[1] 第二种观点认为,生产、销售、提供假药罪的主观方面是间接故意,"本罪故意内容包括两部分:一是行为人明知生产或销售的是假药并且其生产或销售的行为可能会造成危害不特定人体健康的结果。二是行为人对可能造成的危害不特定人体健康的结果采取放任的态度。"[2]第三种观点认为,生产、销售、提供假药罪的主观方面是故意。[3] 因为,故意包括直接故意和间接故意,换言之,此种观点认为本罪的主观方面包括直接故意和间接故意。第四种观点认为,生产、销售、提供假药罪的主观方面为故意,"行为人一般不追求可能发生的危害结果,对使用假药后可能导致严重损害人体健康的后果抱放任的态度或轻信危害结果可以避免,心理上表现为间接故意或过于自信的过失。"[4]我们认为,生产、销售、提供假药罪的主观方面应当兼具直接故意和间接故意,一方面是明知自己生产、销售、提供的是假药,而故意实施;另一方面是明知自己的生产、销售假药行为违反国家药品管理法规,有可能严重危害人体健康或者已经对人体健康造成严重危害而放任危害结果发生的心理态度。

(三)生产、销售、提供假药罪的认定

1.关于共同犯罪

明知他人生产、销售、提供假药、劣药,而有下列情形之一的,以共同犯罪论处:(1)提供资金、贷款、账号、发票、证明、许可证件的;(2)提供生产、经营场所、设备或者运输、储存、保管、邮寄、网络销售渠道等便利条件的;(3)提供生产技术或者原料、辅料、包装材料、标签、说明书的;(4)提供广告宣传等帮助行为的。

2.本罪与相关犯罪的界限

实施生产、销售、提供假药、劣药犯罪,同时构成生产、销售伪劣产品、侵犯知识产权、非法经营、非法行医、非法采供血等犯罪的,依照处罚较重的规定定罪处罚。

(四)生产、销售、提供假药罪的处罚

根据《刑法》第141条和第150条的规定,犯本罪的,处3年以下有期徒刑或者拘役,并处罚金;对人体健康造成严重危害或者有其他严重情节的,处3年以上10年以下有期徒刑,并处罚金;致人死亡或者有其他特别严重情节的,处10年以上有期徒刑、无期徒刑或者死刑,并处罚金或者没收财产。根据2014年11月3日"两高"《关于办理危害药品安全刑事案

① 刘家琛主编:《新刑法条文释义》(下),人民法院出版社1997年版,第565页。
② 邓又天主编:《刑法释义与司法适用》,中国人民公安大学出版社1997年版,第215-216页。
③ 刘明祥主编:《假冒伪劣商品犯罪研究》,武汉大学出版社2000年版,第84页。
④ 钟震球:《生产、销售假药罪的认定与法律适用》,《中国药事》,2002年第8期,第473页。

件适用法律若干问题的解释》第 2 条的规定,所谓"对人体健康造成严重危害的",是指具有下列情形之一:(1)造成轻伤或者重伤的;(2)造成轻度残疾或者中度残疾的;(3)造成器官组织损伤导致一般功能障碍或者严重功能障碍的;(4)其他对人体健康造成严重危害的情形。所谓"其他严重情节",是指具有下列情形之一:(1)造成较大突发公共卫生事件的;(2)生产、销售金额 20 万元以上不满 50 万元的;(3)生产、销售金额 10 万元以上不满 20 万元,并具有本解释第 1 条规定情形之一的;(4)根据生产、销售的时间、数量、假药种类等,应当认定为情节严重的。所谓"其他特别严重情节",是指具有下列情形之一:(1)致人重度残疾的;(2)造成 3 人以上重伤、中度残疾或者器官组织损伤导致严重功能障碍的;(3)造成 5 人以上轻度残疾或者器官组织损伤导致一般功能障碍的;(4)造成 10 人以上轻伤的;(5)造成重大、特别重大突发公共卫生事件的;(6)生产、销售金额 50 万元以上的;(7)生产、销售金额 20 万元以上不满 50 万元,并具有本解释第 1 条规定情形之一的;(8)根据生产、销售的时间、数量、假药种类等,应当认定为情节特别严重的。

单位犯本罪的,对单位判处罚金,并对其直接负责的主管人员和其他直接责任人员,依照自然人犯本罪的规定处罚。

根据《解释》第 1 条的规定,生产、销售假药,具有下列情形之一的,应当酌情从重处罚:(1)生产、销售的假药以孕产妇、婴幼儿、儿童或者危重病人为主要使用对象的;(2)生产、销售的假药属于麻醉药品、精神药品、医疗用毒性药品、放射性药品、避孕药品、血液制品、疫苗的;(3)生产、销售的假药属于注射剂药品、急救药品的;(4)医疗机构、医疗机构工作人员生产、销售假药的;(5)在自然灾害、事故灾难、公共卫生事件、社会安全事件等突发事件期间,生产、销售用于应对突发事件的假药的;(6)两年内曾因危害药品安全违法犯罪活动受过行政处罚或者刑事处罚的;(7)其他应当酌情从重处罚的情形。

三、生产、销售、提供劣药罪

(一)生产、销售、提供劣药罪的概念

生产、销售、提供药罪,是指违反国家药品管理法规,生产、销售、提供劣药,对人体健康造成严重危害的行为。我国在 1979 年的《刑法》中就明确地将这种制售行为规定为犯罪,但犯罪对象仅仅为假药,即仅规定了"制造、贩卖假药罪",对生产、销售劣药的行为并未予以规定,实践中这种行为一部分按照制造、贩卖假药罪处理,一部分则只是对其进行一般的违法处分。1993 年 7 月 2 日第八届全国人大常委会第二次会议通过了《关于惩治生产、销售伪劣商品犯罪的决定》,决定中补充规定了生产、销售劣药罪,并根据犯罪行为危害的大小规定两个档次的法定刑:生产销售劣药,对人体健康造成严重危害的,处 3 年以上 10 年以下有期徒刑,并处罚金;后果特别严重的,处 10 年以上有期徒刑或者无期徒刑,并处罚金或者没收财产。企事业单位犯本罪的,对单位判处罚金,并追究直接负责的主管人员和其他直接责任人员的责任。[①] 1997 年修正的新《刑法》将罚金数额依据的违法所得改为销售金额,同时规定了罚金刑具体的量刑幅度和劣药的认定标准。2020 年我国颁布的《刑法修正案(十一)》再次对生产销售劣药罪的条款进行修正,将《刑法》第 142 条第 1

9-5

---

① 肖中华著:《生产、销售伪劣商品罪办案一本通》,长安出版社 2007 年版,第 60 页。

款修改为:生产、销售劣药的对人体健康造成严重危害的,处3年以上10年以下有期徒刑,并处罚金;后果特别严重的,处10年以上有期徒刑或者无期徒刑,并处罚金或者没收财产。①药品使用单位的人员明知是劣药而提供给他人使用的,依照前款的规定处罚。"在司法实践中,准确界定假冒伪劣药品的重要依据是药品的国家标准,多依"成分达标性""含量不达标性"和"危害的不直观性或潜在性"等进行了判断。

(二)生产、销售劣药的特征

1.本罪的客体是复杂客体,它侵犯了两种社会关系。一种表现为国家药品管理秩序;一种表现为不特定多数人的健康权利。

本罪的犯罪对象是劣药。所谓劣药,是指依据《中华人民共和国药品管理法》第98条的规定属于劣药的药品,具体指以下七种情况:(1)药品成份的含量不符合国家药品标准;(2)被污染的药品;(3)未标明或者更改有效期的药品;(4)未注明或者更改产品批号的药品;(5)超过有效期的药品;(6)擅自添加防腐剂、辅料的药品;(7)其他不符合药品标准的药品。

2.本罪的客观方面表现为不仅实施了生产、销售劣药的行为,还须对人体健康造成了严重危害。根据上述《解释》第5条、第2条的规定,所谓"对人体健康造成严重危害的",是指具有下列情形之一:(1)造成轻伤或者重伤的;(2)造成轻度残疾或者中度残疾的;(3)造成器官组织损伤导致一般功能障碍或者严重功能障碍的;(4)其他对人体健康造成严重危害的情形。

3.本罪的主体是一般主体。一般情况下,该罪的主体是自然人,只要该自然人达到了法定刑事责任年龄、具有相应的刑事责任能力,就是适格的犯罪主体;对于明知是假药而提供给他人使用的,则需要由特殊主体"药品使用单位的人员"才能构成本罪"而法人作为这一罪的主体,适用两罚制,即对主管人员和直接任人员予以刑罚,又对法人同时适用财产刑,判处罚金,判处没收物品、工具和违法所得。药品生产及经营企业法人的主要责任人及法定代理人依法应由具有一定药学技术方面的学历、技术职务和经验的自然人承担,他们能够正确认识自己行为的性质意义、作用和后果,并能根据这种认识有意识地选择和控制自己行为的自然人,法定代理人、代理人的意志就是法人的意志,故法人应承担其所实施的刑法规定所禁止的危害社会行为的法律责任和有承担刑事责任能力。"②

4.本罪的主观方面是故意,多数观点认为,生产、销售、提供劣药罪主观方面是间接故意。所谓间接故意,指行为人明知自己的行为会发生危害社会的结果,然而却放任这种危害结果的发生。药品的生产经营者、使用单位人员明知此药品为劣药,但仍然对药品进行生产、销售和提供,虽然危害人体健康的结果并不是行为人积极追求的,但是对结果的发生持着消极的心态,致使发生危害后果,即构成本罪。

(三)生产劣药罪的认定

1.本罪的罪与非罪的界限

主要从两个方面考察是否具备本罪的构成要件:(1)在客观方面是否对人体健康造成了

---

① 陈志鑫:《生产、销售劣药罪的立法模式评析——以山东问题疫苗事件为切入点》,《上海政法学院学报(法治论丛)》2016年第3期。

② 蔡祖标:《试论生产销售假药劣药罪的犯罪构成及其违法行为的划分》,《海峡药学》2005年第5期。

严重危害？生产、销售、提供劣药构成本罪，必须具备对人体健康造成严重危害的客观要件。否则，即使是生产、销售、提供劣药，但尚未对人体健康造成严重危害，也不构成本罪。(2)在主观方面是否出于故意？生产、销售、提供劣药只有出于故意，才能构成本罪。

2.本罪与生产、销售假药罪的界限

两罪在客体、主体、主观方面都极为近似，但区别主要在于：(1)犯罪对象不同。本罪的对象是劣药；生产、销售、提供假药罪的对象是假药。劣药与假药的区别，可以直接根据《中华人民共和国药品管理法》的有关规定。(2)犯罪客观方面部分不同。本罪的既遂状态是结果犯；生产、销售、提供假药罪的既遂状态是行为犯。

(四)生产、销售、提供劣药罪的处罚

根据《刑法》第142条第1款和第150条的规定，犯本罪的，处3年以上10年以下有期徒刑，并处销售金额50%以上2倍以下罚金；后果特别严重的，处10年以上有期徒刑或者无期徒刑，并处销售金额50%以上2倍以下罚金或者没收财产。根据上述《解释》第5条的规定，所谓"后果特别严重"，是指具有下列情形之一：(1)致人死亡；(2)致人重度残疾的；(3)造成3人以上重伤、中度残疾或者器官组织损伤导致严重功能障碍的；(4)造成5人以上轻度残疾或者器官组织损伤导致一般功能障碍的；(5)造成10人以上轻伤的；(6)造成重大、特别重大突发公共卫生事件的。

单位犯本罪的，对单位判处罚金，并对其直接负责的主管人员和其他直接责任人员，依照自然人犯本罪的规定处罚。

生产、销售、提供劣药，具有《解释》第1条规定情形之一的，应当酌情从重处罚。

四、妨害药品管理罪

(一)妨害药品管理罪的概念

妨害药品管理罪，是指违反药品管理法规，实施足以严重危害人体健康的行为。

(二)妨害药品管理罪的特征

1.本罪的客体。本罪的客体是复杂客体。它侵犯了两种社会关系。一种表现为国家药品管理秩序；一种表现为不特定多数人的健康权利。

2.本罪的客观方面。本罪的客观方面表现为违反药品管理法规，实施申请、生产、进口、销售药品等妨害药品管理秩序的行为，足以严重危害人体健康。具体包括：(1)生产、销售国务院药品监督管理部门禁止使用的药品的；(2)未取得药品相关批准证明文件生产、进口药品或者明知是上述药品而销售的；(3)药品申请注册中提供虚假的证明、数据、资料、样品或者采取其他欺骗手段的。

3.本罪的主体。本罪的主体是一般主体。单位也可以成为本罪的主体。

4.本罪的主观方面。本罪的主观方面为故意。

(三)妨害药品管理罪的处罚

根据《刑法》第142条之一的规定，犯本罪的，处3年以下有期徒刑或者拘役，并处或者单处罚金；对人体健康造成严重危害或者其他严重情节的，处3年以上7年以下有期徒刑，并处罚金。单位犯本罪的，对单位判处罚金，并对其直接负责的主管人员和其他直接责任人员，依照犯本罪的规定处罚。

五、生产、销售不符合安全标准的食品罪

（一）生产、销售不符合安全标准的食品罪的概念

生产、销售不符合安全标准的食品罪，是指违反国家食品安全管理法规，生产、销售不符合安全标准的食品，足以造成严重食物中毒事故或者其他严重食源性疾患的行为。从前些年的苏丹红、瘦肉精猪肉、致癌茶油、劣质奶粉到近几年的三聚氰胺、植物奶油、有毒大米等，频发的食品安全事件强烈刺激着国人的神经。不法奸商的行为，不仅对消费者的健康和生命安全形成严重威胁，造成巨大经济损失，而且在国内外舆论上产生了极其恶劣的影响。[①] 随着 2015 年 4 月 24 日《中华人民共和国食品安全法》的修订，1997 年《刑法》关于生产、销售不符合卫生标准的规定已经不合时宜。《刑法修正案（八）》将原《刑法》第 143 条中的"不符合卫生标准"修改为"不符合食品安全标准"。学界认为，从"食品卫生标准"到"食品安全标准"，虽然只有两字之差，却折射出中国对食品安全法律保护更深层次的思考，因为"安全"显然比"卫生"具有更深的含义和更高的要求。[②]

（二）生产、销售不符合安全标准的食品罪的特征

1. 本罪的客体是复杂客体。它侵犯了两种社会关系。一种表现为国家食品安全管理秩序；一种是不特定多数人的健康权利。本罪的犯罪对象是不符合安全标准的食品。

2. 本罪的客观方面表现为生产、销售不符合安全标准的食品，足以造成严重食物中毒事故或者其他严重食源性疾患。本罪的既遂状态是行为犯。所谓"严重食物中毒"，是指细菌性、真菌性、化学性和有毒动植物等引起的严重爆发性中毒。所谓"严重食源性疾患"，是指以食物为感染源导致的严重疾病。所谓"足以造成严重食物中毒事故或者其他严重食源性疾患"，是指经省级以上安全行政部门确定的机构鉴定，食品中含有可能导致严重食物中毒事故或者其他严重食源性疾患的超标准的有害细菌或者其他污染物的。如果对人体健康造成了严重危害，是本罪的结果加重犯。

3. 本罪的主体是一般主体，单位也可以成为本罪的主体。凡是达到刑事责任年龄、具有刑事责任能力，从事生产、销售食品的生产者、销售者，都可能成为本罪的主体。而且，单位也可以成为本罪的主体。根据《刑法》第 150 条的规定，生产、销售不符合安全标准食品的单位，也可以成为本罪主体。

4. 本罪的主观方面只能是故意，且只能是间接故意。在司法实践中，考虑生产、销售不符合安全标准的食品罪的主观故意时，需要注意以下两点：一是故意的性质不受作为对象的食品是因为不符合安全标准还是有毒有害的影响，仅需要根据行为人客观的认知内容判定；二是对危害结果的认知是一种概括、抽象的认知，不能因为不符合安全标准的对象的转移而被否定。

（三）生产、销售不符合安全标准的食品罪的处罚

根据《刑法》第 143 条和第 150 条的规定，犯本罪的，处 3 年以下有期徒刑或者拘役，并处罚金；对人体健康造成严重危害或者有其他严重情节的，处 3 年以上 7 年以下有期徒刑，

[①] 陈洪兵、齐舒：《重新诠释生产、销售不符合安全标准的食品罪》，《东北大学学报（社会科学版）》2012 年第 4 期。

[②] 高铭暄、陈璐：《〈中华人民共和国刑法修正案（八）〉解读与思考》，中国人民大学出版社 2011 年版，第 115 页。

并处罚金;后果特别严重的,处 7 年以上有期徒刑或者无期徒刑,并处罚金或者没收财产。根据 2013 年 5 月 2 日"两高"《关于办理危害食品安全刑事案件适用法律若干问题的解释》第 2 条、第 3 条、第 4 条的规定,所谓"对人体健康造成严重危害",是指具有下列情形之一:(1)造成轻伤以上伤害的;(2)造成轻度残疾或者中度残疾的;(3)造成器官组织损伤导致一般功能障碍或者严重功能障碍的;(4)造成 10 人以上严重食物中毒或者其他严重食源性疾病的;(5)其他对人体健康造成严重危害的情形。所谓"其他严重情节",是指具有下列情形之一:(1)生产、销售金额 20 万元以上的;(2)生产、销售金额 10 万元以上不满 20 万元,不符合食品安全标准的食品数量较大或者生产、销售持续时间较长的;(3)生产、销售金额 10 万元以上不满 20 万元,属于婴幼儿食品的;(4)生产、销售金额 10 万元以上不满 20 万元,1 年内曾因危害食品安全违法犯罪活动受过行政处罚或者刑事处罚的;(5)其他情节严重的情形。所谓"后果特别严重",是指具有下列情形之一:(1)致人死亡或者重度残疾的;(2)造成 3 人以上重伤、中度残疾或者器官组织损伤导致严重功能障碍的;(3)造成 10 人以上轻伤、5 人以上轻度残疾或者器官组织损伤导致一般功能障碍的;(4)造成 30 人以上严重食物中毒或者其他严重食源性疾病的;(5)其他特别严重的后果。

单位犯本罪的,对单位判处罚金,并对其直接负责的主管人员和其他直接责任人员,依照犯本罪的规定处罚。

六、生产、销售有毒有害食品罪

(一)生产、销售有毒有害食品罪的概念

生产、销售有毒有害食品罪,是指违反国家食品安全管理法规,在生产、销售的食品中掺入有毒、有害的非食品原料或者销售明知掺有有毒、有害的非食品原料的食品的行为。1979 年的《刑法》没有将关于生产、销售有毒、有害食品行为专门规定为犯罪,但是司法实践中又经常出现类似食品安全的问题,为了加强食品卫生安全管理,保障公众的健康和生命安全,全国人大在 1993 年制定了单行条例《关于惩治生产、销售伪劣商品犯罪的决定》,其中的第 3 条第 2 款对生产、销售有毒、有害食品行为做出了具体明确的规定。1997 年的《刑法》,在《关于惩治生产、销售伪劣商品犯罪的决定》第 3 条第 2 款和第 12 条规定的基础上,结合司法实践,明确规定在生产、销售的食品中掺入有毒、有害的非食品原料的或者销售明知是掺入有毒、有害非食品原料的构成犯罪。2011 年《刑法修正案(八)》在食品安全问题日益突出的情况下,对《刑法》第 144 条作了以下几项重大修改:第一,提高法定最低刑,删除"拘役",本罪的法定最低刑为 5 年以下有期徒刑。第二,加大罚金刑的惩处力度,罚金不再以销售金额为依据,也就是说罚金无上限。第三,加大个人的惩处力度,删除"单处罚金",单位和行为人都要接受惩处。第四,增加了判处较重刑罚的适用条件,由原"中毒、引起食源性疾病"具体规定改为"对人体健康造成严重危害或者有其他严重情节"的宽泛规定。后者包含的范围更广,不仅包括中毒、食源性疾病等情节,还可以从犯罪对象(婴幼儿产品)、行为人主观恶性(是否再犯)、产生的社会影响以及国际影响等多方面考量。[①]

---

① 王叶芳:《生产、销售有毒、有害食品罪的认定及完善》,吉林大学硕士论文,2012 年,第 5 页。

（二）生产、销售有毒、有害食品罪的特征

1. 本罪的客体是复杂客体。它侵犯了两种社会关系。一种表现为国家安全食品管理秩序；一种表现为不特定多数人的健康权利。

本罪的犯罪对象是有毒有害食品。所谓食品，是指各种供人食用或者饮用的成品以及按照传统，既是食品又是药品的物品，但不包括以治疗为目的的药品。所谓有毒、有害的非食品原料，是指对人体具有生理毒性，食用后会引起不良反应，损害肌体健康的不能食用的原料。如工业酒精、工业盐等物品。如果掺入的是腐败变质而有害的食品原料，则不属于本罪的犯罪对象。

2. 本罪的客观方面表现为违反国家食品安全管理法规，生产、销售有毒有害食品的行为。具体表现为两种行为：（1）在生产、销售的食品中掺入有毒、有害的非食品原料的行为。如在生产、销售的食用酒精中或者在食用盐中掺入工业酒精或者工业盐的行为。（2）销售明知掺有有毒、有害的非食品原料的食品的行为。即行为人本人并未实施在食品中掺入有毒、有害的非食品原料的行为，而是对明知他人掺有有毒、有害的非食品原料的食品仍然予以销售的行为。本罪的既遂状态是行为犯。只要实施了在生产、销售的食品中掺入有毒、有害的非食品原料或者明知是掺入了有毒、有害的非食品原料的食品仍然予以销售的行为，就构成本罪的既遂。如果实施了上述行为后，造成了对人体健康的严重危害或者有其他严重情节的，则构成本罪的结果加重犯。

9-9

3. 本罪的主体是一般主体。单位也可以成为本罪的主体。在司法实践的具体认定中，存在以下两种观点：第一种观点认为，本罪的主体是合法从事食品生产、销售这一类特殊职业的主体。从事食品生产、销售的职业是特殊职业，对于从事食品职业的人员，法律有专门的规定和要求。《食品安全法》第 35 条规定：国家对食品生产经营实行许可制度。从事食品生产、食品销售、餐饮服务，应当依法取得许可。但是，销售食用农产品，不需要取得许可。也就是说从事食品生产经营的资格并不是每个人都能享有的，食品生产者、销售者的身份具有特殊的法定意义。[①] 第二种观点认为，本罪的主体是一般主体。按照《刑法》总论的规定，已满十六周岁的人，应当负刑事责任的人都可以构成本罪。单位也可以构成本罪，单位触犯本罪的对单位判处罚金，并对其直接负责的主管人员和其他直接责任人员判处刑罚。[②]

4. 本罪的主观方面只能是故意，且主观罪过应当是间接故意。我国刑法学界对于生产、销售有毒、有害食品罪的主观方面的内容尚有不一致的看法，就其主观罪过形式而言，有人认为是故意，不包含过失。[③] 但是也有人认为，本罪的主观方面是间接故意，即行为人对可能会发生损害消费者生命安全和身体健康的危害结果是明知的，但他在对待这一危害结果时采取了放任的态度。[④] 也有人认为本罪的罪过形式应该排除直接故意，因为"行为人在食品中掺入有毒、有害的非食品原料，往往是为了增加食品的数量或改变食品的色、香、味，以获取更大的非法利润。行为人对危害结果的发生持过失的心态或放任的态度，不包括积极促

① 欧阳涛：《生产、销售假冒伪劣产品犯罪剖析及对策》，中国政法大学出版社 1994 年版，第 114 页。
② 刘家琛：《新罪通论》，人民法院出版社 1996 年版，第 53 页。
③ 陈兴良：《罪名指南》，中国政法大学出版社 2000 年版，第 220 页。
④ 黄玉：《生产、销售有毒有害食品罪研究》，《法学研究》2012 年第 5 期。

成的希望态度(即直接故意)。"[①]还有人认为,疏忽大意或过于自信在生产、销售的食品的过程中掺入了有毒、有害的非食品原料而造成了严重的危害后果,不构成生产、销售有毒、有害食品罪,而应当构成过失投毒罪。[②]

(三)生产、销售有毒、有害食品罪的认定

1.本罪的罪与非罪的界限

主要考察行为人的主观方面是故意还是过失。如果行为人明知在生产、销售的食品中掺有有毒、有害的非食品原料,或者明知是掺有有毒、有害的非食品原料的食品仍然予以销售的,则具备本罪主观方面的构成要件。如果行为人存在主观上的认识错误,而在生产、销售的食品中误掺入有毒、有害的非食品原料,或者不知道销售的食品中掺有有毒、有害的非食品原料,则缺乏本罪主观方面的构成要件,不构成本罪。

2.本罪与生产、销售不符合安全标准的食品罪的界限

两者在犯罪客体、犯罪客观方面有相同或者相似之处,但两者有着根本区别:本罪的犯罪对象是有毒、有害食品,其中掺有有毒、有害的非食品原料。生产、销售不符合安全标准的食品罪的犯罪对象是不符合安全标准的食品,其中可能掺有有毒、有害原料,但仍然是食品原料。

3.本罪与投放危险物质罪的界限

两者的主要区别在于主观方面不同。本罪的行为人在主观上虽然明知生产、销售的食品中掺有有毒、有害的非食品原料,但并不希望致人伤亡的危害结果的发生。如果行为人在明知生产、销售的食品中掺有有毒、有害的非食品原料,其目的是为了追求致人伤亡这种危害结果的发生,则构成投放危险物质罪。如果行为人由于过失在生产、销售的食品中掺有有毒、有害的非食品原料或者过失销售掺有有毒、有害非食品原料的食品,导致严重危害结果发生的,则构成过失投放危险物质罪。

(四)生产、销售有毒、有害食品罪的处罚

根据《刑法》第144条和第150条的规定,犯本罪的,处5年以下有期徒刑,并处罚金;对人体健康造成严重危害或者有其他严重情节的,处5年以上10年以下有期徒刑,并处罚金;致人死亡或者有其他特别严重情节的,处10年以上有期徒刑、无期徒刑或者死刑,并处罚金或者没收财产。根据《关于办理危害食品安全刑事案件适用法律若干问题的解释》第5条、第6条、第7条的规定,"对人体健康造成严重危害"的标准与前罪的规定相同。所谓"其他严重情节",是指具有下列情形之一:(1)生产、销售金额20万元以上不满50万元的;(2)生产、销售金额10万元以上不满20万元,有毒、有害食品的数量较大或者生产、销售持续时间较长的;(3)生产、销售金额10万元以上不满20万元,属于婴幼儿食品的;(4)生产、销售金额10万元以上不满20万元,1年内曾因危害食品安全违法犯罪活动受过行政处罚或者刑事处罚的;(5)有毒、有害的非食品原料毒害性强或者含量高的;(6)其他情节严重的情形。所谓"后果特别严重"的具体情形,是指生产、销售金额50万元以上,或者具有下列情形之一:(1)生产、销售金额20万元以上的;(2)生产、销售金额10万元以上不满20万元,不符合食

---

① 杨书文:《复合罪过形式论纲》,北京大学博士论文,2001年,第50页。
② 陈兴良:《罪名指南》,中国政法大学出版社2000年版,第225页。

品安全标准的食品数量较大或者生产、销售持续时间较长的;(3)生产、销售金额10万元以上不满20万元,属于婴幼儿食品的;(4)生产、销售金额10万元以上不满20万元,1年内曾因危害食品安全违法犯罪活动受过行政处罚或者刑事处罚的;(5)其他情节严重的情形。

单位犯本罪的,对单位判处罚金,并对其负责的主管人员和其他直接责任人员,按照自然人犯本罪的规定处罚。

七、生产、销售不符合标准的医用器材罪

（一）生产、销售不符合标准的医用器材罪的概念

生产、销售不符合标准的医用器材罪,是指生产不符合保障人体健康的国家标准、行业标准的医疗器械、医用卫生材料,或者销售明知是不符合保障人体健康的国家标准、行业标准的医疗器械、医用卫生材料,足以严重危害人体健康的行为。

9-10

（二）生产、销售不符合标准的医用器材罪的特征

1.本罪的客体是复杂客体。它侵犯了两种社会关系。一种表现为国家医用器材的管理秩序;一种表现为患者的健康权利。

本罪的犯罪对象是不符合标准的医用器材,包括医疗器械和医用卫生材料。所谓医疗器械,是指用于诊断、治疗、预防疾病,调节人体生理机能的仪器、设备等物品。所谓医用卫生材料,是指用于治病、防病的辅助材料,如医用包扎纱布、消毒棉、防护口罩等物品。

2.本罪的客观方面表现为生产、销售不符合标准的医用器材的行为,或者销售明知是不符合标准的医用器材的行为。本罪的既遂状态是行为犯。如果对人体健康造成严重危害的,构成本罪的结果加重犯。

3.本罪的主体是一般主体,单位也可以成为本罪的主体,即只要是达到刑事责任的年龄,具有刑事责任能力的人,包括生产、经营、使用单位或个人等,都可以成为该罪的犯罪主体。

4.本罪的主观方面只能是故意,不能是过失。实践中通常表现为为了牟取经济利益而故意生产销售不符合标准的医用器材。

（三）生产、销售不符合标准的医用器材罪的处罚

根据《刑法》第145条和第150条的规定,犯本罪的,处3年以下有期徒刑或者拘役,并处销售金额50%以上2倍以下罚金;对人体健康造成严重危害的,处3年以上10年以下有期徒刑,并处销售金额50%以上2倍以下罚金;后果特别严重的,处10年以上有期徒刑或者无期徒刑,并处销售金额50%以上2倍以下罚金或者没收财产。参照2001年4月10日施行的"两高"《关于办理生产、销售伪劣商品刑事案件具体应用法律若干问题的解释》第6条第1款、第2款的规定,所谓"对人体健康造成严重危害",是指造成感染病毒性肝炎等难以治愈的疾病、1人以上重伤、3人以上轻伤或者其他严重后果的;"后果特别严重",是指致人死亡、严重残疾、感染艾滋病、3人以上重伤、10人以上轻伤或者造成其他特别严重后果的。

单位犯本罪的,对单位判处罚金,并对其负责的主管人员和其他直接责任人员,依照自然人犯本罪的规定处罚。

八、生产、销售不符合安全标准的产品罪

9-11

（一）生产、销售不符合安全标准的产品罪的概念

生产、销售不符合安全标准的产品罪，是指生产不符合保障人身、财产安全的国家标准、行业标准的电器、压力容器、易燃易爆产品或者其他不符合保障人身、财产安全的国家标准、行业标准的产品，或者销售明知是以上不符合保障人身、财产安全的国家标准、行业标准的产品，造成严重后果的行为。

根据《当代汉语词典》解释，产品是经过劳动制造或创造出来的物品，范围特别广泛，只是通过劳动一词对产品进行限制。《中华人民共和国产品质量法》对产品的定义也经历了一个变化的过程：1993 年的《产品质量法》规定的产品是经过加工、制作，用于销售的产品，但是，建设工程被排除在外。2000 年的《产品质量法》对产品的概念重新进行了界定，第 2 条第 2 款规定：本法所称产品是指经过加工、制作用于销售的产品，建设工程不适用本法规定；但，建设工程使用的建筑材料、建筑构配件和设备，属于前款规定的产品范围的，适用本法规定。2009 年和 2018 年的《产品质量法》对产品的概念未做改动，沿用了 2000 年时的产品定义。

（二）生产、销售不符合安全标准的产品罪的特征

1. 本罪的客体是复杂客体。它侵犯了两种社会关系。一种表现为国家产品质量管理秩序；一种表现为不特定的人身、财产安全。

本罪的犯罪对象为不符合安全标准的产品。包括电器、压力容器、易燃易爆产品和其他与人身、财产安全相关的产品。

2. 本罪的客观方面表现为生产、销售不符合安全标准的产品的行为，或者是销售明知是不符合安全标准的产品的行为。本罪的既遂状态是结果犯，即不仅实施了生产、销售不符合安全标准的产品的行为，而且造成了严重后果。

有的学者主张，现行《刑法》关于不符合安全标准的产品罪的条文规定仅仅采取的是结果犯的模式，并不能适应当前打击生产、销售不符合安全标准产品的犯罪行为，应当顺应当今刑法发展之趋势，引入具体危险犯的模式，适当提前介入对生产、销售不符合安全标准产品犯罪行为的规制。[①] 这种观点是值得考虑的。这主要是要合理平衡打击行政犯与刑法谦抑的关系，保持刑法作为保障法的地位。

3. 本罪的主体是一般主体，单位也可以成为本罪的主体。

4. 本罪的主观方面是故意。

（三）生产、销售不符合安全标准的产品罪的处罚

根据《刑法》第 146 条和第 150 条的规定，犯本罪的，处 5 年以下有期徒刑，并处销售金额 50% 以上 2 倍以下罚金；后果特别严重的，处 5 年以上有期徒刑，并处销售金额 50% 以上 2 倍以下罚金。单位犯本罪的，对单位判处罚金，并对其负责的主管人员和其他直接责任人员，依照犯本罪的规定处罚。

---

① 廖天虎：《论工业产品安全的刑法保护——兼及我国〈刑法〉第一百四十六条之完善》，《学习论坛》2015 年第 12 期。

九、生产、销售伪劣农药、兽药、化肥、种子罪

（一）生产、销售伪劣农药、兽药、化肥、种子罪的概念

9-12

生产、销售伪劣农药、兽药、化肥、种子罪，是指生产假农药、假兽药、假化肥、假种子，或者销售明知是假的或者失去使用效能的农药、兽药、化肥、种子，或者生产者、销售者以不合格的农药、兽药、化肥、种子冒充合格的农药、兽药、化肥、种子，使农牧业生产遭受较大损失的行为。根据有关部门的统计，有关此类案件的投诉已占到制售伪劣的案件总数的 1/3。1988 年，河北、山东两省 15 个县的农民，因施用江苏金坛县生产的伪劣化肥，造成 4.6 万亩棉田绝收，直接经济损失 1600 多万元。1992 年，浙江丽水地区农民因使用伪劣柑橘专用肥，造成橘树大面积死亡，直接经济损失 174 万元。全国大部分地区都出现了生产和销售伪劣农药、兽药、化肥、种子的犯罪活动，甚至在有些地方还形成了一股强大的社会力量。与此同时，生产、销售伪劣农药、兽药、化肥、种子的数量也大幅度增加，不少犯罪分子生产、销售此类商品数以万吨，经营额上千万元。

（二）生产、销售伪劣农药、兽药、化肥、种子罪的特征

1. 本罪的客体是复杂客体。它侵犯了两种社会关系。一种表现为国家产品质量管理秩序；一种表现为农牧业生产秩序。

本罪的犯罪对象是伪劣农药、兽药、化肥、种子，包括假农药、假兽药、假种子、假化肥；还包括失去使用效能的劣质农药、兽药、化肥、种子以及不合格的农药、兽药、化肥、种子。所谓假农药，是指根据《国务院农药管理条例》第 30 条所规定的情况，具体指：(1)以非农药冒充农药或者以此种农药冒充他种农药的；(2)所含有效成分的种类、名称与产品标签或者说明书上注明的农药有效成分的种类、名称不符的。所谓假兽药，是指根据《国务院兽药管理条例》第 28 条所规定的情况，具体指：(1)以非兽药冒充兽药的；(2)兽药所含成分的种类、名称与国家标准、专业标准或者地方标准不符合的。所谓假化肥，虽然没有具体的法规规定，但是可以参照假农药、假兽药的法规规定，指：(1)以非化肥冒充化肥或者以此种化肥冒充他种化肥的；(2)所含有效成分的种类、名称与产品标签或者说明书上注明的化肥有效成分的种类、名称不符的。所谓假种子，虽然没有具体的法规规定，但是可以参照假农药、假兽药的法规规定，指以非种子冒充种子或者以此种种子冒充他种种子的。所谓失去使用效能的农药、兽药、化肥、种子，是指因过期、受潮、变质而丧失原有使用性能和效果的农药、兽药、化肥、种子。所谓不合格的农药、兽药、化肥、种子，是指不符合国家标准、行业标准或者地方标准质量要求的农药、兽药、化肥、种子。

2. 本罪的客观方面表现为三种行为方式：(1)生产假农药、假兽药、假化肥、假种子的行为；(2)销售明知是假的或者失去使用效能的农药、兽药、化肥、种子的行为；(3)以不合格的农药、兽药、化肥、种子冒充合格的农药、兽药、化肥、种子的行为。上述三种行为均造成了农牧业生产较大损失的危害结果。两者之间具有因果关系。其中的较大损失，虽然没有明确的立法或者司法解释，但一般指比较严重或者比较大范围的农作物、兽禽减产、患病或者死亡等经济利益遭受损害的状况。本罪的既遂状态是结果犯。

3. 本罪的主体是一般主体，单位也可以成为本罪的主体。单位犯罪是当前生产、销售伪劣农药、兽药、化肥、种子犯罪的突发特点，犯罪主体由原来的个体户发展到集体和国有企

业。据调查,从全国情况看,该罪已成为单位犯罪发生最多,危害最烈的犯罪之一。[①]

4.本罪的主观方面是故意。针对实践中,因过失而生产、销售了质量不合格的农药、兽药、化肥、种子等的,不应以犯罪论处。例如,因不知是假的或者是销售了已失去使用药效的农药,不构成犯罪。未经有关部门批准,没有生产、经营许可证及营业执照,而擅自生产、经销农药、兽药、化肥、种子,但是所生产或经销的并非伪劣产品的,或者生产者、销售者虽然故意生产、销售了伪劣农药、兽药、化肥、种子,但是尚未使农业遭受较大损失,销售金额也未达到一定标准的,都属于一般的违法行为,应由有关部门给予经济、行政处罚,如没收伪劣产品、吊销市场营销执照、罚款等。

(三)生产、销售伪劣农药、兽药、化肥、种子罪的处罚

根据《刑法》第147条和第150条的规定,犯本罪的,处3年以下有期徒刑或者拘役,并处或者单处销售金额50%以上2倍以下罚金;使生产遭受重大损失的,处3年以上7年以下有期徒刑,并处销售金额50%以上2倍以下罚金;使生产遭受特别重大损失的,处7年以上有期徒刑或者无期徒刑,并处销售金额50%以上2倍以下罚金或者没收财产。所谓"使生产遭受较大损失",一般以2万元为起点;重大损失,一般以10万元为起点;特别重大损失,一般以50万元为起点。

单位犯本罪的,对单位判处罚金,并对其负责的主管人员和其他直接责任人员,依照犯本罪的规定处罚。

十、生产、销售不符合卫生标准的化妆品罪

(一)生产、销售不符合卫生标准的化妆品罪的概念

生产、销售不符合卫生标准的化妆品罪,是指生产不符合卫生标准的化妆品,或者销售明知是不符合卫生标准的化妆品,造成严重后果的行为。国家为加强对化妆品的卫生监督,保证化妆品的卫生质量和使用安全,保障消费者的人身健康,制定和出台了《产品质量法》《化妆品卫生标准》《化妆品卫生监督条例》《化妆品卫生监督条例实施细则》等一系列法律、法规,对产品质量的监督、化妆品生产的卫生标准、审查批准化妆品生产企业卫生许可证、化妆品卫生质量和使用安全监督、对进口化妆品的审查批准、对经营化妆品的卫生监督、生产者和经营者的产品质量责任和义务等作了全面的规定,形成了相对完整的化妆品卫生质量监督管理制度。

(二)生产、销售不符合卫生标准的化妆品罪的特征

1.本罪的客体是复杂客体。它侵犯了两种社会关系。一种表现为国家产品质量管理秩序;一种表现为消费者、用户的健康权。

本罪的犯罪对象是不符合标准的化妆品。所谓化妆品,是指以涂抹、喷洒或者其他类似方法,散布于人体表面任何部位(包括皮肤、毛发、指甲、口唇等),以达到清洗、消除不良气味,或者用于护肤、美容和修饰目的的日用化学工业品。

2.本罪的客观方面表现为生产、销售不符合卫生标准的化妆品,并造成了严重后果的行

9-13

---

① 崔磊、杨文才:《论生产、销售伪劣农药、兽药、化肥、种子罪》,《农村·农业·农民(B版)(三农中国)》,2006年第6期。

为。本罪的既遂状态是结果犯。所谓不符合卫生标准，是指违反了《国务院化妆品卫生标准》和《国务院化妆品卫生监督条例》等法规规定的化妆品国家卫生标准。所谓造成严重后果，是指对使用化妆品的人体部位造成了严重损伤。可参见 2008 年 6 月 25 日最高人民检察院、公安部《关于公安机关管辖的刑事案件立案追诉标准的规定（一）》（以下简称《追诉标准（一）》）第 24 条的规定。

3. 本罪的主体是一般主体，单位也可以成为本罪的主体。凡是达到刑事责任年龄、具有刑事责任能力，从事生产、销售食品的生产者、销售者，都可能成为本罪的主体。而且，根据《刑法》第 150 条的规定，生产、销售不符合安全标准食品的单位，也可以成为本罪主体。

4. 本罪的主观方面是故意。理论上，多数学者主张是间接故意，[①]也有少数学者主张该罪的罪过形式还包括过失。[②] 我们认为，生产、销售不符合卫生标准的化妆品罪的主观方面只能是故意，过失犯不可能受该罪评价。

（三）生产、销售不符合卫生标准的化妆品罪的处罚

根据《刑法》第 148 条和第 150 条的规定，犯本罪的，处 3 年以下有期徒刑或者拘役，并处或者单处销售金额 50% 以上 2 倍以下罚金。

单位犯本罪的，对单位判处罚金，并对其负责的主管人员或者其他直接责任人员，依照犯本罪的规定处罚。

复习与练习

本章提要

生产、销售伪劣商品罪，是指以非法牟利为目的，在从事工商业活动中，违反国家规定，生产、销售伪劣商品，严重损害用户和消费者利益，危害社会主义市场经济秩序，应受到刑法处罚的犯罪行为。《刑法》分则第三章从第 140 条到第 149 条，共 10 个条文规定了 10 个罪名，分别是：生产、销售伪劣产品罪，生产、销售、提供假药罪，生产、销售、提供劣药罪，防害药品管理局，生产、销售不符合安全标准的食品罪，生产、销售有毒、有害食品罪，生产、销售不符合标准的医用器材罪，生产、销售不符合安全标准的产品罪，生产、销售伪劣农药、兽药、化肥、种子罪，生产、销售不符合卫生标准的化妆品罪。

生产、销售伪劣产品罪，是指生产者、销售者违反产品质量管理法规，在产品中掺杂掺假，以假充真，以次充好或者以不合格产品冒充合格产品，销售金额达到一定数量的行为。生产、销售、提供假药罪，是指违反国家药品管理法规，生产、销售、提供假药，危害人体生命、健康的行为。生产、销售、提供劣药罪，是指违反国家药品管理法规，生产、销售劣药，对人体健康造成严重危害的行为。生产、销售不符合安全标准的食品罪，是指违反国家食品安全管理法规，生产、销售不符合安全标准的食品，足以造成严重食物中毒事故或者其他严重食源性疾患的行为。生产、销售有毒有害食品罪，是指违反国家食品安全管理法规，在生产、销售的食品中掺入有毒、有害的非食品原料或者销售明知掺有有毒、有害的非食品原料的食品的

① 周振想：《刑法学教程》，中国人民公安大学出版社 1997 年版，第 372 页。
② 赵秉志：《中国特别刑法研究》，中国人民公安大学出版社 1997 版，第 379 页。

行为。生产、销售不符合标准的医用器材罪,是指生产不符合保障人体健康的国家标准、行业标准的医疗器械、医用卫生材料,或者销售明知是不符合保障人体健康的国家标准、行业标准的医疗器械、医用卫生材料,足以严重危害人体健康的行为。生产、销售不符合安全标准的产品罪,是指生产不符合保障人身、财产安全的国家标准、行业标准的电器、压力容器、易燃易爆产品或者其他不符合保障人身、财产安全的国家标准、行业标准的产品,或者销售明知是以上不符合保障人身、财产安全的国家标准、行业标准的产品,造成严重后果的行为。生产、销售伪劣农药、兽药、化肥、种子罪,是指生产假农药、假兽药、假化肥、假种子,或者销售明知是假的或者失去使用效能的农药、兽药、化肥、种子,或者生产者、销售者以不合格的农药、兽药、化肥、种子冒充合格的农药、兽药、化肥、种子,使农牧业生产遭受较大损失的行为。生产、销售不符合卫生标准的化妆品罪,是指生产不符合卫生标准的化妆品,或者销售明知是不符合卫生标准的化妆品,造成严重后果的行为。行为人生产、销售特定种类的伪劣产品,销售金额在5万元以上,触犯《刑法》第141条至第148条各该条规定的,应以其中实际处罚较重的罪定罪处罚。

思考题

1.如何理解生产、销售伪劣产品罪与特定种类的假冒伪劣产品罪的犯罪构成条件的不同?

2.如何理解《刑法》第149条的规定?

3.评析生产、销售有毒、有害食品罪的刑罚设置问题。

参考文献

1.熊选国:《生产、销售伪劣商品罪》,中国人民公安大学出版社1999年版。

2.欧阳涛:《生产、销售假冒伪劣产品犯罪剖析及对策》,中国政法大学出版社1994年版。

3.刘家琛:《新罪通论》,人民法院出版社1996年版。

4.陈兴良:《罪名指南》,中国政法大学出版社2000年版。

5.赵秉志:《中国特别刑法研究》,中国人民公安大学出版社1997版。

第十章　走私罪

本章主要阐述走私罪的相关问题,其中涉及走私罪的概念、特征、种类,走私罪立法的历史发展以及走私罪所涉的具体罪名,包括走私武器、弹药罪,走私核材料罪,走私假币罪,走私文物罪,走私贵重金属罪,走私珍贵动物及其制品罪,走私国家禁止进出口的货物、物品罪,走私淫秽物品罪,走私废物罪,走私普通货物、物品罪,走私毒品罪和走私制毒物品罪。重点论述各个具体罪名的特征、具体认定以及处罚。

本章重点

- 走私罪的概念
- 走私武器、弹药罪
- 走私文物罪
- 走私贵重金属罪
- 走私珍贵动物、珍贵动物制品罪
- 走私淫秽物品罪
- 走私普通货物、物品罪
- 走私毒品罪

第一节　走私罪概述

走私犯罪的罪名经历了由单一罪名向多个罪名的演化过程,即从简单的走私罪发展为以走私的具体对象的属性分别确定罪名。刑法如此变更,有其合理内涵,因为不同属性的走私对象所侵犯的法益存在较大差异,相应的刑罚也难以做到整齐划一,分别设置相应的罪名能更好体现刑法对不同法益的保护,这也是走私犯罪刑事立法精细化的体现。[1]

从预防和打击走私犯罪活动发生的角度出发,讨论走私犯罪这一由来已久又历久弥新的犯罪十分必要。一方面,理论界和实务界在对走私犯罪进行研究的过程中出现了不少争议问题,这些问题主要集中在走私犯罪的主观故意、走私行为与其他犯罪行为之间的界限、走私犯罪既未遂标准的区分等。这些争议的存在不仅给走私犯罪的理论研究带来困难,同时也给司法机关对走私犯罪的定罪与量刑造成不利影响。另一方面,我国刑法关于走私犯罪的立法仍存在诸多不完善之处,主要表现为对走私犯罪的立法规定还不够具体、罪刑设置模式还不够完善、刑罚配置不够均衡等。因此,在具体的司法实践中,走私犯罪中的间接走私、武装走私、抗拒缉私和走私共犯等关键问题的有效解决和妥善处理就显得至关重要。

---

[1]　曹坚:《走私武器、弹药罪定罪量刑标准的具体理解与适用》,《海关与经贸研究》,2014 年第 6 期。

一、走私罪的概念

走私罪,是指个人或者单位故意违反海关法规,逃避海关监管,通过各种方式运送违禁品进出口或者偷逃关税,情节严重的行为。走私罪是典型的法定犯,因为从纯粹的经济学角度分析,走私是一种贸易行为,行为本身没有危害,其犯罪性是由法律规定而确定的。

二、走私罪的构成要件

(一)犯罪客体

本类罪的客体是国家对外贸易管制制度和税收。这种管制的目的是通过对进出口货物的监督、管理与控制,防止偷逃关税以及阻止或限制不该进出口的物资进出口。它与进出口贸易及其关税紧密联系在一起。作为走私罪的犯罪对象,它包括外汇在内的一切禁止或限制进出境的货物与物品或者应当缴纳关税的货物及物品。包括:(1)禁止进出口货物、物品(如:武器、弹药、核材料、淫秽物品、珍稀植物及其制品、珍贵动物及其制品);(2)限制进出口货物、物品;(3)禁止出口的货物、物品,但不限制或者禁止进口(如文物、黄金、白银及其他贵重金属);(4)依法应当缴纳关税的货物或者物品;(5)特定减免税货物、物品;(6)保税货物、物品。

(二)犯罪客观方面

本类罪的犯罪客观方面具有逃避海关监管的行为。其主要表现形式可以归纳有以下四种:(1)绕关的走私行为;(2)通关的走私行为;(3)准走私行为(间接走私):直接向走私人非法收购国家禁止进口物品的;或者直接向走私人非法收购走私进口的其他货物、物品,数额较大的;或者在内海、领海、界河、界湖运输、收购、贩卖国家禁止进出口物品的,或者运输、收购、贩卖国家限制进出口货物、物品,数额较大,没有合法证明的;(4)后续的走私行为(变相走私)。

(三)犯罪主体

走私罪的主体则为一般主体,凡达到刑事责任年龄、具有刑事责任能力的自然人,均可成为走私罪的主体。单位亦可构成本罪。

(四)犯罪主观方面

本类罪的主观方面是故意,并且是直接故意,具有逃避监管、偷逃关税的目的。

三、走私罪的立法状况

1979年《刑法》对走私罪是作概括的规定。1982年3月8日五届全国人大常委会第22次会议通过的《关于严惩严重破坏经济的罪犯的决定》保持了这一模式,只是将走私罪的法定刑修改为可以判处死刑。1988年1月21日六届全国人大常委会第24次会议通过的《关于惩治走私罪的补充规定》,把走私罪分两部分规定:一是走私普通物品的犯罪;二是走私特定物品的犯罪,其范围包括毒品、武器、弹药、假币、文物、珍贵动物及其制品、贵重金属。1988年9月起全国人大常委会的多次刑法(修改稿)作了相同的规定。1996年10月10日全国人大常委会法制工作委员会《中华人民共和国刑法(修订草案)》(征求意见稿),将毒品另作规定,归入"毒品犯罪"一节;在第135条中增加规定了核材料,在第136条中增加规定了珍稀植物和珍稀植物制品;对各档的刑罚作了调整,将一般走私武器、弹药、核材料或者伪造的货币的法定刑起点降低为 7 年,并规定情节较轻的,处 7 年以下有期徒刑,并处罚金;将走私国家禁止出口的文物、珍贵动物及其制品、黄金、白银或者其他贵重金属,情节较轻的,处 5 年以下有期徒刑,并处罚金;第一次规定了走私珍稀植物及其制品的法定刑。1996 年 12 月 20 日作为八届全国人大常委会第 23 次会议和 1997 年 2 月 17 日八届全国人大常委会第 24 次会议文件的《中华人民共和国刑法(修订草案)》,其中第 145 条将第 1、2 款中的"情节特别严重"独立出来,规定"犯第 1 款、第 2 款罪,情节特别严重的,处无期徒刑或者死刑,并处没收财产"。对走私国家禁止出口的珍稀植物及其制品的,不适用无期徒刑和死刑。1997 年 3 月 1 日提交八届全国人大五次会议的《中华人民共和国刑法(修订草案)》,也基本维持了修改稿的内容,但将走私武器、弹药、核材料或者伪造的货币,情节较轻的,"处七年以下有期徒刑"修改为"处三年以上七年以下有期徒刑"。1997 年 3 月 14 日《刑法》通过的条文,对第 2 款的语序作了调整,把贵重金属放到文物后面,与珍贵动物及其制品的位置作了对换。另外,将原来对几个条文一并规定的单位犯罪,规定在各条之后。因此,增加了"单位犯本条规定之罪的,对单位判处罚金,并对其直接负责的主管人员和其他直接责任人员,依照本条各款的规定处罚"。

《刑法修正案(七)(草案)》中对珍稀植物及其制品规定的是"禁止出口",而其正式文本则规定为"禁止进出口",其变动原因不得而知。1997 年《刑法》实施过程中,由于出现了与"珍稀植物及其制品"类似的货物、物品,因此,《刑法修正案(七)》第 1 条将《刑法》第 151 条第 3 款修改为:"走私珍稀植物及其制品等国家禁止进出口的其他货物、物品的,处五年以下有期徒刑或者拘役,并处或者单处罚金;情节严重的,处五年以上有期徒刑,并处罚金。"2011 年 2 月 25 日第十一届全国人民代表大会常务委员会第十九次会议通过的《刑法修正案(八)》,在其第 26、27 和 28 条中也对走私罪的规定作出了调整。

四、走私罪的司法运用

《刑法修正案(七)》对走私罪的修改也引发了一定的司法运用冲突,主要表现为适用范围的冲突、罪种划分标准的不统一、规范结构的冲突。因为《刑法修正案(七)》第 1 条的效力是仅仅限于本款还是可以覆盖到相关条款不明确,存有争议。一种观点认为,修改条款的效力适用于全部走私罪,它是对第 153 条的兜底性规定;另一种观点认为,修改条款的适用效力只及于第 151 条,它是对第 151 条的兜底性规定;还有一种观点认为,修改条款的效力范围仅仅是第 151 条第 3 款本身,是将原来的"走私珍稀植物、珍稀植物制品罪"修改为"走私珍稀植物、珍稀植物制品、其他货物、物品罪",对其他条款没有影响。[①] 按照立法用语,"国家禁止进出口的其他货物、物品"应当是对所有禁止进出口的货物、物品的兜底条款,而刑法所规定的禁止进出口的货物、物品,不仅包括珍稀植物及其制品,也包括珍贵动物及其制品。单从规范角度讲,进出口既包括进口、出口双向行为中的任何单一行为;也包括单向进口或者单向出口行为。因此,国家禁止出口的文物、黄金、白银和其他贵重金属,也应当包括在"进出口"的范畴中,由此造成与《海关法》和《刑法》第 153 条、第 151 条中的其他款项相

---

① 楼伯坤:《〈刑法修正案(七)〉对走私罪修改引发的冲突及其解决》,《政治与法律》2009 年第 11 期。

冲突。

为解决诸多的冲突与不适,立法者需要在刑法立法中作进一步完善:第一,以违反海关法规、逃避海关监管(或者称逃避国家对外贸易监管)为走私罪的核心要件,建立走私罪的基本罪状结构;第二,把走私罪设定成情节犯,对走私犯罪的构成要求走私行为及其后果达到情节严重的程度;第三,刑罚设置由轻及重,逐级递升。根据现行刑法规范,可考虑走私罪的基本刑为 3 年以下有期徒刑或者拘役,并处或单处罚金;第四,将现行《刑法》第 157 条"武装掩护走私的,从重处罚"改为加重处罚。将"武装掩护走私"作为加重因素,在基本刑以上处刑;对武装掩护走私情节严重的,再加重处罚。

第二节 走私罪分述

一、走私武器、弹药罪

(一)走私武器、弹药罪的概念

10-1

走私武器、弹药罪,是指违反海关法规,逃避海关监管,运输、携带、邮寄武器、弹药进出国(边)境的行为。2014 年 9 月 10 日起施行的《关于办理走私刑事案件适用法律若干问题的解释》在 2000 年 9 月 26 日最高人民法院《关于审理走私刑事案件具体应用法律若干问题的解释》和 2006 年 11 月 14 日最高人民法院《关于审理走私刑事案件具体应用法律若干问题的解释(二)》的基础上,吸取既往司法实践中遇到的相关问题及解决办法的精神,重新系统地规定了走私武器、弹药罪的定罪量刑标准,有利于统一掌握刑事裁判尺度,确保个案之间的量刑平衡,对于指导司法机关今后办理走私武器、弹药犯罪案件具有积极意义。

(二)走私武器、弹药罪的特征

1.本罪的客体是国家对外贸易管制中关于武器、弹药禁止进出口的监管制度。所谓国家对外贸易管制,是指国家根据经济建设的需要,垄断对外贸易,对进出口货物及其他物品的种类、数量实行控制和监督的制度。具体包括以下制度:(1)对进出口的货物、物品实行准许、限制或者禁止进出口的制度。(2)对非贸易物品实行限进、限出、限量、限值的制度。(3)对金融、外汇实行国家统一管理和控制的制度。(4)对进出口货物及其他物品实行征收关税的制度。武器、弹药属于国家禁止进出口的物品,受到对外贸易的严格管制。1987 年 11 月 1 日,海关总署公布了《中华人民共和国禁止进出境物品表》,其中明确规定了各种武器、弹药为禁止进出境物品。

10-2

本罪的犯罪对象是武器、弹药。所谓武器、弹药,是指具有直接杀伤力或者破坏力的器械、装置或者其他物品。由于刑事立法以及相关行政法规没有界定武器、弹药的具体范围,因此,只能结合本罪客体——国家对外贸易管制的制度范畴,将本罪的犯罪对象限于国家禁止对外贸易的武器、弹药,即通常所指的军用武器、弹药。仿真手枪、管制刀具以及爆炸物均不属于本罪的犯罪对象。

2.本罪的客观方面表现为违反海关法规,逃避海关监管,运输、携带、邮寄武器、弹药进出境的行为。所谓违反海关法规,是指违反《中华人民共和国海关法》及其他有关的法律法规中关于禁止武器、弹药进出境的各种规定。所谓逃避海关监管,是指在未设海关的国(边)境上运输、携带、邮寄武器、弹药进出境,或者虽然经过海关,但采取伪装、藏匿、瞒报等方法,欺骗、蒙蔽海关检查人员,运输、携带、邮寄武器、弹药进出境的行为。

3.本罪的主体是一般主体,单位也可以成为本罪的主体。因为根据我国现行《刑法》的规定,走私罪的主体是一般主体,既包括自然人,也包括单位。而在1979年的《刑法》中,由于其没有规定单位犯罪,因而走私罪在当时只能是自然人犯罪。随着走私罪的发展,单位越来越普遍地成为走私罪的主体之一。因此,在1987年通过的《海关法》当中便对单位犯走私罪进行了规定,并规定了单位犯罪"双罚制"的原则。然而,由于当时的《刑法》中并没有单位犯罪的规定,因此实践中关于单位是否能构成走私罪的法律适用问题出现了激烈的争议。在1997年修订的《刑法》总则中专门增加了单位犯罪的规定,并在分则的有关条文中,也对单位犯罪的构成及处罚做了具体规定。目前,走私罪的主体包括自然人和单位两类。[①]

4.本罪的主观方面是故意,有的学者主张在走私武器、弹药罪中适用概括的故意,即是指行为人具有走私的故意,并且对走私的具体对象不明确,但无论对象是什么,都不影响行为人走私的故意。从认识因素上说,行为人对任何走私对象已经涵盖在认识范围内。也就是说,尽管行为人不知道具体走私的是什么,但对走私的对象有一个模糊的范围,实际的走私对象在其模糊认识的范围之内。从意志因素上说,行为人对这个模糊范围的对象都持容忍的态度,也即只要是这个范围内的对象,行为人都是希望或放任的态度,不会影响其意志决定。而走私对象认识错误,是指行为人认为自己走私的是甲物品,而实际上是乙物品。这包括构成要件的错误和非构成要件的错误。前者如把武器、弹药当成普通货物,后者如把武器当成弹药等。走私的概括故意与走私对象认识错误的区别在于:在认识因素上,走私的概括故意的行为人不是产生了认识错误,而是认识不明确或认识模糊,但实际对象在其认识之中。比如行为人不知道走私的对象是甲还是乙,但实际的对象甲也在其认识之中。而对象认识错误的行为人不是认识模糊,而是认识错误,确实把甲当成乙了。意志因素上,无论实际走私对象是什么,都不影响概括故意行为人的意志。比如无论走私的是甲还是乙,行为人都会实施走私行为,而对象认识错误则有可能影响行为人的意志。例如如果行为人知道走私的不是乙,而是甲,他就有可能不会实施走私行为了。[②]

(三)走私武器、弹药罪的认定

1.本罪的罪与非罪的界限

主要考察犯罪对象和犯罪主观两个方面:(1)犯罪对象是否是武器、弹药。如果走私的不是本罪所特指的武器、弹药,不构成本罪。(2)犯罪主观方面是否故意。如果行为人确实不知所走私的物品是武器、弹药,不构成本罪。如果行为人意图走私武器、弹药,只是对走私的物品产生认识错误,不影响本罪的成立。如果行为人明知自己在走私,但对走私的物品是否为武器、弹药,存在概括认识,虽不影响犯罪的成立,但具体构成何罪,应当根据实际情况分析。

①　梁争:《走私罪研究》,武汉大学博士论文,2012年,第21页。
②　周洪波、田凯:《走私武器、弹药罪司法疑难问题探讨》,《中国刑事法杂志》2003年第6期。

2.本罪与非法持有、私藏枪支、弹药罪的界限

非法持有、私藏枪支、弹药罪，是指违反枪支管理规定，未依法取得持枪资格而持有枪支、弹药，或者私自藏匿枪支、弹药，拒不交出的行为。二者的区别在于：(1)犯罪客体不同。本罪的客体是国家对外贸易管制中关于禁止武器、弹药进出境的管理制度。非法持有、私藏枪支、弹药罪的客体是社会的公共安全和国家枪支、弹药的管理制度。(2)犯罪对象不同。本罪的对象是国家对外贸易中禁止进出境的武器、弹药，一般指军用武器、弹药。武器的范畴中包括枪支，但不仅限于枪支。非法持有、私藏枪支、弹药罪的对象是枪支、弹药，包括各种公务用枪、民用枪及其弹药。(3)犯罪客观方面不同。本罪的客观方面表现为违反海关法规，逃避海关监管，运输、携带、邮寄武器、弹药的行为。实行行为一般发生在国(边)境通道上。非法持有、私藏枪支、弹药罪的客观方面表现为违反枪支管理法规，持有、私藏枪支、弹药的行为，实行行为一般发生在国内地域上。

3.本罪与走私核材料、走私假币等其他特定物品罪的界限

本罪有别于走私普通货物、物品罪，与走私其他特定物品罪同属于一种类型，彼此间在犯罪客观方面、主观方面、主体上均相同或极为相近，而有别于走私普通货物、物品罪。只是由于彼此间的犯罪对象所指向的犯罪客体有所不同，而由刑法分别设立为各自独立的犯罪。

4.本罪的罪数形态

行为人在走私武器、弹药之前，往往持有、私藏武器、弹药，或者在走私武器、弹药之后，也往往持有、私藏武器、弹药。对此，是以一罪论处还是数罪并罚，不能一概而论，要具体分析：(1)如果行为人非法持有、私藏武器、弹药之时，并不具有走私意图，只是事后由于某种原因，才将非法持有、私藏的武器、弹药用于走私，那么两个行为之间各自具有独立的犯罪构成，不存在牵连的法律关系，应当以非法持有、私藏枪支、弹药罪和走私武器、弹药罪数罪并罚。(2)如果行为人非法持有武器、弹药就是为了走私，且实施了走私行为，那么两个行为之间具有方法行为与目的行为之间的牵连关系，应当以走私武器、弹药罪从重处罚。(3)如果行为人走私武器、弹药之后予以持有、私藏的，那么两个行为之间是一种事后的自然延伸状态，具有相互吸收的关系，应当以走私武器、弹药罪处罚。(4)如果非法持有、私藏的武器、弹药，与走私的武器、弹药在犯罪对象的性质上不具有同一性，即使将非法持有、私藏的武器、弹药是为了用于走私，也只能以非法持有、私藏枪支、弹药罪与走私武器、弹药罪数罪并罚。

(四)走私武器、弹药罪的处罚

根据《刑法》第 151 条第 1 款、第 4 款、第 5 款以及最高人民法院《关于审理走私刑事案件具体应用法律若干问题的解释》的规定，犯本罪的，处 7 年以上有期徒刑，并处罚金或者没收财产；情节特别严重的，处无期徒刑，并处没收财产；情节较轻的，处 3 年以上 7 年以下有期徒刑，并处罚金。具有下列情节之一的，处本罪的基本刑：(1)走私军用枪支 1 支或者军用子弹 50 发以上不满 100 发的；(2)走私非军用枪支 5 支以上不满 10 支或者非军用子弹 500 发以上不满 1000 发的；(3)走私武器、弹药达到情节较轻的量刑幅度的数量标准，并具有其他恶劣情节的。"情节特别严重"，是指走私武器、弹药，具有下列情节之一的：(1)走私军用枪支 2 支以上或者军用子弹 100 发以上的；(2)走私非军用枪支 10 支以上或者非军用子弹 1000 发以上的；(3)犯罪集团的首要分子或者使用特种车，走私武器、弹药达到上述第一个量刑幅度的数量标准的；(4)走私武器、弹药达到上述第一个量刑档次适用的数量标准，并具

有其他恶劣情节的。"情节较轻",是指走私武器、弹药,具有下列情节之一的:(1)走私军用子弹 10 发以上不满 50 发的;(2)走私非军用枪支 2 支以上不满 5 支或者非军用子弹 100 发以上不满 500 发的;(3)走私武器、弹药,虽未达到上述数量标准,但具有走私的武器、弹药被用于实施其他犯罪等恶劣情节的。走私其他武器、弹药的,参照上述规定的量刑标准处罚。走私成套枪支散件的,以走私相应数量的枪支计;走私非成套枪支散件的,以每 30 件为一套枪支散件计。《刑法修正案(九)》在死刑制度方面提出从两个方面严格限制死刑:一是进一步减少死刑适用的罪名,取消走私武器、弹药罪和走私核材料罪等 9 种犯罪的死刑;二是进一步提高对死缓犯执行死刑的门槛。①

单位犯本罪的,对单位判处罚金,并对其直接负责的主管人员和其他直接责任人员,依照自然人犯本罪的规定处罚。

二、走私核材料罪

(一)走私核材料罪的概念

走私核材料罪,是指违反海关法规,逃避海关监管,运输、携带、邮寄核材料进出国(边)境的行为。1997 年的《刑法》对走私罪的相关规定做了修订,其中重要的一个原因是应对新形势下走私罪的推陈出新,把走私核材料增加规定为走私罪的一种。

(二)走私核材料罪的特征

1. 本罪的客体是国家对外贸易管制中关于禁止核材料进出口的监管制度。

本罪的犯罪对象是核材料。所谓核材料,是指根据我国加入的《核材料实物保护公约》的规定,任何含有钚(同位素含量不超过 80% 的钚-238)、铀(铀-233,同位素 235 或 233 浓缩的铀)、非矿石或矿渣形式的含天然存在的同位素混合物的铀其中一种或多种成分的材料。核材料是制造核武器和利用核能的核心原材料。它既可能造福于人类,也可能对人类的和平与安全造成巨大威胁。国际社会先后缔结一系列条约严格限制核扩散,当然也包括严格限制核材料的扩散。我国作为条约缔约国,认真履行了该条约义务。在刑法分则中设立此罪名,正是履行该义务的具体体现。

本罪的犯罪对象仅限于核材料,不包括由核材料组成的核武器。如果走私核武器,应当以走私武器、弹药罪论处。

2. 本罪的客观方面表现为违反海关法规,逃避海关监管,运输、携带、邮寄核材料进出国(边)境的行为。违反海关法规,逃避海关监管是本罪客观方面的重要行为方式。虽违反海关法规,但未逃避海关监管的,不构成本罪。如果构成非法买卖、运输核材料罪的,可以以该罪论处。

3. 本罪的主体是一般主体,单位也可以成为本罪的主体。其中,单位走私核材料罪,是指公司、企业、事业单位、机关和团体在单位意志的支配下,由其直接负责的主管人员或其他直接责任人员实施的,违反海关法律法规,非法运输、携带、邮寄核材料等进出国(边)境,逃避海关监管,偷逃关税,情节严重的行为或者其他刑法规定为单位走私犯罪的行为。

---

① 赵秉志:《中国死刑立法改革新思考——以〈刑法修正案(九)(草案)〉为主要视角》,《吉林大学社会科学学报》,2015 年第 1 期。

4.本罪的主观方面是故意,不可以是过失。实践中通常具有牟取经济利益的目的。

(三)走私核材料罪的认定

1.本罪与非法买卖、运输核材料罪的界限

非法买卖、运输核材料罪,是指违反国家危险物品的管制规定,擅自买卖、运输核材料的行为。二者的区别在于:(1)犯罪客体不同。本罪的客体是国家对外贸易管制中关于禁止核材料进出口的监管制度。非法买卖、运输核材料罪的客体是社会的公共安全和国家危险物品的管制规定。(2)犯罪客观方面不同。本罪的客观方面表现为违反海关法规,逃避海关监管,运输、携带、邮寄核材料的行为,其实行行为一般发生在国(边)境上。非法买卖、运输核材料罪的客观方面表现为违反国家危险物品的管制规定,擅自买卖、运输核材料的行为。其实行行为一般发生在国境内。

2.本罪的罪数形态

如果行为人非法买卖、运输核材料是为了走私,那么两行为之间存在牵连关系,应当以走私核材料罪论处。如果行为人在非法买卖、运输核材料之后,由于某种原因再实施走私核材料的行为,那么两行为之间不存在牵连关系,应当以非法买卖、运输核材料罪和走私核材料罪数罪并罚。如果行为人在走私核材料之后,为了出售或其他目的而实施非法买卖、运输核材料的行为,那么两行为之间是一种后续延伸关系,根据吸收犯处理原则,应当以走私核材料罪论处。如果非法买卖、运输核材料的行为人与走私核材料的行为人之间具有共犯的意思联络,那么两行为之间是一种共犯的分工关系,应当以走私核材料罪论处。但如果非法买卖、运输的核材料与走私的核材料之间不具有同一性,仍应当以非法买卖、运输核材料罪与走私核材料罪数罪并罚。

(四)走私核材料罪的处罚

根据《刑法》第151条第1款、第4款、第5款的规定,犯本罪的,处7年以上有期徒刑,并处罚金或者没收财产;情节较轻的,处3年以上7年以下有期徒刑,并处罚金;情节特别严重的,处无期徒刑,并处没收财产。《刑法修正案(九)》调整了走私核材料罪的法定刑责,取消了最高刑事责任之死刑规定。通过个罪看待我国刑法的立法发展,这不仅符合国际刑事法律的发展潮流,还是完善人权保障机制、彰显刑罚人道主义的需要,也是我国死刑制度改革的理性选择,更是彰显了我国刑罚制度变迁的轻刑化趋势。①

单位犯本罪的,对单位判处罚金,并对其直接负责的主管人员和其他直接责任人员,依照自然人犯本罪的规定处罚。

三、走私假币罪

(一)走私假币罪的概念

走私假币罪,是指违反海关法规,逃避海关监管,运输、携带、邮寄伪造的货币进出国(边)境的行为。走私假币罪早在1988年第六届全国人大常委会第24次会议通过的《关于惩治走私罪的补充规定》里就规定了走私伪造货币罪,1994年9月8日最高人民法院通过《关于办理伪造国家货币、贩运伪造的国家货币、走私伪造的货币

10-3

---

① 刘宪权:《中国刑法发展的时代脉动——97刑法颁布实施20年刑事法治纵览与展望》,《法学》2017年第5期。

犯罪案件具体应用法律的若干问题的解释》第 3 条规定了关于走私伪造的货币犯罪行为的认定。该解释对《补充规定》的规定进行了进一步明确,便于司法实践操作。现行《刑法》第 151 条将该罪法条化,成为打击货币犯罪的又一重要法律依据。[①] 假币是相较之于真币而言的,我国刑法中规定的货币,既包括可以在我国国内流通的人民币,还包括可以在国际上或他国流通的美元、欧元、加元等货币。实践中的案例不多,典型性的如:2011 年 8 月 15 日,日本籍旅客 HIRAYAMA 持日本护照经深圳罗湖口岸出境,被海关抽查。经查,在其随身携带的行李箱内发现有可疑美元 200 张(每张面值为 100 美元),面值共 2 万美元,未向海关申报被当场查获。经中国银行深圳分行鉴定,上述 200 张可疑美元全部为假币。

(二)走私假币罪的特征

1. 本罪的客体是国家对外贸易管制中关于禁止假币进出口的监管制度。

本罪的犯罪对象仅是伪造的货币,不包括变造的货币。所谓货币,是指可在国内市场流通或者兑换的人民币以及境外货币。所谓伪造的货币,是指依照真货币的图案、形状、色彩、面额、纸张质地,以印刷、复印、描绘、临摹、拓印等方法所制造出来的假币。所谓变造的货币,是指以剪贴、挖补、揭层、拼凑等方法对真货币进行加工改造,使货币面值增大,数量增加的货币。

2. 本罪的客观方面表现为违反海关法规,逃避海关监管,运输、携带、邮寄伪造的货币的行为。对于走私假币罪的法益,理论上也有诸多观点,主要如下:(1)走私假币罪的犯罪客体是既侵犯了国家《海关法》禁止假币进出口制度和国家的货币管理制度。[②] (2)走私假币罪的犯罪客体是国家的对外贸易管制中禁止伪造的货币进出境的制度。[③] (3)走私假币罪的犯罪客体是国家对外贸易管制中禁止伪造的货币进出境的制度和海关监管制度。[④] (4)走私假币罪的犯罪客体是国家禁止伪造的货币进出口的对外贸易管理制度。[⑤] (5)走私假币罪的犯罪客体是国家对外贸易中对假币进出口的制度和我国的金融管理秩序。[⑥]

3. 本罪的主体是一般主体,单位也可以成为本罪的主体。区别于运输假币罪的主体只能是年满 16 周岁,能够辨别、控制自己行为的自然人,走私假币罪的犯罪主体除了自然人以外,还有可以由单位构成,《刑法》第 151 条第 4 款明文规定单位犯本罪的对单位判处罚金。从法条规定来看,走私假币罪的犯罪主体要比运输假币罪的主体范围广得多。[⑦]

4. 本罪的主观方面是故意,过失不能构成本罪。行为人出于什么目的走私假币不影响本罪的成立,行为人必须明知是假币。而所谓假币,则应该包括伪造的本币和外币。其行为方式通常有以下四种:绕关走私、通关走私、准走私(贩私)以及法律推定的走私。

(三)走私假币罪的处罚

根据《刑法》151 条第 1 款、第 4 款、第 5 款以及《解释》第 2 条第 2 款、第 3 款、第 4 款的

---

① 韩金柱:《货币犯罪研究》,吉林大学博士论文,2004 年,第 21 页。

② 薛瑞麟主编:《金融犯罪研究》,中国政法大学出版社 2000 年版,第 57 页。

③ 张军主编:《破坏金融管理秩序罪》,中国人民公安大学出版社 2003 年版,第 58 页。

④ (日)大谷实著、黎宏译:《刑法各论》,法律出版社 2003 年版,第 310 页。

⑤ 林山田著:《刑法各罪论》,台湾光丰印刷有限公司 1996 年版,第 254-255 页。

⑥ 李洁著:《犯罪对象研究》,中国政法大学出版社 1998 年版,第 78 页。

⑦ 韩金柱:《货币犯罪研究》,吉林大学博士论文,2004 年,第 134 页。

规定,犯本罪的,处 7 年以上有期徒刑,并处罚金或者没收财产;情节特别严重的,处无期徒刑,并处没收财产;情节较轻的,处 3 年以上 7 年以下有期徒刑,并处罚金。具有下列情节之一的,处本罪的基本刑:(1)走私伪造的货币,总面额 2 万元以上不足 20 万元或者币量 2000张(枚)以上不足 2 万张(枚)的;(2)走私伪造的货币并流入市场,面额达到本条第 3 款第(1)项规定的数量标准的;(3)走私伪造的货币达到本条第 2 款规定的数量标准,并具有是犯罪集团首要分子或者使用特种车进行走私等严重情节的。所谓情节特别严重,是指走私伪造的货币,具有下列情节之一的:(1)走私伪造的货币,总面额 20 万元以上或者币量 2 万张(枚)以上的;(2)走私伪造的货币并流入市场,面额达到本条第 3 款第(1)项规定的数量标准的;(3)走私伪造的货币达到本条第 3 款规定的数量标准,并具有是犯罪集团首要分子或者使用特种车进行走私等严重情节的。所谓情节较轻,是指走私伪造的货币,总面额 2000 元以上不足 2 万元或者币量 200 张(枚)以上不足 2000 张(枚)的情形。货币面额以人民币计。走私伪造的境外货币的,其面额以案发时国家外汇管理机关公布的外汇牌价折合人民币计算。

单位犯本罪的,对单位判处罚金,并对其直接负责的主管人员或者其他直接责任人员,依照自然人犯本罪的规定处罚。

四、走私文物罪

(一)走私文物罪的概念

走私文物罪,是指违反海关法规,逃避海关监管,运输、携带、邮寄禁止出口的文物出国(边)境的行为。我国是文物大国,历来重视打击和规制走私文物的犯罪行为。1951 年 6 月,中央人民政府文化部公布了《禁止珍贵文物图书出口暂行办法》,这是新中国成立以来首部保护文物的法令,推动了一系列文物保护法规的制定。1977 年 10 月,国家文物局出台的《对外国人、华侨、港澳同胞携带、邮寄文物出口鉴定、管理办法》,严格规定了外国人、华侨、港澳同胞携带和邮寄文物的条件和程序。1982 年 3 月,全国人大常委会颁布了《关于严惩严重破坏经济的罪犯的决定》,将盗运珍贵文物出口罪的法定最高刑升至死刑。1982 年 11 月,《文物保护法》从法律意义上对文物出境作了初步的规定,加大了文物保护的力度,强化了文物保护的体系化。作为行政法律的《文物保护法》自从制定以来,经过 1991 年、2002 年、2007 年和 2013 年的 4 次修改,从行政立法上规定了文物的范围,彰显文物的不可侵犯性。[①] 2011 年的《刑法修正案(八)》取消了走私文物罪的最高法定刑死刑。

(二)走私文物罪的特征

1. 本罪的客体是国家对外贸易管制中关于禁止出口的文物出口的监管制度。

本罪的犯罪对象是国家禁止出口的文物。所谓国家禁止出口的文物,是指根据《中华人民共和国文物保护法》第 28 条的规定,具有重要历史、艺术、科学价值,除经国务院批准运往国外展览以外的文物。

2. 本罪的客观方面表现为违反海关法规,逃避海关监管,运输、携带、邮寄禁止出口的文

---

① 许桂敏:《走私文物罪的成因及预防对策》,《山东警察学院学报》2014 年第 6 期。

物出国(边)境的行为。可见,走私文物仅限于将禁止出口的文物予以出口的行为,不包括将文物进口的行为。同时,根据《文物保护法》的规定,在境内私自出售或赠送禁止出口的文物给外国人的行为,也属于走私文物的行为。

3.本罪的主体是一般主体,既可以是自然人,也可以是单位。凡是达到刑事责任年龄、具有刑事责任能力的自然人,都可以是本罪的主体。根据我国《刑法》的规定,凡是年满16周岁,具有刑事责任能力的自然人,无论是否为中国公民,都不影响走私文物罪的成立。其中,单位构成本罪的主体必须符合我国刑法有关单位犯罪的规定。

4.本罪的主观方面是故意,即行为人明知是国家禁止出口的文物依然走私,对国家和社会造成危害结果,放任或积极追求该危害结果的发生。行为人对本罪的犯罪对象和犯罪后果已经有明确的认知,走私的法律后果也是行为人预见、期待或放任的。因此,本罪的主观方面只能是故意,过失不构成本罪。

(三)走私文物罪的认定

1.本罪的罪与非罪的界限

区分罪与非罪主要应考察:(1)行为人走私出境的文物是否属于国家禁止出口的文物。如果行为人走私出境的文物不是国家禁止出口的文物,不构成本罪。符合其他走私罪构成特征的,以其他走私罪论处。(2)行为人是否有走私文物的故意。如果行为人不知是文物,或者不知是国家禁止出口的文物而将其运输、携带、邮寄出境的,不构成本罪。(3)行为人有无逃避海关监管的行为。如果行为人在运输、携带、邮寄文物出境时,向海关如实申报,自觉接受海关检查,即使发现其运输、携带、邮寄的文物属国家禁止出口的文物,也不构成本罪。

10-5

2.本罪与非法向外国人出售、赠送珍贵文物罪的法条竞合问题

非法向外国人出售、赠送珍贵文物罪,是指违反文物保护法规,将收藏的国家禁止出口的珍贵文物私自出售或者私自赠送给外国人的行为。如果行为人在内海、领海将收藏的国家禁止出口的文物出售给外国走私分子时,其行为不仅符合本罪的特征,还符合非法向外国人出售、赠送珍贵文物罪的特征,出现两罪的法条竞合问题。按照重法优先于轻法的竞合处理原则,应当以走私文物罪论处。

(四)走私文物罪的处罚

根据《刑法》第151条第2款、第4款、第5款以及《解释》第3条的规定,犯本罪的,处5年以上10年以下有期徒刑,并处罚金;情节特别严重的,处10年以上有期徒刑或者无期徒刑,并处没收财产;情节较轻的,处5年以下有期徒刑,并处罚金。具有下列情节之一的,处本罪的基本刑:(1)走私国家禁止出口的二级文物2件以下或者三级文物3件以上8件以下的;(2)走私国家禁止出口的文物达到"情节较轻"的量刑幅度的数量标准,并具有造成该文物严重毁损或者无法追回等恶劣情节的。所谓情节特别严重,是指具有下列情节之一的:(1)走私国家禁止出口的一级文物1件以上或者二级文物3件以上或者三级文物9件以上的;(2)走私国家禁止出口的文物达到本条第一个量刑幅度的数量标准,并造成该文物严重毁损或者无法追回的;(3)走私国家禁止出口的文物达到本条第2款规定的数量标准,并具有是犯罪集团首要分子或者使用特种车进行走私等严重情节的。所谓情节较轻,是指走私国家禁止出口的三级文物2件以下的情形。

单位犯本罪,对单位判处罚金,并对其直接负责的主管人员和其他直接责任人员,依照自然人犯本罪的规定处罚。

值得注意的是,文物犯罪具有跨国性、团伙性、复杂性等特征,要求加强国家之间的沟通和协作。目前,我国已经加入了1970年的《关于禁止和防止非法进出口文化财产和非法转让其所有权的方法的公约》、1954年的《关于发生武装冲突时保护文化财产公约》等国际公约,理应在实践中充分发挥国际公约的作用。有关数据表明,我国先后与意大利、印度、美国等14个国家签署了关于防止盗窃、盗掘和非法进出境文物的政府间双边协定,与联合国教科文组织、国际刑警组织、世界海关组织建立健全了被盗文物信息通报交流机制。[1] 除了加强民事诉讼和外交途径的合作,更重要的是加强刑事司法合作,在走私文物罪的管辖、引渡等方面制定详细的合作计划。[2]

五、走私贵重金属罪

(一)走私贵重金属罪的概念

走私贵重金属罪,是指违反海关法规,逃避海关监管,运输、携带、邮寄黄金、白银或者其他贵重金属出国(边)境的行为。司法实践中,走私贵重金属案并不多发,较典型的如上海首例走私贵重金属案。2014年1月7日上午,上海市第一中级人民法院一审公开开庭审理并当庭宣判一起走私贵重金属案。案件被告人陈某于1979年出生中国台湾,澳大利亚联邦国籍,大学文化,任中国某商业管理公司副总。2013年7月27日上午,被告人陈某至上海浦东国际机场,欲搭乘中国国际航空公司航班前往台湾,出境时未向海关申报任何物品,后被安检人员从其随身携带的电脑包中查获黄金制品2900克。陈某最后被法院判犯走私贵重金属罪,处有期徒刑2年6个月,缓刑2年6个月,并处罚金10万元;同时将查扣的在案黄金制品予以没收。据悉,该案系上海首例走私贵重金属案。

(二)走私贵重金属罪的特征

1.本罪的客体是国家对外贸易管制中关于贵重金属禁止出国(边)境的监管制度。

本罪的犯罪对象是贵重金属,包括黄金、白银以及与金、银同等重要的铱、铂、钯、铑、钛等国家禁止出口的各种贵重金属及其制品。

2.本罪的客观方面表现为违反海关法规,逃避海关监管,采取运输、携带、邮寄等方式将国家禁止出口的贵重金属予以出口的行为,但不包括将贵重金属予以进口的行为。

3.本罪的主体是一般主体,单位也可以成为本罪的主体。凡是达到刑事责任年龄、具有刑事责任能力的自然人,都可以是本罪的主体。根据我国《刑法》的规定,凡是年满16周岁,具有刑事责任能力的自然人,无论是否为中国公民,都不影响走私贵重金属罪的成立。其中,单位构成本罪,必须符合我国刑法有关单位犯罪的规定。

4.本罪的主观方面是故意,这当中包括了直接故意和间接故意两种,过失犯罪不能成为该罪的评价对象。

---

[1] 顾玉才:《在全国文物安全工作部际联席会议第二次会议上的发言》,《中国文物报》2012年1月4日。
[2] 许桂敏:《走私文物罪的成因及预防对策》,《山东警察学院学报》2014年第6期。

（三）走私贵重金属罪的处罚

根据《刑法》第 151 条第 2 款、第 4 款、第 5 款的规定，犯本罪的，处 5 年以上 10 年以下有期徒刑，并处罚金；情节特别严重的，处 10 年以上有期徒刑或者无期徒刑，并处没收财产；情节较轻的，处 5 年以下有期徒刑，并处罚金。

单位犯本罪的，对单位判处罚金，并对其直接负责的主管人员和其他直接责任人员，依照自然人犯本罪的规定处罚。

六、走私珍贵动物、珍贵动物制品罪

（一）走私珍贵动物、珍贵动物制品罪的概念

走私珍贵动物、珍贵动物制品罪，是指违反海关法规，逃避海关监管，运输、携带、邮寄珍贵动物及其制品进出国（边）境的行为。在司法实践中，走私珍贵动物、珍贵动物制品案件占据了走私类刑事案件的相当比重。

10-6

（二）走私珍贵动物、珍贵动物制品罪的特征

1. 本罪的客体是国家对外贸易管制中关于禁止珍贵动物及其制品进出境的监管制度。

本罪的犯罪对象是珍贵动物及其制品。所谓珍贵动物，是指被列入《国家重点保护野生动物名录》中国家一、二级保护野生动物和被列入《濒危野生动植物种国际贸易公约》附录一、附录二中野生动物以及驯养繁殖的上述物种。具体如，大熊猫、金丝猴、白唇鹿、丹顶鹤等，共计列入有 389 种珍贵或者濒危的野生动物。所谓珍贵动物制品，是指以珍贵动物的皮、肉、毛、骨等身体部位为原料制作而成的物品。

2. 本罪的客观方面表现为违反海关法规，逃避海关监管，采取运输、携带、邮寄等方法将珍贵动物及其制品进出境的行为。

3. 本罪的主体是一般主体，单位也可以成为本罪的主体。凡是达到刑事责任年龄、具有刑事责任能力的自然人，都可以是本罪的主体。根据我国《刑法》的规定，凡是年满 16 周岁，具有刑事责任能力的自然人，无论是否为中国公民，都不影响走私珍贵动物、珍贵动物制品罪的成立。其中，单位构成本罪，必须符合我国刑法有关单位犯罪的规定。

10-7

4. 本罪的主观方面是故意。而实践中的多数疑难案件都表现出难以判定被告人是否具有走私珍贵动物、珍贵动物制品的主观故意。

（三）走私珍贵动物、珍贵动物制品罪的处罚

根据《刑法》第 151 条第 2 款、第 4 款、第 5 款的规定，犯本罪的，处 5 年以上 10 年以下有期徒刑，并处罚金；情节特别严重的，处 10 年以上有期徒刑或者无期徒刑，并处没收财产；情节较轻的，处 5 年以下有期徒刑，并处罚金。

单位犯本罪的，对单位判处罚金，并对其直接负责的主管人员和其他直接责任人员，依照自然人犯本罪的规定处罚。

七、走私国家禁止进出口的货物、物品罪

（一）走私国家禁止进出口的货物、物品罪的概念

走私国家禁止进出口的货物、物品罪，是指违反海关法规，逃避海关监管，对珍稀植物及

10-8

其制品等国家禁止进出口的其他货物、物品运输、携带、邮寄国(边)境的行为。2009 年的《刑法修正案(七)》取消了"走私珍稀植物、珍稀植制品罪",增加了走私国家禁止进出口的货物、物品罪。

(二)走私国家禁止进出口的货物、物品罪的特征

1. 本罪的客体是国家对外贸易管制中关于珍稀植物及其制品等国家禁止进出口的其他货物、物品出入境的监管制度。

本罪的犯罪对象是珍稀植物及其制品等国家禁止进出口的其他货物、物品。所谓珍稀植物,是指国家重点保护的原生的天然生长的珍贵植物和原生的天然生长的具有重要经济、科学研究、文化价值的濒危、稀有植物。

10-9

1984 年国务院环境保护委员会公布的《珍贵濒危保护植物名录》规定:国家一级保护植物 8 种,如金红茶、水杉等。国家二级保护植物 143 种,如云南梧桐、野茶树等。国家三级保护植物 203 种,如水曲柳、油杉等。所谓珍稀植物制品,是指利用珍稀植物加工制作的标本、药材及其他制成品。

2. 本罪的犯罪客观方面表现为违反海关法规,逃避海关监管,采取运输、携带、邮寄等方法将珍稀植物及其制品进出国(边)境的行为。

3. 本罪的主体是一般主体,单位也可以成为本罪的主体。凡是达到刑事责任年龄、具有刑事责任能力的自然人,都可以是本罪的主体。根据我国《刑法》的规定,凡是年满 16 周岁,具有刑事责任能力的自然人,无论是否为中国公民,都不影响走私国家禁止进出口的货物、物品罪的成立。其中,单位构成本罪,必须符合我国刑法有关单位犯罪的规定。

4. 本罪的主观方面是故意,这当中包括了直接故意和间接故意两种,过失犯罪不可能成为该罪的评价对象。

(三)走私国家禁止进出口的货物、物品罪的处罚

根据《刑法》第 151 条第 3 款、第 5 款,以及《刑法修正案(七)》第 1 条的规定,犯本罪的,处 5 年以下有期徒刑或者拘役,并处或者单处罚金;情节较重的,处 5 年以上有期徒刑,并处罚金。

单位犯本罪的,对单位判处罚金,并对其直接负责的主管人员和其他直接责任人员,依照自然人犯本罪的规定处罚。

八、走私淫秽物品罪

(一)走私淫秽物品罪的概念

走私淫秽物品罪,是指以牟利或者传播为目的,违反海关法规,逃避海关监管,运输、携带、邮寄淫秽物品进出国(边)境的行为。

10-10

(二)走私淫秽物品罪的特征

1. 本罪的客体是国家对外贸易管制中关于禁止淫秽物品进出口的监管制度。

本罪的犯罪对象是淫秽物品。所谓淫秽物品,是指具体描写性行为或者露骨宣扬色情的诲淫性的书刊、影片、录像带、录音带、图片及其他物品。所谓其他淫秽物品,是指除淫秽的书刊、影片、录像带、录音带、图片以外,通过文字、声音、形象等方式表现淫秽内容的影碟、音碟、电子出版物、玩具、用品、淫药、淫具。但夹杂淫秽内容的有艺术价值的文艺作品,表现人体艺术的美术作品,有关人体医学、生理和其他知识的自然科学作品,不属于淫秽物品的范围。

2. 本罪的客观方面表现为违反海关法规,逃避海关监管,采取运输、携带、邮寄等方法将淫秽物品进出国(边)境的行为。如果走私非淫秽的书刊、影片、录像带、录音带、图片等物品,依照《刑法》第153条的规定定罪处罚。

3. 本罪的主体是一般主体,单位也可以成为本罪的主体。

4. 本罪的主观方面是故意,且只能是以牟利或者传播为目的的直接故意。所谓以牟利为目的,是指走私淫秽物品是为了出售、出租或者以其他方式牟取非法利益。所谓以传播为目的,是指走私淫秽物品是为了在社会扩散、流传。如果走私的少量淫秽物品是为了自用,不构成本罪。

(三)走私淫秽物品罪的认定

尽管刑法以叙明罪状的方式规定了走私淫秽物品罪,但在司法实践中,仍存在对"以牟利或者传播为目的"、"淫秽物品"以及犯罪情节等方面的认定困难。所谓"以牟利为目的",是指行为人走私淫秽物品,目的在于通过贩卖、放映、租借或展示淫秽物品等方式获取钱财或其他非法物质利益;而"以传播为目的"意指行为人走私淫秽物品不是为了供自己使用,而是意图在社会上扩散。行为人最终是否实现这一目的,均不影响本罪的构成。[①]刑法所称的淫秽物品,是指具体描绘性行为或者露骨宣扬色情的诲淫性的书刊、影片、录像带、录音带、图片及其他淫秽物品;有关人体生理、医学知识的科学著作不是淫秽物品,包含有色情内容的有艺术价值的文学、艺术作品不视为淫秽物品。其中,诸如具体描绘性行为、露骨宣扬色情、诲淫性、非科学性和非艺术性等标签和词语成为了"淫秽"界定之关键。

(四)走私淫秽物品罪的处罚

根据《刑法》第151条第1款、第3款的规定,犯本罪的,处3年以上10年以下有期徒刑,并处罚金;情节严重的,处10年以上有期徒刑或者无期徒刑,并处罚金或者没收财产;情节较轻的,处3年以下有期徒刑、拘役或者管制,并处罚金。

单位犯本罪的,对单位判处罚金,并对其直接负责的主管人员和其他直接责任人员,依照自然人犯本罪的规定处罚。

九、走私废物罪

(一)走私废物罪的概念

走私废物罪,是指违反海关法规,逃避海关监管,将境外固体废物、液态废物或者气态废物运输进境的行为。在20世纪90年代以前,我国无论是

10-11

刑事法律还是行政法律、法规对走私废物行为都没有做出过专门的规定。1990年我国加入《控制危险废物越境转移及其处置巴塞尔公约》。随后,出于履行国际义务和维护本国利益的需要,当时的国家环保总局和海关总署于1991年发布《关于严格控制境外有害废物转移到我国的通知》,对防止境外废物进入我国境内作了具体规定。1995年10月30日全国人大常委会通过《固体废物污染环境防治法》,开始对防治固体废物、液态废物、气态废物污染环境的问题做出全面、系统的规定。1995年《固体废物污染环境防治法》第24条规定:"禁止中国境外的固体废物进境倾倒、堆放、处置。"第25条规定:"国家禁止进口不能用作原料的固

---

① 孙国祥、魏昌东:《经济刑法研究》,法律出版社2005年版,第228-229页。

体废物;限制进口可以用作原料的固体废物。……"第 66 条第 1 款规定:"违反本法规定,将中国境外的固体废物进境倾倒、堆放、处置,或者未经国务院有关主管部门许可擅自进口固体废物用作原料的,由海关责令退运该固体废物,可以并处 10 万元以上 100 万元以下的罚款。逃避海关监管,构成走私罪的,依法追究刑事责任。"第 2 款规定:"以原料利用为名,进口不能用作原料的固体废物,依照前款规定处罚。"这是我国法律第一次明确规定对逃避海关监管非法进口境外废物的行为以走私论处。① 为了依法惩治非法从境外进口有害废物的犯罪行为,根据 1979 年《刑法》《固体废物污染环境防治法》和《关于惩治走私罪的补充规定》的有关规定,最高人民法院于 1996 年 7 月 31 日发布《关于审理非法进口废物刑事案件适用法律若干问题的解释》,对走私固体废物行为的定罪量刑标准做了具体规定,1997 年的刑法对走私固体废物的刑事责任问题做出了专门性的规定。

(二)走私废物罪的特征

1.本罪的客体是国家对外贸易管制中禁止废物进境的监管制度。

本罪的犯罪对象是废物,包括固体、液态和气态废物。

2.本罪的客观方面表现为违反海关法规,逃避海关监管,采取运输的方式将境外固体废物、液态废物或者气态废物进境的行为。如果将废物运输出境的行为,不构成本罪。如果以原料利用为名,进口不能用作原料的固体废物、液态废物、气态废物的,依照本罪定罪处罚。

3.本罪的主体是一般主体,单位也可以成为本罪的主体。凡是达到刑事责任年龄、具有刑事责任能力的自然人,都可以是本罪的主体。根据我国刑法的规定,凡是年满 16 周岁,具有刑事责任能力的自然人,无论是否为中国公民,都不影响走私废物的成立。其中,单位构成本罪,必须符合我国刑法有关单位犯罪的规定。

4.本罪的主观方面是故意。即明知是国家禁止进境的废物,或者明知是国家限制进境用作原料的废物,仍逃避海关监管,非法运输进境。过失不构成本罪。如果行为人确实不知其运输进境的是固体废物、液态废物和气态废物或者确实不知其所运输进境的固体废物、液态废物和气态废物是未经有关部门许可而擅自进口的,不构成本罪。

10-12

(三)走私废物罪的处罚

根据《刑法》第 152 条第 2 款、第 3 款的规定,犯本罪的,处 5 年以下有期徒刑,并处或者单处罚金;情节特别严重的,处 5 年以上有期徒刑,并处罚金。

单位犯本罪的,对单位判处罚金,并对其直接负责的主管人员和其他直接责任人员,依照自然人犯本罪的规定处罚。

十、走私普通货物、物品罪

(一)走私普通货物、物品罪的概念

走私普通货物、物品罪,是指违反海关法规,逃避海关监管,运输、携带、邮寄普通货物、物品进出国(边)境,偷逃应缴税额较大的行为。1951 年 4 月 28 日公布的《中华人民共和国暂行海关法》,第一次明确规定了走私普通货物、物品罪的手

10-13

---

① 周珂、尹兵:《我国走私废物罪的构成分析及立法建议》,《河南省政法管理干部学院学报》2009 年第 4 期。

段、方式、对象、主体等，并明确规定处罚走私预备行为，对帮助犯的处罚也有明确的法律规定。1979 年的《刑法》则是用 3 个条文分别对一般走私犯罪、重大走私犯罪和国家工作人员利用职务上的便利进行走私犯罪作了规定，走私普通货物、物品罪尚未独立成罪。1997 年刑法修订《刑法》，将走私罪规定为刑法第 3 章"破坏社会主义市场经济秩序罪"第 2 节的类罪名，使走私罪成为包含走私普通货物、物品罪等 10 个具体罪名的一种犯罪类型。2009 年 2 月 28 日公布实施的《刑法修正案（七）》第 1 条即对刑法典第 151 条走私特定物品犯罪作了修改，扩大了该罪的对象，完善了惩治走私犯罪的法网，但同时也缩小了走私普通货物、物品罪的犯罪对象。[①]

（二）走私普通货物、物品罪的特征

1. 本罪的客体是国家对外贸易管制中关于普通货物、物品进出口的监管制度。

本罪的犯罪对象是普通货物、物品。所谓普通货物、物品，是指除《刑法》第 151 条规定的武器、弹药、核材料，伪造的货币，国家禁止出口的文物，国家禁止出口的贵重金属，国家禁止出口的珍贵动物、珍贵动物制品，国家禁止出口的珍稀植物、珍稀植物制品，第 152 条规定的淫秽物品，第 155 条规定的废物以外的货物、物品。

2. 本罪的客观方面表现为违反海关法规，逃避海关监管，采取运输、携带、邮寄等其他方法将普通货物、物品进出国（边）境或者采取后续、间接的方式偷逃应缴税额，非法收购、贩卖、运输国家禁止、限制进出口货物、物品的行为。具体表现为四种行为方式：（1）绕关走私行为。即绕过海关，在没有设置海关或者边境检查站的边境线上，非法将普通货物、物品运输、携带进出境的行为。（2）瞒关走私行为。即通过海关，但采取隐瞒、伪报、藏匿等欺骗手段逃避海关监管，将普通货物、物品运输、携带、邮寄进出境的行为。（3）后续走私行为。即未经海关许可且未补缴应缴税额，擅自将批准进口的来料加工、来件装配、补偿贸易的原材料、零件、制成品、设备等保税货物，在境内销售牟利以及未经海关许可且未补缴应缴税额，擅自将特定减免税进口的货物、物品，在境内销售牟利的行为。（4）间接走私行为。即明知是走私行为人而在境内向其非法收购走私进口的普通货物、物品以及在内海、领海运输、收购、贩卖国家禁止进出口的货物、物品或者国家限制进出口的货物、物品，没有合法证明的行为。

本罪要求偷逃应缴税额较大或者 1 年内曾因走私被给予 2 次行政处罚后又走私的，才能构成犯罪。所谓应缴税额，是指进出口货物、物品应当缴纳的进出口关税和进口环节海关代征税的税额。对多次走私未经处理的，累计计算偷逃的应缴税额。所谓对多次走私未经处理的，是指对多次走私未经行政处罚处理的。走私货物、物品所偷逃的应缴税额，应当以走私行为案发时所适用的税则、税率、汇率和海关审定的完税价格计算，并以海关出具的证明为准。

对多次走私未经处理的，按照累计走私货物、物品的偷逃应缴税额处罚。

3. 本罪的主体是一般主体，单位也可以成为本罪的主体。其中对于走私普通货物、物品罪中单位犯罪主体的界定，公司包括有限责任公司、股份有限公司和外国公司的分支机构；企业包括独资企业、合伙企业和股份合作企业；事业单位包括国有事业单位和非国有事业单位；机关包括中央和地方各级立法机关、行政机关、司法机关、军事机关、政党机关等；团体包括人民团体和社会团体。

[①]　路红青：《论走私普通货物、物品罪》，武汉大学博士论文，2010 年，第 12 页。

4.本罪的主观方面是故意。在实践中,行为人一般具有牟取非法利益的目的,但这不是本罪的构成要件,行为人是否实际以非法牟利为目的,不影响本罪的成立。在 2002 年最高人民法院、最高人民检察院和海关总署联合发布的《关于办理走私刑事案件适用法律若干问题的意见》出台之前,理论界通说都认为走私普通货物、物品罪在主观方面只能由故意构成,但对其是属于直接故意还是间接故意类型并未加以深入研究。上述《意见》明确规定:走私犯罪中故意犯罪是指"希望或放任危害结果的发生",即肯定走私罪的故意既可以是直接故意,也可以是间接故意。

(三)走私普通货物、物品罪的认定

1.本罪的罪与非罪的界限

主要考察以下两个方面:(1)偷逃应缴税额是否较大。如果达到数额较大,那么构成犯罪。否则,属于一般违法行为。至于何为偷逃应缴税额较大、巨大、特别巨大以及相应情节规定,可分别参见 2000 年 9 月 26 日最高人民法院《关于审理走私刑事案件具体应用法律若干问题的解释》、2006 年 11 月 14 日最高人民法院《关于审理走私刑事案件具体应用法律若干问题的解释(二)》和 2011 年 4 月 26 日最高人民法院《关于审理走私犯罪案件适用法律有关问题的通知》。(2)行为人主观上是否故意。如果行为人明知自己采取运输、携带、邮寄等其他方法将普通货物、物品进出境的行为,已违反了海关法规,逃避了海关监管,仍追求或者放任这种危害结果的发生,属于犯罪故意,构成本罪。如果是出于不知情,而实施上述行为的,不具有犯罪故意,不构成本罪。

2.本罪的既遂与未遂界限

本罪是一种行为犯的既遂形态。只要行为人完成了本罪所规定的要件行为,即为既遂。因此,行为人不论实施上述客观方面中的哪一种行为方式,只要将该种行为方式所必需的行为实施完毕,就符合既遂。

(四)走私普通货物、物品罪的处罚

根据《刑法》第 153 条的规定,犯本罪的,依照下列情形处理:走私货物、物品偷逃应缴税额较大或者 1 年内曾因走私被给予 2 次行政处罚后又走私的,处 3 年以下有期徒刑或者拘役,并处偷逃应缴税额 1 倍以上 5 倍以下罚金;走私货物、物品偷逃应缴税额巨大或者有其他严重情节的,处 3 年以上 10 年以下有期徒刑,并处偷逃应缴税额 1 倍以上 5 倍以下罚金;走私货物、物品偷逃应缴税额特别巨大或者有其他特别严重情节的,处 10 年以上有期徒刑或者无期徒刑,并处偷逃应缴税额 1 倍以上 5 倍以下罚金或者没收财产。

单位犯本罪的,对单位判处罚金,并对其直接负责的主管人员和其他直接责任人员,处 3 年以下有期徒刑或者拘役;情节严重的,处 3 年以上 10 年以下有期徒刑;情节特别严重的,处 10 年以上有期徒刑。

十一、走私毒品罪、走私制毒物品罪

10-14

(一)走私毒品罪

1.走私、贩卖、运输、制造毒品罪

(1)走私、贩卖、运输、制造毒品罪的概念

走私、贩卖、运输、制造毒品罪,是指违反国家毒品管理法规,走私、贩卖、运输、制造毒品

的行为。从历史的角度看,我国是最早受到毒品走私危害的国家之一,100多年前的鸦片战争就是为了反抗外国毒品输入而进行的战争,这一行为也开创了各国禁绝毒品的历史先河。1997年《刑法》修订,将走私罪规定为类罪名,使走私罪成为包含有数个具体犯罪的一种犯罪类型,其中就把走私毒品行为移入《刑法》分则第6章"妨碍社会管理秩序罪"的第7节"走私、贩卖、运输、制造毒品罪"中,作为毒品犯罪的罪名规定下来,改变了先前统一由走私罪评价和论处的做法。

(2)走私、贩卖、运输、制造毒品罪的特征

①本罪的客体是国家对毒品的管理制度,其中走私毒品的行为还侵犯了国家进出口管理制度。本罪的犯罪对象是毒品。这里的毒品,是指鸦片、海洛因、甲基苯丙胺(冰毒)、吗啡、大麻、可卡因以及国家规定管制的其他能够使人形成瘾癖的麻醉药品和精神药品。具体品种以国家食品药品监督管理局、公安部、卫生部发布的《麻醉药品品种目录》《精神药品品种目录》为依据,但不包括砒霜、氰化物、磷化锌等可以直接致人死亡的剧毒品。

②本罪的客观方面表现为行为人实施了走私、贩卖、运输、制造毒品四种之一的行为。走私的含义与走私罪中的走私相同,只是本罪中走私的内容是毒品。走私毒品,是指非法运输、携带、邮寄毒品进出国(边)境的行为。行为方式主要是输入毒品与输出毒品,此外对在领海、内海运输、收购、贩卖国家禁止进出口的毒品,以及直接向走私毒品的犯罪人购买毒品的,应视为走私毒品。贩卖,是指明知是毒品而非法销售或者以贩卖为目的而非法收买的行为。运输,是指明知是毒品而采用携带、寄递、托运、利用他人或者使用交通工具等方法非法运送毒品的行为,将毒品由一地运往另一地,运输方式多样。运输毒品必须限制在国内,否则便是走私毒品。制造,是指非法利用毒品原植物直接提炼或者用化学方法加工、配制毒品,或者以改变毒品成分和效用为目的,用混合等物理方法加工、配制毒品的行为。为了便于隐蔽运输、销售、使用、欺骗购买者,或者为了增重,对毒品掺杂使假,添加或者去除其他非毒品物质,不属于制造毒品的行为。本罪为选择性罪名,如果行为人实施了前述四种行为中的某一种或几种,则根据具体实施的行为确定罪名。

③本罪的主体是一般主体,可以是自然人,也可以是单位。特别注意根据《刑法》第17条第2款的规定,已满14周岁不满16周岁具有刑事责任能力的人实施贩卖毒品的行为应以本罪论处。如果实施走私、运输、制造毒品的行为不负刑事责任,不以犯罪论处。

④本罪的主观方面为故意。因为按照刑法的规定,犯罪故意系指行为人明知自己的行为可能发生危害社会的结果,而希望或者放任这种危害结果发生的,前者为直接故意(希望危害结果发生),后者为间接故意(放任危害结果发生)。如果行为人对自己所从事的是毒品犯罪没有认识可能性,就不能追究其刑事责任,认识到危害结果的前提就是行为人必须对毒品是明

10-15

知的,即明知其从事行为的对象为毒品,或者至少应当具有知道的可能性。[①]　如果行为人在不知情的情况下实施了运输毒品等行为的,不能以本罪论处。毒品犯罪的认定中一个最困难的问题就是行为人主观明知的判断问题,如果无法确定行为人对自己所从事的犯罪的对象有一个概括性的认识,是无法对其进行定罪的。

---

①　张洪成:《走私毒品罪相关问题研究》,载《云南大学学报(法学版)》2012年第1期。

（3）走私、贩卖、运输、制造毒品罪的认定

①毒品数量的计算问题

本罪的量刑与走私、贩卖、运输、制造毒品的数量有重大的关系，因此，准确确定毒品的数量直接关系到对行为人的处罚，意义重大。根据《刑法》第347条第7款的规定，对多次走私、贩卖、运输、制造毒品而未经处理的，其毒品数量累计计算；根据《刑法》第357条第2款规定，毒品的数量以查证属实的走私、贩卖、运输、制造毒品的数量计算，不以纯度折算。根据《关于公安机关管辖的刑事案件立案追诉标准的规定（三）》（简称"《追诉标准》（三）"）的规定：走私、贩卖、运输、制造毒品罪是选择性罪名，对同一宗毒品实施了两种以上犯罪行为，并有相应确凿证据的，应当按照所实施的犯罪行为的性质并列适用罪名，毒品数量不重复计算。对同一宗毒品可能实施了两种以上犯罪行为，但相应证据只能认定其中一种或者几种行为，认定其他行为的证据不够确实充分的，只按照依法能够认定的行为的性质适用罪名。对不同宗毒品分别实施了不同种犯罪行为的，应对不同行为并列适用罪名，累计计算毒品数量。

②贩卖假毒品的行为与诈骗罪的界限

本罪与诈骗罪的区别是明显的。如果行为人制造假毒品出售，或者明知不是毒品而假冒毒品出售的，是定本罪还是定诈骗罪？如果行为人只是利用假毒品骗取他人钱财，行为更符合诈骗罪的特征，如果行为人出售假毒品骗取钱财数额较大的，应按诈骗罪论处。

③本罪的共犯问题

应注意本罪共犯的特殊情况：第一，根据《刑法》第349条第3款的规定，犯包庇毒品犯罪分子罪与窝藏、转移、隐瞒毒品、毒赃罪而事先通谋的，以走私、贩卖、运输、制造毒品罪的共犯论处。第二，根据《刑法》第350条第2款的规定，明知他人制造毒品而为其生产、买卖、运输前款规定的物品的，以制造毒品罪的共犯论处

（4）走私、贩卖、运输、制造毒品罪的处罚

本罪的处罚分为以下几种情况：

①根据《刑法》第347条第2款和最高人民法院2000年4月20日《关于审理毒品案件定罪量刑标准有关问题的解释》第1条的规定，犯本罪而有下列情形之一的，处15年有期徒刑、无期徒刑或者死刑，并处没收财产：（1）走私、贩卖、运输、制造鸦片1千克以上、海洛因、甲基苯丙胺50克以上或者其他毒品数量大的；其中，"其他毒品数量大"是指：苯丙胺类毒品（甲基苯丙胺除外）100克以上；大麻油5千克、大麻脂10千克、大麻叶及大麻烟150千克以上；可卡因50克以上；吗啡100克以上；度冷丁（杜冷丁）250克以上（针剂100mg/支规格的2500支以上，50mg/支规格的5000支以上；片剂25mg/片规格的1万片以上，50mg/片规格的5000片以上）；盐酸二氢埃托啡10毫克以上（针剂或者片剂20μg/支、片规格的500支、片以上）；咖啡因200千克以上；罂粟壳200千克以上；上述毒品以外的其他毒品数量大的。（2）走私、贩卖、运输、制造毒品集团的首要分子；（3）武装掩护走私、贩卖、运输、制造毒品的。（4）以暴力抗拒检查、拘留、逮捕，情节严重的。（5）参与有组织的国际贩毒活动的。

②根据《刑法》第347条第3款和上述司法解释第2条的规定，走私、贩卖、运输、制造鸦片200克以上不满1千克、海洛因、甲基苯丙胺10克以上不满50克或者其他毒品数量较大的，处7年以上有期徒刑，并处罚金。其中"其他毒品数量较大的"是指下列情形之一：（1）苯

丙胺类毒品(甲基苯丙胺除外)20克以上不满100克;(2)大麻油1千克以上不满5千克,大麻脂2千克以上不满10千克,大麻叶及大麻烟30千克以上不满150千克;(3)可卡因10克以上不满50克;(4)吗啡20克以上不满100克;(5)度冷丁(杜冷丁)50克以上不满250克(针剂100mg/支规格的500支以上不满2500支,50mg/支规格的1000支以上不满5000支;片剂25mg/片规格的2000片以上不满10000片,50mg/片规格的1000片以上不满5000片);(6)盐酸二氢埃托啡2毫克以上不满10毫克(针剂或者片剂20μg/支、片规格的100支、片以上不满500支、片);(7)咖啡因50千克以上不满200千克;(8)罂粟壳50千克以上不满200千克;(9)上述毒品以外的其他毒品数量较大的。

③根据《刑法》第347条第4款和上述司法解释第3条的规定,走私、贩卖、运输、制造鸦片不满200克、海洛因或者甲基苯丙胺不满10克或者其他少量毒品的,处3年以下有期徒刑、拘役或者管制,并处罚金;情节严重的,处3年以上7年以下有期徒刑,并处罚金。"情节严重",是指具有下列情形之一的:(1)走私、贩卖、运输、制造鸦片140克以上不满200克、海洛因或者甲基苯丙胺7克以上不满10克或者其他数量相当毒品的;(2)国家工作人员走私、贩卖、运输、制造毒品;(3)在戒毒监管场所贩卖毒品的;(4)向多人贩毒或者多次贩毒的;(5)其他情节严重的行为。

④根据《刑法》第347条第5款、第6款,第349条和第356条的规定,单位犯本罪的,对单位判处罚金,并对其直接负责的主管人员和其他直接责任人员,依照自然人犯本罪的规定处罚。利用、教唆未成年人走私、毒品的,从重处罚。缉毒人员或者其他国家机关工作人员掩护、包庇走私、贩卖、运输、制造毒品或者向未成年人出售毒品的犯罪分子且事先通谋的,依照本罪从重处罚。因走私、贩卖、运输、制造、非法持有毒品罪被判过刑,又犯本罪的,从重处罚。

⑤根据《刑法》第350条第2款的规定,"明知他人制造毒品而为其生产、买卖、运输前款规定的物品的,以制造毒品罪的共犯论处。"根据"两高"2012年6月18日《关于办理走私、非法买卖麻黄碱类复方制剂等刑事案件适用法律若干问题的意见》规定:明知他人利用麻黄碱类制毒物品制造毒品,向其提供麻黄碱类复方制剂,为其利用麻黄碱类复方制剂加工、提炼制毒物品,或者为其获取、利用麻黄碱类复方制剂提供其他帮助的,以制造毒品罪的共犯论处。

(二)走私制毒物品罪

1.走私制毒物品罪的概念

走私制毒物品罪,是指违反国家规定,非法携带醋酸酐、乙醚、三氯甲烷或者其他用于制造毒品的原料、配剂进出境的行为。

2.走私制毒物品罪的特征

10-16

(1)本罪的客体是国家对制毒物品的管理制度和对外贸易管制。犯罪对象限于醋酸酐、乙醚、三氯甲烷或者其他用于制造毒品的原料或者配剂。"其他用于制造毒品的原料或者配剂",可参考联合国《禁止非法贩运麻醉药品和精神药物公约》附件表一、表二所列物质。《刑法》在戒毒监管场所贩卖毒品的;(4)向多人贩毒或者多次贩毒的;(5)

(2)本罪的客观方面表现为行为人违反国家规定,实施了走私制毒物品的行为。违反国家规定,是指违反1988年卫生部、公安部、海关总署发布的《关于对三种特殊化学品实行出口准许证管理的通知》等管制制毒物品的法律、法规以及1989年我国加入的联合国《禁止非法贩运麻醉药品和精神药物公约》。违反国家规定,非法携带制毒物品进出国(边)境,达到

《追诉标准（三）》第5条第1款规定的数量的，应予立案追诉。非法携带两种以上制毒物品进出国（边）境，每种制毒物品均没有达到规定的数量标准，但按前款规定的立案追诉数量比例折算成一种制毒物品后累计相加达到上述数量标准的，应予立案追诉。为了走私制毒物品而采用生产、加工、提炼等方法非法制造易制毒化学品的，以走私制毒物品罪（预备）立案追诉。

（3）本罪的主体为一般主体，自然人和单位均可成为本罪主体。即凡是达到刑事责任年龄、具有刑事责任能力的自然人，都可以是本罪的主体。根据我国刑法的规定，凡是年满16周岁，具有刑事责任能力的自然人，无论是否为中国公民，都不影响走私制毒物品罪的成立。其中，单位构成本罪，必须符合我国刑法有关单位犯罪的规定。

（4）本罪的主观方面为直接故意，即明知是醋酸酐、乙醚、三氯甲烷等制毒物品而走私的。过失不构成本罪。如果行为人确实不知其携带的是醋酸酐、乙醚、三氯甲烷等或者确实不知其所用途是制毒所需的，不构成本罪。

3. 走私制毒物品罪的认定

本罪与走私毒品罪的界限

二者区别的关键是：犯罪对象不同，本罪的犯罪对象是制毒物品，即醋酸酐等用于制造毒品的原料或者配剂；后者的犯罪对象是毒品的成品，即毒品本身，如海洛因、甲基苯丙胺（冰毒）、吗啡、大麻、可卡因等。

10-17

4. 走私制毒物品罪的处罚

根据《刑法》第350条的规定，情节较重的，处3年以下有期徒刑、拘役或者管制，并处罚金；情节严重的，处3年以上7年以下有期徒刑，并处罚金；情节特别严重的，处7年以上有期徒刑，并处罚金或者没收财产。

根据《刑法》第356条规定，因犯走私、贩卖、运输、制造、非法持有毒品罪被判过刑，又犯本罪的，从重处罚。

十二、关于走私罪的其他若干问题

（一）间接走私

间接走私，也被称为"准走私"，是指《刑法》第155条第（一）项和第（二）项规定的两种行为。第一，直接向走私人非法收购国家禁止进口物品的，或者直接向走私人非法收购走私进口的其他货物、物品，数额较大的行为。第二，在内海、领海、界河、界湖运输、收购、贩卖国家禁止进出口物品的，或者运输、收购、贩卖国家限制进出口的货物、物品，数额较大，没有合法证明的行为。

10-18

间接走私不是独立罪名，需要根据走私的犯罪对象和有关条件，确定构成何种走私罪。第一，不是直接向走私人收购走私货物、物品的，不能以走私罪论处。如果直接向走私人非法收购走私进口的特定物品的，则分别以各自不同的走私特定物品罪论处。如果直接向走私人非法收购特定物品之外的普通货物、物品，数额较大，达到5万元以上的，则构成走私普通货物、物品罪。第二，不是在内海、领海而是在内地运输、收购、贩卖上述货物、物品的，不能以走私罪论处。如果在内海、领海运输、收购、贩卖国家禁止进出口特定物品的，则分别以各自不同的走私特定物品罪论处。如果在内海、领海、界河、界湖运输、收购、贩卖国家限制进出口普通货物、物品，数额较大，没有合法证明的，则构成走私普通货物、物品罪。所谓合法证明,是指国家有关主管部门颁发的进出口货物、物品许可证、准运证等用于证明货物、物品来源、用途合法有效的证明文件。

(二)武装走私

根据《刑法》第157条第1款的规定:"武装掩护走私的,依照本法第一百五十一条第一款的规定从重处罚。"所谓武装掩护走私,是指走私分子或者其雇佣人员携带武器用于保护走私活动的行为。武装掩护走私不是独立罪名,是各种走私罪的一种从重处罚情节,应当根据所掩护的走私物品类型及行为性质定罪。

武装走私具有以下特征:第一,必须具有武装掩护走私的主观故意。如果行为人客观上给他人的走私行为提供了武装掩护,但事实上不知他人在走私,则不能以走私罪的武装掩护论处。第二,必须实施了武装掩护走私的行为。至于实际是否使用武器,不影响武装掩护走私行为的成立。第三,行为人既可以是走私分子本身,也可以是走私分子雇佣的其他人员。

(三)抗拒缉私

《刑法》第157条第2款规定:"以暴力、威胁方法抗拒缉私的,以走私罪和本法第二百七十七条规定的阻碍国家机关工作人员依法执行职务罪,依照数罪并罚的规定处罚。"由于行为人既实施了走私行为,又实施了妨害缉私人员依法履行公务的行为,在分别构成犯罪的前提下,应当实行数罪并罚。

抗拒缉私具有以下特征:第一,实行数罪并罚的前提是走私行为本身已构成犯罪。第二,只有以暴力、威胁方法抗拒缉私的,才能实行数罪并罚。第三,实施暴力、威胁方法的主观目的是为了抗拒缉私,而不是出于其他原因。第四,尚未达到对缉私人员造成人身伤亡的危害程度。否则,属于走私罪与故意伤害罪或故意杀人罪的数罪并罚,而不是走私罪与妨害公务罪的数罪并罚。

(四)走私共犯

《刑法》第156条规定:"与走私罪犯通谋,为其提供贷款、资金、帐号、发票、证明,或者为其提供运输、保管、邮寄或者其他方便的,以走私罪的共犯论处。"即根据行为人在走私共同犯罪中的地位和作用,按照走私罪犯实施的具体走私犯罪的性质及其相应的法定刑定罪量刑。

所谓与走私罪犯通谋,是指犯罪行为人之间事先或者事中形成的共同的走私故意。下列情形可以认定为通谋:(1)对明知他人从事走私活动而同意为其提供贷款、资金、帐号、发票、证明、海关单证,提供运输、保管、邮寄或者其他方便的;(2)多次为同一走私犯罪分子的走私行为提供前项帮助的。因此,构成走私共犯,就是犯罪行为人之间就走私活动进行商议、谋划、分工配合的犯罪行为。

所谓其他方便,是指为走私罪犯的实行行为提供除上述列举的帮助形式之外的其他帮助便利。如为走私罪犯传递重要信息,指认走私线路等帮助。

复习与练习

本章提要

走私罪,是指个人或者单位故意违反海关法规,逃避海关监管,通过各种方式运送违禁品进出口或者偷逃关税,情节严重的行为。走私罪是我国"宽严相济"刑事政策中"严"的对象,在立法和司法上具体体现为通过增加走私犯罪对象扩大走私罪的犯罪圈。尤其是在《刑法修正案(七)》中增加走私国家禁止进出口的其他货物、物品的犯罪,将走私罪的对象进一步扩大化。现行《刑法》中,在分则第三章第二节"走私罪"规定的罪名分别是:走私武器、弹药罪;走私核材料罪;走私假币罪;走私文物罪;走私贵重金属罪;走私珍贵动物罪、走私珍贵动物制品罪;走私国家禁止进出口的货物、物品罪;走私淫秽物品罪;走私废物罪;和走私普通货物、物品罪。其中,走私武器、弹药罪,是指违反海关法规,逃避海关监管,运输、携带、邮寄武器、弹药进出国(边)境的行为。走私核材料罪,是指违反海关法规,逃避海关监管,运输、携带、邮寄核材料进出国(边)境的行为。走私假币罪,是指违反海关法规,逃避海关监管,运输、携带、邮寄伪造的货币进出国(边)境的行为。走私文物罪,是指违反海关法规,逃避海关监管,运输、携带、邮寄禁止出口的文物出国(边)境的行为。走私贵重金属罪,是指违反海关法规,逃避海关监管,运输、携带、邮寄黄金、白银或者其他贵重金属出国(边)境的行为。走私珍贵动物、珍贵动物制品罪,是指违反海关法规,逃避海关监管,运输、携带、邮寄珍贵动物及其制品进出国(边)境的行为。走私国家禁止进出口的货物、物品罪,是指违反海关法规,逃避海关监管,对珍稀植物及其制品等国家禁止进出口的其他货物、物品运输、携带、邮寄进出国(边)境的行为。走私淫秽物品罪,是指以牟利或者传播为目的,违反海关法规,逃避海关监管,运输、携带、邮寄淫秽物品进出国(边)境的行为。走私废物罪,是指违反海关法规,逃避海关监管,将境外固体废物、液态废物或者气态废物运输进境的行为。走私普通货物、物品罪,是指违反海关法规,逃避海关监管,运输、携带、邮寄普通货物、物品进出国(边)境,偷逃应缴税额较大的行为。走私毒品罪是指违反国家毒品管理法规,走私毒品的行为。走私制毒物品罪,是指违反国家规定,非法携带醋酸酐、乙醚、三氯甲烷或者其他用于制造毒品的原料、配剂进出境的行为。

思考题

1. 走私普通货物、物品罪与特定种类的走私罪的犯罪构成有何不同?立法区别对待的理论根据是什么?

2. 分析走私普通货物、物品罪的刑罚设置问题。

3. 走私罪中死刑限制和取消的必要性和合理性分析。

参考文献

1. 薛瑞麟主编:《金融犯罪研究》,中国政法大学出版社 2000 年版。

2. 张军主编:《破坏金融管理秩序罪》,中国人民公安大学出版社 2003 年版。

3. [日]大谷实著、黎宏译:《刑法各论》,法律出版社 2003 年版。

4. 林山田著:《刑法各罪论》,台湾光丰印刷有限公司 1996 年版。

5. 李洁著:《犯罪对象研究》,中国政法大学出版社 1998 年版。

6. 孙国祥、魏昌东:《经济刑法研究》,法律出版社 2005 年版。

第十一章 妨害对公司、企业的管理秩序罪

本章根据刑法分则对妨害公司、企业管理秩序犯罪规定的内容,结合《公司法》的相关内容,对此类犯罪的构成要件与主要界限作出区分,重点阐明各具体犯罪的犯罪构成的要件及刑罚适用要求。

本章重点

- 虚报注册资本罪
- 虚假出资、抽逃出资罪
- 虚假破产罪
- 违规披露、不披露重要信息罪
- 隐匿、故意销毁会计凭证、会计账簿、财务会计报告罪
- 非国家工作人员受贿罪
- 对非国家工作人员行贿罪
- 为亲友非法牟利罪
- 签订、履行合同失职被骗罪
- 国有公司、企业、事业单位人员失职罪
- 背信损害上市公司利益罪

第一节 妨害对公司、企业的管理秩序罪概述

一、妨害对公司、企业的管理秩序罪的概念

妨害对公司、企业的管理秩序罪,是指行为人违反公司、企业的管理法律、法规,在公司、企业(少数犯罪包括事业单位甚至国家机关)的设立、经营、管理、清算等环节侵害国家、公司、企业、投资者和债权人的合法权益,情节严重的行为。妨害对公司、企业的管理秩序罪是社会经济发展的产物,是公司、企业健康持续发展的刑法保障。随着中国特色社会主义市场经济体制的逐步建立和完善,1997 年《刑法》在第 3 章"破坏社会主义市场经济秩序罪"中,专门性地设置了妨害对公司、企业的管理秩序罪。

二、妨害对公司、企业的管理秩序罪的特征

(一)犯罪客体

该类犯罪的客体是国家对公司、企业的管理秩序。管理秩序包括诸如公司资本制度,财务报告制度,清算制度,公司、企业人员廉洁制度,公司财产利益等方面的管理秩序。

（二）犯罪客观方面

该类犯罪的客观方面表现为行为人实施了违反公司、企业管理法律、法规，在公司的设立、经营、管理和清算等环节侵犯国家、公司、企业、投资人和债权人等的合法权益，情节严重的行为。

（三）犯罪主体

该类犯罪的主体，有的是只能由自然人构成，如违规披露、不披露重要信息罪，非国家工作人员受贿罪，非法经营同类营业罪，为亲友非法牟利罪，签订、履行合同失职被骗罪，国有公司、企业、事业单位人员失职罪，国有公司、企业、事业单位人员滥用职权罪等。有的是既可以由自然人构成，也可以由单位构成，除对非国家工作人员行贿罪外，其他犯罪中的自然人主体都是特殊主体，主要是公司董事、经理、监事等。

（四）犯罪主观方面

该类犯罪的主观方面，大部分是故意，其中只有签订、履行合同失职被骗罪和国有公司、企业、事业单位人员失职罪两个是过失犯罪。

三、妨害对公司、企业的管理秩序罪的分类

根据《刑法》分则第 3 章"破坏社会主义市场经济秩序罪"第 3 节和刑法修正案的有关规定，妨害对公司、企业的管理秩序罪可以分为以下四大类：[①]

（一）侵犯公司、企业资本制度的犯罪，其中包括：1. 虚报注册资本罪；2. 虚假出资、抽逃出资罪；3. 妨害清算罪；4. 虚假破产罪。

（二）侵犯公司、企业信息制度的犯罪，其中包括：1. 欺诈发行股票、债券罪；2. 违规披露、不披露重要信息罪；3. 隐匿、故意销毁会计凭证、会计账簿、财务会计报告罪。

（三）侵犯公司、企业廉洁制度的犯罪，其中包括：1. 非国家工作人员受贿罪；2. 对非国家工作人员行贿罪；3. 对外国公职人员、国际公共组织官员行贿罪；4. 非法经营同类营业罪；5. 为亲友非法牟利罪。

（四）损害公司、企业利益的犯罪，其中包括：1. 签订、履行合同失职被骗罪；2. 国有公司、企业、事业单位人员失职罪；3. 国有公司、企业、事业单位人员滥用职权罪；4. 徇私舞弊低价折股、出售国有资产罪；5. 背信损害上市公司利益罪。

第二节　妨害对公司、企业的管理秩序罪分述

一、虚报注册资本罪

（一）虚报注册资本罪的概念

虚报注册资本罪，是指申请公司登记时使用虚假证明文件或者采取其他欺诈手段虚报注册资本，欺骗公司登记主管部门，取得公司登记，虚报注册资本数额巨大，后果严重或者有其他严重情节的行为。

11-1

---

① 李永升、朱建华：《经济刑法学》，法律出版社 2011 年版，目录。

由于经济结构和企业制度的客观历史条件限制,我国 1979 年的《刑法》并没有虚报注册资本罪的规定。1993 年 12 月 29 日通过的《公司法》确立了公司的法定资本制,并在第 206 条对虚报注册资本的行为的法律责任做出了明确规定:"违反本法规定,办理公司登记时虚报注册资本、提交虚假证明文件或者采取其他欺诈手段隐瞒重要事实取得公司登记的,责令改正,对虚报注册资本的公司,处以虚报注册资本金额百分之五以上百分之十以下的罚款;对提交虚假证明文件或者采取其他欺诈手段隐瞒重要事实的公司,处以 1 万元以上 10 万元以下的罚款;情节严重的,撤销公司登记。构成犯罪的,依法追究刑事责任。"但是,当时的《刑法》对于相关犯罪并未涉及,属于立法空白。① 随后,1995 年的《关于惩治违反公司法的犯罪的决定》第 1 条就规定了对虚报注册资本追究刑事责任的内容。

1997 年的刑法典在犯罪主体和法定刑上对该条做出修改后,在妨害公司企业管理秩序类犯罪中的第 1 条,即第 158 条规定了虚报注册资本罪,并且一直延续至今。法条规定:申请公司登记使用虚假证明文件或者采取其他欺诈手段虚报注册资本,欺骗公司登记主管部门,取得公司登记,虚报注册资本数额巨大、后果严重或者有其他严重情节的,处 3 年以下有期徒刑或者拘役,并处或者单处虚报注册资本金额 1% 以上 5% 以下罚金。单位犯前款罪的,对单位判处罚金,并对其直接负责的主管人员和其他直接责任人员,处 3 年以下有期徒刑或者拘役。

(二)虚报注册资本罪的特征

1.本罪的客体是国家对公司的登记管理制度。公司的登记管理制度,有利于保障国家对公司的监督管理,规范公司的组织机构和经营行为,维护社会主义市场经济秩序和广大债权人的合法权益。

2.本罪的客观方面表现为行为人实施了使用虚假证明文件或者其他欺诈手段虚报注册资本,欺骗公司登记主管部门,取得了公司登记,且虚报注册资本数额巨大,后果严重或者具有其他严重情节的行为。具体为:(1)行为人虚报了注册资本。所谓注册资本,是指在公司登记机关登记的股东应当实际缴纳的出资总额或者应当实收的股本总额。依据《中华人民共和国公司法》的规定,公司设立登记必须具备《公司法》规定的注册资本条件。我国《公司法》实行认缴资本制,将注册资本额规定为认缴资本。公司的种类不同,有不同的法定注册资本最低限额。行为人实际无资本而申报,或者在不具备法定注册资本最低限额的情况下,作出具有法定注册资本最低限额的申报,或者具有法定注册资本最低限额,但作出高于实缴资本的申报,均属于虚报注册资本的行为。(2)行为人为虚报注册资本,实施了使用虚假证明文件或者其他欺诈手段。依据《公司法》规定,股东全部缴纳出资或者发行股份的股款全部缴足后,在向登记机关申请登记时,必须出具验资、验证、评估等相关的证明文件。所谓虚假证明文件,是指通过伪造、变造或其他虚假手段获取的验资、验证、评估文件。所谓其他欺诈手段,是指虚假证明文件以外的与虚报注册资本紧密相关的行为方式、方法。行为人之所以使用虚假证明文件或者采取其他欺诈手段,其目的就在于虚报注册资本。如果与虚报注册资本无关,不构成本罪。(3)行为人欺骗公司登记主管部门,取得了公司登记。行为人通过使用虚假证明文件或者采取其他欺诈手段,未被公司登记主管部门发觉而取得了公司登

---

① 刘伟:《资本功能转变中的虚报注册资本罪》,《中国刑事法杂志》2008 年第 4 期。

记。所谓取得公司登记,是指经公司登记主管部门核准并获得了相关营业许可证件。如果公司登记主管部门发觉而未受骗,不构成本罪。(4)虚报注册资本的数额巨大,后果严重或者具有其他严重情节。根据最高人民检察院、公安部 2022 年 5 月 15 日《关于公安机关管辖的刑事案件立案追诉标准的规定(二)》(简称《关于经济犯罪案件追诉标准的规定(二)》)第 3 条的规定,所谓数额巨大,后果严重或者具有其他严重情节,是指具有下列情形之一:(1)超过法定出资期限,实缴注册资本不足法定注册资本最低限额,有限责任公司虚报数额在 30 万元以上并占其应缴出资数额 60% 以上的,股份有限公司虚报数额在 300 万元以上并占其应缴出资数额 30% 以上的;(2)超过法定出资期限,实缴注册资本达到法定注册资本最低限额,但仍虚报注册资本,有限责任公司虚报数额在 100 元以上并占其应缴出资数额 60% 以上的,股份有限公司虚报数额在 1000 万元以上并占其应缴出资数额 30% 以上的;(3)造成投资者或者其他债权人直接经济损失累计数额在 10 万元以上的;(4)虽未达到上述数额标准,但具有下列情形之一的:两年内因虚报注册资本受过行政处罚二次以上,又虚报注册资本的;或者向公司登记主管人员行贿的;或者为进行违法活动而注册的;(5)其他后果严重或者有其他严重情节的情形。

3.本罪的主体是特殊主体,是指公司设立登记过程中,申请公司登记的公司或者受公司股东委托申请公司登记的个人,与此同时,申请登记的公司也可以成为本罪的主体。需要注意的是,在申请设立有限责任公司的情形下,申请公司登记的人是指全体股东,不能仅将指定的代表或者委托的代理人视为申请公司登记的人,而在申请设立股份有限责任公司(不论是发起设立还是募集设立)的情形下,申请公司登记的人应为全体发起人,也不能仅将董事会视为申请公司登记的人。

4.本罪的主观方面是故意,也就是说行为人明知无实缴资本或者是实缴资本未达到相关法律法规规定的公司注册资本的最低限额,而虚报其注册资本已达到法定的最低限额,或者虽然其实缴资本已达到法定的注册资本最低限额,但故意虚报更高的注册资本数额,以达到欺骗公司登记主管部门取得公司登记的目的,过失不构成本罪。[①] 例如由于经办人的粗心大意或者业务不熟或者经办人的更迭而过失致使注册资本数额与实缴资本数额不符的,尽管在客观上造成一些危害,也不构成本罪,取而代之的是工商机关给予适当的行政处罚,使之符合相关法律法规的要求。但是如果先是过失,在登记还没有完成时已被发现,而登记申请人不予纠正,放任或者故意欺骗公司登记机关取得公司登记的则作为犯罪来处理。虚报注册资本的主体也可以是单位,单位犯本罪的主观方面,关键取决于单位的意志,必须是单位决策机构作出的决议,且以决议的形式体现单位意志,在单位意志的直接支配下实施犯罪行为。在有限公司或者股份制公司中,由董事会或者股东大会作出的决议的,由公司直接负责的主管人员和其他直接责任人员具体实施的,构成单位犯罪。假如主管人员和其他直接责任人员未经单位决策部门批准,以单位名义进行虚报注册资本的,不属于单位犯罪,而是自然人犯罪。

(三)虚报注册资本罪的认定

虚报注册资本罪的司法实践中,一个比较有争议的问题就是"应缴出资数额"的认定问

---

① 何旭东:《虚报注册资本罪探究》,西南政法大学硕士论文,2011 年,第 7 页。

题。"应缴出资数额"指的是有限责任公司和股份有限公司在公司登记机构登记的由全体股东或发起人认缴的出资额或认购的股本总额,出现于2022年5月的《最高人民检察院、公安部关于公安机关管辖的刑事案件立案追诉标准的规定(二)》,其中公司虚报数额占其应缴出资数额的比例直接影响刑事案件的立案追诉与否。例如,甲为有限责任公司,成立时登记的注册资本是500万元,经营两年后公司决定增加注册资本,其向公司登记机关登记的增加注册资本为200万元,但实际上甲仅缴纳了80万元,虚假增资120万元,且甲公司对该120万元应缴纳的出资额在法定期限内也未补缴。实践中存在两种观点:一种观点认为,本罪的客体是我国的公司登记管理制度,既然甲公司登记增加注册资本200万元,而实际仅缴纳了80万元,虚假增资120万元,欺骗了国家登记机关,虚报数额(120万元)达到了司法解释规定的"100万元以上并占其应缴出资数额(200万元)60%",所以,应当按照虚报注册资本罪追究刑事责任;另一种观点认为,在认定虚报数额是否达到司法解释规定的数额和比例时,"应缴出资数额"应包括公司增资前已有的注册资本数额。本案中,甲公司虚假增资120万元是事实,但其成立时公司已有500万元注册资本,只是欲增加注册资本200万元,所以,其"应缴纳出资总额"应当理解为700万元。本案虽然行为人虚报数额为120万元,但并未达到司法解释第2款规定的"占其应缴出资数额(700万元)60%"的标准,所以,不成立虚报注册资本罪。[①] 我们认为,应综合考虑虚报注册资本罪的保护法益、刑法的文义解释和我国当前公司资本制度等因素,在具体的个案当中,"应缴出资数额"解释应当包括了公司增资前已有的注册资本额,以此限定虚报注册资本罪的处罚范围,保持刑法之谦抑性,使其更好地适应社会发展之需要。

（四）虚报注册资本罪的处罚

根据《刑法》第158条的规定,犯本罪的,处3年以下有期徒刑或者拘役,并处或者单处虚报注册资本金额1%以上5%以下罚金。

单位犯本罪的,对单位判处罚金,并对其直接负责的主管人员和其他直接责任人员,处3年以下有期徒刑或者拘役。

二、虚假出资、抽逃出资罪

（一）虚假出资、抽逃出资罪的概念

虚假出资、抽逃出资罪,是指公司发起人、股东违反公司法的规定,未交付货币、实物或者未转移财产权,虚假出资,或者在公司成立后又抽逃其出资,数额巨大,后果严重或者具有其他严重情节的行为。我国1979年《刑法》中没有对虚假出资、抽逃出资行为做出规定,但是随着改革开放、经济体制改革转型,以及80年代中后期的新型企业组织形式出现,特别是"皮包公司"的出现与存在,经济秩序逐渐变得混乱无度。1997年《刑法》的修订,在分则第159条明确规定了虚假出资、抽逃出资罪。作为经济犯罪的一种,较之于其他刑事犯罪,对经济社会的发展有着重要影响,严重破坏了社会主义市场经济的健康有序发展。社会主义市场经济转型发展的当下,虚假出资、抽逃出资犯罪呈现出犯罪主体多元化、犯罪总量持续攀升和犯罪形态复杂等特点。

11-2

[①]　何荣功:《虚报注册资本罪中"应缴出资数额"的认定基准》,《中国检察官》2012年第4期。

（二）虚假出资、抽逃出资罪的特征

1.本罪的客体是复杂客体，它侵犯了两种社会关系。第一，表现为侵犯国家对公司的出资管理制度。因为公司作为市场经济的基本元素，公司登记制度是保持国家对其实施有效管理的重要渠道，要求公司设立时必须经过有关部门的登记，并详细规定了公司登记的程序、方式等事项。其中，注册资本作为公司成立的主要事项，是公司登记中的一项重要内容，虚假出资、抽逃出资等行为是对公司登记管理制度的违背，损害了国家对公司的管理秩序。第二，表现为侵犯公司、其他股东和债权人的合法权益。因为该罪的犯罪对象是注册资本，注册资本作为公司运转、发展的物质基础，是公司清偿债务、抵御风险和提升信誉等的重要保障。如果行为人通过虚假出资而进行公司登记、设立公司等，会引发经济秩序混乱，诱发社会矛盾，影响社会稳定。

2.本罪的客观方面表现为违反公司法的规定，在公司成立期间虚假出资，或者在公司成立之后抽逃出资，数额巨大，后果严重或者具有其他严重情节的行为。首先，虚假出资、抽逃出资的行为违反了《公司法》关于股东必须按期足额缴纳出资和不得减少公司注册资本的义务性规定。其次，由于虚假出资、抽逃出资数额巨大，后果严重或者具有其他严重情节，导致公司、其他股东、债权人遭受较大的经济损失。所谓虚假出资，是指在公司成立期间，违背股东之间约定的出资比例和法定的最低资本限额要求，未交付或未足额交付货币、实物，或者未转移财产权，与实际应当缴纳的出资存在不相符合的情形。所谓抽逃出资，是指在公司成立之后，有意违背公司注册资本不得减少的义务性规定，将已缴纳的股本金、实物或者其他财产抽走、取走、转走的情形。所谓数额巨大，后果严重或者具有其他严重情节，依据《关于经济犯罪案件追诉标准的规定（二）》第4条的规定，是指具有下列情形之一的：（1）超过法定出资期限，有限责任公司股东虚假出资数额在30万元以上并占其应缴出资数额60％以上的，股份有限公司发起人、股东虚假出资数额在300万元以上并占其应缴出资数额30％以上的；（2）有限责任公司股东抽逃出资数额在30万元以上并占其实缴出资数额60％以上的，股份有限公司发起人、股东抽逃出资数额在300万元以上并占其实缴出资数额30％以上的；（3）造成公司、股东、债权人的直接经济损失累计数额在10万元以上的；（4）虽未达到上述数额标准，但具有下列情形之一的：致使公司资不抵债或者无法正常经营的；或者公司发起人、股东合谋虚假出资、抽逃出资的；或者两年内因虚假出资、抽逃出资受过行政处罚二次以上，又虚假出资、抽逃出资的；或者利用虚假出资、抽逃出资所得资金进行违法活动的。（5）其他后果严重或者有其他严重情节的情形。

3.本罪的主体是特殊主体，是指公司成立期间或者公司成立之后，虚假出资、抽逃出资的公司发起人或者股东。公司发起人或者股东，既可以是自然人也可以是单位。实践中多出现这样一种情况，由专业从事公司注册的中介机构参与申请注册登记，通过中介机构的参与，公司发起人不提供出资财物，而是凭借中介操作，骗取公司注册登记取得营业执照，这一现象已经成为行业内的潜规则。中介机构的参与加大了虚假出资、抽逃出资罪的犯罪主体认定难度。

4.本罪的主观方面是故意，即行为人主观上必须是出于故意才能构成本罪，不存在过失犯虚假出资、抽逃出资罪的情形。实践中，有的是以实物、知识产权等非货币类的财产出资，这当中就可能存在价值的估价误差。对于此类估价误差，我们应当判断行为人是否为了实现虚假出资、抽逃出资目的而有意为之,通过行为时的主观想法、价值误差大小等辅以判断。

(三)虚假出资、抽逃出资罪的认定

1.本罪与虚报注册资本罪的界限

二者都涉及公司资本的虚假,但主要构成特征存在明显区别:(1)犯罪客体不同。本罪的客体是复杂客体,虚报注册资本罪的客体是单一客体。(2)犯罪客观方面不同。本罪的虚假出资是公司发起人、股东未实际交付货币、实物或转移财产的行为,欺骗的对象是公司、股东和其他债权人,虚报注册资本罪是申报公司登记的股东或其委托人为虚报注册资本而使用虚假证明文件或采取其他欺诈手段,骗取公司登记的行为,欺骗的对象是公司登记的主管部门。(3)犯罪主观方面不同。本罪是为了规避出资义务而虚假出资,虚报注册资本罪是为了虚报注册资本而骗取公司登记。(4)犯罪主体不同。虽然二者都是特殊主体,但主体身份有别。本罪的主体是公司发起人、股东,虚报注册资本罪的主体是申报公司登记的公司、股东或者其委托人。

2.本罪与诈骗罪的界限

从法律条文上来看,虚假出资、抽逃出资罪是指行为人在公司成立时,未及时、如实地交付货币、交付实物、转移财产权,或者是在公司成立后的抽回出资;诈骗罪是以非法占有为目的,利用隐瞒真相、虚构事实等方法,骗取他人财物的行为。二者在主观要件上具有相似之处,都有隐瞒真相、故意欺骗的意图,但在其他构成要件上却有着根本性的区别:(1)犯罪客体不同,虚假出资、抽逃出资罪的犯罪客体是复杂客体,表现为侵犯国家对公司的出资管理制度和侵犯公司、其他股东和债权人的合法权益;诈骗罪的犯罪客体是简单客体,即公私财产的所有权。(2)犯罪客观方面不同,虚假出资、抽逃出资罪表现为公司成立期间虚假出资行为,或者在公司成立之后抽逃出资行为;诈骗罪表现为行为人向受骗者表示某种虚假的事项,我国刑法解释论上习惯于采用"行为人虚构事实,隐瞒真相"的表述。(3)犯罪主体方面不同,虚假出资、抽逃出资罪为公司发起人,是特殊主体,而诈骗罪的主体为一般主体。

3.本罪与职务侵占罪的界限

虚假出资、抽逃出资罪和职务侵占罪,都会侵害公司财产权和其他股东、债权人的合法权益,都是一种主观上的故意为之。但是,二者在犯罪的客观方面、犯罪客体等犯罪构成要件上还是存在着实质上的区别。(1)犯罪客体不同,虚假出资、抽逃出资罪的犯罪客体是复杂客体,一种表现为侵犯国家对公司的出资管理制度,还有一种表现为侵犯公司、其他股东和债权人的合法权益;职务侵占罪所侵犯的是本公司、企业的财物,泛指一切有经济价值的公司钱财和物质。(2)犯罪客观方面不同,虚假出资、抽逃出资罪在客观方面表现为要么是公司成立时的虚假出资,要么是公司成立后的抽逃出资;职务侵占罪在客观方面的主要表现为利用职务之便,将公司财物据为己有。(3)犯罪主体方面不同,虚假出资、抽逃出资罪与职务侵占罪两者的主体都要求是特殊主体,但主体范围并不相同,前罪主体是公司的发起人和股东,而后罪主体是公司、企业或者其他单位的人员,犯罪主体范围较之于前者要广得多。

4.本罪与受贿罪的界限

受贿罪的行为方式中,有一种比较典型性的即是"名为入股,实为受贿",即通过握有"权力股",作为公司股东但并没有真实出资的案件,这种"权力股"根本不用资金过手,又称作"干股",直接占有股份而分红。[①] 未实际出资却持有公司股份的行为表征,这种情况和虚假出资有着相同之处,但实际上,行为人之所以能够取得公司的股份,是因为其作为国家工作人员的特殊身份,利用手中的权力和职务上的便利,为他人谋取利益,从而非法获得他人财物,并非是单纯的以欺骗方式投入资金,本质上是"权钱交易"的受贿罪。

(四)虚假出资、抽逃出资罪的处罚

根据《刑法》第159条的规定,犯本罪的,处5年以下有期徒刑或者拘役,并处或者单处虚假出资金额或者抽逃出资金额2%以上10%以下罚金。单位犯本罪的,对单位判处罚金,并对其直接负责的主管人员和其他直接责任人员,处5年以下有期徒刑或者拘役。从虚假出资、抽逃出资罪的法条设计上来看,针对个人犯此罪:一是将罚金规定为必处罚金,二是规定罚金的单处或并处两种方式,三是明确个人罚金数额的幅度,以此实现对自然人犯罪主体的强力经济制裁;针对单位犯此罪:一是对单位犯罪双罚制的贯彻,既处罚单位,也处罚主管人员和其他责任人,二是未明确单位罚金数额的幅度,以保持刑事司法中的较大裁量空间。

三、欺诈发行证券罪

(一)欺诈发行证券罪的概念

11-3

在招股说明书、认股书、公司、企业债券募集办法等发行文件中隐瞒重要事实或者编造重大虚假内容,发行股票或者公司、企业债券、有托凭证或者国务院依法认定的其他证券,数额巨大、后果严重或者有其他严重情节的行为。欺诈发行证券罪,与非法吸收公众存款罪、集资诈骗罪等,共同构成了刑法意义上的非法集资犯罪,并随着我国市场经济的发展而逐步完善的,经历了一个从无到有、由粗疏到细密的发展过程。1997年《刑法》在第160条规定了欺诈发行股票、债券犯罪,最高人民法院2001年印发的《全国法院审理金融犯罪案件工作座谈会纪要》,最高人民检察院和公安部发布的《关于经济犯罪案件追诉标准的规定(一)》《关于经济犯罪案件追诉标准的规定(二)》对欺诈发行股票、债券罪的立案、定罪和量刑的标准给予了细致规定。2021年实施的《刑法修正案(十一)》扩大了犯罪对象,将本罪的犯罪对象修改为证券;增加了控股股东、实际控制人组织、指使的相关规定;同时还修改了不同主体的罚金刑。

(二)欺诈发行证券罪的特征

1.本罪的客体是复杂客体,它侵犯了两种社会关系。一种表现为国家证券发行的管理制度;一种表现为投资者和社会公众的合法利益。公司股票、公司、企业债券、存托凭证或者国务院依法认定的其他证券的发行,对于资本市场的合理配置和集聚社会闲散资金,增加市场主体经济资本、促进市场经济发展具有积极作用。由于证券的发行面向社会公众,关系到众多投资者的资金安全和财产利益,也关系到证券融资市场的秩序和安全,因此国家设立了

---

① 孙力:《虚假出资、抽逃出资罪研究》,《法学家》2000年第5期。

严格的证券发行管理制度。其中，为了防止公司、企业借发行证券之名，从事欺诈活动，保护国家对公司、企业正常的证券发行活动的管理以及投资者的合法利益，国家禁止公司、企业为非法募集资金而制作隐瞒重要事实或编造虚假内容的文件。

2. 本罪的客观方面表现为行为人在招股说明书、认股书、公司、企业债券募集办法等发行文件中隐瞒重要事实或者编造重大虚假内容，发行股票或者公司、企业债券、存托凭证或者国务院依法认定的其他证券，数额巨大，后果严重或者具有其他严重情节的行为。具体为：(1)行为人在招股说明书、认股书、公司、企业债券募集办法等发行文件中实施了隐瞒重要事实或者编造重大虚假内容的行为。依据《公司法》的有关规定，公司、企业发行股票、债券必须在重要文件(如招股说明书、认股书等)上对其事实及内容保证真实、准确、完整。如果隐瞒重要事实或者编造虚假内容，属于欺诈发行。(2)行为人实施或组织实施了发行证券的行为。行为人隐瞒重要事实或者编造重大虚假内容，其目的是为了发行股票、债券。因此，二者之间是手段与目的的行为。(3)发行证券，必须达到数额巨大，后果严重或者具有其他严重情节。所谓数额巨大、后果严重或者具有其他严重情节，依据《关于经济犯罪案件追诉标准的规定(二)》第 5 条的规定，是指具有下列情形之一的：(1)发行数额在 500 万元以上的；(2)伪造、变造国家机关公文、有效证明文件或者相关凭证、单据的；(3)利用募集的资金进行违法活动的；(4)转移或者隐瞒所募集资金的；(5)其他后果严重或者有其他严重情节的情形。

3. 本罪的主体是特殊主体，是法律允许发行证券的个人，也可以是法律允许发行证券的单位。马克昌教授主张：欺诈发行股票的行为主体只能是以募集方式设立的股份有限公司的自然人和单位；欺诈发行债券的行为主体是具有债券发行资格和条件的公司和企业的自然人和单位，具体包括股份有限公司、国有独资公司和国有有限责任公司及其企业。[①] 此外，在司法实践中，"自然人也的确可能成为本罪的犯罪主体，即在设立股份有限公司过程中，身份为自然人的发起人制作虚假的招股说明书、认股书发行股票，数额巨大、后果严重或者有其他严重情节而构成犯罪的，就可以成为本罪的犯罪主体"。[②]

4. 本罪的主观方面只能是直接故意，且以非法募集资金为目的。具体表现为行为人明知其不具备发行证券的条件，而故意采取在招股说明书、认股书、公司、企业债券等募集办法等发行文件中隐瞒重要事实或者编造重大虚假内容的手段，欺诈证券发行管理部门和投资者，以求从广大投资者手中募集资金。过失造成招股说明书、认股书、公司、企业债券等募集办法等发行文件中出现重要内容有违真实的，不构成本罪。

(三)欺诈发行证券罪的认定

1. 本罪与擅自发行股票、公司、企业债券罪的界限

二者均违反了公司法有关发行股票、公司、企业债券的规定，且都以非法募集资金为目的。二者具有以下区别：(1)犯罪客体不同。本罪的客体是国家对证券发行的管理制度以及投资者和社会公众的合法权益。后罪的客体是国家对公司股票、公司、企业债券发行的管理制度以及金融票证管理秩序。(2)犯罪客观方面不同。本罪是通过制作虚假文件而发行股

① 　马克昌：《经济犯罪新论》，武汉大学出版社 1998 年版，第 174 页。

② 　刘家琛：《经济犯罪罪名解释与法律适用》，中国检察出版社 2003 年版，第 110 页。

票、债券。后罪是未经国家批准而发行股票、债券。（3）犯罪对象不同。本罪的犯罪对象不仅包括股票和公司、企业债券，还包括存托凭证和国务院依法认定的其他证券；后罪的犯罪对象则只有股票和公司、企业债券。

2．本罪与非法吸收公众存款罪的界限

二者均是刑法意义上的非法集资犯罪，都以非法募集资金为目的。二者具有以下区别：（1）犯罪客体不同。非法吸收公众存款罪的客体是国家的金融信贷秩序。因为非法吸收公众存款的行为不但侵犯了金融储蓄的管理秩序，而且由于因为金融储蓄是信贷资金的主要来源，对储蓄管理秩序的侵犯必将侵犯整个金融信贷秩序。（2）犯罪客观方面不同。非法吸收公众存款罪的客观方面是指未经中国人民银行批准，向社会不特定对象吸收资金，（不）以或者不以吸收公众存款的名义，出具凭证，承诺在一定期限内还本付息，扰乱金融秩序的行为。

3．本罪与诈骗罪的界限

二者均是以欺骗手段实施犯罪，都以获取他人财物为主观目的，只是前者是在特定招股说明书、认股书、公司、企业债券募集办法等发行文件中隐瞒重要事实或者编造重大虚假内容，后者只是宽泛意义上的虚构事实或者隐瞒真相。二者主要有以下区别：（1）犯罪客体不同。诈骗罪的犯罪客体是公私财物所有权；欺诈发行股票、债券罪的犯罪客体是国家对公司证券发行的管理制度以及投资者和社会公众的合法权益。（2）犯罪客观方面不同。完整意义上的诈骗罪成立，客观方面要求形成"行为人实施了欺诈行为——欺诈行为使对方产生错误认识——成立诈骗罪要求被害人陷入错误认识之后作出财产处分——欺诈行为使被害人处分财产后，行为人便获得财产，从而使被害人的财产受到损害"的行为链；欺诈发行证券罪的客观方面表现为未经国家批准而发行证券。

（四）欺诈发行证券罪的处罚

根据《刑法》第160条第1款的规定，犯本罪的，处5年以下有期徒刑或者拘役，并处或者单处罚金；数额特别巨大、后果特别严重或者有其他特别严重情节的，处5年以上有期徒刑，并处罚金。《刑法》第160条第2款规定，控股股东、实际控制人组织，指示实施前款行为的，处5年以下有期徒刑或者拘役，并处或者单处非法募集资金金额20％以上1倍以下罚金；数额特别巨大、后果特别严重或者有其他特别严重情节的，处5年以上有期徒刑，并处非法募集资金金额20％以上1倍以下罚金。《刑法》第160条第3款规定，单位犯前两款罪的，对单位判处非法募集资金金额20％以上1倍以下罚金，并对其直接负责的主管人员和其他直接责任人员，依照自然人犯本罪的规定处罚。

四、违规披露、不披露重要信息罪

（一）违规披露、不披露重要信息罪的概念

违规披露、不披露重要信息罪，是指依法负有信息披露义务的公司、企业向股东和社会公众提供虚假的或者隐瞒重要事实的财务会计报告，或者对依法应当披露的其他重要信息不按照规定披露，严重损害股东或者其他人利益，或者有其他严重情节的行为。1997年《刑法》在第161条规定了提供虚假财会报告罪，对上市公司向股东和社会公众提供虚假的或者隐瞒重要事实的财务会计报告的行为予以打击，但该规定

11-4

存在着主体要件、客观要件过于狭窄的弊端,与金融市场的发展不相适应,不利于保护信息披露制度。司法实践中出现的"红光公司案""银广夏案""杭萧钢构案"和"紫金矿业案"等,直接推动了 2006 年《刑法修正案(六)》对《刑法》第 161 条的修改,将原"提供虚假财会报告罪"修改为"违规披露、不披露重要信息罪",将公司、企业对依法应当披露的重要信息不按规定披露的行为规定为犯罪。

(二)违规披露、不披露重要信息罪的特征

1.本罪的客体是复杂客体,它侵犯了两种社会关系。一种表现为公司财务会计管理制度。财务会计管理制度在《会计法》中有明确的规定,一个好的财务会计管理制度对公司、企业的快速合法运转,起到中流砥柱的作用。同时它还能起到保护公司内部、外部各方的合法权益的作用,并且有利于公司内部人员对公司财务是否合法运转进行监督作用。现行法律、法规、规章,以及各种规范性文件等,也都规定了某些主体负有公开一些信息的义务,而"依法应当披露的其他重要信息"包括诸如《公司法》《证券法》《银行业监督管理法》《证券投资基金法》及行政法规对于应当披露的信息事项作出的规定,还包括了国务院证券管理机构、银行业监督管理机构依据授权对信息披露事项的具体规定,这些具体规定有《信贷资产证券化试点管理办法》《金融机构信贷资产证券化试点监督管理办法》《规范信贷资产证券化基础资产池信息披露的公告》等等。另一种表现为股东和其他利益关联人的合法利益。在这里,股东指作为信息披露义务人的股东,主要是上市公司股东。上市公司股东由法人股东和自然人股东组成,包括实际参与公司经营决策的大股东和不实际参与上市公司经营决策的中小股东。此外由于股票的流通性特征,实际上上市公司的股东特别是中小股东变更比较频繁。其他人主要包括债权人、担保人、依据虚假信息将所持证券卖掉的原投资者以及其他利害关系人。[①] 信息披露制度的设立初衷,在于保护处于信息不对等劣势地位的中小股东权益,如对经济损失情况、投资资金使用情况等的知情权,及对公司董事、监事和高级管理人员等的监督权。这里的其他利益关联人主要指包括银行在内的债权人、担保人和其他具有债权、担保关系的关系人等。

2.本罪的客观方面表现为行为人实施了向股东和社会公众提供虚假的或者隐瞒重要事实的财务会计报告,或者对依法应当披露的其他重要信息不按照规定披露,严重损害股东或者其他人利益,或者有其他严重情节的行为。所谓严重损害股东和社会公众利益,是指依据《关于经济犯罪案件追诉标准的规定(二)》第 6 条的规定,具有下列情形之一的:(1)造成股东、债权人或者其他人直接经济损失数额累计在 50 万元以上的;(2)虚增或者虚减资产达到当期披露的资产总额 30% 以上的;(3)虚增或者虚减利润达到当期披露的利润总额 30% 以上的;(4)未按照规定披露的重大诉讼、仲裁、担保、关联交易或者其他重大事项所涉及的数额或者连续 12 个月的累计数额占净资产 50% 以上的;(5)致使公司发行的股票、公司债券或者国务院依法认定的其他证券被终止上市交易或者多次被暂停上市交易的;(6)致使不符合发行条件的公司、企业骗取发行核准并且上市交易的;(7)在公司财务会计报告中将亏损披露为盈利,或者将盈利披露为亏损的;(8)多次提供虚假的或者隐瞒重要事实的财务会计报告,或者多次对依法应当披露的其他重要信息不按照规定披露的;(9)其他严重损害股东、债

---

① 王晨:《证券期货犯罪的认定与处罚》,知识产权出版社 2008 年版。

权人或者其他人利益,或者有其他严重情节的情形。

3.本罪的主体只能是依法负有披露信息义务的公司、企业,即本罪的主体只能是单位,主要是指上市公司、公司债券上市交易的公司以及其他信息披露义务人,包括基金管理人、基金托管人等,其中公司债券上市交易的公司主要包括债券上市交易的股份有限公司、国有独资公司、两个以上的国有企业设立的有限责任公司和两个以上的国有投资主体投资设立的有限责任公司;基金托管人目前主要指中国工商银行、中国农业银行、中国银行和中国建设银行等。作为纯正的单位犯罪,司法实践中的绝大多数主体是上市公司,其他公司、企业等较少实施该罪。本罪的刑事责任由对公司企业违规披露、不披露重要信息犯罪行为直接负责的主管人员和其他直接责任人员或者公司企业的控股股东、实际控制人承担,不处罚犯罪单位。① 也就是说,对公司、企业违规披露、不披露重要信息犯罪行为直接负责的主管人员和其他直接责任人员或者实施、组织、指使实施的公司、企业的控股股东、实际控制人只是本罪的受刑主体,却不能成为本罪的犯罪主体。

4.本罪的主观方面只能是故意。其中包含了对于该罪的直接故意,即行为人直接以单纯扰乱证券持续信息披露制度为目的,明知自己的行为会发生危害社会的结果,并持积极追求这种结果发生的心理态度。但是,司法实践中多数情况是行为人为追求其既定目的或犯罪目的,明知其行为会损害证券市场的信息持续披露制度,仍执意实施犯罪行为,即是"明知必然性而放任"的间接故意,同样是该罪故意的一个方面。有人将"提供虚假证明文件罪"、"出具证明文件重大失实罪"与该罪进行比较分析,认为财务会计报表的主要负责人员有法定的保证报表真实、完整的注意义务,为防止主要责任人员借口没有注意而逃脱刑事责任,赋予造假人更强的心理强制力,进而主张将行为人编制的财务会计报表的主要负责人员在重大过失情况下违反法定义务的行为犯罪化,②即承认该罪重大过失的主观构成要件。我们则认为该罪的主观方面只能是故意,因为重大过失行为犯罪化将扩大违规披露、不披露重要信息罪的刑事打击范围,可能会加剧公司、企业等运行中的不确定性,且与刑法轻缓化的世界性潮流相违背;其次是行政责任、民事责任等能够弥补现阶段重大过失行为的刑事责任空白。

(三)违规披露、不披露重要信息罪的处罚

根据《刑法》第161条的规定,犯本罪的,只对犯罪单位的直接负责的主管人员和其他直接责任人员,处5年以下有期徒刑或者拘役,并处或者单处罚金。

根据《刑法》第161条第1款的规定,犯本罪的,对犯罪单位的直接负责的主管人员和其他直接责任人员,处5年以下有期徒刑或者拘役,并处或者单处罚金;情节特别严重的,处5年以上10年以下有期徒刑,并处罚金。《刑法》第161条第2款规定,前款规定的公司、企业的控股股东、实际控制人实施或者组织、指使实施前款行为的,或者隐瞒相关事项导致前款规定的情形发生的,依照前款的规定处罚。《刑法》第161条第3款规定,犯前款罪的控股股东、实际控制人是单位的,对单位判处罚金,并对其直接负责的主管人员和其他直接责任人员,依照自然人犯本罪的规定处罚。

① 高铭暄、马克昌:《刑法学》,北京大学出版社、高等教育出版社2005年版,第432页。
② 徐松林、黎建辉:《论提供虚假财会报告罪及其刑事立法完善》,《广州城市职业学院学报》2007年第2期。

五、妨害清算罪

（一）妨害清算罪的概念

妨害清算罪，是指公司、企业进行清算时，隐匿财产，对资产负债表或者财产清单作虚伪记载，或者在未清偿债务前分配公司、企业财产，严重损害债权人或者其他人利益的行为。清算是指公司、企业在出现法定解散事由或被依法宣告破产时清理其债权、债务的行为活动，依清算原因的不同可将其分为解散清算和破产清算。由于清算活动与公司、企业、股东及其他债权人、债务人等都有着直接的经济利益关系，妨害清算的刑法规则是确保清算不悖公正的强力保障。

纵观世界各国妨害清算罪的刑法规制，主要存在两种立法体例模式：一种为破产法模式，即在破产法中专设罚则篇，规定有关破产的犯罪，并将妨害清算的犯罪行为纳于其中，但并无独立的妨害清算罪罪名，如日本《破产法》第 14 章的法则篇；还有一种为刑法模式，即在刑法典中以专章或专条的形式规定有关破产的犯罪，并将妨害清算的犯罪行为纳于其中，但亦未独立设置妨害清算罪，如德国的刑法典、俄罗斯的刑法典以及美国的模范刑法典。[1] 破产法模式和刑法模式的两种立法体例选择，反映出的是一个国家和社会整体对破产类犯罪的惩防态度。伴随着 70 年代以后西方社会经济犯罪的日益猖獗，立法模式也经历了从破产法模式向刑法模式的过渡和转型。

我国 1979 年的《刑法》并未规定妨害清算罪，伴随着 80 年代后经济社会的发展，公司、企业因解散、破产而进行的清算活动日趋频繁，在清算过程中隐匿财产，对资产负债表或财产清单作虚伪记载或者在未清偿债务前提前分配公司、企业财产等违法行为愈演愈烈。1993 年《公司法》在第 271 条规定："公司在进行清算时，隐匿财产，对资产负债表或者财产清单作虚伪记载或者未清偿债务前分配公司财产的，责令改正，对公司处以隐匿财产或者未清偿债务前分配公司财产金额 1% 以上 5% 以下的罚款。对直接负责的主管人员和其他直接责任人员处以 1 万元以上 10 万元以下的罚款。构成犯罪的，依法追究刑事责任。"但是届时《刑法》却未见相关规定，之后在 1997 年《刑法》的第 162 条进行了立法规定，专门性地设置了妨害清算罪罪名，即将妨害清算罪从破产犯罪中分离出来专门规定。

（二）妨害清算罪的特征

1. 本罪的客体是复杂客体，它侵犯了两种社会关系。一种表现为公司、企业的清算制度，清算制度作为一项重要的法律制度，从其程序性规范到其实体性规范，从原则性的规定到具体制度都有非常重要的社会价值，其中包括了程序正义、结果公平、权利保护、交易安全、经济自由和国家适当管控等价值。[2] 第二，表现为债权人或其他人的利益，《刑法》在第 162 条就着重明示了该罪的客体之一为"严重损害债权人或者其他人利益的"。

2. 本罪的客观方面表现为行为人在公司、企业进行清算时，实施隐匿财产，对资产负债表或者财产清单作虚伪记载，或者在未清偿债务前分配公司、企业财产，严重损害债权人或者其他人利益的行为。隐匿财产和作虚伪记载是一个行为的两个方面，具有逻辑上

---

[1] 孙卫华、蒋大兴：《妨害清算罪比较研究——兼评新刑法第 162 条》，《学术交流》1999 年第 2 期。

[2] 王妍：《公司清算制度及其价值研究》，《云南大学学报（法学版）》2004 年第 5 期。

的必然性。如果隐匿财产,未作虚伪记载,那么失去了隐匿的可能性和必要性。如果只作虚伪记载,而未隐匿财产,也不会影响到清算的实际后果,不构成本罪。清偿债务前分配公司、企业财产,其目的是为了逃避债务,从而妨害清算的正常进行,损害债权人或其他人的利益。因此,妨害清算的社会危害程度,主要通过损害债权人或其他人利益的程度予以考量。所谓严重损害债权人或者其他人利益,根据《关于公安机关管辖的刑事案件立案追诉标准(二)》规定,是指具有下列情形之一:(1)隐匿财产价值在 50 万元以上的;(2)对资产负债表或者财产清单作虚伪记载涉及金额在 50 万元以上的;(3)在未清偿债务前分配公司、企业财产价值在 50 万元以上的;(4)造成债权人或者其他人直接经济损失数额累计在 10 万元以上的;(5)虽未达到上述数额标准,但应清偿的职工的工资、社会保险费用和法定补偿金得不到及时清偿,造成恶劣社会影响的;(6)其他严重损害债权人或者其他人利益的情形。

3.在我国,本罪的主体只能是妨害清算的公司、企业,即本罪的主体只能是单位。但是纵观世界各国对妨害清算罪犯罪主体的规定,主要有三种立法主义:其一是法人主义,即犯罪主体为公司、企业;其二是自然人主义,即认为妨害清算的犯罪行为只能由自然人实施,其犯罪主体亦只能是自然人;其三是并合主义,即法人和自然人均可成为本罪主体。我国理论界对妨害清算罪的主体范围亦有不同的认识:一种是认为本罪的主体只能是清算组的主管人员和其他直接负责人员;[1]二是认为本罪的主体只能是进行清算的公司、企业中的主管人员和其他直接责任人员;[2]三是认为本罪的主体只能是进行清算的公司、企业;[3]四是认为公司、企业和直接负责的主管人员、其他直接责任人员均可构成本罪的犯罪主体。[4] 我们认为,妨害清算罪系单位犯罪,其犯罪主体只能是公司、企业,直接负责的主管人员和其他责任人员系本罪的处罚对象,犯罪主体和处罚对象是两个概念,不应混淆。

4.本罪的主观方面是故意,即唯有公司、企业对损害债权人或者其他人利益持积极追求或放任态度,才有可能构成妨害清算罪,过失行为不可能构成该罪。妨害清算罪的主观故意一般表现为具备非法逃避债务,损害债权人或其他人利益的目的。但是在实践中,因过失而对公司、企业的资产负债表、财产清单作不实记载等妨害清算活动、损害债权人或其他利益之行为时有发生,其后果有时亦相当严重,以至于有的学者对这类过失行为呼吁必要刑事制裁。

(三)妨害清算罪的认定

司法实践中,妨害清算罪与职务侵占罪会存在某种交叉,但是二者有着本质上的区别,主要表现在:(1)犯罪主体不同,妨害清算罪的主体是单位,具体表现为公司、企业,行为实施者是其董事、经理、财务人员,还包括债权人及其他清算参与人;而职务侵占罪是自然人犯罪,一般为公司、企业中管理财物的人员。(2)犯罪客体不同,妨害清算罪侵犯的是复杂客体,包括公司、企业的清算管理制度以及债权人或者其他人的合法权益;职务侵占罪所侵害的客体为单位的财产所有权。(3)犯罪目的不同,妨害清算罪中隐匿财产的目的通常是为了

① 参见马克昌主编:《经济犯罪新论》,武汉大学出版社 1998 年版。
② 参见赵秉志主编:《新刑法教程》,中国人民大学出版社 1997 年版。
③ 曹子丹、侯国云主编:《中华人民共和国刑法精解》,中国政法大学出版社 1997 年版。
④ 参见刘镇强:《妨害清算罪疑难问题探讨》,《法律科学》2001 年第 1 期。

逃避公司、企业债务；而职务侵占罪的犯罪目的通常则是非法占有公司、企业的财产或者公共财物。在妨害清算的单位中，如果其直接负责的主管人员和其他直接责任人员非法隐匿财产，或者非法分配财产占为己有的，既构成妨害清算罪，也构成职务侵占罪，应当实行数罪并罚。

（四）妨害清算罪的处罚

根据《刑法》第 162 条的规定，只对犯罪单位的直接负责的主管人员和其他直接责任人员，处 5 年以下有期徒刑或者拘役，并处或者单处 2 万元以上 20 万元以下罚金。

本罪的刑事责任只由犯罪单位的直接负责的主管人员和其他直接责任人员承担，而不处罚犯罪单位。

六、隐匿、故意销毁会计凭证、会计账簿、财务会计报告罪

（一）隐匿、故意销毁会计凭证、会计账簿、财务会计报告罪的概念

隐匿、故意销毁会计凭证、会计账簿、财务会计报告罪，是指隐匿或者故意销毁依法应当保存的会计凭证、会计账簿、财务会计报告，情节严重的行为。

11-6

（二）隐匿、故意销毁会计凭证、会计账簿、财务会计报告罪的特征

1. 本罪的客体是财务会计制度。它是国家对各单位经济运转或正常经营状况实行宏观调控，实现国家财政、税务、审计等各项监督管理工作的重要制度。任何单位都应当严格按照国家会计法的有关规定建章立制，保存、保管、保护好相关的财务会计资料。本罪的犯罪对象是依法应当保存的会计凭证、会计账簿、财务会计报告。

2. 本罪的客观方面是行为人实施了隐匿或者故意销毁依法应当保存的会计凭证、会计账簿、财务会计报告，情节严重的行为。所谓隐匿，是指隐藏、藏匿依法制作、依法应当保存的会计凭证、会计账簿、财务会计报告，使之拒绝接受相关检查监督或不被他人知晓的行为。所谓故意销毁，是指明知依照会计法的规定依法应当保存相关的会计凭证、会计账簿、财务会计报告，而使之损毁、毁灭的行为。所谓情节严重《关于公安机关管辖的刑事案件立案追诉标准的规定（二）》第 8 条的规定，是指具有下列情形之一的：（1）隐匿、销毁的会计资料涉及金额在 50 万元以上；（2）依法应当向司法机关、行政机关、有关主管部门等提供而隐匿、故意销毁或者拒不交出会计凭证、会计账簿、财务会计报告；（3）其他情节严重的情形。

3. 本罪的主体是一般主体，可以是所有依照会计法规定办理会计事务的单位或个人，即是所有依照《会计法》的规定办理会计事务的国家机关、社会团体、公司、企业、事业单位等组织和个人，都可以成为该罪的主体。[1]

4. 本罪的主观方面是故意。隐匿、故意销毁会计凭证、会计账簿、财务会计报告罪是典型性的罪过式罪名，即以一定的罪过为核心而构成的罪名，当离开罪过，确定的罪名无法与非罪相区别时，就必须用罪过确定罪名。[2] 例如"隐匿、故意销毁会计凭证、会计账簿、财务会

---

[1]　参见最高人民法院刑事审判第一庭编：《现行刑事法律司法解释及其理解与适用》，中国法制出版社 2001 年版。

[2]　吕途、杨贺男：《破坏社会主义市场经济秩序罪之罪名梳理与划分》，《政治与法律》2009 年第 8 期。

计报告罪",如果不加"故意"二字,就无法与不构成犯罪的销毁会计凭证、会计账簿、财务会计报告行为相区别。

(三)隐匿、故意销毁会计凭证、会计账簿、财务会计报告罪的处罚

根据《刑法》第162条之一的规定,犯本罪的,处5年以下有期徒刑或者拘役,并处或者单处2万元以上20万元以下罚金。

单位犯本罪的,对单位判处罚金,并对其直接负责的主管人员和其他直接责任人员,依照自然人犯本罪的规定处罚。

七、虚假破产罪

(一)虚假破产罪的概念

虚假破产罪,是指公司、企业通过隐匿财产、承担虚构的债务或者以其他方法转移、处分财产,实施虚假破产,严重损害债权人或者其他人利益的行为。破产一词,作为法律上的用语,有实体和程序的双重含义。结合我国企业破产法的规定,可以将法律意义上的破产定义为:债务人不能清偿到期债务,并且资产不足以清偿全部债务或者明显缺乏清偿能力时,基于债务人、债权人的申请,法院依照法定程序强制清算债务人的全部财产,以使全体债权人获得公平清偿的一种法律程序制度。[1] 1997年《刑法》中,新增加了妨害清算罪,这是刑法第一次对属于破产犯罪设定相应的罪名。而伴随着社会经济的迅速发展,公司企业的破产犯罪行为日益增多,与破产相关的罪名也逐渐被纳入刑法评价范畴,如徇私舞弊造成破产、亏损罪,妨害公司、企业清算罪等。但现实中仍然有许多破产行为有着严重社会危害性,却得不到刑法的严厉规制,2006年6月29日颁布的《刑法修正案(六)》规定,在《刑法》第162条之二确立虚假破产罪,标志着我国在破产犯罪刑法规制上的重大进步。

(二)虚假破产罪的特征

1.本罪的客体是复杂客体,它侵犯了两种社会关系。一种表现为债权人或其他人的利益;另一种表现为公司、企业的破产制度。破产制度是使债权人、其他利益相关人在破产程序中得到公平清偿破产人的破产财产的法律制度。其目标是使得所有债权人和利益相关人在公平的条件下接受清偿并分担不能受偿部分的损失。而债务人通过隐匿、转移财产、承担虚假债务等不当手段减少其应用于偿还债务的财产,直接损害了债权人和其他利益相关人的利益,典型性的如破产公司的职工工资等。另外,在社会主义市场经济下,破产是正常的经济现象,亦是市场竞争的必然产物。国家建立破产制度,完善破产程序,是为了维持破产秩序的良好运行,维护优胜劣汰的市场竞争机制,推动市场经济的健康发展。但若公司、企业通过不正当的手段进行虚假破产,不仅违背了市场经济运行的规律,还会导致破产制度的混乱,损害国家市场经济的发展。而且,虚假破产的行为还会使得法院对该种行为进行审查,直接导致了司法资源的浪费,故虚假破产罪也侵犯了国家对公司、企业的破产制度。

2.本罪的客观方面表现为行为人实施了隐匿财产、承担虚构的债务或者以其他方法转

---

① 潘家永:《虚假破产罪探析——兼论破产犯罪的相关问题》,《政法论坛》2008年第2期。

移、处分财产,实施虚假破产,严重损害债权人或者其他人利益的行为。所谓公司、企业破产,是指公司、企业不能清偿到期债务,为保护债权人利益,依法定程序,将公司的财产依法在全体债权人之间按比例公平分配的制度。公司、企业通过隐匿或者其他方法转移、处分财产,实质是一种虚假破产,其后果是损害债权人或者其他人(公司、企业职工以及国家税收等)的利益。本罪是结果犯,以严重损害债权人或者其他人利益作为构罪条件。

3.本罪的主体只能是公司、企业,即本罪的主体只能是单位,是纯正的单位犯罪,这就大大缩小了犯罪主体范围。根据我国《企业破产法》的规定,破产制度只承认单位破产,而不承认个人破产。对于单位犯罪,应当是具有法人资格的企业才能构成虚假破产罪,因为虚假破产罪的目的是通过实施虚假破产的行为,造成破产假象,向法院申请破产,从而对破产财产无法偿还的债务予以免除。而非法人企业的出资人承担的是无限责任,故若该企业被宣布破产,如破产人的破产财产无法还清债务,剩余债务转移到出资人身上,由出资人偿还,若出资人不偿还,则债权人可通过法律程序强制其偿还。因此,非法人企业即使被宣告破产后,其债权人的债权仍然可以得到偿还,非法人企业是无法通过虚假破产行为来达到逃避债务的目的,故虚假破产罪的主体是必须具有法人资格的公司、企业,任何符合法律规定的具有法人资格的公司、企业均是虚假破产罪的犯罪主体。

4.本罪的主观方面是故意,应当包含直接故意和间接故意,且一般具有非法逃避债务,损害债权人或其他人利益的目的。从认识因素上分析,行为人明知道自己的行为会给债权人等带来损失,行为人对本罪的客观要件所有内容都有着清楚明了的认识,即认识到自己在破产程序启动前或过程中实施了隐匿、转移财产等破产欺诈行为,并认识到该种行为所带来的危害结果。从意志因素上分析,行为人是希望或者放任该危害发生的结果。

(三)虚假破产罪的认定

在司法实践中,虚假破产罪与妨害清算罪虽然发生在不同的阶段,构罪的时间范围也不同,但是可能会出现罪数的认定问题,即行为人实施了虚假破产犯罪行为,在法院宣告破产之后的清算期间,又实施隐匿财产,对资产负债表或者财产清单作虚伪记载等行为,而又构成妨害清算罪。此种情形下,由于破产清算之前的虚假破产行为与破产清算期间的妨害清算行为之间不存在牵连或竞合关系,因此,不能按一罪处理,而应当按虚假破产罪和妨害清算罪实行数罪并罚。另外,在司法实践中,虚假破产行为一般不是孤立存在的,行为人往往会实施多个行为将大量资金和其他财产隐匿、转移或处分,然后隐匿、伪造或者故意销毁商业账簿和有关会计文件,掩盖资金的真实流向,以此制造企业资不抵债的假象,使企业进入破产程序。因此,虚假破产行为常常会与隐匿、故意销毁会计凭证、会计账簿、财务会计报告罪等犯罪相互牵连在一起,即形成牵连关系。在这种情况下,应按照牵连犯的处理原则,从一重罪处断。

(四)虚假破产罪的处罚

根据《刑法》第162条之二的规定,犯本罪的,只对犯罪单位的直接负责的主管人员和其他直接责任人员,处5年以下有期徒刑或者拘役,并处或者单处2万元以上20万元以下罚金。

本罪的刑事责任只由犯罪单位的直接负责的主管人员和其他直接责任人员承担,而不处罚犯罪单位。

八、非国家工作人员受贿罪

（一）非国家工作人员受贿罪的概念

非国家工作人员受贿罪，是指公司、企业或者其他单位的工作人员利用职务上的便利，索取他人财物或者非法收受他人财物，为他人谋取利益，数额较大的行为。虽然刑法已经从法律规范上完成了对非国家工作人员受贿罪的设置，但对如何表述本罪的概念则存在不同意见，在《刑法修正案（六）》通过之前，刑法理论上关于本罪概念的表述主要有以下六种：1.公司、企业人员受贿罪是指公司、企业的工作人员利用职务上的便利，索取他人财物或者非法收受他人财物，数额较大的行为。[1] 2.公司、企业人员受贿罪是指公司、企业的工作人员利用职务上的便利，索取他人财物或者非法收受他人财物为他人谋取利益，数额较大的行为。[2] 3.公司、企业人员受贿罪是指公司、企业的工作人员利用职务上的便利，索取他人财物或者非法收受他人财物，为他人谋取利益，或者在经济往来中，违反国家规定，收取各种名义的回扣、手续费归个人所有，数额较大的行为。[3] 4.公司、企业人员受贿罪是指公司、企业的工作人员利用职务上的便利，索取他人财物或者非法收受他人财物，为他人谋取利益的行为。[4] 5.公司、企业人员受贿罪是指公司、企业的工作人员利用职务上的便利，索取他人财物或者非法收受他人财物，为他人谋取利益，数额较大的行为。[5]

（二）非国家工作人员受贿罪的特征

1.本罪的客体是复杂客体，它侵犯了两种社会关系。一种表现为公司、企业或者其他单位的正常管理制度；另一种表现为公司、企业或者其他单位工作人员职务的廉洁性。本罪的犯罪对象是财物。同时根据《刑法》第163条第2款以及《刑法修正案（六）》第7条的规定，公司、企业或者其他单位的工作人员在经济往来中，利用职务上的便利，违反国家规定，收受各种名义的回扣、手续费归个人所有的，也构成本罪。因此，本罪的犯罪对象还包括回扣、手续费，但不包括非物质性利益。

2.本罪的客观方面表现为公司、企业或者其他单位的工作人员利用职务上的便利，索取他人财物或者非法收受他人财物，为他人谋取利益，数额较大的行为。具体为：（1）行为人利用了职务上的便利，是构成本罪的先决条件。所谓利用职务上的便利，是指行为人利用自己在公司、企业或者其他单位所任职务而享有的职权或者与职务有关的便利条件。由于行为人在公司、企业或者其他单位担任一定职务，因此，基于此职务而相应享有了解公司、企业或者其他单位的内幕信息和处理公司、企业、单位事务的权利。一般包括人事、财、物以及对公司、企业、单位资金规模、生产经营状况、盈亏享负比例等知情处理权利。这些权利往往成为行为人索取、收受他人财物的便利条件。（2）索取或者非法收受他人财物。所谓索取，是指行为人强索硬取，也包括明示或暗示的索要。是一种凭借权力主动向他人寻求财物的行为。

---

① 参见周道鸾：《刑法的修改与适用》，人民法院出版社1997年版，第364页。

② 参见周其华著：《新刑法各罪适用研究》，中国法制出版社1997年版，第138页。

③ 参见杨春洗、杨敦先主编：《中国刑法学》，北京大学出版社1998年版，第371页。

④ 参见陈兴良著：《刑法疏议》，中国人民公安大学出版社1997年版。王作富主编：《刑法》，中国人民大学出版社1999年版，第298页。

⑤ 参见高铭暄、马克昌：《刑法学》，中国人民公安大学出版社1997年版，第403页。

所谓非法收受,是指他人有所请托而主动给予财物,按照规定不能收受,而行为人却违反规定基于为请托人谋取利益的目的予以收受的行为。虽然索取和非法收受均是权钱交换的行为,但前者的主观恶性明显大于后者。此外,公司、企业或者其他单位的工作人员在经济往来中,利用职务上的便利,违反国家规定,收受各种名义的回扣、手续费,归个人所有的,也属于受贿的行为范畴。(3)为他人谋取利益,这是构成本罪的核心要件。所谓为他人谋取利益,是指行为人索取或者非法收受他人财物,利用职务上的便利为他人或允诺为他人实现某种利益。该利益是否合法,是否实际获取,不影响本罪的成立。只索取或者非法收受他人财物而没有为他人谋取利益的,不构成犯罪。

本罪的客观方面还须达到数额较大的危害结果。所谓数额较大,根据《关于公安机关管辖的刑事案件立案追诉标准的规定(二)》第10条的规定,是指索取或非法收受他人财物(包括各种名义的回扣、手续费)数额在3万元以上。

3.本罪的主体是特殊主体,指公司、企业或者其他单位的工作人员。《刑法修正案(六)》对本罪主体的扩张,是为了进一步规范除公司、企业以外的其他单位工作人员(例如医务人员)的职务廉洁行为。根据《刑法》第163条的规定,本罪犯罪主体是公司、企业和其他单位中的非国家工作人员。因此,对本罪犯罪主体的范围,可将其分为公司、企业中的非国家工作人员和其他单位中的非国家工作人员两大基本类型。

4.本罪的主观方面是故意,且一般表现为直接故意,通常是将行为人收取贿赂的行为与为他人谋取利益的行为联系起来,在这当中表现为行为人的积极主动。而在司法实践中的事后受贿犯罪故意也应当引起足够的重视。

(三)非国家工作人员受贿罪的处罚

根据《刑法》第163条的规定,犯本罪的,处3年以下有期徒刑或者拘役;受贿数额巨大或者有其他严重情节的,处3年以上10年以下有期徒刑,并处罚金。数额巨大或者有其他特别严重情节的,处10年以上有期徒刑或者不期徒刑,并处罚金。

九、对非国家工作人员行贿罪

(一)对非国家工作人员行贿罪的概念

对非国家工作人员行贿罪,是指为谋取不正当利益,给予公司、企业或者其他单位的工作人员以财物,数额较大的行为。我国1997年《刑法》在总结以往立法经验的基础上,在第164条专门规定了对公司、企业人员行贿罪,从而正式吹响了打击商业行贿犯罪的号角。不过,由于这一罪名无法规制向公司、企业以外的其他单位工作人员行贿的行为,例如发生在医疗机构的药品、器械采购中的商业行贿行为,故而存在明显的立法疏漏。为适应反商业贿赂专项斗争的需要,《刑法修正案(六)》遂将商业行贿对象扩大到公司、企业以外的其他单位的工作人员。与之相对应,原条文之罪名也被"两高"相关司法解释变更为对非国家机关工作人员行贿罪。

11-9

(二)对非国家工作人员行贿罪的特征

1.本罪的客体是复杂客体,它侵犯了两种社会关系。一种表现为公司、企业或者其他单位的正常管理制度;另一种表现为公司、企业或者其他单位工作人员业务活动的廉洁性。本罪的犯罪对象是财物,不包括非物质性利益。在市场竞争中,为了获得交易机会或竞争优

势,行为人动用贿赂,作为向相对方换取交易机会或者竞争优势的对价。市场自发的竞争规律受到了冲击,本来的优胜劣汰的规律不能正常发挥作用,质次价高的商品占领市场,市场交易秩序受到严重的破坏。与此同时,公司、企业或者其他单位的工作人员在贿赂的诱惑下,其职务行为严重偏离国家对公司、企业或者其他单位的管理制度规定,法律对其职务行为不可交换性的要求也因贿赂而不能得以实现。因此,对非国家工作人员行贿罪侵犯的客体是公平竞争的市场交易秩序和公司、企业或者其他单位人员职务行为的不可交换性的统一。

2.本罪的客观方面表现为行为人给予公司、企业或者其他单位工作人员财物,数额较大的行为。本罪与非国家工作人员受贿罪是行为对应性犯罪,因此,给予公司、企业或者其他单位工作人员财物的行为,既包括行为人主动给予,也包括经公司、企业或者其他单位工作人员明示或暗示而被动给予。行为人如果是被勒索给予公司、企业或者其他单位工作人员财物,但没有获得不正当利益的,不构成本罪。行为人如果是被勒索给予公司、企业或者其他单位工作人员财物,已经获得不正当利益的,属于被动给予公司、企业或者其他单位工作人员财物的行为,符合本罪的构成特征,只是情节相对较轻,量刑时可以酌定从宽处罚。

根据《关于公安机关管辖的刑事案件立案追诉标准的规定(二)》第9条的规定,是指自然人行贿数额在3万元以上,单位行贿数额在20万元以上。

3.本罪的主体是一般主体,单位和自然人都可以成为本罪的主体。

4.本罪的主观方面只能是故意,并为谋取不正当利益。所谓不正当利益,是指违法的利益和在公平、公正、公开的市场竞争中不能获得的利益。如果行为人为谋取正当利益而给予公司、企业或者其他单位工作人员财物的,不构成本罪。在非国家工作人员受贿罪中,为他人谋取利益既包括为他人谋取正当利益,也包括为他人谋取不正当利益。相比之下,刑法对受贿罪的规定更为严厉。

(三)对非国家工作人员行贿罪的处罚

根据《刑法》第164条的规定,犯本罪的,处3年以下有期徒刑或者拘役,并处罚金;数额巨大的,处3年以上10年以下有期徒刑,并处罚金。

单位犯本罪的,对单位判处罚金,并对其直接负责的主管人员和其他直接责任人,依照上述规定处罚。

行贿人在被追诉前主动交代行贿行为的,可以减轻处罚或者免除处罚。

十、对外国公职人员、国际公共组织官员行贿罪

(一)对外国公职人员、国际公共组织官员行贿罪的概念

11-10

对外国公职人员、国际公共组织官员行贿罪,是指为谋取不正当商业利益,给予外国公职人员或者国际公共组织官员以财物的行为。2011年2月25日通过的《刑法修正案(八)》第29条则对《刑法》第164条进行了修改,主要是增设了第2款对外国公职人员、国际公共组织官员行贿罪,以此回应加入《联合国反腐败公约》的条约义务要求。

（二）对外国公职人员、国际公共组织官员行贿罪的特征

1.本罪的客体是单一客体，即国家对公司、企业的管理秩序。需要注意的是，外国公职人员或国际公共组织官员的职务廉洁性与我国国家工作人员的职务廉洁性不同，本罪侧重于对商业秩序的维护。

2.本罪的客观方面表现为给予外国公职人员或者国际公共组织官员以财物的行为。这里的"给予"，根据《联合国反腐败公约》的规定，包括许诺给予、提议给予或实际给予。根据《关于公安机关管辖的刑事案件立案追诉标准的规定（二）》第12条的规定，为谋取不正当商业利益，给予外国公职人员或者国际公共组织官员以财物，个人行贿数额在3万元以上的，单位行贿数额在20万元以上的，应予立案追诉。

3.本罪的主体是一般主体，包括自然人和单位。

4.本罪主观方面是故意，且具有特定的为谋取不正当商业利益的特定目的。所谓不正当商业利益，则需要依据案件涉及的外国法律、法规或国家政策，以及国际组织的规章、制度作出判断。

（三）对外国公职人员、国际公共组织官员行贿罪的认定

1.外国公职人员、国际公共组织官员的认定

《联合国反腐败公约》中对外国公职人员、国际公共组织官员等术语进行了解释。根据该规定，外国公职人员是指外国无论是经任命还是经选举而担任立法、行政、行政管理或者司法职务的任何人员；以及为外国，包括为公共机构或者公营企业行使公共职能的任何人员；国际公共组织官员是指国际公务员或者经此种组织授权代表该组织行事的任何人员。然而，该规定中的"公共机构"、"公营企业"、"公共职能"、"国际公务员"等术语均没有直接对应的国内法规范依据，有待我国司法机关作出解释。

2.本罪与对非国家工作人员行贿罪的区别

（1）目的的内容不同。对非国家工作人员行贿，是为了谋取不正当利益。而本罪是为了谋取不正当商业利益，二者在不正当利益的范围上宽窄不同；（2）犯罪对象不同。对非国家工作人员行贿罪的行贿对象是国内公司、企业或者其他单位的工作人员。本罪针对的仅是外国公职人员、国际公共组织官员这两类特定人员。

（四）对外国公职人员、国际公共组织官员行贿罪的处罚

根据《刑法》第164条第2款的规定，犯本罪的，处3年以下有期徒刑或者拘役；数额巨大的，处3年以上10年以下有期徒刑，并处罚金。

十一、非法经营同类营业罪

（一）非法经营同类营业罪的概念

非法经营同类营业罪，是指国有公司、企业的董事、经理利用职务便利，自己经营或者为他人经营与其所任职公司、企业同类的营业，获取非法利益，数额巨大的行为。受到历史条件的限制，1979年《刑法》并没有规定非法经营同类营业罪。伴随着市场经济的逐步发展，一些国有公司、企业的董事、经理违反竞业禁止义务，利用职权非法经营同类营业的行为严重损害了当时以公有制经济为主体的经济发展。在当时的国情下，运用行政法规、民法等法律手段不足以遏止上述违反竞业禁止义务的行为，且这些

11-11

行为已经超越了一般的违法界限,具备了严重的社会危害性这一犯罪的本质特征。为了维护公有制经济发展和市场经济发展的要求,保护国有公司、企业管理秩序及国有资产增值、保值,我国学习和借鉴国外背信罪立法原理与技术,在 1997 年的《刑法》修订时增设了非法经营同类营业罪,以惩处国有公司、企业的董事、经理利用职权从事违反竞业禁止义务的经营活动的行为。基于当时国有公司、企业占据了我国经济形式的主要成分,非公有制经济的发展尚处于探索阶段,尚未呈现出对国家贡献程度,因此本罪在设立时只保护国有公司、企业的权益是具有一定的合理性的。

(二)非法经营同类营业罪的特征

1.本罪的客体是国有公司、企业的管理制度及其利益。国有公司、企业实行科学的管理体制,要求国有公司、企业的工作人员忠实地履行职责,不得为谋取私利,损害国家利益。

11-12

2.本罪的客观方面表现为行为人实施了利用职务便利,自己经营或者为他人经营与其所任职公司、企业同类的营业,获取非法利益,数额巨大的行为。具体为:(1)经营了与其所任职公司、企业同类的营业。所谓经营,是指自己直接经营或者为他人经营。所谓同类营业,是指行为人所任职公司、企业的营业范围与其兼营处所的营业范围相同。(2)利用了职务便利,获取非法利益数额巨大。所谓数额巨大,根据 2010 年《关于公安机关管辖的刑事案件立案追诉标准的规定(二)》第 12 条规定,是指获取非法利益,数额在 10 万元以上。

3.本罪的主体是特殊主体,只能是国有公司、企业的董事、经理。要认定行为人身份符合本罪认定,需要厘清国有公司、企业的正确定义以及董事、经理的范围。只有国有公司、企业的董事、经理的身份满足主体认定要求,才可以成为本罪的主体。

4.本罪的主观方面只能是直接故意,并且以谋取非法利益为目的。间接故意或者过失,均不能构成本罪。行为人为了获取非法利益,明知其行为有害于所任职的国有公司、企业,必定或可能会损害所任职国有公司、企业的权益,不需要行为人明确知道其行为和结果违反刑法关于本罪的条文规定,行为人仍然主动实施非法经营同类营业的行为,放任所任职国有公司、企业权益受损。

(三)非法经营同类营业罪的处罚

根据《刑法》第165条的规定,犯本罪的,处 3 年以下有期徒刑或者拘役,并处或者单处罚金;数额特别巨大的,处 2 年以上 7 年以下有期徒刑,并处罚金。

十二、为亲友非法牟利罪

(一)为亲友非法牟利罪的概念

为亲友非法牟利罪,是指国有公司、企业、事业单位的工作人员,利用职务便利,损公肥私,将本单位的盈利业务交由自己的亲友经营,或者以明显高于市场的价格向自己的亲友经营管理的单位采购商品或者以明显低于市场的价格向自己的亲友经营管理的单位销售商品,或者向自己的亲友经营管理的单位采购不合格商品,致使国家利益遭受重大损失的行为。

11-13

（二）为亲友非法牟利罪的特征

1.本罪的客体是国有公司、企业、事业单位的正常管理制度和利益，以及国有公司、企业、事业单位工作人员职务的廉洁性。首先，国有公司、企业、事业单位的正常管理活动包括正常的经营和正常的购销活动，而上述单位的工作人员利用职务便利将本单位的盈利业务交由自己的亲友经营，或者让本单位与自己的亲友进行明显有利于亲友的购销活动，使得单位的正常经营和正常购销活动受到了破坏。其次，本罪的行为是使行为人的亲友获利，使国有公司、企业、事业单位受损，因此，本罪也侵犯了国有公司、企业、事业单位的合法利益。最后，作为国有公司、企业、事业单位的工作人员本应廉洁自律、兢兢业业为本单位的利益而工作，但实施本罪的行为人非但不如此，反而利用职务便利为亲友牟取非法利益，因而，也侵犯了其职务的廉洁性。①

2.本罪的客观方面表现为行为人利用职务便利，损公肥私，致使国家利益遭受重大损失。具体为：(1)将本单位的盈利业务交由自己的亲友经营。所谓亲友，是指与行为人有一定血亲、姻亲关系或者交往较为密切的亲朋好友，并非限于直系亲属或者极为密切的朋友。所谓盈利业务，是指本可盈利的业务或者在正常情况下预计可以盈利的业务，并非仅指后来确实盈利的业务。如果本可盈利或预计可以盈利的业务，由于行为人亲友经营不善，或者意外事故而没有盈利的，也属于此范畴。(2)以明显高于市场的价格向自己的亲友经营管理的单位采购商品或者以明显低于市场的价格向自己的亲友经营管理的单位销售商品。这种情形更容易、更直接地为其亲友牟利。(3)向自己的亲友经营管理的单位采购不合格商品。

上述三种行为均使国家利益遭受重大损失。所谓重大损失，根据《追诉标准（二）》第13条的规定，是指具有下列情形之一的：(1)造成国家直接经济损失数额在15万元以上的；(2)使其亲友非法获利数额在20万元以上的；(3)造成有关单位破产，停业、停产6个月以上，或者被吊销许可证和营业执照、责令关闭、撤销、解散的；(4)其他致使国家利益遭受重大损失的情形。

3.本罪的主体是特殊主体，即只能是国有公司、企业、事业单位的工作人员，其他所有制的公司、企业、事业单位的工作人员不能成为本罪的主体。作为本罪主体的国有公司、企业、事业单位的工作人员，应是指国有公司、企业事业单位中从事公务的人员，国有公司、企业、事业单位中从事劳务的人员不能成为本罪的主体。

4.本罪的主观方面是故意，即行为人明知自己为亲友非法牟利的行为会使国家利益遭受重大损失，并且希望或者放任这种结果发生。行为人的目的是为亲友牟取非法利益，至于行为人是否具有为自己牟取非法利益的目的，则不影响本罪的构成。

（三）为亲友非法牟利罪的处罚

根据《刑法》第166条的规定，犯本罪的，处3年以下有期徒刑或者拘役，并处或者单处罚金；致使国家利益遭受特别重大损失的，处3年以上7年以下有期徒刑，并处罚金。

十三、签订、履行合同失职被骗罪

（一）签订、履行合同失职被骗罪的概念

签订、履行合同失职被骗罪，是指国有公司、企业、事业单位直接负责的

11-14

---

① 李希慧：《论为亲友非法牟利罪》，《河南省政法管理干部学院学报》2001年第5期。

主管人员在签订、履行合同过程中，因严重不负责任被诈骗，致使国家利益遭受重大损失的行为。

在我国由计划经济体制向社会主义市场经济转轨的过程中，由于各种经济关系尚未理顺，国有公司、企业、事业单位内部管理制度不够健全，一些不法分子利用经济管理制度中的薄弱环节和法律制度上的不健全，趁虚而入，以签订合同之名，行诈骗财产之实。而一些国有公司、企业、事业单位的领导人员和其他经营人员缺乏应有的责任心，丧失警惕，把关不严，缺乏调查研究，盲目、草率签订、履行合同，以致上当受骗，使公共财产、国家利益遭受重大损失。立法上曾以玩忽职守处罚，弹性大，操作性不强，造成以罚代刑，当事人"花钱买教训"，缺乏应有的打击力度。因此1997年《刑法》修订时，在第167条新设了签订、履行合同失职被骗罪。

（二）签订、履行合同失职被骗罪的特征

1.本罪的客体是国有公司、企业、事业单位的管理制度及其利益。

2.本罪的客观方面表现为行为人在签订、履行合同过程中，因严重不负责任被诈骗，致使国家利益遭受重大损失的行为。具体为：(1)发生在签订、履行合同过程中。犯罪时间成为了本罪的构成要素。(2)因严重不负责任被诈骗，致使国家利益遭受重大损失。严重不负责任被诈骗的危害行为与致使国家利益遭受重大损失的危害结果之间的因果关系成为了本罪的构成要素。所谓严重不负责任，是指由于没有履行或者由于没有认真履行合同法所规定的责任事项，具有明显的工作失职。所谓重大损失，根据2010年《关于公安机关管辖的刑事案件立案追诉标准的规定（二）》第14条的规定，是指具有下列情形之一的：(1)造成国家直接经济损失数额在50万元以上的；(2)造成有关单位破产，停业、停产6个月以上，或者被吊销许可证和营业执照、责令关闭、撤销、解散的；(3)其他致使国家利益遭受重大损失的情形。

根据1998年12月29日全国人大常委会《关于惩治骗购外汇、逃汇和非法买卖外汇犯罪的决定》第7条的规定，金融机构、从事对外贸易经营活动的公司、企业的工作人员严重不负责任，造成大量外汇被骗购或者逃汇，致使国家利益遭受重大损失的，依照本罪定罪处罚。这里的"重大损失"，是指造成100万美元以上外汇被骗购或者逃汇1000万美元以上的情形。

3.本罪的主体是特殊主体，包括国有公司、企业、事业单位直接负责的主管人员和金融机构、从事对外贸易经营活动的公司、企业的工作人员。

4.本罪的主观方面只能是过失。如果是故意，不构成本罪。如果行为人是与对方当事人恶意串通，合伙诈骗国有公司、企业、事业单位的财产，则是诈骗的共同犯罪而不再是本罪。

（三）签订、履行合同失职被骗罪的处罚

根据《刑法》第167条的规定，犯本罪的，处3年以下有期徒刑或者拘役；致使国家利益遭受特别重大损失的，处3年以上7年以下有期徒刑。

十四、国有公司、企业、事业单位人员失职罪

（一）国有公司、企业、事业单位人员失职罪的概念

国有公司、企业、事业单位人员失职罪，是指国有公司、企业的工作人员由于严重不负责任，造成国有公司、企业破产或者严重损失，或者国有事业

11-15

单位工作人员严重不负责任,致使国家利益遭受重大损失的行为。

（二）国有公司、企业、事业单位人员失职罪的特征

1.本罪的客体是国家对国有公司、企业、事业单位的管理制度和国家利益。

2.本罪的客观方面表现为国有公司、企业的工作人员由于严重不负责任,造成国有公司、企业破产或者严重损失,或者国有事业单位工作人员严重不负责任,致使国家利益遭受重大损失的行为。所谓严重不负责任,是指国有公司、企业、事业单位的工作人员由于不履行或者不正确履行所承担的责任事项,存在主观上的明显过错,因而导致国家财产或者利益遭受重大损失的状况。所谓重大损失,根据《追诉标准（二）》第15条的规定,是指具有下列情形之一的:(1)造成国家直接经济损失数额在50万元以上的;(2)造成有关单位破产,停业、停产一年以上,或者被吊销许可证和营业执照、责令关闭、撤销、解散的;(3)其他致使国家利益遭受重大损失的情形。

3.本罪的主体是特殊主体,不仅包括国有公司、企业、事业单位的管理人员,也包括国有公司、企业、事业单位的普通工作人员。

4.本罪的主观方面是过失。

（三）国有公司、企业、事业单位人员失职罪的处罚

根据《刑法》第168条的规定,犯本罪的,处3年以下有期徒刑或者拘役;致使国家利益遭受特别重大损失的,处3年以上7年以下有期徒刑。徇私舞弊犯本罪的,应当从重处罚。

十五、国有公司、企业、事业单位人员滥用职权罪

（一）国有公司、企业、事业单位人员滥用职权罪的概念

国有公司、企业、事业单位人员滥用职权,是指国有公司、企业的工作人员滥用职权,造成国有公司、企业破产或者严重损失,或者国有事业单位的工作人员滥用职权,致使国家利益遭受重大损失的行为。

（二）国有公司、企业、事业单位人员滥用职权罪的特征

1.本罪的客体是国家对国有公司、企业、事业单位的管理制度和国家利益。

2.本罪的客观方面表现为国有公司、企业的工作人员滥用职权,造成国有公司、企业破产或者严重损失,或者国有事业单位的工作人员滥用职权,致使国家利益遭受重大损失的行为。所谓滥用职权,是指超越职权,违法决定、处理其无权决定、处理的事项,或者在行使职权的过程中蛮横无理、随心所欲地作出处理决定。

所谓严重损失或者重大损失,根据《追诉标准（二）》第16条的规定,是指具有下列情形之一的:(1)造成国家直接经济损失数额在30万元以上的;(2)造成有关单位破产,停业、停产六个月以上,或者被吊销许可证和营业执照、责令关闭、撤销、解散的;(3)其他致使国家利益遭受重大损失的情形。

3.本罪的主体是特殊主体,即国有公司、企业、事业单位的工作人员。

4.本罪的主观方面是故意。行为人往往在滥用职权的过程中,放任了国有公司、企业、事业单位遭受重大损失的危害结果的发生。

（三）国有公司、企业、事业单位人员滥用职权罪的处罚

根据《刑法》第168条的规定,犯本罪的,处3年以下有期徒刑或者拘役;致使国家利益

遭受特别重大损失的,处3年以上7年以下有期徒刑。徇私舞弊犯本罪的,应当从重处罚。

十六、徇私舞弊低价折股、低价出售国有资产罪

(一)徇私舞弊低价折股、低价出售国有资产罪的概念

徇私舞弊低价折股、低价出售国有资产罪,是指国有公司、企业或者其上级主管部门直接负责的主管人员,徇私舞弊,将国有资产低价折股或者低价出售,致使国家利益遭受重大损失的行为。

11-16

(二)徇私舞弊低价折股、低价出售国有资产罪的特征

1.本罪的客体是国家对国有公司、企业的管理制度和国家利益。

2.本罪的客观方面表现为国有公司、企业或者其上级主管部门直接负责的主管人员,徇私舞弊,将国有资产低价折股或者低价出售,致使国家利益遭受重大损失的行为。所谓徇私舞弊,是指为了私情或者私利,有意违背事实和法律规章,在行使职权的过程中,弄虚作假,不当作出或者不作出处理决定。所谓低价折股、低价出售,是指以明显低于国有资产实际价值而予以折股计算或者直接出售的行为。所谓重大损失,根据2010年《关于公安机关管辖的刑事案件立案追诉标准的规定(二)》第17条的规定,是指具有下列情形之一的:(1)造成国家直接经济损失数额在30万元以上的;(2)造成有关单位破产,停业、停产6个月以上,或者被吊销许可证和营业执照、责令关闭、撤销、解散的;(3)其他致使国家利益遭受重大损失的情形。

3.本罪的主体是特殊主体,指国有公司、企业或者其上级主管部门直接负责的主管人员。

4.本罪的主观方面是间接故意。行为人为了私情、私利而放任国有资产低价折股、低价出售的危害结果发生。

根据2010年11月26日"两高"《关于办理国家出资企业中职务犯罪案件具体应用法律若干问题的意见》第4条的规定,国家出资企业中的国家工作人员在公司、企业改制或者国有资产处置过程中徇私舞弊,将国有资产低价折股或者低价出售给其本人未持有股份的公司、企业或者其他个人,致使国家利益遭受重大损失的,依照本罪定罪处罚。

(三)徇私舞弊低价折股、低价出售国有资产罪的处罚

根据《刑法》第169条的规定,犯本罪的,处3年以下有期徒刑或者拘役;致使国家利益遭受特别重大损失的,处3年以上7年以下有期徒刑。

十七、背信损害上市公司利益罪

(一)背信损害上市公司利益罪的概念

背信损害上市公司利益罪,是指上市公司的董事、监事、高级管理人员或者上市公司的控股股东、实际控制人,指使上市公司董事、监事、高级管理人员违背对公司的忠实义务,利用职务便利,操纵上市公司,致使公司利益遭受重大损失的行为。

11-17

(二)背信损害上市公司利益罪的特征

1.本罪的客体是复杂客体,应当包括上市公司的财产权和国家对上市公司的管理秩序。

背信行为的实施会导致上市公司经济利益受损或商业风险增加的不利后果,对上市公司造成经济损失,背信行为直接指向了上市公司财产性利益。客观存在的财产性利益表述到抽象的犯罪客体时,就体现为财产性的权利。而由于股东对于上市公司管理的监管不力以及上市公司非基于人合而天然存在的信赖缺失,刑法有必要对于上市公司的管理秩序予以更多的关注,国家对上市公司的管理秩序应当在犯罪客体中体现。

2.本罪的客观方面表现为上市公司的董事、监事、高级管理人员违背对公司的忠实义务,利用职务便利,操纵上市公司,致使上市公司利益遭受重大损失的行为。所谓重大损失,根据《关于公安机关管辖的刑事案件立案追诉标准的规定(二)》第18条的规定,是指具有下列情形之一:(1)无偿向其他单位或者个人提供资金、商品、服务或者其他资产,致使上市公司直接经济损失数额在150万元以上的;(2)以明显不公平的条件,提供或者接受资金、商品、服务或者其他资产,致使上市公司直接经济损失数额在150万元以上的;(3)向明显不具有清偿能力的单位或者个人提供资金、商品、服务或者其他资产,致使上市公司直接经济损失数额在150万元以上的;(4)为明显不具有清偿能力的单位或者个人提供担保,或者无正当理由为其他单位或者个人提供担保,致使上市公司直接经济损失数额在150万元以上的;(5)无正当理由放弃债权、承担债务,致使上市公司直接经济损失数额在150万元以上的;(6)致使公司、企业发行的股票或者公司、企业债券、存托凭证或者国务院依法认定的其他证券被终止上市交易的;(7)其他致使上市公司利益遭受重大损失的情形。

3.本罪的主体是特殊主体,指上市公司的董事、监事、高级管理人员以及上市公司的控股股东或者实际控制人。因为《刑法》第169条之一的第一款和第二款规定了本罪的两类主体:第一类是董事、监事、高级管理人员;第二类是控股股东、实际控制人,控股股东或实际控制人皆可由自然人或单位构成。

4.本罪的主观方面是故意。

(三)背信损害上市公司利益罪的处罚

根据《刑法》第169条之一的规定,犯本罪的,处3年以下有期徒刑或者拘役,并处或者单处罚金;致使上市公司利益遭受特别重大损失的,处3年以上7年以下有期徒刑,并处罚金。

上市公司的控股股东或者实际控制人是单位的,对单位判处罚金,并对其直接负责的主管人员和其他直接责任人员,依照自然人犯本罪的规定处罚。

复 习 与 练 习

本章提要

公司、企业作为市场经济主体的重要成员,在社会主义市场经济中发挥着巨大作用,对我国社会的发展举足轻重。公司、企业不仅是国民经济增长的主要推动力,还是现代社会稳定的重要保障。当前,我国正处于社会主义市场经济体制转轨时期,市场不规范,市场竞争激烈,加之社会方面、经济方面和公司、企业制度本身存在的诸多原因,公司、企业违法类犯罪的活动也日趋增多,从而严重危害了我国的社会秩序和经济秩序。2005年10月27日,十届全国人大常委会第十八次会议通过了新的公司法。这次修订,是对公司法的全面修改,包括对违反公司法构成犯罪的内容也进行了修改,将公司犯罪刑事责任的内容简化为具有高度概括性的指示性条款。我国八届人大五次会议通过的 1997 年《刑法》在刑法分则第 3 章中专门增加了一节"妨害对公司、企业的管理秩序罪",对公司、企业在设立、经营、清算过程中,违反相关法律法规而危害公司、企业管理活动,情节严重的行为予以刑事处罚。现行《刑法》中,在分则第 3 章 158 条到 169 条,以 12 个条文共规定了 17 个罪名,分别是:虚报注册资本罪;虚假出资、抽逃出资罪;欺诈发行证罪;违规披露、不披露重要信息罪;妨害清算罪;隐匿、故意销毁会计凭证、会计账簿、财务会计报告罪;虚假破产罪;非国家工作人员受贿罪;对非国家工作人员行贿罪;对外国公职人员、国际公共组织官员行贿罪;非法经营同类营业罪;为亲友非法牟利罪;签订、履行合同失职被骗罪;国有公司、企业、事业单位人员失职罪;国有公司、企业、事业单位人员滥用职权罪;徇私舞弊低价折股、低价出售国有资产罪;背信损害上市公司利益罪。

思考题

1.依据犯罪构成要件的不同,对妨害对公司、企业的管理秩序罪进行分类。

2.论妨害对公司、企业的管理秩序罪的刑罚设置问题。

3.如何看待非国家工作人员受贿罪和对非国家工作人员行贿罪的对合适用问题。

参考文献

1.高铭暄、马克昌:《刑法学》,北京大学出版社、高等教育出版社 2007 年版。

2.李永升、朱建华:《经济刑法学》,法律出版社 2011 年版。

3.马克昌主编:《经济犯罪新论》,武汉大学出版社 1998 年版。

4.刘家琛主编:《经济犯罪罪名解释与法律适用》,中国检察出版社 2003 年版。

5.王晨:《证券期货犯罪的认定与处罚》,知识产权出版社 2008 年版。

6.赵秉志主编:《新刑法教程》,中国人民大学出版社 1997 年版。

7.曹子丹、侯国云主编:《中华人民共和国刑法精解》,中国政法大学出版社 1997 年版。

8.孙力:《虚假出资、抽逃出资罪研究》,《法学家》2000 年第 5 期。

第十二章　破坏金融管理秩序罪

本章主要围绕破坏金融管理秩序的犯罪,就刑法分则对该类具体犯罪设定的罪状、法定刑进行理论阐述,以正确把握罪与非罪、此罪与彼罪的界限。

本章重点
- 破坏金融管理秩序罪的概念与特征
- 伪造货币罪
- 持有、使用假币罪
- 高利转贷罪
- 非法吸收公众存款罪
- 妨害信用卡管理罪
- 擅自发行股票、公司、企业债券罪
- 内幕交易、泄露内幕信息罪
- 利用未公开信息交易罪
- 编造并传播证券、期货交易虚假信息罪
- 操纵证券、期货市场罪
- 违法发放贷款罪
- 洗钱罪

第一节　破坏金融管理秩序罪概述

一、破坏金融管理秩序罪的概念

破坏金融管理秩序罪,是指违反国家对金融市场的监督管理的法律、法规,从事危害国家对货币、外汇、有价证券以及金融机构、证券交易和保险公司管理的活动,破坏金融市场秩序,情节严重的行为。

二、破坏金融管理秩序罪的特征

(一)本类犯罪客体

这类犯罪侵犯的客体是金融管理秩序,即破坏我国的货币、外汇、有价证券管理制度以及对金融机构、证券交易和保险公司组织和行为的监督管理制度。

(二)本类犯罪的客观方面

本类犯罪的客观方面,违反国家对金融市场的监督管理的法律、法规,在金融市场领域进行非法经济活动,严重破坏社会主义市场经济秩序的行为。本节规定的犯罪行为,总是以违反一定的金融管理法规为前提,其客观方面的表现形式可以归纳为以下七种类型:(1)破坏货币管理制度的犯罪行为;(2)妨害金融机构的犯罪行为;(3)破坏有价证券管理制度的行为;(4)扰乱证券市场交易秩序的犯罪行为;(5)破坏金融机构管理制度的犯罪行为;(6)破坏外汇管理制度的犯罪行为;(7)特殊扰乱金融秩序的行为。这类犯罪都是以作为方式实施的,而且有些犯罪行为还与行为人的职务或身份有关。

（三）本类犯罪主体

本类犯罪的主体表现为三种类型:有的只能由自然人构成;有的只能由单位构成;有的既可以由单位构成,也可以由自然人构成。就自然人犯罪主体而言,大多数是一般主体,已满16周岁,具有辨别和控制能力的自然人。即可构成。但也有少数是特殊主体。

（四）本类犯罪主观方面

对于绝大多数具体犯罪来说是出于故意,即明知自己的行为违反国家经济管理法规,会发生破坏社会主义市场经济秩序的结果,并且希望或放任这种结果的发生。其中许多犯罪要求具有特定目的。

三、破坏金融管理秩序罪的分类

破坏金融管理秩序罪共有30个罪名。分别是:伪造货币罪,出售、购买、运输假币罪,金融工作人员购买假币、以假币换取货币罪,持有、使用假币罪,变造货币罪,擅自设立金融机构罪,伪造、变造、转让金融机构经营许可证、批准文件罪,高利转贷罪,骗取贷款、票据承兑、金融票证罪,非法吸收公众存款罪,伪造、变造金融票证罪,妨害信用卡管理罪,窃取、收买、非法提供信用卡信息罪,伪造、变造国家有价证券罪,伪造、变造股票、公司、企业债券罪,擅自发行股票、公司、企业债券罪,内幕交易、泄露内幕信息罪,利用未公开信息交易罪,编造并传播证券、期货交易虚假信息罪,诱骗投资者买卖证券、期货合约罪,操纵证券、期货市场罪,背信运用受托财产罪,违法运用资金罪,违法发放贷款罪,吸收客户资金不入账罪,违规出具金融票证罪,对违法票据承兑、付款、保证罪,骗购外汇罪,逃汇罪,洗钱罪。

第二节　破坏金融管理秩序罪分述

一、伪造货币罪

（一）伪造货币罪的概念

12-1

伪造货币罪,是指仿照货币的式样、票面、图案、颜色、质地和防伪标记等特征,使用描绘、复印、影印、制版印刷和计算机扫描打印等方法,非法制造假货币、冒充真货币的行为。

（二）伪造货币罪的特征

1.本罪的客体是国家的货币管理制度。

本罪的犯罪对象是货币,既包括本国的货币,即人民币,也包括境外货币,即各个国家和地区正在流通使用的货币。2000年9月14日施行的最高人民法院《关于审理伪造货币等案件具体应用法律若干问题的解释》第7条的规定,本解释所称"货币"是指可在国内市场流通或者兑换的人民币和境外货币。2010 年 11 月 3 日施行的最高人民法院《关于审理伪造货币等案件具体应用法律若干问题的解释(二)》第 4 条规定,以中国人民银行发行的普通纪念币和贵金属纪念币为对象的假币犯罪,依照《刑法》第 170 条至第 173 条的规定定罪处罚。因此,本罪的犯罪对象具体包括:人民币,港、澳、台货币和外国货币。

货币面额应当以人民币计算,境外货币以案发时国家外汇管理机关公布的外汇牌价折算成人民币。根据 2010 年 11 月 3 日施行的最高人民法院《关于审理伪造货币等案件具体应用法律若干问题的解释(二)》第 3 条第 2 款的规定,假境外货币犯罪的数额,按照案发当日中国外汇交易中心或者中国人民银行授权机构公布的人民币对该货币的中间价折合成人民币计算。中国外汇交易中心或者中国人民银行授权机构未公布汇率中间价的境外货币,按照案发当日境内银行人民币对该货币的中间价折算成人民币,或者该货币在境内银行、国际外汇市场对美元汇率,与人民币对美元汇率中间价进行套算。

2.本罪的客观方面表现为伪造货币的行为,即行为人采取仿照货币的式样、票面、图案、颜色、质地和防伪标记等特征,使用描绘、复印、影印、制版印刷和计算机扫描打印等方法,非法制造假货币、冒充真货币的行为。伪造货币,实质为非法制造货币的行为。首先,伪造的货币,往往是通过较高的技术手段,使其在外观或形式上能够达到与真货币基本相似的程度,足以以假乱真,使民众误认为是真货币。如果不是采取上述伪造货币的方式,而只是从画册上剪下货币的图案,然后冒充真货币,或者只是将货币大小一样的纸张夹在一叠货币中冒充货币的行为,不能认定为伪造货币。其次,伪造的货币,通常是正在流通的货币。如果伪造的是已经停止流通的货币或者其他有价值的货币类物品(如银元、金圆券等),不构成本罪。需要注意的是,"对于国家宣布废止的通货,在一定兑换期间仍可在市场流通、使用的,尽管已丧失了通用货币的性质,但在兑换期间对之加以伪造的,仍可构成本罪"。[①] 此外,事前通谋,为他人伪造货币提供版样的,以本罪的共犯论处。

例如,2013 年 9 月,张某、王某受雇于他人在某小区一民居内加工假人民币。同年,张某从雇主手中接回假人民币 5 万元(面额为 100 元),然后与王某一起将假人民币加工辨析粉、轧上凹凸纹,并在假币的防伪点上印上数额。由张某将加工好的假人民币 5 万元送交雇主。数天后,张某又从雇主手中接回面额为 50 元的假人民币 2000 张(合计面额为 10 万元)与王某一起加工。10 月 11 日夜,公安机关接到群众举报,对张某、王某二人实施抓捕,人赃俱获。公安机关另从该房内缴获面额为 100 元的假人民币 60 张(合计面额为 6000 元)。

本案中,张某与王某受雇于他人将假人民币加工辨析粉、轧上凹凸纹,并在假币的防伪点上印上数额,且其加工的假币已经达到定罪数额标准,应当构成伪造货币罪。

3.本罪的主体只能是自然人一般主体,即年满 16 周岁、具备辨认和控制能力且无货币发行权的自然人。需要注意的是,单位能否成为本罪主体?根据《刑法》第 30 条规定,成立单位犯罪应以刑法分则的明文规定为限。因此,单位不能成为本罪的主体。对于实践中单位实施的伪造货币的行为,应当根据 1999 年 7 月 3 日施行的最高人民法院《关于审理单位犯罪案件具体应用法律若干问题的解释》的规定来处理,即个人为实施伪造货币犯罪活动而设立公司、企业、事业单位的,或者公司、企业、事业单位设立后,以实施伪造货币犯罪为主要

---

① 张军主编:《破坏金融管理秩序罪》,中国人民公安大学出版社 2003 年版,第 58 页。

活动的,直接认定为个人犯罪即可。

4.本罪的主观方面是故意,即行为人明知自己伪造货币的行为会侵犯国家的货币管理制度,仍积极追求该种结果的心理态度。该种故意是仅限于直接故意还是包含直接故意与间接故意两种,学界存在分歧。有学者认为,"伪造货币罪在主观方面表现为故意,即明知自己伪造货币的行为会发生损害社会对货币的公共信用和国家对货币的制造发行权的危害后果,并且希望或者放任这种结果发生",[①]即承认本罪主观方面包括直接故意与间接故意。学界通说认为本罪主观方面仅限于直接故意,编者同意通说观点,因为本罪是典型的行为犯,因此,行为人对危害后果是有明确认识并积极追求的,没有放任心理的存在余地。

虽然行为人一般具有非法牟利的目的,但不是本罪的构成要件。因此,本罪主观方面不要求行为人具有使伪造的货币处于流通、使用从而牟利的目的。

(三)伪造货币罪的认定

1.本罪罪与非罪的界限

《刑法》第 170 条对伪造货币的犯罪数额或数量未作规定,是否可以认为不论行为人伪造货币的数额或数量是多少,均构成犯罪?对此,2000 年 9 月 14 日施行的最高人民法院《关于审理伪造货币等案件具体应用法律若干问题的解释》第 1 条和 2010 年 5 月 7 日最高人民检察院、公安部印发的《关于公安机关管辖的刑事案件立案追诉标准的规定(二)》第 19 条规定,伪造货币总面额在 2000 元以上或者币量在 200 张(枚)以上的,或者总面额在一千元以上或币量在一百张(枚)以上且二年内因伪造货币受过行政处罚后又伪造货币的,应予追诉。因此,伪造货币尚未达到上述数额或数量标准的,不构成犯罪。

2.本罪一罪与数罪的界限

由于本罪与出售、运输、持有、使用假币行为具有一定的关联性,因此在罪数认定时需要特别注意。

12-2

第一,行为人伪造货币后,又出售、运输伪造的货币的情形。根据《刑法》第 171 条第 3 款的规定,伪造货币并出售或者运输伪造的货币的,依照本法第 170 条的规定定罪从重处罚。显然,该规定中的出售、运输伪造的货币,是指行为人自己伪造的货币。如果行为人伪造货币后,出售、运输的是他人伪造的货币,则不能适用前款规定,应对出售、运输伪造的货币行为单独定罪,此时,行为人同时构成伪造货币罪与出售、运输假币罪,一般应予数罪并罚。但是,当立法有专门规定时,依照规定。

第二,行为人伪造货币后,又持有、使用伪造的假币的情形。我国刑法对此没有作出明文规定,但依据刑法的一般原理,我们认为应当区分持有与使用的不同情形。持有,是对特定事物事实上的支配与控制,是行为人伪造货币后的必然延续状态,持有货币也就成为了伪造货币行为的有机组成部分。因此,对于伪造货币后持有该伪造的货币的行为,按伪造货币罪一罪处理即可。当然,如果持有的是他人伪造的货币,则应当数罪并罚。对于伪造货币后又使用伪造货币的行为,不论使用的是行为人自己伪造的货币还是他人伪造的货币,由于伪造货币与使用假币侵犯了不同的客体,应分别认定伪造货币罪与使用假币罪,实行数罪并罚。

---

① 黄明儒:《伪造、变造犯罪的定罪与量刑》,人民法院出版社 2002 年版,第 146 页。

3.本罪与他罪的界限

(1)本罪与变造货币罪的界限。变造货币罪,是指通过对真实货币剪贴、涂改、挖补、拼接、揭层等方法,使真实货币发生增值,数额较大的行为。因此,变造货币的实质在于"由少变多",通过对真实货币实施改造,扩大、增加真实货币的票面总额。与之不同,伪造货币的实质则为"从无到有",完全是凭借非法手段制造新的假货币的行为。因此,二者的最大区别即在于行为时是否存在真实货币。

(2)本罪与诈骗罪的界限。一般情况下,本罪与诈骗罪在犯罪构成上并无共同之处,但实践中常常出现行为人以非流通货币为伪造对象而制造所谓"假币",并出售、使用的情形。此时,该种伪造行为下的"假币"由于并非可流通货币,不可能对国家货币管理制度造成危害,因而不构成伪造货币罪。但是,行为人利用伪造"假币"的方式骗取他人钱财,获取非法利益,应当认定为诈骗罪。根据最高人民法院《关于审理伪造货币等案件具体应用法律若干问题的解释(二)》第 5 条的规定,以使用为目的,伪造停止流通的货币,或者使用伪造的停止流通的货币的,依照《刑法》第 266 条的规定,以诈骗罪定罪处罚。

(3)本罪与贪污罪的界限。一般情况下,本罪与贪污罪在犯罪构成上并无共同之处。但实践中出现的特殊情形,则会使伪造货币罪与贪污罪难以区分。例如,依法被授予制造货币权力的企业及其工作人员,超越权限范围私自制造货币的行为,是否构成本罪? 有学者认为,"该种行为属于擅自制造,并非伪造,因此不能构成伪造货币罪。……此种情况也不构成其他犯罪,只能作为一般违法行为处理。"[①]我们认为,该种观点值得商榷。依法被授予制造货币权力的工作人员,即承担了国家制造货币的职能,在该种条件下符合国家工作人员的实质要求,依照《刑法》第 93 条规定,应予认定为国家工作人员。同时,超越权限范围私自制造的货币,形式合法,属于国家可流通货币,应为国家所有。因此,其在履行制造货币这一职务行为时,私自制造超额货币收归已有的行为,完全符合《刑法》第 382 条的规定。因此,对于依法被授予制造货币权力的企业及其工作人员,超越权限范围私自制造货币收归已有的行为,应以贪污罪论处。

4.本罪的共犯问题

数个行为人之间基于共同伪造货币的意图,不论行为人是直接实施伪造货币的行为,还是教唆他人伪造货币、为他人伪造货币提供帮助的,都构成共同犯罪。但是,对行为人之间的对向性行为是否构成共同犯罪? 根据最高人民法院《关于审理伪造货币等案件具体应用法律若干问题的解释》第 1 条第 3 款的规定,行为人制造货币版样或者与他人事前通谋,为他人伪造货币提供版样的,依照《刑法》第 170 条的规定定罪处罚。因此,在对向性伪造货币犯罪中,宜根据行为人事前有无通谋及通谋的具体内容进行具体分析。第一,行为人明知他人实施伪造货币的行为,但行为人之间仅是单纯地进行购买商议,并未给伪造货币犯罪分子提供意思联络或其他帮助行为,该种情形不能成立共同犯罪,而应分别定罪;第二,行为人明知他人伪造货币而与之共谋实施伪造货币的行为,或行为人教唆他人实施伪造货币的行为,或为他人实施伪造货币行为提供资金、技术、设备等帮助行为的,应当成立伪造货币罪的共同犯罪。

---

①　郑丽萍:《货币犯罪研究》,中国方正出版社 2004 年版,第 181 页。

（四）伪造货币罪的处罚

根据《刑法》第 170 条的规定，犯本罪的，处 3 年以上 10 年以下有期徒刑，并处罚金；有下列情形之一的，处 10 年以上有期徒刑或者无期徒刑，并处罚金或者没收财产：（1）伪造货币集团的首要分子；（2）伪造货币数额特别巨大的；（3）有其他特别严重情节的。

二、出售、购买、运输假币罪

（一）出售、购买、运输假币罪的概念

出售、购买、运输假币罪，是指出售、购买伪造的货币或者明知是伪造的货币而予以运输，数额较大的行为。

12-3

（二）出售、购买、运输假币罪的特征

1.本罪的客体是国家的货币管理制度。本罪的犯罪对象是假币，即伪造的货币。

2.本罪的客观方面表现为出售、购买或者运输伪造的货币的行为。出售，是指将本人持有的伪造的货币有偿转让给他人的行为。此处的有偿转让，既包括用真实货币购买的方式，也包括用实物或其他利益换取的方式。购买，是指用真币或者其他实物收购、换取他人假币的行为。从刑法理论上看，出售与购买属于必要共犯中的对向犯，但双方并不一定会同时成立犯罪，因为二者都有可能存在出售或者购买少量假币的情形，尤其是购买行为。如果双方分别达到数额较大的程度，则都构成犯罪。应当注意的是，无偿赠与假币的行为与以假币换假币的行为，应当如何处理？第一，无偿赠与假币的行为，不构成出售或者购买假币罪，应根据假币的来源确定其行为性质；第二，以假币换假币的行为，也不构成出售或者购买假币罪，如果符合使用假币罪的构成要件，则按使用假币罪处理。运输，是指通过一定的方法将伪造的货币从此地运至彼地的行为。既可以采用交通工具，也可以采用随身携带、邮寄或者其他方法。

构成本罪，以"数额较大"为条件。所谓数额较大，根据《关于审理伪造货币等案件具体应用法律若干问题的解释》第 3 条和《追诉标准（二）》第 20 条的规定，是指总面额在 4000 元以上不满 5 万元，或者币量在 400 张（枚）以上的情形。或者总面额在 2000 元以上或者币量在 200 张（枚）以上且二年内因出售、购买、运输假币受过行政处罚后又出售、购买、运输假币的情形。在出售假币时被抓获的，除现场查获的假币应认定为出售假币的数额外，现场之外在行为人住所或者其他藏匿地查获的假币，也应认定为出售假币的数额。

例如，于某、刘某、李某及廖某四人在哈尔滨预谋购买假币，由于某负责提供购买假币的资金 10000 元。刘某与李某到河南省信阳市用 15000 元真币，购买假币 47000 元并带回哈尔滨。后刘某又将 47000 元假币从哈尔滨运输到北京市。2015 年 9 月，于某在北京市海淀区魏公村一报刊亭附近向张某出售假币 4000 元，获得真币 1000 元，用于个人花销。同年 11 月 12 日，于某在北京市朝阳区某小区内向曹某出售假币 5000 元，并商量好待曹某出售假币后再给于某真币。

本案中，于某、刘某、李某及廖某四人预谋购买假币，由于某提供资金，刘某与李某负责购买假币并将假币从河南带回哈尔滨，刘某又将假币从哈尔滨运输至北京，于某在北京负责将假币出售。这四人的行为构成共同犯罪，应当按照各自在犯罪中所起的作用分别予以处罚。依照《刑法》第 271 条第 1 款的规定，四人构成出售、购买、运输假币罪。本罪为选择性罪名，依照其所实施的行为确定罪名，不实行数罪并罚。于某构成出售、购买假币罪，刘某构成购买、运输假币罪,李某构成购买、运输假币罪,廖某构成购买假币罪。

3.本罪的主体是一般主体,即年满 16 周岁、具备辨认和控制能力的自然人。根据刑法规定,单位不能成为本罪的主体,金融机构的工作人员不能成为购买假币罪的主体,如果金融机构的工作人员出售、运输假币的,则构成出售、运输假币罪。

4.本罪的主观方面是故意。如果行为人不知是伪造的货币,或者明知是伪造的货币而只是出于少量收藏等不用之于流通的目的,不构成本罪。

(三)出售、购买、运输假币罪的认定

1.本罪的罪与非罪的界限

本罪的成立,不仅要求行为人实施出售、购买、运输假币的行为,而且必须达到数额较大的要求才构成犯罪。对于"数额较大"的认定,相关司法解释作出了较为明确的规定。《关于审理伪造货币等案件具体应用法律若干问题的解释》第 3 条规定,出售、购买假币或者明知是假币而运输,总面额在 4000 元以上不满 50000 元的,属于"数额较大"。《关于公安机关管辖的刑事案件立案追诉标准的规定(二)》第 20 条规定,出售、购买伪造的货币或者明知是伪造的货币而运输,总面额在 4000 元以上或者币量在 400 张(枚)以上的,或者总面额在 2000 元以上或者币量在 200 张(枚)以上,且二年内因出售、购买、运输假币受过行政处罚,又出售、购买、运输假币的应予立案追诉。在出售假币时被抓获的,除现场查获的假币应认定为出售假币的数额外,现场之外在行为人住所或者其他藏匿地查获的假币,也应认定为出售假币的数额。《关于审理伪造货币等案件具体应用法律若干问题的解释(二)》第 3 条第 2 款规定,假境外货币犯罪的数额,按照案发当日中国外汇交易中心或者中国人民银行授权机构公布的人民币对该货币的中间价折合成人民币计算。中国外汇交易中心或者中国人民银行授权机构未公布汇率中间价的境外货币,按照案发当日境内银行人民币对该货币的中间价折算成人民币,或者该货币在境内银行、国际外汇市场对美元汇率,与人民币对美元汇率中间价进行套算。

2.本罪一罪与数罪的界限

行为人出售、运输自己伪造的假币的,仅成立伪造货币罪一罪,从重处罚;行为人伪造货币,同时出售、运输他人伪造的货币的,分别成立伪造货币罪和出售、运输假币罪,实行数罪并罚;行为人购买假币后又使用的,仅成立购买假币罪一罪,从重处罚;行为人出售、运输假币,同时又使用假币的,分别成立出售、运输假币罪和持有、使用假币罪,实行数罪并罚。

3.本罪与他罪的界限

(1)本罪与走私假币罪的界限。本罪与走私假币罪都涉及运输假币的行为,都侵犯了我国国家货币管理制度。具体到犯罪构成特征上,两罪区别明显:第一,走私假币罪的客体不仅包括我国国家货币管理制度,更主要的是侵犯我国国家海关管理制度;第二,客观方面的差异则最为明显,本罪的行为均须发生在我国境内,而走私假币罪则是携带假币跨越国(边)境的行为;第三,本罪主体仅为自然人,而走私假币罪的主体既可以是自然人主体也可以是单位主体。

(2)本罪与诈骗罪的界限。两罪容易混淆的情形,主要表现为出售假币与诈骗的区分。根据《关于审理伪造货币等案件具体应用法律若干问题的解释(二)》第 5 条的规定,以使用为目的,伪造停止流通的货币,或者使用伪造的停止流通的货币的,依照《刑法》第 266 条的规定,以诈骗罪定罪处罚。因此,两罪区分的关键在于,行为人出售假币是侵犯了货币流通秩序还是将假币作为手段侵犯公私财产权。如果行为人出售假币的行为直接侵犯了货币流通秩序,应构成本罪;如果行为人将假币、国外失效的货币作为隐瞒真相、虚构事实的手段并出售而侵犯公私财产所有权的,应构成诈骗罪。

4.本罪的共犯问题

一般情形下,依据总则共同犯罪的规定,即可对本罪的共同犯罪进行处理。认定疑难主要表现为居间介绍与运输行为的定性。对于实践中出现的居间介绍买卖假币的行为定性,应当从居间介绍人所处的定位来认定:如果居间介绍人属于购买一方而居间介绍,则构成购买假币罪的共犯;如果居间介绍人属于出售一方而居间介绍,则构成出售假币罪的共犯。对于运输行为,如果行为人本身属于伪造货币行为的成员,只是负责运输货币的环节,则应认定为伪造货币罪的共犯;如果行为人并不是伪造货币行为的成员,只是单纯为他人运输假币的情形,不能认定构成共同犯罪,而是单独构成运输假币罪。

(四)出售、购买、运输假币罪的处罚

根据《刑法》第 171 条第 1 款和第 3 款的规定,犯本罪,数额较大的,处 3 年以下有期徒刑或者拘役,并处 2 万元以上 20 万元以下罚金;数额巨大的,处 3 年以上 10 年以下有期徒刑,并处 5 万元以上 50 万元以下罚金;数额特别巨大的,处 10 年以上有期徒刑或者无期徒刑,并处 5 万元以上 50 万元以下罚金或者没收财产。伪造货币并出售或者运输伪造的货币的,依照伪造货币罪的规定定罪从重处罚。

三、金融工作人员购买假币、以假币换取货币罪

(一)金融工作人员购买假币、以假币换取货币罪的概念

金融工作人员购买假币、以假币换取货币罪,是指银行或者其他金融机构的工作人员购买伪造的货币,或者利用职务上的便利,以伪造的货币换取货币的行为。

12-4

(二)金融工作人员购买假币、以假币换取货币罪的特征

1.本罪的客体是国家的货币管理制度。

2.本罪的客观方面表现为银行或者其他金融机构的工作人员购买伪造的货币,或者利用职务上的便利,以伪造的货币换取货币的行为。所谓利用职务上的便利,是指利用本人经手、管理货币的职务而产生的便利条件。如果不是利用职务上的便利,而是利用工作环境、利用他人的工作疏忽等条件以假币换取货币,不构成本罪。以伪造的货币换取货币的行为,不仅限于以伪造的货币为自己换取,也可以是以伪造的货币为他人换取。根据《关于公安机关管辖的刑事案件立案追诉标准的规定(二)》第 16 条的规定,银行或者其他金融机构的工作人员购买伪造的货币或者利用职务上的便利,以伪造的货币换取货币,总面额在 2000 元以上或者币量在 200 张(枚)以上的,应予立案追诉。

3.本罪的主体是特殊主体,只能是银行或者其他金融机构的工作人员。对于银行或者金融机构的所有制性质,则在所不问。

4.本罪的主观方面是故意。行为人必须明知是假币而购买,或者明知是假币而将其换成真货币。过失,不构成本罪。

（三）金融工作人员购买假币、以假币换取货币罪的认定

1.本罪的罪与非罪的界限

本罪的成立，不仅要求金融工作人员实施购买假币、换取货币的行为，而且必须达到数额较大的要求才构成犯罪。对于"数额较大"的认定，相关司法解释作出了较为明确的规定。《关于公安机关管辖的刑事案件立案追诉标准的规定（二）》第 21 条规定，银行或者其他金融机构的工作人员购买伪造的货币或者利用职务上的便利，以伪造的货币换取货币，总面额在 2000 元以上或者币量在 200 张（枚）以上的，应予立案追诉。

2.本罪与他罪的界限

（1）本罪与购买假币罪的界限。两罪的行为方式完全相同，区别的关键主要在于犯罪主体不同，本罪主体必须是银行或者其他金融机构的工作人员，而购买假币罪的主体则为一般自然人主体。从两罪的关系来看，二者属法条竞合的关系，本罪为特别法，购买假币罪为一般法。根据法条竞合下特别条款优先于普通条款的处理原则，凡是银行或者其他金融机构的工作人员实施了购买假币的行为，均按本罪论处。

（2）本罪与贪污罪、职务侵占罪的界限。以假币换取货币的行为，实质上是监守自盗的行为，是利用假币这一隐蔽手段窃取公共财产的行为。如果具有国家工作人员的身份，则成立贪污罪；如果不具有国家工作人员的身份，则成立职务侵占罪。但是，由于刑法将金融工作人员以假币换取货币的行为单独规定为犯罪，因此，通说认为，对此类行为应认定为本罪，而不再定贪污罪或职务侵占罪。对于该种理解是否合理，仍有值得探讨的空间。有学者认为，"金融机构工作人员利用职务上的便利，以少量面额（如 100 元）的假币换取大量面值（如1 万元）真币后的，成立贪污罪或者职务侵占罪。以假币换取货币的行为同时触犯本罪与贪污罪、职务侵占罪的，应作为想象竞合犯，从一重罪处罚。"[1]

（四）金融工作人员购买假币、以假币换取货币罪的处罚

根据《刑法》第 171 条第 2 款的规定，犯本罪的，处 3 年以上 10 年以下有期徒刑，并处 2万元以上 20 万元以下罚金；数额巨大或者有其他严重情节的，处 10 年以上有期徒刑或者无期徒刑，并处 2 万元以上 20 万元以下罚金或者没收财产；情节较轻的，处 3 年以下有期徒刑或者拘役，并处或者单处 1 万元以上 10 万元以下罚金。根据《关于审理伪造货币等案件具体应用法律若干问题的解释（二）》第 4 条的规定，所谓数额巨大，是指总面额在 5 万元以上或者币量在 5000 张（枚）以上的情形；所谓情节较轻，是指根据总面额不满 4000 元或者币量不足 400 张（枚）的情形。

四、持有、使用假币罪

12-5

（一）持有、使用假币罪的概念

持有、使用假币罪，是指明知是伪造的货币而持有、使用，数额较大的行为。

（二）持有、使用假币罪的特征

1.本罪的客体是国家的货币管理制度。

2.本罪的客观方面表现为持有、使用伪造的货币的行为。所谓持有，是指行为人实际控

---

① 张明楷：《刑法学》（第五版），法律出版社 2016 年版，第 770 页。

制、支配假货币的一种行为状态,如随身携带、放置家中、藏于某一场所或者委托他人代为保管等方式。所谓使用,是指行为人使假币进入流通领域,作为一种支付手段购买商品、接受服务或者偿还债务等。构成本罪需要以"数额较大"为条件。根据上述《关于审理伪造货币等案件具体应用法律若干问题的解释(二)》第 5 条和《关于公安机关管辖的刑事案件立案追诉标准的规定(二)》第 17 条的规定,数额较大是指总面额在 4000 元以上不满 5 万元,或者币量在 400 张(枚)以上,或者总面额在 2000 元以上或者币量在 200 张(枚)以上且二年内因持有、使用假币受过行政处罚后又持有、使用假币的情形。

例如,杨某打电话给李某,谎称"有人要松花粉",将李某从辽宁省沈阳市骗至广州,安排住在广州市阳光大酒店。次日,杨某至该酒店编造欲去取松花粉的货款汇票,要求李某支付人民币 2 万元。为取得李某信任,杨某将其明知并持有的面额为 100 元的 50 张假美元留给李某作为质押,从李某处实际骗得人民币 1.95 万元后逃逸。李某发觉被骗后立即报警,公安机关后将杨某抓获归案,并追缴赃款人民币 1100 元。经中国银行广州市支行鉴定,上述假美元均系伪造。

本案中,杨某将其持有的面额为 100 元的 50 张假美元作为质押交付给李某,骗取李某人民币 1.95 万元,这种以假币支付定金作为担保的行为属于使用假币的行为。根据相关司法解释的规定,假币也包括伪造的境外货币。因此,杨某的行为应当构成持有、使用假币罪。

3. 本罪的主体是一般主体。

4. 本罪的主观方面是故意。即行为人明知是伪造的货币而持有、使用。如果主观不明知,不构成犯罪。

(三)持有、使用假币罪的认定

1. 本罪的罪与非罪的界限

非法持有、使用假币可能存在多种原因。在司法实践中,对于行为人持有、使用的假币,通常需要查明其来源。如果查明假币是行为人自己伪造,或者是走私、购买、运输所得,或者是为他人窝藏,则分别构成各种犯罪。如果无法查明假币来源,行为人又拒绝说明其来源的,则可认定为本罪。

2. 本罪一罪与数罪的界限

本罪为选择性罪名,行为人只要实施持有或者使用其中一个行为,即可构成本罪。行为人持有、使用的是同一宗假币,则只构成一罪;行为人分别持有、使用的是不同宗的假币,则构成数罪。

由于持有是一种一般性事实状态,其他涉假币犯罪必定都会存在持有状态,因此,罪数情形需要具体分析。第一,持有假币是其他涉假币犯罪的必然经历状态,则应按照行为人所实施的其他涉假币犯罪定罪,不另外构成持有假币罪。如,甲伪造了大量的假人民币,藏匿于住宅地下室,准备风声过后出售牟利。数日后,经人举报,甲伪造的全部假币被公安机关查获。此种情形下,如前所述,行为人虽有持有假币的行为,但不单独定罪,只构成伪造货币罪一罪。第二,行为人持有大量假币,同时实施其他涉假币犯罪,但两行为中的假币不是同一宗假币,则应构成数罪,分别定罪处罚。第三,对于司法实践中持有假币罪的认定,一般先按照可查明来源的涉假币犯罪认定,如无法查明行为人所持假币来源,则认定为持有假币罪。

行为人通过实施其他涉假币犯罪获得假币后使用的,一般依照牵连犯原理,从一重罪处罚。但是，前后行为中的假币不是同一宗假币，则应构成数罪，分别定罪处罚。对于购买假币后使用的行为，依照《刑法》第 171 条的规定，构成购买假币罪一罪；出售、运输假币的同时，并使用假币的，依照《刑法》第 171 条、172 条的规定，实行数罪并罚。

3.本罪与他罪的界限

(1)本罪与出售假币罪的界限。一般情形下，本罪与出售假币罪是两种完全不同的行为，很好区别认定。但是，当行为人用假币兑换真币时，则存在使用假币与出售假币的定性疑难。一般地，出售假币是将假币作为交易对象处分，出售价格远远低于假币面额；使用假币则是将假币当作正常流通的货币，依照假币的面额予以流通。还有，出售假币情形下，买卖双方对于交易对象为假币都是明知的，而使用假币时，对方并不明知是假币。

(2)本罪与诈骗罪的界限。一般情形下，本罪与诈骗罪容易区分，但行为人使用假币谋取不正当利益时，二者容易混淆。第一，两罪的追诉数额标准不同。使用假币罪的追诉数额标准为 4000 元以上，而诈骗罪的为 2000 元以上；第二，两罪的主观目的不同。使用假币罪是让假币按照货币价格来使用，致使假币进入流通领域；诈骗罪则是将假币作为行骗工具意图骗取他人财物。对于实践中常见的"以伪造的货币冒充某种外币并低价出售的行为"，实质上即是一种虚构事实、隐瞒真相的诈骗行为，达到诈骗罪的构成要件要求，则构成诈骗罪。

(四)持有、使用假币罪的处罚

根据《刑法》第 172 条的规定，犯本罪的，处 3 年以下有期徒刑或者拘役，并处 1 万元以上 10 万元以下罚金；数额巨大的，处 3 年以上 10 年以下有期徒刑，并处 2 万元以上 20 万元以下罚金；数额特别巨大的，处 10 年以上有期徒刑，并处 5 万元以上 50 万元以下罚金或者没收财产。根据上述《解释》第 5 条的规定，所谓数额巨大，是指总面额在 5 万元以上不满 20 万元的情形。所谓数额特别巨大，是指总面额在 20 万元以上的情形。

五、变造货币罪

(一)变造货币罪的概念

变造货币罪，是指以进入流通市场为目的，对真实货币采取涂改、拼接、剪贴、挖补、揭层等方法，对货币进行加工改造，使货币面值增大、数量增加、数额较大的行为。

12-6

(二)变造货币罪的特征

1.本罪的客体是国家的货币管理制度。

本罪的犯罪对象是货币，包括可流通的人民币、港澳台货币和外国货币。对于变造无法流通的货币或其他有价证券的，不构成本罪。

2.本罪的客观方面表现为变造货币的行为。根据《关于审理伪造货币等案件具体应用法律若干问题的解释(二)》第 1 条第 2 款的规定，对真货币采用剪贴、挖补、揭层、涂改、移位、重印等方法加工处理，改变真币形态、价值的行为，应当认定为《刑法》第 173 条规定的"变造货币"。

3.本罪的主体是一般主体。

4.本罪的主观方面是故意，并且以变造的货币进入流通领域为目的。如果出于收藏等非流通使用的目的，不构成本罪。

（三）变造货币罪的认定

1.本罪的罪与非罪的界限

构成本罪需要以"数额较大"为条件。根据《关于审理伪造货币等案件具体应用法律若干问题的解释》第6条和《关于公安机关管辖的刑事案件立案追诉标准的规定（二）》第23条的规定，数额较大是指总面额在2000元以上不满3万元，或者币量在200张（枚）以上的情形或者总面额在1000元以上或者币量在100张（枚）以上且二年内因变造货币受过行政处罚后又变造货币的情形。只有达到上述数额较大标准的变造货币行为，才能构成本罪。

2.本罪与他罪的界限

区分本罪与他罪，主要应弄清本罪与伪造货币罪的界限。两罪在客体、主体、主观方面具有相同性，主要区别表现在客观方面的行为不同，本罪是变造行为，而伪造货币罪是伪造行为。具体而言，变造是指在真币的基础上加工改造，使货币面值增大、数量增加的行为；伪造则是指不以任何真币为基础，而是使用一定的原材料和技术手段伪造货币，冒充货币的行为。

3.如何认定"使用大额变造货币的行为"？

对于"使用大额变造货币的行为"的定性，学界大致形成了三种处理意见：第一，构成使用假币罪。该种观点认为，使用假币罪中"假币"不仅包括伪造的货币，而且还包括变造的货币，即对《刑法》第172条中的"伪造"做了相对解释。现行刑法对伪造与变造明文进行区别规定，伪造货币与变造货币分属不同罪名，使用假币罪中"使用伪造的货币"也应当体系性地认为仅指伪造货币的情形。因此，该种相对解释存在违反罪刑法定原则的可能，不为本书所取。第二，无罪处理。基于前述理由，该种行为在现行刑法中并无相应的罪名具体规制，基于罪刑法定要求，应做无罪处理。但是，使用大额变造货币的行为具有明显的社会危害性，简单的无罪处理并不合适。第三，构成诈骗罪。行为人变造货币多为将小额变造为大额然后使用，从而获取对方大额财物的情形，符合诈骗罪中"隐瞒真相、虚构事实骗取对方财物"的行为要件要求，因而可以将该种行为认定为诈骗罪。当然，需要说明的是，认定为诈骗罪还需要满足诈骗罪的其他构成要件要求，如非法占有的目的等。

（四）变造货币罪的处罚

根据《刑法》第173条的规定，犯本罪的，处3年以下有期徒刑或者拘役，并处1万元以上10万元以下罚金；数额巨大的，处3年以上10年以下有期徒刑，并处2万元以上20万元以下罚金。所谓数额巨大，根据上述《解释》第6条的规定，是指总面额在3万元以上的情形。

六、擅自设立金融机构罪

（一）擅自设立金融机构罪的概念

擅自设立金融机构罪，是指未经国家有关主管机关批准，擅自设立商业银行、证券交易所、证券公司、期货交易所、期货经纪公司、保险公司或者其他金融机构的行为。

（二）擅自设立金融机构罪的特征

1.本罪的客体是国家关于金融机构的管理制度。

2.本罪的客观方面表现为未经国家有关主管部门批准，擅自设立商业银行或者其他金融机构的行为。

第一，未经国家有关主管部门批准，是认定"擅自"设立金融机构的标准。未经有关部门批准，主要表现为两种形式：一是根本没有向国家有关主管部门提出设立金融机构的申请；二是虽然向国家有关主管部门提出设立金融机构的申请，但未获批准。在上述两种情形下，仍然设立金融机构的，即属于擅自设立金融机构的情形。

第二，设立金融机构是指建立金融机构，既包括未经国家有关主管部门批准建立独立的金融机构，也包括未经国家有关主管部门批准建立已有金融机构的分支机构。

第三，擅自设立的金融机构，包括所有类型的金融机构。

3.本罪的主体是一般主体。根据《刑法》第174条第3款的规定，单位也可以成为本罪的主体。

4.本罪的主观方面是故意，即明知私自设立金融机构是非法的而有意为之。行为人擅自设立金融机构的目的与动机如何，不影响本罪的成立。

（三）擅自设立金融机构罪的认定

1.本罪的罪与非罪的界限

根据《关于公安机关管辖的刑事案件立案追诉标准的规定（二）》第19条的规定，擅自设立金融机构包括两种情形：（1）擅自设立商业银行、证券、期货、保险机构及其他金融机构；（2）擅自设立商业银行、证券、期货、保险机构及其他金融机构筹备组织。因此，本罪是典型的行为犯，擅自设立金融机构的行为，一经实施，就成立本罪。

12-8

需要注意的是，本罪的既遂以擅自设立的金融机构筹备成立为标准，而不以擅自设立的金融机构已经开始营业为标准。

2.本罪一罪与数罪的界限

在实践中，行为人往往会利用伪造或变造的经营许可证来设立金融机构，在该种情形下，既成立伪造、变造、转让金融机构经营许可证罪，也构成本罪，由于二者存在明显的牵连关系，宜按照牵连犯从一重罪处罚的规则处理，而不能实施数罪并罚。此外，行为人擅自设立金融机构后，又开展非法经营业务的（如非法吸收公众存款），同样成立擅自设立金融机构罪与非法吸收公众存款罪的牵连犯，宜按照牵连犯从一重罪处罚的规则处理，而不能实施数罪并罚。

3.本罪与他罪的界限

（1）本罪与非法经营罪的界限。合法的金融机构在经营许可证失效的情况下继续经营金融业务的，不成立本罪，应成立非法经营罪。对于私自经营的"地下钱庄"，擅自进行放贷融资等金融业务行为的，由于一般并未在形式上成立相关的金融机构，只是实质上非法从事金融业务行为，因而并不符合本罪之构成，宜按非法经营罪或非法吸收公众存款罪处理。

（2）本罪与诈骗罪的界限。实践中常见的虚构金融机构以吸收存款的行为，学界存在争议。有学者认为，应当认定为擅自设立金融机构罪与诈骗罪的牵连犯，从一重罪处罚；有学者认为，该种情形下不存在牵连犯的适用情形，只能单独定诈骗一罪。编者认为后一种观点更可取。因为行为人并未真正地擅自设立金融机构，破坏国家的金融管理制度，而只是虚构了相关的金融机构，这是诈骗罪的典型方式与手段，最终为了达到非法占有他人财物的目的。因此，该种情形单独以诈骗罪处理即可。

（四）擅自设立金融机构罪的处罚

根据《刑法》第 174 条第 1 款、第 3 款的规定，犯本罪的，处 3 年以下有期徒刑或者拘役，并处 2 万元以上 20 万元以下罚金；情节严重的，处 3 年以上 10 年以下有期徒刑，并处 5 万元以上 50 万元以下罚金。所谓情节严重，是指擅自设立多家商业银行或者其他金融机构或者伪造国家机关批准文件，造成恶劣影响的。

单位犯本罪的，对单位判处罚金，并对其直接负责的主管人员和其他直接责任人员，依照自然人犯本罪的规定处罚。

七、伪造、变造、转让金融机构经营许可证、批准文件罪

（一）伪造、变造、转让金融机构经营许可证、批准文件罪的概念

伪造、变造、转让金融机构经营许可证、批准文件罪，是指采用各种方法制造虚假的金融机构经营许可证、批准文件，或者在真实的金融机构经营许可证、批准文件的基础上进行加工改造，从而改变其原有内容，或者将合法取得的金融机构经营许可证、批准文件非法转让给他人使用的行为。

（二）伪造、变造、转让金融机构经营许可证、批准文件罪的特征

1. 本罪的客体是国家对金融机构经营许可证和批准文件的管理制度。

2. 本罪的客观方面表现为采用各种方法制造虚假的金融机构经营许可证、批准文件，或者在真实的金融机构经营许可证、批准文件的基础上进行加工改造，从而改变其原有内容，或者将合法取得的金融机构经营许可证、批准文件非法转让给他人使用的行为。需要注意的是，转让是指通过出售、出租、赠与等方式有偿或者无偿将经营许可证转与或者让与其他机构或者个人使用的行为。

3. 本罪的主体是一般主体。单位也可以成为本罪的主体。

4. 本罪的主观方面是故意，犯罪动机、目的不影响本罪的构成。

（三）伪造、变造、转让金融机构经营许可证、批准文件罪的认定

1. 本罪的罪与非罪的界限

本罪的成立，无需任何情节或者后果方面的要求。根据《关于公安机关管辖的刑事案件立案追诉标准的规定（二）》第 20 条的规定，伪造、变造、转让商业银行、证券交易所、期货交易所、证券公司、期货公司、保险公司或者其他金融机构的经营许可证或者批准文件的，应予立案追诉。

2. 本罪一罪与数罪的界限

在司法实践中，本罪往往与擅自设立金融机构罪，伪造、变造、买卖国家机关公文、证件、印章罪等交织在一起。如果为了擅自设立金融机构而伪造、变造、转让金融机构经营许可证、批准文件的，或者为了伪造、变造、转让金融机构经营许可证、批准文件而伪造、变造、买卖国家机关公文、证件、印章的，存在目的行为与手段行为之牵连关系的，应当按照牵连犯的处理原则，从一重罪处罚。

3. 本罪与他罪的界限

（1）本罪与伪造、变造、买卖国家机关公文、证件、印章罪的界限。金融机构的经营许可证是国家机关证件的一种，国家主管机关对金融机构发放的批准文件也是国家机关公文的

一种,因此两罪存在法条竞合的关系。这种竞合应为交叉式竞合,而非包容式竞合。转让行为包括有偿转让与无偿转让,买卖行为包括购买与出售,二者只可能在有偿出售范围内形成竞合关系,在这个意义上,两罪是交叉式竞合。本罪相对于后罪而言,是一种特殊规定。因此,如果是伪造、变造、转让金融机构经营许可证、批准文件的行为,应当按本罪论处。对于非法购买金融机构经营许可证、批准文件的行为,则应当按买卖国家机关公文、证件罪处理。

(2)本罪与非法经营罪的界限。《刑法》第225条第(二)项规定了非法经营罪的一类行为,"(二)买卖进出口许可证、进出口原产地证明以及其他法律、行政法规规定的经营许可证或者批准文件的",表明两罪在"转让(出卖)行为"上存在法条竞合的余地。对于该种竞合关系,我们认为应当区分情节轻重进行处理。一般情形下,基于特殊法条优先的原理,宜按照本罪处理;当非法出售情节特别严重时,由于非法经营罪的法定刑高于本罪,宜根据重法优于轻法原理,以非法经营罪论处。

(四)伪造、变造、转让金融机构经营许可证、批准文件罪的处罚

根据《刑法》第174条第2款、第3款的规定,犯本罪的,处3年以下有期徒刑或者拘役,并处2万元以上20万元以下罚金;情节严重的,处3年以上10年以下有期徒刑,并处5万元以上50万元以下罚金。

单位犯本罪的,对单位判处罚金,并对其直接负责的主管人员和其他直接责任人员,依照自然人犯本罪的规定处罚。

八、高利转贷罪

(一)高利转贷罪的概念

高利转贷罪,是指以转贷牟利为目的,套取金融机构信贷资金高利转贷他人,违法所得数额较大的行为。

(二)高利转贷罪的特征

1.本罪的客体是国家的信贷资金管理制度。

本罪的犯罪对象是信贷资金,指金融机构依法向借款人发放的各类贷款,既包括担保贷款,也包括信用贷款。

2.本罪的客观方面表现为行为人套取金融机构信贷资金并高利转贷他人的行为。具体应从以下三个方面理解:第一,行为人实施了套取金融机构信贷资金的行为。套取,是指编造某种正当理由,从金融机构骗取贷款资金的行为。因此,套取实质上是一种骗取行为,行为人申请贷款并非真正需要信贷资金,而是企图转贷牟利。第二,行为人将套取所得之贷款高利转贷给他人。高利转贷,是指把从金融机构套取的信贷资金以高于金融机构贷款的利率转贷给他人的行为。第三,本罪还要求行为人违法所得数额较大的危害结果。所谓违法所得,是指扣除金融机构贷款本息之外的所得。所谓数额较大,根据《关于公安机关管辖的刑事案件立案追诉标准的规定(二)》第21条的规定,是指具有下列情形之一的:(1)高利转贷,违法所得数额在50万元以上的。

3.本罪的主体是一般主体。单位也可以成为本罪的主体。

4.本罪的主观方面只能是直接故意,且必须以转贷牟利为目的。行为人实施本罪的动机不影响本罪的成立。

（三）高利转贷罪的认定

1.本罪的罪与非罪的界限

本罪的成立,需要准确把握违法所得数额大小的认定。违法所得数额达不到数额较大标准,则仅为一般违法,不能构成为本罪。编者认为,本罪中规定的违法所得并非牟利数额,不是扣除应当偿还给金融机构贷款利息之后的差额利息,而是指行为人高利转贷后全部所得。

2.本罪一罪与数罪的界限

行为人为成功套取金融机构贷款,一般会虚构事实、编造理由,进而可能触犯骗取贷款罪。该种同一行为触犯数个罪名的情形,宜按想象竞合犯处理。

行为人以转贷牟利为目的,套取金融机构贷款后,拒不偿还并非法占有信贷资金,数额较大的,是典型的转化犯情形,宜直接按照贷款诈骗罪处理,不再定本罪。

行为人以非法占有为目的,诈骗取得金融机构数额较大的贷款后,又将诈骗所得高利转贷他人,违法所得数额较大的,同样只能按贷款诈骗罪处理,不再定本罪。

3.本罪与他罪的界限

（1）本罪与贷款诈骗罪的界限。第一,客体不同。本罪的客体仅为国家的信贷资金管理制度,是单一客体,而贷款诈骗罪的客体是复杂客体,除了侵犯到国家的信贷资金管理制度以外,还侵犯了金融机构的财产所有权。第二,主体范围不同。自然人与单位均可构成本罪,而贷款诈骗罪的主体只能是自然人。第三,主观方面不同。本罪主观目的在于转贷牟利,而不是非法占有套取信贷资金,而贷款诈骗罪的目的则在于非法占有骗取的信贷资金。第四,客观方面不同。本罪客观方面表现为套取贷款然后高利转贷他人,牟取利息差额收益,而贷款诈骗罪则是以虚假贷款的方式骗取金融机构发放贷款从而非法占有的行为,是典型的诈骗犯罪。

（2）本罪与违法发放贷款罪的界限。表面上看,两罪都是违反法律规定发放贷款的行为,都侵犯了国家的信贷资金管理制度,但二者仍存在明显区别。第一,主体不同。本罪的主体为一般主体,而违法发放贷款罪的主体是特殊主体,即银行或者其他金融机构的工作人员,且单位不能构成该罪。第二,主观方面不同。本罪是目的犯,即必须存在转贷牟利之目的,而违法发放贷款罪并无目的要求。第三,客观方面不同。本罪客观方面表现为套取贷款然后高利转贷他人,牟取利息差额收益,而违法发放贷款罪则是银行或者其他金融机构的工作人员违反国家规定发放贷款,是金融领域的渎职行为。

（四）高利转贷罪的处罚

根据《刑法》第175条的规定,犯本罪的,处3年以下有期徒刑或者拘役,并处违法所得1倍以上5倍以下罚金;数额巨大的,处3年以上7年以下有期徒刑,并处违法所得1倍以上5倍以下罚金。

单位犯本罪的,对单位判处罚金,并对其直接负责的主管人员和其他直接责任人员,处3年以下有期徒刑或者拘役。

九、骗取贷款、票据承兑、金融票证罪

（一）骗取贷款、票据承兑、金融票证罪的概念

骗取贷款、票据承兑、金融票证罪,是指以欺骗手段取得银行或者其他金融机构贷款、票据承兑、信用证、保函等,给银行或者其他金融机构造成重大损

12-12

失或者有其他严重情节的行为。

（二）骗取贷款、票据承兑、金融票证罪的特征

1.本罪的客体是金融机构的资金安全和信用安全。

本罪的犯罪对象明确限定为贷款资金、票据、信用证和保函四种物品。

2.本罪的客观方面表现为行为人采取虚构事实、隐瞒真相的方法,骗取了金融机构的贷款、票据承兑、信用证、保函等,使银行或者其他金融机构造成重大损失或者有其他严重情节的行为。

3.本罪的主体是一般主体。单位也可以成为本罪的主体。

4.本罪的主观方面是故意,不要求具有特定目的。如果行为具有非法占有目的,则应按照相应的金融诈骗罪处理。

（三）骗取贷款、票据承兑、金融票证罪的认定

1.本罪的罪与非罪的界限

对于骗取贷款、票据承兑、信用证、保函等金融票证的行为,只有使银行或者其他金融机构造成重大损失或者有其他严重情节时,才能构成本罪,否则只能认定为一般违法行为。具体标准参见《关于公安机关管辖的刑事案件立案追诉标准的规定（二）》第22条的规定,以欺骗手段取得银行或者其他金融机构贷款、票据承兑、信用证、保函等,给银行或者其他金融机构造成直接经济损失数额在50万元以上的,应予立案追诉。

2.本罪与他罪的界限

实践中,本罪与贷款诈骗罪、票据诈骗罪、信用证诈骗罪、金融凭证诈骗罪容易被混淆,因为本罪与其他四种罪均在客观上实施了骗取金融机构贷款的行为。但是,它们之间的区别仍然比较明显,具体如下:第一,客体不同。本罪的客体主要是金融机构的信用安全,后四种罪的客体则更多地表现为金融机构的资金所有权。第二,主观方面不同。本罪没有犯罪目的的构成要求,而后四种罪均为目的犯,即必须以非法占有为目的作为犯罪成立要件。第三,犯罪对象不同。本罪的犯罪对象为四种明确限定的金融信用物品,后四种罪除贷款诈骗罪有犯罪对象外,其他三种罪均是将这几种金融物品作为犯罪工具而使用,而不是将其作为犯罪对象。

（四）骗取贷款、票据承兑、金融票证罪的处罚

根据《刑法》第175条之一规定,犯本罪的,处3年以下有期徒刑或者拘役,并处或者单处罚金;给银行或者其他金融机构造成特别重大损失或者有其他特别严重情节的,处3年以上7年以下有期徒刑,并处罚金。

单位犯本罪的,对单位判处罚金,并对其直接负责的主管人员和其他直接责任人员,依照自然人犯本罪的规定处罚。

十、非法吸收公众存款罪

（一）非法吸收公众存款罪的概念

非法吸收公众存款罪,是指违反国家金融管理法规,非法吸收公众存款或者变相吸收公众存款,扰乱金融秩序的行为。

12-13

（二）非法吸收公众存款罪的特征

1. 本罪的客体是国家对存款的管理制度。

本罪的犯罪对象是公众存款。所谓公众存款，是指社会上不特定的人群的储蓄。如果存款人是一些特定的少数人，例如是吸收人的亲朋好友的储蓄，则不属于公众存款的范畴。

2. 本罪的客观方面表现为行为人违规非法吸收公众存款或者变相吸收公众存款的行为。所谓非法吸收公众存款，是指行为人违反《中华人民共和国商业银行法》的规定，在社会上以存款的形式公开吸收公众资金的行为。根据 2011 年 1 月 4 日起施行的最高人民法院《关于审理非法集资刑事案件具体应用法律若干问题的解释》第 1 条的规定，对于违反国家金融管理法律规定，向社会公众（包括单位和个人）吸收资金的行为，同时具备下列四个条件的，除刑法另有规定的以外，应当认定为构成本罪：（1）未经有关部门依法批准或者借用合法经营的形式吸收资金；（2）通过媒体、推介会、传单、手机短信等途径向社会公开宣传；（3）承诺在一定期限内以货币、实物、股权等方式还本付息或者给付回报；（4）向社会公众即社会不特定对象吸收资金。未向社会公开宣传，在亲友或者单位内部针对特定对象吸收资金的，不属于非法吸收或者变相吸收公众存款。第 2 条的规定，实施下列行为之一，符合本解释第一条第一款规定的条件的，应当依照《刑法》第 176 条的规定，以非法吸收公众存款罪定罪处罚：（一）不具有房产销售的真实内容或者不以房产销售为主要目的，以返本销售、售后包租、约定回购、销售房产份额等方式非法吸收资金的；（二）以转让林权并代为管护等方式非法吸收资金的；（三）以代种植（养殖）、租种植（养殖）、联合种植（养殖）等方式非法吸收资金的；（四）不具有销售商品、提供服务的真实内容或者不以销售商品、提供服务为主要目的，以商品回购、寄存代售等方式非法吸收资金的；（五）不具有发行股票、债券的真实内容，以虚假转让股权、发售虚构债券等方式非法吸收资金的；（六）不具有募集基金的真实内容，以假借境外基金、发售虚构基金等方式非法吸收资金的；（七）不具有销售保险的真实内容，以假冒保险公司、伪造保险单据等方式非法吸收资金的；（八）以投资入股的方式非法吸收资金的；（九）以委托理财的方式非法吸收资金的；（十）利用民间"会"、"社"等组织非法吸收资金的；（十一）其他非法吸收资金的行为。

例如，某信托投资有限责任公司于 2012 年 9 月成立，开展资金信托、资产管理业务。2013 年 5 月，该信托公司董事会通过决议，任命赵某为公司总经理，陈某为副总经理；2013 年 9 月，中国人民银行西安分行核准该任职资格。自 2013 年至 2015 年 12 月，赵某、陈某在担任公司总经理、副总经理期间，未经董事会同意，在公司经营过程中，以公司名义通过与委托人签订"委托资产合同"、"委托资金管理合同"、"委托国债管理合同"等形式，分别签订主合同和补充协议，以承诺支付 4.26％～15％的保底率和固定收益率的方法，共与 108 家机构和 56 名个人签订两百余份合同，吸收资金共计人民币 36.7892 亿元，用于购买、操作桂林旅游股票及支付到期客户本金、利息及业务费用。经某会计师事务所审计，该段时间内，该公司在投资信托业务中给客户和公司造成亏损共计 9.1659 亿元。

本案中，赵某与陈某明知某信托投资有限责任公司不具备吸收公众存款业务的资格，信托投资公司经营信托业务不得承诺保底和固定收益，不得将信托财产挪用于非信托目的的用途，在合同及补充协议中以高于银行同期贷款利率数倍的利率，违法承诺保底和固定收益，向社会不特定单位和个人变相吸收资金共计人民币 36.7892 亿元，将委托资金用于股票操作及支付到期客户的本金、利息和业务费,改变委托资金用途,造成巨额损失,严重扰乱金融市场秩序,应当构成非法吸收公众存款罪。

3.本罪的主体是一般主体。单位也可以成为本罪的主体。

4.本罪的主观方面是故意,且不能以非法占有为目的。否则,构成其他犯罪。

(三)非法吸收公众存款罪的认定

1.本罪的罪与非罪的界限

认定本罪成立,关键在于考察行为人吸收的资金是否属公众存款以及非法吸收公众存款的情节是否严重。第一,对于公众存款的认定,主要结合《关于审理非法集资刑事案件具体应用法律若干问题的解释》第1条、第2条的规定来理解,概括来讲就是社会上广大的不特定人群的存款,少数人或者特定多数人的存款不应为本罪中的公众存款。例如,一些公司、企业为解决生产、经营问题而向本单位职工吸收集资款、投资款的行为,不构成本罪。第二,非法吸收公众存款情节严重的判断,主要根据《关于公安机关管辖的刑事案件立案追诉标准的规定(二)》第28条的规定,非法吸收公众存款或者变相吸收公众存款,扰乱金融秩序,涉嫌下列情形之一的,应予追诉:(1)非法吸收或者变相吸收公众存款数额在100万元以上的;(2)非法吸收或者变相吸收公众存款对象150人以上的的;(3)非法吸收或者变相吸收公众存款,给集资参与人造成直接经济损失数额在50万元以上的。该条第二款还规定了"数额+情节"的判断标准,即非法吸收或者变相吸收公众存款数额在五十万元以上或者给集资参与人造成直接经济损失数额在25万元以上,同时具有下列情形之一的,应予立案追诉:(1)因非法集资受过刑事追究的;(2)二年内因非法集资受23过行政处罚的;(3)造成恶劣社会影响或者其他严重后果的。

2.本罪一罪与数罪的界限

实践中,行为人在实施非法吸收公众存款行为前后,常常还会进行其他关系紧密的犯罪行为,需要分情况处理:第一,行为人为非法吸收公众存款而擅自设立金融机构的,一般认为前后两行为之间具有牵连关系,宜按照牵连犯的一般原理处理,从一重罪处罚。由于修改后的非法吸收公众存款罪与擅自设立金融机构罪的法定刑完全一致,因此,应当认定为非法吸收公众存款罪。第二,行为人非法吸收公众存款后非法放贷的,如果是基于非法放贷营利目的而非法吸收公众存款的,两行为之间存在"手段——目的"的牵连关系,则可按牵连犯处理,在非法吸收公众存款罪与非法经营罪之间择一重罪处理。如果不能证明前后行为之间存在牵连关系,两行为均构成相应犯罪的,应实行数罪并罚。

3.本罪与他罪的界限

(1)本罪与集资诈骗罪的界限。两罪在客观方面均表现为集资的行为方式,但主要区别在于各自的主观目的不同。本罪在主观方面没有非法占有所吸收资款的的目的,而集资诈骗罪在主观方面具有非法占有所集资金目的。实践中,行为人非法吸收公众存款后,并未将所吸收资金用于生产经营活动亦未放贷牟利,而是挥霍一空。对于该种情形,一般应认定行为人具有非法占有的目的,宜按集资诈骗罪处理。

(2)本罪与擅自发行公司、企业债券罪的界限。两罪在客观方面均表现为集资的行为方式,均没有非法占有所集资金的目的,但是二者仍然存在较为明显的区别。本罪中的集资行为具体表现为吸收存款的方式,即常说的"吸储",出具给被害人的是相应的"存单",而擅自发行公司、企业债券罪出具的则是公司、企业的债券。

（四）非法吸收公众存款罪的处罚

根据《刑法》第176条的规定，犯本罪的，处3年以下有期徒刑或者拘役，并处或者单处罚金；数额巨大或者有其他严重情节的，处3年以上10年以下有期徒刑，并处罚金。数额特别巨大或者有其他特别严重情节的，处以上有期徒刑，并处罚金。

单位犯本罪的，对单位判处罚金，并对其直接负责的主管人员和其他直接责任人员，依照自然人犯本罪的规定处罚。

有前两款行为，在提起公诉前积极退赃退赔，减少损害结果发生的，可以从轻或者减轻处罚。

十一、伪造、变造金融票证罪

（一）伪造、变造金融票证罪的概念

伪造、变造金融票证罪，是指采取各种方法制造假金融票证或者篡改、变动真金融票证的行为。

12-14

（二）伪造、变造金融票证罪的特征

1.本罪的客体是国家的金融票证管理制度。

本罪的犯罪对象是金融票证，具体包括汇票、本票、支票、委托收款凭证、汇款凭证、银行存单或者其他银行结算凭证、信用证或者附随的单据、文件、信用卡等。

2.本罪的客观方面表现为伪造、变造金融票证的行为。具体为：（1）伪造、变造汇票、本票、支票。（2）伪造、变造委托收款凭证、汇款凭证、银行存单或者其他银行结算凭证。（3）伪造、变造信用证或者附随的单据、文件。（4）伪造、变造信用卡。与前述伪造、变造货币罪一样，本罪中的"伪造"是"从无到有"，完全是凭借非法手段制造假金融票证的行为；"变造"则是在真实的金融票证基础之上非法加以改变的行为。

本罪是行为犯。只要行为人实施了伪造、变造金融票证的行为，即构成犯罪。至于行为人是否自己使用了伪造、变造的金融票证，或者是否将伪造、变造金融票证提供给他人使用，均不影响本罪的成立。

3.本罪的主体是一般主体。单位也可以是本罪的主体。

4.本罪的主观方面是直接故意。

（三）伪造、变造金融票证罪的认定

1.本罪的罪与非罪的界限

成立本罪需要相应的数量条件。根据《关于公安机关管辖的刑事案件立案追诉标准的规定（二）》第24条的规定，伪造、变造金融票证，涉嫌下列情形之一的，应予追诉：（1）伪造、变造汇票、本票、支票，或者伪造、变造委托收款凭证、汇款凭证、银行存单等其他银行结算凭证，或者伪造、变造信用证或者附随的单据、文件，总面额在1万元以上或者数量在10张以上的；（2）伪造信用卡1张以上，或者伪造空白信用卡10张以上的。

需要注意的是，行为人出于过失而误填票证的有关内容不能认定为伪造、变造，同时，行为人即便有意伪造、变造金融票证，但有证据表明其完全是出于收藏等自用目的，且并未使得票证现实流通的，不宜认定构成本罪。

2.本罪一罪与数罪的界限

第一,行为人既实施伪造金融票证的行为又实施变造金融票证的行为,根据本条为选择性罪名的基本原理,应当认定为伪造、变造金融票证罪一罪,而不能实行数罪并罚;第二,行为人在伪造、变造金融票证后,尚未实施相关票证诈骗犯罪的,宜按伪造、变造金融票证罪一罪论处;第三,行为人与他人具有共同非法牟利的目的而伪造、变造金融票证后,交由他人实施相关票证诈骗犯罪的,应当认定行为人与他人是共同犯罪,同时构成伪造、变造金融票证罪与相关票证犯罪,宜按照牵连犯"从一重罪处断"原则处理;第四,行为人伪造、变造金融票证,并不具有实施相关票证诈骗犯罪的故意,即便将伪造、变造的金融票证出售给他人用于实施相关票证犯罪的,仍只能认定为伪造、变造金融票证罪一罪。

(四)伪造、变造金融票证罪的处罚

根据《刑法》第177条的规定,犯本罪的,处5年以下有期徒刑或者拘役,并处或者单处2万元以上20万元以下罚金;情节严重的,处5年以上10年以下有期徒刑,并处5万元以上50万元以下罚金;情节特别严重的,处10年以上有期徒刑或者无期徒刑,并处没收财产。所谓情节严重,是指多次伪造、变造金融票证;伪造、变造多种金融票证;伪造、变造金融票证后出售的;利用伪造、变造的金融票证进行诈骗的;伪造、变造金融票证,严重扰乱了国家金融秩序或者给银行造成了重大经济损失等。所谓情节特别严重,是指伪造、变造金融票证,数量巨大;伪造、变造金融票证后出售,获利巨大的;利用伪造、变造的金融票证进行诈骗,违法所得数额巨大的;伪造、变造金融票证,给银行造成了巨大经济损失等严重后果的情况。

单位犯本罪的,对单位判处罚金,并对其直接负责的主管人员和其他直接责任人员,依照自然人犯本罪的规定处罚。

十二、妨害信用卡管理罪

(一)妨害信用卡管理罪的概念

妨害信用卡管理罪,是指明知是伪造的信用卡而持有、运输的,或者明知是伪造的空白信用卡而持有、运输,数量较大的;或者非法持有他人信用卡,数量较大的;或者使用虚假的身份证明骗领信用卡的;或者出售、购买、为他人提供伪造的信用卡或者以虚假的身份证明骗领的信用卡的行为。

12-15

(二)妨害信用卡管理罪的特征

1.本罪的客体是国家的信用卡管理制度。本罪的犯罪对象是信用卡、伪造的信用卡、伪造的空白信用卡以及以虚假身份证明骗领的信用卡。

2.本罪的客观方面表现为行为人明知是伪造的信用卡而持有、运输,或明知是伪造的空白信用卡而持有、运输,数量较大;非法持有他人信用卡,数量较大的;使用虚假的身份证明骗领信用卡的;出售、购买、为他人提供伪造的信用卡或者以虚假的身份证明骗领的信用卡的行为。根据《关于公安机关管辖的刑事案件立案追诉标准的规定(二)》第25条的规定,妨害信用卡管理,具有下列情形之一的,应予立案追诉:(1)明知是伪造的信用卡而持有、运输的;(2)明知是伪造的空白信用卡而持有、运输,数量累计在10张以上的;(3)非法持有他人信用卡,数量累计在5张以上的;(4)使用虚假的身份证明骗领信用卡的;(5)出售、购买、为

他人提供伪造的信用卡或者以虚假的身份证明骗领的信用卡的。违背他人意愿,使用其居民身份证、军官证、士兵证、港澳居民往来内地通行证、台湾居民来往大陆通行证、护照等身份证明申领信用卡的,或者使用伪造、变造的身份证明申领信用卡的,应当认定为"使用虚假的身份证明骗领信用卡"。

3.本罪的主体是一般主体。单位不能构成本罪。对于实践中出现的单位冒用员工名义骗领信用卡的行为,应追究直接责任人员的刑事责任,不应按单位犯罪处理。

4.本罪的主观方面是故意,过失不构成本罪。

(三)妨害信用卡管理罪的认定

1.本罪的罪与非罪的界限

妨害信用卡管理的行为在日常生活中较为常见,但并不是所有此类行为均构成犯罪。其中,明知是伪造的空白信用卡而持有、运输以及非法持有他人真实信用卡的,均须达到"数量较大"的标准。

2.本罪一罪与数罪的界限

本罪中的五种行为方式,可以单独实施,也可以结合实施。只要实施了其中的一种行为方式,就可构成本罪。如果同时实施了两种以上的行为,应当从重处罚,不可实行数罪并罚。但是,对于上述第一种和第五种行为方式,应当尽量查明行为人所持有的伪造的信用卡或者伪造的空白信用卡的来源。如果有证据证明行为人就是信用卡伪造集团的成员且实施上述行为的,应当按吸收原则,以伪造金融票证罪追究刑事责任。只有在确实无法查清是其参与伪造的情况下,才以本罪追究刑事责任。

(四)妨害信用卡管理罪的处罚

根据《刑法》第 177 条之一第 1 款的规定,犯本罪的,处 3 年以下有期徒刑或者拘役,并处或者单处 1 万元以上 10 万元以下罚金;数量巨大或者有其他严重情节的,处 3 年以上 10 年以下有期徒刑,并处 2 万元以上 20 万元以下罚金。根据 2009 年 12 月 16 日"两高"《关于办理妨害信用卡管理刑事案件具体应用法律若干问题的解释》第 2 条的规定,有下列情形之一的,属于"数量巨大":(1)明知是伪造的信用卡而持有、运输 10 张以上的;(2)明知是伪造的空白信用卡而持有、运输 100 张以上的;(3)非法持有他人信用卡 50 张以上的;(4)使用虚假的身份证明骗领信用卡 10 张以上的;(5)出售、购买、为他人提供伪造的信用卡或者以虚假的身份证明骗领的信用卡 10 张以上的。

十三、窃取、收买或者非法提供信用卡信息罪

(一)窃取、收买或者非法提供信用卡信息罪的概念

窃取、收买或者非法提供信用卡信息罪,是指窃取、收买或者非法提供他人信用卡信息资料的行为。

12-16

(二)窃取、收买或者非法提供信用卡信息罪的特征

1.本罪的客体是国家的信用卡管理制度。在信用卡的磁条上写入事先非法获取的他人信用卡的磁条信息,是伪造信用卡的最后和最关键的环节。所谓信用卡磁条信息,是指一组关于发卡行代码、持卡人账户、账号、密码等内容的加密电子数据。通常由发卡行在发卡时使用专用设备写入信用卡的磁条中,作为 POS 机、ATM 机等终端机识别用户是否合法的依

据。没有这些信息,信用卡就无法使用。因此,持卡人信用卡磁条信息便成为犯罪分子千方百计想要获取的目标。刑法所要保护的正是持卡人的信用卡信息资料。

2. 本罪的客观方面表现为行为人窃取、收买或者非法提供他人信用卡信息资料的行为。其具体方法多种多样:(1)使用望远镜偷窥或在自动柜员机上安装摄像头偷录。(2)在自动柜员机上安装吞卡装置并张贴虚假的客户服务电话,在客户求助时骗取持卡人信息。(3)在银行的自助门禁系统安装假门禁系统,窃取信用卡磁条信息及密码。(4)有的电脑维护人员利用对银行系统电脑维护、测试之机,私自将信用卡交易数据复制截留,进行解密,破译客户信用卡磁条信息和取款密码。(5)收买特约商户收银员或金融机构工作人员,暗中将盗码仪器与 POS 机连接,在他们受理信用卡业务之际,盗录他人信用卡磁条信息。(6)有的特约商户收银员见利忘义,向他人非法提供持卡人信用卡信息资料等。

3. 本罪的主体是一般主体。由于银行等金融机构工作人员利用职务上的便利更容易获取他人的信用卡信息资料,具有更大的社会危害性,《刑法》明确规定了此类人员犯本罪的,应当从重处罚。

4. 本罪的主观方面是故意。本罪不是目的犯,行为人是否出于帮助他人的目的伪造信用卡或者进行信用卡诈骗的,均不影响本罪的成立。

(三)窃取、收买或者非法提供信用卡信息罪的认定

1. 本罪的罪与非罪的界限

本罪的行为方式只包括窃取、收买和非法提供三种。对于实践中经常出现的利用非法手段骗取他人信用卡信息资料,进而实施信用卡诈骗犯罪的,不宜认定为本罪中的"窃取"行为。虽然,"骗取"与"窃取"两种行为在社会危害性层面上并不存在较大区别,但两种行为是完全不同的行为类型,将"骗取"解释为"窃取",超出了刑法条文语词文意的最大射程,有违反罪刑法定的嫌疑。当然,由于"骗取"他人信用卡信息资料后多实施信用卡诈骗犯罪,因此,对于该类行为可以直接按照信用卡诈骗罪处理,并不存在明显的处罚漏洞。

2. 本罪一罪与数罪的界限

如果能够证明行为人窃取、收买、非法提供他人信用卡信息资料是为了伪造信用卡的,应按照牵连犯处理原则,以较重的伪造金融票证罪处罚;如果能够证明行为人窃取、收买、非法提供他人信用卡信息资料是为了实施信用卡诈骗行为的,则按信用卡诈骗罪处罚。行为人窃取、收买、非法提供他人信用卡信息资料,又使用虚假身份证明骗领信用卡的,由于前后行为之间不具有牵连关系,宜按照本罪与妨害信用卡管理罪数罪并罚。

3. 本罪与他罪的界限

(1)本罪与伪造金融票证罪的界限。本罪的客观行为是窃取、收买或者非法提供他人信用卡信息资料,一般表现为伪造信用卡的预备行为。刑法将该种预备行为规定为独立的罪名,旨在表明当无法证明行为人存在伪造意图时,窃取、收买或者非法提供他人信用卡信息资料的行为即可按照本罪处理。

(2)本罪与妨害信用卡管理罪的界限。广义上来讲,本罪也是妨害信用卡管理秩序的行为。但是二者仍然存在较为明显的区别:第一,本罪的对象是信用卡记载的信息资料,而妨害信用卡管理罪的对象则是信用卡本身;第二,客观行为上,本罪表现为窃取、收买或者非法提供他人信用卡信息资料,造成他人信用卡信息资料泄露,而妨害信用卡管理罪则表现为前

述五种行为,侵犯国家对信用卡的管理制度;第三,本罪属于非真正身份犯,根据《刑法》第177条之一第3款规定,"银行或者其他金融机构的工作人员利用职务上的便利,犯第二款罪的,从重处罚",而妨害信用卡管理罪无此规定。

(3)本罪与侵犯公民个人信息罪的界限。一般来讲,公民个人信用卡的信息资料应当属于不宜公开的公民个人信息,因此,本罪与侵犯公民个人信息罪在一定范围内存在法条竞合关系。但是,二者并非完全包容式的法条竞合,区别明显。第一,本罪的对象仅指信用卡所记载的信息资料,而侵犯公民个人信息罪的对象则包括所有涉及公民个人隐私的信息;第二,本罪中的信用卡信息,既包括公民个人的,也包括单位的,而侵犯公民个人信息罪的信息则仅仅是指公民个人的,不包括单位;第三,本罪的主体只包括自然人,侵犯公民个人信息罪的主体还可以由单位构成。

(四)窃取、收买或者非法提供信用卡信息罪的处罚

根据《刑法》第177条之一第2款的规定,犯本罪的,处3年以下有期徒刑或者拘役,并处或者单处1万元以上10万元以下罚金;数量巨大或者有其他严重情节的,处3年以上10年以下有期徒刑,并处2万元以上20万元以下罚金。根据上述《解释》第3条的规定,涉及信用卡5张以上的,属于"数量巨大"。银行或者其他金融机构的工作人员利用职务上的便利犯本罪的,从重处罚。

十四、伪造、变造国家有价证券罪

(一)伪造、变造国家有价证券罪的概念

伪造、变造国家有价证券罪,是指伪造、变造国库券或者国家发行的其他有价证券,数额较大的行为。

(二)伪造、变造国家有价证券罪的特征

1.本罪的客体是国家有价证券的管理制度。

本罪的犯罪对象是国家的有价证券,包括国库券、财政债券、国家建设债券、保值公债等国家发行的其他有价证券。

2.本罪的客观方面表现为行为人伪造、变造国库券或者国家发行的其他有价证券,数额较大的行为。本罪是行为选择性罪名。所谓数额较大,根据《关于公安机关管辖的刑事案件立案追诉标准的规定(二)》第27条的规定,是指总面额在2000元以上的情形。

3.本罪的主体是一般主体。单位也可以成为本罪的主体。

4.本罪的主观方面是故意。

(三)伪造、变造国家有价证券罪的处罚

根据《刑法》第178条第1款和第3款的规定,犯本罪的,处3年以下有期徒刑或者拘役,并处或者单处2万元以上20万元以下罚金;数额巨大的,处3年以上10年以下有期徒刑,并处5万元以上50万元以下罚金;数额特别巨大的,处10年以上有期徒刑或者无期徒刑,并处5万元以上50万元以下罚金或者没收财产。

单位犯本罪的,对单位判处罚金,并对其直接负责的主管人员和其他直接责任人员,依照自然人犯本罪的规定处罚。

十五、伪造、变造股票、公司、企业债券罪

（一）伪造、变造股票、公司、企业债券罪的概念

伪造、变造股票、公司、企业债券罪，是指伪造、变造股票或者公司、企业债券，数额较大的行为。

（二）伪造、变造股票、公司、企业债券罪的特征

1.本罪的客体是国家对股票、公司、企业债券的管理制度。

本罪的犯罪对象是股票、公司、企业债券两种物品。

2.本罪的客观方面表现为行为人伪造、变造股票或者公司、企业债券，数额较大的行为。本罪是行为选择性罪名。所谓数额较大，根据《关于公安机关管辖的刑事案件立案追诉标准的规定（二）》第28条的规定，是指总面额在30000元以上的情形。

3.本罪的主体是一般主体。单位也可以成为本罪的主体。

4.本罪的主观方面是故意。

（三）伪造、变造股票、公司、企业债券罪的处罚

根据《刑法》第178条第2款和第3款的规定，犯本罪的，处3年以下有期徒刑或者拘役，并处或者单处1万元以上10万元以下罚金；数额巨大的，处3年以上10年以下有期徒刑，并处2万元以上20万元以下罚金。

单位犯本罪的，对单位判处罚金，并对其直接负责的主管人员和其他直接责任人员，依照自然人犯本罪的规定处罚。

十六、擅自发行股票、公司、企业债券罪

（一）擅自发行股票、公司、企业债券罪的概念

擅自发行股票、公司、企业债券罪，是指未经国家有关主管部门批准，擅自发行股票或者公司、企业债券，数额巨大，后果严重或者有其他严重情节的行为。

12-19

（二）擅自发行股票、公司、企业债券罪的特征

1.本罪的客体是国家对股票、公司、企业债券发行的管理制度。

本罪的犯罪对象是股票或者公司、企业债券两种物品。

2.本罪的客观方面表现为行为人未经国家有关主管部门批准，擅自发行股票或公司、企业债券，数额巨大，后果严重或者有其他严重情节的行为。所谓擅自发行股票或者公司、企业债券，是指未经批准，不具有发行资格而私自发行或者具有发行资格，但违反《证券法》等规定发行股票或者公司、企业债券的行为。这里的发行，是指股票或公司、企业债券已经流入社会，为公众知晓或者购买，不包括尚未发行或者正在准备发行的情形。

3.本罪的主体是一般主体，但通常是法人或非法人组织。

4.本罪的主观方面是故意。

（三）擅自发行股票、公司、企业债券罪的认定

1.本罪罪与非罪的界限

第一，行为人发行股票、公司、企业债券的行为未经国家有关主管部门的批准。经过国家有关主管部门批准而发行股票、公司、企业债券，是合法

12-20

的融资行为,不构成犯罪。即使行为人在合法融资过程中实施了弄虚作假的行为,只要发行行为确实经过国家有关主管部门的批准,就不构成本罪。若其弄虚作假行为符合欺诈发行股票、债券罪的构成要件,则应以欺诈发行股票、债券罪论处。第二,擅自发行股票、公司、企业债券的行为达到了特定的严重程度。构成本罪还须擅自发行股票、公司、企业债券的数额巨大、后果严重或者有其他严重情节。所谓数额巨大、后果严重或者有其他严重情节,根据《关于公安机关管辖的刑事案件立案追诉标准的规定(二)》第34条的规定,是指具有下列情形之一:(1)非法募集资金金额在100万元以上;(2)造成投资者直接经济损失数额累计在50万元以上;(3)募集的资金全部或者主要用于违法犯罪活动;(4)其他后果严重或者有其他严重情节的情形。

2.本罪一罪与数罪的界限

本罪属于选择性罪名。如果行为人同时实施了擅自发行股票和公司、企业债券的行为,应认定为一罪,计算总和数额即可。如果行为人先后分别实施了擅自发行股票与擅自发行公司、企业债券的行为,则应当认定为数罪,按照数罪并罚的规则处理。

3.本罪与他罪的界限

(1)本罪与欺诈发行证券罪的界限

本罪是行为人未经国家有关主管部门批准而擅自发行股票或公司、企业债券的行为,欺诈发行证券罪则是在已经获得批准、合法发行过程中,在招股说明书、认股书、公司企业债券募集办法中隐瞒重要事实或者编造重大虚假内容的行为。欺诈发行证券罪的犯罪对象不仅包括股票和公司、企业债券,还包括存托凭证或者国务院依法认定的其他证券。

(2)本罪与集资诈骗罪的界限

在集资诈骗罪中,行为人经常利用非法发行股票、公司企业债券的方式来实施诈骗犯罪活动,两罪在实践中容易发生混淆。从本质上来看,本罪是以诈骗的方法来非法集资,集资诈骗罪则是用非法集资的手段来诈骗。非法占有他人财物的目的是两罪的根本区别,集资诈骗罪要求行为人具有非法占有他人财物之目的,而本罪并不要求此一特定目的。

(四)擅自发行股票、公司、企业债券罪的处罚

根据《刑法》第179条的规定,犯本罪的,处5年以下有期徒刑或者拘役,并处或者单处非法募集资金金额1％以上5％以下罚金。

单位犯本罪的,对单位判处罚金,并对直接负责的主管人员或者其他直接责任人员,处5年以下有期徒刑或者拘役。

十七、内幕交易、泄露内幕信息罪

(一)内幕交易、泄露内幕信息罪的概念

内幕交易、泄露内幕信息罪,是指证券、期货交易内幕信息的知情人员或者非法获取证券、期货交易内幕信息的人员,在涉及证券的发行、证券、期货交易或者其他对证券、期货交易的价格有重大影响的信息尚未公开前,买入或者卖出该证券,或者从事与该内幕信息有关的期货交易,或者泄露该信息,或者明示、暗示他人从事上述交易活动,情节严重的行为。

12-21

（二）内幕交易、泄露内幕信息罪的特征

1.本罪的客体是复杂客体。一种表现为国家对证券、期货市场的管理秩序；另一种表现为其他证券、期货投资者的平等知情权。

本罪的犯罪对象是有关证券、期货发行、交易的内幕信息。

2.本罪的客观方面表现为行为人内幕交易或者泄露内幕信息，情节严重的行为。

所谓内幕交易，是指在内幕信息尚未公开之前买入或者卖出该证券，或者从事与该内幕信息有关的期货交易。根据国务院证券管理委员会1993年9月2日发布的《禁止证券欺诈行为暂行办法》第4条的规定，下列行为属于证券内幕交易行为：（1）内幕人员利用内幕信息买卖证券或者根据内幕信息建议他人买卖证券；（2）内幕人员向他人泄露内幕信息，使他人利用该信息进行内幕交易；（3）非内幕人员通过不正当手段或者其他途径获取内幕信息，并根据该信息买卖证券或者建议他人买卖证券；（4）其他内幕交易的行为。

所谓泄露内幕信息，是指知悉内幕信息的人员，将内幕信息透露给不应知道内幕信息的人员。所谓内幕信息，是指在证券、期货交易活动中，涉及公司的经营、财务或者对该公司证券的市场价格、期货交易价格有重大影响的尚未公开的信息。只要行为人泄露内幕信息情节严重就构成犯罪，并不要求促使他人利用该信息进行内幕交易。如果内幕人员向他人泄露内幕信息，明示或暗示他人利用该信息进行内幕交易的，是内幕交易的一种形式。

所谓情节严重，根据《关于公安机关管辖的刑事案件立案追诉标准的规定（二）》第30条第1款的规定，是指具有下列情形之一：（1）获利或者避免损失数额在五十万元以上的；（2）证券交易成交额在二百万元以上的；（3）期货交易占用保证金数额在一百万元以上的；（4）二年内三次以上实施内幕交易、泄露内幕信息行为的；（5）明示、暗示三人以上从事与内幕信息相关的证券、期货交易活动的；（6）具有其他严重情节的。该条第2款规定了"数额＋情节"的情节严重判断标准，即在内幕交易获利或者避免损失数额在二十五万元以上，或者证券交易成交额在一百万元以上，或者期货交易占用保证金数额在五十万元以上，同时具有下列情形之一：（1）证券法规定的证券交易内幕信息的知情人实施或者与他人共同实施内幕交易行为的；（2）以出售或者变相出售内幕信息等方式，明示、暗示他人从事与该内幕信息相关的交易活动的；（3）因证券、期货犯罪行为受过刑事追究的；（4）二年内因证券、期货违法行为受过行政处罚的；（5）造成其他严重后果的。

3.本罪的主体是特殊主体。包括知悉证券、期货交易内幕信息的知情人员、单位以及非法获取证券、期货交易内幕信息的其他人员、单位。

4.本罪的主观方面比较特殊。内幕交易罪的主观方面只能是直接故意，且有为自己或者他人牟取非法利益的目的。泄露内幕信息罪的主观方面是故意，既可以是直接故意，也可以是间接故意。

（三）内幕交易、泄露内幕信息罪的认定

1.本罪的罪与非罪的界限

主要考察三个方面：（1）信息是否已经公开。构成本罪必须是在内幕信息尚未公开之前。（2）行为人对内幕信息是否知情。行为人只有知悉证券、期货交易内幕信息或者非法获取了证券、期货交易内幕信息，才可能构成犯罪。（3）情节是否严重。如果内幕交易、泄露内幕信息尚未达到严重程度，不构成犯罪。

2.本罪与他罪的界限

(1)本罪与侵犯商业秘密罪的界限。

两罪的犯罪对象都具有秘密性,客观行为都表现为泄露或者提前公开不应当公开的相关内容。但是二者差异仍然明显:本罪的对象是证券、期货交易过程中的内幕信息,后罪则为商业秘密。当然,如果内幕信息同时属于商业秘密之列,则行为人泄露内幕信息的行为同时触犯了两个罪名,属于想象竞合犯的情形,应当按照"从一重罪"原则论处。

(2)本罪与泄露国家秘密罪的界限。

两罪的犯罪对象同样具有秘密性,且客观上均表现为泄露相关秘密的行为。但是二者在犯罪成立要件上差异明显。第一,主观方面不同。本罪只能由故意构成,且一般具有牟取非法利益或者避免损失的目的;后罪则既可由故意构成,也可由过失构成。第二,客观行为内容不同。本罪表现为证券期货交易过程中的内幕交易与泄露内幕信息的行为,后罪则是违反国家保密法故意或者过失泄露国家秘密的行为。第三,犯罪对象不同。本罪的对象是证券、期货交易过程中的内幕信息,后罪则为国家秘密,显然后者的秘密程度与范围要高于前者。当然,如果在部分证券、期货交易过程中的内幕信息属于国家秘密范畴,则泄露内幕信息的行为同时触犯上述两罪,属于想象竞合犯的情形,应当按照"从一重罪"原则论处。

(四)内幕交易、泄露内幕信息罪的处罚

根据《刑法》第180条第1款、第2款的规定,犯本罪的,处5年以下有期徒刑或者拘役,并处或者单处违法所得1倍以上5倍以下罚金;情节特别严重的,处5年以上10年以下有期徒刑,并处违法所得1倍以上5倍以下罚金。

单位犯本罪的,对单位判处罚金,并对直接负责的主管人员或者其他直接责任人员,处5年以下有期徒刑或者拘役。

十八、利用未公开信息交易罪

12-23

(一)利用未公开信息交易罪的概念

利用未公开信息交易罪,是指证券交易所、期货交易所、证券公司、期货经纪公司、基金管理公司、商业银行、保险公司等金融机构的从业人员以及有关监管部门或者行业协会的工作人员,利用因职务便利获取的内幕信息以外的其他未公开的信息,违反规定,从事与该信息相关的证券、期货交易活动,或者明示、暗示他人从事相关交易活动,情节严重的行为。

(二)利用未公开信息交易罪的特征

1.本罪客体是复杂客体。一种表现为国家对证券、期货市场的管理秩序;另一种表现为其他证券、期货投资者的合法权益。

本罪的犯罪对象是有关证券、期货发行、交易的内幕信息。

2.本罪的客观方面。行为人必须实施了利用因职务便利获取的内幕信息以外的其他未公开的信息,违反规定,从事与该信息相关的证券、期货交易活动,或者明示、暗示他人从事相关交易活动。内幕信息以外的其他未公开信息,是指资产管理机构、投资理财机构将用客户资金投资购买某个证券、期货等金融产品的决策信息。由于该信息不属于法律规定的内幕消息,不具有必须依法公开的义务,故称为内幕信息以外的其他未公开信息。违反规定,是指违反证券、期货等金融产品交易活动相关的法律或行政法规。这些法律法规严禁资产管理机构、投资理财机构的从业人员从事损害客户利益,或从事受托背信交易活动的行为。例如,资产管理机构的从业人员在使用客户资金买入证券、期货等金融产品之前,自己先行买入,或者在使用客户资金买入证券、期货等金融产品之后,自己先行卖出的行为,即所谓建老鼠仓的行为。根据《关于公安机关管辖的刑事案件立案追诉标准的规定(二)》第31条第1款的规定,具有下列情形之一的,应予追诉:(1)获利或者避免损失数额在一百万元以上的;(2)二年内三次以上利用未公开信息交易的;(3)明示、暗示三人以上从事相关交易活动的;(4)具有其他严重情节的。该条第2款设定了"数额+情节"的情节严重判断标准,即利用未公开信息交易,获利或者避免损失数额在五十万元以上,或者证券交易成交额在五百万元以上,或者期货交易占用保证金数额在一百万元以上,同时具有下列情形之一:(1)以出售或者变相出售未公开信息等方式,明示、暗示他人从事相关交易活动的;(2)因证券、期货犯罪行为受过刑事追究的;(3)二年内因证券、期货违法行为受过行政处罚的;(4)造成其他严重后果的。

3.本罪的犯罪主体是特殊主体,包括证券交易所、期货交易所、证券公司、期货经纪公司、基金管理公司、商业银行、保险公司等金融机构的从业人员以及有关监管部门或者行业协会的工作人员。

4.本罪的犯罪主观方面只能是直接故意,且一般表现为牟取私利或者避免损失。

(三)利用未公开信息交易罪的认定

1.本罪的罪与非罪的界限

利用未公开信息交易的行为必须情节严重才构成犯罪。情节严重,主要是指多次建立老鼠仓,建老鼠仓非法获利数额巨大,或由于建老鼠仓对客户资产造成严重损失等情形。近年来,基金公司、商业银行、保险公司、证券公司、期货公司等金融机构大都开展了资产管理或投资理财业务,手中拥有大量客户资金,将客户资金投资于证券、期货等金融产品是代客投资理财和客户资产管理的主要方式之一。这类资产管理机构的某些从业人员,在用客户资金买入证券或者其衍生品、期货或者期权合约等金融产品前,以自己名义或假借他人名义或者告知其亲属、朋友、关系户,先行低价买入证券、期货等金融产品,然后用客户资金拉升到高位后自己率先卖出牟取暴利。

2.本罪与他罪的界限

(1)本罪与内幕交易罪的界限主要表现为信息的内容不同。内幕信息主要是围绕上市公司本身的信息,如公司的重组计划、公司的重大合同项目、公司的盈利情况等对该公司证券、期货的市场价格有重大影响,按照法律规定应及时向社会公开但还尚未公开的信息;本罪所利用的信息一般属于内部商业信息,是内幕信息以外的其他未公开信息。其次,损害的利益不同。内幕交易罪更多的是损害不特定的公众投资者的合法权益,本罪更多的是损害资产管理机构、投资理财机构的特定客户利益。

(2)本罪与操纵证券、期货市场罪的界限。操纵证券、期货市场罪主要是利用行为人自身的资金、信息或技术优势,通过对倒、对敲等方法影响证券、期货交易价格或者交易数量,误导其他投资者,从而达到操纵证券、期货市场,从中牟取暴利的目的。本罪主要是利用未公开的信息,通过抢先建仓、提早撤仓的交易行为获取利益,意在使受托客户承担更多的市场风险而减少行为人自身风险。

（3）本罪与背信运用受托财产罪的界限。二者存在以下两个明显区别：第一，犯罪主体上的不同。背信运用受托财产罪是单位犯罪，犯罪主体是金融机构；本罪是一种自然人犯罪，犯罪主体是资产管理机构、投资理财机构的从业人员。第二，犯罪行为方式上的不同。背信运用受托财产罪是指金融机构擅自运用客户资金和受托财产的决策本身与受托义务相违背，因而使受托管理的客户资金或资产陷入极大风险；本罪是指资产管理机构、投资理财机构做出的投资决策本身并不违背受托义务，但其从业人员利用机构内部信息提前建仓、提早撤仓，牟取非法利益的行为。

（四）利用未公开信息交易罪的处罚

根据《刑法》第 180 条第 1 款、第 2 款的规定，犯本罪的，处 5 年以下有期徒刑或者拘役，并处或者单处违法所得 1 倍以上 5 倍以下罚金；情节特别严重的，处 5 年以上 10 年以下有期徒刑，并处违法所得 1 倍以上 5 倍以下罚金。

单位犯本罪的，对单位判处罚金，并对直接负责的主管人员或者其他直接责任人员，处 5 年以下有期徒刑或者拘役。

十九、编造并传播证券、期货交易虚假信息罪

（一）编造并传播证券、期货交易虚假信息罪的概念

编造并传播证券、期货交易虚假信息罪，是指编造并传播影响证券、期货交易虚假信息，扰乱证券、期货交易市场，造成严重后果的行为。

（二）编造并传播证券、期货交易虚假信息罪的特征

1. 本罪的客体是复杂客体。一种表现为国家对证券、期货市场的管理秩序；另一种表现为其他证券、期货投资者的合法权益。

2. 本罪的客观方面表现为行为人编造并传播影响证券、期货交易的虚假信息，扰乱证券、期货交易市场，造成严重后果的行为。所谓编造，是指无中生有的捏造。所谓传播，是指以语言、文字、音像等形式将信息扩散给行为人以外的人。所谓虚假信息，是指根本不存在或者未发生的事实情况。本罪属于结果犯，只有扰乱了证券、期货交易市场并造成严重后果时，才构成犯罪。所谓严重后果，根据《关于公安机关管辖的刑事案件立案追诉标准的规定（二）》第 37 条的规定，是指具有下列情形之一的：（1）获利或者避免损失数额累计在 5 万元以上的；（2）造成投资者直接经济损失数额在 5 万元以上的；（3）致使交易价格和交易量异常波动的；（4）虽未达到上述数额标准，但多次编造并且传播影响证券、期货交易的虚假信息的；（5）其他造成严重后果的情形。

3. 本罪的主体是一般主体。单位也可以成为本罪的主体。

4. 本罪的主观方面是故意。

（三）编造并传播证券、期货交易虚假信息罪的认定

1. 本罪的罪与非罪的界限

构成本罪，行为人主观方面必须是故意，因工作不负责任而错误提供虚假信息造成相应危害后果的，不宜认定为本罪。其次，编造并传播的虚假信息应当与证券、期货交易市场相关联，对正常的交易市场具有相应的破坏力与危害性。再次，本罪属于结果犯，犯罪成立是

以产生一定的严重后果为条件的。最后,需要说明的是,本罪与正常交易市场中的预测错误容易发生混淆,需要合理区分开来。在证券、期货交易过程中,预测作为一种从已知推断未知的分析活动,是交易行为中的必要活动,也是法律容许的,因而,预测错误也就是交易预测活动的正常现象。不可否认的是,基于预测错误而产生的错误信息,经广泛传播后,同样会对证券、期货交易市场产生消极影响。但是,二者在本质上是完全不同的,前者构成犯罪,而预测错误是合法行为。具体区分如下:第一,前者是出于非法意图,明知信息虚假而故意编造并传播,旨在扰乱证券、期货交易市场秩序;后者则为善意,是为了在交易过程中合法获利,并不是为了欺骗投资者。第二,前者编造虚假信息完全是无中生有、凭空捏造,毫无事实依据;后者预测行为多是根据已有客观事实进行的推断、分析活动。第三,预测人的职业能力与预测方法,也是区分两种活动的重要因素。简言之,预测错误是由于预测主体素质有限或者偶然事件等因素影响而发生,不属于故意编造并传播虚假信息。

2.本罪与他罪的界限

本罪认定时容易与操纵证券、期货交易价格罪发生混淆。主要区别如下:第一,引起证券、期货行情虚假的原因不同。本罪主要是编造、传播虚假信息,扰乱正常的交易秩序,后罪则是通过各种操纵市场行为来制造虚假行情进而吸引投资,从中谋利。第二,主观方面存在差异。本罪不要求具有非法获利之目的,后罪则在主观上具有影响证券、期货交易价格的意图和非法获利或者非法减损的目的。

(四)编造并传播证券、期货交易虚假信息罪的处罚

根据《刑法》第181条第1款、第3款的规定,犯本罪的,处5年以下有期徒刑或者拘役,并处或者单处1万元以上10万元以下罚金。

单位犯本罪的,对单位判处罚金,并对直接负责的主管人员或者其他直接责任人员,处5年以下有期徒刑或者拘役。

二十、诱骗投资者买卖证券、期货合约罪

(一)诱骗投资者买卖证券、期货合约罪的概念

诱骗投资者买卖证券、期货合约罪,是指证券交易所、期货交易所、证券公司、期货经纪公司的从业人员,证券业协会、期货业协会或者证券、期货管理监督部门的工作人员,故意提供虚假信息或者伪造、变造、销毁交易记录,诱骗投资者买卖证券、期货合约,造成严重后果的行为。

(二)诱骗投资者买卖证券、期货合约罪的特征

1.本罪的客体是复杂客体。一种表现为国家对证券、期货市场的管理秩序;一种表现为证券、期货投资者的合法权益。

2.本罪的客观方面表现为行为人故意提供虚假信息或者伪造、变造、销毁交易记录,诱骗投资者买卖证券、期货合约的目的,造成严重后果的行为。所谓故意提供,是指行为人出于诱骗投资者买卖证券、期货合约,主动提供或者应投资者的要求而提供;既可以是口头方式,也可以是书面方式,还可以借助新闻媒介提供。既可以提供给个人,也可以提供给众多人。所谓伪造、变造、销毁交易记录,是指伪造、变造、销毁客户填写的委托单,保存在电脑中的交易数据以及与证券发行、证券、期货交易有关的记录等。所谓严重后果,根据《关于公安

机关管辖的刑事案件立案追诉标准的规定(二)》第 33 条的规定,是指具有下列情形之一的:(1)获利或者避免损失数额在五万元以上的;(2)造成投资者直接经济损失数额在五十万元以上的;(3)虽未达到上述数额标准,但多次编造并且传播影响证券、期货交易的虚假信息的;(4)致使交易价格或者交易量异常波动的;(5)其他造成严重后果的情形。

3.本罪的主体是特殊主体,指证券、期货业从业人员或者证券、期货业管理人员。单位也可以成为本罪的主体。

4.本罪的主观方面是直接故意,且具有诱骗投资者买卖证券、期货合约,为自己或关系人牟取不正当利益或转嫁风险的目的。

(三)诱骗投资者买卖证券、期货合约罪的认定

1.本罪的罪与非罪的界限

本罪属于结果犯,行为人的行为必须满足"造成严重后果"才能构成本罪,否则只能认定为一般违法行为,追究行为人的民事或行政责任。同时,在"诱骗"的行为性质认定上,容易与金融交易过程中的预测行为发生混淆,应当进行合理区分。金融预测行为是基于相应的金融知识而进行的专业分析,是一种专业技术行为,不存在诱骗、伪造等违法犯罪目的,这是两者的根本区别。

2.本罪与他罪的界限

本罪与编造并传播证券、期货交易虚假信息罪的界限。两者都属于以虚假信息为手段实施证券、期货欺诈类型的犯罪。两者的区别在于:第一,犯罪客观方面不同。本罪的行为方式是故意提供虚假信息或者伪造、变造、销毁交易记录;后罪的方式是编造和传播虚假信息。第二,犯罪主体不同。本罪是特殊主体,限于证券、期货业从业人员和管理人员;后罪是一般主体。

(四)诱骗投资者买卖证券、期货合约罪的处罚

根据《刑法》第 181 条第 2 款、第 3 款的规定,犯本罪的,处 5 年以下有期徒刑或者拘役,并处或者单处 1 万元以上 10 万元以下罚金;情节特别恶劣的,处 5 年以上 10 年以下有期徒刑,并处 2 万元以上 20 万元以下罚金。

单位犯本罪的,对单位判处罚金,并对直接负责的主管人员或者其他直接责任人员,处 5 年以下有期徒刑或者拘役。

二十一、操纵证券、期货市场罪

12-26

(一)操纵证券、期货市场罪的概念

操纵证券、期货市场罪,是指以牟利或者减少损失为目的,操纵证券、期货市场,影响证券、期货交易价格或者证券、期货交易量,情节严重的行为。

(二)操纵证券、期货市场罪的特征

1.本罪的客体是复杂客体。它主要侵犯了两种社会关系:一种表现为国家对证券、期货市场的管理秩序,一种表现为其他投资者的合法权益。

2.本罪的客观方面表现为行为人以牟利或者减少损失为目的,操纵证券、期货市场,影响证券、期货交易价格或者证券、期货交易量,情节严重的行为。

12-27

根据《刑法》第 182 条的规定,具体为:(1)单独或者合谋,集中资金优势、持股或者持仓

优势或者利用信息优势联合或者连续买卖的;(2)与他人串通,以事先约定的时间、价格和方式相互进行证券、期货交易的;(3)在自己实际控制的账户之间进行证券交易,或者以自己为交易对象,自买自卖期货合约的;(4)不以成交为目的,频繁或者大量申报买入、卖出证券、期货合约并撤销申报的;(5)利用虚假或者不确定的重大信息,诱导投资者进行证券、期货交易的;(6)对证券、证券发行人、期货交易标的公开作出评价、预测或者投资建议,同时进行反向证券交易或者相关期货交易的;(7)以其他方法操纵证券、期货市场的。上述行为的后果是影响了证券、期货交易价格或者证券、期货交易量,并情节严重,破坏了市场秩序。

3.本罪的主体是一般主体。单位也可以成为本罪的主体。

4.本罪的主观方面是直接故意,且以牟利益或减少损失为目的。

(三)操纵证券、期货市场罪的处罚

根据《刑法》第182条规定,犯本罪的,处5年以下有期徒刑或者拘役,并处或者单处罚金;情节特别严重的,处5年以上10年以下有期徒刑,并处罚金。

单位犯本罪的,对单位判处罚金,并对其直接负责的主管人员和其他直接责任人员,依照自然人犯本罪的规定处罚。

二十二、背信运用受托财产罪

(一)背信运用受托财产罪的概念

背信运用受托财产罪,是指银行或者其他金融机构,违背受托义务,擅自运用客户资金或者其他委托、信托的财产,情节严重的行为。

(二)背信运用受托财产罪的特征

1.本罪的客体是复杂客体。它侵犯了两种社会关系,一种表现为国家对金融机构的管理秩序,一种表现为投资者的合法权益。

2.本罪的客观方面表现为行为人违背受托义务,擅自运用客户资金或者其他委托、信托的财产,情节严重的行为。所谓违背受托义务,是指违反金融法关于受托人应当对受托事务及财产进行妥善管理、慎重行事的职责义务。擅自动用客户资金及委托、信托的财产,是一种典型的民事侵权行为。如果情节严重,则具有刑事违法性,构成犯罪。所谓情节严重,根据《关于公安机关管辖的刑事案件立案追诉标准的规定(二)》第35条的规定,是指具有下列情形之一:(1)擅自运用客户资金或者其他委托、信托的财产数额在30万元以上的;(2)虽未达到上述数额标准,但多次擅自运用客户资金或者其他委托、信托的财产,或者擅自运用多个客户资金或者其他委托、信托的财产的;(3)其他情节严重的情形。

3.本罪的主体是特殊主体,即商业银行、证券交易所、期货交易所、证券公司、期货经纪公司、保险公司以及其他金融机构。

4.本罪的主观方面是故意。

(三)背信运用受托财产罪的处罚

根据《刑法》第185条之一第1款的规定:犯本罪擅自运用客户资金或者其他委托、信托的财产,情节严重的,对单位判处罚金,并对其直接负责的主管人员和其他直接责任人员,处3年以下有期徒刑或者拘役,并处3万元以上30万元以下罚金;情节特别严重的,处3年以上10年以下有期徒刑,并处5万元以上50万元以下罚金。

二十三、违法运用资金罪

(一)违法运用资金罪的概念

违法运用资金罪,是指公众资金管理机构以及保险公司、保险资产管理公司、证券投资基金管理公司,违反国家规定运用资金的行为。

(二)违法运用资金罪的特征

1.本罪的客体是公众资金管理机构以及保险公司、保险资产管理公司、证券投资基金管理公司的信誉和国家对这些机构的管理制度。

2.本罪的客观方面表现为公众资金管理机构以及保险公司、保险资产管理公司、证券投资基金管理公司违反国家规定运用资金的行为。所谓违法运用资金,是指违反国家对资金、基金严格管理、专项使用的法律规定,在未经批准或审批的情况下随意动用或擅自改变用途等其他违规操作的行为。

3.本罪的主体是特殊主体,即社会保障基金管理机构、住房公积金管理机构等公众资金管理机构,以及保险公司、保险资产管理公司、证券投资基金管理公司。本罪是纯正单位犯罪。

4.本罪的主观方面是故意。

(三)违法运用资金罪的认定

1.本罪罪与非罪的界限

本罪在法条中并没有明确规定"情节严重"作为犯罪的成立要件,但这并不意味着成立本罪不需要情节严重的要件。[①] 我们认为,本罪与背信运用受托财产罪规定在同一条文中,依据体系解释的方法,应当认为本罪需要"情节严重"作为犯罪成立要件。司法实践中,对本罪的认定,也是充分考虑这一成立要件的,即只有行为人的行为达到"情节严重"的程度才追究其刑事责任。《关于公安机关管辖的刑事案件立案追诉标准的规定(二)》第36条规定,社会保障基金管理机构、住房公积金管理机构等公众资金管理机构,以及保险公司、保险资产管理公司、证券投资基金管理公司,违反国家规定运用资金,涉嫌下列情形之一的,应予立案追诉:(1)违反国家规定运用资金数额在30万元以上的;(2)虽未达到上述数额标准,但多次违反国家规定运用资金的;(3)其他情节严重的情形。

2.本罪与他罪的界限

(1)本罪与背信运用受托财产罪的界限。两罪均为《刑法修正案(六)》新增罪名,且规定在同一条文中,但二者仍然存在明显区别。第一,客观行为不同。本罪是违反国家规定运用社会保障基金、住房公积金以及其他公众资金的行为,而后者则是违背受托义务,擅自运用客户资金及其他委托、信托财产的行为。第二,犯罪主体不同。本罪的犯罪主体主要是社会保障基金管理机构、住房公积金管理机构等公众资金管理机构以及保险公司、保险资产管理公司、证券投资基金管理公司中直接负责的主管人员和其他直接责任人员;而后者则主要是商业银行、证券交易所、期货交易所、证券公司、期货经纪公司、保险公司以及其他金融机构,只能是单位犯罪主体。

(2)本罪与挪用型财产犯罪的界限。两罪在行为方式上均表现为非法"使用"资金,但区

---

① 刘宪权、周舟:《违法运用资金罪的刑法分析》,《法学杂志》2010年第9期。

别明显。第一,客观行为不同。本罪是典型的背信行为;而挪用型财产犯罪是利用职务便利,挪用单位资金归个人使用,给单位造成损失的行为,不存在背信的问题。第二,犯罪对象不同。本罪的对象是社会保障基金、住房公积金、保险基金、证券投资基金以及其他公众资金;而挪用型财产犯罪的对象是单位所有的资金和款项。第三,成立要件不同。挪用型财产犯罪要求行为人必须"利用职务上的便利";而本罪只要违反国家规定即可,是否利用职务便利在所不问。

(四)违法运用资金罪的处罚

根据《刑法》第 185 条之一第 2 款的规定,犯本罪的,对其直接负责的主管人员和其他直接责任人员,处 3 年以下有期徒刑或者拘役,并处 3 万元以上 30 万元以下罚金;情节特别严重的,处 3 年以上 10 年以下有期徒刑,并处 5 万元以上 50 万元以下罚金。

二十四、违法发放贷款罪

(一)违法发放贷款罪的概念

违法发放贷款罪,是指银行或者其他金融机构的工作人员,违反国家规定发放贷款,数额巨大或者造成重大损失的行为。

12-30

(二)违法发放贷款罪的特征

1. 本罪的客体是复杂客体,既侵犯了国家对金融机构贷款活动的管理制度,又侵犯了金融机构的合法权益。

2. 本罪的客观方面表现为行为人违反国家规定发放贷款,数额巨大或者造成重大损失的行为。所谓违反国家规定,是指违反国家有关金融贷款的法律规定。违法发放贷款,包括违法发放信用贷款和违法发放担保贷款。所谓造成重大损失,根据《关于公安机关管辖的刑事案件立案追诉标准的规定(二)》第 37 条规定,是指具有下列情形之一:(1)违法发放贷款,数额在二百万元以上的;(2)违法发放贷款,造成直接经济损失数额在五十万元以上的。

3. 本罪的主体是特殊主体,即银行或者其他金融机构的工作人员。单位也可以成为本罪的主体。

4. 本罪的主观方面可以是故意(只能是间接故意的,因为如果是直接故意,则可能构成其他犯罪),也可以是过失。但对于违反国家规定,必须是直接故意。

(三)违法发放贷款罪的认定

1. 本罪罪与非罪的界限

成立本罪,需要行为人在发放贷款的过程中违反相关的国家规定,对存在贷款瑕疵的对象发放贷款。如果行为人按照国家规定发放贷款,借款人因自身特定原因而未能按期偿还贷款本息造成相应损失的,不能认定为本罪。成立本罪,还需要符合损失的相关额度条件,如果未能达到相关额度的,仅能认定为一般违法行为,按照《商业银行法》的规定给予行政处罚。

2. 本罪与他罪的界限

(1)本罪与签订、履行合同失职被骗罪的界限。第一,客观行为不同。本罪表现为违反国家规定发放贷款的行为;后者则为签订、履行合同严重不负责,失职被骗的行为。第二,成立范围不同。本罪仅存在于银行等金融机构与借款人之间的借贷款合同中,而后者则为任意合同之中;第三,犯罪主体不同。本罪主体为银行等金融机构及其工作人员;后者则仅为自然人,且限于国有公司、企业、事业单位直接负责的主管人员。

(2)本罪与滥用职权罪、玩忽职守罪的界限。本罪的客观行为本质上表现为金融机构工作人员滥用职权或玩忽职守,是典型的渎职行为。但是,由于我国刑法中的滥用职权罪与玩忽职守罪的主体限于国家机关工作人员,因此,本罪与后者之间的区别主要是主体身份的不同。

(四)违法发放贷款罪的处罚

根据《刑法》第186条的规定,犯本罪的,处5年以下有期徒刑或者拘役,并处1万元以上10万元以下罚金;数额特别巨大或者造成特别重大损失的,处5年以上有期徒刑,并处2万元以上20万元以下罚金;如果向关系人发放贷款的,从重处罚。

单位犯本罪的,对单位判处罚金,并对其直接负责的主管人员和其他直接责任人员,依照自然人犯本罪的规定处罚。

银行或者其他金融机构的工作人员违反国家规定,向关系人发放贷款的,依照前款的规定从重处罚。

二十五、吸收客户资金不入账罪

(一)吸收客户资金不入账罪的概念

吸收客户资金不入账罪,是指银行或者其他金融机构的工作人员吸收客户资金不入账,数额巨大或者造成重大损失的行为。

12-31

(二)吸收客户资金不入账罪的特征

1.本罪的客体是复杂客体。它侵犯了两种社会关系:一种表现为国家对金融资金的管理制度;一种表现为金融客户的合法权益。

本罪的犯罪对象是以金融机构办理业务的名义所吸收的客户资金,包括个人储蓄和单位存款。如果假借或虚构金融机构的名义吸收公众存款,不构成本罪。

2.本罪的客观方面表现为行为人吸收客户资金不入账,数额巨大或者造成重大损失的行为。所谓吸收客户资金不入账,是指违反《中华人民共和国会计法》和《中华人民共和国商业银行法》等规定,未真实记录并未全面反映其业务活动和财务状况的情形。例如,办理存款、贷款等业务不按照会计制度记账、登记,或不在会计报表中反映;将存款与贷款等不同业务在同一账户内轧差处理;经营收入未列入会计账册;其他方式的账外经营行为。本罪是结果犯,必须达到数额巨大或者造成重大损失的危害结果。所谓数额巨大或者造成重大损失,根据《关于公安机关管辖的刑事案件立案追诉标准的规定(二)》第38条的规定,是指具有下列情形之一:(1)吸收客户资金不入账,数额在200万元以上的;(2)吸收客户资金不入账,造成直接经济损失数额在50万元以上的。

3.本罪的主体是特殊主体,指银行或者其他金融机构的工作人员。单位也可以成为本罪的主体。

4.本罪的主观方面可以是故意(只能是间接故意,因为如果是直接故意,则可能构成其他犯罪),也可以是过失。但对于违反国家规定,可以是直接故意。

（三）吸收客户资金不入账罪的处罚

根据《刑法》第187条的规定，犯本罪的，处5年以下有期徒刑或者拘役，并处2万元以上20万元以下罚金；数额特别巨大或者造成特别重大损失的，处5年以上有期徒刑，并处5万元以上50万元以下罚金。

单位犯本罪的，对单位判处罚金，并对其直接负责的主管人员和其他直接责任人员，依照自然人犯本罪的规定处罚。

二十六、违规出具金融票证罪

（一）违规出具金融票证罪的概念

违规出具金融票证罪，是指银行或者其他金融机构的工作人员违反规定，为他人出具信用证或者其他保函、票据、存单、资信证明，情节严重的行为。

（二）违规出具金融票证罪的特征

1.本罪的客体是复杂客体。它侵犯了两种社会关系：一种表现为国家对金融信用票证的管理制度，另一种表现为金融机构的资金安全。

本罪的犯罪对象是金融票证，包括信用证、保函、票据、存单、资信证明。

2.本罪的客观方面表现为行为人违反规定，为他人出具信用证或者其他保函、票据、存单、资信证明，情节严重的行为。所谓违反规定，是指违反《商业银行法》《中华人民共和国票据法》以及金融机构的规章制度。所谓他人，既包括个人，也包括单位。所谓情节严重，根据《关于公安机关管辖的刑事案件立案追诉标准的规定（二）》第39条的规定，是指具有下列情形之一：(1)违反规定为他人出具信用证或者其他保函、票据、存单、资信证明，数额在200万元以上的；(2)违反规定为他人出具信用证或者其他保函、票据、存单、资信证明，造成直接经济损失数额在50万元以上的；(3)多次违规出具信用证或者其他保函、票据、存单、资信证明的；(4)接受贿赂违规出具信用证或者其他保函、票据、存单、资信证明的；(5)其他情节严重的情形。

3.本罪的主体是特殊主体，指银行或者其他金融机构的工作人员。单位也可以成为本罪的主体。

4.本罪的主观方面可以是故意（只能是间接故意，因为如果是直接故意，则可能构成其他犯罪），也可以是过失。但对于违反规定，可以是直接故意。

（三）违规出具金融票证罪的处罚

根据《刑法》第188条的规定，犯本罪的，处5年以下有期徒刑或者拘役；情节特别严重的，处5年以上有期徒刑。

单位犯本罪的，对单位判处罚金，并对其直接负责的主管人员和其他直接责任人员，依照自然人犯本罪的规定处罚。

二十七、对违法票据承兑、付款、保证罪

（一）对违法票据承兑、付款、保证罪的概念

对违法票据承兑、付款、保证罪，是指银行或者其他金融机构的工作人员在票据业务中，对违反票据法规定的票据予以承兑、付款或者保证，造成重大损失的行为。

（二）对违法票据承兑、付款、保证罪的特征

1.本罪的客体是复杂客体。它侵犯了两种社会关系,另一种表现为国家对票据的管理制度;一种表现为金融机构的资金安全。

2.本罪的客观方面表现为行为人在票据业务中,对违反票据法规定的票据予以承兑、付款或者保证,造成重大损失的行为。所谓违反票据法规定的票据,是指不符合票据法的规定,不能予以承兑、付款或者保证的票据。所谓重大损失,根据《关于公安机关管辖的刑事案件立案追诉标准的规定(二)》第40条的规定,是指违反票据法规定的票据予以承兑、付款或者保证,造成直接经济损失数额在50万元以上的情形。

3.本罪的主体是特殊主体,指银行或者其他金融机构的工作人员。单位也可以成为本罪的主体。

4.本罪的主观方面可以是故意(只能是间接故意,因为如果是直接故意,则可能构成其他犯罪),也可以是过失。但对于违反票据法规定,可以是直接故意。

（三）对违法票据承兑、付款、保证罪的处罚

根据《刑法》第189条的规定,犯本罪的:(1)处5年以下有期徒刑或者拘役。(2)造成特别重大损失的,处5年以上有期徒刑。

单位犯本罪的,对单位判处罚金,并对其直接负责的主管人员和其他直接责任人员,依照自然人犯本罪的规定处罚。

二十八、逃汇罪

（一）逃汇罪的概念

逃汇罪,是指公司、企业或者其他单位,违反国家规定,擅自将外汇存放境外,或者将境内的外汇非法转移到境外,数额较大的行为。

12-34

（二）逃汇罪的特征

1.本罪的客体是国家的外汇管理制度。本罪的犯罪对象是外汇。所谓外汇,是指:(1)外国货币。(2)外币有价证券。例如政府公债、国库券、公司债券、股票、息票等。(3)外汇支付凭证。例如,票据、银行存款凭证、邮政储蓄凭证等。(4)其他外汇资金。

2.本罪的客观方面表现为行为人违反国家规定,擅自将外汇存放境外,或者将境内的外汇非法转移到境外,数额较大的行为。所谓数额较大,根据《关于公安机关管辖的刑事案件立案追诉标准的规定(二)》第41条的规定,是指单笔在200万美元以上或者累计数额在500万美元以上的情形。

3.本罪的主体只能是单位,包括公司、企业以及其他单位。本罪是典型的纯正单位犯罪。

4.本罪的主观方面只能是直接故意。如果是间接故意,则无法实现其逃汇的目的。

（三）逃汇罪的处罚

根据《刑法》第190条第1款的规定,对犯本罪的,对单位判处逃汇数额5％以上30％以下罚金,并对其直接负责的主管人员和其他直接责任人员处5年以下有期徒刑或者拘役;数额巨大或者有其他严重情节的,对单位判处逃汇数额5％以上30％以下罚金,并对其直接负责的主管人员和其他直接责任人员处5年以上有期徒刑。

二十九、骗购外汇罪

（一）骗购外汇罪的概念

骗购外汇罪，是指使用伪造、变造的购买外汇所需的凭证、单据，或者重复使用购买外汇所需的凭证、单据，以及用其他方式骗购外汇，数额较大的行为。

12-35

（二）骗购外汇罪的特征

1.本罪的客体是国家的外汇管理制度。本罪的犯罪对象是外汇。所谓外汇，是指：（1）外国货币。（2）外币有价证券。例如政府公债、国库券、公司债券、股票、息票等。（3）外汇支付凭证。例如，票据、银行存款凭证、邮政储蓄凭证等。（4）其他外汇资金。

2.本罪的客观方面表现为行为人使用伪造、变造的购买外汇所需的凭证、单据，或者重复使用购买外汇所需的凭证、单据，以及用其他方式骗购外汇，数额较大的行为。具体为：（1）使用伪造、变造的海关签发的报关单、进口证明、外汇管理部门核准件等凭证和单据的骗购外汇的行为。（2）重复使用海关签发的报关单、进口证明、外汇管理部门核准件等凭证和单据的骗购外汇的行为。（3）以其他方式骗购外汇的行为。如明知是骗购外汇而提供人民币资金或者其他服务的，以共犯论处。构成本罪必须以"数额较大"为条件。所谓骗购外汇数额较大，根据《关于公安机关管辖的刑事案件立案追诉标准的规定（二）》第42条的规定，是指骗购外汇数额在50万美元以上。

3.本罪的主体是一般主体。单位也可以成为本罪的主体。

4.本罪的主观方面是故意。如果是过失，不构成本罪。

（三）骗购外汇罪的认定

1.本罪的罪与非罪界限

成立本罪，需要满足"数额较大"的要求，这是区分本罪与一般骗购外汇行为的关键。虽有骗购外汇的行为但未达到法定数额要求，不成立本罪。

同时，还需要区分本罪与套汇行为的界限。所谓套汇，是指下列行为：（1）违反国家规定，以人民币支付或者以实物偿付应当以外汇支付的进口货款或者其他类似支出的，但是合法的易货贸易除外；（2）以人民币为他人支付在境内的费用，而由对方给付外汇的；（3）明知用于非法套汇而提供人民币资金或者其他服务的；（4）以其他方式非法套汇的。套汇行为不构成犯罪，但应依照外汇管理法律法规给予相应的行政处罚。

2.本罪与他罪的界限

（1）本罪与逃汇罪的界限。二者均为违反我国外汇管理制度的犯罪，但区别明显。第一，客观行为不同。本罪表现为行为人使用伪造、变造的购买外汇所需的凭证、单据，或者重复使用购买外汇所需的凭证、单据，以及用其他方式骗购外汇的行为，后者则为违反国家规定擅自将外汇存放境外，或者将境内的外汇非法转移到境外的行为；第二，主体不同。本罪主体为一般主体，既包括自然人也包括单位，而后者是纯正的单位犯罪，其主体只能是单位。

（2）本罪与诈骗罪的界限。本罪是金融诈骗犯罪的一种，因而需要合理区分其与诈骗罪的合理界限。第一，客体不同。本罪的客体是国家外汇管理制度，后者则为公司财产所有权。第二,目的不同。诈骗罪必须具有非法占有他人财物的目的,本罪并无这一目的要求。第三,对象不同。本罪的对象只能是外汇,不能是人民币等;后者则为所有形式的公私财物。第四,主体不同。本罪主体为一般主体,既包括自然人也包括单位;而后者只能是自然人。

(四)骗购外汇罪的处罚

根据《刑法》第190条第2款的规定,犯本罪的,处5年以下有期徒刑或者拘役,并处骗购外汇数额5%以上30%以下罚金;数额巨大或者有其他严重情节的,处5年以上10年以下有期徒刑,并处骗购外汇数额5%以上30%以下罚金;数额特别巨大或者有其他特别严重情节的,处10年以上有期徒刑或者无期徒刑,并处骗购外汇数额5%以上30%以下罚金或者没收财产。

单位犯本罪的,依照上述规定对单位判处罚金,并对其直接负责的主管人员和其他直接责任人员处5年以下有期徒刑或者拘役;数额巨大或者有其他严重情节的,处5年以上10年以下有期徒刑;数额特别巨大或者有其他特别严重情节的,处10年以上有期徒刑或者无期徒刑。

伪造、变造海关签发的报关单、进口证明、外汇管理部门核准件等凭证和单据,并用于骗购外汇的,构成本罪,从重处罚。

三十、洗钱罪

(一)洗钱罪的概念

12-36

洗钱罪,是指为掩饰、隐瞒毒品犯罪、黑社会性质的组织犯罪、恐怖活动犯罪、走私犯罪、贪污贿赂犯罪、破坏金融管理秩序犯罪、金融诈骗犯罪的所得及其产生的收益的来源和性质以存入金融机构、转移资金等方式使其在市场上合法化的行为。

(二)洗钱罪的特征

1.本罪的客体是复杂客体。它主要侵犯了两种社会关系:一种表现为国家的金融管理制度,另一种表现为司法机关的正常活动。

本罪的犯罪对象是毒品犯罪、黑社会性质的组织犯罪、恐怖活动犯罪、走私犯罪、贪污贿赂犯罪、破坏金融管理秩序犯罪、金融诈骗犯罪的所得及其产生的收益。如果是这些犯罪之外的所得及其产生的收益,不属于本罪范畴。

2.本罪的客观方面表现为行为人实施了掩饰、隐瞒这些犯罪所得及其收益的来源和性质的行为。具体为:(1)提供资金账户;(2)协助将财产转换为现金、金融票据、有价证券;(3)通过转账或者其他支付结算方式协助转移资金;(4)跨境转移资产;(5)以其他方法掩饰、隐瞒犯罪所得及其收益的来源和性质。例如,将犯罪所得用于日常大量使用现金的行业,使之混入合法收入之中。同时,只要实施了上述行为之一的即构成犯罪,不管其是否达到掩饰、隐瞒犯罪所得来源和性质的目的。

例如,2013年1月5日,魏某找到自己的大学同学、某对外贸易公司经理钱某,要求借用钱某单位账户转一笔"货款"。魏某向钱某透露这笔"货款"是从海外弄到的走私汽车的销售款,希望通过钱某公司账号分散后取出部分现金。魏某当场送给钱某人民币5000元,钱某收下。事后,钱某指使公司财务处处长王某具体办理该笔款项的转账手续,并要求王某不要向他人透露此事。2013 年 1 月 19 日魏某将其款项共计 580 万元分 22 笔转入钱某所在的对外贸易公司账户。2013 年 1 月 20 日至 2 月 1 日,王某将魏某销售走私汽车款 580 万元分 5 次从公司账户中转走,其中,取出现金 230 万元,转账及信汇 350 万元。钱某从中收受魏某贿赂 5 万元,王某收受魏某贿赂 2 万元。

本案中,某对外贸易公司经理钱某明知魏某所谓的"货款"是走私汽车的销售款,仍然决定向他出借公司账户为其转账,其行为已经构成洗钱罪。王某受钱某教唆,为魏某具体实施转账行为,其行为也构成洗钱罪。从案情来看,钱某虽为公司法定代表人,但他是个人决定将公司账户出借,并未经公司董事会或者股东会会议集体决定,而且是私下指使王某转账,因而本案并非单位犯罪,而是钱某与王某共同构成的自然人犯罪。此外,钱某和王某分别收受魏某贿赂 5 万元和 2 万元,并利用担任公司职务上的便利为魏某牟取非法利益,其行为同时构成非国家工作人员受贿罪,与洗钱罪成立牵连犯,应当择一重罪处罚。

3. 本罪的主体是一般主体。单位也可以成为本罪的主体。

4. 本罪的主观方面只能是直接故意,且以掩饰、隐瞒犯罪所得及其收益的来源和性质,并使之合法化为目的。

(三)洗钱罪的认定

1. 本罪的罪与非罪的界限

本罪在法条中没有明确规定犯罪成立的数额,相关司法解释(如《关于公安机关管辖的刑事案件立案追诉标准的规定(二)》)也没有对本罪的定罪数额问题作出规定,因此,本罪应为行为犯,即只要行为人实施了洗钱行为就构成本罪,数额多少、情节严重程度等与犯罪成立没有影响。当然,它受《刑法》第 13 条"但节"的约束。

2. 本罪与他罪的界限

(1)本罪与掩饰、隐瞒犯罪所得及其收益罪的界限。两者在掩饰、隐瞒犯罪所得及其收益的目的与行为方法上有相同或相似性。两者的区别主要在于:(1)犯罪客体不同。本罪的客体是复杂客体,不仅包括司法机关的正常活动,还包括国家的金融管理制度;后罪的客体是单一客体,只包括司法机关的正常活动。(2)犯罪对象不同。本罪的犯罪对象是法律明确规定的特定犯罪的所得及其产生的收益,后罪的犯罪对象是范围较广的犯罪所得及其产生的收益。(3)犯罪客观方面不同。本罪是特定的五种方式的洗钱行为,后罪是各种方式的掩饰、隐瞒行为。(4)犯罪主体不同。本罪可以是个人犯罪,也可以是单位犯罪;后罪只能是个人犯罪。(5)犯罪主观方面不同。本罪的明知范围是某些特定犯罪的所得及其产生的收益,后罪的明知范围可以是其他各种犯罪的所得及其产生的收益。

(2)本罪中毒品犯罪所得及其收益的洗钱行为与包庇毒品犯罪分子罪和窝藏、转移、隐瞒毒品、毒赃罪的界限。两者的区别是:(1)犯罪客体不同。前罪的客体除了司法机关的正常活动外,还有国家的金融管理制度;后罪的客体只是司法机关的正常管理活动。(2)犯罪对象不同。前罪的对象是特定犯罪的所得及其产生的收益;后罪的对象是毒品、毒赃。(3)犯罪客观方面不同。前罪是一种与毒品犯罪所得及其收益有关的洗钱行为;后罪是包庇毒品犯罪分子罪和窝藏、转移、隐瞒毒品、毒赃的行为。(4)犯罪主体不同。前罪的主

12-37

体可以是个人，也可以是单位；后罪的主体只能是个人。(5)犯罪主观方面不同。前罪的明知范围是某些特定犯罪的所得及其产生的收益；后罪的明知范围是毒品犯罪分子和毒品、毒赃。

3.本罪一罪与数罪的界限

本罪的罪数问题，主要表现为与《刑法》第 312 条掩饰、隐瞒犯罪所得、犯罪所得收益罪的竞合关系。对此，相关司法解释作出明确规定。最高人民法院《关于审理洗钱等刑事案件具体应用法律若干问题的解释》第 3 条规定，明知是犯罪所得及其产生的收益而予以掩饰、隐瞒，构成刑法第 312 条规定的犯罪，同时又构成刑法第 191 条或者第 349 条规定的犯罪的，依照处罚较重的规定定罪处罚。

(四)洗钱罪的处罚

根据《刑法》第 191 条的规定，犯本罪的，没收犯罪所得及其产生的收益，处 5 年以下有期徒刑或者拘役，并处或者单处洗钱数额 5% 以上 20% 以下罚金；情节严重的，没收犯罪所得及其产生的收益，处 5 年以上 10 年以下有期徒刑，并处洗钱数额 5% 以上 20% 以下罚金。所谓情节严重，一般指洗钱数额巨大，手段恶劣，一贯洗钱等情形。

单位犯本罪的，对单位判处罚金，并对其直接负责的主管人员和其他直接责任人员按照自然人犯罪的规定处罚。

复习与练习

本章提要

破坏金融管理罪，是指违反国家对金融市场的监督管理的法律、法规，从事危害国家对货币、外汇、有价证券以及金融机构、证券交易和保险公司管理的活动，破坏金融市场秩序，情节严重的行为。它现有 30 个罪名。伪造货币罪，是指仿照货币的式样、票面、图案、颜色、质地和防伪标记等特征，使用描绘、复印、影印、制版印刷和计算机扫描打印等方法，非法制造假货币、冒充真货币的行为。出售、购买、运输假币罪，是指出售、购买伪造的货币或者明知是伪造的货币而予以运输，数额较大的行为。金融工作人员购买假币、以假币换取货币罪，是指银行或者其他金融机构的工作人员购买伪造的货币，或者利用职务上的便利，以伪造的货币换取货币的行为。持有、使用假币罪，是指明知是伪造的货币而持有、使用，数额较大的行为。变造货币罪，是指以进入流通市场为目的，对真实货币采取涂改、拼接、剪贴、挖补、揭层等方法，对货币进行加工改造，使货币面值增大、数量增加，数额较大的行为。擅自设立金融机构罪，是指未经国家有关主管机关批准，擅自设立商业银行、证券交易所、证券公司、期货交易所、期货经纪公司、保险公司或者其他金融机构的行为。伪造、变造、转让金融机构经营许可证、批准文件罪，是指采用各种方法制造虚假的金融机构经营许可证、批准文件，或者在真实的金融机构经营许可证、批准文件的基础上进行加工改造，从而改变其原有内容，或者将合法取得的金融机构经营许可证、批准文件非法转让给他人使用的行为。高利转贷罪，是指以转贷牟利为目的，套取金融机构信贷资金高利转贷他人，违法所得数额较大的行为。骗取贷款、票据承兑金融票证罪，是指以欺骗手段取得银行或者其他金融机构贷款、票据承兑、信用证、保函等，给银行或者其他金融机构造成重大损失或者有其他严重情节的行为。非法吸收公众存款罪,是指违反国家金融管理法规,非法吸收公众存款或者变相吸收公众存款,扰乱金融秩序的行为。伪造、变造金融票证罪,是指采取各种方法制造假金融票证或者篡改、变动真金融票证的行为。妨害信用卡管理罪,是指明知是伪造的信用卡而持有、运输的,或者明知是伪造的空白信用卡而持有、运输,数量较大的,或者非法持有他人信用卡,数量较大的,或者使用虚假的身份证明骗领信用卡的,或者出售、购买、为他人提供伪造的信用卡或者以虚假的身份证明骗领的信用卡的行为。窃取、收买或者非法提供信用卡信息罪,是指窃取、收买或者非法提供他人信用卡信息资料的行为。伪造、变造国家有价证券罪,是指伪造、变造国库券或者国家发行的其他有价证券,数额较大的行为。伪造、变造股票、公司、企业债券罪,是指伪造、变造股票或者公司、企业债券,数额较大的行为。擅自发行股票、公司、企业债券罪,是指未经国家有关主管部门批准,擅自发行股票或者公司、企业债券,数额巨大、后果严重或者有其他严重情节的行为。内幕交易、泄露内幕信息罪,是指证券、期货交易内幕信息的知情人员或者非法获取证券、期货交易内幕信息的人员,在涉及证券的发行、证券、期货交易或者其他对证券、期货交易的价格有重大影响的信息尚未公开前,买入或者卖出该证券,或者从事与该内幕信息有关的期货交易,或者泄露该信息,或者明示、暗示他人从事上述交易活动,情节严重的行为。利用未公开信息交易罪,是指证券交易所、期货交易所、证券公司、期货经纪公司、基金管理公司、商业银行、保险公司等金融机构的从业人员以及有关监管部门或者行业协会的工作人员,利用因职务便利获取的内幕信息以外的其他未公开的信息,违反规定,从事与该信息相关的证券、期货交易活动,或者明示、暗示他人从事相关交易活动,情节严重的行为。编造并传播证券、期货交易虚假信息罪,是指编造并传播证券、期货交易虚假信息,扰乱证券、期货交易市场,造成严重后果的行为。诱骗投资者买卖证券、期货合约罪,是指证券交易所、期货交易所、证券公司、期货经纪公司的从业人员,证券业协会、期货业协会或者证券、期货管理监督部门的工作人员,故意提供虚假信息或者伪造、变造、销毁交易记录,诱骗投资者买卖证券、期货合约,造成严重后果的行为。操纵证券、期货市场罪,是指以牟利或者减少损失为目的,操纵证券、期货市场,获取不正当利益或者转嫁风险,情节严重的行为。背信运用受托财产罪,是指银行或者其他金融机构,违背受托义务,擅自运用客户资金或者其他委托、信托的财产,情节严重的行为。违法运用资金罪,是指公众资金管理机构以及保险公司、保险资产管理公司、证券投资基金管理公司,违反国家规定运用资金的行为。违法发放贷款罪,是指银行或者其他金融机构的工作人员,违反国家规定发放贷款,数额巨大或者造成重大损失的行为。吸收客户资金不入账罪,是指银行或者其他金融机构的工作人员吸收客户资金不入账,数额巨大或者造成重大损失的行为。违规出具金融票证罪,是指银行或者其他金融机构的工作人员违反规定,为他人出具信用证或者其他保函、票据、存单、资信证明,情节严重的行为。对违法票据承兑、付款、保证罪,是指银行或者其他金融机构的工作人员在票据业务中,对违反票据法规定的票据予以承兑、付款或者保证,造成重大损失的行为。逃汇罪,是指公司、企业或者其他单位,违反国家规定,擅自将外汇存放境外,或者将境内的外汇非法转移到境外,数额较大的行为。骗购外汇罪,是指使用伪造、变造的购买外汇所需的凭证、单据,或者重复使用购买外汇所需的凭证、单据,以及用其他方式骗购外汇,数额较大的行为。洗钱罪,是指明知是毒品犯罪、黑社会性质的组织犯罪、恐怖活动犯罪、走私犯罪、贪污贿赂犯罪、破坏金融管理秩序犯罪、金融诈骗犯罪的所得及其产生的收益,为掩饰、隐瞒其来源和性质,而以存入金融机构、转移资金等方式使其在市场上合法化的行为。

思考题

1.论述破坏金融管理秩序罪的概念与特征。

2.试分析伪造货币罪与走私伪造的货币罪的关系。

3.论述持有、使用假币罪的特征。

4.骗取贷款并高利转贷该如何定性?

5.非法吸收公众存款罪的客观方面有哪些表现?

6.论述妨害信用卡管理罪的具体类型。

7.论述内幕交易、泄露内幕信息罪的犯罪主体特征。

8.如何把握利用未公开信息交易罪的犯罪情节?

9.试论述操纵证券、期货市场罪的客观方面表现。

10.洗钱罪上游犯罪的范围应当如何确定?

参考文献

1.郦毓贝、彭凤莲著:《破坏金融管理秩序罪认定与疑难问题解析》,中国人民公安大学出版社 2009 年版。

2.阮方民著:《洗钱犯罪比较研究》,中国人民公安大学出版社 2002 年版。

3.楼伯坤主编:《刑法学》(第三版),浙江大学出版社 2015 年版。

第十三章 金融诈骗罪

本章主要阐述金融诈骗罪的基本概念和特征,以及金融诈骗罪所涉的具体罪名,包括集资诈骗罪、贷款诈骗罪、票据诈骗罪、金融凭证诈骗罪、信用证诈骗罪、信用卡诈骗罪、有价证券诈骗罪、保险诈骗罪。重点论述各个具体罪名的特征、具体认定以及处罚问题。

本章重点

- 金融诈骗罪
- 集资诈骗罪
- 贷款诈骗罪
- 票据诈骗罪
- 信用卡诈骗罪
- 保险诈骗罪

第一节 金融诈骗罪概述

一、金融诈骗罪的概念

金融诈骗罪是指以非法占有为目的,采用虚构事实或者隐瞒事实真相的方法,骗取公私财物或者金融机构信用,破坏金融管理秩序的行为。金融诈骗罪是《中华人民共和国刑法》规定的破坏社会主义市场经济秩序罪中的一个犯罪类别。在金融领域里,以非法占有为目的,采取虚构事实或者隐瞒真相的方法,骗取银行或者其他金融机构的贷款、保险金等,或者进行非法集资诈骗、金融票据诈骗和信用证、信用卡诈骗,其数额较大的犯罪行为的总称。

二、金融诈骗罪的特征

(一)犯罪客体

金融诈骗罪的犯罪客体是复杂客体。就诈骗罪的侵害对象而言,所有诈骗罪侵害的对象,均是公私财物,从这一角度看,金融诈骗罪所侵犯的客体是公私财产所有权关系。但金融诈骗罪与诈骗罪又有所不同,金融诈骗罪还侵犯了国家金融管理秩序,破坏了国家市场经济秩序。

(二)犯罪客观方面

金融诈骗罪的客观方面表现为行为人存在虚构事实、隐瞒真相,以从事金融活动为借口或利用其他金融工具骗取公私财产数额较大的行为。其本质特征是通过金融工具或以从事金融活动为名来骗取公私财物。与诈骗罪相同,行为人需要虚构事实或隐瞒真相来骗取被害人的信任,使被害人产生错误认识从而交付或处分财物。但与诈骗罪又有所不同,行为人的诈骗行为是利用金融工具或从事金融活动。

（三）犯罪主体

金融诈骗罪的犯罪主体，除贷款诈骗罪、有价证券诈骗罪以及信用卡诈骗罪只能由自然人构成外，其余罪名自然人与单位都可构成。保险诈骗罪的犯罪主体属于特殊主体，只能由投保人、被保险人以及受益人构成，其余金融诈骗罪的犯罪主体都是一般主体。

（四）犯罪主观方面

金融诈骗罪在主观方面都是故意，表现为行为人行使诈骗行为必须具有非法占有公私财物的目的，必须具有非法改变公私财产所有权关系的故意。

第二节　金融诈骗罪分述

一、集资诈骗罪

（一）集资诈骗罪的概念

集资诈骗罪，是指以非法占有为目的，违反有关金融法律、法规的规定，使用诈骗方法进行非法集资，扰乱国家正常金融秩序，侵犯公私财产所有权，且数额较大的行为。

13-1

（二）集资诈骗罪的特征

1.本罪侵犯的客体，是复杂客体，既侵犯了公私财产所有权，又侵犯了国家金融管理制度。在现代社会，资金是企业进行生产经营不可缺少的资源和生产要素。而生产者、经营者自有资金极为有限，因此向社会筹集资金成为一种越来越重要的金融活动。与此同时，一些名为集资、实为诈骗的犯罪行为也开始滋生、蔓延。这种集资诈骗行为采取欺骗手段蒙骗社会公众，不仅造成投资者的经济损失，还干扰了金融机构储蓄、贷款等业务的正常进行，破坏国家的金融管理秩序。

2.本罪在客观方面表现为使用诈骗方法非法集资，数额较大的行为。本罪客观方面包括三个方面内容：（1）使用诈骗方法。传统的诈骗方法包括虚构事实和隐瞒真相两种。就集资诈骗罪而言，具体表现为，虚构集资用途，以虚假的证明文件和高回报率为诱饵，骗取集资款。如有的行为人以"共同投资"名义欺骗他人，有的行为人采用比银行同期存款利率高出若干倍利息的方法诱惑他人。（2）非法集资。非法集资，是指公司、企业、其他组织或个人未经有权机关批准，违反法律法规，通过不正当的渠道，向社会公众募集资金的行为。非法集资既指未经批准向社会募集，也指虽经批准但经撤销后仍然继续向社会募集资金。人民法院、人民检察院、公安机关认定非法集资的"非法性"，应当以国家金融管理法律法规作为依据。对于国家金融管理法律法规仅作原则性规定的，可以根据法律规定的精神并参考中国人民银行、中国银行保险监督管理委员会、中国证券监督管理委员会等行政主管部门依照国家金融管理法律法规制定的部门规章或者国家有关金融管理的规定、办法、实施细则等规范性文件的规定予以认定。（3）非法集资数额较大的，才构成本罪。本罪是数额犯，本罪的成立要求"数额较大"。根据最高人民检察院、公安部 2022 年 5 月 15 日生效的《公安机关管辖的刑事案件立案追诉标准的规定（二）》第 44 条的规定，是指数额在 10 万元以上的。

3.本罪的主体是一般主体,单位可以成为本罪主体。单位实施非法集资犯罪活动,全部或者大部分违法所得归单位所有的,应当认定为单位犯罪。个人为进行非法集资犯罪活动而设立的单位实施犯罪的,或者单位设立后,以实施非法集资犯罪活动为主要活动的,不以单位犯罪论处,对单位中组织、策划、实施非法集资犯罪活动的人员应当以自然人犯罪依法追究刑事责任。判断单位是否以实施非法集资犯罪活动为主要活动,应当根据单位实施非法集资的次数、频度、持续时间、资金规模、资金流向、投入人力物力情况、单位进行正当经营的状况以及犯罪活动的影响、后果等因素综合考虑认定。

4.本罪的主观方面,只能由故意构成,且以非法占有为目的。所谓非法占有,根据2011年1月4日起施行的最高人民法院《关于审理非法集资刑事案件具体应用法律若干问题的解释》规定,行为人具有下列情形之一的,可以认定其行为属于"以非法占有为目的":(1)集资后不用于生产经营活动或者用于生产经营活动与筹集资金规模明显不成比例,致使集资款不能返还的;(2)挥霍集资款,致使集资款不能返还的;(3)携带集资款逃匿的;(4)将集资款用于违法犯罪活动的;(5)抽逃、转移资金、隐匿财产,逃避偿还资金的;(6)隐匿、销毁账目,或者搞假破产、假倒闭,逃避返还资金的;(7)拒不交代资金去向,逃避返还资金的;(8)其他可以认定非法占有目的的情形。

（三）集资诈骗罪的认定

1.本罪的罪与非罪的界限

本罪必须是在使用诈骗方法非法集资,数额较大,并且具有非法占有的目的时,才能构成犯罪。对于骗取数额较小的资金且情节较轻的行为,或者筹措资金时虽有某些虚假成分,但不是将集资款据为己有的,则不构成本罪,而应当按集资借贷纠纷处理。但是,情节严重的,即使实际上没有非法占有集资款的,也应认定为集资诈骗未遂。

2.本罪与非法吸收公众存款罪的界限

非法吸收公共存款罪也有非法集资的行为,二者虽然有许多相似之处,但存在如下区别:(1)侵犯的客体不完全相同。本罪侵犯的是复杂客体,包括金融管理秩序和公私财产所有权,而后者侵犯的则是单一客体,即金融管理秩序。(2)客观方面表现不同。本罪的行为方式是使用欺诈的方法筹集资金,而非法吸收公众存款罪的方式不具有欺诈性。(3)犯罪目的不同。本罪的犯罪目的在于将非法筹集的资金占为己有,而后者的犯罪目的是通过非法吸收存款进行营利活动,并无将非法所吸收的存款据为己有的目的。

根据最高人民法院2010年11月22日《关于审理非法集资刑事案件具体应用法律若干问题的解释》第1条规定,所谓"非法吸收公众存款或者变相吸收公众存款",是指同时具备下列四个条件的行为:(1)未经有关部门依法批准或者借用合法经营的形式吸收资金;(2)通过媒体、推介会、传单、手机短信等途径向社会公开宣传;(3)承诺在一定期限内以货币、实物、股权等方式还本付息或者给付回报;(4)向社会公众即社会不特定对象吸收资金。未向社会公开宣传,在亲友或者单位内部针对特定对象吸收资金的,不属于非法吸收或者变相吸收公众存款。根据2014年3月31日"两高"及公安部联合发布的《关于办理非法集资刑事案件适用法律若干问题的意见》中指出了下列情形不属于《解释》第1条第2款规定的"针对特定对象吸收资金"的行为,应当认定为向社会公众吸收资金:(一)在向亲友或者单位内部人员吸收资金的过程中,明知亲友或者单位内部人员向不特定对象吸收资金而予以放任的;

（二）以吸收资金为目的的，将社会人员吸收为单位内部人员，并向其吸收资金的。同时，该《意见》也指出"向社会公开宣传"，包括以各种途径向社会公众传播吸收资金的信息，以及明知吸收资金的信息向社会公众扩散而予以放任等情形。

根据《解释》第2条规定，非法吸收行为是指下列行为之一：（1）不具有房产销售的真实内容或者不以房产销售为主要目的，以返本销售、售后包租、约定回购、销售房产份额等方式非法吸收资金的；（2）以转让林权并代为管护等方式非法吸收资金的；（3）以代种植（养殖）、租种植（养殖）、联合种植（养殖）等方式非法吸收资金的；（4）不具有销售商品、提供服务的真实内容或者不以销售商品、提供服务为主要目的，以商品回购、寄存代售等方式非法吸收资金的；（5）不具有发行股票、债券的真实内容，以虚假转让股权、发售虚构债券等方式非法吸收资金的；（6）不具有募集基金的真实内容，以假借境外基金、发售虚构基金等方式非法吸收资金的；（7）不具有销售保险的真实内容，以假冒保险公司、伪造保险单据等方式非法吸收资金的；（8）以投资入股的方式非法吸收资金的；（9）以委托理财的方式非法吸收资金的；（10）利用民间"会""社"等组织非法吸收资金的；（11）其他非法吸收资金的行为。

所谓"以非法占有为目的"，根据《解释》第4条的规定，是指具有下列情形之一的：（1）集资后不用于生产经营活动或者用于生产经营活动与筹集资金规模明显不成比例，致使集资款不能返还的；（2）肆意挥霍集资款，致使集资款不能返还的；（3）携带集资款逃匿的；（4）将集资款用于违法犯罪活动的；（5）抽逃、转移资金、隐匿财产，逃避返还资金的；（6）隐匿、销毁账目，或者搞假破产、假倒闭，逃避返还资金的；（7）拒不交代资金去向，逃避返还资金的；（8）其他可以认定非法占有目的的情形。

集资诈骗罪中的非法占有目的，应当区分情形进行具体认定。行为人部分非法集资行为具有非法占有目的的，对该部分非法集资行为所涉集资款以集资诈骗罪定罪处罚；非法集资共同犯罪中部分行为人具有非法占有目的，其他行为人没有非法占有集资款的共同故意和行为的，对具有非法占有目的的行为人以集资诈骗罪定罪处罚。

3. 本罪与擅自发行股票、公司、企业债券罪的界限

集资诈骗罪和欺诈发行证券罪、非法吸收公众存款罪在客观上均表现为向社会公众非法募集资金。区别的关键在于行为人是否具有非法占有的目的。对于以非法占有为目的而非法集资，或者在非法集资过程中产生了非法占有他人资金的故意，均构成集资诈骗罪。但是，在处理具体案件时要注意以下两点：一是不能仅凭较大数额的非法集资款不能返还的结果，推定行为人具有非法占有的目的；二是行为人将大部分资金用于投资或生产经营活动，而将少量资金用于个人消费或挥霍的，不应仅以此便认定具有非法占有的目的。所谓"擅自发行股票、公司、企业债券"，根据《解释》第6条的规定，是指未经国家有关主管部门批准，向社会不特定对象发行、以转让股权等方式变相发行股票或者公司、企业债券，或者向特定对象发行、变相发行股票或者公司、企业债券累计超过200人的行为。

4. 涉案下属单位的认定问题

办理非法集资刑事案件中，人民法院、人民检察院、公安机关应当全面查清涉案单位，包括上级单位（总公司、母公司）和下属单位（分公司、子公司）的主体资格、层级、关系、地位、作用、资金流向等，区分情况依法作出处理。上级单位已被认定为单位犯罪，下属单位实施非

法集资犯罪活动,且全部或者大部分违法所得归下属单位所有的,对该下属单位也应当认定为单位犯罪。上级单位和下属单位构成共同犯罪的,应当根据犯罪单位的地位、作用,确定犯罪单位的刑事责任。上级单位已被认定为单位犯罪,下属单位实施非法集资犯罪活动,但全部或者大部分违法所得归上级单位所有的,对下属单位不单独认定为单位犯罪。下属单位中涉嫌犯罪的人员,可以作为上级单位的其他直接责任人员依法追究刑事责任。上级单位未被认定为单位犯罪,下属单位被认定为单位犯罪的,对上级单位中组织、策划、实施非法集资犯罪的人员,一般可以与下属单位按照自然人与单位共同犯罪处理。上级单位与下属单位均未被认定为单位犯罪的,一般以上级单位与下属单位中承担组织、领导、管理、协调职责的主管人员和发挥主要作用的人员作为主犯,以其他积极参加非法集资犯罪的人员作为从犯,按照自然人共同犯罪处理。

（四）集资诈骗罪的处罚

根据《刑法》第192条和第200条的规定,犯本罪的,处3年以上7年以下有期徒刑,并处2万元以上20万元以下罚金;数额巨大或者有其他严重情节的,处7年以上或无期徒刑,并处罚金或者没收财产。

单位犯本罪的,对单位判处罚金,并对直接负责的主管人员和其他直接责任人员,处5年以下有期徒刑或者拘役,可以并处罚金;数额巨大或者有严重情节的,处5年以上10年以下有期徒刑,并处罚金;数额特别巨大或者有其他特别严重情节的,处10年以上有期徒刑或者无期徒刑,并处罚金。

《关于办理非法集资刑事案件若干问题的意见》第6条规定,办理非法集资刑事案件,应当贯彻宽严相济刑事政策……重点惩处非法集资犯罪活动的组织者、领导者和管理人员,包括单位犯罪中的上级单位（总公司、母公司）的核心层、管理层和骨干人员,下属单位（分公司、子公司）的管理层和骨干人员,以及其他发挥主要作用的人员。对于涉案人员积极配合调查、主动退赃退赔、真诚认罪悔罪的,可以依法从轻处罚;其中情节轻微的,可以免除处罚;情节显著轻微、危害不大的,不作为犯罪处理。

在具体认定集资诈骗犯罪的数额时,应当以行为人实际骗取的数额计算。但是案发前已归还的数额扣除。在量刑时,不仅以集资诈骗的数额为基础,还要考虑诈骗手段、诈骗次数、危害结果、社会影响等情节。

二、贷款诈骗罪

（一）贷款诈骗罪的概念

贷款诈骗罪,是指以非法占有为目的,诈骗银行或者其他金融机构的贷款,数额较大的行为。

（二）贷款诈骗罪的特征

1.本罪的客体是复杂客体,既侵犯了国家对金融机构的贷款管理制度,又侵犯了金融机构所贷资金的所有权。犯罪的对象是银行或其他金融机构的贷款。

2.本罪的客观方面,表现为用虚构事实,隐瞒真相的方法,骗取银行或者其他金融机构的贷款,数额较大的行为。其诈骗方法包括:（1）编造引进资金、项目等虚假理由的。（2）使用虚假的经济合同的。（3）使用虚假的证明文件的。（4）使用虚假的产权证明作担保或者超出抵押物价值重复担保的。（5）以其他方法诈骗贷款的。使用上述方法之一的,即可成立本罪;同时使用几种方法的,也只成立一罪。本罪骗取的贷款必须数额较大。根据《关于公安机关管辖的刑事案件立案追诉标准的规定(二)》第 45 条的规定,"数额较大",是指以非法占有为目的,诈骗银行或者其他金融机构的贷款,数额在 5 万元以上。

3.本罪的主体是一般主体,即年满 16 周岁具有刑事责任能力的自然人。单位不能成为本罪的主体。

4.本罪的主观方面是故意,并有非法占有银行或者其他金融机构贷款的目的。

根据《全国法院审理金融犯罪案件工作座谈会纪要》规定,结合司法实践,对于行为人通过诈骗的方法非法获取资金,造成数额较大资金不能归还,并具有下列情形之一的,可以认定为具有非法占有的目的:(1)明知没有归还能力而大量骗取资金的;(2)非法获取资金后逃跑的;(3)肆意挥霍骗取资金的;(4)使用骗取的资金进行违法犯罪活动的;(5)抽逃、转移资金、隐匿财产,以逃避返还资金的;(6)隐匿、销毁账目,或者搞假破产、假倒闭,以逃避返还资金的;(7)其他非法占有资金、拒不返还的行为。

(三)贷款诈骗罪的认定

1.本罪的罪与非罪的界限

认定本罪应注意以下三点:(1)是否采用了诈骗手段;(2)骗取贷款是否数额较大;(3)是否具有非法占有贷款的目的。如果行为人以非法占有为目的,诈骗银行或者其他金融机构的贷款,数额不是较大的,或者行为人在主观上不具有非法占有目的,即使在贷款时采取虚构事实或隐瞒真相,均不构成本罪,但可能构成其他犯罪。

2.本罪与无力偿还贷款的界限

贷款诈骗罪与借贷纠纷容易混淆。区分本罪与借贷纠纷的界限,需判断行为人主观上有无非法占有的目的。这要把握以下几点:(1)在发生到期不还的结果时,要看行为人在申请贷款时,履约能力不足的事实是否已经存在,行为人对此是否有认识。如果无法履约的原因形成于获得贷款之后,或者行为人对自己无法履约缺乏认识,即使到期不还,也不应认定为是贷款诈骗,而应以借贷纠纷处理。(2)要看行为人在取得贷款后是否积极地将贷款用于借贷合同所规定的事项。如果用于履约,尽管行为人在到期后无法偿还,也不能认定为贷款诈骗行为。(3)要看行为人在贷款到期后是否积极偿还。如果行为人仅仅口头上承认欠款而实际上没有尽其所能积极筹备还款的行为,很难证明行为人没有非法占有贷款的目的。总之,应当综合各种因素进行考察,准确判断借款人是否具有非法占有贷款的目的。

3.本罪与诈骗罪的界限

本罪是诈骗罪的一种特殊形态。诈骗罪是指以非法占有为目的,以虚假事实或者隐瞒真相的方法,骗取数额较大的公私财物的行为。本罪与诈骗罪的区别在于:(1)二者的客体不同。本罪的客体是国家对金融机构的贷款管理制度和金融机构对信贷资金的所有权,而后者的客体则泛指公私财产的所有权。(2)二者的犯罪行为不同。本罪只能是通过金融机构的信贷业务实施诈骗,而后者则可以用各种各样的行为实施。总之,本罪与诈骗罪的关系是特别法与普通法的关系。从立法上来讲,《刑法》第 266 条在规定普通诈骗罪时指出:"本法另有规定的,依照规定";从刑法理论上分析,在发生包容性的法条竞合时,应实行特别法优于普通法的原则,因此,不可将本罪错当诈骗罪处理。

4.本罪与单位贷款诈骗的界限

关于贷款诈骗罪,刑法未规定单位犯罪。所以,单位实施贷款诈骗行为应当如何处理是个难题。我国刑法学界存在两种观点:第一种观点认为,由于刑法没有规定单位可以成为贷款诈骗罪的主体,根据罪刑法定原则,既不能追究单位也不能追究单位的直接负责的主管人员和其他责任人员的刑事责任;第二种观点认为,由于刑法没有规定单位成为贷款诈骗罪的主体,就不能追究单位的刑事责任,但不妨对单位直接负责的主管人员和其他直接责任人员按照个人犯罪追究刑事责任。根据《全国法院审理金融犯罪案件工作座谈会纪要》规定,单位不能构成贷款诈骗罪。根据《刑法》第30条和第193条和《全国法院审理金融犯罪案件工作座谈会纪要》的规定,单位不构成贷款诈骗罪。对于单位实施的贷款诈骗行为,不能以贷款诈骗罪定罪处罚,也不能以贷款诈骗罪追究直接负责的主管人员和其他直接责任人员的刑事责任。但是,在司法实践中,对于单位十分明显地以非法占有为目的,利用签订、履行借款合同诈骗银行或其他金融机构贷款,符合《刑法》第224条规定的合同诈骗罪构成要件的,应当以合同诈骗罪定罪处罚。

(四)贷款诈骗罪的处罚

根据《刑法》第193条的规定,犯本罪的,处5年以下有期徒刑或者拘役,并处2万元以上20万元以下罚金;数额巨大或者有其他严重情节的,处5年以上10年以下有期徒刑,并处5万元以上50万元以下罚金;数额特别巨大或者有其他特别严重情节的,处10年以上有期徒刑或者无期徒刑,并处5万元以上50万元以下罚金或者没收财产。

三、票据诈骗罪

(一)票据诈骗罪的概念

票据诈骗罪,是指以非法占有为目的,利用金融票据进行诈骗活动,数额较大的行为。

(二)票据诈骗罪的特征

1.本罪的客体是复杂客体,既侵犯了他人的财物所有权,又侵犯了国家的金融管理制度。

2.本罪的客观方面必须是利用金融票据进行诈骗活动,骗取数额较大财物的行为。利用金融票据进行诈骗是指:(1)明知是伪造、变造的汇票、本票、支票而使用的;(2)明知是作废的汇票、本票、支票而使用的;(3)冒用他人的汇票、本票、支票,骗取财物的;(4)签发空头支票或者与其预留印鉴不符的支票,骗取财物的。空头支票,是指出票人在银行没有存款或存款不足时签发的到期无法兑现的支票。(5)汇票、支票的出票人签发无资金保证的汇票、支票或在出票时作虚假记载、骗取财物的。出票人,是指制作票据,按照法定条件在票据上签章,并按照所记载的事项承担票据责任的人。本罪的成立要求"数额较大",是指(1)个人进行金融票据诈骗,数额在1万元以上的;(2)单位进行金融票据诈骗,数额在10万元以上的。

3.本罪的主体是一般主体。单位也可以成为本罪的犯罪主体。

4.本罪主观上只能是故意,行为人使用伪造、变造的金融票据进行诈骗时,必须明知伪造、变造的票据,目的是非法占有公私财物。

(三)票据诈骗罪的处罚

根据《刑法》第194条第1款和第200条的规定,进行金融票据诈骗活动,数额较大的,处 5 年以下有期徒刑或者拘役,并处 2 万元以上 20 万元以下罚金;数额巨大或者有其他严重情节的,处 5 年以上 10 年以下有期徒刑,并处 5 万元以上 50 万元以下罚金;数额特别巨大或者有其他特别严重情节的,处 10 年以上有期徒刑或者无期徒刑,并处 5 万元以上 50 万元以下罚金或者没收财产。

单位犯本罪的,对单位判处罚金,并对其直接负责的主管人员和其他直接责任人员,处 5 年以下有期徒刑或者拘役,可以并处罚金;数额巨大或者有其他严重情节的,处 5 年以上 10 年以下有期徒刑,并处罚金;数额特别巨大或者有其他特别严重情节的,处 10 年以上有期徒刑或者无期徒刑,并处罚金。

四、金融凭证诈骗罪

(一)金融凭证诈骗罪的概念

金融凭证诈骗罪,是指以非法占有为目的,使用伪造、变造的委托收款凭证、汇款凭证、银行存单等其他银行结算凭证,骗取财物,数额较大的行为。

(二)金融凭证诈骗罪的特征

1.本罪的客体是复杂客体,即国家对金融凭证的管理制度和他人的财产权利。

2.本罪的客观方面表现为使用伪造、变造的委托收款凭证、汇款凭证、银行存单等其他银行结算凭证,骗取财物,数额较大的行为。委托收款凭证,是指行为人在委托银行向付款人收取货款等款项时,所填写和提供的凭据和证明。汇款凭证,是指汇款人委托银行将款项汇给外地的收款人时所填写的凭据和证明。银行存单,是指储户向银行交付存款后由银行开具的载有户名、账号、存款金额、存期、存款时间和到期时间、利率等内容的凭证和证明。其他银行结算凭证,是指除票据及上述凭证以外的各种银行结算凭证,如信用卡等。本罪"数额较大",根据《关于公安机关管辖的刑事案件立案追诉标准的规定(二)》第47条的规定,是指使用伪造、变造的委托收款凭证、汇款凭证、银行存单等其他银行结算凭证进行诈骗活动,数额在 5 万元以上的。

3.本罪的主体是一般主体,既可以是自然人,也可以是单位。

4.本罪的主观方面是故意,并以非法占有为目的。

(三)金融凭证诈骗罪的处罚

根据《刑法》第194条、第200条规定,犯本罪的,处 5 年以下有期徒刑,并处 2 万元以上 20 万元以下罚金;数额巨大或者有其他严重情节的,处 5 年以上 10 年以下有期徒刑,并处 5 万元以上 50 万元以下罚金;数额特别巨大或者有其他特别严重情节的,处 10 年以上有期徒刑或者无期徒刑,并处 5 万元以上 50 万元以下罚金或者没收财产。单位犯本罪的,对单位判处罚金,并对其直接负责的主管人员和其他直接责任人员,处 5 年以下有期徒刑或者拘役,可以并处罚金;数额巨大或者有其他严重情节的,处 5 年以上 10 年以下有期徒刑,并处罚金;数额特别巨大或者有其他特别严重情节的,处 10 年以上有期徒刑或者无期徒刑,并处罚金。

五、信用证诈骗罪

(一)信用证诈骗罪的概念

信用证诈骗罪,是指以非法占有为目的,利用信用证进行诈骗活动的行为。

（二）信用证诈骗罪的特征

1.本罪的客体是复杂客体，即国家对信用证的管理制度和他人的财产权利。信用证，是指开证银行根据进口商的开证付款的书面凭证。它是当前国际结算的一种方式。

2.本罪的客观方面表现为利用信用证进行诈骗的行为。这类行为主要方式有：（1）使用伪造、变造的信用证或者附随的单据、文件的。附随的单据、文件，是指使用信用证时必须附随的运输单据、商业发票、合同、提单、保险单等单据、文件。（2）使用作废的信用证的。如使用过期、失效的信用证等。（3）骗取信用证的。指以虚构事实、隐瞒真相的方法，欺骗开证银行，使其开具信用证。（4）以其他方法进行信用证诈骗活动的。如与开证行、受益人合谋，在支付银行款项后宣布开证破产，使支付行受到财产损失；利用软条款设置信用证陷阱，即在开立信用证时故意附加设置一些隐瞒性条款，使开证行单方取得主动权，以便能够单方随时解除信用证，以达到限制信用证的使用效力，从而达到诈骗目的等。本罪"数额较大"是指以下情形之一：（1）使用伪造、变造的信用证或者附随的单据、文件的；（2）使用作废的信用证的；（3）骗取信用证的；（4）以其他方法进行信用证诈骗活动的。

3.本罪的主体是一般主体，既可以是自然人，也可以是单位。

4.本罪的主观方面是故意，并以非法占有为目的。

（三）信用证诈骗罪的处罚

根据《刑法》第195条和第200条的规定，进行了信用证诈骗活动，处5年以下有期徒刑或者拘役，并处2万元以上20万元以下罚金；数额巨大或者有其他严重情节的，处5年以上10年以下有期徒刑，并处5万元以上50万元以下罚金；数额特别巨大或者有其他特别严重情节的，处10年以上有期徒刑或者无期徒刑，并处5万元以上50万元以下罚金或者没收财产。

单位犯本罪的，对单位判处罚金，并对其直接负责的主管人员和其他直接责任人员，处5年以下有期徒刑或者拘役，可以并处罚金；数额巨大或者有其他严重情节的，处5年以上10年以下有期徒刑，并处罚金；数额特别巨大或者有其他特别严重情节的，处10年以上有期徒刑或者无期徒刑，并处罚金。

六、信用卡诈骗罪

（一）信用卡诈骗罪的概念

信用卡诈骗罪，是指以非法占有为目的，利用信用卡进行诈骗活动，数额较大的行为。

（二）信用卡诈骗罪的特征

1.本罪的客体是复杂客体，既侵犯了国家对信用卡的管理制度，又侵犯了银行以及信用卡的有关关系人的公私财物所有权。犯罪对象是信用卡。信用卡是由银行或专营机构发给消费者，在约定的银行或部门支取现金或购买货物、支付劳务费用的一种信用凭证。它具有结算和信贷的双重功能以及银行吸收存款和存款付息的储蓄性质。我国目前发放的信用卡为记账信用卡，即持卡人收、付款项通过在发卡行开立的"备用户"进行结算，它是一种支付工具，具有货币的支付功能，也是我国银行的一种重要结算手段。当持卡人持卡消费时，在金额不足的情况下允许善意透支，并由发卡银行以贷款形式加以解决。因此，信用卡也具有一种银行的信贷功能，另外，领取信用卡的客户随时续存，所存款项在消费支付前，银行按照规定的活期储蓄利率计算利息。因此,开展信用卡业务,也是银行增加储蓄存款的有效措施。

2. 本罪的客观方面,表现为利用信用卡进行诈骗活动,骗取数额较大的财物。利用信用卡实施诈骗行为是指:(1)使用伪造的信用卡,或者使用以虚假的身份证明骗领的信用卡。前者是使用伪造的信用卡购买商品、在银行或自动柜员机上支取现金以及接受服务等行为,包括自己伪造然后又使用和明知是他人伪造的而自己使用。后者是使用违反本人居民身份证、军官证或者境外居民护照的真实内容的虚假身份证明,以欺骗手段领取信用卡的行为。根据我国发行信用卡的各有关规定,申请信用卡的用户,都应在发卡银行设相应的账户,并存入一定数额的信用卡起用金。使用伪造的信用卡,由于没有起用金,一旦使用得逞,就使特约商户经济上受到直接损失。(2)使用作废的信用卡。信用卡可以因种种原因而失去效用,不能继续使用。作废的信用卡主要有三种情形:一是指信用卡超过有效使用期限而自动失效。二是信用卡持卡人如果在信用卡有效期间停止使用,应办理退卡手续并将该信用卡退回发卡机构。三是因挂失而使信用卡失效。(3)冒用他人信用卡。指行为人非法以持卡人的名义使用信用卡骗取财物或服务。如使用拾得的信用卡,使用代他人保管的信用卡,骗取他人信用卡并予以使用等。(4)恶意透支。信用卡的透支是指持卡人在其发卡银行信用卡账户上资金不足或已无资金的情况下,按信用卡章程、协议约定,持卡人可以在一定额度内使用信用卡进行消费,但须在约定时间补充资金并支付一定利息,这种透支是种善意透支。我国信用卡中,不允许透支的信用卡主要是外币卡。恶意透支,是指持卡人以非法占有为目的,超过规定限额与期限透支,经发卡机构催收后仍不归还的行为。善意透支和恶意透支的区别在于,前者是先用后还,后者是以非法占有为目的,根本就不想归还透支的资金。本罪是结果犯,只有利用信用卡诈骗取得的财物达到数额较大的程度,才构成犯罪。本罪的成立要求"数额较大"。所谓数额较大,根据《公安机关管辖的刑事案件立案追诉标准的规定(二)》的规定,是指下列情形之一的:(1)使用伪造的信用卡、以虚假的身份证明骗领的信用卡、作废的信用卡或者冒用他人信用卡,进行诈骗活动,数额在 5000 元以上的;(2)恶意透支,数额在 5 万元以上的。

3. 本罪的主体是一般主体,即年满 16 周岁且具有刑事责任能力的自然人。单位不构成本罪。

4. 本罪的主观方面表现为故意,行为人主观上具有非法占有他人财物的目的。

(三)信用卡诈骗罪的认定

1. 本罪与伪造金融票证罪的界限

伪造信用卡后又自己使用的,既构成本罪又触犯了《刑法》第 177 条规定的伪造金融票证罪。二者的主要区别是:(1)本罪的基本罪是结果犯,实施信用卡诈骗行为必须骗得财物数额较大,才构成犯罪;后者的基本罪是行为犯,只要实施了伪造信用卡的行为,无论是否发生危害结果都构成犯罪。(2)本罪的主体限于个人,单位不能构成;后者的主体,个人和单位均可构成。因此,行为人伪造信用卡又自己使用,如果骗得的财物尚未达至数额较大的,应当认定为伪造金融票证罪,适当从重处罚;如果骗得财物数额较大的,应按牵连犯,从重处罚。

2.关于盗窃信用卡使用的问题

根据《刑法》第 196 条第 3 款的规定,盗窃信用卡并使用的,构成盗窃罪。这里的信用卡仅限于他人的真实有效的信用卡,如果盗窃伪造或作废的信用卡并使用的,应认定为信用卡诈骗罪;如果以非法占有他人财物为目的而盗窃信用卡但尚未使用的,成立盗窃未遂。行为人盗窃并使用信用卡后又"恶意透支"的,应按盗窃罪与信用卡诈骗罪实行数罪并罚。实践中发生的抢劫信用卡的案件,如果仅抢劫信用卡并使用的,应认定为信用卡诈骗罪;如果抢劫信用卡的同时抢劫了其他财物,并使用抢劫来的信用卡的,应按抢劫罪与信用卡诈骗罪实行数罪并罚。

(四)信用卡诈骗罪的处罚

根据《刑法》第 196 条的规定,进行了信用卡诈骗活动,数额较大的,处 5 年以下有期徒刑或拘役,并处 2 万元以上 20 万元以下罚金;数额巨大或者有其他严重情节的,处 5 年以上 10 年以下有期徒刑,并处 5 万元以上 50 万元以下罚金;数额特别巨大或者有其他特别严重情节的,处 10 年以上有期徒刑或无期徒刑,并处 5 万元以上 50 万元以下罚金或者没收财产。

七、有价证券诈骗罪

(一)有价证券诈骗罪的概念

有价证券诈骗罪,是指以非法占有为目的,使用伪造、变造的国库券或者国家发行的其他有价证券进行诈骗活动,数额较大的行为。

(二)有价证券诈骗罪的特征

1.本罪的客体是复杂客体,即国家对有价证券的发行管理规定和他人的财产权利。

2.本罪的客观方面表现为使用伪造、变造的国库券或者国家发行的其他有价证券进行诈骗活动,数额较大的行为。本罪的成立要求"数额较大"。所谓数额较大,根据《公安机关管辖的刑事案件立案追诉标准的规定(二)》第 50 条的规定,是指使用伪造、变造的国库券或者国家发行的其他有价证券进行诈骗活动,数额在 5 万元以上的。

3.本罪主体是一般主体,不包括单位。

4.本罪的主观方面是故意。

(三)有价证券诈骗罪的处罚

根据《刑法》第 197 条规定,使用伪造、变造的国库券或者国家发行的其他有价证券,进行诈骗活动,数额较大的,处 5 年以下有期徒刑或者拘役,并处 2 万元以上 20 万元以下罚金;数额巨大或者有其他严重情节的,处 5 年以上 10 年以下有期徒刑,并处 5 万元以上 50 万元以下罚金;数额特别巨大或者有其他特别严重情节的,处 10 年以上有期徒刑或者无期徒刑,并处 5 万元以上 50 万元以下罚金或者没收财产。

八、保险诈骗罪

(一)保险诈骗罪的概念

保险诈骗罪,是指投保人、被保险人或者受益人虚构事实或者隐瞒事实真相,骗取保险金,数额较大的行为。

(二)保险诈骗罪的特征

1.本罪的客体是复杂客体,既侵犯了保险公司的财产所有权,又侵犯了国家的金融保险制度。本罪的对象是保险金,它是保险人承担赔偿或者给付保险金责任的最高限额。如果行为人以欺骗方法骗取保险公司保险金以外的其他财产的,不能构成本罪。

2.本罪在客观方面表现为,虚构事实或者隐瞒事实真相,骗取保险金,数额较大的行为。本罪客观方面具体包括以下五种行为方式:(1)投保人故意虚构保险标的,骗取保险金。"虚构保险标的",是指投保人违背《保险法》规定的如实告知义务,虚构一个根本不存在的保险标的或者将不合格的标的伪称为合格的标的,与保险人订立保险合同的行为。在实践中,投保人虚构保险标的骗取保险金的方式主要表现为以下三种:第一,虚构根本不存在的保险标的,骗取保险金。第二,将不合格的标的伪称为合格的标的,即将不符合投保人投保要求的标的投保。与前一种情形的无中生有不同,此种情形中保险标的确实存在,只是不符合相应险种的投保要求,属于以次充好;而前一种情形是无中生有。第三,故意增加保险标的金额,恶意超额投保,骗取大于保险标的数倍甚至数十倍的保险金。(2)投保人、被保险人或者受益人对发生的保险事故编造虚假的原因或者夸大损失的程度,骗取保险金。具体包括两种行为:第一,对发生的保险事故编造虚假的原因,骗取保险金。在保险事故发生后,引起事故发生的原因是确定保险合同双方当事人的责任,以及是否属于保险事故,是否予以理赔的一个重要依据。"编造虚假的原因",就是保险标的因保险责任范围以外的原因发生事故,但投保人、被保险人或者受益人谎称是保险责任范围内的原因所致,向保险人骗取保险金。第二,夸大损失程度,骗取保险金。是指保险事故发生后,投保人、被保险人或者受益人故意夸大由于保险事故造成的保险标的的损失程度,从而骗取超过其应得赔付数额的保险金。(3)投保人、被保险人或者受益人编造未曾发生的保险事故,骗取保险金。在以保险事故的发生为支付保险金的条件的保险合同中,保险事故的发生是保险人向投保人、被保险人或者受益人支付保险金的前提条件,如果没有发生约定的保险事故,就不必支付保险金。《保险法》第27条第1款规定:"被保险人或者受益人在未发生保险事故的情况下,谎称发生了保险事故,向保险人提出赔偿或者给付保险金请求的,保险人有权解除保险合同,并不退还保险费。"(4)投保人、被保险人故意造成财产损失的保险事故,骗取保险金。是指财产保险的投保人、被保险人在保险合同的有效期内,故意人为地制造保险标的的出险的保险事故,造成财产损失,骗取保险金的行为。(5)投保人、受益人故意造成被保险人死亡、伤残或者疾病,骗取保险金。人身保险是以人的生命安全以及健康为保险标的的保险。这类保险一般都以被保险人的死亡、伤害或者发生疾病为赔偿条件。因而,在实践中,有些投保人、受益人为了获取保险赔偿金,故意造成被保险人死亡、伤残或者疾病,获取保险金。

本罪是数额犯,骗取数额较大的保险金的,就可构成保险诈骗罪。本罪的成立要求"数额较大"。根据《关于公安机关管辖的刑事案件立案追诉标准的规定(二)》第51条的规定,是指进行保险诈骗活动,数额在5万元以上的。如果数额不是较大,则只能作为违法行为处理。

3.本罪的主体是特殊主体,即只能由投保人、被保险人和受益人三种人构成。自然人和单位均可成为保险诈骗罪的主体。

4.本罪的主观方面是故意,并且行为人具有非法占有保险金的目的。

(三)保险诈骗罪的认定

1.本罪的牵连犯问题

第一,《刑法》第198条第2款规定:"有前款第四项、第五项所列行为,同时构成其他犯罪的,依照数罪并罚的规定处罚。"即投保人、被保险人故意造成财产损失的保险事故,骗取保险金,或者投保人、受益人故意造成被保险人死亡、伤残或者疾病,骗取保险金,其目的行为构成保险诈骗罪,手段行为如故意纵火、故意杀人、故意伤害、传播传染病、虐待、遗弃等构成故意毁坏财物罪、放火罪、故意杀人罪、故意伤害罪、虐待罪、遗弃罪等,属于牵连犯。但是,此处的牵连犯不再按照"择一重罪从重处断"的原则处理,而是根据法律的明确规定进行数罪并罚。第二,在实施保险诈骗的过程中实施的上述以外的其他手段行为构成犯罪的,也属于牵连犯。对这种法律没有规定明确的处断原则的牵连犯仍应当按照"择一重罪从重处罚"的一般原则处理,如为了骗取保险金而伪造国家机关公文、印章的。

2.本罪的共犯问题

根据《刑法》第198条第4款规定,保险事故的鉴定人、证明人、财产评估人故意提供虚假的证明文件,为他人诈骗提供条件的,以保险诈骗罪的共犯论处。故保险事故的鉴定人、证明人、财产评估人可以成为保险诈骗共同犯罪的主体。如果保险公司内部人员与诈骗犯罪人员相互勾结,共同诈骗保险人的保险金的,是保险诈骗罪的共犯,应依共同犯罪的规定处罚。

(四)保险诈骗罪的处罚

根据《刑法》第198条的规定,进行保险诈骗活动,数额较大的,处5年以下有期徒刑或者拘役,并处1万元以上10万元以下罚金;数额巨大或者有其他严重情节的,处5年以上10年以下有期徒刑,并处2万元以上20万元以下罚金;数额特别巨大或者有其他特别严重情节的,处10年以上有期徒刑,并处2万元以上20万元以下罚金或者没收财产。单位犯本罪的,对单位判处罚金,并对其直接负责的主管人员和其他直接责任人员,处5年以下有期徒刑或者拘役;数额巨大或者有其他严重情节的,处5年以上10年以下有期徒刑;数额特别巨大或者有其他特别严重情节的,处10年以上有期徒刑。

复习与练习

本章提要

金融诈骗罪是指以非法占有为目的,采用虚构事实或者隐瞒事实真相的方法,骗取公私财物或者金融机构信用,破坏金融管理秩序的行为。金融诈骗罪是《刑法》规定的"破坏社会主义市场经济秩序罪"中的一个犯罪类别,是在金融领域里,以非法占有为目的,采取虚构事实或者隐瞒真相的方法,骗取银行或者其他金融机构的贷款、保险金等,或者进行非法集资诈骗、金融票据诈骗和信用证、信用卡诈骗,其数额较大的犯罪行为的总称。

《刑法》分则第三章第五节共8个条文规定了金融诈骗罪的7个具体罪名,分别是:集资诈骗罪、贷款诈骗罪、票据诈骗罪、金融凭证诈骗罪、信用证诈骗罪、信用卡诈骗罪、有价证券诈骗罪和保险诈骗罪。行为人进行金融诈骗,诈骗金额达到数额较大标准的,触犯《刑法》第

192 到 198 条相关规定的,应予以定罪处罚。

思考题

1.论述金融诈骗罪的概念与特征。

2.论述贷款诈骗罪与借贷纠纷、合同诈骗罪的关系。

3.论述集资诈骗罪的构成要件。

4.如何认定票据诈骗罪的加重情节。

5.保险诈骗罪的表现形式有哪些?

参考文献

1.郑飞:《金融诈骗罪的研究》,立信会计出版社 2014 年版。

2.楼伯坤主编:《刑法学》(第三版),浙江大学出版社 2015 年版。

第十四章　危害税收征管罪

　　税收是指国家为满足公共需要,依照法律的规定,无偿、强制、固定地取得财政收入的一种宏观经济调控手段。作为一项重要的国家职能,税收对整个国民经济的运行和发展起着十分重要的作用。我国实行的是取之于民、用之于民的基本税收制度。在对整个国民经济的宏观调控中,税收无疑起着基础作用,是国家赖以存在的物质基础。随着市场经济的多元化发展,危害税收征管犯罪已经成为我国经济活动中的多发性犯罪,保护税收征管秩序就是在保护整个社会主义经济基础的良好运行,因此,刑法有必要对危害税收征管秩序的犯罪进行规制,惩治涉及危害税收征管的犯罪以保护国家的税收征管秩序。本章主要阐述危害税收征管罪的概念、特征及各种具体犯罪的构成条件与区分标准。

本章重点

- 逃税罪
- 抗税罪
- 骗取国家出口退税罪
- 虚开增值税专用发票、用于骗取出口退税、抵扣税款发票罪
- 虚开发票罪
- 非法购买增值税专用发票、购买伪造的增值税专用发票罪
- 非法出售发票罪
- 持有伪造的发票罪

第一节　危害税收征管罪概述

一、危害税收征管罪的概念

　　危害税收征管罪,是指行为人违反国家税收法规,侵害国家税收管理制度,妨害国家税收管理活动,情节严重应受刑罚处罚的行为。

二、危害税收征管罪的特征

（一）犯罪的同类客体

　　本罪是《刑法》第3章中"破坏社会主义市场经济秩序罪"中的一个"节罪名"。我国财政主要来源于税收,危害税收征管罪严重干扰了我国税收征管活动的正常进行,大大减少了国家财政收入,导致经济管理秩序的紊乱。从宏观上来看,危害税收征管罪是破坏社会主义市场经济秩序的行为;从微观上看,危害税收征管罪是危害国家税收征管制度及其秩序的行为。国家税收征管制度是指为了保证税收征管与缴纳的顺利进行,通过税收法律法规予以

规定并以国家强制力保证实施的制度。它包括税务登记制度、纳税申报、账簿凭证管理、税款征收、税务检查等内容。

（二）犯罪客观方面

本罪的客观方面表现为行为人实施了违反国家税收管理法规，侵害国家税收管理制度、妨害国家税收征管活动，情节严重的行为。

首先，行为人违反了我国的税收管理法规。我国目前的税收法律法规具体分以下几个法律层级：第一，全国人民代表大会和全国人大常委会制定的税收法律，如《外商投资企业和外国企业所得税法》等。第二，全国人大或全国人大常委会授权立法，如国务院制定的《增值税暂行条例》等。第三，国务院制定的税收行政法规，如国务院发布的《税收征收管理法实施细则》等。第四，地方人民代表大会及其常务委员会制定的税收地方性法规。如海南省制定的有关税收地方性法规。第五，国务院税务主管部门制定的税收部门规章，如财政部颁发的《税务代理试行办法》等。危害税收征管的犯罪行为便是对以上法律法规的违反。

其次，该行为有 19 种行为方式，具体表现为行为人违反上述法律法规的规定，进行逃税、抗税、逃避追缴欠税，骗取国家出口退税，虚开增值税专用发票，虚于用于骗取出口退税、抵扣税款的其他发票，虚开发票，伪造增值税专用发票，出售伪造的增值税专用发票，非法出售增值税专用发票，非法购买增值税专用发票，非法购买伪造的增值税专用发票，伪造、擅自制造用于骗取出口退税、抵扣税款的其他发票，出售伪造、擅自制造的用于骗取出口退税、抵扣税款的其他发票伪造、擅自制造普通发票，出售伪造、擅自制造的普通发票，非法出售可用于骗取出口退税、抵扣税款的其他发票，非法出售发票，持有伪造的发票的行为。该行为的危害后果是税收犯罪行为对税收征管制度已经造成的损害。

最后，该行为必须具有严重的情节。这也是危害税收征管犯罪与一般涉税违法行为之间的区别。《刑法》在本类犯罪中除了直接规定了税款的数额、发票的数额之外，还规定了其他严重情节、损失重大等危害内容以指明构成犯罪所必需的程度。所以，在此类犯罪中，除了大多数为数额犯外，还包括情节犯和行为犯。

（三）犯罪主体

本罪的犯罪主体多数为一般主体，少数犯罪是特殊主体。如逃税罪的主体只能是纳税人和扣缴义务人，逃避追缴欠税罪的主体只能是纳税人。本罪除了抗税罪外，其余危害税收征管的犯罪主体既可以由自然人构成，也可以由单位构成。

（四）犯罪主观方面

本罪的主观方面表现为直接故意，间接故意和过失都不能构成本罪。虽然法律没有直接规定，但本类犯罪的行为人大多数具有非法占有的目的，这在实践中是可以通过实证加以认定的，即行为人明知自己的行为会造成税收征管秩序的混乱，但仍然决意实施的主观心理。这本身就说明了行为人对其所造成的危害结果是积极追求的，其目的是从中获得非法的经济利益。因此，本罪的行为人主观方面只能是直接故意。此外，值得注意的是，本罪涉及单位犯罪主体时，其主观方面也应该表现为直接故意，但是单位的直接故意与自然人的直接故意不同，单位的故意犯罪是指单位的主管人员、直接责任人员和其他单位成员，在单位意志支配下，为了单位的利益实施的犯罪行为。在认定单位犯罪的主观方面时，要注意区别单位的整体意志与单位内部成员个人意志的区别，不能将二者相混淆。

三、危害税收征管罪的立法

从我国刑事立法的发展来看,危害税收征管方面的犯罪立法经历了一个从无到有、从粗到细、从初始到逐渐完善的发展和演变过程,大致可以分为四个阶段。

1. 行政法规中的刑事责任条款阶段

这一阶段,没有关于危害税收征管方面的犯罪的刑法典或单行条例,其内容散见于税收法规等行政法规中。建国之初,由于生产资料的社会主义改造尚未完成,不法资本家和商人在税收方面违法犯罪的情况比较严重,我国制定了《货物税暂行条例》《工商业税暂行条例》等十余个单行的税收法规,其中规定了偷税、漏税、抗税等违法犯罪活动的行为特征及处罚方式等相关内容。由于当时没有完备的刑事法律,司法机关主要是依靠国家有关方针政策定罪量刑,带有政治运动的处理性质。1958 年后,我国建立了单纯的计划经济和高度的公有制,几乎不存在其他经济成分,因而私营企业和个体手工业者危害税收征管的犯罪根源被根除了,而国营企业按照行政命令向国家上缴利润,不允许企业有自己的利益要求,所以偷漏税现象大大减少。这种状况一直持续了 20 余年直到改革开放才结束。其间,只有 1957 年起草的《中华人民共和国刑法草案》第 22 稿在"妨害社会管理秩序罪"一章中规定了一些危害税收征管罪的内容,①如第 137 条规定:违反税收法规,偷税漏税,情节严重的,处 3 年以下有期徒刑或者拘役,可以并处或单处 5000 元以下罚金。但该草案一直没有付诸实施。

2. 刑事立法初始阶段

这一阶段,我国 1979 年第一部刑法典首次在第 120 条和第 124 条中规定了危害税收征管方面的犯罪。第 120 条规定:违反税收法规,偷税抗税,情节严重的,除按照税收法规补税并且可以罚款外,对直接负责责任人员,处 3 年以下有期徒刑或拘役。第 124 条规定了伪造税票罪。上述规定在相当一段时间内起到了积极作用。

3. 补充和发展阶段

这一阶段,危害税收征管罪的刑事立法,主要是由全国人大常委会通过制定有关决定和补充规定,以补充 1979 年刑法典的不足。随着社会经济的发展,刑法典中的有关条款已经不能适应危害税收征管犯罪日趋复杂的犯罪态势,原本规定的偷税罪和抗税罪,已经显得过于笼统,不利于司法机关的实践操作。为了便于操作和更好地惩治这类犯罪,最高人民检察院在《人民检察院直接受理的经济犯罪案件立案标准的规定》中对偷税、抗税的一些具体内容如"数额较大""情节严重"等作了比较详细的规定。1992 年 3 月 16 日,最高人民法院、最高人民检察院联合制定了《关于办理偷税、抗税刑事案件具体应用法律的若干问题的解释》,这一解释对偷税、抗税犯罪的行为手段、犯罪主体、犯罪数额、犯罪情节、共同犯罪和处罚方式等都作了详细的规定,基本解决了司法实践中遇到的有关偷税、抗税的问题。为了弥补刑事立法和有关司法解释的不足,适应危害税收征管罪的犯罪态势,1992 年 9 月 4 日全国人大常委会通过了《关于惩治偷税、抗税犯罪的补充规定》(以下简称"补充规定")。该规定对 1979 年《刑法》第 121 条作出了重大的修改与补充:一是保留原有的偷税罪罪名的前提下,将罪状描述方式由空白罪状改为叙明罪状,详细描述了偷税罪在客观方面的行为特征;明确了

---

① 高铭暄、赵秉志编:《新中国刑法立法文献资料总览》(上册),中国人民公安大学出版社 1998 年版,第 252-281 页。

定罪标准,以偷税数额及其应纳税额的比例作为定罪的主要标准,便于操作;单位和自然人都可以成为本罪的主体,在对单位的处罚上改代罚制为双罚制;增加了量刑幅度和刑罚种类,加大了打击力度。二是在保留原抗税罪罪名的前提下,将罪状描述方式由空白罪状改为叙明罪状;增加了 3 至 7 年这一档量刑幅度和并处罚金的规定。三是补充了逃避追缴欠税罪和骗取国家出口退税罪两个新的罪名,有利于惩治危害税收征管的新型犯罪。

1994 年,我国实行以增值税为主的流转税制度改革,由于增值税专用发票具有直接抵扣税款的功能,一些不法分子就大肆进行虚开、伪造、非法出售增值税专用发票的违法犯罪活动。为了严厉惩治这些行为,1995 年 10 月 30 日,全国人大常委会通过了《关于惩治虚开、伪造、非法出售增值税专用发票犯罪的决定》(以下简称《决定》)。《决定》对 1979 年《刑法》和《补充规定》进行了较大补充:增加了虚开增值税专用发票罪,虚开用于骗取出口退税、抵扣税款发票罪,非法制造或者出售非法制造的用于骗取出口退税、抵扣税款发票罪,非法制造或者出售非法制造的普通发票罪,非法出售用于骗取出口退税、抵扣税款发票罪,非法出售发票罪等犯罪的规定;并且规定盗窃增值税专用发票或者其他发票的,依照《刑法》关于盗窃罪的规定处罚;使用欺骗手段骗取增值税专用发票或者其他发票的,依照《刑法》关于诈骗罪的规定处罚。《决定》的颁布,适应了有关增值税的税制改革,进一步严密了惩治危害税收征管犯罪的刑事法网。

4.完善阶段

这一阶段以 1997 年《刑法》的颁布为标志。危害税收征管罪第一次由学术概念上升为刑法中的一个集合性罪名,成为“危害社会主义市场经济秩序罪”所包含有 10 余个罪名中的“一节”。这标志着我国关于危害税收征管罪的立法基本趋于成熟。1997 年《刑法》在第三章第六节中专门规定了“危害税收征管罪”,使该罪成为集 12 个罪名于一体的罪群①。该罪吸收了《补充规定》和《决定》的大部分内容,在以下几个方面作了进一步的修改和完善:①对偷税罪的罪状进行了补充,即补充了“经税务机关通知申报而拒不申报”的偷税手段。这主要是考虑到在实践中这种偷税手段非常普遍,而在《补充规定》第一条列举的偷税手段中却未加规定,致使司法实践中对此常常产生疑义。②删去了 1979 年《刑法》第 124 条规定的伪造、倒卖税票罪。③对《决定》中“比照”“依照”处罚的规定作出了明确化的规定。将“比照”处罚改为直接规定单独的法定刑;将“依照”处罚的规定一律明确为按照所依照的条文定罪处罚。④对《补充规定》规定的骗取国家出口退税罪的罪状和法定刑设置都进行了较大范围的修改。修改后的骗取国家出口退税罪以未缴纳税款为条件,已经缴纳的税款又骗取的,按照偷税罪定罪处罚。

2009 年 2 月 28 日,第十一届全国人大常委会第七次会议审议通过了《刑法修正案(七)》。该修正案对《刑法》第 201 条偷税罪作了重大修改:①修改了该罪的罪状表述,将罪名由“偷税罪”改为“逃税罪”,不再使用“偷税”一词,而代之以“逃避缴纳税款”。“偷”是指将属于别人的财产据为己有,而在税收问题上,应缴税款原本是属于纳税人的财产,之所以发生过去所说的“偷税”行为,是因为纳税人没有依法履行缴纳税款的义务,因此有必要将这种行为与平常概念中的盗窃行为加以区别。《刑法》不再使用“偷税”的表述,反映出立法者在

---

① 经《刑法修正案》补充修改,现已有确定的罪名 14 个。

公民财产概念理解上的变化。②对逃税的手段不再作具体列举,而采用概括性的表述。"纳税人采取欺骗、隐瞒手段进行虚假纳税申报或者不申报",以适应实践中逃避缴纳税款可能出现的各种复杂情况。③修正案对逃避缴纳税款数额占应纳税额10％以上构成犯罪的具体数额标准,以及逃税数额占应纳税额30％以上,构成数额巨大的具体数额标准没再作规定。这主要是考虑到在经济生活中,逃税的情况十分复杂,同样的逃税数额在不同时期对社会的危害程度也不同,法律对数额不作具体规定,交由司法机关根据实际情况作司法解释并适时调整更为合适。④将这类行为的处罚改为以追缴税款和滞纳金为主,刑罚为辅,能够补交税款和滞纳金的尽量不判刑。这样做,既保护了企业的生存,又保障了国家的税收。对逃税罪的初犯规定了不予追究刑事责任的特别条款。⑤对达到逃税罪的数额、比例标准不免除刑事责任的情形也作了规定。第四款中"五年内曾因逃避缴纳税款受到过刑事处罚或者被税务机关给予二次行政处罚的除外",体现了对有逃税行为且屡教不改的人从严处理的立法思想。通过这些修改对于打击危害税收征管犯罪,维护税收征管秩序,保证国家税收收入,促使纳税义务人依法积极履行纳税义务,具有重要深远的影响,也体现了我国刑事立法技术的进步。

第二节　危害税收征管罪分述

一、逃税罪

（一）逃税罪的概念

逃税罪,是指纳税人、扣缴义务人违反税收管理法律法规,采取仿造、变造、隐匿、擅自销毁账簿、记账凭证等方式,通过各种作为和不作为的行为手段,进行虚假纳税申报或者不申报,数额较大且达到一定比例的行为。

14-1

（二）逃税罪的特征

1. 本罪的客体是国家税收管理制度,即我国税法规定并通过税务机关具体执行的、对符合法定条件的单位或个人征收税款的法律制度。逃税罪的对象是税款。税款是指根据税法规定,纳税人应该依法缴纳的款项和扣缴义务人已扣、已收的税款。

2. 本罪的客观方面表现为:采取仿造、变造、隐匿、擅自销毁账簿、记账凭证等方式,通过各种作为和不作为的行为手段,进行虚假纳税申报或者不申报,数额较大且占应纳税额10％以上的行为。

根据最高人民法院《关于审理逃税抗税刑事案件具体应用法律若干问题的解释》(以下简称"解释")规定,"经税务机关通知申报",是指:①纳税人、扣缴义务人已经依法办理税务登记或者扣缴税款登记的;②依法不需要办理税务登记的纳税人,经税务机关依法书面通知其申报的;③尚未依法办理税务登记、扣缴税款登记的纳税人、扣缴义务人,经税务机关依法书面通知其申报的。"虚假的纳税申报",是指纳税人或者扣缴义务人向税务机关报送虚假的纳税申报表、财务报表、代扣代缴、代收代缴税款报告表或者其他纳税申报资料,如提供虚假申请,编造减税、免税、抵税、先征收后退还税款等虚假资料等。

逃税数额,是指在确定的纳税期间,不缴或者少缴各税种税款的总额。逃税数额占应纳

税额的百分比,是指一个纳税年度中的各税种逃税总额与该纳税年度应纳税总额的比例。不按纳税年度确定纳税期的其他纳税人,逃税数额占应纳税额的百分比,按照行为人最后一次逃税行为发生之日前一年中各税种逃税总额与该年应纳税总额的比例确定。纳税义务存续期间不足一个纳税年度的,逃税数额占应纳税额的百分比,按照各税种逃税总额与实际发生纳税义务期间应当缴纳税款总额的比例确定。逃税行为跨越若干个纳税年度,只要其中一个纳税年度的逃税数额及百分比达到《刑法》第 201 条第 1 款规定的标准,即构成逃税罪。各纳税年度的逃税数额应当累计计算,逃税百分比应当按照最高的百分比确定。

根据《刑法修正案(七)》的规定,经税务机关依法下达追缴通知后,补缴应纳税款,缴纳滞纳金,已受行政处罚的,不予追究刑事责任;但是,5 年内因逃避缴纳税款受过刑事处罚或者被税务机关给予 2 次以上行政处罚的除外。也就是说,如果 5 年内行为人因逃避缴纳税款已经受过刑事处罚或者被税务机关给予 2 次以上行政处罚的,则行为人即使补缴应纳税款,缴纳滞纳金,其行为仍然要作为犯罪论处。

3.本罪的主体是特殊主体,即只能由纳税人、扣缴义务人构成。①纳税人,是指依法应当向国家缴纳税款的个人或单位。②扣缴义务人,是指负有代扣代缴义务的单位和个人,又可具体分为代扣代缴义务人和代收代缴义务人。代扣代缴义务人是指有义务从其持有的纳税人收入中扣除应纳税款并代为缴纳的单位或个人;代收代缴义务人是指有义务借助经济往来向纳税人收取应纳税款并代为缴纳的单位或个人。此外,税务人员与纳税人相互勾结,共同实施逃税行为的,以逃税共犯论处。

4.本罪的主观方面只能是直接故意,并且具有逃避缴纳应缴税款获取非法利益的目的。

(三)逃税罪的认定

1.本罪罪与非罪的界限

根据 2022 年 5 月 15 日最高人民检察院、公安部《关于公安机关管辖的刑事案件立案追诉标准的规定(二)》第 52 条的内容的规定:逃避缴纳税款,涉嫌下列情形之一的,应予立案追诉:(1)纳税人采取欺骗、隐瞒手段进行虚假纳税申报或者不申报,逃避缴纳税款,数额在 10 万元以上并且占各税种应纳税总额 10% 以上,经税务机关依法下达追缴通知后,不补缴应纳税款、不缴纳滞纳金或者不接受行政处罚的;(2)纳税人 5 年内因逃避缴纳税款受过刑事处罚或者被税务机关给予 2 次以上行政处罚,又逃避缴纳税款,数额在 10 万元以上并且占各税种应纳税总额 10% 以上的;(3)扣缴义务人采取欺骗、隐瞒手段,不缴或者少缴已扣、已收税款,数额在 10 万元以上的。纳税人在公安机关立案后再补缴应纳税款、缴纳滞纳金或者接受行政处罚的,不影响刑事责任的追究。

2.本罪与漏税、欠税的界限

本罪与漏税、欠税的界限主要体现在罪过内容的不同上。逃税罪的主观罪过是故意,是行为人通过各种方式逃避缴纳税款,反映了行为人积极对抗我国税收制度的主观意图;漏税是指由于行为人因主客观因素作用,致使其应缴纳的税款被遗漏或未完全上缴,从而在客观上致使税收部门无法正常得以征收的情形;欠税是指,由于客观原因,纳税人无法正常缴纳税收的情形,比如遭遇自然灾害、遭受破产、被司法机关冻结财产等原因。很明显地可以看出,漏税的主观罪过是过失。它主要是由于疏忽大意所致,并不是行为人刻意为之的结果,行为人对此结果既不追求也不放任。欠税行为欠缺刑法所要求的罪过内容,该行为的发生主要是因为不可抗力或不能预见的原因所致。因此,后两种行为即使导致国家本该征收的税收减少,也不能简单通过客观归罪的做法把它们作为犯罪论处。在司法实践的操作过程中,应当仔细辨认行为人主观罪过内容的细微差别。

(四)逃税罪的处罚

根据《刑法》第 201 条、第 211 条、第 212 条的规定:纳税人采取欺骗、隐瞒手段进行虚假纳税申报或者不申报,逃避缴纳税款数额较大并且占应纳税额 10% 以上的,处 3 年以下有期徒刑或者拘役,并处罚金;数额巨大并且占应纳税额 30% 以上的,处 3 年以上 7 年以下有期徒刑,并处罚金。扣缴义务人采取前款所列手段,不缴或者少缴已扣、已收税款,数额较大的,依照前款的规定处罚。对多次实施前两款行为,未经处理的,按照累计数额计算。有第一款行为,经税务机关依法下达追缴通知后,补缴应纳税款,缴纳滞纳金,已受行政处罚的,不予追究刑事责任;但是,5 年内因逃避缴纳税款受过刑事处罚或者被税务机关给予 2 次以上行政处罚的除外。单位犯本罪的,对单位判处罚金,并对其直接负责的主管人员和其他直接责任人员,依照自然人犯本罪的规定处罚。

二、抗税罪

(一)抗税罪的概念

抗税罪,是指纳税人、扣缴义务人违反税收征管法律法规,以暴力、威胁方法拒不缴纳税款的行为。

(二)抗税罪的特征

1. 本罪的客体是复杂客体,既侵犯了国家的税收征管制度,又侵犯了依法执行征税公务的国家工作人员的人身权利。本罪行为侵害的对象是除海关、关税以外的国内税收及其征管人员。

2. 本罪的客观方面。本罪的客观方面表现为违反税收征管法律法规,以暴力、威胁方法拒不缴纳税款的行为。违反税收征管法律法规,是指拒绝依照税收管理法的规定履行纳税义务。如拒绝办理税务登记、纳税申报、提供纳税资料,以各种借口拖延缴纳或抵制缴纳应纳税款,拒缴滞纳金等。本罪的暴力一般有两种表现:一是对人的暴力,即对履行税收职责的税务人员的人身不法行使有形力,使其不能正常履行职责;二是对物的暴力,为阻碍执行征税而砸坏其使用的交通工具、聚众冲击打砸税务机关。威胁,是指对征税工作人员实行精神强制,使其不敢正常履行税收职责。假如行为人一时激动讲了错话、气话,并无将威胁的内容付诸实施的意图,不能认定是犯罪。暴力、威胁是手段,目的是拒绝缴纳税款。至于其拒不缴纳税款的数额,以及其占应纳税款总额的比例大小,不影响本罪的构成。

3. 本罪的主体。本罪的主体为特殊主体,是指纳税人和扣缴义务人。与纳税人或者扣缴义务人共同实施抗税行为的,以抗税罪的共犯论处。单位不能成为本罪的主体,如果单位领导决定并指使他人或者亲自参与使用暴力、威胁方法,为单位抗拒缴纳税款的,实施单罚制,只处罚其直接负责的主管人员和其他直接责任人员,不处罚单位。

4. 本罪的主观方面。本罪的主观方面必须出于故意,即明知应缴纳税款而故意使用暴力、威胁方法拒不缴纳,并以拒绝缴纳税款为其主观目的。

（三）抗税罪的认定

1.罪与非罪

抗税罪从抗税数额、暴力程度、威胁的内容等综合性内容进行考察，如果行为人的行为"情节显著轻微，危害不大的"，则不应当按照犯罪论处。

根据最高人民检察院、公安部《关于公安机关管辖的刑事案件立案追诉标准的规定（二）》第53条规定：以暴力、威胁方法拒不缴纳税款，涉嫌下列情形之一的，应予立案追诉：（1）造成税务工作人员轻微伤以上的；（2）以给税务工作人员及其亲友的生命、健康、财产等造成损害为威胁，抗拒缴纳税款的；（3）聚众抗拒缴纳税款的；（4）以其他暴力、威胁方法拒不缴纳税款的。根据最高人民法院《关于审理偷税抗税刑事案件具体应用法律若干问题的解释》第5条规定：实施抗税行为具有下列情形之一的，属于《刑法》第202条规定的"情节严重"：（1）聚众抗税的首要分子；（2）抗税数额在10万元以上的；（3）多次抗税的；（4）故意伤害致人轻伤的；（5）具有其他严重情节。

2.此罪与彼罪

（1）抗税罪与逃税罪的区别

抗税罪与逃税罪都是故意违反国家税收法规，不履行纳税义务，侵犯国家税收利益和破坏社会经济秩序的犯罪。但是，二者仍有以下区别：一是客观方面的手段不同。逃税是以隐瞒、欺骗等手段方式，逃避税务机关的监督检查，以达到不缴或少缴税款的目的，其行为是隐蔽的；而抗税行为是以暴力、威胁手段公然抗拒的方式达到不缴或少缴税款的目的，其行为带有明显的公开性或公然性。二是主体不同。逃税罪的主体包括纳税人或扣缴义务人中的自然人和单位；而构成抗税罪的主体只能是负有纳税义务的自然人，单位不能构成抗税罪的主体。三是客体不同。抗税罪是复杂客体，而逃税罪是简单客体。逃税罪侵犯的是国家税收征管制度；抗税罪除了侵犯国家税收征管制度外，其暴力、威胁行为同时还侵犯了税务工作人员的人身权利，抗税罪的危害性明显比逃税罪大。

（2）抗税罪与妨碍公务罪的界限

抗税罪中行为人采取暴力、威胁方法拒不缴纳税款的行为，必然与妨害公务罪发生关联。《刑法》第277条规定，以暴力、威胁方法阻碍国家机关工作人员依法执行职务的，构成妨害公务罪。由于抗税行为人的行为及其对象都符合妨害公务罪的要求，因而抗税行为必然也触犯了妨害公务罪。但是，由于行为人的一个行为触犯了数个法条，并且该法条之间存在着交叉关系，因而，按照法条竞合时特别法优先的处理原则，应当按照抗税罪论处。

（3）抗税罪与故意伤害、故意杀人罪的界限

以暴力方法抗税致人重伤、死亡的应当如何处理？刑法学界有不同的观点：有的认为应当按照故意伤害罪或故意杀人罪从重处罚；有的认为应当区分情况，分别按故意伤害罪、故意杀人罪或过失致人死亡罪论处；有的认为如果暴力抗税故意致人重伤、死亡的，根据罪过形式的不同，分别按照故意伤害罪、故意杀人罪、过失致人重伤罪和过失致人死亡罪处理；有的认为这种情况属于转化犯，应根据转化后的犯罪处理。我们认为：这种情形属于想象竞合犯，应择一重罪处断。根据最高人民法院2002年11月5日《关于审理偷税抗税刑事案件具体应用法律若干问题的解释》第6条的规定，实施抗税行为致人重伤、死亡，构成故意伤害罪、故意杀人罪的，分别依照《刑法》第234条第2款、第232条的规定定罪处罚。

3.共犯形态

最高人民法院《关于审理偷税抗税刑事案件具体应用法律若干问题的解释》第6条第2款规定:"与纳税人或者扣缴义务人共同实施抗税行为的,以本罪共犯论处。"此外,如果其他人帮助或教唆纳税人、扣缴义务人实施抗税行为的,也应当按照共同犯罪进行刑事归责。

(四)抗税罪的处罚

根据《刑法》第202条、第212条的规定,以暴力、威胁方法拒不缴纳税款的,处3年以下有期徒刑或者拘役,并处拒缴税款1倍以上5倍以下罚金;情节严重的,处3年以上7年以下有期徒刑,并处拒缴税款1倍以上5倍以下罚金。犯本罪,被判处罚金、没收财产的,在执行前,应当先由税务机关追缴被拒缴的税款。

三、逃避追缴欠税罪

(一)逃避追缴欠税罪的概念

逃避追缴欠税罪,是指纳税义务人欠缴应纳税款,采取转移或者隐匿财产的手段,致使税务机关无法追缴欠缴的税款,数额较大的行为。

(二)逃避追缴欠税罪的特征

1.本罪的客体是国家的税收征管制度。

2.本罪的客观方面。本罪的客观方面表现为违反税收法规,欠缴应纳税款,并采取转移或隐匿财产的手段,致使税务机关无法追缴欠缴的税款,数额较大的行为。具体有以下四个方面的要素:①行为人欠缴应纳税款。即纳税人在法律法规规定或者税务机关核定的纳税期限内,没有按时缴纳或缴足应纳税款。欠缴应纳税款是行为人明知未纳税或未纳足税额而故意拖欠的行为。拖欠的原因可能是其确实暂时无力缴纳,也可能是不愿缴纳。认定是否存在欠缴应纳税款这一事实,关键是看行为人未缴纳应纳税款的事实是否已过纳税期限。如果还未超过法定或税收机关核定的纳税最后期限的,就不能认为构成本罪。对于具体的纳税期限,不同的税种要求不同,应依照税收法规确定。②行为人实施了转移或隐匿财产的行为。行为人非法转移或隐匿财产,该财产可以是现金,也可以是银行存款和有价证券;可以是自有资产,也可以是借贷资产;可以是动产,也可以是不动产。行为人采取转移或隐匿财产的手段,通常是采用转移或多头设立银行账号,提走存款,运走商品,隐匿存货等方式实施的。如果行为人只是公开拖欠、消极地不予缴纳欠缴税款的,或者采取自身逃匿,或者实施暴力、威胁等方式抵制追缴的,均不能构成本罪。构成其他犯罪的,按其他犯罪处理。③行为人转移或隐匿财产的行为致使税务机关无法追缴欠缴的税款。在实践中,纳税人拖欠税款致使税务机关无法追缴的,一般有两种情形:一种是纳税人财力、资金短缺,其商品、货物或者其他财产不足以支付欠缴的应纳税款,也不能提供纳税担保,即使对其强制执行也无法追缴所欠缴的税款;另一种是纳税人拒不提供,强制执行追缴措施难以奏效。上述第一种情形属于单纯拖欠税款,不能构成本罪;第二种情形是行为人有能力缴纳税款,但采取转移或者隐匿财产手段,致使税务机关无法追缴,实质上妨碍了税务机关的职能活动,可以构成本罪。④造成相当程度的社会危害。行为人致使税务机关无法追缴欠缴税款数额在1万元以上,是构成本罪的数额要求。这里的"数额",不是指行为人欠税数额,也不是指纳税人转移或隐匿的财产数额,而是指行为人最终致使税务机关无法追缴的数额。

3.本罪的主体。本罪的主体是纳税人。即法律、行政法规规定的负有纳税义务的单位和个人。根据《税收征收管理法》第 25 条的规定,未取得营业执照从事经营的单位或者个人,负有纳税义务,亦可称为本罪的主体。非纳税义务人不能构成本罪,但在一定情况下可以构成本罪的共犯。

4.本罪的主观方面。本罪的主观方面只能是故意,即行为人明知自己应当且有能力按期缴纳税款,却故意将其财产转移或隐匿,希望税务机关无法追缴税款,从而达到逃避缴纳应纳税款而非法获利的目的。至于行为人的动机如何不影响本罪的成立。

(三)逃避追缴欠税罪的认定

1.罪与非罪

主要要区分与欠税行为的界限。本罪与欠税行为都是明知没有缴纳税款而不予缴纳的行为。二者主要有以下区别:①客观方面不同。逃避追缴欠税罪的行为人采取了转移或者隐匿财产的手段而致使税务机关无法追缴欠税款;欠税行为人则未采取上述积极手段使税务机关无法追缴税款。②主观方面不完全相同。前者具有逃避纳税而非法获利的主观目的;后罪一般只是暂时拖欠税款,而无逃避纳税的故意。③危害结果程度上的差异。行为人逃避追缴欠税具有数额上的限制,如果逃避追缴达 1 万元以上,构成逃避追缴欠税罪;而欠税行为没有数额上的限定。

2.此罪与彼罪

(1)本罪与逃税罪的区别

主要体现在以下几点:①主观方面的差异。逃税罪的犯意,通常是在纳税人的应税行为发生之后、税务机关确定其纳税义务之前产生,其目的是为了不缴或少缴应纳税款;逃避追缴欠税罪的犯意通常是在纳税人在税务机关已经确定其应纳税数额和缴税期限后产生,目的是为了拖欠应纳税款,致使税务机关无法追缴。②犯罪主体上的差异。逃避追缴欠税罪主体只能由纳税人构成,该纳税人还必须是欠税人;而逃税罪除纳税人外,还可以包括扣缴义务人。③犯罪客观方面不同。逃避追缴欠税罪采取的是转移、隐匿财产的手段,在此之前行为人一般没有使用逃税的手段;而逃税罪往往采取利用账簿、记账凭证隐瞒、欺骗等手段向税务机关隐匿其应缴纳税额从而达到逃税目的,其行为具有隐蔽性。④犯罪数额确定的时间不同。逃避追缴欠税罪的犯罪数额,通常在纳税人实施犯罪行为之时或者之前,已由税务机关确定下来;逃税罪的犯罪数额,在纳税人实施行为时并不是确定的。

(2)本罪与抗税罪的区别

主要体现在:①犯罪故意的目的不同。逃避追缴欠税罪的主观故意仅限于拖欠纳税款;而抗税罪的主观故意是抗拒纳税。②行为手段不同。逃避追缴欠税罪采取的是转移、隐匿财产的手段,致使税务机关无法追缴所欠的税款;而抗税罪采取的是暴力或威胁的方法,使税务机关追缴税款的行为受到严重影响。因此,有无暴力或威胁手段是二者的关键区别。

(四)逃避追缴欠税罪的处罚

根据《刑法》第 203 条、211 条、第 212 条的规定,个人犯本罪,数额在 1 万元以上不满 10

万元的,处 3 年以下有期徒刑或者拘役,并处或者单处欠缴税款 1 倍以上 5 倍以下罚金;数额在 10 万元以上的,处 3 年以上 7 年以下有期徒刑,并处欠缴税款 1 倍以上 5 倍以下罚金。单位犯本罪,对单位判处罚金,并对其直接负责的主管人员和其他直接责任人员,依照自然人犯本罪的规定处罚。犯本罪,被判处罚金、没收财产的,在执行前,应当先由税务机关追缴所欠税款。

四、骗取出口退税罪

(一)骗取出口退税罪的概念

骗取出口退税罪,是指以假报出口或者其他欺骗手段,骗取国家出口退税款,数额较大的行为。

14-4

(二)骗取出口退税罪的特征

1. 本罪的客体是国家出口退税的管理制度和国家财产所有权。出口退税是指税务机关根据国家法律、法规和政策的规定,对于在国内已经征收税款的产品,在其出口时,将已征收税款予以全部或者部分返还的制度。

2. 本罪的客观方面。具体表现为,使用假报出口或者其他欺骗手段,骗取国家出口退税款,数额较大的行为。最高人民法院 2002 年 9 月 17 日《关于审理骗取出口退税刑事案件具体应用法律若干问题的解释》(以下简称"解释")第 1 条至第 3 条的规定:所谓"假报出口",是指以虚构已税货物出口事实为目的,具有下列情形之一的行为:①伪造或者签订虚假的买卖合同;②以伪造、变造或者其他非法手段取得出口货物报关单、出口收汇核销单、出口货物专用缴款书等有关出口退税单据、凭证;③虚开、伪造、非法购买增值税专用发票或者其他可以用于出口退税的发票;④其他虚构已税货物出口事实的行为。"其他欺骗手段"是指:①骗取出口货物退税资格的;②将未纳税或者免税货物作为已税货物出口的;③虽有货物出口,但虚构该出口货物的品名、数量、单价等要素,骗取未实际纳税部分出口退税款的;④以其他手段骗取出口退税款的。"数额较大"是指骗取国家出口退税款 10 万元以上的。

3. 本罪的主体。本罪的主体为一般主体,既可以是单位,也可以是个人;既可以是纳税人,也可以是非纳税人。这里的"单位",不限于具有进出口经营权的单位,只要是采取了假报出口或者其他欺骗手段,骗取国家出口退税数额较大的,都可以构成本罪。

4. 本罪的主观方面。

本罪在主观方面只能是故意,并且行为人具有骗取国家出口退税款的目的。

(三)骗取出口退税罪的认定

1. 罪与非罪

本罪是否成立,除了看上述的犯罪构成四要件,关键还在于对数额标准的把握。构成本罪必须是骗取出口退税数额较大,如果数额尚未达到 10 万元,不能以犯罪论处。但是,根据最高人民检察院、公安部《关于公安机关管辖的刑事案件立案追诉标准的规定(二)》第 55 条规定:以假报出口或者其他欺骗手段,骗取国家出口退税款,数额在 10 万元以上的,应予立案追诉。此外,实践中,有些非出口单位和个人为了骗取国家的出口退税款,利用出口单位急于创汇的心态,充当中间商,伪造汇票、报关单等凭证与出口单位进行交易,给国家和企业

造成了严重的损失。因此,《解释》第 6 条规定,有进出口经营权的公司、企业,明知他人意欲骗取国家出口退税款,仍违反国家有关进出口经营的规定,允许他人自带客户、自带货源、自带汇票并自行报关,骗取国家出口退税款的,依照《刑法》第 204 条第 1 款、第 211 条的规定定罪处罚。

2. 本罪与逃税罪的竞合问题

根据《刑法》第 204 条规定,如果纳税人纳税后,采取假报出口或者其他欺骗手段,骗取所缴纳税款的,按照逃税罪定罪处罚;行为人骗取的国家出口退税款超过所缴纳的税款部分,应定为骗取出口退税罪。但如果一次骗税行为骗取税款超过所缴纳税款,其骗取所缴纳税款构成逃税罪,超过所缴纳税款的部分构成骗取出口退税罪,对此行为是择一从重处断还是数罪并罚? 我们认为,这种行为是同时触犯数个罪名的想象竞合犯,应当择一重罪处断。实施骗取国家出口退税行为,没有实际取得出口退税款的,可以比照既遂犯从轻或者减轻处罚。

(四)骗取出口退税罪的处罚

根据《刑法》第 204 条、211 条、第 212 条的规定,犯本罪,数额较大的,处 5 年以下有期徒刑或者拘役,并处骗取税款 1 倍以上 5 倍以下罚金;数额巨大或者有其他严重情节的,处 5 年以上 10 年以下有期徒刑,并处骗取税款 1 倍以上 5 倍以下罚金;数额特别巨大或者有其他特别严重情节的,处 10 年以上有期徒刑或者无期徒刑,并处骗取税款 1 倍以上 5 倍以下罚金或者没收财产。单位犯本罪,对单位判处罚金,并对其直接负责的主管人员和其他直接责任人员,依照自然人犯本罪的规定处罚。被判处罚金、没收财产的,在执行前,应当先由税务机关追缴所骗取的出口退税款。

根据《解释》第 3 条至第 5 条的规定,"数额巨大"是指骗取国家出口退税款 50 万元以上的;"数额特别巨大"是指骗取国家出口退税款 250 万元以上。具有下列情形之一的,属于"其他严重情节":①造成国家税款损失 30 万元以上并且在第一审判决宣告前无法追回的;②因骗取国家出口退税行为受过行政处罚,两年内又骗取国家出口退税款数额在 30 万元以上的;③情节严重的其他情形。具有下列情形之一的,属于"其他特别严重情节":①造成国家税款损失 150 万元以上并且在第一审判决宣告前无法追回的;②因骗取国家出口退税行为受过行政处罚,2 年内又骗取国家出口退税款数额在 150 万元以上的;③情节特别严重的其他情形。《解释》第 8 条规定:国家工作人员参与实施骗取出口退税犯罪活动的,从重处罚。

五、虚开增值税专用发票、用于骗取出口退税、抵扣税款发票罪

(一)虚开增值税专用发票、用于骗取出口退税、抵扣税款发票罪的概念

14-5

虚开增值税专用发票、用于骗取出口退税、抵扣税款发票罪,是指为了牟取非法经济利益,故意违反国家发票管理规定,虚开增值税发票或者用于骗取出口退税、抵扣税款的其他发票的行为。

(二)虚开增值税专用发票、用于骗取出口退税、抵扣税款发票罪的特征

1. 本罪的客体是国家的发票管理制度和税收征管制度。本罪的对象是增值税专用发票、用于骗取出口退税和抵扣税款发票。增值税专用发票,是指由国家税务部门根据增值税

征收管理的需要，兼记价款及货物或者劳务所负担的增值税税额而设定的一种专用发票。其他可用于出口退税、抵扣税款的发票是指除增值税专用发票外，其他可用于出口退税、抵扣税款的农产品收购发票、废旧物质回收发票、运输发票等，如特别消费税发票。

2.本罪的客观方面。具体表现为行为人实施了虚开增值税专用发票或者虚开用于骗取出口退税、抵扣税款的其他发票的行为。

所谓"虚开"，有两层含义：一是行为人在没有任何实际商品交易的情况下，凭空填开货名、数量、价款和销项等商品交易内容。二是行为人在有一定商品交易的情况下，填开发票时随意改变货名，虚增数量、价款和销项税额。"虚开"的行为有很多种类，根据《刑法》第205条第4款的规定：虚开增值税专用发票或者虚开用于骗取出口退税、抵扣税款的其他发票，是指有为他人虚开、为自己虚开、让他人为自己虚开、介绍他人虚开行为之一的。①为他人虚开，通常也称"代开"。大致包括两种情况：一是行为人在他人有商品交易活动的情况下，用自己领购的增值税专用发票或者可用于骗取出口退税、抵扣税款的其他发票为他人代开；二是行为人在他人没有商品交易活动的情况下，用自己领购的增值税专用发票或可用于骗取出口退税、抵扣税款的其他发票为他人代开。②为自己虚开。是指行为人在没有商品交易活动或只有部分商品交易的情况下，在自行填开发票时，虚构商品交易的内容或者商品交易的数量、价款和销项税额。③让他人为自己虚开。通常包括以下三种情况：一是行为人为自己骗取出口退税或者非法抵扣税款，让发票领购人为自己虚开增值税专用发票或者可用于骗取出口退税、抵扣税款的其他发票；二是行为人为非法收购、倒卖发票从中牟利，或者为他人骗取出口退税、抵扣税款提供非法凭证，而让发票领购人为自己虚开增值税专用发票或者用于骗取出口退税、抵扣税款的其他发票；三是行为人在没有商品交易活动或只有部分商品交易的情况下，让发票领购人为自己虚开增值税专用发票或者可用于骗取出口退税、抵扣税款的其他发票。④介绍他人虚开。是指行为人为开票人和受票人之间实施虚开增值税专用发票或者可用于骗取出口退税、抵扣税款的其他发票犯罪进行中间介绍。包括两种情形：一是行为人介绍开票人与受票人直接见面，自己从中获得非法利益；二是行为人指使开票人将发票开给其指定的受票人，自己从中获得非法利益。上述四种行为方式，行为人只要实施了其中一种即可构成犯罪。

3.本罪的主体是一般主体，即任何单位和个人都可以构成本罪。在实践中，实施本罪的单位或个人通常是合法持有增值税专用发票的人和其他可用于骗取出口退税、抵扣税款发票的持有人。此外，本罪的主体还包括以其他非法手段获取增值税专用发票的单位和个人，以及介绍他人虚开增值税专用发票的单位和个人。

4.本罪在主观方面只能是直接故意，行为人都具有非法牟利的目的。

（三）虚开增值税专用发票、用于骗取出口退税、抵扣税款发票罪的认定

1.罪与非罪

根据最高人民检察院、公安部《关于公安机关管辖的刑事案件立案追诉标准的规定（二）》第56条规定：虚开增值税专用发票或者虚开用于骗取出口退税、抵扣税款的其他发票，虚开的税款数额在10万元以上或者致使国家税款被骗数额在5万元以上的，应予立案追诉。

14-6

2.本罪与逃税罪的界限

行为人在为他人虚开或者为自己虚开增值税发票的同时,又非法取得的其他进项抵扣凭证抵扣税款,究竟是按虚开增值税专用发票罪还是按照逃税罪论处?根据《刑法》第205条的规定,对此类案件应该按照虚开增值税专用发票罪和逃税罪数罪并罚,理由是行为人所开出的销项发票和用以抵扣税款的进项发票,均不存在实际的商品交易行为,即不是税法意义上的应税经济行为,因而构成虚开增值税专用发票罪;同时,该行为人又通过虚构事实或者隐瞒真相逃避应当缴纳的税款,致使国家税收减少,其行为又构成了逃税罪。因此只有以虚开增值税专用发票罪和逃税罪数罪并罚,才符合罪刑相适应原则的要求。

如果行为人非法使用虚开的增值税专用发票用作进项抵扣凭证逃避应纳增值税款,如何认定?编者认为:行为人直接让发票认购人为自己虚开增值税专用发票,用作进项抵扣凭证逃避应缴纳增值税款的,应从一重处罚;对从第三人手中非法购买虚开的增值税专用发票,用作进项抵扣凭证逃避应纳增值税款的,应按逃税罪论处;对非法购买增值税专用发票或购买伪造的增值税专用发票,自行填开用作进项抵扣凭证,逃避应纳增值税款的,应按逃税罪与非法购买增值税专用发票罪的牵连犯,择一重罪处罚。

3.本罪与骗取出口退税罪的界限

关于这二者之间的界定,理论上存在争议。一种观点认为,在这种案件中,虚开增值税发票是骗取出口退税的必要手段,二者密不可分,即其手段行为与目的行为分别触犯虚开增值税专用发票罪和骗取出口退税罪两个罪名,属于牵连犯,应择一重罪处断。另一种观点则认为,《刑法》第205条第1款规定虚开增值税专用发票和用于骗取出口退税、抵扣税款发票罪,第2款则规定:"有前款行为骗取国家税款,数额特别巨大,情节特别严重,给国家利益造成特别重大损失的,处无期徒刑或者死刑,并处没收财产。"可见,上述规定是该条第1款的加重处罚,不要求定骗取出口退税罪。我们认为后一种说法更符合立法原意。

(四)虚开增值税专用发票、用于骗取出口退税、抵扣税款发票罪的处罚

根据《刑法》第205条规定:犯本罪的,处3年以下有期徒刑或者拘役,并处2万元以上20万元以下罚金;虚开的税款数额较大或者有其他严重情节的,处3年以上10年以下有期徒刑,并处5万元以上50万元以下罚金;虚开的税款数额巨大或者有其他特别严重情节的,处10年以上有期徒刑或者无期徒刑,并处5万元以上50万元以下罚金或者没收财产;有前款行为骗取国家税款,数额特别巨大,情节特别严重,给国家利益造成特别重大损失的,处无期徒刑或者死刑,并处没收财产。单位犯本罪的,对单位判处罚金,并对其直接负责的主管人员和其他直接责任人员,处3年以下有期徒刑或者拘役;虚开的税款数额较大或者有其他严重情节的,处3年以上10年以下有期徒刑;虚开的税款数额巨大或者有其他特别严重情节的,处10年以上有期徒刑或者无期徒刑。犯本罪,被判处罚金、没收财产的,在执行前,应当先由税务机关追缴被骗取或者抵扣的税款。

根据2018年8月22日最高人民法院《关于虚开增值税专用发票定罪量刑标准的有关问题的通知》的规定,对虚开增值税专用发票刑事案件定罪量刑的数额标准,可以参照《最高人民法院关于审理骗取出口退税刑事案件具体应用法律若干30问题的解释》第3条的执行规定,即虚开的税款数额在5万元以上的,以虚开增值税专用发票罪处3年以下有期徒刑或者拘役,并处2万元以上20万元以下罚金;虚开的税款数额在50万元以上的,认定为《刑

法》第 205 条规定的"数额较大";虚开的税款数额在 250 万元以上的,认定为《刑法》第 205 条规定的"数额巨大"。

六、虚开发票罪

（一）虚开发票罪的概念

虚开发票罪,是指个人或单位违反国家发票管理规定,为他人虚开、为自己虚开、让他人为自己虚开、介绍他人虚开普通发票,情节严重的行为。

（二）虚开发票罪的特征

1.本罪的客体。本罪侵犯的客体是国家税收征管及发票管理制度。

2.本罪的客观方面。表现为实施了虚开发票的行为。这里的虚开行为与虚开增值税专用发票的行为方式相同。这里的"发票"是犯罪对象,是指除了增值税专用发票和用于骗取出口退税、抵扣税款的发票以外的普通发票,可以是真的发票,也可以是假的发票。此外,构成本罪必须情节严重,如果情节没有达到严重程度的,不构成本罪。

3.本罪的主体是一般主体,任何单位和个人都可以构成本罪。

4.本罪在主观方面只能是直接故意,行为人都具有非法牟利的目的。

（三）虚开发票罪的认定

1.罪与非罪

本罪名是《刑法修正案（八）》新增加的罪名。依照《刑法》第 205 条的规定,虚开普通发票必须达到情节严重的程度才构成本罪。因为这类行为首先违反的是国家发票管理法规,是一种行政违法行为,应当主要通过行政制裁的方式处理。只有情节严重的虚开普通发票的行为,才构成犯罪。什么是"情节严重"的标准有待于最高司法机关作出司法解释。司法实践中,"情节严重"可以从以下几个方面来分析认定:虚开普通发票数额或者数量;虚开普通发票的次数;虚开普通发票造成的后果;是否因虚开普通发票的行为受到过行政处罚或者刑事处罚;有无其他恶劣情节,等等。根据最高人民检察院、公安部《关于公安机关管辖的刑事案件立案追诉标准的规定（二）》第 57 条规定:虚开刑法第二百零五条规定以外的其他发票,涉嫌下列情形之一的,应予立案追诉:（1）虚开发票金额累计在 50 万元以上的;（2）虚开发票 100 份以上且票面金额在 30 万元以上的;（3）5 年内因虚开发票受过刑事处罚或者二次以上行政处罚,又虚开发票,数额达到第一、二项标准 60％以上的。

2.本罪与虚开增值税专用发票罪、逃税罪的界限

虚开普通发票罪与虚开增值税专用发票罪主要区别是犯罪对象不同,前者是普通发票,后者是增值税专用发票。与逃税罪的主要区别是犯罪的客观方面不同,前者是虚开普通发票的行为,后者是逃税的行为。如果利用虚开普通发票的手段逃税的,可以按照处理牵连犯的原则,以处罚较重的罪处罚。

（四）虚开发票罪的处罚

依照《刑法》第 205 条之一的规定,个人犯本罪的,处 2 年以下有期徒刑、拘役或者管制,并处罚金;情节特别严重的,处 2 年以上 7 年以下有期徒刑,并处罚金。单位犯本罪的,对单位判处罚金,并对其直接负责的主管人员和其他直接责任人员,依照前述规定处罚。

七、伪造、出售伪造的增值税专用发票罪

14-8

（一）伪造、出售伪造的增值税专用发票罪的概念

伪造、出售伪造的增值税专用发票罪是指仿造增值税专用发票的式样，非法印制假的增值税专用发票或者出售非法印制的假的增值税专用发票的行为。该罪名为选择性罪名，即本罪包括伪造增值税专用发票罪和出售伪造的增值税专用发票罪两个罪名。

（二）伪造、出售伪造的增值税专用发票罪的特征

1.本罪的客体。本罪侵犯的客体是国家对增值税专用发票的管理制度。

2.本罪的客观方面。表现为实施了伪造增值税专用发票或出售伪造的增值税专用发票的行为。伪造增值税专用发票是指行为人仿照增值税专用发票的图案、色彩、形状、式样，包括发票所属的种类、各联用途、内容、版面排列、规格、使用范围等事项，使用印刷、复制、复印、描绘、拓印、蜡印、石印等方法，非法制造假增值税专用发票或对真实的增值税发票进行加工变造的行为。出售伪造的增值税专用发票罪是指以营利为目的，以各种方法通过各种途径将伪造的增值税专用发票以一定价格卖出的行为。

3.本罪的主体。本罪的主体是一般主体，任何单位和个人都可以构成本罪。

4.本罪在主观方面只能是直接故意，行为人都具有非法牟利的目的。

（三）伪造、出售伪造的增值税专用发票罪的认定

1.罪与非罪

根据最高人民检察院、公安部《关于公安机关管辖的刑事案件立案追诉标准的规定（二）》第58条规定：伪造或者出售伪造的增值税专用发票，涉嫌下列情形之一的，应予立案追诉：

（1）票面税额累计在10万元以上的；（2）伪造或者出售伪造的增值税专用发票10份以上且票面税额在6万元以上的；（3）非法获利数额在1万元以上的。

2.本罪与虚开增值税专用发票罪的界限

伪造增值税专用发票罪是伪造假的增值税发票，行为对象是发票本身；虚开增值税专用发票罪中虚开的是发票的内容，既可以是在真的发票上虚开，也可以在伪造的发票上虚开，行为对象是虚开的数额。如果行为人先伪造了增值税专用发票，又利用部分伪造的增值税专用发票实施虚开行为，则同时构成伪造增值税专用发票罪和虚开增值税专用发票罪，实行数罪并罚。虚开增值税专用发票包括在伪造的增值税专用发票上虚开，行为人为他人虚开的，往往收取了一定的费用，因而又与出售伪造的增值税发票罪具有关联。出售伪造的增值税专用发票中的"发票"是空白的假增值税专用发票；而在伪造增值税专用发票上虚开的行为，除了发票本身是虚假的之外，发票填开的内容也是虚假的。因而，行为人在伪造的增值税专用发票上进行虚开的，应当按照虚开增值税专用发票罪论处。

（四）伪造、出售伪造的增值税专用发票罪的处罚

依照《刑法》第206条的规定，个人犯本罪的，处3年以下有期徒刑、拘役或者管制，并处2万元以上20万元以下罚金；数量较大或者有其他严重情节的，处3年以上10年以下有期徒刑，并处5万元以上50万元以下罚金；数量巨大或者有其他特别严重情节的，处10年以

上有期徒刑或者无期徒刑,并处 5 万元以上 50 万元以下罚金或者没收财产。单位犯本罪的,对单位判处罚金,并对其直接负责的主管人员和其他直接责任人员,处 3 年以下有期徒刑、拘役或者管制;数量较大或者有其他严重情节的,处 3 年以上 10 年以下有期徒刑;数量巨大或者有其他特别严重情节的,处 10 年以上有期徒刑或者无期徒刑。

八、非法出售增值税专用发票罪

（一）非法出售增值税专用发票罪的概念

非法出售增值税专用发票罪是指无权出售增值税专用发票的行为人,违反国家对增值税专用发票的管理制度,以各种方式和方法,将增值税专用发票提供给他人,并收取一定价款的行为。

（二）非法出售增值税专用发票罪的特征

1.本罪的客体。本罪侵犯的客体是国家对增值税专用发票的管理制度。

2.本罪的客观方面。表现为行为人违反国家对增值税专用发票的管理制度,实施了非法出售增值税专用发票的行为。所谓"非法出售"是指,行为人非法将增值税专用发票提供给他人,并收取一定价款的行为。出售的方式可以是私下的交易,也可以是公开的买卖;可以是亲自参与,也可以是由第三方进行的邮寄、托运等。出售的对象可以是企业、事业单位、机关、团体,也可以是其他组织和个人。出售的数量,可以是整本发票,也可以是一本发票中的一套或数套,或者是一联或数联。要注意的是,出售的发票必须是真发票而不是假发票,否则就会构成出售伪造的增值税专用发票罪。此外,出售的发票还必须是空白发票,如果出售的是填好的增值税专用发票,则按虚开增值税专用发票罪论处。

3.本罪的主体。本罪的主体是特殊主体,即持有增值税专用发票的自然人和单位。

4.本罪在主观方面只能是直接故意,行为人一般都具有非法牟利的目的。

（三）非法出售增值税专用发票罪的认定

1.罪与非罪

本罪为行为犯。但是从犯罪的严重社会危害性上来说,本罪的构成仍然需要程度上的限制。本罪为行为犯。但是从犯罪的严重社会危害性来说,本罪的构成仍然需要程度上的限制。根据最高人民法院《关于适用〈全国人民代表大会常务委员会关于惩治虚开、伪造和非法出售增值税专用发票的决定〉的若干问题的解释》中的第 3 条和最高人民检察院、公安部《关于公安机关管辖的刑事案件立案追诉标准的规定(二)》第 59 条的内容,非法出售增值税专用发票 25 份以上或者票面可以退税、抵扣税额累计在 10 万元以上的;伪造、擅自制造或者出售伪造、擅自制造的发票 10 份以上且票面可以退税、抵扣税额在 6 万元以上的;非法获利数额在 1 万元以上的,应予立案追诉。

2.一罪与数罪

如果行为人为了出售增值税专用发票而进行了盗窃,此时两个行为之间具有手段和目的的牵连关系,应按照牵连犯处理;如果行为人基于一般的盗窃财物的故意,盗窃到了增值税专用发票而出售的,此时两个行为之间没有牵连关系,应当数罪并罚。

（四）非法出售增值税专用发票罪的处罚

依照《刑法》第 207 条、211 条的规定,个人犯本罪的,处 3 年以下有期徒刑、拘役或者管制,并处 2 万元以上 20 万元以下罚金;数量较大的,处 3 年以上 10 年以下有期徒刑,并处 5 万元以上 50 万元以下罚金;数量巨大的,处 10 年以上有期徒刑或者无期徒刑,并处 5 万元以上 50 万元以下罚金或者没收财产。单位犯本罪的,对单位判处罚金,并对其直接负责的主管人员和其他直接责任人员,依照前款的规定处罚。

九、非法购买增值税专用发票、购买伪造的增值税专用发票罪

14-11

(一)非法购买增值税专用发票、购买伪造的增值税专用发票罪的概念

非法购买增值税专用发票、购买伪造的增值税专用发票罪是指故意违反国家增值税专用发票的管理制度,非法购买增值税专用发票、购买伪造的增值税专用发票的行为。该罪为选择性罪名,即包括了非法购买增值税专用发票和非法购买伪造的增值税专用发票两个罪名。

(二)非法购买增值税专用发票、购买伪造的增值税专用发票罪的特征

1.本罪的客体。本罪侵犯的客体是国家对增值税专用发票的管理制度。

2.本罪的客观方面具体表现为,行为人违反了增值税专用发票的有关规定,实施了非法购买增值税专用发票、购买了伪造的增值税专用发票的行为。"购买",是指以一定的价格将增值税专用发票或伪造的增值税专用发票非法买进,该行为有买卖交易并取得所有权的本质特征。所以,无内在交易且不能取得所有权的行为,如借用、租用等,就不能认定为"购买",因而也不能构成本罪。购买的对象大致有三类:一是税务机关及其工作人员;二是持有真增值税专用发票的单位和个人;三是非法持有伪造增值税专用发票的单位和个人。购买的数量可以是整本发票,也可以是一本发票中的一套或数套,或者数套中的一联或数联。

3.本罪的主体。本罪的主体是一般主体,包括自然人和单位。

4.本罪在主观方面只能是直接故意,行为人一般都具有非法牟利的目的。

(三)非法购买增值税专用发票、购买伪造的增值税专用发票罪的认定

1.罪与非罪

本罪为行为犯。行为本身具有社会危害性,但不是所有的该行为都具有严重社会危害性,因此,本罪的构成仍然需要程度上的限制。根据最高人民检察院、公安部《关于公安机关管辖的刑事案件立案追诉标准的规定(二)》第 60 条的内容,非法购买增值税专用发票或者购买伪造的增值税专用发票 20 份以上且票面税额在 10 万元以上的;或者票面税额累计在 20 万元以上的,应予立案追诉。

2.一罪与数罪

《刑法》第 208 条第 2 款规定:非法购买增值税专用发票或者购买伪造的增值税专用发票又虚开或者出售的,分别依照本法第 205 条、第 206 条、第 207 条的规定定罪处罚。例如,非法购买增值税专用发票或伪造的增值税专用发票又虚开的,上述行为分别触犯了非法购买增值税专用发票罪、购买伪造的增值税专用发票罪和虚开增值税专用发票罪,因为两者具有手段与目的之间的牵连关系,因而按照牵连犯从一重处断的适用原则,并结合《刑法》第 208 条第 2 款规定,应当按照虚开增值税专用发票罪论处。

(四)非法购买增值税专用发票、购买伪造的增值税专用发票罪的处罚

依照《刑法》第 208 条、211 条的规定,个人犯本罪的,处 5 年以下有期徒刑、拘役,并处或

单处 2 万元以上 20 万元以下罚金;单位犯本罪的,对单位判处罚金,并对其直接负责的主管人员和其他直接责任人员,依照前款的规定处罚。

十、非法制造、出售非法制造的用于骗取出口退税、抵扣税款发票罪

（一）非法制造、出售非法制造的用于骗取出口退税、抵扣税款发票罪的概念

非法制造、出售非法制造的用于骗取出口退税、抵扣税款发票罪是指故意违反发票管理法规,伪造、擅自制造或者出售伪造、擅自制造增值税专用发票以外的其他可以用于骗取出口退税、抵扣税款的其他发票的行为。

（二）非法制造、出售非法制造的用于骗取出口退税、抵扣税款发票罪的特征

1. 本罪的客体。本罪的客体是复杂客体,本罪既侵犯了国家的发票管理秩序,又侵犯了我国的税收秩序。

2. 本罪的客观方面具体表现为,行为人违反发票管理法规,实施了非法制造、出售非法制造的除增值税专用发票以外的其他可以用于骗取出口退税、抵扣税款的发票的行为。其中,非法制造用于骗取出口退税、抵扣税款的发票,包括非法制造用于制作该发票的防伪专用品及套印在其上面的发票专用章。出售非法制造的用于骗取出口退税、抵扣税款的发票,是指以一定的价格将非法制造的用于骗取出口退税、抵扣税款的发票予以销售,从中牟利的行为。

3. 本罪的主体。本罪的主体是一般主体,包括自然人和单位。

4. 本罪在主观方面只能是直接故意,行为人一般都具有非法牟利的目的。

（三）非法制造、出售非法制造的用于骗取出口退税、抵扣税款发票罪的认定

1. 罪与非罪

本罪为行为犯,但不是所有的非法制造、出售非法制造的用于骗取出口退税、抵扣税款发票的行为都具有严重社会危害性。根据最高人民检察院、公安部《关于公安机关管辖的刑事案件立案追诉标准的规定(二)》第 61 条的规定,伪造、擅自制造或者出售伪造、擅自制造的用于骗取出口退税、抵扣税款的其他发票,涉嫌下列情形之一的,应予立案追诉:(1)票面可以退税、抵扣税额累计在 10 万元以上的;(2)伪造、擅自制造或者出售伪造、擅自制造的发票 10 份以上且票面可以退税、抵扣税额在 6 万元以上的;(3)非法获利数额在 1 万元以上的。

2. 一罪与数罪

(1)单独非法制造发票监制章、发票防伪专用品行为的认定

行为人为了使其非法制造的用于骗取出口退税、抵扣税款的发票能够成功得以销售出去,就必然要制造或使用该发票监制章或防伪专用品。因此,除非行为人有充分的证据证明自己没有以此进入市场流通或牟利的目的(如仅作为爱好收藏),否则,行为人非法制造发票专用章、发票防伪专用品的行为都构成了非法制造用于骗取出口退税、抵扣税款发票罪。

(2)盗窃、骗取他人伪造的用于骗取出口退税、抵扣税款的发票又出售的行为的认定

行为人盗窃、骗取他人伪造的用于骗取出口退税、抵扣税款的发票又出售的,由于伪造的发票本身并无实际价值,或者说价值很小,不符合盗窃罪、诈骗罪关于数额较大的构成要

件要求。因此,该行为只触犯了一个罪名,不按照牵连犯予以论处。在此前提下,如果购买人明知是伪造的发票而予以购买,以出售非法制造的用于骗取出口退税、抵扣税款的发票罪论处;如果行为人以虚构事实、隐瞒真相的方式让他人购买这些假发票,则该行为同时触犯了出售非法制造的用于骗取出口退税、抵扣税款的发票罪与诈骗罪,按照想象竞合犯的适用原则,从一重处罚。

(3)伪造用于骗取出口退税、抵扣税款发票之后,又虚开这些发票并骗取了数额较大出口退税款额的行为的认定

如果行为人伪造用于骗取出口退税、抵扣税款发票之后,又虚开这些发票并骗取了数额较大出口退税款额,其行为触犯了三个罪名,即非法制造用于骗取出口退税、抵扣税款发票罪、虚开用于骗取出口退税、抵扣税款发票罪以及骗取出口退税罪。三者之间是牵连关系,从一重定罪处罚。

(四)非法制造、出售非法制造的用于骗取出口退税、抵扣税款发票罪的处罚

依照《刑法》第 209 条第 1 款、第 3 款,第 211 条的规定,个人犯本罪的,处 3 年以下有期徒刑、拘役或者管制,并处或单处 2 万元以上 20 万元以下罚金;数量巨大的,处 3 年以上 7 年以下有期徒刑,并处 5 万元以上 50 万元以下罚金;数量特别巨大的,处 7 年以上有期徒刑,并处 5 万元以上 50 万元以下罚金或者没收财产。单位犯本罪的,对单位判处罚金,并对其直接负责的主管人员和其他直接责任人员,依照前款的规定处罚。

十一、非法制造、出售非法制造的发票罪

(一)非法制造、出售非法制造的发票罪的概念

非法制造、出售非法制造的发票罪指故意违反国家发票管理法规,伪造、擅自制造或出售伪造、擅自制造的普通发票的行为。

14-13

(二)非法制造、出售非法制造的发票罪的特征

1.本罪的客体。本罪的客体是复杂客体,本罪既侵犯了国家的发票管理秩序,又侵犯了我国的税收秩序。

2.本罪的客观方面具体表现为,行为人违反发票管理法规,实施了非法制造、出售非法制造的普通发票的行为。"伪造"是指无权印制普通发票的人仿照真实的普通发票进行的非法制造行为,或者有资格的主体未经主管税务机关批准,私自印制发票或私自制造发票监制章、防伪专用品等的行为。"发票"指不具有骗取出口退税、抵扣税款功能的普通发票。根据最高人民检察院、公安部《关于公安机关管辖的刑事案件立案追诉标准的规定(二)》第 62 条的规定,伪造、擅自制造或者出售伪造、擅自制造的不具有骗取出口退税、抵扣税款功能的其他发票,涉嫌下列情形之一的,应予立案追诉:(1)伪造、擅自制造或者出售伪造、擅自制造的不具有骗取出口退税、抵扣税款功能的其他发票 100 份以上且票面金额累计在 30 万元以上的;(2)票面金额累计在 50 万元以上的;(3)非法获利数额在 1 万元以上的。

3.本罪的主体。本罪的主体是一般主体,包括自然人和单位。

4.本罪在主观方面只能是直接故意,行为人一般都具有非法牟利的目的。

(三)非法制造、出售非法制造的发票罪的处罚

依照《刑法》第 209 条第 2 款、第 211 条的规定,个人犯本罪的,处 2 年以下有期徒刑、拘

役或者管制,并处或单处 1 万元以上 5 万元以下罚金;情节严重的,处 2 年以上 7 年以下有期徒刑,并处 5 万元以上 50 万元以下罚金。单位犯本罪的,对单位判处罚金,并对其直接负责的主管人员和其他直接责任人员,依照前款的规定处罚。

十二、非法出售用于骗取出口退税、抵扣税款发票罪

(一)非法出售用于骗取出口退税、抵扣税款发票罪的概念

非法出售用于骗取出口退税、抵扣税款发票罪指行为人违反国家发票管理法规,出售增值税专用发票以外的其他可以用于出口退税、抵扣税款发票,并收取相应费用的行为。

(二)非法出售用于骗取出口退税、抵扣税款发票罪的特征

1.本罪侵犯的客体是国家的发票管理秩序和税收秩序。

2.本罪的客观方面具体表现为,行为人违反国家发票管理法规,非法出售可以用于骗取出口退税、抵扣税款的非增值税专用发票的行为。行为人出售的必须是真实发票,如果出售的是伪造、擅自伪造的可以用于骗取出口退税、抵扣税款的发票,则成立出售非法制造的用于骗取出口退税、抵扣税款发票罪。根据最高人民检察院、公安部《关于公安机关管辖的刑事案件立案追诉标准的规定(二)》第 63 条的规定,非法出售可以用于骗取出口退税、抵扣税款的其他发票,涉嫌下列情形之一的,应予立案追诉:(1)票面可以退税、抵扣税额累计在 10 万元以上的;(2)非法出售用于骗取出口退税、抵扣税款的其他发票 10 份以上且票面可以退税、抵扣税额在 6 万元以上的;(3)非法获利数额在 1 万元以上的。

3.本罪的主体。本罪的主体是特殊主体,即享有合法持有发票的单位和个人。

4.本罪在主观方面是故意。

(三)非法出售用于骗取出口退税、抵扣税款发票罪的处罚

依照《刑法》第 209 条第 3 款、第 211 条的规定,个人犯本罪的,处 3 年以下有期徒刑、拘役或者管制,并处或单处 2 万元以上 20 万元以下罚金;数量巨大的,处 3 年以上 7 年以下有期徒刑,并处 5 万元以上 50 万元以下罚金;数量特别巨大的,处 7 年以上有期徒刑,并处 5 万元以上 50 万元以下罚金或者没收财产。单位犯本罪的,对单位判处罚金,并对其直接负责的主管人员和其他直接责任人员,依照前款的规定处罚。

十三、非法出售发票罪

(一)非法出售发票罪的概念

非法出售发票罪指无权出售发票的人,违反有关发票管理法规,通过各种方式将发票提供给他人,并收取一定价款的行为。

(二)非法出售发票罪的特征

1.本罪侵犯的客体是国家的发票管理秩序和税收秩序。

2.本罪的客观方面具体表现为,行为人违反国家发票管理法规,实施非法出售发票的行为。"出售",是指以一定的价格将发票卖出。"非法出售"是指这种发票的卖出行为没有法律根据。行为人出售的必须是真实发票,如果出售的是伪造、擅自制造的普通发票,则成立出售非法制造的发票罪。根据最高人民检察院、公安部《关于公安机关管辖的刑事案件立案追诉标准的规定(二)》第 64 条的规定,非法出售增值税专用发票、用于骗取出口退税、抵扣

税款的其他发票以外的发票,涉嫌下列情形之一的,应予立案追诉:(1)非法出售增值税专用发票、用于骗取出口退税、抵扣税款的其他发票以外的发票100份以上且票面金额累计在30万元以上的;(2)票面金额累计在50万元以上的;(3)非法获利数额在1万元以上的。

3.本罪的主体。本罪的主体是特殊主体,即享有合法持有发票权的单位和个人。

4.本罪在主观方面是故意。

(三)非法出售发票罪的处罚

依照《刑法》第209条第4款、第211条的规定,个人犯本罪的,处2年以下有期徒刑、拘役或者管制,并处或单处1万元以上5万元以下罚金;情节严重的,处2年以上7年以下有期徒刑,并处5万元以上50万元以下罚金。单位犯本罪的,对单位判处罚金,并对其直接负责的主管人员和其他直接责任人员,依照前款的规定处罚。

十四、持有伪造的发票罪

(一)持有伪造的发票罪的概念

持有伪造的发票罪指违反有关发票的管理法规,行为人明知是伪造的发票而持有,数额较大的行为。

(二)持有伪造的发票罪的特征

1.本罪侵犯的客体是国家的发票管理秩序和税收秩序。

2.本罪的客观方面具体表现为,行为人违反国家发票管理法规,非法持有大量伪造发票的行为。"持有",是指在行为人的身上、住所或其他地方发现由其支配、管理或控制这些发票的行为。"伪造发票",是指这种发票不是正规税务部门开具的发票,而是由行为人根据现有真实发票制造的假发票。发票,既包括增值税发票,用于骗取出口退税、抵扣税款的发票,也包括一般的普通发票。根据最高人民检察院、公安部《关于公安机关管辖的刑事案件立案追诉标准的规定(二)》的规定,明知是伪造的发票而持有,涉嫌下列情形之一的,应予立案追诉:(1)持有伪造的增值税专用发票或者可以用于骗取出口退税、抵扣税款的其他发票50份以上且票面税额累计在25万元以上的;(二)持有伪造的增值税专用发票或者可以用于骗取出口退税、抵扣税款的其他发票票面税额累计在50万元以上的;(三)持有伪造的第一项规定以外的其他发票100份以上且票面金额在50万元以上的;(四)持有伪造的第一项规定以外的其他发票票面金额累计在100万元以上的。

3.本罪的主体。本罪的主体是一般主体,包括自然人和单位。

4.本罪在主观方面是故意。值得注意的是,本罪必须以行为人明知为前提,即只有行为人明知其持有的是伪造的发票才能构成本罪。如果行为人受欺骗或者因其他过失行为而拥有伪造的发票的,无论数量多少,都不应构成本罪。

(三)持有伪造的发票罪的处罚

依照《刑法》第211条的规定,明知是伪造的发票而持有,数量较大的,处2年以下有期徒刑、拘役或者管制,并处罚金;数量巨大的,处2年以上7年以下有期徒刑,并处罚金。单位犯本罪的,对单位判处罚金,并对其直接负责的主管人员和其他直接责任人员,依照前款的规定处罚。

复习与练习

本章提要

危害税收征管罪,是指行为人违反国家税收法规,侵害国家税收管理制度,妨害国家税收管理活动,情节严重应受刑罚处罚的行为。《刑法》分则第3章从第201条到第212条,共12个条文规定了14个罪名,分别是:逃税罪,抗税罪,逃避追缴欠税罪,骗取出口退税罪,虚开增值税专用发票、用于骗取出口退税、抵扣税款发票罪,虚开发票罪,伪造、出售伪造的增值税专用发票罪,非法出售增值税专用发票罪,非法购买增值税专用发票、购买伪造的增值税专用发票罪,非法制造、出售非法制造的用于骗取出口退税、抵扣税款的发票罪,非法制造、出售非法制造的发票罪,非法出售用于骗取出口退税、抵扣税款发票罪,非法出售发票罪,持有伪造的发票罪。

逃税罪,是指纳税人、扣缴义务人违反税收管理法律法规,采取仿造、变造、隐匿、擅自销毁账簿、记账凭证等方式,通过各种作为和不作为的行为手段,进行虚假纳税申报或者不申报,数额较大且达到一定比例的行为。抗税罪,是指纳税人、扣缴义务人违反税收征管法律法规,以暴力、威胁方法拒不缴纳税款的行为。逃避追缴欠税罪,是指纳税义务人欠缴应纳税款,采取转移或者隐匿财产的手段,致使税务机关无法追缴欠缴的税款,数额较大的行为。骗取出口退税罪,是指以假报出口或者其他欺骗手段,骗取国家出口退税款,数额较大的行为。虚开增值税专用发票、用于骗取出口退税、抵扣税款发票罪,是指为了牟取非法经济利益,故意违反国家发票管理规定,虚开增值税发票或者用于骗取出口退税、抵扣税款的其他发票的行为。虚开发票罪,是指个人或单位违反国家发票管理规定,为他人虚开、为自己虚开、让他人为自己虚开、介绍他人虚开普通发票,情节严重的行为。伪造、出售伪造的增值税专用发票罪是指仿造增值税专用发票的式样,非法印制假增值税专用发票或者出售非法印制的假增值税专用发票的行为。该罪名为选择性罪名,即本罪包括伪造增值税专用发票罪和出售伪造的增值税专用发票罪两个罪名。非法出售增值税专用发票罪是指无权出售增值税专用发票的行为人,违反国家对增值税专用发票的管理制度,以各种方式和方法,将增值税专用发票提供给他人,并收取一定价款的行为。非法购买增值税专用发票、购买伪造的增值税专用发票罪是指故意违反国家增值税专用发票的管理制度,非法购买增值税专用发票、购买伪造的增值税专用发票的行为。该罪为选择性罪名,即包括了非法购买增值税专用发票和非法购买伪造的增值税专用发票两个罪名。非法制造、出售非法制造的用于骗取出口退税、抵扣税款发票罪是指故意违反发票管理法规,伪造、擅自制造或者出售伪造、擅自制造增值税专用发票以外的其他可以用于骗取出口退税、抵扣税款的普通发票的行为。非法制造、出售非法制造的发票罪指故意违反国家发票管理法规,伪造、擅自制造或出售伪造、擅自制造的发票的行为。非法出售用于骗取出口退税、抵扣税款发票罪指行为人违反国家发票管理法规,出售增值税专用发票以外的其他可以用于出口退税、抵扣税款的发票,并收取相应费用的行为。非法出售发票罪指无权出售发票的人,违反有关发票管理法规,通过各种方式将发票提供给他人,并收取一定价款的行为。持有伪造的发票罪指违反有关发票的管理法规,行为人明知是伪造的发票而持有,数额较大的行为。

思考题

1.评逃税罪构成要件的特点。

2.论述虚开增值税专用发票罪的构成要件。

3.论述持有发票罪的特征。

司法考试真题1

①纳税人逃税,经税务机关依法下达追缴通知后,补缴应纳税款,缴纳滞纳金,已受行政处罚的,一律不予追究刑事责任。

②纳税人逃避追缴欠税,经税务机关依法下达追缴通知后,补缴应纳税款,缴纳滞纳金,已受行政处罚的,应减轻或者免除处罚。

③纳税人以暴力方法拒不缴纳税款,后主动补缴应纳税款,缴纳滞纳金,已受行政处罚的,不予追究刑事责任。

④扣缴义务人逃税,经税务机关依法下达追缴通知后,补缴应纳税款,缴纳滞纳金,已受行政处罚的,不予追究刑事责任。

问:关于上述观点的正误判断,下列哪些选项是错误的?

A.第①句正确,第②③④句错误

B.第①②句正确,第③④句错误

C.第①③句正确,第②④句错误

D.第①②③句正确,第④句错误

司法考试真题2

关于骗取出口退税罪和虚开增值税发票罪的说法,下列哪些选项是正确的?

A.甲公司具有进出口经营权,明知他人意欲骗取国家出口退税款,仍违反国家规定,允许他人自带客户、自带货源、自带汇票并自行报关,骗取国家出口退税款。对甲公司应以骗取出口退税罪论处。

B.乙公司虚开用于骗取出口退税的发票,并利用该虚开的发票骗取数额巨大的出口退税款,其行为构成虚开用于骗取出口退税发票罪与骗取出口退税罪,实行数罪并罚。

C.丙公司缴纳200万元税款后,以假报出口的手段,一次性骗取国家出口退税款400万元,丙公司的行为分别构成偷税罪与骗取出口退税罪,实行数罪并罚。

D.丁公司虚开增值税专用发票并骗取国家税款,数额特别巨大,情节特别严重,给国家利益造成特别重大损失。对丁公司应当以虚开增值税专用发票罪论处。

参考文献

1.李永升、朱建华:《经济刑法学》,法律出版社2011年版。

2.李瑞生、热依木江、徐疆:《当代经济刑法学》,中国人民公安大学出版社2013年版。

3.楼伯坤主编:《刑法学》(第三版),浙江大学出版社2015年版。

4.杨兴培、李翔:《经济犯罪和经济刑法研究》,北京大学出版社2009第1版。

第十五章　侵犯知识产权罪

本章主要阐述侵犯知识产权罪的概念、特征及其立法状况和司法运用问题,主要研究假冒注册商标罪,销售假冒注册商标的商品罪,非法制造、销售非法制造的注册商标标识罪,假冒专利罪,侵犯著作权罪,销售侵权复制品罪,侵犯商业秘密罪,为境外窃取、刺探、收买、非法提供商业秘密罪的犯罪构成要件及其司法应用标准。

本章重点
- 侵犯知识产权罪的概念
- 假冒注册商标罪
- 销售假冒注册商标的商品罪
- 假冒专利罪
- 侵犯著作权罪
- 侵犯商业秘密罪
- 为境外窃取、刺探、收买、非法提供商业秘密罪

第一节　侵犯知识产权罪概述

一、侵犯知识产权罪的概念

侵犯知识产权罪,是指未经知识产权权利人许可的自然人或单位违反知识产权法规,故意侵犯他人依法享有的知识产权,破坏知识产权管理秩序,依法应受刑罚处罚的行为。

二、侵犯知识产权罪的构成特征

（一）犯罪客体

本类犯罪的客体是同类客体,针对的是国家知识产权管理秩序和知识产权权利人的知识产权,前者是主要的犯罪客体,后者是次要的犯罪客体。知识产权具体包括著作权、专利权、商标权、发明权、发现权、商业秘密等一类民事权利的统称。本类犯罪的行为对象,应是在知识产权管理秩序中全面体现知识产权的具体存在物:智力成果(如作品)、商业标识(如注册商标及其标识、专利标记及专利号)和商业信息(如商业秘密)。

（二）犯罪客观方面

客观方面表现为违反国家知识产权保护法规,故意侵犯他人依法享有的知识产权,情节严重的行为。具体而言,应主要把握以下三个方面来全面理解客观方面内容:

1. 国家知识产权保护法律法规。刑法、著作权法、商标法、专利法等是目前国家保护知识产权的法律法规。本类犯罪都是法定犯,知识产权来自法律规定的赋予,法律不将其认定

为"知识产权",那么刑法也不会给予相应保护。相应地,只有行为人违反了相关的知识产权法规,才可能侵犯权利人的知识产权,破坏知识产权管理秩序,才受到刑法关注。

2.行为方式。都是以作为的方式实行,具体表现为假冒、制作、销售、出版、复制、发行、获取和滥用等行为。由于本类罪的犯罪对象具有一定的知识或技术含量,所以具体的实行行为一般需要相应的资金条件、专业设施或特别技术,具有比一般的破坏社会主义市场经济秩序罪和侵犯财产罪更强的智能性和隐蔽性。

3.情节(立案)要求。侵犯知识产权的行为还必须满足情节严重的要求,才可能构成本类犯罪。情节严重主要表现为销售金额、非法经营数额或违法所得数额较大、造成重大损失或者有其他严重情节,具体标准应参照 2004 年 12 月 8 日公布的《最高人民法院、最高人民检察院于关于办理侵犯知识产权刑事案件具体应用法律若干问题的解释》(以下简称"知识产权案件解释")。

(三)犯罪主体

本类犯罪的主体为一般主体,包括自然人和单位。就自然人犯罪而言,只要行为人达到法定的刑事责任年龄,具有刑事责任能力,就可能构成本罪,没有身份的限制。就单位犯本罪而言,立法上经历了一个转变过程,详见下述的"侵犯知识产权的立法"一节内容。

(四)犯罪主观方面

本类犯罪的主观方面只能是故意,大多数包括直接故意和间接故意,过失行为不构成该类犯罪。具体而言,在认识因素方面,行为人明知是他人合法拥有的知识产权,自己并未得到知识产权权利人的许可而实施相关的侵犯行为;在意志因素方面,行为人的意志态度表现为希望或放任相应危害结果的发生,个别犯罪还需要以非法营利为目的。

三、侵犯知识产权罪的立法

知识产权是近代商品经济发展的产物,对其进行法律保护始于英国 1623 年的《垄断法规》。我国对知识产权的刑法保护始于 1979 年第一部《刑法》,该法第 127 条规定了假冒注册商标罪,仅限于商标权的某些方面。随着改革开放深入,知识产权刑法保护范围也随之扩大。1985 年实施的《专利法》规定了假冒专利罪,1994 年通过的《关于惩治侵犯著作权犯罪的决定》规定了侵犯著作权罪,同时,在司法实践中将非法窃取技术秘密或技术成果的行为以盗窃罪论处。1997 年修订后的《刑法》在上述内容的基础上,进行完善,在分则第三章第七节专门规定"侵犯知识产权罪",将知识产权制度所涉及的所有类型均纳入刑事保护的范围,并拓展到单位假冒专利罪、单位侵犯商业秘密罪等犯罪,从而使侵犯知识产权罪在主体上更为完善。我国在加入世界贸易组织时,承诺降低侵犯知识产权犯罪刑事制裁的门槛,为此,《知识产权案件解释》明确了侵犯知识产权的 7 种具体犯罪的数额、数量标准,明确了司法操作标准。2020 年通过的《刑法修正案(十一)》进一步完善了侵犯知识产权犯罪的立法规定,并根据司法现实的需求,新增了为境外窃取、刺探、收买、非法提供商业秘密罪。

侵犯知识产权罪的具体罪名包括:假冒注册商标罪,销售假冒注册商标的商品罪,非法制造、销售非法制造的注册商标标识罪,假冒专利罪,侵犯著作权罪,销售侵权复制品罪,侵犯商业秘密罪,为境外窃取、刺探、收买、非法提供商业秘密罪共计 8 个罪名。

四、侵犯知识产权罪的司法应用

在惩治知识产权犯罪的司法实践中,严格区分刑事司法层面与知识产权民事、行政保护相协调问题的界限至关重要。知识产权本身所具有内容丰富、种类多样和特质差异的特点,依法合理确定刑事保护的入罪尺度,要兼顾法律保护的层次性,避免任何问题都上升至刑事司法层面。定性不准,或枉或纵,均有损于法律的权威和公正,也不利于经济的正常发展。

（一）正确认定知识产权罪的罪与非罪的界限

主要应考虑以下几个因素。

1. 相同商标的认定

根据最高人民法院、最高人民检察院、公安部、司法部《关于办理侵犯知识产权刑事案件适用法律若干问题的意见》(以下简称《知识产权案件意见》)第5条规定,关于《刑法》第213条规定的"同一种商品"的认定问题是指:名称相同的商品以及名称不同但指同一事物的商品,可以认定为"同一种商品"。"名称"是指国家工商行政管理总局商标局在商标注册工作中对商品使用的名称,通常即《商标注册用商品和服务国际分类》中规定的商品名称。"名称不同但指同一事物的商品"是指在功能、用途、主要原料、消费对象、销售渠道等方面相同或者基本相同,相关公众一般认为是同一种事物的商品。认定"同一种商品",应当在权利人注册商标核定使用的商品和行为人实际生产销售的商品之间进行比较(同一种商品是指功能、用途、主要原料等相同或基本相同,相关公众一般认为是同一种事物的商品)。根据最高人民法院、最高人民检察院2020年8月21日《关于办理侵犯知识产权刑事案件具体应用法律若干问题的解释(三)》第1条的规定,有下列情形之一的,可以认定为《刑法》第213条规定的"与其注册商标相同的商标":(1)改变注册商标的字体、字母大小写或者文字横竖排列,与注册商标之间基本无差别的;(2)改变注册商标的文字、字母、数字等之间的间距,与注册商标之间基本无差别的;(3)改变注册商标颜色,不影响体现注册商标显著特征的;(4)在注册商标上仅增加商品通用名称、型号等缺乏显著特征要素,不影响体现注册商标显著特征的;(5)与立体注册商标的三维标志及平面要素基本无差别的;(6)其他与注册商标基本无差别、足以对公众产生误导的商标。

2. 犯罪数额大小

知识产权的高收益属性,使得经济因素在侵犯知识产权犯罪中表现突出,犯罪数额成为将行为的社会危害程度加以量化的重要标尺,正确把握犯罪数额在侵犯知识产权犯罪的定罪量刑中至关重要。侵犯知识产权罪的犯罪数额是指侵犯知识产权犯罪行为所指向或导致的,反映行为社会危害程度并能够以货币加以计算的经济利益数量。在现有侵犯知识产权犯罪的相关规定中,有七个罪名(注:为境外窃取、刺探、收买、非法提供商业秘密罪尚无相关司法解释的规定)涉及到了犯罪数额的认定,具体表述方式分别是"非法经营数额""违法所得数额""销售金额""直接经济损失数额""损失数额"。立法根据犯罪金额的大小不同,分别规定了相应的量刑幅度。例如,销售侵权复制品罪中,只有"违法所得数额巨大",才能够成立犯罪;假冒专利罪和销售侵权复制品罪只有一个量刑档次;其余侵犯知识产权犯罪都有轻重不同的两个量刑档次。由此可见,犯罪数额的大小不仅是衡量本罪量刑轻重的依据,也是界定罪与非罪的一个重要标准。

3. 犯罪情节轻重

大多侵犯知识产权犯罪的条文中均未明确表述一定的犯罪数额，而使用了"情节严重""造成重大损失"的术语表述。相关司法解释在认定"情节""损失"时常借助犯罪数额。对于这些犯罪来说，犯罪情节的轻重最终需结合犯罪数额，因此，犯罪数额成为区分罪与非罪界限的关键要素。

（二）正确处理想象竞合

行为人实施侵犯知识产权犯罪，同时构成生产、销售伪劣商品犯罪的，依照侵犯知识产权犯罪与生产、销售伪劣商品犯罪中处罚较重的规定定罪处罚。

第二节　侵犯知识产权罪分述

一、假冒注册商标罪

（一）假冒注册商标罪的概念

假冒注册商标罪，是指违反国家商标管理法规，未经注册商标所有人许可，在同一种商品、服务上使用与其注册商标相同的商标，情节严重的行为。

15-1

（二）假冒注册商标罪的特征

1. 本罪的客体是复杂客体，它侵犯了两种社会关系。其一，侵犯了国家对商标的管理制度；其二，侵犯了他人的注册商标专用权。商标专用权，指经商标局核准注册的商标，商标注册人即商标所有者享有的排他的、独立的使用该项商标的权利。

本罪的犯罪对象是他人的注册商标。所谓商标，是指自然人、法人或者其他组织对其生产、制造、加工、拣选或者经销的商品或者对其提供的服务项目上采用的，由文字、图形、字母、数字、三维标志和颜色和声音或者其组合构成的，能够将其商品或者提供的服务与他人的商品或者提供的服务区别开来的，具有显著特征的可视性标志。可见，商标的构成要素是文字、图形、字母、数字、三维标志、颜色组合和声音等，以及上述要素组合。

我国对商标专用权的取得采用注册原则，即按申请注册的先后来确定商标权的归属，即谁先申请商标注册，商标权就授予谁。由于采用注册原则，只有注册商标才受《商标法》保护，没有注册的商标不在保护之列。在我国，按照不同的标准可对注册商标进行不同的分类：根据商标使用的对象来看，我国商标可分为商品商标与服务商标两大类。根据《刑法》第213条的规定，假冒注册商标罪的犯罪对象既包括商品商标，也包括服务商标。

2. 本罪的客观方面表现为未经注册商标所有人许可，在同一种商品、服务上使用与其注册商标相同的商标，情节严重的行为。具体来讲，本罪的客观方面包括以下几点：

（1）未经注册商标所有人许可。《商标法》第43条第1款前段规定："商标注册人可以通过签订商标使用许可合同，许可他人使用其注册商标。"据此，经过注册商标所有人许可，在同一种商品上使用该注册商标的，是合法行为，不构成假冒注册商标罪。《商标法》第43条第2款规定："经许可使用他人注册商标的，必须在使用该注册商标的商品上标明被许可人的名称和商品产地。"实践中有的被许可人使用他人注册商标，却不在商品上标明被许可人的名称和商品产地。这种行为违反了《商标法》，也侵犯了消费者的合法权益。但既然使用注册商标本身得到了被注册商标所有人的许可,就不能构成假冒注册商标罪。

未经许可,不得在相同或相似的商品上使用与他人注册商标相同或类似的商标,这是注册商标专用权的内容之一。未经注册商标所有人许可包括以下具体情形:行为人从未获得过注册商标所有人使用其注册商标的许可;行为人虽然曾经获得过注册商标所有人的使用许可,但在许可使用合同规定的使用期限届满后,仍然继续使用注册商标所有人的商标;行为人虽然曾经获得注册商标所有人的使用许可,但由于被许可人不能保证使用该商标的商品的质量等原因导致许可合同提前解除,行为人在合同解除后仍然继续使用该注册商标;行为人虽然获得了注册商标所有人的使用许可,但超越许可使用注册商标的商品范围使用;行为人虽然获得了注册商标所有人的使用许可,但超越许可使用注册商标的地域范围使用。

(2)在同一种商品、服务上使用与他人注册商标相同的商标。在商标法上,未经注册商标所有人的许可,在同一种商品或类似商品上使用与其注册商标相同或者近似商标的行为均属于假冒商标行为。具体来说,假冒注册商标行为包括以下四种行为:①在同一种商品上使用与他人注册商标相同的商标;②在同一种商品上使用与他人注册商标相近似的商标;③在类似商品上使用与他人注册商标相同的商标;④在类似商品上使用与他人注册商标相近似的商标。但是《刑法》第213条仅仅将上述第①种行为规定为犯罪,对其他三类假冒注册商标的行为不能以假冒注册商标罪论处,而只能以商标违法行为处理。因而区分"同一种商品"与"类似商品""相同商标"与"相近似商标"对于准确认定本罪的客观方面具有十分重要的意义。

所谓"与其注册相同的商标",根据2020年8月31日公布的《最高人民法院、最高人民检察院关于办理侵犯知识产权刑事案件具体应用法律若干问题的解释(三)》(以下简称"《知识产权案件解释(三)》"),具有下列情形之一的,可以认定为《刑法》第213条规定的"与其注册商标相同的商标":①改变注册商标的字体、字母大小写或者文字横竖排列,与注册商标之间基本无差别的;②改变注册商标的文字、字母、数字等之间的间距,与注册商标之间基本无差别的;③改变注册商标颜色,不影响体现注册商标显著特征的;④在注册商标上仅增加商品通用名称、型号等缺乏显著特征要素,不影响体现注册商标显著特征的;⑤与立体注册商标的三维标志及平面要素基本无差别的;⑥其他与注册商标基本无差别、足以对公众产生误导的商标。

对"商品"应当作广义解释,除了狭义的商品外还包括服务在内。对"同一种商品"认定,根据《商标法》的规定,应按照商品的原料、形状、性能、用途等因素以及习惯来判断,同一种商品一般指名称相同的商品,或名称虽不相同但所指的商品是相同的商品。有些商品的原料、外观不相同,但从消费者情况考虑,在本质上有同一性,应视为同一种商品。如:收音机、录音机、电唱机,用途结构不同,但在"组合音响"这一概念上属于同一商品。因此,同一种商品的概念并不是指完全一样的相同商品。所谓的"相同"认定,则应以是否是以使消费者误认为是注册商标为标准。可以肯定的是,与注册商标的构成要素相同的商标,就是相同的商标。但是"相同"并不要求所假冒的商标与他人注册商标的构成要素没有任何差异。根据最高人民法院、最高人民检察院、公安部2011年《关于办理侵犯知识产权刑事案件适用法律若干问题的意见》第5条规定,名称相同的商品以及名称不同但指同一事物的商品,可以认定为《刑法》第213条规定的"同一种商品"。"名称"是指国家工商行政管理总局商标局在商标注册工作中对商品使用的名称,通常即《商标注册用商品和服务国际分类》中规定的商品名称。"名称不同但指同一事物的商品"是指在功能、用途、主要原料、消费对象、销售渠道等方面相同或者基本相同,相关公众一般认为是同一种事物的商品。认定"同一种商品",应当在权利人注册商标核定使用的商品和行为人实际生产销售的商品之间进行比较。根据上述《意见》第 6 条规定,具有下列情形之一,可以认定为"与其注册商标相同的商标":①改变注册商标的字体、字母大小写或者文字横竖排列,与注册商标之间仅有细微差别的;②改变注册商标的文字、字母、数字等之间的间距,不影响体现注册商标显著特征的;③改变注册商标颜色的;④其他与注册商标在视觉上基本无差别、足以对公众产生误导的商标。

所谓"使用",是指将注册商标或者假冒的注册商标用于商品、商品包装或者容器以及产品说明书、商品交易文书,或者将注册商标或者假冒的注册商标用于广告宣传、展览以及其他商业活动等行为。若行为人只是使用了他人商品,并在商品上使用了自己的商标,并将该更换商标的商品再投入市场。该行为是否构成本罪? 答案是否定的。

(3)情节严重。根据"两高"的《知识产权案件解释》,具有下列情形之一的,属于情节严重:第一,非法经营数额在 5 万元以上或者违法所得数额在 3 万元以上的;第二,假冒两种以上注册商标,非法经营数额在 3 万元以上或者违法所得数额在 2 万元以上的;第三,其他情节严重的情形。根据《知识产权案件解释》的规定,"非法经营数额",是指行为人在实施本罪行为过程中,制造、储存、运输和销售侵权产品的价值。已销售的侵权产品的价值,按照实际销售的价格计算。制造、储存、运输和未销售的侵权产品的价值,按照标价或者已经查清的侵权产品的实际销售平均价格计算。侵权产品没有标价或者无法查清其实际销售价格的,按照被侵权产品的市场中间价格计算。多次实施本罪行为,未经行政处理或者刑事处罚的,非法经营数额、违法所得数额或者销售金额累计计算,在计算制造、储存、运输和未销售的假冒注册商标侵权产品价值时,对于已经制作完成但尚未附着(含加贴)或者尚未全部附着(含加贴)假冒注册商标标识的产品,如果有确实、充分证据证明该产品将假冒他人注册商标,其价值计入非法经营数额。

3.本罪的主体,既可以是单位也可以是个人。

4.本罪的主观方面,只能是故意,即行为人认识到自己使用的商标与他人已注册的商标相同,认识到自己的行为未经注册商标所有人许可。假冒商标者通常出于营利或者牟取非法利益的目的,但不以此种目的为犯罪成立要件。

(三)假冒注册商标罪的认定

1.本罪的罪与非罪的界限

(1)主要应当注意以下两个标准:第一,主观方面标准。本罪主观方面是故意,如果是出于过失,如不知道某一商标已被他人注册,或者是自己首先使用的商标没有注册,却被他人抢先注册,自己在不知情的情况下仍继续使用的,都不构成假冒注册商标罪。第二,犯罪情节标准。假冒注册商标罪是情节犯。行为人具备本罪主体、主观等要件并实施了"未经注册商标所有人许可,在同一种商品、服务上使用与其相同的商标"的行为,还须达到"情节严重"的程度,方可构成犯罪。如果行为人虽然有假冒行为,但是情节显著轻微危害不大的,不应认定为犯罪。如果构成民事侵权和符合行政处罚条件的,应当追究民事责任并给予行政处罚。(2)擅自在类似商品、服务上使用与他人注册商标相同或者相似的商标的,以及在同一种商品、服务上使用与他人注册商标相似的商标的行为，不构成假冒注册商标罪。（3）假冒他人没有注册的商标的，不构成假冒注册商标罪。（4）《反不正当竞争法》第 6 条第 1 至第 4 项规定了与假冒注册商标相关的不正当竞争行为："擅自使用与他人有一定影响的商品名称、包装、装潢等相同或者近似的标识"；"擅自使用他人有一定影响的企业名称（包括简称、字号等）、社会组织名称（包括简称等）、姓名（包括笔名、艺名、译名等）"；"擅自使用他人有一定影响的域名主体部分、网站名称、网页等"；"其他足以引人误认为是他人商品或者与他人存在特定联系的混淆行为"。这四类行为虽然都是不正当竞争行为，但不是假冒注册商标的行为，故不构成假冒注册商标罪。

2. 本罪与其他犯罪的牵连和竞合问题

如果在实施其他犯罪时使用了假冒注册商标的方法，行为同时触犯本罪与其他犯罪的，根据行为的个数，以牵连犯或者想象竞合犯，择一重罪论处。例如，在生产、销售伪劣商品时，往往会连带实施假冒他人注册商标行为。这时，如果生产、销售伪劣商品的行为不构成犯罪，而假冒注册商标行为情节严重的，可单独以本罪论处；如果生产、销售伪劣商品的行为也已构成犯罪的，应当择一重罪论处，按生产、销售伪劣商品罪定罪处罚。根据上述"两高"《知识产权案件解释》第 13 条规定，实施本罪又销售该假冒注册商标的商品构成犯罪的，应当以本罪定罪处罚；实施本罪又销售明知是他人的假冒注册商标的商品构成犯罪的，应当实行数罪并罚。

3. 本罪的共犯问题

根据上述"两高"《知识产权案件解释》第 16 条的规定，明知他人实施侵犯知识产权犯罪，而为其提供贷款、资金、账号、发票、证明、许可证件，或者提供生产、经营场所或者运输、储存、代理进出口等便利条件、帮助的，以侵犯知识产权犯罪的共犯论处。

（四）假冒注册商标罪的处罚

根据《刑法》第 213 条和第 220 条的规定，犯本罪的，处 3 年以下有期徒刑或者拘役，并处或者单处罚金；情节特别严重的，处 3 年以上 10 年以下有期徒刑，并处罚金。根据上述"两高"《知识产权案件解释》规定，具有下列情形之一的，属情节特别严重：第一，非法经营数额在 25 万元以上或者违法所得数额在 15 万元以上的；第二，假冒两种以上注册商标，非法经营数额在 15 万元以上或者违法所得数额在 10 万元以上的；第三，其他情节特别严重的情形。第 15 条规定，单位犯本罪的，按自然人犯本罪认定标准的 3 倍认定犯罪和判处罚金，并对其直接负责的主管人员和其他直接责任人员，依照自然人犯本罪的规定处罚。

二、销售假冒注册商标的商品罪

（一）销售假冒注册商标的商品罪的概念

销售假冒注册商标的商品罪，是指违反国家商标管理法规，销售明知是假冒注册商标的商品，违法所得数额较大或者有其他严重情节的行为。

（二）销售假冒注册商标的商品罪的特征

1. 本罪的客体是复杂客体，它侵犯了两种社会关系。其一，侵犯了国家对商标的管理制度；其二，侵犯了他人的注册商标专用权。

2. 本罪的客观方面表现为违反国家商标管理法规，销售明知是假冒注册商标的商品，违法所得数额较大或者有其他严重情节的行为。《刑法修正案（十一）》将销售假冒注册商标的商品罪的入罪标准由"销售金额数额较大"修改为"违法所得数额较大或者有其他严重情节"，但由于新的入罪标准增加了"其他严重情节"作为兜底性规定，因此，销售金额本身的大小仍然应当属于衡量行为人所实施的犯罪行为的情节是否达到了严重的重要参照。因此，司法解释关于"销售金额数额较大"的规定，依然可以作为认定行为人犯罪行为情节严重程度的参考标准。根据上述"两高"《知识产权案件解释》第 2 条第 1 款的规定，"数额较大"是指销售金额在 5 万元以上的情形。根据上述"两高"《知识产权案件解释》第 16 条的规定，明知他人实施侵犯知识产权犯罪，而为其提供贷款、资金、账号、发票、证明、许可证件，或者提供生产、经营场所或者运输、储存、代理进出口等便利条件、帮助的，以侵犯知识产权犯罪的共犯论处。销售假冒注册商标的商品罪可能同时触犯销售伪劣产品罪，因为假冒注册商标的商品通常属于伪劣产品。由于行为人仅实施了一个销售行为，故成立想象竞合犯，择一重罪论处。

3.本罪的主体是一般主体，自然人和单位均可以构成。

4.本罪的主观方面表现为故意，并且需要"明知是假冒注册商标的商品"。所谓"明知"，根据《知识产权案件解释》第 9 条的规定，是指具有下列情形之一的：（1）知道自己销售的商品上的注册商标被涂改、调换或者覆盖的；（2）因销售假冒注册商标的商品受到过行政处罚或者承担过民事责任，又销售同一种假冒注册商标的商品的；（3）伪造、涂改商标注册人授权文件或者知道该文件被伪造、涂改的；（4）其他知道或者应当知道是假冒注册商标的商品的情形。销售金额是指销售假冒注册商标的商品后所得和应得的全部违法收入。

（三）销售假冒注册商标的商品罪的处罚

根据《刑法》第 214 条和第 220 条的规定，犯本罪的，处 3 年以下有期徒刑或者拘役，并处或者单处罚金，违法所得数额巨大或者有其他特别严重情节的，处 3 年以上 10 年以下有期徒刑，并处罚金。单位犯本罪的，根据上述《知识产权案件解释》第 15 条规定，按自然人犯本罪认定标准的 3 倍认定犯罪和判处罚金，并对其直接负责的主管人员和其他直接责任人员，依照自然人犯本罪的规定处罚。根据上述"两高"《知识产权案件解释》第 12 条规定，多次实施侵犯知识产权行为，未经行政处理或者刑事处罚的，非法经营数额、违法所得数额或者销售金额累计计算。

三、非法制造、销售非法制造的注册商标标识罪

（一）非法制造、销售非法制造的注册商标标识罪的概念

非法制造、销售非法制造的注册商标标识罪，是指伪造、擅自制造他人注册商标标识，或者销售伪造、擅自制造他人注册商标标识，情节严重的行为。

15-4

（二）非法制造、销售非法制造的注册商标标识罪的特征

1.本罪的客体是复杂客体，既侵犯了国家对商标的管理制度，又侵犯了他人的注册商标专用权。

15-5

2.本罪的客观方面表现为伪造、擅自制造他人注册商标标识，或者销售伪造、擅自制造的他人注册商标标识，情节严重的行为。本罪是选择性罪名，即实施上述任一行为,情节严重的,都可构成本罪,实施其中两种以上行为的,仍以一罪论处,不实行数罪并罚。明知他人实施侵犯知识产权犯罪,而为其提供贷款、资金、账号、发票、证明、许可证件,或者提供生产、经营场所或者运输、储存、代理进出口等便利条件、帮助的,以侵犯知识产权犯罪的共犯论处。商标标识,是指商品本身或其包装上使用的附有文字、图形或文字与图形的组合所构成的商标图案的物质实体,如商标纸、商标标牌、商标标识带等。

根据《知识产权案件解释》,具有下列情形之一的,属于"情节严重":(1)伪造、擅自制造或者销售伪造、擅自制造的注册商标标识数量在 2 万件以上,或者非法经营数额在 5 万元以上,或者违法所得数额在 3 万元以上的;(2)伪造、擅自制造或者销售伪造、擅自制造两种以上注册商标标识数量在 1 万件以上,或者非法经营数额在 3 万元以上,或者违法所得数额在 2 万元以上的;(3)其他情节严重的情形。

3.本罪的主体是一般主体,单位和自然人均可以构成。

4.本罪的主观方面是故意,一般以牟取非法利益为目的。

（三）非法制造、销售非法制造的注册商标标识罪的处罚

根据《刑法》第 215 条和第 220 条的规定,犯本罪的,处 3 年以下有期徒刑、拘役或者管制,并处或者单处罚金;情节特别严重的,处 3 年以上 10 年以下有期徒刑,并处罚金。根据上述"两高"《知识产权案件解释》第 3 条第 2 款规定,"情节特别严重",是指具有下列情形之一:(1)伪造、擅自制造或者销售伪造、擅自制造的注册商标标识数量在 10 万件以上,或者非法经营数额在 25 万元以上,或者违法所得数额在 15 万元以上的;(2)伪造、擅自制造或者销售伪造、擅自制造两种以上注册商标标识数量在 5 万件以上,或者非法经营数额在 15 万元以上,或者违法所得数额在 10 万元以上的;(3)其他情节特别严重的情形。根据上述"两高"《知识产权案件解释》第 15 条规定,单位犯本罪的,按自然人犯本罪认定标准的 3 倍认定犯罪和判处罚金,并对其直接负责的主管人员和其他直接责任人员,依照自然人犯本罪的规定处罚。根据上述"两高"《知识产权案件解释》第 12 条规定,多次实施侵犯知识产权行为,未经行政处理或者刑事处罚的,非法经营数额、违法所得数额或者销售金额累计计算。

四、假冒专利罪

（一）假冒专利罪的概念

假冒专利罪,是指违反国家专利法规,假冒他人专利,情节严重的行为。

（二）假冒专利罪的特征

15-6

1.本罪的客体是复杂客体,既侵犯了国家的专利管理制度,又侵犯了他人的专利专用权。本罪行为对象必须是他人的专利。他人是指行为人之外的依法被授予专利并且仍然享有专利权的人。所谓专利,是指通过法定程序申请并经国家批准,授予申请人对之享有独占权的发明创造。

2.本罪的客观方面,表现为未经专利权人许可,假冒他人的专利的行为。《刑法》规定假冒专利罪,不只是为了保护他人的专利权,还是为了保护市场竞争秩序。因此,只要行为在侵犯专利权的同时侵犯了市场竞争秩序,并且属于"假冒他人专利"用语范围之内的行为,就是本罪中的假冒他人专利。根据《知识产权案件解释》第 10 条的规定,所谓"假冒他人专利"的行为,是指实施下列行为之一:(1)未经许可,在其制造或者销售的产品、产品的包装上标

注他人专利号的;(2)未经许可,在广告或者其他宣传材料中使用他人的专利号,使人将所涉及的技术误认为是他人专利技术的;(3)未经许可,在合同中使用他人的专利号,使人将合同涉及的技术误认为是他人专利技术的;(4)伪造或者变造他人的专利证书、专利文件或者专利申请文件的。具体来讲,本罪的客观方面包括以下几点:第一,未经专利权人许可实施假冒他人专利的行为。第二,假冒行为必须发生在专利权的有效保护期限内。本罪是特定时期的犯罪。根据我国《专利法》规定,发明专利权的期限为 20 年,实用新型和外观设计的专利权的期限为 10 年。如果超过专利有效期擅自使用他人专利,或者假冒他人已过期的"专利",均不能构成本罪。因为专利超过了法律规定的有效期限后,就不再受法律保护。

成立本罪还需要是"情节严重"。根据《知识产权案件解释》第 72 条的规定,是指具有下列情形之一的:(1)非法经营数额在 20 万元以上或者违法所得数额在 10 万元以上的;(2)给专利权人造成直接经济损失在 50 万元以上的;(3)假冒两项以上他人专利,非法经营数额在 10 万元以上或者违法所得数额在 5 万元以上的;(4)其他情节严重的情形。

3.本罪的主体是一般主体,既可以是自然人,也可以是单位。

4.本罪的主观方面是故意。

(三)假冒专利罪的认定

1.本罪的罪与非罪的界限

本罪与一般违法行为的界限,关键是看假冒行为是否达到情节严重的程度。只有情节严重的,才构成本罪,否则,属于一般专利侵权行为,不能以犯罪论处。另外要区分专利侵权行为与非专利侵权行为的界限。根据《专利法》的规定,下列使用专利的行为不属于专利侵权行为:(1)专利权人制造或者经专利权人许可制造的专利产品售出后,使用或销售该产品的;(2)使用或销售不知道未经专利权人许可而制造并售出的专利产品的;(3)在专利申请日前已经制造相同产品、使用相同方法或者已经做好制造、使用的必要准备,并且仅在原有范围内继续制造、使用的;(4)临时通过中国领土、领水、领空的外国运输工具,依照其所属国同中国签订的协议或者共同参加的国际条约,或者依照互惠原则,为运输工具自身需要而在其装置和设备中使用有关专利的;(5)专为科学研究和实验而使用有关专利的。不是专利侵权行为,自然就谈不上构成犯罪。

2.本罪的共犯问题

根据《知识产权案件解释》第 16 条的规定,明知他人实施侵犯知识产权犯罪,而为其提供贷款、资金、账号、发票、证明、许可证件,或者提供生产、经营场所或者运输、储存、代理进出口等便利条件、帮助的,以侵犯知识产权犯罪的共犯论处。

3.犯罪数额的计算问题

根据《知识产权案件解释》第 12 条的规定,多次实施侵犯知识产权行为,未经行政处理或者刑事处罚的,非法经营数额、违法所得数额或者销售金额累计计算。

(四)假冒专利罪的处罚

根据《刑法》第 216 条和第 220 条规定,犯本罪的,处 3 年以下有期徒刑或者拘役,并处或者单处罚金。根据《知识产权案件解释》第 15 条的规定,单位犯本罪的按自然人犯本罪认定标准的 3 倍认定犯罪和判处罚金,并对其直接负责的主管人员和其他直接责任人员,依照自然人犯本罪的规定处罚。

五、侵犯著作权罪

（一）侵犯著作权罪的概念

侵犯著作权罪，是指自然人或者单位，以营利为目的，未经著作权人或者著作权有关的权益人许可，复制发行、通过信息网络向公众传播其作品；出版他人享有专有出版权的图书；未经录音录像制作者许可复制发行、通过信息网络向公众传播其制作的音像制品；未经表演者许可复制发行录有其表演的录音录像制品，或者通过信息网络向公众传播其表演；制售假冒他人署名的美术作品；或者未经著作权人或者著作权有关的权利人许可，故意避开或者破坏权利人为其作品、录音录像制品等采取的保护著作权或者著作权有关的权利的技术措施，违法所得数额较大或者有其他严重情节的行为。

15-7

15-8

（二）侵犯著作权罪的特征

1.本罪的客体是他人的著作权和与著作权相关的权益。著作权指公民依法对文学、艺术和科学作品所享有的各种权利的总称，其中包括著作人身权和著作财产权。著作人身权指作者对其作品的权利和获得报酬的权利以及许可他人使用作品，并由此获得报酬的权利。与著作有关的权益，指传播作品的人对他赋予作品的传播形式所享有的权利，即著作邻接权，包括出版者、表演者、电台、电视台和录音录像者的权利。本罪的犯罪对象是他人依法享有著作权的作品。

2.本罪的客观方面表现为，违反著作权管理法规，有下列侵犯著作权情形之一，违法所得数额较大或者有其他严重情节的行为。具体表现为以下六种方式：

（1）未经著作权人许可，复制发行未经著作权人许可，复制发行、通过信息网络向公众传播其文字作品、音乐、美术、视听作品、计算机软件及法律、行政法规规定的其他作品。"未经著作权人许可"是指没有得到著作权人授权或者伪造、涂改著作权人授权许可文件或者超出授权许可范围的情形。根据《知识产权案件解释》，"未经著作权人许可"一般应当依据著作权人或者其授权的代理人、著作权集体管理组织、国家著作权行政管理部门指定的著作权认证机构出具的涉案作品版权认证文书，或者证明出版者、复制发行者伪造、涂改授权许可文件或者超出授权许可范围的证据，结合其他证据综合予以认定。在涉案作品种类众多且权利人分散的案件中，上述证据确实难以取得，但有证据证明涉案复制品系非法出版、复制发行，且出版者、复制发行者不能提供获得著作权人许可的相关证明材料的，可以认定为"未经著作权人许可"。但是，有证据证明权利人放弃权利、涉案作品的著作权不受我国《著作权法》保护，或者著作权保护期限已经届满的除外。该项犯罪行为指向的对象是作品。根据我国《著作权法》第3条的规定，著作权法所称作品，指文学、艺术和科学领域内具有独创性并能以一定形式表现的智力成果。根据《刑法》第217条第1款的规定，本项行为的犯罪对象是文字作品、音乐、美术、视听作品、计算机软件及法律、行政法规规定的其他作品。文字作品，是指小说、诗词、散文、论文等以文字形式表现的作品。音乐作品，是指歌曲、交响乐等能够演唱或者演奏的带词或者不带词的作品。美术作品，是指绘画、书法、雕塑等以线条、色彩或者其他方式构成的有审美意义的平面或者立体的造型艺术作品；视听作品，是指由一系列相关的固定图象组成，带有或不带伴音，能够被看到的，并且带有伴音时，能够被听到的作品

（注：该定义为《视听作品国际登记条约》中的规定）。计算机软件是指计算机程序及其文档部分。法律、行政法规规定的其他作品包括口述作品、戏剧作品、曲艺作品、舞蹈作品、杂技艺术作品、美术作品、建筑作品、摄影作品、程序设计图、产品设计图、地图、示意图等图形作品和模型作品。该种行为的行为手段是"复制发行"。根据我国《著作权法》第 10 条第 1 款的规定，复制是指以印刷、复印、拓印、录音、录像、翻录、数字化等方式将作品制作一份或者多份的行为；发行是指以出售或者赠与方式向公众提供作品的原件或者复制件的行为。需要指出的是，根据"两高"2007 年 4 月 5 日《关于办理侵犯知识产权刑事案件具体应用法律若干问题的解释（二）》（以下简称"知识产权案件解释（二）"，"复制发行"，是指行为人以营利为目的，未经著作权人许可而实施的复制、发行或者既复制又发行其文字作品、音乐、电影、电视、录像作品、计算机软件及其他作品的行为。可见"复制"和"发行"是本项行为构成侵犯著作权罪的选择性要件，而并非二者兼备。侵权产品的持有人通过广告、征订等方式推销侵权产品的，属于"发行"。根据《知识产权案件解释》，通过信息网络向公众传播他人文字作品、音乐、电影、电视、录像作品、计算机软件及其他作品的行为，应当视为"复制发行"。

（2）出版他人享有专有出版权的图书。出版，是指将作品编辑加工后，经过复制向公众发行。根据我国《著作权法》第 32 条、第 33 条的规定，著作权人可以和出版者之间签订出版合同，并授予出版者专有出版权。专有出版权是指图书出版者对著作权人交付的作品，在合同有效期内和在合同约定的地域范围内，享有以同种文字的原版、修订版和缩编本的方式出版图书的独占权利。需要注意的是，《著作权法》第 33 条规定，图书出版者对著作权人交付出版的作品，按照合同约定享有的专有出版权受法律保护，他人不得出版该作品。根据这一规定，图书出版者并不必然享有图书的专有出版权，只有通过出版合同约定才能享有专有出版权，没有约定的，视为没有专有出版权。

（3）未经录音录像制作者许可，复制发行通过信息网络向公众传播其制作的音像制品。根据《著作权法实施条例》第 5 条第 4 项、第 5 项的规定，录音制作者是指录音制品的首次制作人。根据《著作权法实施条例》第 5 条第 2 项、第 3 项的规定，录音制品，是指任何对表演的声音和其他声音的录制品；录像制品，是指电影作品和以类似摄制电影的方法创作的作品以外的任何有伴音或者无伴音的连续相关形象、图像的录制品。可见，录音制作者必须是首次将声音录制下来的人，即必须是现场声音的原始录制品的录制人；录像制作者必须是将场景录制下来的人，即必须是现场场景的原始录制品的录制人。如果通过转录他人的唱片、录像制品、电影、电视等而录制，该转录者就不能作为音像制作者。综上，录音录像制作者，是指录音录像制品的首次制作人。未经录音录像制作者许可，通过信息网络传播其制作的录音录像制品的行为，属于"复制发行"。

（4）未经表演者许可，复制发行录有其表演的录音录像制品，或者通过信息网络向公众传播其表演。根据《著作权法实施条例》第 5 条第 6 项的规定，表演者，是指演员、演出单位或者其他表演文学、艺术作品的人。

（5）制作、销售假冒他人署名的美术作品。美术作品是指绘画、书法、雕塑等以线条、色彩或者其他方式构成的有审美意义的平面或者立体的造型艺术作品。属于本项的典型行为包括：复制名人的美术作品，签署名人的姓名，假冒名人的亲笔作品（侵犯了名人的著作权），或者将第三者的美术作品签署名人的姓名，假冒名人的美术作品（侵犯了第三者的著作权）。

由于本项行为属于侵犯著作权罪，所以，行为人在自己制作的美术作品上假冒他人（如著名画家）署名的，只是侵犯了他人的姓名权，而没有侵犯他人的署名权，不应认定为本罪。出售该作品的，成立诈骗罪或者其他相应犯罪（如合同诈骗罪）。

（6）未经著作权人或者与著作权有关的权利人许可，故意避开或者破坏权利人为其作品、录音录像制品等采取的保护著作权或者与著作权有关的权利的技术措施的。根据《著作权法》第 49 条第 1 款的规定，为保护著作权和与著作权有关的权利，权利人可以采取技术手段。根据《著作权法》第 49 条第 3 款的规定，技术措施，是指用于防止、限制未经权利人许可浏览、欣赏作品、表演、录音录像制品或者通过信息网络向公众提供作品、表演、录音录像制品的有效技术、装置或者部件。根据《著作权法》第 50 条的规定，下列情形可以避开技术措施，但不得向他人提供避开技术措施的技术、装置或者部件，不得侵犯权利人依法享有的其他权利：①为学校课堂教学或者科学研究，提供少量已经发表的作品，供教学或者科研人员使用，而该作品无法通过正常途径获取；②不以营利为目的，以阅读障碍者能够感知的无障碍方式向其提供已经发表的作品，而该作品无法通过正常途径获取；③国家机关依照行政、监察、司法程序执行公务；④对计算机及其系统或者网络的安全性能进行测试；⑤进行加密研究或者计算机软件反向工程研究。

另外，本罪是特定时间的犯罪。侵犯著作权的行为必须发生在著作权的有效保护期限内。如果行为发生在著作权保护期以后，不构成本罪。根据我国《著作权法》规定：（1）作者的署名权、修改权、保护作品完整权的保护期不受限制。（2）公民的作品，其发表权、使用权和获得报酬权的保护期为作者终身及其死亡后 50 年，截止于作者死亡后第 50 年的 12 月 31 日；如果是合作，截止于最后死亡的作者死亡后第 50 年的 12 月 31 日。（3）法人或者非法人单位的作品、著作权（署名权除外）由法人或者非法人单位享有的职务作品，其发表权、使用权和获得报酬权的保护期为 50 年，截止于作品首次发表后第 50 年的 12 月 31 日，但其作品自创作完成后 50 年内未发表的，著作权法不再保护。（4）电影、电视、录像和摄影作品的发表权、使用权和获得报酬权的保护期为 50 年，截止于作品首次发表后第 50 年的 12 月 31 日，但作品自创作完成后 50 年内未发表的，著作权法不再保护。最后，侵犯著作权行为必须存在违法所得数额较大或者有其他严重情节。根据《知识产权案件解释》第 5 条第 1 款的规定，"违法所得数额较大"，是指违法所得数额在 3 万元以上的情形；所谓"有其他严重情节"，是指具有下列情形之一：（1）非法经营数额在 5 万元以上的；（2）未经著作权人许可，复制发行其文字作品、音乐、电影、电视、录像作品、计算机软件及其他作品，复制品数量合计在 1000 张（份）以上的；（3）其他情节严重的情形。

根据《知识产权案件解释》，所谓"未经著作权人许可"，一般应当依据著作权人或者其授权的代理人、著作权集体管理组织、国家著作权行政管理部门指定的著作权认证机构出具的涉案作品版权认证文书，或者证明出版者、复制发行者伪造、涂改授权许可文件或者超出授权许可范围的证据，结合其他证据综合予以认定。在涉案作品种类众多且权利人分散的案件中，上述证据确实难以一一取得，但有证据证明涉案复制品系非法出版、复制发行的，且出版者、复制发行者不能提供获得著作权人许可的相关证明材料的，可以认定为"未经著作权人许可"。但是，有证据证明权利人放弃权利、涉案作品的著作权不受我国著作权法保护，或者著作权保护期限已经届满的除外。

3.本罪的主体是一般主体,包括自然人和单位。

4.本罪的主观方面是故意,并且必须以营利为目的。例如,出于教学、研究等非营利目的复制他人作品的,不构成犯罪。再如,单纯制作假冒他人署名的美术作品,不出售、交付给他人,不具有营利目的的,不成立本罪。根据《知识产权案件解释》第10条、第11条的规定,除销售外,具有下列情形之一的,可以认定为"以营利为目的":(1)以在他人作品中刊登收费广告、捆绑第三方作品等方式直接或者间接收取费用的;(2)通过信息网络传播他人作品,或者利用他人上传的侵权作品,在网站或者网页上提供刊登收费广告服务,直接或者间接收取费用的;(3)以会员制方式通过信息网络传播他人作品,收取会员注册费或者其他费用的;(4)其他利用他人作品牟利的情形。

(三)侵犯著作权罪的认定

1.本罪的罪与非罪的界限

区分本罪的罪与非罪的界限,应注意以下几点:(1)行为人主观方面是否"以营利为目的"。如果行为人实施侵犯著作权行为是出于破坏他人名誉等其他目的的,不构成本罪。(2)注意违法所得数额和其他情节在区分罪与非罪中的作用。违法所得数额较大或者具有其他严重情节是区分侵犯著作权罪与一般违法行为的重要标准。不过需要指出的是,"违法所得数额较大"和"有其他严重情节"是选择性要件,只要符合其中之一即可构成本罪,无须同时齐备。行为人不符合二者之任何情形的,属于侵犯著作权之一般违法行为,不构成本罪。(3)要看侵权行为是否属于《刑法》第217条明确规定的六种侵权行为,凡是不属于这六种行为的,一律不得以本罪论处。例如,《著作权法》第45条和第46条规定的剽窃、抄袭他人作品等十多种行为,由于社会危害性较小,所以刑法没有将它们规定为犯罪。对这类侵权行为,只能追究行为人的民事责任或者给予行政处罚。

2.本罪与制作、贩卖、传播淫秽物品犯罪的界限

二者的主要区别在于犯罪对象不同:本罪侵犯的对象是受法律保护的他人依法享有著作权的作品,而后者的行为对象则是为法律所禁止的淫秽物品,不但不受法律的保护而且还要受到法律的制裁。如果行为人复制发行他人制作的淫秽物品,只能构成制作、贩卖、传播淫秽物品罪,不构成本罪。

3.本罪的罪数形态问题

根据《知识产权案件解释》第14条的规定,实施本罪又销售该侵权复制品,构成犯罪的,应以本罪定罪处罚;实施本罪又销售明知是他人侵权的复制品,构成犯罪的,应当实行数罪并罚。

4.本罪的共犯问题

根据《知识产权案件解释》第16条的规定,明知他人实施侵犯知识产权犯罪,而为其提供贷款、资金、账号、发票、证明、许可证件,或者提供生产、经营场所或者运输、储存、代理进出口等便利条件、帮助的,以侵犯知识产权犯罪的共犯论处。

5.犯罪数额的计算问题

根据《知识产权案件解释》第12条的规定,多次实施侵犯知识产权行为,未经行政处理或者刑事处罚的,非法经营数额、违法所得数额或者销售金额累计计算。

(四)侵犯著作权罪的处罚

根据《刑法》第217条和第220条的规定,犯本罪的,处3年以下有期徒刑或者拘役,并

处或者单处罚金;违法所得数额巨大或者有其他特别严重情节的,处 3 年以上 10 年以下有期徒刑,并处罚金。根据《知识产权案件解释》第 5 条第 2 款的规定,所谓"违法所得数额巨大",是指违法所得数额在 15 万元以上的情节;所谓"有其他特别严重情节",是指具有下列情形之一:(1)非法经营数额在 25 万元以上的;(2)未经著作权人许可,复制发行其文字作品、音乐、电影、电视、录像作品、计算机软件及其他作品,复制品数量合计在 5000 张(份)以上的;(3)其他特别严重情节的情形。"非法经营数额"参见"假冒注册商标罪"中的解释。根据《知识产权案件解释》第 15 条的规定,单位犯本罪的,按自然人犯本罪认定标准的 3 倍认定犯罪和判处罚金,并对其直接负责的主管人员和其他直接负责人员,依照自然人犯本罪的规定处罚。

六、销售侵权复制品罪

15-9

(一)销售侵权复制品罪的概念

销售侵权复制品罪,是指以营利为目的,销售明知是侵犯他人著作权的复制品,违法所得数额巨大或者有其他严重情节的行为。

(二)销售侵权复制品罪的特征

1.本罪的客体是他人的著作权和与著作权有关的权利。

15-10

2.本罪的客观方面表现为销售明知是侵犯他人著作权的复制品,违法所得数额巨大的行为。所谓"违法所得数额巨大",根据《知识产权案件解释》第 6 条的规定,是指违法所得数额在 15 万元以上的情形。根据《知识产权案件解释》第 16 条的规定,明知他人实施侵犯知识产权犯罪,而为其提供贷款、资金、账号、发票、证明、许可证件,或者提供生产、经营场所或者运输、储存、代理进出口等便利条件、帮助的,以侵犯知识产权犯罪的共犯论处。所谓"其他严重情节",可以包括非法经营数额巨大,销售金额巨大,销售的侵权复制品的数量多,给权利人造成很大的损失等情形,具体认定时,可以根据侵权行为持续的时间长短、销售能力和销售规模的大小、犯罪的组织化程度等综合进行判断。

3.本罪的犯罪主体是一般主体。

4.本罪的主观方面是故意。

(三)销售侵权复制品罪的处罚

根据《刑法》第 218 条和第 220 条的规定,犯本罪的,处 5 年以下有期徒刑或者拘役,并处或者单处罚金。根据《知识产权案件解释》第 15 条的规定,单位犯本罪的,按自然人犯本罪认定标准的 3 倍认定犯罪和判处罚金,并对其直接负责的主管人员和其他直接责任人员,依照自然人犯本罪的规定处罚。根据《知识产权案件解释》第 12 条的规定,多次实施侵犯知识产权行为,未经行政处理或者刑事处罚的,非法经营数额、违法所得数额或者销售金额累计计算。

七、侵犯商业秘密罪

15-11

(一)侵犯商业秘密罪的概念

侵犯商业秘密罪,是指违反国家商业秘密保护法规,以盗窃、贿赂、欺诈、胁迫、电子侵入披露、擅自使用等不正当手段，侵犯他人商业秘密，情节严重的行为。

（二）侵犯商业秘密罪的特征

1.本罪的客体是商业秘密的专用权。商业秘密一经使用即可取得财产利益，因而商业秘密专用权是一种财产权，权利人对之具有占有、使用、收益和处分的权利。本罪侵犯的对象是商业秘密。根据《反不正当竞争法》第9条第4款的规定，"商业秘密，是指不为公众所知悉，具有商业价值并经权利人采取相应保密措施的技术信息、经营信息等商业信息"。它具有以下特征：(1)信息性。即这些秘密本身是一种信息，它能对某方面的经济活动产生积极影响。(2)经济性。指这种秘密的内容是技术信息和经营信息，这些信息有利于使用者的经营活动，能给其带来经济上的利益。"技术信息"，通常指技术配方、技术诀窍、工艺流程、非专利技术成果等。"经营信息"一般指采取什么方式进行经营等有关经营的重大决策以及与自己有业务往来的客户名单、进货渠道、销售网络等情况。(3)实用性。指这种信息是直接与生产经营相关、应用性比较强的信息，而不是脱离实际的抽象观念。(4)保密性。指这些信息不为公众所知悉，只限于少数人知道，并且权利人已对这些信息采取了保密防范措施，防止他人轻易获取。如果某些信息已为大家所知悉，不具有秘密性质，或者权利人没有采取保密措施而使他人通过正常渠道了解到该信息，就不属于商业秘密范围。此外，商业秘密还具有使用权可以转让、没有固定的保护期限、内容广泛等特点。

2.本罪的客观方面表现为实施了侵犯他人商业秘密的行为。这种危害行为表现为下列三种形式：(1)以盗窃、贿赂、欺诈、胁迫、电子侵入或者其他不正当手段获取权利人的商业秘密。商业秘密权利人，指商业秘密的所有人和经商业秘密所有人许可的商业秘密使用人。盗窃，一般是指通过窃取商业秘密的载体而获取商业秘密。利诱，是指以金钱、物品或其他利益为诱饵，使知悉商业秘密内容的人提供商业秘密。贿赂，是指通过给予因工作关系等而实际知悉商业秘密的人以财物，以获取权利人的商业秘密；欺诈，是指通过隐瞒事实、告知虚假情况等方式使商业秘密所有人陷入错误认识而获取商业秘密；胁迫，即以人身、名誉、财产损害相威胁，使知悉商业秘密的人迫于压力被迫交出商业秘密。电子侵入，是指通过技术手段侵入计算机网络等信息系统，非法获取他人的商业秘密。其他不正当手段，是指除盗窃、利诱、胁迫以外的其他不正当手段，如抢夺载有商业秘密的图纸。(2)披露、使用或者允许他人使用以前项手段获取的权利人的商业秘密。这种情况是行为人已经通过盗窃、利诱、胁迫或者其他不正当手段获取了权利人的商业秘密，又实施了披露、使用或者允许他人使用这些商业秘密的行为。披露，指将其非法获得的商业秘密告知权利人的竞争对手或其他人，或者将商业秘密内容公布于众。使用，指将自己非法获取的商业秘密用于生产或者经营；允许他人使用，包括有偿或无偿使用。(3)违反保密义务或者违反权利人有关保守商业秘密的要求，披露、使用或者允许他人使用其所掌握的商业秘密。这是指合法知悉商业秘密内容的人，披露、使用或者允许他人使用商业秘密的行为，包括公司、企业内部的工作人员，曾在公司、企业内工作的调离人员、离退休人员以及与权利人订有保守商业秘密协议的有关人员。只要实施了上列一种行为，即可构成本罪。

本罪是结果犯，指侵犯商业秘密的行为必须给权利人造成重大损失。所谓"情节严重"，可以综合给商业秘密的权利人造成的损失、权利人公司因而发生经营困难、行为人是否多次实施上述侵犯商业秘密的行为、行为人侵权所得数额等情形，加以判断。"情节特别严重"包括给商业秘密的权利人造成的损失数额巨大；或者侵权人违法所得数额巨大等情形。根据《知识产权案件解释（三）》第 4 条的规定，"给商业秘密的权利人造成重大损失"的情形包括（1）给商业秘密的权利人造成损失数额或者因侵犯商业秘密违法所得数额在 30 万元以上的；（2）直接导致商业秘密的权利人因重大经营困难而破产、倒闭的；（3）造成商业秘密的权利人其他重大损失的。

根据《知识产权案件解释（三）》第 5 条的规定，实施本罪造成的损失数额或者违法所得数额，可以按照下列方式认定：（1）以不正当手段获取权利人的商业秘密，尚未披露、使用或者允许他人使用的，损失数额可以根据该项商业秘密的合理许可使用费确定；（2）以不正当手段获取权利人的商业秘密后，披露、使用或者允许他人使用的，损失数额可以根据权利人因被侵权造成销售利润的损失确定，但该损失数额低于商业秘密合理许可使用费的，根据合理许可使用费确定；（3）违反约定、权利人有关保守商业秘密的要求，披露、使用或者允许他人使用其所掌握的商业秘密的，损失数额可以根据权利人因被侵权造成销售利润的损失确定；（4）明知商业秘密是不正当手段获取或者是违反约定、权利人有关保守商业秘密的要求披露、使用、允许使用，仍获取、使用或者披露的，损失数额可以根据权利人因被侵权造成销售利润的损失确定；（5）因侵犯商业秘密行为导致商业秘密已为公众所知悉或者灭失的，损失数额可以根据该项商业秘密的商业价值确定。商业秘密的商业价值，可以根据该项商业秘密的研究开发成本、实施该项商业秘密的收益综合确定；（6）因披露或者允许他人使用商业秘密而获得的财物或者其他财产性利益，应当认定为违法所得。

3. 本罪的主体是一般主体，自然人和单位均可构成。

4. 本罪的主观方面表现为故意。即明知是权利人已采取保密措施加以保护的商业秘密，而故意实施侵犯商业秘密的行为。

（三）侵犯商业秘密罪的认定

1. 本罪的共犯问题

根据《知识产权案件解释》第 16 条的规定，明知他人实施侵犯知识产权犯罪，而为其提供贷款、资金、账号、发票、证明、许可证件，或者提供生产、经营场所或者运输、储存、代理进出口等便利条件、帮助的，以侵犯知识产权犯罪的共犯论处。

2. 犯罪数额的计算问题

根据《知识产权犯罪的解释（三）》第 5 条的规定，实施侵犯商业秘密行为造成的损失数额或者违法所得数额，可以按照下列方式认定：（1）以不正当手段获取权利人的商业秘密，尚未披露、使用或者允许他人使用的，损失数额可以根据该项商业秘密的合理许可使用费确定；（2）以不正当手段获取权利人的商业秘密后，披露、使用或者允许他人使用的，损失数额可以根据权利人因被侵权造成销售利润的损失确定，但该损失数额低于商业秘密合理许可使用费的，根据合理许可使用费确定；（3）违反约定、权利人有关保守商业秘密的要求，披露、使用或者允许他人使用其所掌握的商业秘密的，损失数额可以根据权利人因被侵权造成销售利润的损失确定；（4）明知商业秘密是不正当手段获取或者是违反约定、权利人有关保守商业秘密的要求披露、使用、允许使用，仍获取、使用或者披露的，损失数额可以根据权利人因被侵权造成销售利润的损失确定；（5）因侵犯商业秘密行为导致商业秘密已为公众所知悉或者灭失的，损失数额可以根据该项商业秘密的商业价值确定。商业秘密的商业价值，可以根据该项商业秘密的研究开发成本、实施该项商业秘密的收益综合确定;(6)因披露或者允许他人使用商业秘密而获得的财物或者其他财产性利益,应当认定为违法所得。

（四）侵犯商业秘密罪的处罚

根据《刑法》第219条和第220条的规定,犯本罪的,处3年以下有期徒刑或者拘役,并处或者单处罚金;情节特别严重的,处3年以上10年以下有期徒刑,并处罚金。根据《知识产权案件解释》第7条第2款的规定,所谓"造成特别严重后果",是指给商业秘密的权利人造成损失数额在250万元以上的情形。根据《知识产权案件解释》第15条的规定,单位犯本罪的,按自然人犯本罪认定标准的3倍认定犯罪和判处罚金,并对其直接负责的主管人员和其他直接责任人员,依照自然人犯本罪的规定处罚。

八、为境外窃取、刺探、收买、非法提供商业秘密罪

15-12

（一）为境外窃取、刺探、收买、非法提供商业秘密罪的概念

为境外窃取、刺探、收买、非法提供商业秘密罪,是指为境外的机构、组织、人员窃取、刺探、收买、非法提供商业秘密的行为。

（二）为境外窃取、刺探、收买、非法提供商业秘密罪的特征

1.本罪的客体是商业秘密的专用权。

2.本罪的客观方面表现为实施了为境外的机构、组织、人员窃取、刺探、收买、非法提供商业秘密的行为。《刑法》第219条之一未规定为境外的机构、组织、人员窃取、刺探、收买、非法提供商业秘密需要以营利为目的,因此不以营利为目的,实施上述行为之一的,也构成本罪。

3.本罪的主体是一般主体,自然人和单位均可构成。

4.本罪的主观方面表现为故意。即行为人有意识地通过多种手段为境外的机构、组织、人员窃取、刺探、收买、非法提供商业秘密。

（三）为境外窃取、刺探、收买、非法提供商业秘密罪的处罚

根据《刑法》第219条之一和第220条的规定,犯本罪的,处5年以下有期徒刑,并处或者单处罚金;情节严重的,处5年以上有期徒刑,并处罚金。

单位犯本罪的,对单位判处罚金,并对其直接负责的主管人员和其他直接责任人员,依照自然人犯本罪的规定处罚。

复习与练习

本章提要

侵犯知识产权罪,是指未经知识产权权利人许可的自然人或单位违反知识产权法规,故意侵犯他人依法享有的知识产权,破坏知识产权管理秩序,依法应受刑罚处罚的行为。

《刑法》分则第3章从第213条到第219条,共6个条文规定了8个罪名,分别是:假冒注册商标罪,销售假冒注册商标的商品罪,非法制造、销售非法制造的注册商标标识罪,假冒专利罪,侵犯著作权罪,销售侵权复制品罪,侵犯商业秘密罪、为境外窃取、刺探、收买、非法提供商业秘密罪。假冒注册商标罪,是指违反国家商标管理法规,未经注册商标所有人许

可,在同一种商品上使用与注册商标相同的商标,情节严重的行为。销售假冒注册商标的商品罪,是指违反国家商标管理法规,销售明知是假冒注册商标的商品,销售金额数额较大的行为。非法制造、销售非法制造的注册商标标识罪,是指伪造、擅自制造他人注册商标标识,或者销售伪造、擅自制造他人注册商标标识,情节严重的行为。假冒专利罪,是指违反国家专利法规,假冒他人专利,情节严重的行为。侵犯著作权罪,是指自然人或者单位,以营利为目的,未经著作权人或者著作权有关的权益人许可,复制发行其作品,出版他人享有专有出版权的图书,未经录音录像制作者许可复制发行其制作的音像制品,或者制售假冒他人署名的美术作品,违法所得数额较大或者有其他严重情节的行为。销售侵权复制品罪,是指以营利为目的,销售明知是侵犯他人著作权的复制品,违法所得数额巨大的行为。侵犯商业秘密罪,是指违反国家商业秘密保护法规,以盗窃、利诱、胁迫、披露、擅自使用等不正当手段,侵犯他人商业秘密,给商业秘密权利人造成重大损失的行为。为境外窃取、刺探、收买、非法提供商业秘密罪是指为境外的机构、组织、人员窃取、刺探、收买、非法提供商业秘密的行为。

思考题

1.假冒注册商标罪的构成特征是什么? 本罪与生产、销售伪劣产品的犯罪有什么区别和联系?

2.侵犯著作权罪与非法经营罪的区别是什么?

3.什么是商业秘密? 它有哪些特点? 侵犯商业秘密罪有哪几种行为表现?

参考文献

1.张明楷:《刑法学》,法律出版社 2016 年版。

2.皮勇:《侵犯知识产权罪案疑难问题研究》,武汉大学出版社 2011 年版。

3.刘蔚文:《侵犯商业秘密罪中"重大损失"司法认定的实证研究》,《法商研究》2009 年第 1 期。

第十六章 扰乱市场秩序罪

本章主要阐述扰乱市场秩序罪的概念、特征,扰乱市场秩序罪的立法发展与司法应用,以及各种具体扰乱市场秩序犯罪的构成要件、司法认定和刑罚处罚。重点论述损害商业信誉、商品信誉罪,虚假广告罪,串通投标罪,合同诈骗罪,组织、领导传销活动罪,非法经营罪、强迫交易罪,提供虚假证明文件罪的相关问题。

本章重点

- 虚假广告罪
- 串通投标罪
- 合同诈骗罪
- 组织、领导传销活动罪
- 非法经营罪
- 强迫交易罪

第一节 扰乱市场秩序罪概述

一、扰乱市场秩序罪的概念

16-1-1

随着我国社会主义市场经济的繁荣发展和国民经济交往活动的活跃增多,国家越来越重视对扰乱市场秩序行为的刑事法制治理。扰乱市场秩序罪规定于我国《刑法》分则第三章"破坏社会主义市场经济秩序罪"之内,本节涵射的法条范围从第 221 条损害商业信誉、商品声誉罪起,至第 231 条单位犯本节之罪的处罚止。从概念的内涵上看,扰乱市场秩序罪,是指违反国家市场监督管理的法律规定,破坏市场交易秩序、竞争秩序、监管秩序且情节严重的行为。[①] 比如,《刑法》第 222 条虚假广告罪规定,广告主、广告经营者、广告发布者违反国家规定,利用广告对商品或者服务作虚假宣传,情节严重的,处 2 年以下有期徒刑或者拘役,并处或者单处罚金;第 228 条非法转让、倒卖土地使用权罪规定,以牟利为目的,违反土地管理法规,非法占让、倒卖土地使用权,情节严重的,处 3 年以下有期徒刑或者拘役,并处或者单处非法转让、倒卖土地使用权价额 5% 以上 20% 以下罚金。不同于故意杀人、强奸等自然犯,本节中的犯罪处罚以维护健康有序的社会主义市场经济秩序为规范保护目的,属于法定犯,因此作为犯罪成立的条件,需要在客观上违反国家有关市场监督管理规定,对市场秩序的社会关系形成侵害。

所谓市场,从不同的角度界定,可以被认定为是指商品交换的场所、商品需求的总和以

---

① 黄京平主编:《扰乱市场秩序罪》,中国人民公安大学出版社 2003 年版,第 17 页。

及买主和卖主力量及相互作用的集合。它是一种以商品或服务为交换内容的经济联系方式，是社会分工和商品生产的产物，是商品经济中社会分工的表现形式。一个健康有序的市场，需要满足存在可供交换的商品，存在着提供商品的卖方和具有购买欲望和购买能力的买方，以及具备买卖双方都能接受的交易价格，行为规范及其他条件才能形成。这其中，市场必备的交易活动中参与主体的行为规范，就是市场秩序，市场秩序可以自发形成，但最终的确定性标准在于法律的规制。国家作为强有力和权威性的市场监管主体介入买方和卖方之中，平衡和保障双方正当权益，避免非法经营、强买强卖等各种扰乱市场秩序行为的出现。因此，基于商品交换市场本身存在趋利性和盲目性的特点，容易产生由于经济利益分配不均衡和纠纷引起的当事人权利侵害行为，市场秩序存在法律保障的必要性和现实性要求。

二、扰乱市场秩序罪的类型

市场秩序以法律和相关规定为基准，而非行为人任意主观设定，否则每个市场参与主体都为了追求自己利益最大化设定规则，由于买方和卖方间的价值交换紧张关系，以及同业者之间的天然竞争关系，市场交易行为就会失序，反而对国家经济发展和国民生活水平提高不利。我国刑法为了保障正常市场秩序，专门规定了"扰乱市场秩序罪"一节，通过入罪化禁止该类行为的产生。从类型化的层面来看：

首先，本节中的市场秩序主要包括交易秩序，如第226条规定，以暴力、胁迫手段，强买强卖商品，强迫他人提供或者接受服务，强迫他人参与或者退出投标、拍卖，强迫他人转让或者收购公司、企业股份、债券或者其他资产，强迫他人参与或者退出特定经营活动，实施以上行为之一，情节严重的，处3年以下有期徒刑或者拘役，并处或者单处罚金；情节特别严重的，处3年以上7年以下有期徒刑，并处罚金。本罪中被侵犯的犯罪客体，就包括社会主义市场经济活动中正常的交易秩序，刑法禁止他人实施强迫交易的行为。

其次，社会主义市场经济活动中的竞争秩序，也受到刑法的严密保护。正常社会交往活动中，商品价值的提升依赖于物品自身品质或服务的高附加值，而非通过不正当竞争手段打压排挤同行业者，严重侵害他人的正当利益。比如，《刑法》第221条损害商业信誉、商品声誉罪规定，捏造并散布虚伪事实，损害他人的商业信誉、商品声誉，给他人造成重大损失或者有其他严重情节的，处2年以下有期徒刑或者拘役，并处或者单处罚金；第223条串通投标罪规定，投标人相互串通投标报价，损害招标人或者其他投标人利益，情节严重的，处3年以下有期徒刑或者拘役，并处或者单处罚金。投标人与招标人串通投标，损害国家、集体、公民的合法利益的，依照前款的规定处罚。以上犯罪构成的立法设计中，就包含了国家禁止扰乱市场交易活动中正常竞争秩序行为的规范处罚目的。

再次，扰乱市场监管秩序且情节严重的行为，属于本节"扰乱市场秩序罪"的处罚范围。众所周知，没有规矩，不成方圆，经济交往活动牵涉到每位市场参与主体的经济利益和正当业务经营或公平交易权利，市场监管秩序和商品质量检验检疫机制的建立和维护不可或缺。我国《刑法》第229条提供虚假证明文件罪专门规定，承担资产评估、验资、验证、会计、审计、法律服务、保荐、安全评价、环境影响评价、环境监测等职责的中介组织的人员故意提供虚假证明文件，情节严重的，处5年以下有期徒刑或者拘役。提供与证券发行相关的虚假的资产评估、会计、审计、法律服务、保荐等证明文件、情节特别严重的；提供与重大资产交易相关的虚假的资产评估、会计、审计等证明文件,情节特别严重的;在涉及公共安全的重大工程、项目中提供虚假的安全评价、环境影响评价等证明文件,致使公共财产、国家和人民利益遭受特别重大损失的,处 5 年以上 10 年以下有期徒刑,并处罚金。有前款行为,同时索取他人财物或者非法收受他人财物构成犯罪的,依照处罚较重的规定定罪处罚。第 1 款规定的人员,严重不负责任,出具的证明文件有重大失实,造成严重后果的,处 3 年以下有期徒刑或者拘役,并处或者单处罚金;第 230 条逃避商检罪规定,违反进出口商品检验法的规定,逃避商品检验,将必须经商检机构检验的进口商品未报经检验而擅自销售、使用,或者将必须经商检机构检验的出口商品未报经检验合格而擅自出口,情节严重的,处 3 年以下有期徒刑或者拘役,并处或者单处罚金。提供虚假证明文件罪和逃避商检罪中的行为人,显然实施了扰乱社会主义市场经济监管秩序的行为,且情节严重,因此构成犯罪。

从扰乱市场秩序罪的外延上看,根据罪刑法定的基本原则,刑法归责意义的扰乱市场秩序罪概念下包含 13 个罪名,具体分别是《刑法》第 221 条损害商业信誉、商品声誉罪;第 222 条虚假广告罪;第 223 条串通投标罪;第 224 条合同诈骗罪,以及第 224 条之一,组织、领导传销活动罪;第 225 条非法经营罪;第 226 条强迫交易罪;第 227 条伪造、倒卖伪造的有价票证罪,以及倒卖车票、船票罪;第 228 条非法转让、倒卖土地使用权罪;第 229 条提供虚假证明文件罪,以及出具证明文件重大失实罪;第 230 条逃避商检罪。从立法论的角度看来,我国《刑法》分则第三章"破坏社会主义市场经济秩序罪"下的第八节"扰乱市场秩序罪"体系规定合理详尽,法益保护周延,能够切实有力保障我国社会主义市场经济活动的展开和发展,实现刑事法治为经济持续繁荣和国民生活水平提高保驾护航的目的。从刑法教义解释学的层面看,在本节所规制的犯罪类型中,合同诈骗罪、组织、领导传销活动罪、非法经营罪、强迫交易罪等属于重点罪名,司法实践中较常发生,学界的理论争议也相对较大。

三、扰乱市场秩序罪的特征

(一)犯罪客体

扰乱市场秩序罪中的犯罪客体多为复杂客体,首先是正常的社会主义市场经济秩序,其次是具体犯罪行为中对被害人正当权益的侵害。比如,第 221 条损害商业信誉、商业声誉罪的犯罪客体,是市场公平竞争秩序和经营者的商业信誉权、商品声誉权。[1] 所谓商业信誉权,是指经营者依法对在从事商业活动中获得的信用程度和名誉声望所享有的专有权和不受侵害的权利。商品声誉权,则是指经营者依法对其投放市场的商品在质量、品牌、风格等方面的可信赖程度及知名度上所享有的专有权和不受侵害的权利。[2] 再如第 224 条合同诈骗罪,本罪的客体仍为复杂客体,只是学界一直以来的观点表述稍有不同,有学者认为,本罪的复杂客体体现为市场秩序和合同他方当事人的财产所有权;[3]有学者认为,本罪的客体是市场经济秩序和公私财产所有权;[4]有学者认为,本罪侵犯了正常的社会主义市场管理秩序和国

① 周道鸾、张军主编:《刑法罪名精释》,人民法院出版社 2007 年版,第 386 页。
② 孙国祥、魏昌东:《经济刑法研究》,法律出版社 2005 年版,第 544 页。
③ 刘家琛主编:《经济犯罪罪名释解与法律适用》,中国检察出版社 2003 年版,第 349 页。
④ 苏惠渔主编:《刑法学》,中国政法大学出版社 1997 年版,第 566 页。

家、集体、个人合法的财产权益；^①还有学者认为，本罪的客体是财产所有权关系和市场交易秩序，进一步复数客体中存在主要犯罪客体和次要犯罪客体，行为人主要侵犯了市场交易秩序。^②其实，合同诈骗罪和《刑法》第 266 条诈骗罪之间存在法条竞合关系，合同诈骗罪是以合同形式实施诈骗的行为，而诈骗罪之所以被规定在《刑法》分则第五章"侵犯财产罪"中，本罪被规定在第三章"破坏社会主义市场经济秩序罪"中，就是因为合同诈骗罪在一般诈骗罪侵犯他人财物所有权的犯罪客体之上，还利用合同形式侵犯社会主义市场经济秩序，因此属于复杂客体。

（二）犯罪客观方面

扰乱市场秩序罪的客观方面，体现为在经济交往活动中实施了扰乱社会主义市场交易、竞争和监管秩序的行为。本节犯罪的客观行为往往发生在经济交往活动中，存在以下两方面需要注意的特征：

首先，根据法条规定要求，扰乱市场秩序罪的客观方面认定需要考虑是否违反国家相关规定。比如第 222 条虚假广告罪规定，广告主、广告经营者、广告发布者违反国家规定，实施违法行为情节严重的构成犯罪；第 225 条非法经营罪要求，违反国家规定，未经许可经营法律、行政法规规定的专营、专卖物品或者其他限制买卖物品、买卖进出口许可证、进出口原产地证明以及其他法律、行政法规规定的经营许可证或者批准文件、未经国家有关主管部门批准非法经营证券、期货、保险业务的，或者非法从事资金支付结算业务，或者实施其他严重扰乱市场秩序的非法经营行为，情节严重的，构成本罪。第 228 条非法转让、倒卖土地使用权罪和第 230 条逃避商检罪，也分别要求行为人违反土地管理法规，或者违反进出口商品检验法的规定，实施侵害行为情节严重的构成犯罪。

这一客观特征说明，不同于故意杀人罪或者强奸罪等，扰乱市场秩序罪具有法定犯或行政犯的性质。所谓法定犯，是指区别于没有法律专门规定也会被认为是违法犯罪行为的自然犯，由于社会发展，国家专门设置禁止性规范，将该当行为规定为犯罪才使其有刑事违法性的犯罪类型。^③法定犯的概念最早由意大利犯罪学家加罗法洛（Carofalo）提出，在我国，传统理论很早就接受了法定犯的学说，重视罪刑法定中要求的某些行为违反特定国家规范才能构成犯罪的限制条件。比如，学者通过列举归纳式的方法指出，大多数经济犯罪属于法定犯，而经济犯罪，就是指违反国家工业、农业、财政、金融、税收、价格、海关、工商、森林、水产、矿山等经济管理法规，盗窃、侵吞、骗取、哄抢、非法占有公共财物和公民合法财物的行为。^④我国刑法在扰乱市场秩序罪的立法技术和解释根据层面上，都认可了其具有法定犯性质的特征。

其次，判断该当行为是否构成扰乱市场秩序罪，需要考虑该行为在客观方面是否达到了情节严重的社会危害程度。考察本节犯罪的结果要件，《刑法》第 221 条规定，行为人捏造并散布虚伪事实，损害他人商业信誉、商品声誉，给他人造成重大损失或者有其他严重情节的，构成本罪；第 222 条虚假广告罪规定，利用广告对商品或者服务作虚假宣传，情节严重，才构

---

① 马克昌主编：《经济犯罪新论：破坏社会主义经济秩序罪研究》，武汉大学出版社 1998 年版，第 582 页。
② 黄京平主编：《扰乱市场秩序罪》，中国人民公安大学出版社 2003 年版，第 124 页。
③ 张明楷：《自然犯与法定犯的实质解释》，载《法商研究》2013 年第 4 期，第 47 页。
④ 陈兴良主编：《经济犯罪学》，中国社会科学出版社 1990 年版，第 12 页。

成犯罪。除此以外,第 223 条串通投标罪要求情节严重;第 224 条合同诈骗罪要求数额较大、数额巨大或者有其他严重情节、数额特别巨大或者有其他特别严重情节;第 225 条非法经营罪要求情节严重或情节特别严重;第 226 条强迫交易罪要求情节严重或特别严重;第 228 条非法转让、倒卖土地使用权罪要求情节严重或特别严重;第 230 条逃避商检罪要求情节严重,才构成犯罪。通过法条分析可以看出,立法者将情节严重作为扰乱市场秩序罪客观方面认定的重要"标杆",在大部分犯罪中,情节严重发挥了基本罪的入罪条件审查机能,比如第 221 条、第 222 条、第 223 条、第 225 条、第 226 条、第 228 条、230 条中规定的犯罪,都要求行为人的客观侵害行为至少具备情节严重要件才构成犯罪。

例外地,扰乱市场秩序罪中少部分犯罪将情节严重规定为构成要件的升格条件,也就是情节加重事由,我国学者楼伯坤教授在国内首先提出行为加重犯的概念,[①]本节犯罪中的立法设计就有此种体现。《刑法》第 224 条合同诈骗罪规定,以非法占有为目的,具有以虚构的单位或者冒用他人名义签订合同、以伪造、变造、作废的票据或者其他虚假的产权证明作担保、没有实际履行能力,以先履行小额合同或者部分履行合同的方法,诱骗对方当事人继续签订和履行合同的、收受对方当事人给付的货物、货款、预付款或者担保财产后逃匿,或者以其他方法骗取对方当事人财物的情形之一,在签订、履行合同过程中,骗取对方当事人财物,数额较大的,即构成合同诈骗罪,处 3 年以下有期徒刑或者拘役,并处或者单处罚金。本罪中,只要数额较大,就构成基本犯,数额巨大或情节严重的,以第二档法定刑处罚,处 3 年以上 10 年以下有期徒刑,并处罚金;数额特别巨大或有其他特别严重情节的,以第三档法定刑处罚。与合同诈骗罪的法条结构类似,第 224 条之一组织、领导传销活动罪,也将情节严重作为社会危害性加重事由处理,升高法定刑。

这种结合情节严重构成要件设置的刑罚阶梯,在扰乱市场秩序罪的客观方面认定和归责中,有利于司法实践根据社会经济发展灵活调适入罪门槛和标准,也能够起到罪责均衡、刑罚适正的作用,兼顾刑事处罚的严密性和刑事政策的调节性。本节犯罪中值得注意的是,第 229 条出具证明文件重大失实罪的客观结果危害要求程度更高,并非情节严重就可以入罪,本罪并未将行为情节严重设定为第一档基本罪的入罪条件,或第二档加重罪的标准,而是要求承担资产评估、验资、验证、会计、审计、法律服务、保荐、安全评价、环境影响评价、环境监测等职责的中介组织的人员严重不负责任,出具的证明文件重大失实,必须造成严重后果的,才构成出具证明文件重大失实罪。这是因为,不同于本节扰乱市场秩序罪中的其他犯罪,本罪属于过失犯。除去极其个别的过失危险犯场合,过失犯都属于实害结果犯,因此,并非狭义的行为情节严重,而是后果严重,符合这一犯罪构成结果的,才构成犯罪。

(三)犯罪主体

扰乱市场秩序罪的犯罪主体方面有两点特征值得注意:首先,本节犯罪中存在一般主体和特殊主体的区别。所谓一般犯罪主体,是指任何一般人都可以构成犯罪,刑法在犯罪主体范围上没有特殊限制。比如,一般人都可以构成杀人罪或盗窃罪的犯罪主体,盗窃罪的构成不会因为行为人是男人或女人、是国家机关工作人员或非国家机关工作人员而有所区别。

---

① 楼伯坤:《行为加重犯研究》,知识产权出版社 2006 年版。

但是,对身份犯而言,刑法要求行为人必须具有特定的身份才能构成犯罪,最典型的如《刑法》第 382 条规定,国家工作人员利用职务便利,侵吞、窃取、骗取或者以其他手段非法占有公共财物的,构成贪污罪。第 384 条挪用公款罪、第 385 条受贿罪,同样要求实行犯罪的行为人必须具有国家工作人员身份;特定身份不仅能够成为基本罪的入罪条件,还能够成为刑罚从重情节,比如《刑法》第 361 条第一款规定,旅馆业、饮食服务业、文化娱乐业、出租汽车业等单位的人员,利用本单位的条件,组织、强迫、引诱、容留、介绍他人卖淫的,分别依照组织卖淫罪、强迫卖淫罪、协助组织卖淫罪、引诱、容留、介绍卖淫罪,以及引诱幼女卖淫罪定罪处罚,而该条第二款规定,前款所列单位的主要负责人,犯前款罪的,从重处罚,这就有利于精确打击犯罪人,提高一般预防和特殊预防的效果。

扰乱市场秩序罪中同样存在特定身份主体限定的犯罪:《刑法》第 222 条虚假广告罪要求行为人具备广告主、广告经营者、广告发布者的身份,不属于这三类犯罪主体的行为人,就不能构成本罪的实行犯;第 223 条串通投标罪第一款的行为主体为投标人,假设不具有投标人身份的行为人损害招标人或者其他投标人在招投标过程中的正当利益的,也不构成串通投标罪的实行犯,该条第二款规定的犯罪主体为投标人与招标人,双方串通投标,损害国家、集体、公民合法利益的,才构成本罪;第 229 条提供虚假证明文件罪和出具证明文件重大失实罪的犯罪主体也是特殊主体,根据法条要求,行为人必须属于承担承担资产评估、验资、验证、会计、审计、法律服务、保荐、安全评价、环境影响评价、环境监测等职责的中介组织的人员,才能构成本罪的实行犯。与以上罪名相对应,本节中的其他犯罪属于一般主体的犯罪,即对于第 221 条损害商业信誉、商品声誉罪、第 224 条合同诈骗罪、第 224 条之一组织、领导传销活动罪、第 225 条非法经营罪、第 226 条强迫交易罪、第 227 条伪造、倒卖伪造的有价票证罪、倒卖车票、船票罪、第 228 条非法转让、倒卖土地使用权罪、第 230 条逃避商检罪,刑法条文并没有对犯罪主体作出特别限制,所以不属于特殊主体的犯罪。

其次,扰乱市场秩序罪的行为主体既可以由自然人构成,也可以由单位构成,即本节犯罪具有自然人犯罪和单位犯罪的双重属性。《刑法》第 231 条规定,单位犯本节第 221 条至第 230 条规定之罪的,对单位判处罚金,并对其直接负责的主管人员和其他直接责任人员,依照本节各该条的规定处罚。所谓单位,是指依法成立的,拥有一定财产或者经费,能以自己的名义承担责任的公司、企业、事业单位、机关、团体。构成单位犯罪的"公司"既包括国有性质的公司,也包括依法设立的具有法人资格的私营公司。司法实践中,分支机构或者内设机构也可以成为单位犯罪的主体。

单位犯罪作为犯罪主体具有以下特点,第一,不同于自然人犯罪,单位犯罪必须是在单位意志的支配下实施的危害行为。这是单位犯罪主体的整体性特点决定的。单位意志通常是经单位集体研究决定而形成的;在法律、法规或章程规定实行行政首长负责制的单位,其具有拍板决定权的负责人员代表单位作出的决定,也属于单位意志的范畴。单位意志不是单位成员个体意志的简单相加。第二,单位犯罪必须是为了单位利益而实施。这里的单位利益主要是非法利益,但也可以是合法利益。如为了谋取合法利益,但手段或方法违反了刑法规定,仍然可能构成犯罪。第三,根据《刑法》第 30 条规定,公司、企业、事业单位、机关、团体实施的危害社会行为,法律规定为单位犯罪的,应当负刑事责任。换言之,单位犯罪的范围以法律有明文规定为限,为了实施个人犯罪,通过建立单位"掩人耳目",以合法形式实施非法目的行为的,不属于单位犯罪,而是自然人犯罪。

因此,在处罚单位主体的扰乱市场秩序罪时,除了严格遵照《刑法》第221条至第230条的分则构成要件判断该当行为的构成要件符合性,还要结合《刑法》总则第30条和第31条规定,厘清直接负责的主管人员和其他直接责任人员的刑事责任,妥当处罚。

(四)犯罪主观方面

扰乱市场秩序罪中行为人的主观方面以故意为主,过失为辅。事实上,除了第229条出具证明文件重大失实罪为过失犯外,本节中的其他犯罪都为故意犯,这一点在理论和司法实践中并无争议。除出具证明文件重大失实罪外,构成扰乱市场秩序罪要求行为人明知自己的行为会发生扰乱市场秩序的危害结果,"过失"扰乱市场秩序的,不构成犯罪。这一立法规定体现了以处罚故意犯罪为原则,处罚过失犯罪为例外的刑法谦抑性原则,同时也是由于法定犯行为的社会危害性相较于传统自然犯如杀人、放火等,相对较轻,其违法性和主要犯罪客体一般建立在秩序违反性上,因此过失的场合便不再处罚。只有特别例外情况下,行为人严重不负责任,造成严重后果的,以出具证明文件重大失实罪定罪处罚。

三、扰乱市场秩序罪的立法沿革

扰乱市场秩序罪属于破坏社会主义市场经济秩序罪的内容,因此随着社会经济的发展,本节犯罪的立法变迁和沿革也具有时代性特征,刑事法治保护愈加严密科学。1997年我国新《刑法》颁布时,扰乱市场秩序罪只包括12个罪名,当时并未规定第224条之一组织、领导传销活动罪。1997年刑法正式实施之后,国家通过刑法修正案等形式,对扰乱市场秩序罪的处罚范围和行为规制进行了逐步修正完善,以满足社会生活发展的需要,主要是在第224条下增设第224条之一组织、领导传销活动罪。根据2009年2月28日全国人大常委会《中华人民共和国刑法修正案(七)》的规定,组织、领导以推销商品、提供服务等经营活动为名,要求参加者以缴纳费用或者购买商品、服务等方式获得加入资格,并按照一定顺序组成层级,直接或者间接以发展人员的数量作为计酬或者返利依据,引诱、胁迫参加者继续发展他人参加,骗取财物,扰乱经济社会秩序的传销活动的,处5年以下有期徒刑或者拘役,并处罚金;情节严重的,处5年以上有期徒刑,并处罚金。

《刑法》对第225条非法经营罪的立法也逐步完善。1998年12月29日,根据全国人大常委会《关于惩治骗购外汇、套汇和非法买卖外汇犯罪的决定》规定,在国家规定的交易场所以外非法买卖外汇,扰乱市场秩序,情节严重的,依照《刑法》第225条非法经营罪的规定定罪处罚。单位犯前款罪的,依照《刑法》第231条的规定处罚。1999年12月25日,根据全国人大常委会《中华人民共和国刑法修正案》的规定,在1997年《中华人民共和国刑法》第225条内增加一项,即未经国家有关主管部门批准,非法经营证券、期货或者保险业务的,作为第三项,原第三项改为第四项。2009年2月28日,根据全国人大常委会《中华人民共和国刑法修正案(七)》的规定,本罪再次被修改,第225条第三项被修改为"未经国家有关主管部门批准非法经营证券、期货、保险业务的,或者非法从事资金支付结算业务的",以此应对当时我国沿海地区较为猖獗的"地下钱庄"等扰乱市场秩序的新型经济犯罪问题。

《刑法》通过修正案方式对第226条强迫交易罪进行立法修正。根据2011年2月25日全国人大常委会《中华人民共和国刑法修正案(八)》的规定,本罪的法条设计,由原来的"以暴力、威胁手段强买强卖商品、强迫他人提供服务或者强迫他人接受服务,情节严重的,处 3 年以下有期徒刑或者拘役,并处或者单处罚金"修改为:以暴力、威胁手段,实施下列行为之一,情节严重的,处 3 年以下有期徒刑或者拘役,并处或者单处罚金;情节特别严重的,处 3 年以上 7 年以下有期徒刑,并处罚金:(一)强买强卖商品的;(二)强迫他人提供或者接受服务的;(三)强迫他人参与或者退出投标、拍卖的;(四)强迫他人转让或者收购公司、企业的股份、债券或者其他资产的;(五)强迫他人参与或者退出特定的经营活动的。

由此可见,随着社会主义市场经济的发展和经济交往活动的复杂化,扰乱市场秩序罪的行为禁止范围和量刑处罚幅度整体上呈扩大和升高趋势,这是新型经济犯罪的层出不穷,以及国家保护人民合法财产权益及健康经济发展秩序的妥善应对和必然要求。

四、扰乱市场秩序罪的司法认定

(一)正确认定扰乱市场秩序罪罪与非罪的界限

扰乱市场秩序罪具有法定犯的特性,这就要求司法机关需要围绕该当行为是否违反国家有关法律法规展开细致认定考察,否则,可能不当划定处罚范围。比如,《刑法》第 225 条非法经营罪规定,违反国家规定,未经许可经营法律、行政法规规定的专营、专卖物品或者其他限制买卖的物品;买卖进出口许可证、进出口原产地证明以及其他法律、行政法规规定的经营许可证或者批准文件;未经国家有关主管部门批准非法经营证券、期货、保险业务的,或者非法从事资金支付结算业务;实施其他严重扰乱市场秩序的非法经营行为,扰乱市场秩序,情节严重的,构成本罪。

被告人李彦生于 2012 年 8 月至 2013 年 8 月间,以北京恒通万嘉市场调查中心的名义经营有偿讨债业务。2012 年 8 月,李彦生接受辽宁省大连市人秦某某的委托向山西省太原市人陈某追讨 230 万元欠款,约定以收回欠款的 20% 作为报酬。随后,李彦生伙同被告人胡文龙驾车随秦某某前往太原市,抵达太原市后,秦某某将陈某约出来商量还钱事宜。秦某某在与陈某商谈时,李彦生等人在旁向陈某索要欠款,陈某后归还给秦某某 50 万元,秦某某按合同约定支付给李彦生 10 万元报酬,李彦生将其中的 3000 元给了胡文龙。

2013 年 7 月 30 日,李彦生接受山东省青岛市人王某某的委托向其前男友姜某某索要 10 万元欠款,双方签订了《商账授权代理咨询劳务合同》,约定以收回欠款的 40% 作为报酬。同年 8 月 8 日,李彦生给姜某某打电话索要欠款,侦查人员经过蹲点守候后,于当日 15 时许将前来取钱的李彦生、胡文龙当场抓获。[①]

司法实践中对本案处理的第一个争议点是,行为人是否符合《刑法》第 225 条非法经营罪中"违反国家规定"的犯罪构成客观要件。公诉机关认为,本案中的被告人设立公司实施有偿讨债行为违反了国家规定,构成非法经营罪,理由是:(1)国家经济贸易委员会、公安部、国家工商行政管理局于 2000 年 6 月 15 日联合发布的《关于取缔各类讨债公司严厉打击非法讨债活动的通知》规定:"取缔各类讨债公司,禁止任何单位和个人开办任何形式的讨债公司。对继续从事非法讨债活动,侵犯公民、法人和其他组织合法权益的,要坚决依法惩处⋯⋯对采取恐吓、威胁或者其他方法干扰他人正常生活的讨债行为,公安机关要依据

---

① 最高人民法院刑事审判庭主编:《刑事审判参考(总第 103 集)》,法律出版社 2016 年版,第 31 页。

《中华人民共和国治安管理处罚条例》予以处罚;构成犯罪的,依法追究其刑事责任。"(2)最高人民法院、最高人民检察院、公安部于2013年4月23日联合发布的《关于依法惩处侵害公民个人信息犯罪活动的通知》指出:"近年来,随着我国经济快速发展和信息网络的广泛普及,侵害公民个人信息的违法犯罪日益突出,互联网上非法买卖公民个人信息泛滥,由此滋生的电信诈骗、网络诈骗、敲诈勒索、绑架和非法讨债等犯罪屡打不绝……非法调查公司根据这些信息从事非法讨债、诈骗和敲诈勒索等违法犯罪活动。"由于相关文件中展现了禁止非法讨债的政策精神,因此有偿讨债行为具备违反国家规定的性质。

但是,根据最高人民法院2011年4月8日发布的《关于准确理解和适用刑法中"国家规定"的有关问题的通知》的规定,刑法中的"国家规定"是指,全国人民代表大会及其常务委员会制定的法律和决定,国务院制定的行政法规、规定的行政措施、发布的决定和命令。其中,"国务院规定的行政措施"应当由国务院决定,通常以行政法规或者国务院制发文件的形式加以规定。对于违反地方性法规、部门规章的行为,不得认定为"违反国家规定"。以国务院办公厅名义制发的文件,符合以下条件的视为刑法中的"国家规定":有明确的法律依据或者同相关行政法规不相抵触;经国务院常务会议讨论通过或者经国务院批准;在国务院公报上公开发布。对被告人的行为是否"违反国家规定"存在争议的,应当作为法律适用问题,逐级向最高人民法院请示。因此,本案被告人实施的行为,并未违反罪刑法定意义上的"国家规定"。

有关本案的第二个争议点是,假设"违反国家规定"要件成立,被告人的行为是否达到扰乱市场秩序罪的高度社会危害性。有罪说认为,本案符合《刑法》第225条非法经营罪中列举非法经营行为类型的第四项,即根据"其他严重扰乱市场秩序的非法经营行为"定罪。但是,法定犯中的"经营行为",并非只是一般生活意义的交易行为即可。所谓非法经营,是指未获得行政许可的经营活动,这一点,从体系解释的立场上可以看出,如未获得国家许可的专营、专卖物品买卖或证券期货金融业务等。反过来说,如果忽视行政许可的前提条件和范围限制,不仅是本案中的有偿讨债,司法实践中遇到的有偿杀人或收取报酬伤害他人的行为,也会被认为构成非法经营罪,但这种司法定性并不妥当,因为国家一开始就不允许通过收取对价杀害他人行为的存在,不存在此种类型的市场秩序。被雇佣杀人或伤害的,属于自然犯的故意杀人罪或故意伤害罪,而非法定犯。因此,本案中被告人有偿讨债,但没有实施额外的暴力、胁迫等行为,不构成其他犯罪,根据《治安管理处罚法》处理即可。

(二)正确认定扰乱市场秩序罪此罪与彼罪的关系

扰乱市场秩序罪属于复杂客体,容易和单一客体的一般犯罪发生法条竞合关系,司法认定中需要着重把握法条竞合的处断原则,坚持特别法优先。比如,根据2010年5月7日最高人民检察院、公安部《关于公安机关管辖的刑事案件立案追诉标准的规定(二)》的规定,刑法第224条合同诈骗罪的入罪金额是2万元;根据2011年3月1日最高人民法院、最高人民检察院《关于办理诈骗刑事案件具体应用法律若干问题的解释》规定,第266条诈骗罪的入罪金额是3000元,假设行为人甲通过合同诈骗获得4000元的,如何处理便产生疑问。有观点认为,根据特别法优于一般法原则,甲未达到合同诈骗罪的入罪金额,所以不构成犯罪;有观点认为,法条竞合中允许适用重法,甲虽然不构成合同诈骗罪,但犯罪数额达到诈骗罪的入罪门槛,所以为了更有利于保护被害人,对行为人适用一般法认定为诈骗罪,在3年以下有期徒刑、拘役或者管制，并处或者单处罚金的刑罚幅度内量刑。[①]

在一般法的侵犯财产罪和特别法的破坏社会主义市场经济秩序罪竞合时，允许适用一般法的解释，无疑是将法条竞合进行了想象竞合的转换处理。然而法条竞合和想象竞合的规范构造一开始就是不同乃至对立的，所谓想象竞合，是指一行为触犯数罪，处断上从一重定罪量刑，但司法机关在裁判文书中，需要将被告人所犯数罪都标明出来，起到特别预防和一般预防的作用，这也被称为想象竞合的"明示机能"；对法条竞合来说，则是指不同的刑法条文间存在法条关系上的包含、交叉等竞合，适用特别法的此法条就排斥一般法的彼法条适用，行为人实际上只犯一罪，司法机关在判决书中也不会记载行为人既犯此罪又犯彼罪，因此，不同于想象竞合，法条竞合被称为表面竞合或"假性竞合"。[②]"法条竞合概念意味着只要存在特别关系，特别法条的适用优先性是不可动摇的，而无须过问特别法条的轻重。"从这个意义上看，既然立法者规定特别法，就已经提示司法者在这种特殊场合下排斥一般法适用，或者说，"既然立法者已经将特殊法独立加以规定，就应该严格依法办事，不能由司法机关司法人员随意选择。"[③]

倘若法条竞合的重法优先说坚持认为，通过合同诈骗获利 4000 元的案件中，不处罚行为人会形成社会关系的保护漏洞，那么，即使认为刑法规范存在立法漏洞，也只能通过立法途径解决，而不能由司法者代替立法机关行使权力，对行为人扩大处罚。因此，扰乱市场秩序罪的特别法和侵犯财产罪等一般法发生法条竞合时，司法机关应当坚持特别法优先原则，不能在根据特别法不构成犯罪时，返回适用入罪数额和门槛更低的一般法。

第二节　扰乱市场秩序罪分述

一、损害商业信誉、商品声誉罪

（一）损害商业信誉、商品声誉罪的概念

损害商业信誉、商品声誉罪，是指捏造并散布虚伪事实，损害他人的商业信誉、商品声誉，给他人造成重大损失或者有其他严重情节的行为。

16-2-1

（二）损害商业信誉、商品声誉罪的特征

1. 本罪的客体，一般指商业信誉、商品声誉受保护的权利和市场公平竞争秩序。商业信誉，通常包括商业信用和商业名誉两类，前者指商业行为在经济活动中所受到的信赖，后者则指社会对商业行为活动的客观评价；而商品声誉，则是社会对商品的良好称誉或积极评价。市场公平竞争秩序，主要体现为商业信誉、商品声誉所须的市场秩序处在公平竞争的状态，打破这一公平竞争的市场秩序，无疑对此客体构成侵害。

2. 本罪的客观方面表现为捏造并散布虚伪事实，损害他人的商业信誉、商品声誉。所谓捏造，是指虚构、编造不符合真相或并不存在的事实；而散布，是指使不特定的人或多数人知

---

①　张明楷：《诈骗罪与金融诈骗罪研究》，清华大学出版社 2006 年版，第 343 页。

②　周光权：《刑法总论》，中国人民大学出版社 2016 年版，第 374 页。

③　陈兴良：《法条竞合的学术演进》，《法律科学》2011 年第 4 期，第 66 页。

晓或可能知晓犯罪主体所捏造的虚伪事实。字面理解《刑法》第 221 条的罪状,发现构成本罪,危害行为须体现为捏造并散布虚伪事实,即捏造、散布两行为要同时具备,但本书认为,捏造行为不是构成本罪的关键,只有对捏造的事实予以散布的,才是构成本罪的关键所在,因为前者行为对犯罪客体未构成直接的侵害。

3.本罪的主体是一般主体,单位也可以成为本罪的主体。《刑法》第 221 条的罪状并未对犯罪主体作出特别规定,因此自然人能成为本罪的主体;根据《刑法》第 231 的规定,单位犯本罪的,对单位判处罚金,并对直接负责的主管人员和其他直接责任人员,依照《刑法》第 221 条的规定处罚,可见,单位也能成为本罪的主体。

4.本罪的主观方面是故意,即行为人①明知自己的行为会损害他人的商业信誉、商品声誉和市场公平竞争秩序,并且希望或者放任这种结果的发生。对于没有商业诽谤的故意,而过失给他人的商业信誉、商品声誉造成损害的,不应认定为本罪。

(三)损害商业信誉、商品声誉罪的认定

1.本罪的罪与非罪的界限。成立损害商业信誉、商品声誉罪,要求行为人给他人造成重大损失或者有其他严重情节。根据 2022 年 5 月 15 日最高人民检察院、公安部《关于公安机关管辖的刑事案件立案追诉标准的规定

16-2-2　(二)》第 66 条的规定,捏造并散布虚伪事实,损害他人的商业信誉、商品声誉,涉嫌下列情形之一的,应予立案追诉:(1)给他人造成直接经济损失数额在 50 万元以上的;(2)虽未达到上述数额标准,但造成公司、企业等单位停业、停产 6 个月以上,或者破产的;(3)其他给他人造成重大损失或者有其他严重情节的情形。若未给他人造成上述损失或有其他严重情节的,则不构成本罪。

2.本罪与他罪的关系。若行为人为了损害他人的商业信誉、商品声誉,在自己生产的伪劣产品上假冒他人优质产品的注册商标,造成他人重大损失的,属于想象竞合犯,择一重罪定罪处罚。

(4)损害商业信誉、商品声誉罪的处罚

根据《刑法》第 221 条的规定,犯本罪的,处 2 年以下有期徒刑或者拘役,并处或者单处罚金。

根据《刑法》第 231 条的规定,单位犯本罪的,对单位判处罚金,并对其直接负责的主管人员和其他直接责任人员,依照《刑法》第 221 条的规定处罚。

二、虚假广告罪

(一)虚假广告罪的概念

16-2-3　虚假广告罪,是指广告主、广告经营者、广告发布者违反国家规定,利用广告对商品或者服务作虚假宣传,情节严重的行为。

(二)虚假广告罪的特征

1.本罪的客体,是指市场公平竞争秩序和消费者的合法权益。

2.本罪的客观方面表现为广告主、广告经营者、广告发布者,违反国家规定,利用广告对

---

① 本书在未具体说明的情况下,行为人与犯罪主体同义。

商品或者服务作虚假宣传，情节严重的行为。违反国家规定，通常指违反《广告法》、《反不正当竞争法》及相关法律、行政法规的规定。作虚假宣传通常有两类情况：一是夸大商品、服务的实际价值进行宣传；二是对商品、服务作让人误解的宣传。此处的广告，一般指商业性广告。

3.本罪的主体是一般主体，单位也可以成为本罪的主体。《刑法》第222条将犯罪主体规定为广告主、广告经营者、广告发布者。根据《广告法》第2条的规定，广告主，是指为推销商品或者服务，自行或者委托他人设计、制作、发布广告的自然人、法人或者其他组织；广告经营者，是指接受委托提供广告设计、制作、代理服务的自然人、法人或者其他组织；广告发布者，是指为广告主或者广告主委托的广告经营者发布广告的自然人、法人或者其他组织。由此可见，自然人和单位都可以成为本罪的主体。而且，考虑到单位犯罪是法定犯，《刑法》第231明确规定，单位型广告主、广告经营者、广告发布者犯本罪的，对单位判处罚金，并对直接负责的主管人员和其他直接责任人员，依照《刑法》第222条的规定处罚，由此也进一步佐证了单位能成为本罪的主体。

4.本罪的主观方面是故意，即行为人明知利用广告对商品或者服务作虚假宣传会扰乱市场公平竞争秩序、损害消费者的合法权益，并且希望或者放任这种结果的发生。

（三）虚假广告罪的认定

1.本罪的罪与非罪的界限。对商品或者服务作广告宣传，是市场经济活动中常见的现象，广告并非实事求是地宣传商品或者服务，大多带有夸大的性质。但是，并非广告主、广告经营者、广告发布者，对商品或者服务作夸大性质的宣传，就被认定为对商品或者服务作虚假宣传。换言之，只有宣传的广告已超过《广告法》及其相关法律、行政法规的规定，足以让消费者陷入认识错误的，才能认为是虚假广告。同时，鉴于《刑法》第222条的规定，行为人对商品或者服务作虚假宣传，达到情节严重的，才以虚假广告罪评价。因此，即使犯罪主体对商品或者服务作虚假宣传，情节并不严重的，也不能构成本罪。此外，考虑到构成本罪，要达到情节严重，根据2010年最高人民法院《关于审理非法集资刑事案件具体应用法律若干问题的解释》第8条的规定，广告经营者、广告发布者违反国家规定，利用广告为非法集资活动相关的商品或者服务作虚假宣传，具有下列情形之一的，以虚假广告罪定罪处罚：(1)违法所得数额在10万元以上的；(2)造成严重危害后果或者恶劣社会影响的；(3)2年内利用广告作虚假宣传，受过行政处罚2次以上的；(4)其他情节严重的情形。同时，根据2022年最高人民检察院、公安部《关于公安机关管辖的刑事案件立案追诉标准的规定(二)》第67条的规定，广告主、广告经营者、广告发布者违反国家规定，利用广告对商品或者服务作虚假宣传，涉嫌下列情形之一的，应予立案追诉：(1)违法所得数额在10万元以上的；(2)假借预防、控制突发事件、传染病防治的名义，利用广告作虚假宣传，致使多人上当受骗，违法所得数额在3万元以上的；(3)利用广告对食品、药品作虚假宣传，违法所得数额在3万元以上的；(4)虽未达到上述数额标准，但2年内因利用广告作虚假宣传受过2次以上行政处罚，又利用广告作虚假宣传的；(5)造成严重危害后果或者恶劣社会影响的；(6)其他情节严重的情形。

2.本罪与他罪的关系。实践中，犯罪主体可以利用广告对他人的商品或服务作虚假宣传，以达到损害他人商业信誉、商品声誉的目的。对于此种情形，不排除存在行为人一个危害行为同时触犯损害商业信誉、商品声誉罪和虚假广告罪的情形，尽管两罪的法定刑都相同，但仍可从危害行为受两罪具体评价的轻重程度，选择较重刑罚的罪名予以定罪处罚。

（四）虚假广告罪的处罚

根据《刑法》第 222 条的规定，犯本罪的，处 2 年以下有期徒刑或者拘役，并处或者单处罚金。

根据《刑法》第 231 条的规定，单位犯本罪的，对单位判处罚金，并对其直接负责的主管人员和其他直接责任人员，依照《刑法》第 222 条的规定处罚。

三、串通投标罪

16-2-4

（一）串通投标罪的概念

串通投标罪，是指投标人相互串通投标报价，损害招标人或者其他投标人利益，情节严重，或者投标人与招标人串通投标，损害国家、集体、公民的合法利益的行为。

（二）串通投标罪的特征

1. 本罪的客体是复杂客体，既包括招投标人或国家、集体、公民的合法权益，也涉及招投标公平竞争的秩序。

2. 本罪的客观方面表现出两种类型：一是投标人相互串通投标报价，实施损害招标人或者其他投标人的利益，达到情节严重的行为。相互串通投标报价，是指投标人私下串通，联手抬高或者压低标价，以排挤其他投标人或者损害招标人的利益。二是投标人与招标人串通投标，实施损害国家、集体、公民合法权益的行为。投标人与招标人串通投标，不限于对投标报价的串通，也涉及其他事项的串通，相比投标人之间的相互串通，此类串通的社会危害性更大，因而，只要损害了国家、集体、公民的合法权益，毋须达到情节严重，就可以串通投标罪追究刑事责任。

3. 本罪的主体是一般主体，单位也可以成为本罪的主体。根据《刑法》第 223 条罪状的描述，成立本罪的主体一般是投标人或者招标人。《招标投标法》第 25 条规定，投标人是响应招标、参见投标竞争的法人或者其他组织；该法第 8 条规定，招标人是依照本法规定提出招标项目、进行招标的法人或者其他组织。基于此，若根据《招标投标法》的规定，投标人和招标人乃法人或者其他组织，是否意味着本罪的主体只能是单位呢？而且，《刑法》第 231 条关于单位犯本罪的规定，也对此作出了肯定的回复。但是，本书认为，本罪的主体不能完全按照《招标投标法》的规定进行解释。在招投标活动中，主管、负责、参与招标、投标事项的自然人，也可以成为本罪的主体，因为《刑法》第 223 条并未完全否定自然人不能成为本罪的主体，而且如此解释，也并未违反罪刑法定原则。因此，本罪的主体既可以是自然人，也可以是单位。

4. 本罪的主观方面是故意，即投标人明知相互串通投标报价或者明知与招标人串通投标，会损害招投标公平竞争秩序、招标人或者其他投标人的合法权益，并且希望或者放任这种结果的发生。至于犯罪目的如何，不影响本罪的成立。

（三）串通投标罪的认定

1. 本罪的罪与非罪的界限。考虑到本罪的成立要达到情节严重的程度，因此，是否符合情节严重的情形，无疑影响本罪是否构成犯罪。根据 2022 年最高人民检察院、公安部《关于公安机关管辖的刑事案件立案追诉标准的规定(二)》第 68 条的规定,投标人相互串通投标报价,或者投标人与招标人串通投标,涉嫌下列情形之一的,应予立案追诉:(1)损害招标人、投标人或者国家、集体、公民的合法利益,造成直接经济损失数额在 50 万元以上的;(2)违法所得数额在 20 万元以上的;(3)中标项目金额在 400 万元以上的;(4)采取威胁、欺骗或者贿赂等非法手段的;(5)虽未达到上述数额标准,但 2 年内因串通投标受 2 次以上过行政处罚,又串通投标的;(6)其他情节严重的情形。

2.本罪与他罪的关系。行为人实施串通投标行为的同时,触犯行贿罪、侵犯商业秘密罪等罪名的,如投标人贿赂招标人许以特定经济利益,诱使其泄露标底的,或者招标人接受贿赂,泄露标底等商业秘密的,属于想象竞合犯,应从一重罪定罪处罚。

(四)串通投标罪的处罚

根据《刑法》第 223 条的规定,犯本罪的,处 3 年以下有期徒刑或者拘役,并处或者单处罚金。

根据《刑法》第 231 条的规定,单位犯本罪的,对单位判处罚金,并对其直接负责的主管人员和其他直接责任人员,依照《刑法》第 223 条的规定处罚。

四、合同诈骗罪

(一)合同诈骗罪的概念

合同诈骗罪,是指以非法占有为目的,在签订、履行合同过程中,骗取对方当事人财物,数额较大的行为。

16-2-5

(二)合同诈骗罪的特征

1.本罪的客体,既包含对方当事人的财产权利,也涉及市场经济秩序。

2.本罪的客观方面表现为,行为人在签订、履行合同过程中,实施欺骗手段,骗取对方当事人数额较大财物的行为。诈骗手段通常涉及:(1)以虚构的单位或者冒用他人名义签订合同的;(2)以伪造、变造、作废的票据或者其他虚假的产权证明作担保的;(3)没有实际履行能力,以先履行小额合同或者部分履行合同的方法,诱骗对方当事人继续签订和履行合同的;(4)收受对方当事人给付的货物、货款、预付款或者担保财产后逃匿的;(5)以其他方法骗取对方当事人财物的,此处的"其他方法"是指除上述四种方法以外,在签订、履行合同过程中以合同为手段、以骗取对方当事人给付的货物、货款、预付款以及其他担保财产为目的的各类手段。

3.本罪的主体是一般主体,单位也可以成为本罪的主体《刑法》第 224 条并未对犯罪主体作出特别规定,因此,自然人能成为本罪的主体;根据《刑法》第 231 的规定,单位犯本罪的,对单位判处罚金,并对直接负责的主管人员和其他直接责任人员,依照《刑法》第 224 条的规定处罚,可见,单位能成为本罪的主体。

4.本罪的主观方面,不仅要求行为人有故意,也须有非法占有目的。故意指行为人明知在签订、履行合同过程中,使用欺骗手段,骗取对方当事人财物,会给当事人造成财物的损失,并且希望或者放任这种结果的发生。非法占有目的既可以存在于订立合同时,也可以存在于履行合同的过程中。总之,成立合同诈骗罪,要求行为人的非法占有目的存在于诈骗行为时,若非法占有目的形成后未实施诈骗行为的,则不构成本罪。

（三）合同诈骗罪的认定

1.本罪的罪与非罪的界限。此界限一般体现为合同诈骗罪与民事合同欺诈。实践中，在签订、履行合同中经常存在民事合同欺诈的情形，由此给合同诈骗罪与民事合同欺诈的区分带来困难。本书认为，区分合同诈骗罪和民事合同欺诈，可从两个角度考虑：一是判断客观行为，若行为人故意告知对方当事人虚假情况或隐瞒真实情况，使对方当事人作出错误意识表示的行为，则成立民事合同欺诈，承担民事违约责任；若无履行合同的意愿和能力，只是想利用合同骗取对方当事人财物，达到数额较大的，应以合同诈骗罪论处。二是审查主观目的，合同诈骗罪的成立，除了判断行为人是否有诈骗故意外，还要求行为人在签订、履行合同中要有非法占有的目的；而民事合同欺诈尽管也要求行为人有欺诈的故意，但是否要有非法占有目的并非是审查的必要条件。此外，考虑到成立本罪，要符合数额较大的要求，根据2022年最高人民检察院、公安部《关于公安机关管辖的刑事案件立案追诉标准的规定（二）》第69条的规定，以非法占有为目的，在签订、履行合同过程中，骗取对方当事人财物，数额在2万元以上的，应予立案追诉。

2.本罪与他罪的关系。（1）本罪与诈骗罪的关系。区分二者，不能简单地以有无合同为标准。诈骗罪也可能以签订、履行合同的方式实施。本书认为，区分二者可从三个角度考虑：一是犯罪主体是否在签订、履行合同过程中实施诈骗行为。也即，犯罪主体在签订或者履行合同过程中，产生了非法占有的目的，进而实施诈骗行为，对方当事人基于合同陷入认识错误而处分财物，犯罪主体取得对方当事人财物的，应以合同诈骗罪评价；若在签订、履行合同过程中，以其他与合同无关的事由骗取对方当事人财物的，则不构成合同诈骗罪。二是在合同诈骗罪中，签订、履行的合同一般以经济合同为存在形式，即合同的内容是基于市场经济活动来实现的。三是合同诈骗罪的犯罪主体既可以是单位，也可以是自然人，而诈骗罪的主体仅限于自然人。（2）本罪与金融诈骗罪的关系。实践中，不少金融诈骗罪也可以利用合同的形式实施，如利用贷款合同实施诈骗、利用保险合同骗取保险金等，本书认为，由于我国刑法对金融诈骗罪作了特别规定，基于法条竞合关系，一般应以金融诈骗罪定罪评价。

（四）合同诈骗罪的处罚

根据《刑法》第224条的规定，犯本罪的，区别以下情形处理：数额较大的，处3年以下有期徒刑或者拘役，并处或者单处罚金；数额巨大或者有其他严重情节的，处3年以上10年以下有期徒刑，并处罚金；数额特别巨大或者有其他特别严重情节的，处10年以上有期徒刑或者无期徒刑，并处罚金或者没收财产。

根据《刑法》第231条的规定，单位犯本罪的，对单位判处罚金，并对其直接负责的主管人员和其他直接责任人员，依照《刑法》第224条的规定处罚。

五、组织、领导传销活动罪

（一）组织、领导传销活动罪的概念

组织、领导传销活动罪，是指组织、领导以推销商品、提供服务等经营活动为名，要求参加者以缴纳费用或者购买商品、服务等方式获得加入资格，并按照一定顺序组成层级，直接或者间接以发展人员的数量作为计酬或者返利依据，引诱、胁迫参加者继续发展他人参加，骗取财物，扰乱经济社会秩序的传销活动的行为。

（二）组织、领导传销活动罪的特征

1.本罪的客体主要是经济社会秩序,也涉及公民的财产权利。

2.本罪的客观方面表现为组织、领导以推销商品、提供服务等经营活动为名,要求参加者以缴纳费用或者购买商品、服务等方式获得加入资格,并按照一定顺序组成层级,直接或者间接以发展人员的数量作为计酬或者返利依据,引诱、胁迫参加者继续发展他人参加,骗取财物的情形。根据 2005 年《禁止传销条例》第 7 条的规定,传销行为分为:(1)组织者或者经营者通过发展人员,要求被发展人员发展其他人员加入,对发展的人员以其直接或者间接滚动发展的人员数量为依据计算和给付报酬(包括物质奖励和其他经济利益,下同),牟取非法利益的;(2)组织者或者经营者通过发展人员,要求被发展人员交纳费用或者以认购商品等方式变相交纳费用,取得加入或者发展其他人员加入的资格,牟取非法利益的;(3)组织者或者经营者通过发展人员,要求被发展人员发展其他人员加入,形成上下线关系,并以下线的销售业绩为依据计算和给付上线报酬,牟取非法利益的。与此同时,根据《刑法》第 224 条之一的规定,组织、领导传销活动的行为,属于本罪规定的危害行为,仅是参与传销的行为不成立本罪。

3.本罪的主体,是指传销活动的组织者、领导者。根据 2013 年最高人民法院、最高人民检察院、公安部《关于办理组织领导传销活动刑事案件适用法律若干问题的意见》的规定,可以认定为传销活动的组织者、领导者包括:(1)在传销活动中起发起、策划、操纵作用的人员;(2)在传销活动中承担管理、协调等职责的人员;(3)在传销活动中承担宣传、培训等职责的人员;(4)曾因组织、领导传销活动受过刑事处罚,或者 1 年以内因组织、领导传销活动受过行政处罚,又直接或者间接发展参与传销活动人员在 15 人以上且层级在 3 级以上的人员;(5)其他对传销活动的实施、传销组织的建立、扩大等起关键作用的人员。不过,以单位名义实施组织、领导传销活动犯罪的,对于受单位指派,仅从事劳务性工作的人员,一般不予追究刑事责任。此外,存有争议的是,单位能否成为本罪的主体? 根据《刑法》第 231 条的规定,单位犯本罪的,对单位判处罚金,并对其直接负责的主管人员和其他直接责任人员,依照《刑法》第 224 条之一的规定处罚。可见,单位能成为本罪的主体。而且,这在实践中已有解释性规定予以佐证,如 2010 年天津市高级人民法院、天津市人民检察院、天津市公安局、天津市司法局、天津市工商行政管理局《关于办理组织、领导传销活动刑事案件适用法律若干问题的意见(试行)》第 4 条规定:"组织、领导传销活动罪的主体可以是自然人,也可以是单位。单位犯罪的,对单位判处罚金,对单位直接负责的主管人员和其他直接责任人员以本罪追究刑事责任。"

4.本罪的主观方面是故意,即行为人明知自己组织、领导传销活动会扰乱经济社会秩序、损害他人的财产权利,并且希望或者放任这种结果的发生。

（三）组织、领导传销活动罪的认定

1.本罪的罪与非罪的界限。实践中,并非只要行为人组织、领导传销活动的,就立案追诉。根据 2022 年最高人民检察院、公安部《关于公安机关管辖的刑事案件立案追诉标准的规定(二)》第 70 条的规定,组织、领导以推销商品、提供服务等经营活动为名,要求参加者以缴纳费用或者购买商品、服

16-2-8

务等方式获得加入资格,并按照一定顺序组成层级,直接或者间接以发展人员的数量作为计酬或者返利依据,引诱、胁迫参加者继续发展他人参加,骗取财物,扰乱经济社会秩序的传销活动,涉嫌组织、领导的传销活动人员在 30 人以上且层级在 3 级以上的,对组织者、领导者

才予以追诉。2013年最高人民法院、最高人民检察院、公安部《关于办理组织领导传销活动刑事案件适用法律若干问题的意见》规定,组织内部参与传销活动人员在30人以上且层级在3级以上的,应当对组织者、领导者追究刑事责任。组织、领导多个传销组织,单个或者多个组织中的层级已达3级以上的,可将在各个组织中发展的人数合并计算。组织者、领导者形式上脱离原传销组织后,继续从原传销组织获取报酬或者返利的,原传销组织在其脱离后发展人员的层级数和人数,应当计算为其发展的层级数和人数。

2. 本罪与他罪的关系。主要体现在:一是组织、领导传销活动的同时,触犯集资诈骗的,属于想象竞合犯,择一重罪处罚。根据《关于办理组织领导传销活动刑事案件适用法律若干问题的意见》的规定,以非法占有为目的,组织、领导传销活动,同时构成组织、领导传销活动罪和集资诈骗罪的,依照处罚较重的规定定罪处罚。二是组织、领导传销活动的同时,又触犯他罪,构成数罪并罚的情形。根据《关于办理组织领导传销活动刑事案件适用法律若干问题的意见》的规定,犯组织、领导传销活动罪,并实施故意伤害、非法拘禁、敲诈勒索、妨害公务、聚众扰乱社会秩序、聚众冲击国家机关、聚众扰乱公共场所秩序、交通秩序等行为,构成犯罪的,依照数罪并罚的规定处罚。三是普通参与行为不成立组织、领导传销活动罪,但这种行为并非不成立任何犯罪。比如,行为人在参与传销活动中,以非法占有为目的,使用诈骗方法非法集资,达到数额较大的,可以集资诈骗罪定罪处罚。

(四)组织、领导传销活动罪的处罚

根据《刑法》第224条之一的规定,传销活动的组织者、领导者犯本罪的,处5年以下有期徒刑或者拘役,并处罚金;若达到情节严重的,处5年以上有期徒刑,并处罚金。

根据《刑法》第231条的规定,单位犯本罪的,对单位判处罚金,并对其直接负责的主管人员和其他直接责任人员,依照《刑法》第224条之一的规定处罚。

六、非法经营罪

(一)非法经营罪的概念

非法经营罪,是指违反国家规定,故意从事非法经营活动,扰乱市场秩序,情节严重的行为。

16-2-9

(二)非法经营罪的特征

1. 本罪的客体是国家对市场的管理秩序。为维护正常市场秩序,国家出台了一系列国家规定来规范市场的运行,行为人实施非法经营的犯罪行为,侵犯了国家对市场的管理秩序。

2. 本罪的客观方面表现为违反国家规定,故意从事非法经营行为,扰乱市场秩序,达到情节严重的情形。一般而言,非法经营的情形涉及:(1)未经许可,经营法律、行政法规规定的专营、专卖物品或者其他限制买卖的物品;(2)买卖进出口许可证、进出口原产地证明以及其他法律、行政法规规定的经营许可证或者批准文件;(3)未经国家有关主管部门批准非法经营证券、期货、保险业务,或者非法从事资金支付结算业务;(4)其他严重扰乱市场秩序的非法经营行为。结合相关司法解释,其他非法经营行为涉及非法买卖外汇、经营非法出版物、擅自经营国际电信业务、传染病疫情等灾害期间哄抬物价、擅自经营互联网等业务、擅自发行、销售彩票、非法使用 POS 机、非法生产、销售"伪基站"等无线电设备、非法经营药品等。

3.本罪的主体是一般主体,单位也可以成为本罪的主体。

4.本罪的主观方面是故意,即行为人明知违反国家规定从事的非法经营行为会扰乱国家对市场的管理秩序,并且希望或者放任这种结果的发生。

（三）非法经营罪的认定

根据《刑法》第225条的规定,成立本罪要求达到情节严重,这在有关本罪的立案追诉上得到充分地体现。根据2022年最高人民检察院、公安部《关于公安机关管辖的刑事案件立案追诉标准的规定(二)》第71条的规定,违反国家规定,进行非法经营活动,扰乱市场秩序,涉嫌下列情形之一的,应

16-2-10

予立案追诉:(1)违反国家烟草专卖管理法律法规,未经烟草专卖行政主管部门许可,无烟草专卖生产企业许可证、烟草专卖批发企业许可证、特种烟草专卖经营企业许可证、烟草专卖零售许可证等许可证明,非法经营烟草专卖品,具有下列情形之一:1.非法经营数额在5万元以上,或者违法所得数额在2万元以上的;2.非法经营卷烟20万支以上的;3.曾因非法经营烟草专卖品3年内受过2次以上行政处罚,又非法经营烟草专卖品,数额在3万元以上的。(2)未经国家有关主管部门批准,非法经营证券、期货、保险业务,或者非法从事资金支付结算业务,具有下列情形之一:1.非法经营证券、期货、保险业务,数额在100万元以上,或者违法所得数额在10万元以上的;2.非法从事资金支付结算业务,数额在500万元以上,或者违法所得数额在10万元以上的;3.非法从事资金支付结算业务,数额在250万元以上不满500万元,或者违法所得数额在5万元以上不满10万元,且具有下列情形之一:①因非法从事资金支付结算业务犯罪行为受过刑事追究的;②二年内因非法从事资金支付结算业务违法行为受过行政处罚的;③拒不交代涉案资金去向或者拒不配合追缴工作,致使赃款无法追缴的;④造成其他严重后果的。第四,使用销售点终端机具(POS机)等方法,以虚构交易、虚开价格、现金退货等方式向信用卡持卡人直接支付现金,数额在100万元以上的,或者造成金融机构资金20万元以上逾期未还的,或者造成金融机构经济损失10万元以上的。(3)实施倒买倒卖外汇或者变相买卖外汇等非法买卖外汇行为,扰乱金融市场秩序,具有下列情形之一:1.非法经营数额在500万元以上的,或者违法所得数额在10万元以上的;2.非法经营数额在250万元以上,或者违法所得数额在5万元以上,且具有下列情形之一的:①因非法买卖外汇犯罪行为受过刑事追究的;②2年内因非法买卖外汇违法行为受过行政处罚的;③拒不交代涉案资金去向或者拒不配合追缴工作,致使赃款无法追缴的;④造成其他严重后果的。3.公司、企业或者其他单位违反有关外贸代理业务的规定,采用非法手段,或者明知是伪造、变造的凭证、商业单据,为他人向外汇指定银行骗购外汇,数额在500万美元以上或者违法所得数额在50万元以上的;第四,居间介绍骗购外汇,数额在100万美元以上或者违法所得数额在10万元以上的。(4)出版、印刷、复制、发行严重危害社会秩序和扰乱市场秩序的非法出版物,具有下列情形之一的:1.个人非法经营数额在5万元以上的,单位非法经营数额在15万元以上的;2.个人违法所得数额在2万元以上的,单位违法所得数额在5万元以上的;3.个人非法经营报纸5000份或者期刊5000本或者图书2000册或者音像制品、电子出版物500张(盒)以上的,单位非法经营报纸15000份或者期刊15000本或者图书5000册或者音像制品、电子出版物1500张(盒)以上的;4.虽未达到上述数额标准,但具有下列情形之一的:①2年内因出版、印刷、复制、发行非法出版物受过行政处罚2次

以上的,又出版、印刷、复制、发行非法出版物的;②因出版、印刷、复制、发行非法出版物造成恶劣社会影响或者其他严重后果的。(5)非法从事出版物的出版、印刷、复制、发行业务,严重扰乱市场秩序,具有下列情形之一的:1.个人非法经营数额在 15 万元以上的,单位非法经营数额在 50 万元以上的;2.个人违法所得数额在 5 万元以上的,单位违法所得数额在 15 万元以上的;3.个人非法经营报纸 15000 份或者期刊 15000 本或者图书 5000 册或者音像制品、电子出版物 1500 张(盒)以上的,单位非法经营报纸 50000 份或者期刊 50000 本或者图书 15000 册或者音像制品、电子出版物 5000 张(盒)以上的;4.虽未达到上述数额标准,2 年内因非法从事出版物的出版、印刷、复制、发行业务受过行政处罚 2 次以上的,又非法从事出版物的出版、印刷、复制、发行业务的。(6)采取租用国际专线、私设转接设备或者其他方法,擅自经营国际电信业务或者涉港澳台电信业务进行营利活动,扰乱电信市场管理秩序,具有下列情形之一的:1.经营去话业务数额在 100 万元以上的;2.经营来话业务造成电信资费损失数额在 100 万元以上的;3.虽未达到上述数额标准,但具有下列情形之一的:①2 年内因非法经营国际电信业务或者涉港澳台电信业务行为受过行政处罚 2 次以上,又非法经营国际电信业务或者涉港澳台电信业务的;②因非法经营国际电信业务或者涉港澳台电信业务行为造成其他严重后果的。(7)以营利为目的,通过信息网络有偿提供删除信息服务,或者明知是虚假信息,通过信息网络有偿提供发布信息等服务,扰乱市场秩序,具有下列情形之一的:1.个人非法经营数额在 5 万元以上,或者违法所得数额在 2 万元以上的;2.单位非法经营数额在 15 万元以上,或者违法所得数额在 5 万元以上的。(8)非法生产、销售"黑广播""伪基站"、无线电干扰器等无线电设备,具有下列情形之一的:1.非法生产、销售无线电设备 3 套以上的;2.非法经营数额在 5 万元以上的;3.虽未达到上述数额标准,但 2 年内因非法生产、销售无线电设备受过 2 次以上行政处罚,又非法生产、销售无线电设备的。(9)以提供给他人开设赌场为目的,违反国家规定,非法生产、销售具有退币、退分、退钢珠等赌博功能的电子游戏设施设备或者其专用软件,具有下列情形之一的:1.个人非法经营数额在 5 万元以上,或者违法所得数额在 1 万元以上的;2.单位非法经营数额在 50 万元以上,或者违法所得数额在 10 万元以上的;3.虽未达到上述数额标准,但 2 年内因非法生产、销售赌博机行为受过 2 次以上行政处罚,又进行同种非法经营行为的;4.其他情节严重的情形。(10)实施下列危害食品安全行为,非法经营数额在 10 万元以上,或者违法所得数额在 5 万元以上的:1.以提供给他人生产、销售食品为目的,违反国家规定,生产、销售国家禁止用于食品生产、销售的非食品原料的;2.以提供给他人生产、销售食用农产品为目的,违反国家规定,生产、销售国家禁用农药、食品动物中禁止使用的药品及其他化合物等有毒、有害的非食品原料,或者生产、销售添加上述有毒、有害的非食品原料的农药、兽药、饲料、饲料添加剂、饲料原料的;3.违反国家规定,私设生猪屠宰厂(场),从事生猪屠宰、销售等经营活动的。(11)未经监管部门批准,或者超越经营范围,以营利为目的,以超过 36% 的实际年利率经常性地向社会不特定对象发放贷款,具有下列情形之一的:1.个人非法放贷数额累计在 200 万元以上的,单位非法放贷数额累计在 1000 万元以上的;2.个人违法所得数额累计在 80 万元以上的,单位违法所得数额累计在 400 万元以上的;3.个人非法放贷对象累计在 50 人以上的,单位非法放贷对象累计在 150 人以上的;4.造成借款人或者其近亲属自杀、死亡或者精神失常等严重后果的;5.虽未达到上述数额标准,但具有下列情形之一的:①2 年内因实施非法放贷行为受过 2 次以上行政处罚的;②以超过 72% 的实际年利率实施非法放贷行为 10 次以上的。黑恶势力非法放贷的,按照第 1、2、3 项规定的相应数额、数量标准的百 50% 确定。同时具有第 5 项规定情形的,按照相应数额、数量标准的 40% 确定。(12)从事其他非法经营活动,具有下列情形之一的:1.个人非法经营数额在 5 万元以上,或者违法所得数额在 1 万元以上的;2.单位非法经营数额在 50 万元以上,或者违法所得数额在 10 万元以上的;3.虽未达到上述数额标准,但 2 年内因同种非法经营行为受过 2 次以上行政处罚,又进行同种非法经营行为的;第四,其他情节严重的情形。

此外,非法经营罪的认定,主要体现为对"其他严重扰乱市场秩序的非法经营行为"的认定。涉及的解释性规定包括:(1)关于非法买卖外汇的解释性规定。如最高人民法院、最高人民检察院《关于办理非法从事资金支付结算业务、非法买卖外汇刑事案件适用法律若干问题的解释》(法释〔2019〕1 号),全国人大常委会《关于惩治骗购外汇、逃汇和非法买卖外汇犯罪的决定》(1998),最高人民法院《关于审理骗购外汇、非法买卖外汇刑事案件具体应用法律若干问题的解释》(1998),最高人民法院、最高人民检察院、公安部《关于印发〈办理骗汇、逃汇犯罪案件联席会议纪要〉的通知》(公通字〔1999〕39 号),最高人民检察院、公安部《关于公安机关管辖的刑事案件立案追诉标准的规定(二)》第 71 条等。(2)关于经营非法出版物的解释性规定。例如,最高人民法院《关于审理非法出版物刑事案件具体应用法律若干问题的解释》(法释〔1998〕30 号),最高人民检察院法律政策研究室《关于非法经营行为界定有关问题的复函》(高检研发〔2002〕第 24 号),最高人民检察院、公安部《关于公安机关管辖的刑事案件立案追诉标准的规定(二)》第 71 条等。(3)关于擅自经营国际电信业务的解释性规定。比如,最高人民法院《关于审理扰乱电信市场管理秩序案件具体应用法律若干问题的解释》(法释〔2000〕12 号),最高人民检察院《关于非法经营国际或港澳台地区电信业务行为法律适用问题的批复》(高检发释字〔2002〕1 号),最高人民法院、最高人民检察院、公安部《办理非法经营国际电信业务犯罪案件联席会议纪要》(公通字〔2002〕29 号),最高人民检察院、公安部《关于公安机关管辖的刑事案件立案追诉标准的规定(二)》第 71 条等。(4)关于非法从事资金支付结算业务的解释性规定。诸如最高人民法院、最高人民检察院《关于办理非法从事资金支付结算业务、非法买卖外汇刑事案件适用法律若干问题的解释》(法释〔2019〕1 号),最高人民检察院公诉厅《关于办理涉互联网金融犯罪案件有关问题座谈会纪要》(2017),最高人民检察院、公安部《关于公安机关管辖的刑事案件立案追诉标准的规定(二)》第 71 条等。(5)关于非法生产经营"瘦肉精"的解释性规定,即最高人民法院、最高人民检察院《关于办理非法生产、销售、使用禁止在饲料和动物饮用水中使用的药品等刑事案件具体应用法律若干问题的解释》(法释〔2002〕26 号)。(6)关于传染病疫情等灾害期间哄抬物价的解释性规定,即最高人民法院、最高人民检察院《关于办理妨害预防、控制突发传染病疫情等灾害的刑事案件具体应用法律若干问题的解释》。(7)关于擅自经营互联网等业务的解释性规定,即最高人民法院、最高人民检察院、公安部《关于依法开展打击淫秽色情网站专项行动有关工作的通知》(公通字〔2004〕53 号)。(8)关于擅自发行、销售彩票的解释性规定,即最高人民法院、最高人民检察院《关于办理赌博刑事案件具体应用法律若干问题的解释》。(9)关于非法使用 POS 机的解释性规定。包括最高人民法院、最高人民检察院《关于办理妨害信用卡管理刑事案件具体应用法律若干问题的解释》(2018 修正),最高人民法院《关于

〈关于办理妨害信用卡管理刑事案件具体应用法律若干问题的解释〉溯及力问题的复函》（法研〔2010〕70号）等。(10)关于非法经营烟草制品的解释性规定。诸如最高人民法院、最高人民检察院《关于办理非法生产、销售烟草专卖品等刑事案件具体应用法律若干问题的解释》（法释〔2010〕7号），最高人民法院《关于被告人李明华非法经营请示一案的批复》（刑他字〔2011〕第21号），最高人民检察院、公安部《关于公安机关管辖的刑事案件立案追诉标准的规定(二)》第71条等。(11)关于未经批准非法经营证券业务的解释性规定。涉及最高人民法院、最高人民检察院、公安部、中国证券监督管理委员会《关于整治非法证券活动有关问题的通知》（证监发〔2008〕1号），最高人民检察院、公安部《关于公安机关管辖的刑事案件立案追诉标准的规定(二)》第71条等。(12)关于未经依法核准擅自发行基金份额募集基金的解释性规定，即最高人民法院《关于审理非法集资刑事案件具体应用法律若干问题的解释》(2010)。(13)关于非法生产、销售非食品原料、添加剂的解释性规定，即最高人民法院、最高人民检察院《关于办理危害食品安全刑事案件适用法律若干问题的解释》(2013)。(14)关于非法设置生猪屠宰场的解释性规定，即最高人民法院、最高人民检察院《关于办理危害食品安全刑事案件适用法律若干问题的解释》(2013)。(15)关于以营利为目的的"网络水军"行为的解释性规定，即最高人民法院、最高人民检察院《关于办理利用信息网络实施诽谤等刑事案件适用法律若干问题的解释》(2013)。(16)关于非法生产、销售"伪基站"等无线电设备的解释性规定。如最高人民法院、最高人民检察院、公安部、国家安全部《关于依法办理非法生产销售使用"伪基站"设备案件的意见》（公通字〔2014〕13号），最高人民法院、最高人民检察院《关于办理扰乱无线电通讯管理秩序等刑事案件适用法律若干问题的解释》(2017)等。(17)关于从事生产、销售非法电视网络接收设备，为非法广播电视接收提供下载、链接服务的解释性规定，即最高人民法院、最高人民检察院、公安部、国家新闻出版广电总局《关于依法严厉打击非法电视网络接收设备违法犯罪活动的通知》（新广电发〔2015〕229号）。(18)关于非法经营药品的解释性规定。如最高人民法院、最高人民检察院《关于办理危害药品安全刑事案件适用法律若干问题的解释》(2014)，最高人民法院、最高人民检察院《关于办理非法生产、销售、使用禁止在饲料和动物饮用水中使用的药品等刑事案件具体应用法律若干问题的解释》（法释〔2002〕26号）等。(19)关于生产、销售不符合药用要求的非药品原料、辅料的解释性规定，即最高人民法院、最高人民检察院《关于办理危害药品安全刑事案件适用法律若干问题的解释》(2014)。(20)关于非法生产、销售具有赌博功能的电子设施设备与软件的解释性规定，即最高人民法院、最高人民检察院、公安部《关于办理利用赌博机开设赌场案件适用法律若干问题的意见》(2014)。(21)关于非法贩卖形成瘾癖的麻醉药品或者精神药品的解释性规定，即最高人民法院《全国法院毒品犯罪审判工作座谈会纪要》(2015)。(22)关于非法经营销售国内机票的解释性规定，即中国民用航空总局、国家发展计划委员会、公安部、国家税务总局、国家工商行政管理总局《关于坚决打击暗扣销售和非法经营销售国内机票行为规范航空运输市场秩序的通知》（民航财发〔2002〕101号）。(23)关于未经行政许可审批经营成品油批发业务的解释性规定，即最高人民法院刑事审判第二庭《关于对未经行政许可审批经营成品油批发业务是否构成非法经营罪的意见》（〔2008〕刑二函字第108号）。(24)关于未经许可经营兴奋剂目录所列物质的解释性规定，即最高人民法院《关于审理走私、非法经营、非法使用兴奋剂刑事案件适用法律若干问题的解释》（法释

〔2019〕16号）。

（四）非法经营罪的处罚

根据《刑法》第225条的规定，犯本罪的，区别以下情形处理：情节严重的，处5年以下有期徒刑或者拘役，并处或者单处违法所得1倍以上5倍以下罚金；情节特别严重的，处5年以上有期徒刑，并处违法所得1倍以上5倍以下罚金或者没收财产。

根据《刑法》第231条的规定，单位犯本罪的，对单位判处罚金，并对其直接负责的主管人员和其他直接责任人员，依照《刑法》第225条的规定处罚。

七、强迫交易罪

（一）强迫交易罪的概念

强迫交易罪，是指以暴力、威胁手段，强买强卖商品，强迫他人提供或者接受服务，强迫他人参与或者退出投标、拍卖，强迫他人转让或者收购公司、企业的股份、债券或者其他资产，或者强迫他人参与或者退出特定的经营活动的行为。

（二）强迫交易罪的特征

1.本罪的客体是复杂客体，包括市场交易秩序和他人的人身权、财产权或者其它合法权益。

2.本罪的客观方面表现为以暴力、威胁的手段强迫交易。通常涉及的情形包括：(1)强买强卖商品；(2)强迫他人提供或者接受服务；(3)强迫他人参与或者退出投标、拍卖；(4)强迫他人转让或者收购公司、企业的股份、债券或者其他资产；(5)强迫他人参与或者退出特定的经营活动。强迫交易罪客观方面认定的关键在于理解"强迫"。一般包括三类情况：一是他人不愿从事某类活动时，迫使他人从事；二是他人不愿以某种方式从事某类活动时，迫使他人以该方式从事；三是他人不愿以某种价格从事某类活动时，迫使他人以该价格从事。

3.本罪的主体是一般主体，单位也可以成为本罪的主体。

4.本罪的主观方面是故意，即行为人明知以暴力、威胁手段强迫交易会扰乱市场秩序、损害他人的人身权、财产权或者其它合法权益，并且希望或者放任这种结果的发生。

（三）强迫交易罪的认定

1.本罪的罪与非罪的界限。强迫交易罪的成立，需要强迫交易的情形达到情节严重方可追究刑事责任。根据2017年最高人民检察院、公安部《关于公安机关管辖的刑事案件立案追诉标准的规定(一)的补充规定》第5条的规定，以暴力、威胁手段强买强卖商品，强迫他人提供服务或者接受服务，涉嫌下列情形之一的，应予立案追诉：(1)造成被害人轻微伤的；(2)造成直接经济损失2000元以上的；(3)强迫交易3次以上或者强迫3人以上交易的；(4)强迫交易数额1万元以上，或者违法所得数额2000元以上的；(5)强迫他人购买伪劣商品数额5000元以上，或者违法所得数额1000元以上的；(6)其他情节严重的情形。以暴力、威胁手段强迫他人参与或者退出投标、拍卖，强迫他人转让或者收购公司、企业的股份、债券或者其他资产，强迫他人参与或者退出特定的经营活动，具有多次实施、手段恶劣、造成严重后果或者恶劣社会影响等情形之一的，应予立案追诉。

2.本罪与他罪的关系。认定本罪时，应考虑其与抢劫罪、敲诈勒索罪的关系。实践中，主要是结合犯罪构成要件的各个方面，判断各罪适用的具体差别。例如，根据2005年最高人民法院《关于审理抢劫、抢夺刑事案件适用法律若干问题的意见》的规定:"从事正常商品买卖、交易或者劳动服务的人,以暴力、威胁手段迫使他人交出与合理价钱、费用相差不大财物,情节严重的,以强迫交易罪定罪处罚;以非法占有为目的,以买卖、交易、服务为幌子采用暴力、胁迫手段迫使他人交出与合理价钱、费用相差悬殊的钱物的,以抢劫罪定罪处刑。在具体认定时,既要考虑超出合理价钱、费用的绝对数额,还要考虑超出合理价钱、费用的比例,加以综合判断。"又如,根据 2014 年最高人民检察院《关于强迫借贷行为适用法律问题的批复》的规定,以暴力、威胁手段强迫他人借贷,属于《刑法》第 226 条第 2 项规定的"强迫他人提供或者接受服务",情节严重的,以强迫交易罪追究刑事责任;同时构成故意伤害罪等其他犯罪的,依照处罚较重的规定定罪处罚。以非法占有为目的,以借贷为名采用暴力、威胁手段获取他人财物,符合《刑法》第 263 条或者第 274 规定的,以抢劫罪或者敲诈勒索罪追究刑事责任。

（四）强迫交易罪的处罚

根据《刑法》第 226 条的规定,犯本罪的,区别以下情形处理:情节严重的,处 3 年以下有期徒刑或者拘役,并处或者单处罚金;情节特别严重的,处 3 年以上 7 年以下有期徒刑,并处罚金。

根据《刑法》第 231 条的规定,单位犯本罪的,对单位判处罚金,并对其直接负责的主管人员和其他直接责任人员,依照《刑法》第 226 条的规定处罚。

八、伪造、倒卖伪造的有价票证罪

（一）伪造、倒卖伪造的有价票证罪的概念

伪造、倒卖伪造的有价票证罪,是指伪造或者倒卖伪造的车票、船票、邮票或者其他有价票证,数额较大的行为。

（二）伪造、倒卖伪造的有价票证罪的特征

1. 本罪的客体是国家对车票、船票、邮票等有价票证的管理秩序。

2. 本罪的客观方面表现为伪造或者倒卖伪造的车票、船票、邮票或者其他有价票证,数额较大的行为。其中,伪造应作广义理解,不仅包括没有制作权限的主体制作出足以使他人信以为真的车票、船票、邮票或者其他有价票证的行为,即（狭义）伪造的行为,也涉及有制作权限的主体超出权限在真的车票、船票、邮票或者其他有价票证的基础上或者以这些有价票证为基本材料,通过挖补、剪接、涂改、揭层等加工处理,使原有价票证改变数量、形态、面值的行为,即变造的行为。例如,变造、倒卖变造的邮票,数额较大的,根据 2000 年最高人民法院《关于对变造、倒卖变造邮票行为如何适用法律问题的解释》的规定,应当依照《刑法》第 227 条第 1 款的规定定罪处罚。倒卖,有观点认为包括先买进后卖出的行为。但本书认为,界定倒卖关键在于卖,即出售、贩卖,不要求先买进后卖出。

3. 本罪的主体是一般主体,单位也可以成为本罪的主体。

4. 本罪的主观方面是故意,即行为人明知伪造或者倒卖伪造的车票、船票、邮票或者其他有价票证会扰乱国家对有价票证的管理秩序,并且希望或者放任这种结果的发生。

（三）伪造、倒卖伪造的有价票证罪的认定

1. 本罪的罪与非罪的界限。《刑法》第 227 条第 1 款规定,成立本罪要求伪造、倒卖伪造的有价票证达到数额较大,因此,数额较大是判断本罪与非罪界限的关键。这可以根据2008年最高人民检察院、公安部《关于公安机关管辖的刑事案件立案追诉标准的规定(一)》第29条有关本罪立案追诉的规定上作出判断。根据该条规定,伪造或者倒卖伪造的车票、船票、邮票或者其他有价票证,涉嫌下列情形之一的,应予立案追诉:(1)车票、船票票面数额累计2000元以上,或者数量累计50张以上的;(2)邮票票面数额累计5000元以上,或者数量累计1000枚以上的;(3)其他有价票证价额累计5000元以上,或者数量累计100张以上的;(4)非法获利累计1000元以上的;(5)其他数额较大的情形。

2.本罪与他罪的关系。主要体现为本罪与伪造、变造金融票证罪、金融诈骗罪的关系。一般而言,伪造、变造支票、本票、汇票等金融票证的,成立伪造、变造金融票证罪。倒卖金融票证以及伪造的有价证券,若不符合金融诈骗罪犯罪构成要件的,应以本罪追究刑事责任。根据2003年最高人民检察院《关于非法制作、出售、使用IC电话卡行为如何适用法律问题的答复》的规定,非法制作或者出售非法制作的IC电话卡,数额较大的,以本罪定罪处罚。至于犯罪数额,可以根据销售数额认定。

(四)伪造、倒卖伪造的有价票证罪的处罚

根据《刑法》第227条第1款的规定,犯本罪的,数额较大的,处2年以下有期徒刑、拘役或者管制,并处或者单处票证价额1倍以上5倍以下罚金;数额巨大的,处2年以上7年以下有期徒刑,并处票证价额1倍以上5倍以下罚金。

根据《刑法》第231条的规定,单位犯本罪的,对单位判处罚金,并对其直接负责的主管人员和其他直接责任人员,依照《刑法》第227条第1款的规定处罚。

九、倒卖车票、船票罪

(一)倒卖车票、船票罪的概念

倒卖车票、船票罪,是指倒卖车票、船票,情节严重的行为。

(二)倒卖车票、船票罪的特征

1.本罪的客体是国家对车票、船票的管理秩序。

2.本罪的客观方面表现为倒卖车票、船票,情节严重的行为。其中,犯罪对象是真实的车票、船票。倒卖其他运输乘用票证或者为他人代购车票、船票而收取代购费用的,不成立本罪。

3.本罪的主体是一般主体,单位也可以成为本罪的主体。

4.本罪的主观方面是故意,即行为人明知倒卖车票、船票会扰乱国家对车票、船票的管理秩序,并且希望或者放任这种结果的发生。

(三)倒卖车票、船票罪的认定

1.本罪的罪与非罪的界限。根据《刑法》第227条第2款的规定,成立本罪,要求达到情节严重。例如,1999年最高人民法院《关于审理倒卖车票刑事案件有关问题的解释》第1条规定,高价、变相加价倒卖车票或者倒卖坐席、卧铺签字号及订购车票凭证,票面数额在5000元以上,或者非法获利数额在2000元以上的,构成本罪规定的情节严重。而且,该解释第2条规定,对于铁路职工倒卖车票或者与其他人员勾结倒卖车票,组织倒卖车票的首要分子,曾因倒卖车票受过治安处罚2次以上,2年内又倒卖车票,构成倒卖车票罪的,依法从重处罚。又如,2008年最高人民检察院、公安部《关于公安机关管辖的刑事案件立案追诉标准的规定(一)》第30条规定,倒卖车票、船票或者倒卖车票坐席、卧铺签字号以及订购车票、船票凭证,涉嫌下列情形之一的,应予立案追诉:(1)票面数额累计5000元以上的;(2)非法获利累计2000元以上的;(3)其他情节严重的情形。

2.本罪与他罪的关系。适用本罪时,应注意本罪与倒卖伪造的有价票证罪的关系。两罪在犯罪的主体、主观方面均相同,但犯罪对象不同,本罪的犯罪对象是真实的车票、船票,而倒卖伪造的有价票证罪的犯罪对象是伪造的车票、船票、邮票或者其他有价票证。

(四)倒卖车票、船票罪的处罚

根据《刑法》第227条第2款的规定,犯本罪的,处3年以下有期徒刑、拘役或者管制,并处或者单处票证价额1倍以上5倍以下罚金。

根据《刑法》第231条的规定,单位犯本罪的,对单位判处罚金,并对其直接负责的主管人员和其他直接责任人员,依照《刑法》第227条第2款的规定处罚。

十、非法转让、倒卖土地使用权罪

16-2-14

(一)非法转让、倒卖土地使用权罪的概念

非法转让、倒卖土地使用权罪,是指以牟利为目的,违反土地管理法规,非法转让、倒卖土地使用权,情节严重的行为。

(二)非法转让、倒卖土地使用权罪的特征

1.本罪的客体是国家对土地使用权的管理秩序。

2.本罪的客观方面表现为以牟利为目的,违反土地管理法规,非法转让、倒卖土地使用权,情节严重的行为。关于违反土地管理法规,根据2001年全国人大常委会《关于〈中华人民共和国〉第228、第342条、第410条的解释》的规定,是指违反土地管理法、森林法、草原法等法律以及有关行政法规中关于土地管理的规定。关于非法转让土地使用权,是指行为人在合法取得土地使用权后,违反土地管理法规,未经批准,擅自向他人转让土地的情形。关于非法倒卖土地使用权,则指土地受让者违反土地管理法规,擅自向他人转卖土地,从中谋取差价的情形。

3.本罪的主体是一般主体,单位也可以成为本罪的主体。

4.本罪的主观方面是故意,即行为人明知违反土地管理法规非法转让、倒卖土地使用权会扰乱国家对土地使用权的管理秩序,并且希望或者放任这种结果的发生。

(三)非法转让、倒卖土地使用权罪的认定

1.本罪的罪与非罪的界限。行为人以牟利为目的,违反土地管理法规,非法转让、倒卖土地使用权,并非均以本罪追责,构成本罪还要求达到情节严重。根据2000年最高人民法院《关于审理破坏土地资源刑事案件具体应用法律若干问题的解释》第1条的规定,属于本罪的情节严重,包括以下情形:(1)非法转让、倒卖基本农田5亩以上的;(2)非法转让、倒卖基本农田以外的耕地10亩以上的;(3)非法转让、倒卖其他土地20亩以上的;(4)非法获利50万元以上的;(5)非法转让、倒卖土地接近上述数量标准并具有其他恶劣情节的,如曾因非法转让、倒卖土地使用权受过行政处罚或者造成严重后果等。与此同时,2022年最高人民检察院、公安部《关于公安机关管辖的刑事案件立案追诉标准的规定(二)》第72条也规定,以牟利为目的,违反土地管理法规,非法转让、倒卖土地使用权,涉嫌下列情形之一的,应予立案追诉:(1)非法转让、倒卖永久基本农田5亩以上的;(2)非法转让、倒卖永久基本农田以外的耕地10亩以上的;(3)非法转让、倒卖其他土地20亩以上的;(4)违法所得数额在50万元以上的;(5)虽未达到上述数额标准,但因非法转让、倒卖土地使用权受过行政处罚,又非法转让、倒卖土地的;(6)其他情节严重的情形。

2.本罪与他罪的关系,主要体现为本罪与非法占用农用地罪的关系。非法占用农用地罪,表现为违反土地管理法规,非法侵占耕地、林地等农用地,改变被占有土地用途,数量较大,造成农用地大量毁坏的行为。相比本罪,其重在评价非法占用农用地、造成农用地大量毁坏的情形。实践中,土地出让方以牟利为目的,违反土地管理法规,与土地受让方达成合意,非法转让土地给受让方,情节严重的,一般以非法转让、倒卖土地使用权罪追究土地出让方的刑事责任,而对于土地受让方并非以本罪的共犯评价,符合非法占用农用地罪规定的,以该罪追责。

(四)非法转让、倒卖土地使用权罪的处罚

根据《刑法》第228条的规定,犯本罪的,处3年以下有期徒刑或者拘役,并处或者单处非法转让、倒卖土地使用权价额5%以上20%以下罚金;若达到情节特别严重的,处3年以上7年以下有期徒刑,并处非法转让、倒卖土地使用权价额5%以上20%以下罚金。

根据《刑法》第231条的规定,单位犯本罪的,对单位判处罚金,并对其直接负责的主管人员和其他直接责任人员,依照《刑法》第228条的规定处罚。

十一、提供虚假证明文件罪

(一)提供虚假证明文件罪的概念

提供虚假证明文件罪,是指承担资产评估、验资、验证、会计、审计、法律服务、保荐、安全评价、环境影响评价、环境监测等职责的中介组织的人员故意提供虚假证明文件,情节严重的行为。

16-2-15

(二)提供虚假证明文件罪的特征

1.本罪的客体是国家对中介服务市场的管理秩序。

2.本罪的客观方面表现为承担资产评估、验资、验证、会计、审计、法律服务、保荐、安全评价、环境影响评价、环境监测等职责的中介组织的人员故意提供虚假证明文件,情节严重的行为。犯罪对象为律师事务所、会计师事务所、审计师事务所等中介组织提供的虚假中介证明文件。这些虚假证明文件的提供,不限于单纯的交付行为,也涉及制作并交付的情形。

3.本罪的主体是承担资产评估、验资、验证、会计、审计、法律服务、保荐、安全评价、环境影响评价、环境监测等职责的中介组织或者中介组织的人员。

4.本罪的主观方面是故意,即承担资产评估、验资、验证、会计、审计、法律服务、保荐、安全评价、环境影响评价、环境监测等职责的中介组织的人员明知提供虚假证明文件会扰乱国家对中介服务市场的管理秩序,并且希望或者放任这种结果的发生。

(三)提供虚假证明文件罪的认定

1.本罪的罪与非罪的界限。根据《刑法》第229条第1款的规定,并非提供虚假证明文件的,就直接以本罪定罪处罚,因为成立本罪还要求达到情节严重。例如,2022年最高人民检察院、公安部《关于公安机关管辖的刑事案件立案追诉标准的规定(二)》第73条规定,承担资产评估、验资、验证、会计、审计、法律服务、保荐、安全评价、环境影响评价、环境监测等职责的中介组织的人员故意提供虚假证明文件,涉嫌下列情形之一的,应予立案追诉:(1)给国家、公众或者其他投资者造成直接经济损失数额在 50 万元以上的;(2)违法所得数额在 10 万元以上的;(3)虚假证明文件虚构数额在 100 万元且占实际数额 30％以上的;(4)虽未达到上述数额标准,但 2 年内因提供虚假证明文件,受过行政处罚 2 次以上,又提供虚假证明文件的;(5)其他情节严重的情形。又如,《关于办理药品、医疗器械注册申请材料造假刑事案件适用法律若干问题的解释》第 1 条规定,药物非临床研究机构、药物临床试验机构、合同研究组织的工作人员,故意提供虚假的药物非临床研究报告、药物临床试验报告及相关材料,具有下列情形之一的,应当认定为本罪的"情节严重":(1)在药物非临床研究或者药物临床试验过程中故意使用虚假试验用药品的;(2)瞒报与药物临床试验用药品相关的严重不良事件的;(3)故意损毁原始药物非临床研究数据或者药物临床试验数据的;(4)编造受试动物信息、受试者信息、主要试验过程记录、研究数据、检测数据等药物非临床研究数据或者药物临床试验数据,影响药品安全性、有效性评价结果的;(5)曾因在申请药品、医疗器械注册过程中提供虚假证明材料受过刑事处罚或者 2 年内受过行政处罚,又提供虚假证明材料的;(6)其他情节严重的情形。

2. 本罪与他罪的关系。根据《刑法》第 229 条第 2 款的规定,有前款行为,同时索取他人财物或者非法收受他人财物构成犯罪的,依照处罚较重的规定定罪处罚。根据《关于办理药品、医疗器械注册申请材料造假刑事案件适用法律若干问题的解释》第 2 条规定,实施本解释第 1 条规定的行为,同时构成提供虚假证明文件罪和受贿罪、非国家工作人员受贿罪的,依照处罚较重的规定定罪处罚。该解释第 3 条规定,药品注册申请单位的工作人员,故意使用符合本解释第 1 条第 2 款规定的虚假药物非临床研究报告、药物临床试验报告及相关材料,骗取药品批准证明文件生产、销售药品的,应当依照刑法第 141 条规定,以生产、销售假药罪定罪处罚。

(四)提供虚假证明文件罪的处罚

根据《刑法》第 229 条第 1 款和第 231 条的规定,犯本罪的,处 5 年以下有期徒刑或者拘役,并处罚金;有下列情形之一的:(1)提供与证券发行相关的虚假的资产评估、会计、审计、法律服务、保荐等证明文件,情节特别严重的;(2)提供与重大资产交易相关的虚假的资产评估、会计、审计等证明文件,情节特别严重的;(3)在涉及公共安全的重大工程、项目中提供虚假的安全评价、环境影响评价等证明文件,致使公共财产、国家和人民利益遭受特别重大损失的,处 5 年以上 10 年以下有期徒刑、并处罚金。《刑法》第 229 条 第 2 款规定,有前款行为,同时索取他人财务或者非法收受他人财物构成犯罪的,依照处罚较重的规定定罪处罚。

根据《刑法》第 231 条的规定,承担资产评估、验资、验证、会计、审计、法律服务、保荐、安全评价、环境影响评价、环境监测等职责的中介组织犯本罪的,对其判处罚金,并对其直接负责的主管人员和其他直接责任人员,依照中介组织的人员犯本罪的规定处罚。

十二、出具证明文件重大失实罪

(一)出具证明文件重大失实罪的概念

出具证明文件重大失实罪,是指承担资产评估、验资、验证、会计、审计、法律服务、保荐、安全评价、环境影响评价、环境监测等职责的中介组织的人员严重不负责任，出具的证明文件有重大失实，造成严重后果的行为。

（二）出具证明文件重大失实罪的特征

1. 本罪的客体是国家对中介服务市场的管理秩序。

2. 本罪的客观方面表现为承担资产评估、验资、验证、会计、审计、法律服务、保荐、安全评价、环境影响评价、环境监测等职责的中介组织的人员严重不负责任，出具的证明文件有重大失实，造成严重后果的行为。另外，根据相关司法解释的规定，犯罪客观方面的以下情形也受到本罪的评价。一是，根据 2009 年最高人民检察院《关于公证员出具公证书有重大失实行为如何适用法律问题的批复》的规定，公证员在履行公证职责过程中，严重不负责任，出具的公证书有重大失实，造成严重后果的情形。二是，根据 2018 年最高人民法院、最高人民检察院修正后的《关于办理妨害信用卡管理刑事案件具体应用法律若干问题的解释》第 4 条第 2 款的规定，承担资产评估、验资、验证、会计、审计、法律服务等职责的中介组织或其人员，严重不负责任，为信用卡申请人出具的财产状况、收入、职务等资信证明材料有重大失实，造成严重后果，应当追究刑事责任的情形

3. 本罪的主体是承担资产评估、验资、验证、会计、审计、法律服务、保荐、安全评价、环境影响评价、环境监测等职责的中介组织的人员。

4. 本罪的主观方面是过失，即承担资产评估、验资、验证、会计、审计、法律服务、保荐、安全评价、环境影响评价、环境监测等职责的中介组织的人员应当预见出具的证明文件有重大失实可能造成严重后果，因为疏忽大意而没有预见，或者已经预见而轻信能够避免，以致发生这种结果。

（三）出具证明文件重大失实罪的认定

1. 本罪的罪与非罪的界限。《刑法》第 229 条第 2 款规定，成立本罪，只有造成严重后果的，才可以追究刑事责任。为此，2022 年最高人民检察院、公安部《关于公安机关管辖的刑事案件立案追诉标准的规定（二）》第 74 条规定，承担资产评估、验资、验证、会计、审计、法律服务、保荐、安全评价、环境影响评价、环境监测等职责的中介组织的人员严重不负责任，出具的证明文件有重大失实，涉嫌下列情形之一的，应予立案追诉：（1）给国家、公众或者其他投资者造成直接经济损失数额在 100 万元以上的；（2）其他造成严重后果的情形。

16-2-17

2. 本罪与他罪的关系，一般表现为本罪与伪证罪的关系。伪证罪，是指在侦查、审判中证人、鉴定人、记录人、翻译人故意做虚假证明、鉴定、记录、翻译，意图陷害他人或隐瞒罪证的行为。承担资产评估、验资、验证、会计、审计、法律服务等职责的中介组织的人员，在侦查、审判中帮助犯罪嫌疑人、被告人出具证明文件时，有作伪证的可能，但本罪与伪证罪相比，最大的不同点在于本罪的主观方面是过失，而伪证罪的是故意。因此，两罪的界限明显。

（四）出具证明文件重大失实罪的处罚

根据《刑法》第 229 条第 3 款的规定，承担资产评估、验资、验证、会计、审计、法律服务、保荐、安全评价、环境影响评价、环境监测等职责的中介组织的人员犯本罪的，处 3 年以下有期徒刑或者拘役，并处或者单处罚金。

根据《刑法》第 231 条的规定，承担资产评估、验资、验证、会计、审计、法律服务、保荐、安

全评价、环境影响评价、环境监测等职责的中介组织犯本罪的,对其判处罚金,并对其直接负责的主管人员和其他直接责任人员,依照中介组织的人员犯本罪的规定处罚。

十三、逃避商检罪

(一)逃避商检罪的概念

逃避商检罪,是指违反进出口商品检验法的规定,逃避商品检验,将必须经商检机构检验的进口商品未报经检验而擅自销售、使用,或者将必须经商检机构检验的出口商品未报经检验合格而擅自出口,情节严重的行为。

(二)逃避商检罪的特征

1.本罪的客体是国家进出口商品检验管理秩序。

2.本罪的客观方面表现为违反进出口商品检验法的规定,逃避商品检验,将必须经商检机构检验的进口商品未报经检验而擅自销售、使用,或者将必须经商检机构检验的出口商品未报经检验合格而擅自出口,情节严重的行为。

3.本罪的主体是一般主体,单位也可以成为本罪的主体。

4.本罪的主观方面是故意,即行为人明知违反进出口商品检验法的规定,逃避商品检验,将必须经商检机构检验的进口商品未报经检验而擅自销售、使用,或者将必须经商检机构检验的出口商品未报经检验合格而擅自出口,会扰乱国家进出口商品检验管理秩序,并且希望或者放任这种结果的发生。

(三)逃避商检罪的认定

1.本罪的罪与非罪的界限。根据《刑法》第230条的规定,成立本罪还要求达到情节严重。2022年最高人民检察院、公安部《关于公安机关管辖的刑事案件立案追诉标准的规定(二)》第75条规定,违反进出口商品检验法的规定,逃避商品检验,将必须经商检机构检验的进口商品未报经检验而擅自销售、使用,或者将必须经商检机构检验的出口商品未报经检验合格而擅自出口,涉嫌下列情形之一的,应予立案追诉:(1)给国家、单位或者个人造成直接经济损失数额在50万元以上的;(2)逃避商检的进出口货物货值金额在300万元以上的;(3)导致病疫流行、灾害事故的;(4)多次逃避商检的;(5)引起国际经济贸易纠纷,严重影响国家对外贸易关系,或者严重损害国家声誉的;(6)其他情节严重的情形。

2.本罪与他罪的关系,实践中,一般涉及本罪与非法经营罪的关系。根据《进出口商品检验法》第33条的规定,违反本法规定,将必须经商检机构检验的进口商品未报经检验而擅自销售或者使用的,或者将必须经商检机构检验的出口商品未报经检验合格而擅自出口的,由商检机构没收违法所得,并处货值金额5%以上20%以下的罚款;构成犯罪的,一般以本罪定罪处罚。但是,若行为人违反本法规定,未经国家商检部门许可,擅自从事进出口商品检验鉴定业务,扰乱进出口商品交易秩序,情节严重的,应以非法经营罪追究刑事责任。

(四)逃避商检罪的处罚

根据《刑法》第230条的规定,犯本罪的,处3年以下有期徒刑或者拘役,并处或者单处罚金。

根据《刑法》第231条的规定,单位犯本罪的,对单位判处罚金,并对其直接负责的主管人员和其他直接责任人员,依照《刑法》第230条的规定处罚。

复习与练习

本章提要

扰乱市场秩序罪,是指违反国家市场监督管理的法律规定,破坏市场交易秩序、竞争秩序、监管秩序且情节严重的行为。具体包括《刑法》第 221 条的损害商业信誉、商品声誉罪,第 222 条的虚假广告罪,第 223 条的串通投标罪,第 224 条的合同诈骗罪,第 224 条之一的组织、领导传销活动罪,第 225 条的非法经营罪,第 226 条的强迫交易罪,第 227 条的伪造、倒卖伪造的有价票证罪和倒卖车票、船票罪,第 228 条的非法转让、倒卖土地使用权罪,第 229 条的提供虚假证明文件罪和出具证明文件重大失实罪,第 230 条的逃避商检罪。

其中的常见犯罪,根据罪状的描述,损害商业信誉、商品声誉罪,是指捏造并散布虚伪事实,损害他人的商业信誉、商品声誉,给他人造成重大损失或者有其他严重情节的行为。虚假广告罪,是指广告主、广告经营者、广告发布者违反国家规定,利用广告对商品或者服务作虚假宣传,情节严重的行为。串通投标罪,是指投标人相互串通投标报价,损害招标人或者其他投标人利益,情节严重,或者投标人与招标人串通投标,损害国家、集体、公民的合法利益的行为。合同诈骗罪,是指以非法占有为目的,在签订、履行合同过程中,骗取对方当事人财物,数额较大的行为。组织、领导传销活动罪,是指组织、领导以推销商品、提供服务等经营活动为名,要求参加者以缴纳费用或者购买商品、服务等方式获得加入资格,并按照一定顺序组成层级,直接或者间接以发展人员的数量作为计酬或者返利依据,引诱、胁迫参加者继续发展他人参加,骗取财物,扰乱经济社会秩序的传销活动的行为。非法经营罪,是指违反国家规定,故意从事非法经营活动,扰乱市场秩序,情节严重的行为。强迫交易罪,是指以暴力、威胁手段,强买强卖商品,强迫他人提供或者接受服务,强迫他人参与或者退出投标、拍卖,强迫他人转让或者收购公司、企业的股份、债券或者其他资产,或者强迫他人参与或者退出特定的经营活动的行为。

思考题

1.简述合同诈骗罪的客观方面特征。

2.分析组织、领导传销活动罪的行为方式。

3.简述非法经营罪的构成要件。

参考文献

1.祝铭山编:《合同诈骗罪》,中国法制出版社 2004 年版。

2.黄晓亮、黄伯青编著:《合同诈骗罪专题整理》,中国人民公安大学出版社 2008 年版。

3.黄安异:《非法经营罪适用问题研究》,中国法制出版社 2016 年版。

4.卢建平、楼伯坤:《对非法经营罪罪状要素司法认定的新思考》,《人民检察》2018 年第 11 期。

第十七章　破坏环境资源保护罪

本章主要阐述破坏环境资源保护罪的概念、特征,破坏环境资源犯罪的立法发展与司法运用,以及各种具体犯罪的构成要件、司法认定、刑罚处罚。重点论述污染环境罪,非法捕捞水产品罪,危害珍贵、濒危野生动物罪、非法狩猎罪,非法狩猎罪,非法占用农用地罪,非法采矿罪,非法采伐、危害国家重点保护植物罪,盗伐林木罪,滥伐林木罪的相关问题。

17-1

本章重点

- 污染环境罪
- 非法处置进口的固体废物罪
- 擅自进口固体废物罪
- 走私固体废物罪
- 非法捕捞水产品罪
- 危害珍贵、濒危野生动物罪
- 非法狩猎罪
- 非法猎捕、收购、运输、出售陆生野生动物罪
- 非法占用农用地罪
- 破坏自然保护地罪
- 非法采矿罪
- 破坏性采矿罪
- 危害国家重点保护植物罪
- 非法引进、释放、丢弃外来入侵物种罪
- 盗伐林木罪
- 滥伐林木罪

人类在发展经济、过度开发环境的同时,不断受到环境问题的困扰。长期积累的环境问题逐渐显现出来,进而环境本身以其自有的方式阻碍社会经济和各方面的进步。由此,人类开始面临环境问题的挑战。环境问题受到整个人类社会的广泛关注,运用法律手段规制环境问题已成为国际社会、各国政府及法学家们都认同的方法,运用刑事法律保护环境更是其中的重要手段之一。

第一节　破坏环境资源保护罪概述

一、破坏环境资源保护罪的概念

破坏环境资源保护罪,是指个人或单位故意违反环境保护法律,污染或破坏环境资源,造成或可能造成公私财产重大损失或人身伤亡的严重后果,触犯刑法并应受刑事惩罚的行为。

二、破坏环境资源保护罪的特征

(一)犯罪客体

对破坏环境资源保护罪的客体有以下几种不同的主张[①]:(1)复杂客体说,即危害环境罪侵犯的是公民的所有权、人身权和环境权;(2)公共安全说,即危害环境罪侵害的是不特定的多数人的生命、健康和重大公私财产的安全;(3)环保制度说,即危害环境罪侵犯的是国家环境保护管理制度;(4)双重客体说,即危害环境罪侵害的是人与自然之间的生态关系和为环境犯罪所间接侵害的人与人之间的社会关系;(5)环境权说,即危害环境罪侵害的是国家、法人、公民的环境权;(6)综合性客体说,即危害环境罪的客体包括国家环境保护管理制度、公民环境权及与环境权有关的公民和法人(非法人组织)的财产权、人身权等多方面内容的综合性同类客体。我们认为,从破坏环境资源保护罪本身所固有的特点来看,该类犯罪的客体应当是国家对环境资源保护的管理制度。所谓环境资源保护管理制度是指国家为了保护和改善生活环境和生态环境,防治污染和其他公害,保障人体健康,保证社会的可持续发展而通过有关法律和行政法规进行规制的一种制度。

(二)犯罪客观方面

破坏环境资源保护罪在客观方面表现为违反环境资源法律规定,破坏环境资源保护,依照刑法应当受到刑罚处罚的行为。

(三)犯罪主体

本罪的犯罪主体是一般主体,包括自然人和单位。个人是指达到刑事责任年龄,具有刑事责任能力的自然人。已满14周岁未满16周岁的未成年人实施破坏环境资源保护犯罪行为的,按《刑法》总则的规定,不负刑事责任,可责令其家长或者监护人加以管教,或必要时由政府收容教养。单位是指公司、企业、事业单位、机关、团体。单位作为犯罪主体有其特殊性,是双重主体,其一是没有生命实体的单位,其二是构成单位整体的自然人,即直接负责的主管人员和其他直接责任人员,他们参与实施单位犯罪,对单位犯罪的发生、发展负有重要的不可推卸的责任。任何破坏环境资源保护罪的主体,都可以由单位构成,这是本类犯罪的一大特色。在环境犯罪中,国家不能成为犯罪主体。

(四)犯罪主观方面

基本表现为故意和过失两种形式。对于环境犯罪的罪过形式,世界各国立法基本上都采取故意和过失作为环境犯罪的主观要件。个别国家采用严格责任原则(无过失原则),或

---

① 付立忠:《环境刑法学》,中国方正出版社2001年版,第251-252页。

称客观事实作为该罪的主观要件。我国实务界和理论界均认为环境犯罪中行为人主观上需有故意或过失，其中故意包括直接故意和间接故意。环境犯罪的故意，是指自然人或单位，明知自己排放、倾倒、处置等行为会造成环境的污染和破坏，但仍希望或放任这种结果的发生，因而构成犯罪。我国刑法规定的过失环境犯罪，是指自然人或单位，应当知道自己的泄露、处置等行为可能发生危害生态环境的结果，由于疏忽大意而没有预见，或者已经预见，但轻信能够避免，因而构成犯罪的情形。其中污染环境方面犯罪的罪过形式多为过失，有的属于间接故意，但也不能排除直接故意的可能性。

三、破坏环境资源保护罪的立法

我国自 1979 年全国人大公布《中华人民共和国环境保护法》（试行）以来，对破坏环境资源保护的立法日益增加。随着社会经济发展，破坏环境的行为方式也有新的变化，危害行为的规模日益扩大，严重破坏环境资源保护的行为不仅给国家财产、人民健康造成了极大损害，而且对国民经济的发展和社会稳定构成了严重威胁。刑法的介入，更加显示了国家对环境资源保护的重视。2013 年的《中华人民共和国海洋环境保护法》第 91 条第 3 款规定："对造成重大海洋环境污染事故，致使公私财产遭受重大损失或者人身伤亡严重后果的，依法追究刑事责任。"2009 年的《中华人民共和国森林法》第 39 条中规定："盗伐、滥伐森林或者其他林木，构成犯罪的，依法追究刑事责任。"第 40 条中规定："违反本法规定，非法采伐、毁坏珍贵树木的，依法追究刑事责任。"第 42 条中规定："伪造林木采伐许可证、木材运输证件、批准出口文件、允许进出口证明书的，依法追究刑事责任。"2008 年的《中华人民共和国水污染防治法》第 90 条规定："违反本法规定，构成违反治安管理行为的，依法给予治安管理处罚；构成犯罪的，依法追究刑事责任。"此外，还有例如《大气污染防治法》《固体废物污染环境防治法》《渔业法》等众多关于破坏环境资源保护罪的相关立法。

虽然相关立法中均有依法追究刑事责任、比照或者依照《刑法》某条款规定追究刑事责任的内容，但这些规定过于笼统，不是无条文可依据，就是容易导致定性不当、量刑失衡，造成司法空当或混乱。为了将有关环保法律中的刑事条款内容切实落实到可操作程度，也为了进一步完善刑法规定，我国《刑法》分则第 6 章从第 338 条到第 346 条，共 9 个条文规定了16 个罪名，分别是：污染环境罪，非法处置进口的固体废物罪，擅自进口固体废物罪，非法捕捞水产品罪，珍贵、濒危野生动物制品罪，非法狩猎罪，非法捕猎、收购、运输、出售陆生野生动物罪，非法占用农用地罪，破坏自然保护地罪，非法采矿罪，破坏性采矿罪，危害国家重点保护植物罪，非法引进、释放、丢弃外来入侵物种罪，盗伐林木罪，滥伐林木罪，非法收购、运输盗伐、滥伐的林木罪。

四、破坏环境资源保护罪的司法运用

在惩治破坏环境资源犯罪的司法实践中，严格区分罪与非罪、此罪与彼罪的界限，重点加强对单位犯罪与共同犯罪的打击，有效地运用各类司法手段遏制环境进一步恶化促进合理开发、利用自然资源。

（一）正确认定破坏环境资源保护罪的罪与非罪的界限

环境犯罪是《刑法》规定的一类危害环境的犯罪行为，其范围、种类、构成条件、处罚等

《刑法》都有明明确的规定。但司法实践中,还是会遇到环境犯罪与错误行为、违法行为的界限难以区分的问题。首先,应严格根据《刑法》规定环境犯罪构成要件来衡量,然后根据事件的起因、涉及人数、影响大小等因素综合分析作出判断。在犯罪构成四个要件中,主要是从客观方面要件和主观方面要件来分析。比如,污染环境罪只有客观行为严重污染环境或后果特别严重,才能构成犯罪。这里的严重污染环境和严重后果就是罪与非罪的区分标准之一。再如,非法采伐、毁坏国家重点保护植物罪,行为人主观上必须是出于故意,才能构成犯罪。如果是过失行为所致,则不构成该罪。

（二）此罪与彼罪的界限

1. 环境犯罪与危害公共安全罪的界限

环境犯罪往往与普通刑事犯罪有着类似之处。在司法实践中,首先应当划清环境犯罪与危害公共安全罪的界限。这两类犯罪在客观上都可能危及不特定多数人的生命健康、安全或公私财产环境要素;在主观上既包括故意也包括过失。但两者还是有明显区别的。主要是侵害的同类客体不同:环境犯罪违反的环境保护方面的法规,侵害的客体是国家关于环境保护的管理秩序;危害公共安全罪违反的是维护公共安全方面的法规,侵害的客体是公共安全。再者,两者侵犯的对象不同:环境犯罪侵犯的主要是环境要素,有时也危及人身和财产;危害公共安全罪侵犯的主要是不特定多数人生命健康或重大公私财产,但不一定侵害环境要素。另外,两者在主体范围上也有所不同:环境犯罪全部都可以由自然人或者单位主体构成;而危害公共安全罪只有小部分可以由自然人或者单位主体构成,大部分只能由自然人构成,不能由单位构成。

2. 环境犯罪与具体的破坏经济秩序罪、侵犯财产罪的界限

例如,非法捕猎、危害珍贵、濒危野生动物罪及非法狩猎罪与故意毁坏公私财物罪的界限。前两罪与后罪的主要区别是:侵犯的客体不同,前两罪侵犯的客体是国家对野生动物保护的管理制度;后罪侵犯的客体是公私财产的所有权。犯罪对象不同,前两罪是国家重点保护的一级、二级珍贵、濒危野生动物和其他一般野生动物,而不包括经人工驯养的野生动物;后罪是公私财产,包括人工驯养的野生动物。犯罪主体不同,前两罪既可由自然人构成,也可由单位构成;后罪只能由自然人构成。

（三）不断加强惩治单位犯罪、共同犯罪

单位实施的环境犯罪,其破坏环境的规模、程度等社会危害性比自然人犯罪超出几倍、甚至几十倍。因此,有效地运用刑罚手段和非刑罚手段严惩单位环境犯罪,是遏制环境进一步恶化的重要途径。单独的环境犯罪比起共同的环境犯罪,无论是犯罪规模、影响范围,还是犯罪后果、危害程度都相对较小。共同环境犯罪不仅应从重予以打击,更应作为重点加以惩治。

第二节 破坏环境资源保护罪分述

一、污染环境罪

（一）污染环境罪的概念

污染环境罪,是指违反国家规定,排放、倾倒或处置有放射性的废物、含传染病病原体的

废物、有毒物质或其他有害物质，严重污染环境的行为。

（二）污染环境罪的特征

1.本罪的客体是国家环境保护制度和公私财产、公民的生命健康安全。本罪的犯罪对象是有毒物质。所谓"有毒物质"按照有关司法解释指：危险废物，包括列入国家危险废物名录的废物，以及根据国家规定的危险废物鉴别标准和鉴别方法认定的、具有危险性的废物；剧毒化学品、列入重点环境管理危险化学品名录的化学品，以及含有上述化学品的物质；含有铅、汞、镉铬等重金属的物质；《关于持久性有机污染物的斯德哥尔摩公约》附件所列物质；其他具有毒性、可能污染环境的物质。

2.本罪在客观方面，表现为行为人违反国家规定，非法排放、倾倒或者处置危险废物，造成严重后果的行为，其具体包含以下要素：（1）违反了国家法律、法规的规定。（2）有向土地、水体、大气排放、倾倒或者处置危险废物的行为。（3）造成严重污染环境的危害后果。根据最高人民法院、最高人民检察院《关于办理环境污染刑事案件适用法律若干问题的解释》（以下简称"环境污染犯罪解释"）第1条的规定，严重污染环境是指：①在饮用水水源一级保护区、自然保护区核心区排放、倾倒、处置有放射性的废物、含传染病病原体的废物、有毒物质的；②非法排放、倾倒、处置危险废物3吨以上的；③排放、倾倒、处置含铅、汞、镉、铬、砷、铊、锑的污染物，超过国家或者地方污染物排放标准3倍以上的；④排放、倾倒、处置含镍、铜、锌、银、钒、锰、钴的污染物，超过国家或者地方污染物排放标准10倍以上的；⑤通过暗管、渗井、渗坑、裂隙、溶洞、灌注等逃避监管的方式排放、倾倒、处置有放射性的废物、含传染病病原体的废物、有毒物质的；⑥2年内曾因违反国家规定，排放、倾倒、处置有放射性的废物、含传染病病原体的废物、有毒物质受过两次以上行政处罚，又实施前列行为的；⑦重点排污单位篡改、伪造自动监测数据或者干扰自动监测设施，排放化学需氧量、氨氮、二氧化硫、氮氧化物等污染物的；⑧违法减少防治污染设施运行支出100万元以上的；⑨违法所得或者致使公私财产损失30万元以上的；⑩造成生态环境严重损害的；⑪致使乡镇以上集中式饮用水水源取水中断12小时以上的；⑫使基本农田、防护林地、特种用途林地5亩以上，其他农用地10亩以上，其他土地20亩以上基本功能丧失或者遭受永久性破坏的；⑬致使森林或者其他林木死亡50立方米以上，或者幼树死亡2500株以上的；⑭致使疏散、转移群众5000人以上的；⑮致使30人以上中毒的；⑯致使3人以上轻伤、轻度残疾或者器官组织损伤导致一般功能障碍的；⑰致使1人以上重伤、中度残疾或者器官组织损伤导致严重功能障碍的；⑱其他严重污染环境的情形。

3.本罪的主体为一般主体，自然人或单位均可成为本罪主体。从司法实践来看，实施本罪的行为人主要是从事生产经营活动的单位或个体经营者。

4.本罪的主观方面为过失。这种过失是指行为人对造成环境污染，致公私财产遭受重大损失或者人身伤亡严重后果的心理态度而言，行为人对这种事故及严重后果本应预见，但由于疏忽大意而没有预见，或者虽已预见但轻信能够避免。至于行为人对违反国家规定排放、倾倒、处置危险废物这一行为本身则常常是有意为之，但这并不影响本罪的过失犯罪性质。

（三）污染环境罪的认定

1.本罪的罪与非罪的界限

首先，构成本罪必须有严重社会危害后果的发生，如果系一般的环境污染则不以犯罪论处。其次,行为人对该严重后果主观上必须有罪过,如果该严重后果是因为技术条件限制或设备不良,或其他不可抗拒因素造成的,也不能以犯罪论处。最后,如果行为人排放、倾倒、处置的物质不属于危险废物之列,或者该危险废物的毒性没有达到法定标准或者处置没有超出常规标准,均不构成犯罪。

2.本罪与相似犯罪的界限

首先,应将本罪与重大责任事故罪加以区分:(1)本罪的客体是国家对环境保护和污染防治的管理活动,而后罪侵犯的客体则为公共安全。(2)本罪的客观方面表现为违反国家规定,向土地、水体、大气排放、倾倒或者处置有放射性的废物、含传染病病原体的废物、有毒物质或其他危险废物,造成重大环境污染事故,致使公私财产遭受重大损失或者人身伤亡等严重后果的行为。而后罪则表现为在生产作业过程中,不服管理、违反规章制度,或者强令工人违章冒险作业,因而发生重大责任事故,造成严重后果的行为。(3)本罪主体包括自然人和单位,后罪主体只限于自然人。

其次,应将本罪与危险物品肇事罪加以区别:(1)本罪的客体是国家环境保护和环境污染防治的管理制度,犯罪对象是危险废物;后罪侵犯的客体是公共安全,犯罪对象主要是爆炸性、易燃性、毒害性、腐蚀性等危险物品。(2)本罪在客观方面表现为违反国家规定向土地、水体、大气排放、倾倒、处置废物而造成重大环境污染事故的行为;后罪则表现为违反危险物品的管理规定,在生产、储存、运输、使用过程中发生事故的行为。(3)本罪主体包括自然人和单位,后罪主体只限于自然人。

(四)污染环境罪的处罚

根据《刑法》第338条规定,犯本罪的,处3年以下有期徒刑或者拘役,并处或者单处罚金;情节严重的,处3年以上7年以下有期徒刑,并处罚金。有下列情形之一的,处7年以上有期徒刑,并处罚金:(1)在饮用水水源保护区,自然保护地核心保护区等依法确定的重点保护区域排放、倾倒、处置有放射性的废物、含传染病病原体的废物、有毒物质、情节特别严重的;(2)向国家确定的重要江河、湖泊水域排放、倾倒、处置有放射性的废物、含传染病病原体的废物、有毒物质,情节特别严重的;(3)致使大量永久基本农田基本功能丧失或者遭受永久性破坏的;(4)致使多人重伤、严重疾病,或者致人严重残疾、死亡的。根据《刑法》第338第2款规定,有前款规定,同时构成其他犯罪的,依照处罚较重的规定定罪处罚。根据《刑法》第346条规定,单位犯本罪的,对单位判处罚金,对其直接负责的主管人员和其他直接责任人员依照第338条规定处罚。

根据《环境污染犯罪解释》第4条的规定,具有下列情形之一的,应当从重处罚:(1)阻挠环境监督检查或者突发环境事件调查,尚不构成妨害公务等犯罪的;(2)在医院、学校、居民区等人口集中地区及其附近,违反国家规定排放、倾倒、处置有放射性的废物、含传染病病原体的废物、有毒物质或者其他有害物质的;(3)在重污染天气预警期间、突发环境事件处置期间或者被责令限期整改期间,违反国家规定排放、倾倒、处置有放射性的废物、含传染病病原体的废物、有毒物质或者其他有害物质的;(4)具有危险废物经营许可证的企业违反国家规定排放、倾倒、处置有放射性的废物、含传染病病原体的废物、有毒物质或者其他有害物质的。

根据《环境污染犯罪解释》第5条的规定,实施《刑法》第338条、第339条规定的行为,刚达到应当追究刑事责任的标准,但行为人及时采取措施,防止损失扩大、消除污染,全部赔偿损失,积极修复生态环境,且系初犯,确有悔罪表现的,可以认定为情节轻微,不起诉或者免予刑事处罚;确有必要判处刑罚的,应当从宽处罚。

二、非法处置进口的固体废物罪

（一）非法处置进口的固体废物罪的概念

非法处置进口的固体废物罪,是指违反国家规定,将境外的固体废物进境倾倒、堆放、处置的行为。

所谓固体废物,是指在生产建设、日常生活和其他活动中产生的污染环境的固态、半固态废弃物。根据 2015 年《固体废物污染环境防治法》第 75 条的规定,液态废物、置于容器中的气态废物,也属于固体废物。

（二）非法处置进口的固体废物罪的特征

1. 本罪的客体是国家环境保护制度。

2. 本罪在客观方面表现为违反国家规定,将境外的固体废弃物进境倾倒、堆放、处置的行为。只要实施了以上行为即可构成本罪,非加重处罚情形下不要求行为造成环境污染或者其他社会危害的后果。其中"处置"是指"将固体废物焚烧和用其他改变固体废物的物理、化学、生物特性的方法,达到减少已生产的固体废物数量、缩小固体废物体积、减少或者消除其危险成分的活动,或者将固体废物最终置于符合环境保护规定要求的场所或者设施并不再回取的活动"。

3. 本罪的主体为一般主体,既可以是自然人,也可以是单位。

4. 本罪的主观方面为故意,即明知是进口的固体废物而违法倾倒、堆放、处置。

（三）非法处置进口的固体废物罪的认定

1. 本罪与污染环境罪、走私固体废物罪的界限

（1）本罪与污染环境罪的界限:第一,本罪的主观要件是故意,是行为犯;污染环境罪的主观要件是过失,是结果犯。第二,本罪的行为对象是境外的固体废物;污染环境罪的行为对象是境内的危险废物和有毒有害物质。

（2）本罪与走私固体废物罪的界限:第一,主观要件均为故意,只是故意的内容不同,本罪的故意表现为行为人明知将境外的固体废物进境倾倒、堆放、处置的行为违反国家对环境保护和污染防治的管理活动和管理制度,并有可能污染环境而为之;而走私固体废物罪的故意表现为明知运输进境的固体废物是国家禁止进口的,仍逃避海关的监管将其运输进境的。第二,客体要件不同。本罪侵犯的客体是国家有关固体废物污染防治的管理活动和管理制度,属于妨害社会管理秩序的犯罪;而走私固体废物罪侵犯的客体是国家的对外贸易管理,属于破坏社会主义市场经济秩序的犯罪。第三,犯罪客观要件不同。本罪的犯罪对象是国家允许进口的,主要是限制进口的固体废物;后罪的犯罪对象是境外固体废物,不受是否禁止的或限制进口的固体废物的制约。

2. 本罪的一罪与数罪问题

如行为人已经构成本罪,但其进口的固体废物是通过伪造、变造国家环境保护部《进口废物批准证书》获得的,这种为达到进口废物目的的行为,已经构成刑法第 280 条第 1 款之

伪造、变造、买卖国家机关公文、证件、印章罪，应当对行为人实行数罪并罚。如果行为人非法处置进口的固体废物的行为不构成本罪，其伪造、变造国家机关公文的行为，应以刑法第280条第1款论处。如行为人非法处置进口的废物属于国家禁止进口的固体废物的，行为人同时触犯了非法处置进口的固体废物罪和走私固体废物罪。对于禁止进口的固体废物，行为人将其非法入境，已构成走私固体废物罪。至于行为人是否将其非法处置，以及非法处置造成什么严重后果，应属于走私固体废物罪的量刑情节，不再单独认定构成非法处置进口固体废物罪。如果行为人非法处置进口的是危险废物，则同时触犯多个罪名，应以行为的具体对象来确定行为人所触及的罪名，危险废物中之固体废物属国家允许进口或限制进口之列的，则以本罪论；属于国家禁止进口的，则以走私固体废物罪论。通过非法途径将危险废物移至境内，且非法处置的，应以走私罪和本罪实行并罚。

（四）非法处置进口的固体废物罪的处罚

根据《刑法》第339条第一款规定，犯本罪的，处5年以下有期徒刑或者拘役，并处罚金；造成重大环境污染事故，致使公私财产遭受重大损失或者严重危害人体健康的，处5年以上10年以下有期徒刑，并处罚金；后果特别严重的，处10年以上有期徒刑，并处罚金。单位犯罪的，对单位判处罚金，对直接负责的主管人员和其他直接责任人员按照《刑法》第338条的规定处罚。

三、擅自进口固体废物罪

（一）擅自进口固体废物罪的概念

擅自进口固体废物罪，是指未经国务院有关主管部门许可，擅自进口固体废物用作原料，造成重大环境污染事故，致使公私财产遭受重大损失或者严重危害人体健康的行为。

（二）擅自进口固体废物罪的特征

1.本罪的客体是国家对废物的进口管理制度与环境保护制度。

本罪的犯罪对象是国家限制进口的境外固体废物，即国家限制进口的可用作原料的固体废物。

2.本罪的客观方面表现为未经国务院有关部门许可，擅自进口固体废物用作原料，造成重大环境污染事故，致使公私财产遭受重大损失或者严重危害人体健康。在客观方面具体内容上应该符合以下三个条件：第一，必须是未经国务院有关主管部门许可，擅自进口固体废物的行为。这里的国务院有关主管部门，主要是指国家生态环境部、国家进出口检验检疫总局、海关总署等部门。第二，必须具有将限制进口的固体废物用作原料的生产、经营活动行为。也就是说，行为人擅自将固体废物运输入境后，进一步实施了有关将固体废物用作原料的生产、经营活动行为。第三，行为人将限制进口的固体废物擅自进口用作原料的行为，必须造成了严重危害结果。

3.本罪的主体是一般主体，包括自然人和单位。

4.本罪的主观方面是故意。

（三）擅自进口固体废物罪的认定

1.本罪的罪与非罪的界限

关于本罪的立案标准，相关司法解释规定，未经国务院有关主管部门许可，擅自进口固体废物用作原料,造成重大环境污染事故,涉嫌下列情形之一的,应予立案追诉:(1)致使公私财产损失 30 万元以上的;(2)致使基本农田、防护林地、特种用途林地 5 亩以上,其他农用地 10 亩以上,其他土地 20 亩以上基本功能丧失或者遭受永久性破坏的;(3)致使森林或者其他林木死亡 50 立方米以上,或者幼树死亡 2500 株以上的;(4)致使 1 人以上死亡、3 人以上重伤、10 人以上轻伤,或者 1 人以上重伤并且 5 人以上轻伤的;(5)致使传染病发生、流行或者人员中毒达到《国家突发公共卫生事件应急预案》中突发公共卫生事件分级Ⅲ级以上情形,严重危害人体健康的;(6)其他致使公私财产遭受重大损失或者严重危害人体健康的情形。

另外,擅自进口固体废物用作原料的行为必须是已经造成重大环境污染事故,致使公私财产遭受重大损失或者严重危害人体健康的后果才构成犯罪。这是本罪的结果特征,也是区分构成罪与非罪的标准。

2. 本罪与走私废物罪的界限

第一,走私废物罪的犯罪对象既包括国家允许限制进口的可用作原料的固体废物、液态废物和气态废物,也包括国家禁止进口的不能用作原料的固体废物、液态废物和气态废物;本罪的犯罪对象则仅限于国家限制进口的可用作原料的固体废物。第二,走私废物罪的危害行为表现为违反海关法规,逃避海关监管,非法将境外固体废物、液态废物和气态废物运输进境;本罪表现为未经国务院有关主管部门批准,擅自进口固体废物用作原料的行为。第三,走私废物罪是行为犯,只要实施走私固体废物、液态废物和气态废物的行为,即可构成,并不要求造成环境污染、财产损失、人体健康受损等威胁或危害。本罪是结果犯,构成该罪以发生重大环境污染事故,致使公私财产遭受重大损失或者严重危害人体健康的实际危害结果为必要。需要注意的是,以原料利用为名,进口不能用作原料的固体废物的,即进口《国家限制进口的可用作原料的废物目录》上没有列入的固体废物的,不以本罪定罪处罚,而应依照走私罪的规定定罪处罚。

(四)擅自进口固体废物罪的处罚

《刑法》第 339 条第 3 款规定,以原料利用为名,进口不能用作原料的固体废物、液态废物和气态废物的,依照本法第 152 条第 2 款(走私废物罪)的规定定罪处罚。根据有关司法解释,"经许可进口国家限制进口的可用作原料的废物时,偷逃应缴税额,构成犯罪的,应当依照刑法第 153 条规定,以走私普通货物罪定罪处罚;既未经许可,又偷逃应缴税额,同时构成走私废物罪和走私普通货物罪的,应当按照刑法处罚较重的规定定罪处罚。虽经许可,但超过许可数量进口国家限制进口的可用作原料的废物,超过部分以未经许可论"。

《刑法》第 339 条第 2 款、第 346 条规定,犯本罪的,处 5 年以下有期徒刑或者拘役,并处罚金;后果特别严重的,处 5 年以上 10 年以下有期徒刑,并处罚金。单位犯罪,对单位判处罚金,并对其直接负责的主管人员和其他直接责任人员依照上述规定处罚。

四、走私固体废物罪

(一)走私固体废物罪的概念

走私固体废物罪,是指违反海关法规和环境保护法规,逃避海关监管,将境外固体废物运输进境以及以原料利用为名,进口不能用作原料的固体废物的行为。

（二）走私固体废物罪的特征

1.本罪侵犯的是复杂客体，即国家对外贸易管理制度和环境保护制度。

本罪的犯罪对象是固体废物，所谓固体废物是指在生产建设、日常生活和其他活动中产生的污染环境的固态、半固态废弃物质，包括工业固体废物、城市生活垃圾和危险废物。所谓工业固体废物，是指在工业、交通等生产活动中产生的固体废物；所谓城市生活垃圾，是指在城市日常生活中或者为城市日常生活提供服务的活动中产生的固体废物以及法律、行政法规规定视为城市生活垃圾的固体废物；所谓危险废物，是指列入国家危险废物名录或者根据国家规定的危险废物鉴定标准和鉴别方法认定的具有危险特性的废物。

2.本罪在客观方面表现为违反海关法规，逃避海关监管，非法运输境外固体废物进入国（边）境的行为。所谓逃避海关监管，是指采用各种方法，躲避海关的监督、检查、企图将固体废物通过国（边）境。有的绕过关口，在没有海关或边卡检查站的地万，非法携带、运输固体废物入境；有的虽通过关口，但企图以隐匿、伪装、假报等手段，以欺骗海关、蒙混过关等。这些行为都是走私固体废物的典型行为，此外，走私固体废物还有一些非典型行为，根据我国刑法的有关规定、主要包括下列情形：（1）直接向走私人非法收购固体废物的；（2）在内海、领海运输、收购、贩卖固体废物的；（3）与走私固体废物的犯罪分子进行通谋，为其提供贷款、资金、帐号、发票、证明或为其提供运输、保管或者其他方便条件的；等等。

3.本罪的主体为一般主体，即凡是达到刑事责任年龄、具有刑事责任能力的自然人，均可构成本罪。单位也可成为本罪的主体。

4.本罪在主观方面只能由故意构成，即明知是固体废物而仍非法运输，使之进入国（边）境。过失不能构成本罪。如果行为人不知自己所运输的是固体废物，则不能以本罪论处。构成犯罪的，应以他罪如走私普通货物、物品罪等处罚。至于其目的，一般是为了牟利，但是否具有这种目的，并不影响本罪成立。

（三）走私固体废物罪的认定

1.关于想象竞合犯

擅自进口固体废物用作原料的行为，通常是在未经有关部门批准，没有获得《进口废物批准书》的情况下实施的。由于存在这一事实，实际上，许多擅自进口固体废物的行为，如果行为人不逃避海关监管是很难将固体废物顺利进口入境的，也就是说，擅自进口固体废物的行为通常都是以走私的方式进行的。这样就形成了大量的擅自进口固体废物罪与私废物罪的想象竞合犯，应当依想象竞合犯之从重处罚的原则追究行为人的刑事责任。

2.一罪与数罪

根据我国刑法第157条第2款规定，以暴力、威胁方法抗拒缉私的，以走私固体废物罪和我国《刑法》第277条规定的妨害公务罪，依照数罪并罚的规定处罚。

3.走私固体废物罪与相似犯罪的界限

第一，本罪与非法处置进口的固体废物罪的界限。两者的区别是，前者逃避海关监管，后者则不逃避海关监管；前者处罚的是走私行为，后者处罚的是将固体废物在我国境内倾倒、堆放、处置的行为。因此，如果行为人走私固体废物并在我困境内倾倒、堆放、处置的，既构成走私固体废物罪又构成非法处置进口的固体废物罪，应实行数罪并罚。

第二，本罪与擅自进口固体废物罪的界限。两者的区别在于：（1）侵犯的客体不同。前者侵犯的主要是国家海关的监管制度,后者侵犯的则是国家的环境保护制度。(2)客观方面不同。前者表现为逃避海关监管的行为,后者则不逃避海关监管。(3)危害结果的成立要求不同。前者属于行为犯,行为人只要走私固体废物就构成犯罪;而后者则是结果犯,要求造成重大环境污染事故,致使公私财产遭受重大损失或者严重危害人体健康。(4)犯罪对象不同。前者走私的废物应当理解为国家禁止进口的固体废物;而后者进口的则是国家限制进口的固体废物,如果将这些固体废物进口作原料,必须经国务院有关部门批准。

(四)走私废物罪的处罚

1.根据我国《刑法》第339条第3款规定,犯本罪的,依照本法第152条第二款、第三款的规定定罪处罚。具体来说:(1)走私固体废物,情节严重的,处5年以下有期徒刑,并处或单处罚金;(2)走私固体废物,情节特别严重的,处5年以上有期徒刑,并处罚金。

应当指出,走私固体废物毕竟不同于走私一般的货物、物品,有时候难以计算其偷逃应缴税额。本书认为,可以参照最高人民法院1996年7月31日《关于审理非法进口废物刑事案件适用法律若干问题的解释》的规定,以走私废物的数量来确定刑罚的适用幅度。

2.根据《刑法》第339条第3款、第152条第3款规定,单位犯本罪的,对单位判处罚金,并对其直接负责的主管人员和其他直接责任人员,处5年以下有期徒刑或者拘役;情节特别严重的,处5年以上有期徒刑。

3.根据本法第157条第1款规定,武装掩护走私的,依照本法第151条第1款、第4款的规定从重处罚。

4.根据本法第157条第2款规定,以暴力、威胁方法抗拒缉私的,以走私废物罪和本法第277条规定的妨害公务罪,依照数罪并罚的规定处罚。

五、非法捕捞水产品罪

(一)非法捕捞水产品罪的概念

非法捕捞水产品,是指违反保护水产资源法规,在禁渔区、禁渔期或者使用禁用的工具、方法捕捞水产品,情节严重的行为。

(二)非法捕捞水产品罪的特征

1.本罪的客体是国家水产资源保护制度。本罪的犯罪对象是各种水产品资源,包括具有经济价值的水生动物和水生植物产品两类。

2.本罪客观方面表现为违反国家有关规定,在禁渔区、禁渔期或者使用禁用的工具、方法捕捞水产品,情节严重的行为。所谓禁渔区,是指对某些重要鱼、虾、贝类的产卵场、越冬场和幼体索饵划定的一定区域,在此区域内禁止全部作业或者限制作业种类。禁渔期,是指根据某些鱼类产卵或者成长的规律而规定的禁止全部作业或者限制作业的一定期限。禁用的工具,是指禁止使用超过国家关于不同捕捞对其所分别规定的最小网眼尺寸的网具和其他禁止使用的破坏水产资源的捕捞方法。禁用的方法,是指采用爆炸、放电、放毒等使水产品正常生长、繁殖受到损害的破坏性方法。所谓情节严重,是指多次非法捕捞或捕捞数量较大的,使用炸鱼等毁灭性方法的或在非法捕捞中行凶殴打管理人员等。

3.本罪的主体为一般主体,包括自然人和单位。

4.本罪的主观方面表现为故意。这里的故意,是指明知是非法捕捞水产品的行为而有意实施的主观心理状态。

（三）非法捕捞水产品罪的认定

1.本罪的罪与非罪的界限

第一，区分合法行为与犯罪的界限。根据《渔业法实施细则》第 19 条的规定，因科学研究等特殊需要，在禁渔区、禁渔期捕捞或者使用禁用的渔具、捕捞方法，或者捕捞重点保护的渔业资源品种，只要经过省级以上人民政府渔业行政主管部门批准，即为合法，不构成本罪。

第二，区分一般违法行为与犯罪的界限。不具备情节严重的非法捕捞水产品的行为，如未按《渔业法》规定取得捕捞许可证而擅自进行捕捞，数量不大的；使用禁用的渔具和方法捕捞水产品但未造成严重危害后果的；偶尔违反捕捞许可证关于作业类型、场所、时限等方面的规定进行捕捞的，属于一般违法行为，尚未构成犯罪，由渔业主管部门或公安机关予以行政处罚。情节是否严重，是区分二者的标准。

2.本罪与盗窃罪的界限

两罪在主观故意的形态上是相同的，只是故意的内容不同。本罪中故意的内容是明知非法捕捞的行为违反保护水产资源法规，仍故意为之；盗窃罪故意的内容是以非法占有为目的而为的秘密窃取的行为。因而说明了非法捕捞水产品罪与盗窃罪是性质不同的犯罪，区别是：第一，客体不同。本罪侵犯的客体是国家对水产资源的管理制度，属于破坏环境资源保护的犯罪；后罪侵犯的客体是公私财物的所有权，属于侵犯财产的犯罪。第二，客观方面不同。本罪表现为违反国家保护水产资源法规非法捕捞水产品的行为，而盗窃罪为以秘密方法非法占有公私财物的行为。因而在实践中，以非法占有为目的，在水面或他人承包的渔塘中，毒死或炸死较大数量的鱼并将其偷走，未引起其他严重后果的，应以盗窃罪论处。第三，主体不同。本罪的主体既包括自然人又包括单位，盗窃罪的主体只能是自然人。第四，犯罪对象不同。本罪的对象是除了珍贵水生动物以外的所有水产品资源，具有特定性，盗窃罪的对象则范围广泛，包括所有的公私财物。

3.本罪的一罪与数罪

行为人非法捕捞水产品，数额较大的，可以构成盗窃罪，应从一重罪论处。行为人使用炸鱼、毒鱼等危险方法捕捞水产品，危害公共安全的，应按以危险方法危害公共安全罪论处。

（四）非法捕捞水产品罪的处罚

根据《刑法》第 340 条之规定，犯本罪的，处 3 年以下有期徒刑、拘役、管制或者罚金。《刑法》第 346 条规定，单位犯本罪的，对单位判处罚金，并对其直接负责的主管人员和其他直接责任人员，依照自然人犯罪的规定处罚。

六、危害珍贵、濒危野生动物罪

（一）危害珍贵、濒危野生动物罪的概念

危害珍贵、濒危野生动物罪是指非法猎捕、杀害国家重点保护的珍贵、濒危野生动物或者非法收购、运输、出售国家重点保护的珍贵、濒危野生动物及其制品的行为。一般表现为未取得有关主管部门颁发的特许猎捕证，或者虽取得特许猎捕证但未按规定的种类、数量、地点、期限猎捕、杀害珍贵、濒危野生动物的行为，或者未经批准购买、运输出售珍贵、濒危野生动物或者动物制品的行为。

（二）危害珍贵、濒危野生动物罪的特征

1.危害珍贵、濒危野生动物罪的客体

本罪的客体是国家对重点保护的珍贵、濒危野生动物的管理制度。珍贵、濒危野生动物是国家的一项宝贵自然资源，不仅具有重要的经济价值，而且具有重要的文化价值、社会价值以至政治价值。因此，国家通过制定一系列保护野生动物的法律法规，对珍贵、濒危野生动物予以重点保护。如《野生动物保护法》《陆生野生动物保护实施条例》《水生野生动物保护实施条例》等，这些法律、法规共同构建了有关国家重点保护的珍贵、濒危野生动物的管理制度体系。

本罪的犯罪对象是国家重点保护的珍贵、濒危野生动物及其制品。珍贵的野生动物，是指在生态平衡、科学研究、文化艺术、发展经济以及国际交往等方面具有重要价值的陆生、水生野生动物。濒危野生动物，是指品种和数量稀少且濒于灭绝危险的陆生、水生野生动物。这里的珍贵、濒危野生动物，根据 2000 年 11 月 17 日最高人民法院《关于审理破坏野生动物资源刑事案件具体应用法律若干问题的解释》第 1 条的规定，是指列入《国家重点保护野生动物名录》的国家一、二级保护野生动物，列入《濒危野生动植物种国际贸易公约》附录一、附录二的野生动物以及驯养繁殖的上述物种。珍贵、濒危动物的制品，是指对捕获或得到的珍贵、濒危野生动物通过某种加工手段而获得的成品和半成品，如标本、皮张和其他有极高经济价值的动物部位、肉食等。

2.危害珍贵、濒危野生动物罪的客观方面

本罪的客观方面表现为实施猎捕、杀害国家重点保护的珍贵、濒危野生动物的行为和非法收购、运输、出售珍贵、濒危野生动物及其制品的行为。所谓猎捕，是指以猎具、药物或其他器具及方法捕捉或捕捞野生动物的行为；所谓杀害，是指以任何方式害死野生动物的行为。《野生动物保护法》规定，对于国家保护的珍贵、濒危野生动物，严禁在任何时间、任何地点、使用任何工具或方法进行猎捕和杀害，如因科学研究、驯养繁殖、展览或者特殊情况，需要捕捉或捕捞国家一级保护的野生动物，必须向国务院野生动物行政主管部门申请特许猎捕证；捕获国家二级保护的野生动物，必须向省、自治区、直辖市政府野生动物行政主管部门申请特许猎捕证。捕猎者必须根据猎捕证所规定的种类、数量、地点和期限进行捕猎，不得使用军用武器、毒药、炸药进行捕猎，违反上述规定的猎捕、杀害珍贵、濒危野生动物的，均属非法。

至于其捕杀行为是在何时、何地、用何种工具，采用何种方法都不影响本罪的成立。实践中具有非法猎捕和杀害两种方式之一的，即可构成本罪，同时具备两种方式的，也只构成一罪，不能按数罪并罚。

在合法使用、驯养、繁殖、展览珍贵野生动物等活动中，致使野生动物死亡，认定时应具体情况具体分析。

所谓珍贵、濒危野生动物及其制品，是指利用珍贵、濒危野生动物的毛、皮、骨等制作而成的模具、药品等；所谓收购，是指未经有关部门批准以金钱作价，购买珍贵、濒危野生动物及其制品的行为；所谓运输，是指未经批准，私自运输珍贵、濒危野生动物及其制品的行为；所谓出售，是指未经批准，以牟利为目的出价售卖珍贵、濒危野生动物及其制品的行为，至于是否已实际获得利益，并不影响犯罪的成立。

3.危害珍贵、濒危野生动物罪的主观方面

本罪的主观方面表现为故意,行为人的主观认识因素必须是明知行为对象是或可能是国家重点保护的珍贵、濒危野生动物而仍加以猎捕、杀害,明知行为对象是或可能是国家重点保护的珍贵、濒危野生动物及其制品而进行收购、运输和出售;意志因素既可以是希望也可以是放任。如果缺乏必要的认识,误捕误杀的,即行为人在主观上没有认识到自己行为的违法性的,不构成该罪。过失不构成本罪。行为人可能是为了出卖牟利、自食自用、馈赠亲友或者出于取乐的目的,不论动机如何,都可以构成本罪。

4.危害珍贵、濒危野生动物罪的主体

本罪的主体为一般主体,即凡是达到刑事责任年龄、具有刑事责任能力的自然人,均可构成本罪。单位也可成为本罪主体。

(三)非法猎捕、杀害珍贵、濒危野生动物罪的认定

1.本罪的罪与非罪的界限

首先,本罪属于行为犯,不以其是否具备"情节严重"作为划分罪与非罪的界限,行为人只要故意实施了非法猎捕、杀害国家重点保护的珍贵、濒危野生动物行为或非法收购、运输、出售珍贵、濒危野生动物及其制品的行为,不管结果如何,均可构成该罪。其次,非法捕杀珍贵、濒危野生动物的行为方式多种多样,但可以归纳为 3 类:猎取珍贵、濒危的陆生野生动物,捕捞珍贵、濒危的水生野生动物,杀害珍贵、濒危的陆生或水生野生动物。最后,非法捕杀珍贵、濒危野生动物罪的既遂,以符合本罪的构成要件为标准。只要完成猎取、捕捞、杀害、收购、运输出售行为之一的,构成既遂。是否杀害珍贵、濒危野生动物并非本罪既遂的唯一标志。

2.本罪与非法收购、运输、出售珍贵、濒危野生动物、珍贵、濒危野生动物制品罪的区别

首先,本罪的行为方式为非法猎捕、杀害,而后者的行为方式则为非法收购、运输、出售。其次,本罪的犯罪对象是国家重点保护的珍贵、濒危野生动物;后者除此之外,还包括国家重点保护的珍贵、濒危野生动物的制品。

3.危害珍贵、濒危野生动物罪特殊形态的认定

本罪的犯罪构成比较简单,司法实践中认定起来一般不存在困难。但对于本罪的特殊犯罪形态,却有必要在理论上加以澄清,以正确地指导司法实践。

(1)关于想象竞合犯。根据《关于审理破坏野生动物资源刑事案件具体应用法律若干问题的解释》第 7 条规定:使用爆炸、投毒、设置电网等危险方法破坏野生动物资源,构成非法猎捕、杀害珍贵、濒危野生动物罪或者非法狩猎罪;同时又构成《刑法》第 114 条或者第 115 条规定之罪的,依照处罚较重的规定定罪处罚。这是本罪关于想象竞合犯的规定,对此应从一重罪处断。

(2)关于一罪与数罪的问题,直接向走私人非法收购国家禁止进出口的珍贵动物及其制品(包括国家重点保护的珍贵、濒危野生动物及其制品)的,在内海、领海运输、收购、贩卖国家禁止进出口的珍贵动物及其制品的,非法将珍贵、濒危野生动物运输出境的,都构成走私珍贵动物、珍贵动物制品罪,而不成立本罪。对于行为人非法猎捕、杀害珍贵、濒危野生动物或收购珍贵、濒危野生动物及其制品后,又走私的,实行数罪并罚。

(3)单位危害珍贵、濒危野生动物罪的特殊形态。依照刑法典第 341 条第 1 款的规定,单

位违反野生动物保护法规,未经有关部门批准,猎捕、杀害国家重点保护的珍贵、濒危野生动物的行为,构成单位危害珍贵、濒危野生动物罪。单位实施非法捕杀珍贵、濒危野生动物行为时造成他人伤亡或危害公共安全的如何处理? 如果行为人枪杀动物时误伤或致死他人,或用炸药捕杀动物而引起火灾,都是一个行为触犯了两个罪名,对此应择其中一个重罪论处。

3.此罪与彼罪的区别

本罪与非法经营罪

主要有以下两点区别:第一,两罪侵害的客体和对象不同。本罪侵害的是国家对珍贵、濒危野生动物的保护制度,犯罪对象仅限于珍贵、濒危野生动物及其制品。而非法经营罪,侵害的是国家对市场的管理秩序,犯罪对象可以是任何国家禁止经营的物品,甚至有的非法经营行为没有具体行为对象,其范围非常宽泛。第二,两罪的行为方式不同。非法经营罪表现为非法经营国家专营、专卖物品或者其他限制买卖的物品,倒卖进出口许可证等批文,非法从事某种经营活动等行为。而本罪则只能是实施捕猎、杀害、收购、运输或者出售五项行为中的部分行为或全部行为,否则不构成该罪。

(四)危害珍贵、濒危野生动物罪的处罚

《刑法》第341条第1款规定,非法猎捕、杀害国家重点保护的珍贵、濒危野生动物的,或者非法收购、运输、出售国家重点保护的珍贵、濒危野生动物及其制品的,处5年以下有期徒刑或者拘役,并处罚金;情节严重的,处5年以上10年以下有期徒刑,并处罚金;情节特别严重的,处10年以上有期徒刑,并处罚金或者没收财产。《刑法》第346条规定:"单位犯本节第338条至第345条规定之罪的,对单位判处罚金,并对其直接负责的主管人员和其他直接责任人员,依照本节各该条的规定处罚。"

七、非法狩猎罪

(一)非法狩猎罪的概念

非法狩猎罪,是指违反狩猎法规,在禁猎区、禁猎期或者使用禁用的工具、方法进行狩猎,破坏野生动物资源,情节严重的行为。

(二)非法狩猎罪的特征

1本罪的客体是国家野生动物保护制度。本罪的犯罪对象是珍贵、濒危野生动物以外的其他野生动物。

2.本罪的客观方面表现为行为人实施了非法狩猎的行为。所谓非法狩猎,是指违反狩猎法规,在禁猎区、禁猎期或者使用禁用的工具、方法进行狩猎。这里的狩猎法规,主要是指我国《野生动物保护法》等相关法律、法规;禁猎区,是指国家划定的禁止狩猎的区域;禁猎期,是指国家根据野生动物的生长特点划定的禁止狩猎的期间;禁用的工具,一般是指具有极大杀伤力的狩猎器械;禁用的方法,是指一切足以破坏野生动物资源的方法。构成本罪必须是"情节严重"。所谓情节严重,根据司法解释的规定,是指具有下列情形之一的:(1)非法狩猎野生动物20只以上的;(2)违反狩猎法规,在禁猎区或者禁猎期使用禁用的工具、方法狩猎的;(3)具有其他严重情节的。

3.本罪的主体是一般主体,单位也可以构成本罪。

4.本罪的主观方面为故意。

（三）非法狩猎罪的认定

1.本罪与非法猎捕、杀害珍贵、濒危野生动物罪的界限

二者的区别点是：（1）犯罪对象不同。本罪的犯罪对象是珍贵、濒危野生动物以外的一般的野生动物；后者的犯罪对象为《国家重点保护野生动物名录》的珍贵、濒危野生动物。（2）犯罪时间、地点、工具、方法在犯罪构成中的地位不同。犯罪的时间、地点、工具和方法在非法猎捕、杀害珍贵、濒危野生动物罪中，并非犯罪成立的条件。（3）非法狩猎要求情节严重才构成犯罪；而非法猎捕、杀害珍贵、濒危野生动物罪只要实施非法捕杀行为，即可构成犯罪。

2.本罪与非法捕捞水产品罪的界限

二者的主要区别是犯罪对象不同。非法狩猎罪的对象是除国家重点保护的珍贵、濒危野生动物以外的一般野生动物；而非法捕捞水产品罪的犯罪对象则为除国家重点保护的珍贵、濒危野生动物以外的其他水产品资源。

（四）非法狩猎罪的处罚

根据《刑法》第341条第2款和第346条的规定，犯本罪的，处3年以下有期徒刑、拘役、管制或者罚金。

单位犯本罪的，对单位判处罚金，并对其直接负责的主管人员和其他直接责任人员，依照自然人犯本罪的规定处罚。

八、非法猎捕、收购、运输、出售陆生野生动物罪

（一）非法捕猎、收购、运输、出售陆生野生动物罪的概念

非法捕猎、收购、运输、出售陆生野生动物罪，是指违反野生动物保护管理法规，以食用为目的非法捕猎、收购、运输、出售珍贵、濒危野生动物以外的在野外环节自然生长繁殖的陆生野生动物，情节严重的行为。

（二）非法捕猎、收购、运输、出售陆生野生动物罪的特征

1.本罪的客体为国家陆生野生动物保护制度。犯罪对象是《国家重点保护野生动物名录》中规定的陆生野生动物。

2.本罪的客观方面为行为人以食用为目的，实施了非法捕猎、收购、运输、出售《刑法》第341条第1款规定以外的在野外环境自然生长繁殖的陆生野生动物，情节严重的行为。

3.本罪的主体为一般主体。

4.本罪的主观方面为故意。

（三）非法捕猎、收购、运输、出售陆生野生动物罪的处罚

根据《刑法》第341条第3款的规定，犯本罪的，处3年以下有期徒刑、拘役、管制、或者罚金。

九、非法占用农用地罪

（一）非法占用农用地罪的概念

非法占用农用地罪，是指违反土地管理法规，非法占用耕地、林地等农用地，改变被占用

土地用途,数量较大,造成耕地、林地等农用地大量毁坏的行为。根据全国人大常委会《关于〈中华人民共和国刑法〉第三百四十二条的解释》,"违反土地管理法规",是指违反土地管理法、森林法、草原法的法律以及有关行政法规中关于土地管理的规定。

(二)非法占用农用地罪的特征

1.非法占用农用地罪的客体

本罪侵犯的客体是国家对农用地的保护和管理制度,犯罪对象是农用地。《土地管理法》将土地分为农用地、建设用地和未利用地三类。所谓农用地,是指直接用于农业生产的土地,包括耕地、林地、草地、农田水利用地、养殖水面等。

2.非法占用农用地罪的客观方面

本罪在客观方面表现为违反土地管理法规,非法占用耕地、林地等农用地改作他用,数量较大,造成耕地大量毁坏的行为。具体包括以下三个方面:

(1)必须以违反土地管理法规的规定为前提。违反土地管理法规,是指违反了《土地管理法》、全国人大常委会《关于修改〈中华人民共和国土地管理法〉的决定》《土地管理法实施条例》《土地复垦规定》《关于制止农村建房用地的紧急通知》和《基本农田保护条例》《国家建设征用土地条例》《中华人民共和国水土保持法》和《中华人民共和国农业法》等等与土地管理相关的法规。《土地管理法》第 36 条规定,各级人民政府应当采取措施,引导因地制宜轮作休耕,改良土壤,提高地力,维护排灌工程设施,防止土地荒漠化、盐渍化、水土流失和土壤污染。该法第 37 条规定,非农业建设必须节约使用土地,可以利用荒地的,不得占用耕地;可以利用劣地的,不得占用好地。禁止占用耕地建窑、建坟或者擅自在耕地上建房、挖砂、采石、采矿、取土等。禁止占用永久基本农田发展林果业和挖塘养鱼。本罪的行为必须是违反了这些规定的行为。

(2)必须有非法占用耕地、林地等农用地,改变被占用土地用途的行为。非法占用耕地,是指未经法定程序审批、登记、核发证书、确认土地使用权,而占用耕地的行为。非法占用耕地行为通常表现为:其一,未经批准占用耕地,即未经国家土地管理机关审核,并报经人民政府批准,擅自占用耕地的;其二,少批多占用耕地的,即部分耕地的占用是经过合法批准的,但超过批准的数量且多占耕地的数量较大的;其三,骗取批准而占用耕地的,主要是以提供虚假文件、谎报用途或借用、盗用他人的名义申请等欺骗手段取得批准手续而占用耕地,且数量较大的;其四,以欺诈方式骗取农用地的,即以提供虚假文件、谎报土地用途、盗用他人名义申请等欺诈性的方式和手段获取农用地的;其五,以其他非法的方式取得农用地的。

改变被占用土地用途,是指改变被占农用地的原来用途,即改变原来的耕种环境、条件等,使农用地不能继续进行相应的农业生产活动,或者使原来的农业生产活动不能得以继续,而改做其他环境的农业生产活动。主要包括以下两个方面:第一,改变原来农用地的生产环境、生产条件,使之不能够进行农业生产活动。第二,改变了原来农用地的生产条件,但是却适合另外一种农业生产条件。

(3)必须达到"数量较大,造成农用地大量破坏"的程度。非法占用农用地数量较大,造成耕地、林地等农用地大量毁坏是构成非法占用农用地罪的必要条件,是区分罪与非罪的重要标准。

3.非法占用农用地罪的主体

本罪的主体既可以是自然人,也可以是单位。根据《土地管理法》第 62 条的规定,农村村民住宅用地,经乡(镇)人民政府审核,由县级人民政府批准;其中,涉及占用农用地的,由省、自治区、直辖市人民政府批准。凡违反该程序私自占用数量较大耕地的居民均可构成本罪的主体。

4.非法占用农用地罪的主观方面

本罪的主观方面只能由故意构成,即明知是耕地林地等农用地而非法占用。不管是为了建工厂、民宅、商场、商品住宅还是他用,只要故意进行都可构成本罪,至于动机是为个人私利还是集体、单位谋取利益,不影响本罪的构成。

(三)非法占用农用地罪的认定

1.本罪的罪与非罪的界限

《刑法》和相关司法解释中规定,非法占用农用地"数量较大"和造成农用地"大量毁坏"才构成犯罪,依照《最高人民法院关于审理破坏林地资源刑事案件具体应用法律若干问题的解释》第 1 条规定:"(一)非法占用并毁坏防护林地、特种用途林地数量分别或者合计达到 5 亩以上;(二)非法占用并毁坏其他林地数量达到 10 亩以上;(三)非法占用并毁坏本条第(一)项、第(二)项规定的林地,数量分别达到相应规定的数量标准的 50％以上;(四)非法占用并毁坏本条第(一)项、第(二)项规定的林地,其中一项数量达到相应规定的数量标准的 50％以上,且两项数量合计达到该项规定的数量标准。数量分别达到相应规定的数量标准的 50％以上,属于"数量较大"。"如果行为人的行为未达到使农用地大量毁坏的,不构成本罪。

2.此罪与彼罪的界限

(1)本罪与非法批准征用、占用土地罪的区别

非法批准征用、占用土地罪,是指国家机关工作人员违反土地管理法规,徇私舞弊,滥用职权,非法批准征用、占用土地,情节严重的行为。二者都违反了土地管理法规,主观上均出自故意,都给土地使用的正常管理活动造成损害。二者的区别表现在:(1)客体不同。本罪侵犯的是国家对耕地的正常管理活动;而非法批准征用、占用土地罪则侵犯的是国家机关对土地使用的正常管理活动。(2)行为对象不同。本罪的对象仅限于耕地林地等农业用地;而非法批准征用、占用土地罪的对象包括耕地和一切非耕地。(3)行为表现方式不同。本罪在客观上表现为违反法律规定,采取各种非法手段占用耕地的行为;而非法批准征用、占用土地罪在客观上表现为徇私舞弊,滥用职权,非法批准征地或占地申请的行为,自己一般并不占用、使用土地。(4)主体不同。本罪的主体包括一切非法占用耕地的个人或单位;非法批准征用、占用土地罪的主体则只能是具有土地审批权的国家机关工作人员。

(2)本罪与非法转让、倒卖土地使用权罪的界限

本罪与非法转让、倒卖土地使用权罪都是与土地管理有关的犯罪。二者的不同在于:

第一,客体不同。本罪侵害的是国家对土地特别是耕地进行保护的管理制度;而非法转让、倒卖土地使用权罪侵害的则是国家对土地使用权合法转让的管理制度。

第二,犯罪对象不同。非法占用农用地罪的犯罪对象是林地、耕地等农用地;而非法转让、倒卖土地使用权罪的犯罪对象是一般意义上的土地,后者的范围广于前者。

第三,犯罪客观方面不同。非法占用耕地罪是结果犯,表现为违反土地管理法规,非法

侵占耕地，数量较大，造成大量耕地毁坏的行为。非法转让、倒卖土地使用权罪则是情节犯，表现为违反土地管理法规，实施了非法转让、倒卖土地使用权，情节严重的行为。其中非法转让土地使用权，是指以买卖以外的其他形式非法转移土地使用权的行为，也即未按国家法律规定程序办理土地征用或者划拨手续的行为，或者未按规定权限办理审批手续的土地转让的行为。倒卖土地使用权，包括毫不掩饰和明码标价地将土地卖给他人，而收取价款和以某种形式掩盖其土地买卖的实质而将土地卖给他人的两种行为方式。

第四，对二者的处罚虽都采取了判处有期徒刑和罚金的刑罚方法，但前者没有明确确定罚金的标准；而后者则采取的是倍比罚金制的方式以确定罚金的标准。

第五，对犯罪目的的要求不同。非法占用农用地罪不要求犯罪目的；而非法转让、倒卖土地使用权罪要求具有牟取非法利益的目的，是目的犯。

（四）非法占用农用地罪的处罚

根据《刑法》第 342 条、第 346 条规定，犯本罪的，处 5 年以下有期徒刑或拘役，并处或单处罚金。单位犯本罪的，对单位判处罚金，并对其直接负责的主管人员和其他直接责任人员，依照上述规定处罚。

十、破坏自然保护地罪

（一）破坏自然保护地罪的概念

破坏自然保护地罪，是指违反自然保护地管理法规，在国家公园、国家级自然保护区进行开垦、开发活动或者修建建筑物，造成严重后果或者有其他恶劣情节的行为。

（二）破坏自然保护地罪的特征

1. 本罪的客体是国家对自然保护地的管理秩序。

2. 本罪的客观方面表现为行为人违反自然保护地管理法规，实施了在国家公园、国家级自然保护区进行开垦、开发活动或者修建建筑物，造成严重后果或者有其他恶劣情节的行为。

3. 本罪的主体是一般主体。

4. 本罪的主观方面是故意。

（三）破坏自然保护地罪的处罚

根据《刑法》第 342 条之一的规定，犯本罪的，处 5 年以下有期徒刑或者拘役，并处或者单处罚金。同时构成其他犯罪的，依照处罚较重的规定定罪处罚。

十一、非法采矿罪

（一）非法采矿罪的概念

非法采矿罪是指违反矿产资源法的规定，未取得采矿许可证擅自采矿，擅自进入国家规划矿区、对国民经济具有重要价值的矿区和他人矿区范围采矿，或者擅自开采国家规定实行保护性开采的特定矿种，情节严重的行为。

（二）非法采矿罪的特征

1. 非法采矿罪的客体

本罪侵害的客体是国家的矿产资源保护管理制度。犯罪对象是矿产资源，是指在地质运动过程中形成的，蕴于地壳之中的，能为人们用于生产和生活的各种矿物质的总称。其中包括各种呈固态、液态或气态的金属、非金属矿产、燃料矿产和地下热能等。矿产资源属国家专有。国家矿产资源的基础开发实行统一规划,合理布局,综合勘查、合理开发和综合利用的方针。因此在司法实践中认定行为人开采的是否属矿产资源时,应当依据国家规划名录和有关部门的鉴定为准。

2.非法采矿罪的客观方面

本罪在客观方面表现为,违反矿产资源法的规定,非法采矿,造成矿产资源破坏或严重破坏的行为。

违反《矿产资源法》的规定是构成本罪的前提。若行为人依据《矿产资源法》规定的条件和程序合法采矿的,则因其行为不具备非法性而不能构成本罪。本罪在违反矿产资源法规定方面具体有以下几个方面表现:

(1)无证采矿的行为。无证采矿的行为,即没有经过法定程序取得采矿许可证而擅自采矿的。

(2)擅自在未批准矿区采矿的行为。即擅自进入国家规划区、对国民经济具有重要价值的矿区、他人矿区采矿的行为。

(3)擅自开采保护矿种。即擅自开采国家规定实行保护性开采的特定矿种,经责令停止开采后拒不停止开采的行为。

(4)"越界采矿"的行为。所谓"越界采矿",是指虽持有采矿许可证,但违反采矿许可证上所规定的采矿地点、范围和其他要求,擅自进入他人矿区,进行非法采矿的行为。

非法采矿构成犯罪的,除实施了上述非法采矿的行为外,还需要达到情节严重的程度。根据 2016 年 12 月 1 日起实施的最高人民法院、最高人民检察院《关于办理非法采矿、破坏性采矿刑事案件适用法律若干问题的解释》(以下简称"采矿犯罪解释")第 3 条的规定,实施非法采矿行为,具有下列情形之一的,应当认定为《刑法》第 343 条第 1 款规定的"情节严重":(1)开采的矿产品价值或者造成矿产资源破坏的价值在 10 万元至 30 万元以上的;(2)在国家规划矿区、对国民经济具有重要价值的矿区采矿,开采国家规定实行保护性开采的特定矿种,或者在禁采区、禁采期内采矿,开采的矿产品价值或者造成矿产资源破坏的价值在 5 万元至 15 万元以上的;(3)2 年内曾因非法采矿受过 2 次以上行政处罚,又实施非法采矿行为的;(4)造成生态环境严重损害的;(5)其他情节严重的情形。该解释还对非法采矿罪"情节特别严重"的情形作出了明确规定:(1)数额达到前款第一项、第二项规定标准五倍以上的;(2)造成生态环境特别严重损害的;(3)其他情节特别严重的情形。

3.非法采矿罪的主体

本罪的主体为一般主体,包括自然人和单位。但一般限于直接责任人员,具体包括国营、集体或乡镇矿山企业中作出非法采矿决策的领导人员和主要执行人员,以及聚众非法采矿的煽动、组织、指挥人员和个体采矿人员。

4.非法采矿罪的主观方面

本罪的主观方面为故意。其主观目的是为获取矿产品以牟利。

(三)非法采矿罪的认定

1.本罪的罪与非罪的界限

首先,行为人必须实施了违反矿产资源法的规定、非法采矿的行为。其次,必须是情节严重的行为。如果经责令停止开采后即停止开采的不构成本罪。最后,造成矿产资源破坏也是本罪的必要条件。所谓造成矿产资源破坏,是指由于行为人的非法采矿行为致使矿产资源的开采回采率下降,或者使本来可以利用的共生矿、伴生矿和尾矿遭到破坏等情形。

2. 本罪与故意毁坏财物罪的界限

二者的主要区别表现在:(1)前者是一种妨害社会管理秩序的犯罪,但是有时也侵犯国家对矿产资源的管理制度;后者是一种侵犯财产的犯罪,其侵犯的客体是公私财产所有权。(2)犯罪对象不同,前者的犯罪对象是国家的矿产资源,而后者表现为各种公私财产。(3)客观表现不同,非法采矿罪在客观方面表现为无论采矿或超范围采矿,经责令停止开采后拒不停止开采,造成矿产资源破坏,而故意毁坏财物罪在客观方面表现为故意毁灭或者损失公私财产。(4)主观方面的内容有所不同,前者一般具有非法占有或者营利的目的,而后者不具有非法占有公私财产的目的。重大劳动安全责任事故罪指工厂、矿山、林场、建筑企业或者其他企业、事业单位的劳动安全设施不符合国家规定,经有关部门或者单位职工提出后,对事故隐患仍不采取措施,因而发生重大伤亡事故,或者造成其他严重后果的行为。一般而言,两罪的区分不是很难。因为就其主观方面而言存在着故意与过失的差别,其犯罪的客观外在表现也存在着不同。但有时可能出现同时构成两罪的情况,那就需要认真加以分析。如某矿井的运输巷被罗某的个体企业用来挖掘煤矿,其挖掘行为造成矿井的瓦斯浓度增加,虽经合理劝告但是仍不停止,致使瓦斯浓度剧增,矿井的生产遭到严重损失。在这种情况下,罗某的非法采矿行为只造成了矿产资源的严重破坏,并没有引起其他重大责任事故的发生,所以仅以非法采矿罪处罚,但是若罗某的行为受到警告之后,继续非法采矿造成严重的责任事故,那么应以重大安全责任事故追究其刑事责任。若其非法采矿的行为也符合非法采矿罪的犯罪构成,则应与重大安全责任事故罪分别定罪量刑,并实行数罪并罚。

3. 本罪与重大劳动安全责任事故罪的界限

重大劳动安全责任事故罪指工厂、矿山、林场、建筑企业或者其他企业、事业单位的劳动安全设施不符合国家规定,经有关部门或者单位职工提出后,对事故隐患仍不采取措施,因而发生重大伤亡事故,或者造成其他严重后果的行为。一般而言,两罪的区分不是很难。因为就其主观方面而言存在着故意与过失的差别,其犯罪的客观外在表现也存在着不同。但有时出现可能同时构成两罪的情况则需要认真加以分析。如某矿井的运输巷被罗某的个体企业用来挖掘煤矿。其挖掘行为造成矿井的瓦斯浓度增加,虽经其合理劝告但是仍不停止,致使瓦斯浓度剧增,矿井的生产遭到严重损失。在这种情况下,罗某的非法采矿行为只造成了矿产资源的严重破坏,并没有引起其他重大责任事故的发生,所以仅以非法采矿罪处罚,但是若罗某的行为受到警告之后,继续非法采矿造成严重的责任事故,那么应以重大安全责任事故追究其刑事责任。至于其非法采矿的行为也符合非法采矿罪的犯罪构成,则应与重大安全责任事故罪分别定罪量刑,并实行数罪并罚。

4. 本罪与破坏性采矿罪

两罪的区别主要体现在客观方面,非法采矿罪是违反矿产资源法,在无证的情况下所实施的非法采矿,或者进入国家规划矿区、对国民经济具有重要价值的矿区和他人矿区范围采矿,或者开采国家规定实行保护性开采的特定矿种,情节严重的行为,而破坏性采矿罪,则是在持有采矿许可证的前提下,违反矿产资源法的规定,采取破坏性的开采方法开采矿产资源,造成矿产资源严重破坏的行为。在司法实务方面,两罪区别的关键在于行为方式,破坏性采矿罪是采用破坏性的方法采矿,非法采矿罪则是无证采矿或者违章采矿。此外,破坏性采矿罪必须造成矿产资源严重破坏才能构成,非法采矿罪则只要求情节严重即可构成。

（四）非法采矿罪的处罚

根据《刑法》第 343 条规定:"违反矿产资源法的规定,未取得采矿许可证擅自采矿,擅自进入国家规划矿区、对国民经济具有重要价值的矿区和他人矿区范围采矿,或者擅自开采国家规定实行保护性开采的特定矿种,情节严重的,处 3 年以下有期徒刑、拘役或者管制,并处或者单处罚金;情节特别严重的,处 3 年以上 7 年以下有期徒刑,并处罚金。"

单位犯本罪的,对单位判处罚金,并对其直接负责的主管人员和其他直接责任人员,依照本节各该条的规定处罚。

违反矿产资源法的规定,非法采矿,造成重大伤亡事故或者其他严重后果,同时构成非法采矿罪和《刑法》第 134 条(重大责任事故罪、强令他人违章冒险作业罪)或者第 135 条(重大劳动安全事故罪)规定的犯罪的,依照数罪并罚的规定处罚。

十二、破坏性采矿罪

（一）破坏性采矿罪的概念

破坏性采矿罪,是指违反矿产资源法的规定,采取破坏性的开采方法开采矿产资源,造成矿产资源严重破坏的行为。

（二）破坏性采矿罪的特征

1.破坏性采矿罪的客体是国家对矿产资源的管理制度。矿产资源属于不可再生的资源,采取破坏性开采的办法,使矿产资源遭受毁灭,是对国家矿产资源管理制度的侵犯。

本罪的犯罪对象是矿产资源,是指在地质活动过程中形成的、蕴藏于地壳之中的、能为人们用于生产和生活的各种矿物质的总称。其中包括各种呈固态、液态或气态的金属、非金属矿产、燃料矿产和地下热能等。

国家对矿产资源的管理活动主要包括:(1)对全国的矿产资源进行统一规划、合理布局;(2)对采矿权主体进行资格审查,授予采矿权、颁发采矿许可证,依法保护正当的采矿权;(3)对采矿单位或者个人进行全面的技术监督,保证采矿活动的科学性和计划性,防止破坏矿产资源。凡违反上述及其他有关矿产资源保护的法律制度以及管理活动,均视为对矿产资源管理制度的侵犯。

2.破坏性采矿罪的客观方面

本罪的客观方面表现为行为人实施了破坏性采矿的行为并造成矿产资源严重破坏。"破坏性采矿的行为",是指在开采矿产资源过程中,违反矿产资源法及有关规定,采易弃难,采富弃贫,严重违反开采回采率、采矿贫化率和选矿回收率的指标进行采矿的行为。"造成矿产资源严重破坏",是指造成矿产资源破坏的面积大,致使重要矿产资源几乎完全不能开采以及造成珍贵稀有的矿产资源破坏的情况。根据《采矿犯罪解释》第 6 条的规定,造成矿产资源破坏的价值在 50 万元至 100 万元以上,或者造成国家规划矿区、对国民经济具有重要价值的矿区和国家规定实行保护性开采的特定矿种资源破坏的价值在 25 万元至 50 万元以上的,应当认定为《刑法》第 343 条第 2 款规定的"造成矿产资源严重破坏"。

3.破坏性采矿罪的主体

本罪的主体为一般主体。凡达到刑事责任年龄、具备刑事责任能力的人均可成为本罪主体,单位亦可成为本罪主体。

4.破坏性采矿罪的主观方面

本罪的主观方面为故意,过失不能构成本罪。这种故意具体是指行为人明知其行为会造成矿产资源严重破坏的结果而仍然实施,最终导致该种结果发生的心理态度。

(三)破坏性采矿罪的认定

1.本罪的罪与非罪的界限

破坏性采矿罪在客观方面要求具备两个条件。其一,具有采取破坏性开采方法开采矿产资源的行为;其二,具有造成矿产资源严重破坏的结果。这主要是指造成矿产资源破坏面积很大的;致使某一区域的重要矿产资源迅速丧失开采价值的;致使珍贵稀有的矿产资源损失严重的等。行为人实施的行为必须同时具备这两个条件才构成本罪。若仅有非法开采的行为而不造成矿产资源严重破坏的后果,则不构成本罪。

2.本罪与故意毁坏财物罪的界限

故意毁坏财物罪,是指故意毁坏或损坏公私财物,数额较大或者有其他严重情节的行为。破坏性采矿罪与故意毁坏财物罪的相似之处在于它们在客体上都侵犯了财物的所有权,主观上都出于故意。但两罪之间存在着本质的差别:

(1)客体要件不同。破坏性采矿罪主要侵犯的是国家保护矿产资源的管理制度;而故意毁坏财物罪侵犯的则是公私财物的所有权。

(2)客观要件不同。破坏性采矿罪在客观上表现为违反矿产资源保护法的规定,实施采矿行为,从而造成矿产资源破坏,但这种行为并没有改变矿产资源的性质,只是在某种程度上造成巨大浪费现象,降低或减少其利用率和回收率,从而造成对整体矿产资源的破坏,但矿产资源本身仍具有其原有价值和使用价值;而故意毁坏财物罪在客观上表现为毁坏行为,即毁灭、损坏,其结果是使公私财物的使用价值或价值部分或全部丧失。

(3)主体要件不同。破坏性采矿罪的主体既可以是自然人,也可以是单位;而故意毁坏财物罪的犯罪主体只能由自然人构成。

3.本罪与非法采矿罪的界限

两罪的区别主要体现在客观方面。非法采矿罪是违反《矿产资源法》,在无证的情况下所实施的非法采矿,或者进入国家规划矿区、对国民经济具有重要价值的矿区和他人矿区范围采矿,或者开采国家规定实行保护性开采的特定矿种,情节严重的行为;而破坏性采矿罪,则是在持有采矿许可证的前提下,违反《矿产资源法》的规定,采取破坏性的开采方法开采矿产资源,造成破产资源严重破坏的行为。在司法实务方面,两罪区别的关键在于行为方式,破坏性采矿罪是采用破坏性的方法采矿,非法采矿罪则是无证采矿或者违章采矿。此外,破坏性采矿罪必须造成矿产资源严重破坏才能构成,非法采矿罪则只要求情节严重即可构成。

(四)破坏性采矿罪的处罚

《刑法》第343条第2款规定,犯本罪的,处5年以下有期徒刑或者拘役,并处罚金。《刑法》第346条规定,单位犯本罪的,对单位判处罚金,并对其直接负责的主管人员和其他直接责任人员,依照上述破坏性采矿罪的规定处罚。

十三、危害国家重点保护植物罪

（一）危害国家重点保护植物罪的概念

危害国家重点保护植物罪，是指自然人或者单位故意违反国家规定，非法采伐、毁坏珍贵树木或者国家重点保护的其他植物，或者非法收购、运输、加工、出售珍贵树木或者国家重点保护的其他植物及其制品的行为的行为。

（二）危害国家重点保护植物罪的特征

1.危害国家重点保护植物罪的客体

危害国家重点保护植物罪侵犯的客体为国家对珍贵树木或者国家重点保护的其他植物及其制品的管理制度。

本罪的犯罪对象是珍贵树木或者国家重点保护的其他植物及其制品，"珍贵树木或者国家重点保护的其他植物"之外的植物不是本罪的犯罪对象。何谓"珍贵树木"，《刑法》并没有进行明确的界定。2000年最高人民法院颁布的《关于审理破坏森林资源刑事案件具体应用法律若干问题的解释》第1条规定：《刑法》第344条规定的"珍贵树木"，包括由省级以上林业主管部门或者其他部门确定的具有重大历史纪念意义、科学研究价值或者年代久远的古树名木，国家禁止、限制出口的珍贵树木以及列入《国家重点保护野生植物名录》的树木。何谓"国家重点保护的其他植物"，具体应依照《野生植物保护条例》的规定和林业部1992年颁布的《国家珍贵树种名录》。《野生植物保护条例》第10条规定：野生植物分为国家重点保护野生植物和地方重点保护野生植物。国家重点保护野生植物分为国家一级保护野生植物和国家二级保护野生植物。可见，国家一级保护野生植物和国家二级保护野生植物应当属于本罪的犯罪对象。"珍贵树木或者国家重点保护的其他植物制品"，是指对珍贵树木或者国家重点保护的其他植物通过某种手段而获得的成品或者半成品。其原生物质必须是上述"珍贵树木或者国家重点保护的其他植物"，一般植物的制成品不在此列，虚假的制成品也不在此列。

2.危害国家重点保护植物罪的客观方面

本罪的客观方面表现为违反有关森林资源保护的法律、法规，非法采伐、毁坏国家重点保护植物或者非法收购、运输、加工、出售珍贵树木或者国家重点保护的其他植物及其制品的行为的行为。具体表现为以下几个方面：

第一，行为具有违法性，这是构成本罪的前提条件。行为人非法采伐、毁坏国家重点保护植物或者非法收购、运输、加工、出售珍贵树木或者国家重点保护的其他植物及其制品的行为的行为，须违反《森林法》及其他法规中有关采伐、毁坏国家重点保护植物或者非法收购、运输、加工、出售珍贵树木或者国家重点保护的其他植物及其制品的规定。

第二，本罪的犯罪行为的表现形式为非法采伐、毁坏、收购、运输、加工或出售。"非法采伐珍贵树木或者国家重点保护的其他植物"，是指行为人违反国家规定，未经允许擅自砍伐珍贵树木或者国家重点保护的其他植物的行为。"非法毁坏珍贵树木或者国家重点保护的其他植物"，是指毁灭或者损坏珍贵树木或者国家重点保护的其他植物，使其价值或者使用价值部分丧失或者全部丧失的行为。非法收购，包括以营利、自用等为目的的购买行为，一般是未经有关部门批准以金钱作价，买进珍贵树木或者国家重点保护的其他植物及其制品。

非法运输,包括采用携带、邮寄、利用他人、使用交通工具等方法进行运送的行为,一般是未经有关部门批准私自运输的行为。非法加工,一般是指未经有关部门批准进行加工利用的行为。非法出售,一般是指未经有关部门批准以牟利为目的标价售卖的行为。行为人只要实施上述任何一种行为,都构成本罪。

第三,本罪属于行为犯,行为人只要有采伐、毁坏珍贵树木或者国家重点保护的其他植物或者非法收购、运输、加工、出售珍贵树木或者国家重点保护的其他植物及其制品的行为的行为就应当构成犯罪。"情节严重"则是加重处罚的法定条件。根据 2000 年最高人民法院颁布的《关于审理破坏森林资源刑事案件具体应用法律若干问题的解释》第 2 条规定,非法采伐、毁坏珍贵树木行为中的所谓"情节严重",是指具有下列情形之一的:非法采伐珍贵树木 2 株以上或者毁坏珍贵树木致使珍贵树木死亡 3 株以上的;非法采伐珍贵树木 2 立方米以上的;为首组织、策划、指挥非法采伐或者毁坏珍贵树木的。

3.危害国家重点保护植物罪的主体

本罪的主体既可以是 16 周岁以上具有刑事责任能力的自然人,也可以是单位。

4.危害国家重点保护植物罪的主观方面

本罪的主观方面表现为故意,即行为人明知其所采伐、毁坏的植物属于珍贵树木或者国家重点保护的其他植物,明知所收购、运输、加工、出售的是珍贵树木或者国家重点保护的其他植物及其制品。如果行为人不知道其所采伐、毁坏的植物属于国家重点保护的植物的,不应当以犯罪论处。行为人因为过失而采伐、毁坏国家重点保护植物的,也不构成本罪。

(三)危害国家重点保护植物罪的司法认定

1.本罪的罪与非罪的界限

判断本罪的罪与非罪的界限,主要从以下方面予以考虑:

第一,主观上是否故意,包括直接故意和间接故意,过失不构成本罪。行为人一般明知是非法采伐、毁坏珍贵树木或者国家重点保护的其他植物明知所收购、运输、加工、出售的是珍贵树木或者国家重点保护的其他植物及其制品,,但为了牟取非法利益而故意为之。行为人具有何种目的,不影响本罪的成立。行为人确实不知是珍贵树木或者国家重点保护的其他植物而非法采伐、毁坏的,将珍贵树木或者国家重点保护的其他植物及其制品当成一般植物而非法收购、运输、加工、出售的,不以本罪论处。当然这里的"确实不知",并不要求行为人对某树木或植物明知到属于几级保护的程度,而是只要其知道属于国家重点保护的范围即可。

第二,是否违反了国家相关规定。

第三,本罪虽不要求造成严重后果,但并非任何采伐、毁坏珍贵树木或者国家重点保护的其他植物或者非法收购、运输、加工、出售珍贵树木或者国家重点保护的其他植物及其制品的行为都构成本罪。对一些情节很轻微的、一般违法毁坏珍贵树木或者国家重点保护的其他植物的行为,如毁坏程度比较轻微;或者情节显著轻微的非法收购、运输、加工、出售珍贵树木或者国家重点保护的其他植物及其制品的行为,如数量很小,也可不以犯罪论处。

2.此罪与彼罪的区别

(1)本罪与盗伐林木罪

二者都属于侵害林木资源的犯罪,侵犯的共同客体是国家对植物资源的保护管理制度,犯罪的主体、主观方面也相同。两罪的区别在于:第一,客观方面不同。本罪的客观方面表现为违反有关森林资源保护的法律、法规,非法采伐、毁坏国家重点保护植物,或者非法收购、运输、加工、出售珍贵树木或者国家重点保护的其他植物及其制品的行为;而盗伐林木罪的客观方面表现为盗伐森林或者其他林木,数量较大的行为。第二,犯罪对象不同。本罪的对象是珍贵树木或者国家重点保护的其他植物及其制品,而盗伐林木罪的对象是森林或者其他林木。

(2)本罪与滥伐林木罪

二者的区别在于:第一,客观方面不同。本罪的客观方面表现为违反有关森林资源保护的法律、法规,非法采伐、毁坏国家重点保护植物,或者非法收购、运输、加工、出售珍贵树木或者国家重点保护的其他植物及其制品的行为;而滥伐林木罪的客观方面表现为违反森林法的规定,滥伐森林或者其他林木,数量较大的行为。第二,犯罪对象不同。本罪的对象是珍贵树木或者国家重点保护的其他植物及其制品,而滥伐林木罪的对象是森林或者其他林木。

(3)本罪与故意毁坏财物罪的区别

二者的区别在于:第一,侵犯的直接客体不同。本罪侵犯的是国家对珍贵树木或者国家重点保护的其他植物的特殊保护制度,而故意毁坏财物罪侵犯的是公私财物所有权。第二,犯罪主体不同。本罪的主体既可以是自然人,也可以是单位;而故意毁坏财物罪的主体只能是自然人,单位不能成为故意毁坏财物罪的主体。第三,客观方面不同。本罪的客观方面表现为违反有关森林资源保护的法律、法规,非法采伐、毁坏国家重点保护植物的行为,而故意毁坏财物罪的客观方面表现为毁坏公私财物,数额较大或者有其他严重情节的行为,其结果一般造成公私财物的使用价值部分或者全部丧失。第四,犯罪对象不同。本罪的对象是珍贵树木或者国家重点保护的其他植物及其制品,而故意毁坏财物罪的对象很广泛,可以是任何公私财物。

(4)本罪与非法经营罪

二者的主体和主观方面均相同,区别主要在于:

第一,侵犯的客体不同。本罪侵犯的客体是国家对珍贵树木或者国家重点保护的其他植物的保护和管理制度,而非法经营罪侵犯的客体是市场管理秩序。

第二,犯罪对象不同。本罪的对象为珍贵树木或者国家重点保护的其他植物及其制品,而非法经营罪的对象较为广泛,可概括为下述几种类型:①法律、行政法规规定的专营、专买物品或者其他限制买卖的物品;②进出口可许证、进出口原产地证明以及其他法律、行政法规规定的经营许可证或者批准文件;③外汇;④出版物;⑤证券、期货及保险业务;⑥其他严重扰乱市场秩序的非法经营行为指向的对象。

第三,客观方面不同。本罪的客观方面表现为违反国家规定,非法采伐、毁坏国家重点保护植物,或者非法收购、加工、出售珍贵树木或者国家重点保护的其他植物及其制品的行为;而非法经营罪的客观方面表现为未经许可,经营法律行政法规规定的专营、专卖物品或者其他限制买卖的物品,或者买卖进出口许可证、进出口原产地证明以及法律、行政法规规定的其他经营许可证或者批准文件,或者未经国家有关主管部门批准,非法经营证券、期货或者保险业务的,以及其他严重扰乱市场秩序的非法经营行为。

（5）本罪与走私珍贵植物、珍贵植物制品罪

二者的主体和主观方面均相同，区别在于：

第一，犯罪对象略有不同。本罪的对象为珍贵树木或者国家重点保护的其他植物及其制品，而走私珍贵植物、珍贵植物制品罪的对象是珍稀植物及其制品。

第二，侵犯的客体不同。本罪侵犯的客体为国家对珍贵树木或者国家重点保护的其他植物的管理制度，而走私珍贵植物、珍贵植物制品罪侵犯的客体是海关法规所确认的珍贵植物、珍贵植物制品禁止进出境的制度。

第三，客观方面不同。本罪的客观方面表现为违反国家有关法律、法规，非法采伐、毁坏国家重点保护植物，或者非法收购、运输、加工、出售国家重点保护植物、国家重点保护植物制品的行为；而走私珍贵植物、珍贵植物制品罪的客观方面表现为违反海关法规，逃避海关监管，非法运输、携带、邮寄国家禁止进出口的走私珍贵植物、珍贵植物制品进出境的行为。

（6）本罪与危害珍贵、濒危野生动物罪

二者的主体、主观方面均相同，侵犯的共同客体是国家对自然资源的保护和管理制度，二者的区别在于：

第一，客观方面不同。本罪的客观方面表现为违反国家规定，非法采伐、毁坏国家重点保护植物，或者非法收购、运输、加工、出售珍贵树木或者国家重点保护的其他植物及其制品的行为；而危害珍贵、濒危野生动物罪的客观方面表现为违反野生动物保护法律法规，非法捕猎、杀害珍贵、濒危野生动物，或者非法收购、运输、出售珍贵、濒危野生动物及其制品的行为，非法加工的行为不构成犯罪。

第二，犯罪对象不同。本罪的对象为珍贵树木或者国家重点保护的其他植物及其制品，而危害珍贵、濒危野生动物罪的对象为国家重点保护的珍贵、濒危野生动物及其制成品。

（四）危害国家重点保护植物罪的处罚

根据《刑法》第344条的规定，自然人犯本罪的，处3年以下有期徒刑、拘役或者管制，并处罚金；情节严重的，处3年以上7年以下有期徒刑，并处罚金。

根据最高人民法院《关于审理破坏森林资源刑事案件具体应用法律若干问题的解释》第2条的规定，"情节严重"的情形有：（1）非法采伐珍贵树木2株以上或者毁坏珍贵树木致使珍贵树木死亡3株以上的；（2）非法采伐珍贵树木2立方米以上的；（3）为首组织、策划、指挥非法采伐或者毁坏珍贵树木的；（4）其他情节严重的情形。

根据《刑法》第346条的规定，单位犯本罪的，对单位判处罚金，并对其直接负责的主管人员和其他直接责任人员按照《刑法》第344条的规定处罚。

十四、非法引进、释放、丢弃外来入侵物种罪

（一）非法引进、释放、丢弃外来入侵物种罪的概念

非法引进、释放、丢弃外来入侵物种罪是指违反国家规定，非法引进、释放或者丢弃外来入侵物种，情节严重的行为。

（二）非法引进、释放、丢弃外来入侵物种罪的特征

1.本罪的客体为国家自然环境的保护制度。

2.本罪的客观方面表现为违反国家规定,非法引进、释放或者丢弃外来入侵物种,情节严重的行为。

3.本罪的主体是一般主体。

4.本罪的主观方面为故意。

(三)非法引进、释放、丢弃外来入侵物种罪的处罚

根据《刑法》第344条之一的规定,犯本罪的,处3年以下有期徒刑或者拘役,并处或者单处罚金。

十五、盗伐林木罪

(一)盗伐林木罪的概念

盗伐林木罪,是指自然人或者单位擅自盗伐森林或者其他林木,数量较大的行为。

(二)盗伐林木罪的特征

1.盗伐林木罪的客体

盗伐林木罪侵犯的客体为国家保护森林资源的管理制度和国家、集体或公民个人对林木的所有权。本罪的对象既包括天然生长的树木,也包括人工培植的林木,而且是国家和集体所有的以及公民个人自留山所生长的森林和其他林木。但本罪的对象不包括国家重点保护的珍贵树木或者国家重点保护的其他植物。因为非法采伐、毁坏珍贵树木或者国家重点保护的其他植物的行为由《刑法》第344条调整,以危害国家重点保护植物罪论处。

根据《森林法》第83条规定,森林包括乔木林、竹林和国家特别规定的灌木林。按照用途可以分为防护林、特种用途林、用材林、经济林和能源林。

2.盗伐林木罪的客观方面

盗伐林木罪的客观方面具体表现为以下三个方面:

第一,行为具有违法性,这是构成本罪的前提条件。《森林法》要求采伐林木必须依法采伐。《森林法》第56条规定:采伐林地上的林木应当申请采伐许可证,并按照采伐许可证的规定进行采伐;采伐自然保护区以外的竹林,不需要申请采伐许可证,但应当符合林木采伐技术规程。农村居民采伐自留地和房前屋后个人所有的零星林木,不需要申请采伐许可证。禁止伪造、变造、买卖、租借采伐许可证。如果行为人未取得许可证而擅自采伐林木,就违反了《森林法》的上述规定。

第二,行为人必须实施了盗伐林木的行为。根据2000年最高人民法院颁布的《关于审理破坏森林资源刑事案件具体应用法律若干问题的解释》第3条的规定,盗伐林木的行为主要表现为:擅自砍伐国家、集体、他人所有或者他人承包经营管理的森林或者其他林木的行为;擅自砍伐本单位或者本人承包经营管理的森林或者其他林木的行为;在森林采伐许可证规定的地点以外采伐国家、集体、他人所有或者他人承包经营管理的森林或者其他林木的行为。

第三,行为人盗伐林木必须达到数量较大的标准才构成犯罪。根据2000年最高人民法院颁布的《关于审理破坏森林资源刑事案件具体应用法律若干问题的解释》第4条的规定,盗伐林木"数量较大",以2～5立方米或者幼树100～200株为起点;盗伐林木"数量巨大",以20～50立方米或者幼树1000～2000株为起点;盗伐林木"数量特别巨大",以100～200立方米或者幼树5000～10000株为起点。

3.盗伐林木罪的主体

盗伐林木罪的主体既可以是16周岁以上的具有刑事责任能力的自然人,也可以是单位。

4.盗伐林木罪的主观方面

盗伐林木罪的主观方面表现为故意,即行为人明知被采伐的森林或者其他林木属于国家、集体或者他人所有,而依然实施采伐行为。

(三)盗伐林木罪的司法认定

1.本罪的罪与非罪的界限

判断本罪的罪与非罪的标准是:

第一,主观上是否故意,包括直接故意和间接故意,过失不构成本罪。行为人一般以非法占有为目的,明知是盗伐森林或者其他林木的行为而故意为之。

第二,是否达到"数量较大"的标准。对盗伐低于2立方米或者幼树低于100株的森林或者其他林木的行为,可认为是一般违法盗伐行为,由有关主管部门根据《森林法》等法律法规的规定,给予行政处罚或者其他处理,不以本罪论处。

2.此罪与彼罪的界限

(1)本罪与滥伐林木罪的区别

二者规定在一个条文中,主体、主观方面、客体、犯罪对象等方面均相同,区别主要在于客观方面:

第一,行为方式不同。本罪的行为方式为擅自砍伐国家、集体、他人所有或者他人承包经营管理的森林或者其他林木的行为,擅自砍伐本单位或者本人承包经营管理的森林或者其他林木的行为,在森林采伐许可证规定的地点以外采伐国家、集体、他人所有或者他人承包经营管理的森林或者其他林木的行为。而滥伐林木罪的行为方式为:未经林业行政主管部门及法律规定的其他主管部门批准并核发林木采伐许可证;或者虽持有林木采伐许可证,但违反林木采伐许可证规定的时间、数量、树种或者方式,任意采伐本单位所有或者本人所有的森林或者其他林木的;超过林木采伐许可证规定的数量采伐他人所有的森林或者其他林木的。

第二,行为程度不同。本罪必须达到的"数量较大",是指以2~5立方米或者幼树100~200株为起点,而滥伐林木罪的"数量较大",是指以10~20立方米或者幼树500~1000株为起点。

第三,违法性要求不同。本罪不要求违反《森林法》的规定,而滥伐林木罪要求必须违反森林法的规定。

(2)本罪与盗窃罪的区别

二者的主观方面均为故意,区别主要在于:

第一,侵犯的客体不同。本罪侵犯的客体既包括公私财物所有权,也包括国家对林木资源的特殊保护制度;而盗窃罪侵犯的客体仅仅是公私财物所有权。

第二,客观方面不同。本罪的客观方面表现为:第一,行为具有违法性;第二,行为人必须实施了盗伐林木的行为;第三,行为人盗伐林木必须达到数量较大的标准。而盗窃罪的客观方面表现为以任何可能的秘密方法,非法占有数额较大的公私财物,或者多次非法占有公私财物的行为。

第三,犯罪主体不同。本罪的主体既可以是自然人,也可以是单位;而盗窃罪的主体只能是自然人,单位不能构成盗窃罪。

第四,犯罪对象不同。本罪的对象既包括天然生长的树木,也包括人工培植的林木,而且包括国家和集体所有的以及公民个人自留山所生长的森林和其他林木。而盗窃罪的对象十分广泛,包括所有公私财物。根据 2000 年最高人民法院颁布的《关于审理破坏森林资源刑事案件具体应用法律若干问题的解释》第 15 条的规定,非法实施采种、采脂、挖笋、掘根、剥树皮等行为,牟取经济利益数额较大的,以盗窃罪定罪处罚。

(3)本罪与故意毁坏财物罪的区别

本罪与故意毁坏财物罪中的毁坏公私所有的林木的行为的对象都是公私所有的林木,因而具有相似的地方,二者区别在于:

第一,侵犯的客体不同。本罪侵犯的客体既包括公私财物所有权,也包括国家对林木资源的特殊保护制度;而故意毁坏财物罪中的毁坏公私所有的林木行为侵犯的仅仅是公私财物所有权。

第二,犯罪主体不同。本罪的主体既可以是自然人,也可以是单位,而故意毁坏财物罪中的毁坏公私所有的林木行为的主体只能是自然人。

第三,客观方面不同。本罪的客观方面要求:第一,行为具有违法性;第二,行为人必须实施了盗伐林木的行为;第三,行为人盗伐林木必须达到数量较大的标准。而故意毁坏财物罪中的毁坏公私所有的林木行为表现为:借助一定的工具,对林木进行损坏,致使其死亡或者受到伤害的行为。

第四,主观方面不同。本罪一般具有非法占有的目的;而故意毁坏财物罪中的毁坏公私所有的林木的行为只要求行为人具有毁坏林木的目的,不一定要有占有的目的。

(四)盗伐林木罪的处罚

根据《刑法》第 345 条的规定,自然人犯本罪的,处 3 年以下有期徒刑、拘役或者管制,并处或者单处罚金;数量巨大的,处 3 年以上 7 年以下有期徒刑,并处罚金;数量特别巨大的,处 7 年以上有期徒刑,并处罚金。根据最高人民法院《关于审理破坏森林资源刑事案件具体应用法律若干问题的解释》第 4 条的规定,盗伐林木"数量巨大",以 20～50 立方米或者幼树 1000～2000 株为起点;盗伐林木"数量特别巨大",以 100～200 立方米或者幼树 5000～10000 株为起点。

根据《刑法》第 346 条的规定,单位犯本罪的对单位判处罚金,并对其直接负责的主管人员和其他直接责任人员依照《刑法》第 345 条第 1 款的规定处罚。

根据修正后的《刑法》第 345 条第 4 款的规定,盗伐国家级自然保护区内的森林或者其他林木的,从重处罚。

十六、滥伐林木罪

(一)滥伐林木罪的概念

滥伐林木罪,根据《刑法》第 345 条第 2 款和第 346 条的规定,是指自然人或者单位故意违反森林法的规定,滥伐森林或者其他林木,数量较大的行为。

(二)滥伐林木罪的特征

1.滥伐林木罪的客体

本罪侵犯的客体是国家保护森林资源的管理制度,即主要侵犯的是森林采伐的管理制度。本罪的犯罪对象是本单位所有的或管理的,或者本人自留山上的森林或者其他林木,以及国家级自然保护区内的森林或者其他林木。

2.滥伐林木罪的客观方面

第一,行为具有违法性。即行为人违反《森林法》和《森林法实施条例》等保护森林资源法律、法规中关于采伐林木应该经林木行政部门或者其他有关主管部门批准并核发采伐许可证,按照采伐许可证的内容进行采伐的规定。

第二,行为人必须实施了滥伐森林或者其他林木的行为。根据 2000 年最高人民法院颁布的《关于审理破坏森林资源刑事案件具体应用法律若干问题的解释》第 5 条的规定,滥伐林木的行为主要表现为:未经林业行政主管部门及法律规定的其他主要部门批准并核发林木采伐许可证,或者虽持有林木采伐许可证,但违反林木采伐许可证规定的时间、数量、树种或者方式,任意采伐本单位所有或者本人所有的森林或者其他林木的;超过林木采伐许可证规定的数量采伐他人所有的森林或者其他林木的;林木权属争议一方在林木权属确定之前,擅自砍伐森林或者其他林木的。

第三,滥伐林木必须达到"数量较大"的标准。根据 2000 年最高人民法院颁布的《关于审理破坏森林资源刑事案件具体应用法律若干问题的解释》第 6 条的规定,滥伐林木"数量较大",以 10~20 立方米或者幼树 500~1000 株为起点;滥伐林木"数量巨大",以 50~100 立方米或者幼树 2500~5000 株为起点。

3.滥伐林木罪的主体

本罪的主体既可以是 16 周岁以上的具有刑事责任能力的自然人,也可以是单位。

4.滥伐林木罪的主观方面

滥伐林木罪主观上表现为故意,即行为人只有明知自己滥伐林木行为会侵犯国家对林木采伐的管理制度,并且故意实施这种行为,主观上希望或放任发生采伐管理制度遭受侵害的结果。但是,无论滥伐林木罪主观上是直接故意还是间接故意,都不包含非法占有林木的目的,不包含侵犯林木所有权的内容。

(三)滥伐林木罪的认定

1.本罪的罪与非罪的界限

判断本罪的罪与非罪的界限是:

第一,主观上是否故意,包括直接故意和间接故意,过失不构成本罪。行为人一般具有牟取非法利益的目的,但行为人持何种目的,不影响本罪的成立。

第二,是否违反了有关森林保护法律法规的规定。

第三,是否达到"数量较大"的标准。对滥伐低于 10 立方米或者幼树低于 500 株的森林或者其他林木的行为,可认为是一般违法滥伐行为,由有关主管部门根据《森林法》等法律法规的规定,给予行政处罚或者其他处理,不以本罪论处。

2.此罪与彼罪的界限

(1)本罪与盗窃罪的区别

二者的主观方面都是故意,区别主要在于:

第一,侵犯的客体不同。本罪既侵犯了公私财物所有权,也侵犯了国家对林木资源的特殊保护制度,而盗窃罪侵犯的仅仅是公私财物所有权。

第二，客观方面不同。本罪的客观方面表现为滥伐森林或者其他林木的行为，而盗窃罪的客观方面表现为以任何可能的秘密方法非法窃取数额较大的公私财物或者多次非法窃取公私财物的行为。

第三，犯罪主体不同。本罪的主体既可以是自然人，也可以是单位；而盗窃罪的主体只能是自然人，单位不能构成盗窃罪。

第四，犯罪对象不同。本罪的对象是本单位所有的或管理的，或者本人自留山上的森林或者其他林木，以及国家级自然保护区内的森林或者其他林木；而盗窃罪的对象十分广泛，包括所有公私财物。

(2)本罪与故意毁坏财物罪的区别

二者的相似之处为：本罪与故意毁坏财物罪中的毁坏公私所有的林木的行为的对象都是公私所有的林木。二者的区别在于：

第一，侵犯的客体不同。本罪侵犯的客体是国家保护森林资源的管理制度，即主要侵犯的是森林采伐的管理制度；而故意毁坏财物罪中的毁坏公私所有的林木行为侵犯的仅仅是公私财物所有权。

第二，犯罪主体不同。本罪的主体既可以是16周岁以上的具有刑事责任能力的自然人，也可以是单位，而故意毁坏财物罪中的毁坏公私所有的林木行为的主体只能是自然人。

第三，客观方面不同。本罪的客观方面：第一，行为具有违法性；第二，行为人必须实施了滥伐森林或者其他林木的行为；第三，滥伐林木必须达到"数量较大"的标准。而故意毁坏财物罪中的毁坏公私所有的林木表现为借助一定的工具，对林木进行损坏，致使其死亡或者受到伤害的行为。

第四，犯罪目的不完全相同。本罪一般具有非法占有的目的；而故意毁坏财物罪中的毁坏公私所有的林木的行为只要求行为人具有毁坏林木的目的，不一定要有占有的目的。

第五，犯罪对象不同。本罪的对象是本单位所有的或管理的，或者本人自留山上的森林或者其他林木，以及国家级自然保护区内的森林或者其他林木；而故意毁坏财物罪的对象可以是任何财物。

(四)滥伐林木罪的处罚

根据《刑法》第345条第2款的规定，自然人犯本罪的，处3年以下有期徒刑、拘役或者管制，并处或者单处罚金；数量巨大的，处3年以上7年以下有期徒刑，并处罚金。

根据2000年最高人民法院颁布的《关于审理破坏森林资源刑事案件具体应用法律若干问题的解释》第6条的规定，滥伐林木"数量巨大"，以50～100立方米或者幼树2500～5000株为起点。根据2000年最高人民法院颁布的《关于审理破坏森林资源刑事案件具体应用法律若干问题的解释》第7条的规定，对于1年内多次滥伐少量林木未经处罚的，累计其滥伐林木的数量。

根据《刑法》第346条的规定，单位犯本罪的，对单位判处罚金，并对其直接负责的主管人员和其他直接责任人员，依照《刑法》第345条第2款的规定处罚。根据《刑法》第345条第4款的规定，滥伐国家级自然保护区内的森林或者其他林木的，从重处罚。

十七、非法收购、运输盗伐、滥伐的林木罪

（一）非法收购、运输盗伐、滥伐的林木罪的概念

非法收购、运输盗伐、滥伐的林木罪，根据《刑法》第345条第3款和第346条的规定，是指自然人或者单位非法收购、运输明知是盗伐、滥伐的林木，情节严重的行为。

（二）非法收购、运输盗伐、滥伐的林木罪的特征

1. 非法收购、运输盗伐、滥伐的林木罪的客体

本罪侵犯的客体是国家有关森林资源保护的管理制度。本罪的对象是被盗伐、滥伐后的林木，非盗伐、滥伐的林木不能成为本罪的对象。

2. 非法收购、运输盗伐、滥伐的林木罪的客观方面

第一，行为的违法性。行为人必须违反了《森林法》及其他法律法规的规定，非法收购、运输林木。合法收购、运输林木的行为不具有违法性。

第二，行为人实施了非法收购、运输盗伐、滥伐的林木的行为。根据《刑法修正案（四）》的规定，本罪的行为方式有两种：非法收购，是指未经有关部门批准以金钱作价，买进盗伐、滥伐的林木的行为；非法运输，是指未经批准，擅自运输盗伐、滥伐的林木的行为。

第三，行为人非法收购、运输盗伐、滥伐林木的行为必须达到情节严重的程度。根据2000年最高人民法院颁布的《关于审理破坏森林资源刑事案件具体应用法律若干问题的解释》第11条的规定，具有下列情形之一的，属于在林区非法收购盗伐、滥伐的林木"情节严重"：非法收购盗伐、滥伐的林木20立方米以上或者幼树1000株以上的；非法收购盗伐、滥伐的珍贵树木2立方米以上或者5株以上的。

3. 非法收购、运输盗伐、滥伐的林木罪的主体

本罪的主体既可以是16周岁以上具有刑事责任能力的自然人，也可以是单位。

4. 非法收购、运输盗伐、滥伐的林木罪的主观方面

本罪的主观特征是故意。行为人必须明知所收购、运输的林木系盗伐、滥伐的林木，而依然进行收购、运输。如果行为人不知道收购、运输的林木系盗伐、滥伐的，不应当认定为本罪。行为人因为过失而收购、运输盗伐、滥伐的林木的，也不宜认定为本罪。根据2000年最高人民法院颁布的《关于审理破坏森林资源刑事案件具体应用法律若干问题的解释》第10条的规定，"非法收购明知是盗伐、滥伐的林木"中的"明知"，是指知道或者应当知道。具有下列情形之一的，可以视为应当知道，但是有证据证明确属被蒙骗的除外：（1）在非法的木材交易场所或者销售单位收购木材的；（2）收购以明显低于市场价格出售的木材的；（3）收购违反规定出售的木材的。

（三）非法收购、运输盗伐、滥伐的林木罪的认定

1. 本罪的罪与非罪的界限

判断本罪的罪与非罪的界限是：

第一，主观上是否故意，包括直接故意和间接故意，过失不构成本罪。行为人必须明知是收购、运输盗伐、滥伐的林木行为而故意为之。

第二，非法收购的是否是盗伐、滥伐的林木。

第三，非法收购、运输盗伐、滥伐的林木行为是否达到前述"情节严重"的标准。对非法

收购盗伐、滥伐的林木 20 立方米以下或者幼树 1000 株以下的行为,可以认为是一般违法收购、运输盗伐、滥伐林木的行为,必要时可由有关主管部门根据《森林法》等法律法规的规定,给予适当的行政处罚,而不以本罪论处。

2.此罪与彼罪的界限

(1)本罪与非法经营罪的区别

二者在主体和主观方面均相同,区别在于:

第一,侵犯的客体不同。本罪侵犯的是国家对林木资源的保护制度,而非法经营罪侵犯的是市场管理秩序。

第二,犯罪对象不同。本罪的对象是被盗伐、滥伐后的林木。而非法经营罪的对象较为广泛,可概括为下述几种类型:①法律、行政法规规定的专营、专卖物品或者其他限制买卖的物品;②进出口许可证、进出口原产地证明以及其他法律、行政法规规定的经营许可证或者批准文件;③外汇;④出版物;⑤证券、期货及保险业务;⑥其他严重扰乱市场秩序的非法经营行为指向的对象。

第三,客观方面不同。本罪的客观方面表现为非法收购、运输盗伐、滥伐的林木行为,而非法经营罪的客观方面表现为未经许可,经营法律行政法规规定的专营、专卖物品或者其他限制买卖的物品,或者买卖进出口许可证、进出口原产地证明以及法律、行政法规规定的其他经营许可证或者批准文件,或者未经国家有关主管部门批准,非法经营证券、期货或者保险业务的,以及其他严重扰乱市场秩序的非法经营行为。

(2)本罪与掩饰、隐瞒犯罪所得、犯罪所得收益罪的区别

掩饰、隐瞒犯罪所得、犯罪所得收益罪,根据《刑法》第 312 条的规定,是指自然人明知是犯罪所得及其产生的收益而予以窝藏、转移、收购或者代为销售或者以其他方式掩饰、隐瞒的行为。

二者的主观方面均为故意,行为方式都可以是收购或者运输(转移)。区别在于:

第一,犯罪主体不同。本罪的主体既可以是单位,也可以是自然人;而掩饰、隐瞒犯罪所得、犯罪所得收益罪的主体只能是自然人。

第二,行为方式不同。本罪的行为方式有两种:非法收购,是指未经有关部门批准以金钱作价,买进盗伐、滥伐的林木的行为;非法运输,是指未经批准,擅自运输盗伐、滥伐的林木的行为。而掩饰、隐瞒犯罪所得、犯罪所得收益罪的行为方式有五种,即窝藏、转移、收购、代为销售或者其他方式。

第三,侵犯的客体不同。本罪侵犯的是国家对林木资源的保护制度,而掩饰、隐瞒犯罪所得、犯罪所得收益罪侵犯的是国家司法机关的正常活动。

第四,犯罪对象不同。本罪的对象是被盗伐、滥伐后的林木,而窝藏、转移、收购、销售赃物罪的对象是任何赃物。

(3)本罪与危害国家重点保护植物罪的区别

二者在主体、主观方面均相同,区别在于:

第一,侵犯的客体不同。本罪侵犯的客体是国家对林木资源的保护制度,而危害国家重点保护植物罪侵犯的客体是国家对珍贵树木或者国家重点保护的其他植物及其制品的特殊保护和管理制度。

第二,行为方式不同。本罪的行为方式有两种:非法收购,是指未经有关部门批准以金钱作价,买进盗伐、滥伐的林木的行为;非法运输,是指未经批准,擅自运输盗伐、滥伐的林木的行为。而危害国家重点保护植物罪的行为方式有四种,即非法收购、运输、加工、出售。

第三,犯罪对象不同。本罪的对象是被盗伐、滥伐后的林木,而非法收购、运输、加工、出售珍贵树木或者国家重点保护的其他植物及其制品罪的对象是珍贵树木或者国家重点保护的其他植物及其制品。

(四)非法收购、运输盗伐、滥伐的林木罪的处罚

根据《刑法》第345条第3款和第346条的规定,自然人犯本罪的,处3年以下有期徒刑、拘役或者管制,并处或者单处罚金;情节特别严重的,处3年以上7年以下有期徒刑,并处罚金。根据2000年最高人民法院颁布的《关于审理破坏森林资源刑事案件具体应用法律若干问题的解释》的精神,非法收购、运输盗伐、滥伐的林木,"情节特别严重"的情形是指:第一,非法收购、运输盗伐、滥伐的林木100立方米以上或者幼树5000株以上的;第二,其他情节特别严重的情形。

根据《刑法》第346条的规定,单位犯本罪的,对单位判处罚金,并对其直接负责的主管人员和其他直接责任人员,依照《刑法》第345条第3款的规定处罚。

复习与练习

本章提要

破坏环境资源保护罪,是指个人或单位故意违反环境保护法律,污染或破坏环境资源,造成或可能造成公私财产重大损失或人身伤亡的严重后果,触犯刑法并应受刑事惩罚的行为。

《刑法》分则第6章从第338条到第346条,共9个条文规定了17个罪名,分别是:污染环境罪,非法处置进口的固体废物罪,擅自进口固体废物罪,走私固体废物罪,非法捕捞水产品罪,非法狩猎罪,非法猎捕、收购、运输、出售陆生野生动物罪,非法占用农用地罪,破坏自然保护地罪,非法采矿罪,破坏性采矿罪,危害国家重点保护植物罪,非法引进、释放、丢弃外来入侵物种罪,盗伐林木罪,滥伐林木罪,非法收购、运输盗伐、滥伐的林木罪。《刑法》分则第6章第346条作出了单位犯破坏环境资源保护罪的处罚规定。

污染环境罪,是指违反国家规定,排放、倾倒或处置有放射性的废物、含传染病病原体的废物、有毒物质或其他有害物质,造成重大环境污染事故,致使公私财产遭受重大损失或者人身伤亡的严重后果的行为。非法处置进口的固体废物罪是指违反国家规定,将境外的固体废物进境倾倒、堆放、处置的行为。擅自进口固体废物罪是指未经国务院有关主管部门许可,擅自进口固体废物用作原料,造成重大环境污染事故,致使公私财产遭受重大损失或者严重危害人体健康的行为。走私废物罪,是指违反海关法规和环境保护法规,逃避海关监管,将境外固体废物、液态废物和气态废物运输进境,或者以原料利用为名,进口不能用作原料的固体废物的行为。非法捕捞水产品罪是指违反保护水产资源法规,在禁渔区、禁渔期或者使用禁用的工具、方法捕捞水产品,情节严重的行为。危害珍贵、濒危野生动物罪,是指非法猎捕、杀害国家重点保护的珍贵、濒危野生动物,或者非法收购、运输、出售国家重点保护的珍贵、濒危野生动物及其制品的行为。非法狩猎罪是指违反狩猎法规,在禁猎区、禁猎期

或者使用禁用的工具、方法进行狩猎,破坏野生动物资源,情节严重的行为。非法猎捕、收购、运输、出售陆生野生动物罪,是指违反野生动物保护管理法规,以食用为目的非法猎捕、收购、运输在野外环境自然生长繁殖的陆生野生动物,情节严重的行为。非法占用农用地罪,违反土地管理法规,非法占用耕地、林地等农用地,改变被占用土地用途,数量较大,造成耕地、林地等农用地大量毁坏的行为。破坏自然保护地罪,是指违反自然保护地管理法规,在国家公园、国家级自然保护区进行开垦、开发活动或者修建建筑物,造成严重后果或者有其他恶劣情节的行为。非法采矿罪是指违反矿产资源法的规定,未取得采矿许可证擅自采矿,擅自进入国家规划矿区、对国民经济具有重要价值的矿区和他人矿区范围采矿,或者擅自开采国家规定实行保护性开采的特定矿种,情节严重的行为。破坏性采矿罪是指违反矿产资源法的规定,采取破坏性的开采方法开采矿产资源,造成矿产资源严重破坏的行为。危害国家重点保护植物罪是指违反国家规定,非法采伐、毁坏珍贵树木或者国家重点保护的其他植物,或者非法收购、运输、加工、出售珍贵树木或者国家重点保护的其他植物及其制品的行为。非法引进、释放、丢弃外来入侵物种罪,是指违反国家规定,非法引进、释放或者丢弃外来入侵物种,情节严重的行为。盗伐林木罪是指盗伐森林或者其他林木,数量较大的行为。滥伐林木罪是指违反森林法的规定,滥伐森林或者其他林木,数量较大的行为。非法收购、运输盗伐、滥伐的林木罪是指明知是盗伐、滥伐的林木,情节严重的行为。单位犯破坏环境资源保护罪的处罚规定是指,单位犯本节第338条至第345条规定之罪的,对单位判处罚金,并对其直接负责的主管人员和其他直接责任人员,依照本节各该条的规定处罚。

思考题

1. 破坏环境资源犯罪的概念、特征以及应当区分的界限与应当注意的问题。

2. 污染环境罪的定罪量刑标准如何掌握?

3. 非法收购、运输、出售珍贵濒危野生动物及其制品的,如果它的核定价格高于实际的交易价格,如何认定濒危野生动物及其制品的价值?

4. 使用炸鱼、毒鱼等危险方法捕捞水产品,危害公共安全的,应该如何处置?

5. 不知是国家珍贵树木或者国家重点保护的其他植物而盗伐的,应如何认定其行为?

参考文献

1. 赵秉志、王秀梅、杜澎:《环境犯罪比较研究》,法律出版社2004年版。

2. 熊选国、任卫华:《刑法罪名适用指南——破坏环境资源保护罪》,中国人民公安大学出版社2007年版。

3. 周峨春,孙鹏义:《环境犯罪立法研究》,中国政法大学出版社2015年版。

4. 马倍站:《环境犯罪案件实务指南》,法律出版社2013年版。

5. 李希慧、董文辉、李冠煜:《环境犯罪研究》,知识产权出版社2013年版。

6. 刘仁文:《环境资源保护与环境资源犯罪》,中信出版社2004年版。

7. 赵秉志:《环境犯罪及其立法完善研究:从比较法的角度》,北京师范大学出版社2011年版。

第十八章 利用职务的经济犯罪

本章主要阐述利用职务的经济犯罪的概念、特征、种类，以及各具体犯罪的构成要件、司法认定、刑罚处罚，以及有关问题的争议观点。重点论述贪污罪、受贿罪、行贿罪以及挪用公款罪的相关问题。

本章重点

- 利用职务的经济犯罪的概念、特征、种类
- 贪污罪的概念、构成要件及司法认定
- 挪用公款罪的概念、构成要件及司法认定
- 受贿罪的概念、构成要件及司法认定
- 行贿罪的概念、构成要件及司法认定
- 职务侵占罪
- 挪用资金罪

第一节 利用职务的经济犯罪概述

一、利用职务的经济犯罪的概念

18-1

利用职务的经济犯罪，是指利用自己或者他人职权或者通过自己或他人职务行为而实施经济犯罪，依照刑法应当受刑罚处罚的行为。

刑法理论上有所谓"职务犯罪"的分类，一般认为，职务犯罪是指具有一定职务的主体，违背职责，利用职权或者通过职务行为进行非法活动，违反刑法规定，应当受刑事处罚的行为。利用职务的经济犯罪在性质上既属于经济犯罪，也属于职务犯罪，其属于职务犯罪中的一类，主要是指利用职务上的便利实施的贪污贿赂犯罪，也包括利用非公职职务的侵占型和挪用型犯罪。

二、利用职务的经济犯罪的特征

（一）犯罪客体

利用职务的经济犯罪的客体是社会主义市场经济秩序下的国家廉政制度、国家工作人员职务廉洁性、公共财产所有权以及公款的占有权、使用权、收益权等。

（二）犯罪客观方面

本罪客观方面表现为利用国家工作人员职务之便，贪污、侵占、挪用公共财物，或者索取、收受贿赂，为自己或者他人谋取利益的行为。在客观方面，除少数几个犯罪如行贿罪、对有影响力的人行贿罪、对单位行贿罪、介绍贿赂罪、利用影响力受贿罪等，并非利用国家工作

人员职权实施,但是目标是谋求国有单位或者国家工作人员职务上的便利行为。

(三)犯罪主体

本罪主体多数为特殊主体,即国家工作人员或公司、企业事业单位工作人员,少数为一般主体和单位主体。

(四)犯罪的主观方面

本罪主观方面多表现为直接故意,且具有非法占有公共财产或者非法谋取利益的目的,少数具有非法使用公款或资金的目的。

三、利用职务的经济犯罪的立法

我国历来重视对利用职务的经济犯罪的惩治。新中国成立后不久,1952 年 3 月 28 日政务院第 130 次政务会议通过《中华人民共和国惩治贪污条例》,该条例共有 18 个条文,其中第 1 条规定:"学校及其附属机构的工作人员,凡侵吞、盗窃、骗取、套取国家财物,强索他人财物,收受贿赂以及其他假公济私违法取利之行为,均为贪污罪。"由此可见,新中国成立初期对利用职务的经济犯罪未作过细的区分,该条例实际上包括了贪污、受贿、行贿、介绍贿赂等犯罪行为的惩治。1979 年《刑法》对利用职务的经济犯罪的规定较为分散,其中,贪污罪被规定在"第五章:侵犯财产罪"中,受贿罪、行贿罪、介绍贿赂罪被规定在"第八章:渎职罪"中。由于 1979 年《刑法》并未对相关犯罪的量刑标准进行规定,司法机关感到难以掌握,为此,1988 年 1 月 21 日第六届全国人民代表大会常务委员会第二十四次会议通过《关于惩治贪污罪贿赂罪的补充规定》,该规定共有 13 个条文,对 1979 年《刑法》作了补充和修改。它具体表现为:一是细化了贪污罪、受贿罪的量刑标准,二是补充规定了挪用公款罪、单位受贿罪、单位行贿罪、巨额财产来源不明罪、隐瞒境外存款罪等犯罪,三是补充规定了相关犯罪的共同犯罪等特殊形态。1997 年《刑法》全面修订时,对利用职务的经济犯罪作了系统的全面的规定。因此,现行《刑法》分则第八章,从 382 条到 396 条,共 15 个条文对利用职务的经济犯罪规定了 14 个罪名,分别是:贪污罪、挪用公款罪、受贿罪、单位受贿罪、利用影响力受贿罪、行贿罪、对有影响力的人行贿罪、对单位行贿罪、介绍贿赂罪、单位行贿罪、巨额财产来源不明罪、隐瞒境外存款罪、私分国有资产罪、私分罚没财物罪。

根据本书的观点,《刑法》分则第五章"侵犯财产罪"中的职务侵占罪、挪用资金罪和挪用特定款物罪,也应当属于利用职务的经济型犯罪。

此外,《刑法》分则第三章"破坏社会主义市场经济罪"中的"非国家工作人员受贿罪"也属于利用职务实施的经济类犯罪,但因其以侵害公司、企业等单位的社会关系为主,本书已将其放在第十一章中进行阐述。

现行刑法对利用职务的经济犯罪规定在《刑法》分则第 8 章和第 5 章中,共 22 个条文规定了 17 个罪名,分别是:贪污罪、挪用公款罪、受贿罪、单位受贿罪、利用影响力受贿罪、行贿罪、对有影响力的人行贿罪、对单位行贿罪、介绍贿赂罪、单位行贿罪、巨额财产来源不明罪、隐瞒境外存款罪、私分国有资产罪、私分罚没财物罪、职务侵占罪、挪用资金罪和挪用特定款物罪。

四、利用职务的经济犯罪的司法应用

（一）正确认定利用职务的经济犯罪的罪与非罪的界限

一是正确认定利用职务的经济犯罪与日常生活中某些个人正常行为界限。利用职务的经济犯罪，利用职务的人具有自身身份的特殊性，但同时其也属于社会上的普通成员。因此应当避免将其正常的社会生活行为认定为犯罪行为。如向国家工作人员馈赠，国家工作人员接受馈赠，国有单位接受赞助等，区分的关键还是在于各犯罪的构成要件，尤其是是否存在利用职务谋取利益。

二是犯罪数额和犯罪情节。利用职务的经济犯罪既然为经济犯罪，其罪与非罪的界限多表现为运用数额进行认定。《中华人民共和国刑法修正案（九）》对贪污罪、受贿罪的立法进行修改后，本类罪的数额全部由司法解释进行规定，实践中应当结合相关司法解释进行正确计算、准确认定。同时部分犯罪还配置了情节标准，这也是区分罪与非罪的重要表现，实践中应当正确理解与适用。

（二）正确处理相关犯罪之间的界限

利用职务的经济犯罪多为对向型犯罪，同时因行为主体、对象主体不同而设立了多个犯罪，如行贿罪、受贿罪、对有影响力的人行贿罪、利用影响力受贿罪、对单位行贿罪、单位受贿罪、单位行贿罪等，极易引起混淆，实践中应当结合犯罪的构成要件进行准确区分。同时，由于本类罪是利用职务实施的，也应当区分与非利用职务实施的犯罪的界限，如贪污罪与盗窃罪、诈骗罪、侵占罪的界限。

（三）正确适用利用职务的经济犯罪的刑罚

惩治利用职务的经济犯罪，必须贯彻宽严相济的刑事政策，实行"轻轻重重"的应对方针。具体而言，对于严重的犯罪，如贪污、受贿数额特别巨大，犯罪情节特别严重，社会影响特别恶劣，给国家和人民利益造成特别重大损失的，可以判处死刑。虽符合上述情形，但具有自首、立功，如实供述自己罪行、真诚悔罪、积极退赃，或者避免、减少损害结果的发生等情节，不是必须立即执行的，可以判处死刑缓期2年执行。符合上述情形的，根据犯罪情节等情况可以判处死刑缓期二年执行，可以同时裁判决定在其死刑缓期执行2年期满依法减为无期徒刑后，终身监禁，不得减刑、假释。鉴于经济犯罪自身具有的特征和危害特点，对于情节较为轻微，未造成严重危害后果的，可以考虑适用管制、缓刑等非监禁刑，也可考虑罚金、没收财产等财产刑。

第二节 利用职务的经济犯罪分述

一、贪污罪

（一）贪污罪的概念

贪污罪，是指国家工作人员，或者受国家机关、国有公司、企业、事业单位、人民团体委托管理、经营国有财产的人员，利用职务上的便利，侵吞、窃取、骗取或者以其他手段非法占有公共财物的行为。

18-2

（二）贪污罪的特征

1.本罪的客体是复杂客体,首要的客体是国家公职人员职务的廉洁性,除此之外还有公共财物的所有权。

本罪犯罪对象包括国有财产、劳动群众集体所有的财产、用于扶贫和其他公益事业的社会捐助或者专项基金的财产。公民私人所有的财物不能成为贪污罪的犯罪对象,但是,在国家机关、国有公司、企业、集体企业和人民团体管理、使用或者运输中的私人财产,以公共财产论。土地使用权具有财产性利益,属于《刑法》第382条第1款规定中的公共财物,可以成为贪污的对象。① 国家机关、国有公司、企业、事业单位委派到非国有公司、企业、事业单位、社会团体从事公务的人员,利用职务上的便利,非法占有所在的非国有性质单位的财产的,成立贪污罪。而受国家机关、国有公司、企业、事业单位、人民团体委托管理、经营国有财产的人员成立贪污罪,则必须是非法占有了国有财产,否则,不能成立贪污罪。此外,公共财物的合法性不影响本罪的成立,如单位违法征收、收缴的财物仍可成为贪污罪的犯罪对象。

2.本罪的客观方面表现为行为人利用职务上的便利,侵吞、窃取、骗取或者以其他手段非法占有公共财物的行为。关于本罪客观方面的理解,包括以下两个方面的内容:

第一,关于"利用职务上的便利"的理解。根据1999年9月16日最高人民检察院《关于人民检察院直接受理立案侦查案件标准的规定(试行)》的规定,贪污罪中"利用职务上的便利"是指利用职务上主管、管理、经手公共财物的权力及方便条件。主管,主要是指负责调拨、处置及其他支配公共财物的职务活动,如机关的最高领导、厂矿企业最高领导、部门领导等,对本单位财物具有的调拨、支配的职权;管理,主要是指具有监督或者保管公共财物的职权,如单位财务部门出纳人员,单位财产保管人员等,对本单位的财物具有的管理职权;经手,主要是指领取、支出等经办公共财物流转事务的职务活动,如单位的采购人员、销售人员等,具有的领取、支出公共财物的职权,等等。利用上述职务便利的,可成立贪污罪的手段要件之一。例如,某国有公司出纳甲意图非法占有本人保管的公共财物,但不使用自己手中的钥匙和所知道的密码,而是使用铁棍将自己保管的保险柜打开并取走现金3万元。之后,甲伪造作案现场,声称失窃。关于本案,尽管行为人取走财物时未使用自己手中的钥匙和所知道的密码,但是其所取走的该国有公司的3万元现金系行为人本人保管的本单位的公共财物,因此,其仍属于利用职务上的便利,即上述管理公共财物的便利,将本单位的财物据为己有,成立贪污罪,而非盗窃罪。

应当注意,利用职务上的便利不等于利用工作上的便利。实践中,利用与职务无关的工作上的关系或者工作环境的熟悉,更加便利地进入工作单位、更加容易地接触作案目标等,即使最终取得公共财物,也不成立贪污罪。例如,会计人员甲趁下班之际,返回单位用自己的钥匙打开财务大厅大门,取走出纳人员乙办公桌抽屉里属于单位的5万元现金。甲仅仅利用自己工作人员身份的便利进入工作单位,取走不属于其保管的本单位5万元现金,其行为成立盗窃罪。

第二,关于"侵吞、窃取、骗取或者以其他手段"的理解。《刑法》第382条第1款明确规定,国家工作人员利用职务上的便利,侵吞、窃取、骗取或者以其他手段非法占有公共财物

---

① 2012年9月18日最高人民法院《关于发布第三批指导性案例的通知》(指导案例11号·杨延虎等贪污案)。

的,是贪污罪。关于"侵吞",其与侵占含义相近,指行为人利用自己职务上的便利,将自己主管、保管、经手的财物非法据为己有,即将合法占有变为非法占有,通俗而言即"监守自盗"。关于"窃取",一般而言,窃取是指秘密取得他人占有的财物,如在财产犯罪中,盗窃罪是指秘密窃取他人占有的财物,在贪污罪中,如果将窃取理解为窃取自己主管、保管、经手的财物,则易与上述另一手段行为"侵吞"发生混淆。如有论者认为,"侵吞"是指行为人利用职务上的便利,将由自己合法管理、经手的公共财物,非法据为己有,"窃取"是指行为人利用职务上的便利,采用秘密的方法将自己管理的公共财物非法据为己有。[1] 本书认为,上述论述无法区分贪污罪"侵吞"手段和"窃取"手段。综合贪污罪的手段行为,本书认为,贪污罪中的"窃取"行为,是指行为人利用职务上的便利,秘密取得他人占有的公共财产。有论者明确指出,"只有当行为人与他人共同占有公共财物时,行为人利用职务上的便利窃取该财物的,才属于贪污罪中的'窃取'"。[2] 本书赞同这一结论。贪污罪的"骗取"手段,是指行为人利用职务上的便利,采取虚构事实、隐瞒真相的方法,使被害人(包括自然人和法人)基于认识错误自愿处分公共财产给予行为人。骗取不仅包括骗取他人占有的本单位的财物,还包括自己占有的本单位的财物,其与侵吞的区别在于具体手段上的不同,侵吞不包括采取虚构事实、隐瞒真相的方式取得本人占有的本单位财物。关于"其他手段",是指行为人利用职务上的便利,采取侵吞、窃取、骗取手段以外的手段非法占有公共财物的行为。如行为人利用职务上的便利,将本单位厂房出租给他人使用,将租金非法据为己有。

根据《刑法》第 394 条的规定,国家工作人员在国内公务活动或者对外交往中接受礼物,依照国家规定应当交公而不交公,数额较大的,应以贪污罪论处。

3.本罪的主体是特殊主体。包括两类人员,一是国家工作人员;二是受国家机关、国有公司、企业、事业单位、人民团体委托管理、经营国有财产的人员。

国家工作人员的范围较广,具体而言包括:第一,国家机关中从事公务的人员,主要是指党群机关、权力机关、行政机关、审判机关、检察机关、军事机关等国家机关中从事公务的人员。第二,国有公司、企业、事业单位、人民团体中从事公务的人员。第三,国家机关、国有公司、企业、事业单位、人民团体委派到非国家机关、国有公司、企业、事业单位、社会团体中从事公务的人员。例如,某甲被聘在国有公司担任职务,后因该国有公司与某外商企业合资,国有公司占 10%的股份,某甲被该国有公司委派到合资企业担任副总经理。在任职期间,某甲利用职务上的便利,将合资企业价值 5 万元的财物非法据为己有。对某甲的行为应当认定为贪污罪。第四,其他依照法律从事公务的人员。在国家工作人员中,较为复杂的是上述第四类,亦即"其他依照法律从事公务的人员"。按照有关司法解释,这类人员主要包括:第一,村民委员会等村基层组织人员协助人民政府从事下列行政管理工作,属于《刑法》第 93 条第 2 款规定的"其他依照法律从事公务的人员":(1)救灾、抢险、防洪、优抚;(2)社会捐助公益事业款物的管理;(3)国有土地的经营和管理;(4)土地征用补偿费用的管理;(5)代征、代缴税款;(6)有关计划生育、户籍、征兵工作;(7)协助人民政府从事的其他行政管理工作。除上述立法解释外,还包括:(1)依法履行职责的各级人民代表大会代表;(2)依法履行职责

① 杨书文、韩耀元:《职务犯罪立案标准与司法适用》,法律出版社 2009 年版,第 6 页。
② 张明楷:《刑法学》,法律出版社 2011 年版,第 1046 页。

的各级人民政协委员;(3)依法履行审判职责的人民陪审员;(4)协助人民政府从事行政管理工作的居民委员会等基层组织人员;(5)其他由法律授权从事公务的人员。第二,居民委员会等基层组织人员协助人民政府从事上列行政管理工作,属于《刑法》第93条第2款规定的"其他依照法律从事公务的人员"。第三,各级人大代表,政协委员在依法履行代表职务时属于《刑法》第93条第2款规定的"其他依照法律从事公务的人员"。第四,人民陪审员在依法执行职务时属于《刑法》第93条第2款规定的"其他依照法律从事公务的人员"。

受国家机关、国有公司、企业、事业单位、人民团体委托管理、经营国有财产的人员构成贪污罪,需要具备法定的条件:第一,委托单位须为国家机关、国有公司、企业、事业单位、人民团体;第二,受托人员原本非国家工作人员,也并非管理、经营国有财产的人员;第三,受托活动是承办、租赁、聘用等而管理、经营活动;第四,受托管理、经营的对象是国有财产。

关于贪污罪的犯罪主体,有以下几个特殊问题值得注意:

第一,行为人通过伪造的(包括自己伪造和利用他人伪造的)国家机关公文、证件取得国家工作人员身份,进而从事公务的,能够成为贪污罪的犯罪主体。

第二,行为人曾经具有但实施行为时不再具有国家工作人员身份,利用之前的职务便利非法占有公共财物的,不成立贪污罪。

第三,国有公司、企业中从事公务的人员,其中"国有公司、企业"应为"纯粹国有的公司、企业"。①

第四,国有保险公司的工作人员,或者国有保险公司委派到非国有保险公司从事公务的人员利用职务上的便利,故意编造未曾发生的保险事故进行虚假理赔,骗取保险金归自己所有的,以贪污罪追究刑事责任。

第五,在国有资本控股、参股的股份有限公司中从事管理工作的人员,除受国家机关、国有公司、企业、事业单位委派从事公务的以外,不属于国家工作人员。

第六,国有控股、参股公司及其分支机构中从事公务的人员,如认定为国家工作人员,应经国家机关、国有公司、企业、事业单位具体的任命机构提名、推荐、任命、批准等程序,如此方不影响国家工作人员的认定。经国家出资企业中负有管理、监督国有资产职责的组织批准或者研究决定,代表其在国有控股、参股公司及其分支机构中从事组织、领导、监督、经营、管理工作的人员,应当认定为国家工作人员,可成立贪污罪。

第七,国有公司、企业改制为股份有限公司后,原国有公司、企业的工作人员和股份有限公司新任命的人员中,除代表国有投资主体行使监督、管理职权的人外,不以国家工作人员论。

4.本罪的主观方面是故意,并且以非法占有公共财物为目的。过失不能成立贪污罪。关于本罪故意的具体内容,其中,认识因素的内容是行为人对贪污对象、贪污行为的性质以及结果有所明知,意志因素的内容是行为人对自己行为的结果持希望的心理态度,即行为人明知自己利用职务上便利,非法占有公共财物的行为会侵犯国家工作人员职务的廉洁性,会发生侵害公共财物的结果,并且希望这种结果的发生。是否具有非法占有目的,是贪污罪的罪与非罪以及贪污罪区别于挪用公款罪等罪的界限。

---

① 赵震:《职务犯罪重点疑难精解》,法律出版社2013年版,第116页。

关于本罪的故意是否包括间接故意,刑法理论有不同的观点。肯定论者认为,贪污罪的主观故意包括间接故意。[①] 否定论者认为,贪污罪的主观方面只能是直接故意。[②] 本书赞同后一种观点,即贪污罪只能由直接故意构成。有论者认为这是我国《刑法》理论通说决定的,即"以非法占有为目的"只能存在于直接故意中[③],其实,更深层的原因在于,本罪客观行为表现为利用职务便利,侵吞、窃取、骗取或者以其他手段非法占有公共财物,主观上具有非法占有公共财物的故意,根据主客观相一致的原则,主观心态支配客观行为,客观行为印证主观心态,行为人的行为反映出行为人对本罪结果的心理态度是积极追求的"希望",而非听之任之的"放任"。

(三)贪污罪的认定

1.本罪的罪与非罪的界限

贪污罪罪与非罪的界限,主要是正确处理贪污罪与一般贪污行为的界限。根据《刑法》第 383 条第 1 款第 1 项的规定,贪污数额较大或者有其他较重情节的,处 3 年以下有期徒刑或者拘役,并处罚金。司法解释对"贪污数额较大"和"其他较重情节"分别作出明确,根据 2016 年 4 月 18 日施行的最高人民法院、最高人民检察院《关于办理贪污贿赂刑事案件适用法律若干问题的解释》第 1 条第 1 款、第 2 款的规定,贪污数额在 3 万元以上不满 20 万元的,应当认定为《刑法》第 383 条第 1 款规定的"数额较大",依法判处 3 年以下有期徒刑或者拘役,并处罚金。《刑法》第 383 条第 1 款中除规定达到法定数额成立贪污罪外,还规定了"其他较重情节"成立贪污罪,上述贪污贿赂司法解释第 1 条第 2 款就"其他较重情节"作出明确,即贪污数额在 1 万元以上不满 3 万元的,如具有下列情形之一,应当认定为《刑法》第 383 条第 1 款规定的"其他较重情节",依法对行为人判处 3 年以下有期徒刑或者拘役,并处罚金:(1)贪污救灾、抢险、防汛、优抚、扶贫、移民、救济、防疫、社会捐助等特定款物的;(2)曾因贪污、受贿、挪用公款受过党纪、行政处分的;(3)曾因故意犯罪受过刑事追究的;(4)赃款赃物用于非法活动的;(5)拒不交代赃款赃物去向或者拒不配合追缴工作,致使无法追缴的;(6)造成恶劣影响或者其他严重后果的。

对于贪污公共财物数额较小的,没有达到司法解释规定的贪污 1 万元数额,或者虽达到司法解释规定的贪污 1 万元的数额,但并不同时具备司法解释规定的"其他较重情节",应当认定为情节显著轻微的,危害不大,不应以贪污罪论处。

2.本罪与侵占罪、盗窃罪、诈骗罪的界限

贪污罪与侵占罪、盗窃罪、诈骗罪之间最大的区别在于犯罪客体、犯罪对象以及犯罪主体等方面,但是贪污罪的侵吞、窃取、骗取等手段行为,与侵占罪、盗窃罪、诈骗罪的手段行为有相同之处,因此,可将贪污罪与侵占罪、盗窃罪、诈骗罪的关系理解为特别法与一般法之间的关系。换言之,如果《刑法》中未规定贪污罪,贪污的行为是可以视情况以侵占罪、盗窃罪、诈骗罪进行处罚的。还有一些情况下,当不能以贪污罪追究行为人刑事责任时,可以视情况以侵占罪、盗窃罪、诈骗罪等论处,如行为人贪污数额不达法定数额标准而不成立贪污罪,但

① 沈志先:《职务犯罪审判实务》,法律出版社 2013 年版,第 65 页。
② 杨书文、韩耀元:《职务犯罪立案标准与司法适用》,法律出版社 2009 年版,第 3 页。
③ 李永升、朱建华:《经济刑法学》,法律出版社 2011 年版,第 424 页。

符合侵占罪、盗窃罪、诈骗罪的构成要件的，应以侵占罪、盗窃罪、诈骗罪论处。又如行为人利用职务便利，侵吞、窃取、骗取非由其主管、管理、经手的公共财物的，符合侵占罪、盗窃罪、诈骗罪的构成要件的，应以侵占罪、盗窃罪、诈骗罪论处。

3. 本罪与职务侵占罪的界限

职务侵占罪，是指公司、企业或者其他单位的人员，利用职务上的便利，将本单位财物非法据为己有，数额较大的行为。本罪与职务侵占罪的区别在于：第一，犯罪客体和犯罪对象不同。本罪的犯罪客体是国家工作人员职务廉洁性和公共财物的所有权，犯罪对象是公共财物等，职务侵占罪的犯罪客体是公司、企业或者其他单位财产的所有权。第二，犯罪主体不同，本罪的犯罪主体是国家工作人员和受国家机关、国有公司、企业、事业单位、人民团体委托管理、经营国有财产的人员，职务侵占罪的犯罪主体是公司、企业或者其他单位的人员。

4. 本罪的共同犯罪形态

关于具有不同的身份的人共同实施犯罪的处理，2000 年 6 月 30 日最高人民法院《关于审理贪污、职务侵占案件如何认定共同犯罪几个问题的解释》解释如下：(1)行为人与国家工作人员勾结，利用国家工作人员的职务便利，共同侵吞、窃取、骗取或者以其他手段非法占有公共财物的，以贪污罪共犯论处；(2)公司、企业或者其他单位中，不具有国家工作人员身份的人与国家工作人员勾结，分别利用各自的职务便利，共同将本单位财物非法占为己有的，按照主犯的犯罪性质定罪。而关于如何区分主从犯，根据 2003 年 11 月 13 日最高人民法院《全国法院审理经济犯罪案件工作座谈会纪要》的规定：对于在公司、企业或者其他单位中，非国家工作人员与国家工作人员勾结，分别利用各自的职务便利，共同将本单位财物非法占有的，应当尽量区分主从犯，按照主犯的犯罪性质定罪。司法实践中，如果根据案件的实际情况，各共同犯罪人在共同犯罪中的地位、作用相当，难以区分主从犯的，可以贪污罪定罪处罚。

5. 本罪的一罪与数罪问题

贪污本身构成犯罪，行为人同时利用贪污行为获取的赃款实施其他犯罪行为的，同时符合其他犯罪构成要件的，应该实行数罪并罚。

行为人通过伪造国家机关公文、证件担任国家工作人员职务以后，又利用职务上的便利实施侵占本单位财物的行为，构成犯罪的，应当以伪造国家机关、公文、证件罪和贪污罪追究刑事责任，实行数罪并罚。

6. 本罪的既遂与未遂问题

关于贪污罪的既未遂形态，实务界的态度反映在一些司法文件中，如 2003 年 11 月 13 日最高人民法院《全国法院审理经济犯罪案件工作座谈会纪要》指出，贪污罪是一种以非法占有为目的的财产性职务犯罪，与盗窃、诈骗、抢夺等侵犯财产罪一样，应当以行为人是否实际控制财物作为区分贪污罪既未遂的标准。对于行为人利用职务上的便利，实施了虚假平账等贪污行为，但公共财物尚未实际转移，或者尚未被行为人控制就被查获的，应当被认定为贪污未遂；行为人控制公共财物后，是否将财物据为己有，不影响贪污既遂的认定。对于贪污罪的既未遂形态，《刑法》理论界也有失控说、控制说、占有说等不同学说的争议。[1]　对于

---

[1]　朱丽欣：《职务犯罪〈刑法〉适用指导》，中国检察出版社 2006 年版，第 23 页。

这一问题,本书赞同失控说,即以原所有权人失去对公共财物的控制作为贪污罪既遂的标准,如此对保护公共财物的所有权更加有利。例如,某日,某国有银行出纳员陈某将自己保管的2万元营业款用报纸包好,藏到自己每天上下班随身携带的黑色塑料袋中,准备下班时带回家据为己有,下午办公室大扫除时,黑色塑料袋被同事当成垃圾袋扔掉。本案中,陈某利用职务上保管公共财物的便利,侵吞本单位2万元财物,尽管陈某最终未占有财物,但是该国有银行因为陈某的行为失去对2万元的控制,陈某的行为成立贪污罪既遂。

(四)贪污罪的处罚

根据《刑法》第383条的规定,犯本罪的,根据情节轻重,分别依照下列规定处罚:贪污数额较大或者有其他较重情节的,处3年以下有期徒刑或者拘役,并处罚金;贪污数额巨大或者有其他严重情节的,处3年以上10年以下有期徒刑,并处罚金或者没收财产;贪污数额特别巨大或者有其他特别严重情节的,处10年以上有期徒刑或者无期徒刑,并处罚金或者没收财产;贪污数额特别巨大,并使国家和人民利益遭受特别重大损失的,处无期徒刑或者死刑,并处没收财产。对多次贪污未经处理的,按照累计贪污数额处罚。犯贪污罪,在提起公诉前如实供述自己罪行、真诚悔罪、积极退赃,避免、减少损害结果的发生,如果行为人属于贪污数额较大或者有其他较重情节的,可以从轻、减轻或者免除处罚;如果行为人属于贪污数额巨大或者有其他严重情节,或者属于贪污数额巨大或者有其他特别严重情节的,或者属于数额特别巨大,并使国家和人民利益遭受特别重大损失的,可以从轻处罚。

贪污数额特别巨大,犯罪情节特别严重,社会影响特别恶劣、给国家和人民利益造成特别重大损失的,可以判处死刑。但具有自首、立功,如实供述自己罪行、真诚悔罪、积极退赃,或者避免、减少损害结果的发生等情节,不是必须立即执行的,可以判处死刑缓期2年执行。

犯贪污罪,贪污数额特别巨大,并使国家和人民利益遭受特别重大损失,被判处死刑缓期执行的,人民法院根据犯罪情节等情况可以同时决定在其死刑缓期执行2年期满依法减为无期徒刑后,终身监禁,不得减刑、假释。贪污罪的终身监禁并非刑种,对其适用应该把握:第一,适用对象具有特定性,即终身监禁适用于贪污数额特别巨大,并使国家和人民利益遭受特别重大损失,被判处死刑缓期执行的犯罪分子。第二,人民法院根据犯罪情节确定。对于上述贪污犯罪分子判处死刑缓期执行的,人民法院要根据其所实施犯罪的具体情节综合考虑,决定是否需要终身监禁。第三,终身监禁的决定应在判处死刑缓期执行的同时作出,而非在死刑缓期执行2年期满后作出。第四,终身监禁,不得减刑、假释,也不得暂予监外执行。

贪污犯罪分子违法所得的一切财物,应该依照《刑法》第64条的规定予以追缴或者责令退赔,对被害人的合法财产应该及时返还。对尚未追缴到案或者尚未足额退赔的违法所得,应该继续追缴或者责令退赔。

《刑法》第383条对贪污罪规定的数额标准是概括数额,具体数额标准由司法解释规定、明确。

二、挪用公款罪

(一)挪用公款罪的概念

挪用公款罪,是指国家工作人员利用职务上的便利,挪用公款归个人使用,进行非法活动,或者挪用公款数额较大、进行营利活动,或者挪用公款数

18-3

额较大、超过三个月未还的行为。

（二）挪用公款罪的特征

1. 本罪的客体是复杂客体，首要的客体是国家公职人员职务的廉洁性，除此之外还有公款的占有、使用、收益权。

本罪的犯罪对象是公款，主要是指货币形态的公共财产，包括货币资金、结算凭证、有价证券等。具体包括国家、集体的货币资金，用于扶贫和其他公益事业的社会捐助资金或者专项资金，在国家机关、国有公司、企业、集体企业和人民团体管理、使用或者运输中的私人所有的货币资金等。挪用公款罪的犯罪对象在特定情况下也包括公物，因为根据《刑法》第384条第2款规定，挪用用于救灾、抢险、防汛、优抚、扶贫、移民、救济款物归个人使用的，以挪用公款罪从重处罚。根据《刑法》第185条第2款、第272条第2款的规定，非国有金融机构或者客户的资金，其他非国有单位的资金也可以成为挪用公款罪的犯罪对象。根据有关司法文件，可以成为本罪犯罪对象的还有：失业保险基金和下岗职工基本生活保障资金，[①]公有国库券，[②]用于质押的金融凭证、有价证券等。[③] 而挪用公款罪中未包括挪用非特定公物归个人使用的行为，对该行为不以挪用公款罪论处。如构成其他犯罪的，依照《刑法》的有关规定定罪处罚。[④]

2. 本罪的客观方面表现为利用职务上的便利，挪用公款归个人使用的行为。"利用职务上的便利"，是指利用自己主管、管理、经手公款的方便条件。"归个人使用"，依照2002年4月28日全国人大常委会《关于〈中华人民共和国刑法〉第三百八十四条第一款的解释》的规定，是指将公款供本人、亲友或者其他自然人使用的；以个人名义将公款供其他单位使用的；个人决定以单位名义将公款供其他单位使用，谋取个人利益等情形。其中，"以个人名义""个人决定"等行为要件，要从行为的实质出发，而不能只看行为表面形式。如行为人逃避财务监管，或者与使用人约定以个人名义进行，或者借款、还款都以个人名义进行，将公款给其他单位使用的。又如单位少数领导违反程序，决定将公款供其他单位使用的，都应对相关要件作出肯定性认定。"谋取个人利益"，既包括不正当利益，也包括正当利益；既包括财产性利益，也包括具体的实际性的非财产性利益，还包括为单位少数人谋取利益。

关于"归个人使用"是否为挪用公款罪的必备条件，刑法理论界有不同的看法，一种观点认为，"归个人使用"是挪用公款罪成立的必备条件，挪用公款归个人使用的社会危害性较大，将其理解为必备要素符合刑法的谦抑性。[⑤] 另一种观点则针锋相对，认为在挪用公款罪中，挪用的行为一经作出就构成犯罪，至于挪用后归谁使用，或者作何使用的动机问题应是量刑考虑因素，而非定罪考虑因素，不应作为挪用公款罪的构成要件。[⑥] 关于这一争议问题，本书认为，单从《刑法》第384条的规定上看，确实难以得出非常有说服力的结论。但是相关

---

① 2003年1月28日最高人民检察院《关于挪用失业保险基金和下岗职工基本生活保障资金的行为适用法律问题的批复》。

② 1997年10月13日最高人民检察院《关于挪用国库券如何定性问题的批复》。

③ 2003年11月13日最高人民法院《全国法院审理经济犯罪案件工作座谈会纪要》。

④ 2000年3月15日最高人民检察院《关于国家工作人员挪用非特定公物能否定罪的请示的批复》。

⑤ 王作富主编：《刑法分则实务研究》，中国方正出版社2003年版，第1944页。

⑥ 林素娅、闫永哲：《论挪用公款罪构成要件之相关问题》，《西南民族大学学报》2006年第12期。

司法解释显然与前一种观点相吻合,即认为该要件为挪用公款罪必备要件。因此,从司法适用角度,应当坚持罪刑法定原则,将"归个人使用"作为挪用公款罪的必备要件。

根据《刑法》第 384 条规定,挪用公款罪的客观方面包括如下三种情形:

第一,行为人利用职务上的便利,挪用公款归个人使用,进行非法活动。非法活动,既包括犯罪活动,如将公款用于组织恐怖活动组织、黑社会性质组织、制贩运毒、走私等犯罪活动;也包括违法活动,如将公款用于嫖娼、赌博、吸毒等违法活动。挪用公款归个人使用,进行非法活动,没有时间要求,但在数额上并非也无要求,根据 2016 年 4 月 29 日最高人民法院《关于审理挪用公款案件具体应用法律若干问题的解释》第 5 条的规定,"挪用公款归个人使用,进行非法活动,数额在 3 万元以上的,应当依照《刑法》第 384 条的规定以挪用公款罪追究刑事责任。"

第二,行为人利用职务上的便利,挪用公款数额较大,归个人进行营利活动的。营利活动,是指将公款用于生产、经营、出借等活动,以从中谋取利益。挪用公款存入银行、用于集资、购买股票或国债等,属于挪用公款进行营利活动。所获取的利息、收益等违法所得,应当追缴,但不计入挪用公款的数额。挪用公款用于公司、企业注册资本验资证明的,应当认定为挪用公款进行营利活动。挪用公款归个人使用,数额较大,归个人进行营利活动的,构成挪用公款罪,不受挪用时间和是否归还的限制,但在数额上并非也无要求,根据 2016 年 4 月 29 日最高人民法院《关于审理挪用公款案件具体应用法律若干问题的解释》第 6 条的规定,"挪用公款归个人使用,进行营利活动或者超过 3 个月未还,数额在 5 万元以上的,应当认定为《刑法》第 384 条第一款规定的'数额较大'……"。

第三,行为人利用职务上的便利,挪用公款归个人使用,数额较大,超过 3 个月未还的。"超过三个月未还的",是指行为人挪用公款后 3 个月内未归还,换言之,行为人挪用公款的时间超过了 3 个月。"未还"是指案发前即被司法机关或者其他有关单位发现其挪用行为前尚未归还。挪用公款归个人使用,数额较大,超过 3 个月未还构成挪用公款犯罪,不仅有时间的要求,还有数额的要求,根据 2016 年 4 月 29 日最高人民法院《关于审理挪用公款案件具体应用法律若干问题的解释》第 6 条的规定,"挪用公款归个人使用,进行营利活动或者超过 3 个月未还,数额在 5 万元以上的,应当认定为《刑法》第 384 条第 1 款规定的'数额较大'……"。挪用正在生息或者需要支付利息的公款归个人使用,数额较大,超过 3 个月但在案发前全部归还本金的,可以从轻处罚或者免除处罚。给国家、集体造成的利息损失应予追缴。挪用公款数额巨大,超过 3 个月,案发前全部归还的,可以酌情从轻处罚。

关于本罪客观方面,应当注意如下问题:其一,营利活动如本身属于非法活动,应按挪用公款归个人使用,进行非法活动处理。其二,挪用公款后尚未投入实际使用的,只要同时具备"数额较大"和"超过 3 个月未还"的构成要件,应当认定为挪用公款罪,但可以酌情从轻处罚。其三,行为人挪用公款给他人使用时,必须在主观上明知使用人是用公款进行营利活动或者非法活动,如果行为人不知道使用人是用公款进行营利活动或者非法活动的,则应依照"数额较大,超过 3 个月未还"认定是否构成挪用公款罪。如果明知使用人用于营利活动或者非法活动的,应当认定为挪用人挪用公款进行营利活动或者非法活动。其四,挪用公款归还欠款的,应当根据产生欠款的原因,分别认定属于挪用公款的何种情形。归还个人进行非法活动或者进行营利活动产生的欠款,应当认定为挪用公款进行非法活动或者进行营利活动。其五,挪用金融凭证、有价证券用于质押,使公款处于风险之中,与挪用公款为他人提供担保没有实质区别,符合《刑法》关于挪用公款罪规定的,以挪用公款罪定罪处罚,挪用公款数额以实际或者可能承担的风险数额认定。其六,国有单位领导利用职务上的便利,指令具有法人资格的下级单位将公款供个人使用的,属于挪用公款行为,构成犯罪的,应以挪用公款罪定罪处罚。

3. 本罪犯罪主体为特殊主体,即国家工作人员。国家工作人员的认定,与贪污罪一致。有争议的问题是受国家机关、国有公司、企业、事业单位、人民团体委托管理、经营国有财产的人员是否为挪用公款罪的犯罪主体。关于这一问题,肯定的观点认为,受委托人员可以成立本罪主体。[①] 否定的观点认为该类主体不能成为本罪主体。否定的理由在于将该类主体纳入挪用公款罪犯罪主体无法律根据,有违罪刑法定原则。[②] 本书赞同否定的观点,即受委托人员不能成立挪用公款罪的主体。最高司法机关对此也予以明确:对于受国家机关、国有公司、企业、事业单位、人民团体委托,管理、经营国有财产的非国家工作人员,利用职务上的便利,挪用国有资金归个人使用构成犯罪的,应当依照《刑法》第 272 条第 1 款的规定定罪处罚。[③]

4. 本罪的主观方面是故意。即行为人明知自己挪用公款的行为会侵害公款的占有权、使用权与收益权,以及国家工作人员职务的廉洁性,并希望这种结果发生。此外,挪用公款归个人使用,用于非法活动或者用于经营活动,行为人必须明知使用人对公款的非法活动或者经营活动的用途。

(三)挪用公款罪的认定

1. 本罪的罪与非罪的界限

挪用公款罪须具备"归个人使用"的要件,不具备该要件的,不能以挪用公款罪定罪处罚。如经单位领导集体研究决定将公款给个人使用,或者单位负责人为了单位的利益,决定将公款给个人使用,不以挪用公款罪定罪处罚。如果这种行为致使单位遭受重大损失,构成其他犯罪的,依照刑法的有关规定对责任人员定罪处罚。[④]

挪用公款罪具有法定的三种情形,不同情形成立犯罪的条件也不相同,罪与非罪的界限主要体现在挪用公款的用途、挪用公款的数额、挪用公款的期限等方面,司法实践中应结合这些要件对挪用公款罪进行准确适用。

2. 本罪与挪用资金罪的界限

挪用资金罪是侵犯财产罪的一种,是指公司、企业或者其他单位的工作人员,利用职务上的便利,挪用本单位的资金归个人使用或者借贷给他人,数额较大、超过 3 个月未还的,或者虽未超过 3 个月,但数额较大、进行营利活动的,或者进行非法活动的行为。挪用公款罪与挪用资金罪的界限在于:第一,犯罪客体不同。本罪客体是国家工作人员职务廉洁性和公款的占有、使用、收益权,而挪用资金罪的客体是公司、企业或者其他单位财产的占有、使用、

---

①　高铭暄、马克昌主编:《刑法热点疑难问题探讨》,中国人民公安大学出版社 2002 年版,第 1222 页。

②　李永升、朱建华主编:《经济刑法学》,法律出版社 2011 年版,第 428 页。

③　2000 年 2 月 16 日最高人民法院《关于对受委托管理、经营国有财产的人员挪用国有资金行为如何定罪问题的批复》。

④　2003 年 11 月 13 日最高人民法院《全国法院审理经济犯罪案件工作座谈会纪要》。

收益权;第二,犯罪对象不同。本罪犯罪对象是公款,而挪用资金罪的犯罪对象是公司、企业或者其他单位的财产。第三,犯罪主体不同。本罪主体是国家工作人员;挪用资金罪的犯罪主体是公司、企业或者其他单位的工作人员,即非国家工作人员。

3. 本罪与挪用特定款物罪的界限

挪用特定款物罪也规定在侵犯财产罪的类罪中,是指挪用用于救灾、抢险、防汛、优抚、扶贫、移民、救济款物,情节严重,致使国家和人民群众利益遭受重大损害的行为。本罪与挪用特定款物罪的界限在于:第一,犯罪客体不同。本罪客体是国家工作人员职务廉洁性和公款的占有、使用、收益权,而挪用特定款物罪的犯罪客体是专款专用的财经管理制度。第二,犯罪对象不同。本罪犯罪对象是公款,挪用特定款物罪的犯罪对象是救灾、抢险、防汛、优抚、扶贫、移民、救济款物。第三,犯罪客观方面不同。本罪客观行为表现为利用职务上的便利,挪用公款归个人使用,进行非法活动,或者挪用公款数额较大、进行营利活动,或者挪用公款数额较大、超过3个月未还的行为。挪用特定款物罪在客观方面表现为挪用用于救灾、抢险、防汛、优抚、扶贫、移民、救济款物,情节严重,致使国家和人民群众利益遭受重大损害的行为。第四,犯罪主体不同。本罪主体是国家工作人员,挪用特定款物罪的犯罪主体是掌握、经管特定款物的直接责任人员。第五,挪用的用途不同。本罪是挪用公款归个人使用,而挪用特定款物罪是挪用特定款物作单位的其他用途。换言之,本罪是"公款挪作私用",挪用特定款物罪是将特定款物"此公用挪作彼公用"。如果是将特定款物"此公用挪作彼私用",按照《刑法》第384条第2款,应视情况以"挪用公款罪"定罪,并从重处罚。

4. 本罪与贪污罪的界限

贪污罪是指国家工作人员,或者受国家机关、国有公司、企业、事业单位、人民团体委托管理、经营国有财产的人员,利用职务上的便利,侵吞、窃取、骗取或者以其他手段非法占有公共财物的行为。本罪与贪污罪在犯罪客体、犯罪对象、犯罪客观方面、犯罪主体等要件上有一定的相同之处。但是本罪与贪污罪也有很多不同之处,主要界限在于:第一,犯罪客体不尽相同。本罪与贪污罪犯罪客体存在的不同之处在于,前者侵犯了公款的占有、使用、收益权,后者侵犯的是公共财产的所有权。第二,犯罪对象不尽相同。本罪犯罪对象是公款,特定情况下包括特定款物,贪污罪犯罪对象是公共财产。第三,犯罪客观方面不尽相同。本罪客观方面表现为利用职务上的便利,挪用公款归个人使用,进行非法活动,或者挪用公款数额较大、进行营利活动,或者挪用公款数额较大、超过3个月未还的行为;贪污罪的客观方面表现为利用职务上的便利,侵吞、窃取、骗取或者以其他手段非法占有公共财物的行为。第四,犯罪主观方面不尽相同。尽管本罪和贪污罪在主观方面都表现为故意心态,但是本罪是出于使用的目的,贪污罪是出于非法占有的目的。

司法实践中,本罪与贪污罪并不是此即彼的对立关系,本罪可因具备一些条件转化为贪污罪。本罪与贪污罪的一大区别在于行为人主观上是否具有非法占有公款的目的。挪用公款是否转化为贪污,应当按照主客观相一致的原则,具体判断和认定行为人主观上是否具有非法占有公款的目的。在司法实践中,具有下列情形之一的,可以认定行为人具有非法占有公款的目的:其一,行为人携带挪用的公款潜逃的,对其携带的挪用的公款部分,以贪污罪定罪处罚。其二,行为人挪用公款后采取虚假发票平账、销毁有关账目等手段,使所挪用的公款难以在单位账目上反映出来,且没有归还行为的,应当以贪污罪定罪处罚。其三,行为人截取单位收入不入账,非法占有,使所占有的公款难以在单位账目上反映出来,且没有归还行为的,应当以贪污罪定罪处罚。其四,有证据证明行为人有能力归还所挪用的公款而拒不归还,并隐瞒挪用的公款的去向的,应当以贪污罪定罪处罚。[①]

5. 本罪的共同犯罪形态

挪用公款给其他个人使用,使用人与挪用人共谋,指使或者参与策划取得挪用款的,对使用人以挪用公款罪的共犯追究刑事责任。挪用人与使用人构成挪用公款罪的共同犯罪,挪用人必须符合挪用公款罪的主体身份,挪用人与使用人具有共同的故意和共同的行为。挪用人与使用人均明知挪用的对象是公款,都有将公款故意挪归个人使用的故意,具有共谋、指使、策划共同挪用公款的行为。如果挪用人与使用人没有共同的故意,也没有参与挪用公款的行为,使用人不知道挪用人给自己使用的是公款,挪用人与使用人不成立共同犯罪。即使挪用人成立挪用公款罪,使用人也不成立挪用公款罪。

6. 本罪的一罪与数罪问题

因挪用公款索取、收受贿赂构成犯罪的,依照数罪并罚的规定处罚。挪用公款进行非法活动构成其他犯罪的,依照数罪并罚的规定处罚。

(四)挪用公款罪的处罚

根据《刑法》第 384 条规定,犯挪用公款罪的,处 5 年以下有期徒刑或者拘役;情节严重的,处 5 年以上有期徒刑;挪用公款数额巨大不退还的,处 10 年以上有期徒刑或者无期徒刑。挪用特定款物归个人使用的,以挪用公款罪定罪并从重处罚。挪用公款数额巨大不退还,是指挪用公款数额巨大,因客观原因在一审宣判前不能退还的。

多次挪用公款不还,挪用公款数额累计计算;多次挪用公款,并以后次挪用的公款归还前次挪用的公款,挪用公款数额以案发时未归还的实际数额认定。

挪用公款归个人使用、进行非法活动的,或者挪用公款数额较大、进行营利活动的,犯罪的追诉期限从挪用行为实施完毕之日起计算,挪用公款数额较大、超过 3 个月未还的,犯罪的追诉期限从挪用公款罪成立之日起计算;挪用公款行为有连续状态的,犯罪的追诉期限应当从最后一次挪用行为实施完毕之日或者犯罪成立之日起计算。

三、受贿罪

(一)受贿罪的概念

受贿罪,是指国家工作人员利用职务上的便利,索取他人财物,或者非法收受他人财物,为他人谋取利益的行为。

(二)受贿罪的特征

1. 本罪的客体是国家工作人员职务的廉洁性。本罪的犯罪对象为"贿赂",贿赂一般指财物,包括货币、物品和财产性利益,但不包括非财产性的利益,如性贿赂。财产性利益包括折算为货币的物质利益,如房屋装修、债务免除等,以及需要支付货币的其他利益如会员服务、旅游等。后者的犯罪数额,以实际支付或者应当支付的数额计算。贿赂不仅包括合法的

[①] 2003 年 11 月 13 日最高人民法院《全国法院审理经济犯罪案件工作座谈会纪要》。

财物,也包括非法的财物。"贿赂"的本质在于,它是作为与国家工作人员职务行为密切相关的一种不正当的报酬。

2.本罪的客观方面表现为利用职务上的便利,索取他人财物,或者非法收受他人财物,为他人谋取利益的行为。

"利用职务上的便利",既包括利用本人职务上主管、负责、承办某项公共事务的职权,也包括利用职务上有隶属、制约关系的其他国家工作人员的职权。担任单位领导职务的国家工作人员通过不属于自己主管的下级部门的国家工作人员的职务为他人谋取利益的,应当认定为"利用职务上的便利"为他人谋取利益。

本罪在客观方面的表现形式主要有:

第一,索取贿赂。即利用职务上的便利,索取他人财物。从形式上看,行为人索取财物是主动的,行贿人交付财物是被动的。索贿型的受贿罪并不要求行为人为行贿人谋取利益,只要其利用职务上的便利,实施了索取财物的行为即构成本罪。

第二,收受贿赂。利用职务上的便利,非法收受他人财物,为他人谋取利益。从形式上看,此种情形的受贿罪与索贿型的受贿罪恰恰相反,行为人收受财物是被动的,行贿人交付财物是主动的。"为他人谋取利益",从静态上看,包括实际或者承诺为他人谋取利益;明知他人有具体请托事项的;履职时未被请托,但事后基于该履职事由收受他人财物的三种情形。从动态上看,包括承诺、实施和实现三个阶段的行为。只要具有其中一个阶段的行为,如国家工作人员收受他人财物时,根据他人提出的具体请托事项,承诺为他人谋取利益的,就具备了为他人谋取利益的要件。明知他人有具体的请托事项而收受其财物的,视为承诺为他人谋取利益。作为"为他人谋取利益"的最低限度的标准,承诺为他人谋取利益,既包括明示的承诺,也包括默示的承诺。换言之,行为人明知他人有谋取利益的请托,只要没有拒绝并已接受贿赂的,即视为承诺,视为具备"为他人谋取利益"的要件。国家工作人员索取、收受具有上下级关系的下属或者具有行政管理关系的被管理人员的财物价值3万元以上,可能影响职权行使的,视为承诺为他人谋取利益。为他人谋取利益是否正当,为他人谋取利益是否实现,不影响受贿罪的认定。

第三,收受回扣。根据《刑法》第385条第2款的规定,国家工作人员在经济往来中,违反国家规定,收受各种名义的回扣、手续费,归个人所有的,以受贿论处。

第四,斡旋受贿。根据《刑法》第388条的规定,国家工作人员利用本人职权或者地位形成的便利条件,通过其他国家工作人员职务上的行为,为请托人谋取不正当利益,索取请托人财物或者收受请托人财物的,以受贿论处。此规定即为理论上的"斡旋受贿","斡旋受贿"并非罪名,而是受贿罪的一种行为类型。《刑法》第388条所规定的"利用本人职权或者地位形成的便利条件",是指行为人与被其利用的国家工作人员之间在职务上虽然没有隶属、制约关系,但是行为人利用了本人职权或者地位产生的影响和一定的工作联系,如单位内不同部门的国家工作人员之间,上下级单位没有职务上隶属、制约关系的国家工作人员之间,有工作联系的不同单位的国家工作人员之间等。"谋取不正当利益",是指谋取违反法律、法规、国家政策和国务院各部门规章规定的利益,以及谋取违反法律、法规、国家政策和国务院各部门规章规定的帮助或者方便条件。

3.本罪犯罪主体为特殊主体,即国家工作人员。国有公司、企业中从事公务的人员和国有公司、企业委派到非国有公司、企业从事公务的人员,国有金融机构工作人员和国有金融机构委派到非国有金融机构从事公务的人员,可以成为受贿罪的主体。经过乡镇政府或者主管行政机关任命的乡镇卫生院院长,在依法从事本区域卫生工作的管理与业务技术指导,承担医疗预防保健服务工作等公务活动时,可以成为受贿罪的犯罪主体。[①] 国家工作人员利用职务上的便利为请托人谋取利益,并与请托人事先约定,在其离职后收受请托人财物,构成犯罪的,以受贿罪定罪处罚。此种情形下,事先约定至关重要,无约定的,不成立受贿罪。如,甲是国家工作人员,在主管土地拍卖工作时向一家房地产公司通报了重要情况,使其如愿获得黄金地块。甲退休后,该公司为表示感谢,自作主张送与甲人民币 5 万元。因甲为该公司谋取利益时并未与其约定贿赂,因此,甲退休后收受 5 万元不构成受贿罪。

4. 本罪的主观方面是故意,并且具有非法占有他人财物的目的。行为人明知自己索取他人财物,或者非法收受他人财物、为他人谋取利益的行为会损害国家工作人员职务廉洁性,仍然实施该行为。受贿故意可以产生在为他人谋取利益之前,也可以产生于为他人谋取利益之后。

（三）受贿罪的认定

1. 本罪的罪与非罪的界限

一是要正确处理受贿罪与一般受贿行为的界限。根据《刑法》第 386 条、第 383 条第 1 款第 1 项的规定,受贿数额较大或者有其他较重情节的,处 3 年以下有期徒刑或者拘役,并处罚金。司法解释对"受贿数额较大"和"其他较重情节"分别作出明确,根据 2016 年 4 月 18 日施行的最高人民法院、最高人民检察院《关于办理贪污贿赂刑事案件适用法律若干问题的解释》第 1 条第 1 款、第 3 款的规定,受贿数额在 3 万元以上不满 20 万元的,应当认定为《刑法》第 383 条第 1 款规定的"数额较大",依法判处 3 年以下有期徒刑或者拘役,并处罚金。《刑法》第 383 条第 1 款中除规定达到法定数额成立受贿罪外,还规定了"其他较重情节"成立受贿罪,上述贪污贿赂司法解释第 1 条第 2 款就"其他较重情节"作出明确,即受贿数额在 1 万元以上不满 3 万元的,如具有下列情形之一,应当认定为《刑法》第 383 条第 1 款规定的"其他较重情节",依法对行为人判处 3 年以下有期徒刑或者拘役,并处罚金:(1)多次索贿的;(2)为他人谋取不正当利益,致使公共财产、国家和人民利益遭受损失的;(3)为他人谋取职务提升、调整的。对于受贿数额较小的,没有达到司法解释规定的数额 1 万元,或者虽达到司法解释规定的 1 万元数额,但并不同时具备司法解释规定的"其他较重情节",应当认定为情节显著轻微,危害不大,不应以受贿罪论处。

二是要正确处理受贿罪与国家工作人员接受馈赠的界限。馈赠,主要是出于亲朋好友的情谊,无条件地赠送物品。赠送者与接受馈赠者之间往往存在较为特殊的关系,赠送者没有谋取利益的要求,接受馈赠者接受馈赠也与职务无关。当然,要考察是正常礼尚往来的馈赠还是假借馈赠之名行受贿之实,应当结合馈赠者与接受馈赠者之间的关系、馈赠财物价值、有无请托事项、有无谋取利益的承诺等等进行判断。

[①] 2003 年 4 月 2 日最高人民检察院法律政策研究室《关于集体性质的乡镇卫生院院长利用职务之便收受他人财物的行为如何适用法律问题的答复》。

三是国家工作人员收受请托人财物后及时退还或者上交的，不是受贿。

2.本罪特殊情形的认定

(1)以借款为名构成受贿罪的认定

国家工作人员利用职务上的便利，以借为名向他人索取财物，或者非法收受财物为他人谋取利益的，应当认定为受贿。具体认定时，不能仅仅看是否有书面借款手续，应当根据以下因素综合判定：其一，有无正当、合理的借款事由；其二，款项的去向；其三，双方平时关系如何，有无经济往来；其四，出借方是否要求国家工作人员利用职务上的便利为其谋取利益；其五，借款后是否有归还的意思表示及行为；其六，是否有归还的能力；其七，未归还的原因；等等。

(2)涉及股票受贿案件的认定

在办理涉及股票的受贿案件时，应当注意：其一，国家工作人员利用职务上的便利，索取或者非法收受他人股票，没有支付股本金，为他人谋取利益，构成受贿罪的，其受贿数额按照收受股票时的实际价格计算。其二，行为人支付股本金而购买较有可能升值的股票，由于不是无偿收受请托人财物，不以受贿罪论处。其三，股票已上市且已升值，行为人仅支付股本金，其"购买"股票时的实际价格与股本金的差价部分应认定为受贿。

(3)以交易形式收受贿赂的认定

国家工作人员利用职务上的便利为请托人谋取利益，以下列交易形式收受请托人财物的，以受贿论处：其一，以明显低于市场的价格向请托人购买房屋、汽车等物品的；其二，以明显高于市场的价格向请托人出售房屋、汽车等物品的；其三，以其他交易形式非法收受请托人财物的。受贿数额按照交易时当地市场价格与实际支付价格的差额计算。上述市场价格包括商品经营者事先设定的不针对特定人的最低优惠价格。根据商品经营者事先设定的各种优惠交易条件，以优惠价格购买商品的，不属于受贿。

(4)涉及收受干股受贿案件的认定

干股是指未出资而获得的股份。国家工作人员利用职务上的便利为请托人谋取利益，收受请托人提供的干股的，以受贿论处。进行了股权转让登记，或者相关证据证明股份发生了实际转让的，受贿数额按转让行为时股份价值计算，所分红利按受贿孳息处理。股份未实际转让，以股份分红名义获取利益的，实际获利数额应当认定为受贿数额。

(5)关于合作投资名义收受贿赂的认定

国家工作人员利用职务上的便利为请托人谋取利益，由请托人出资，"合作"开办公司或者进行其他"合作"投资的，以受贿论处。受贿数额为请托人给国家工作人员的出资额。国家工作人员利用职务上的便利为请托人谋取利益，以合作开办公司或者其他合作投资的名义获取"利润"，没有实际出资和参与管理、经营的，以受贿论处。

(6)关于委托理财名义收受贿赂的认定

国家工作人员利用职务上的便利为请托人谋取利益，以委托请托人投资证券、期货或者其他委托理财的名义，未实际出资而获取"收益"，或者虽然实际出资，但获取"收益"明显高于出资应得收益的，以受贿论处。受贿数额，前一情形，以"收益"额计算；后一情形，以"收益"额与出资应得收益额的差额计算。

（7）关于以赌博形式收受贿赂的认定

根据 2005 年 5 月 11 日最高人民法院、最高人民检察院《关于办理赌博刑事案件具体应用法律若干问题的解释》第七条规定,国家工作人员利用职务上的便利为请托人谋取利益,通过赌博方式收受请托人财物的,构成受贿。实践中应注意区分贿赂与赌博活动、娱乐活动的界限。具体认定时,主要应当结合以下因素进行判断:其一,赌博的背景、场合、时间、次数;其二,赌资来源;其三,其他赌博参与者有无事先通谋;其四,输赢钱物的具体情况和金额大小。

（8）关于以特定关系人"挂名"领取薪酬问题的认定

国家工作人员利用职务上的便利为请托人谋取利益,要求或者接受请托人以给特定关系人安排工作为名,使特定关系人不实际工作却获取所谓"薪酬"的,以受贿论处。"特定关系人",是指与国家工作人员有近亲属、情妇（夫）以及其他共同利益关系的人。

（9）关于由特定关系人收受贿赂问题

国家工作人员利用职务上的便利为请托人谋取利益,授意请托人以本意见所列形式,将有关财物给予特定关系人的,以受贿论处。特定关系人与国家工作人员通谋,共同实施前款行为的,对特定关系人以受贿罪的共犯论处。特定关系人以外的其他人与国家工作人员通谋,由国家工作人员利用职务上的便利为请托人谋取利益,收受请托人财物后双方共同占有的,以受贿罪的共犯论处。

（10）关于收受贿赂物品未办理权属变更问题

国家工作人员利用职务上的便利为请托人谋取利益,收受请托人房屋、汽车等物品,未变更权属登记或者借用他人名义办理权属变更登记的,不影响受贿的认定。认定以房屋、汽车等物品为对象的受贿,应注意与借用的区分。具体认定时,除双方交代或者书面协议之外,主要应当结合以下因素进行判断:其一,有无借用的合理事由;其二,是否实际使用;其三,借用时间的长短;其四,有无归还的条件;其五,有无归还的意思表示及行为。

3. 本罪与非国家工作人员受贿罪的界限

非国家工作人员受贿罪是指公司、企业或者其他单位的工作人员,利用职务上的便利,索取他人财物或者非法收受他人财物,为他人谋取利益,数额较大的行为。本罪与非国家工作人员受贿罪的界限在于:第一:犯罪主体不同。本罪主体是国家工作人员,非国家工作人员受贿罪的犯罪主体是公司、企业及其他单位的工作人员。第二,行为方式不同。受贿罪中,索贿型的受贿罪不要求为他人谋取利益;而非国家工作人员受贿罪中,无论是索贿型的受贿还是非索贿型的受贿,均要求为他人谋取利益。本罪与非国家工作人员受贿罪的法定最高刑也有很大差别,前者最高刑为死刑,后者最高刑为 15 年有期徒刑,反映出二者的法益程度高低不同。

4. 本罪与敲诈勒索罪的界限

敲诈勒索罪是指以非法占有为目的,对他人实施威胁,索取公私财物数额较大或者多次实施敲诈勒索的行为。本罪中的"索取他人财物"易与敲诈勒索罪发生混淆。二者存在以下不同:第一,犯罪客体不同。本罪客体是国家工作人员职务廉洁性,敲诈勒索罪的客体是公私财产所有权。第二,犯罪客观方面不同。索贿型的受贿罪客观方面表现为利用职务上的便利,索取他人财物;敲诈勒索罪的客观方面表现为对他人实施威胁,索取公私财物数额较大或者多次实施敲诈勒索。第三,犯罪主体不同。本罪主体是特殊主体,即国家工作人员,敲诈勒索罪的犯罪主体是一般主体。索贿型的受贿罪与敲诈勒索罪区分的关键在于犯罪客观方面和犯罪主体。

5.本罪的共犯形态

根据《刑法》关于共同犯罪的规定,非国家工作人员与国家工作人员勾结,伙同受贿的,应当以受贿罪的共犯追究刑事责任。非国家工作人员是否构成受贿罪的共犯,取决于双方有无共同受贿的故意和行为。公司、企业或者其他单位的非国家工作人员与国家工作人员通谋,构成共同犯罪的,根据双方利用职务的具体情形分别定罪追究刑事责任:第一,利用国家工作人员的职务便利为他人谋取利益的,以受贿罪追究刑事责任;第二,利用非国家工作人员的职务便利为他人谋取利益的,以非国家工作人员受贿罪追究刑事责任;第三,分别利用各自的职务便利为他人谋取利益的,按照主犯的犯罪性质追究刑事责任,不能分清主从犯的,可以受贿罪追究刑事责任。

国家工作人员的近亲属向国家工作人员代为转达请托事项,收受请托人财物并告知该国家工作人员,或者国家工作人员明知其近亲属收受了他人财物,仍按照近亲属的要求利用职权为他人谋取利益的,对该国家工作人员应认定为受贿罪,其近亲属以受贿罪共犯论处。近亲属以外的其他人与国家工作人员通谋,由国家工作人员利用职务上的便利为请托人谋取利益,收受请托人财物后双方共同占有的,构成受贿罪共犯。国家工作人员利用职务上的便利为他人谋取利益,并指定他人将财物送给其他人,构成犯罪的,应以受贿罪定罪处罚。

6.本罪的罪数形态

国家工作人员利用职务上的便利,收受他人财物,为他人谋取利益,同时构成受贿罪和《刑法》分则第3章第3节、第9章规定的渎职犯罪的,除《刑法》另有规定外,以受贿罪和渎职犯罪数罪并罚。但存在如下例外情况:(1)根据《刑法》第399条的规定,受贿后又构成徇私枉法罪,民事、行政枉法裁判罪,执行判决、裁定失职罪,执行判决、裁定滥用职权罪的,从一重罪处罚。(2)根据《刑法》第229条第2款的规定,受贿后提供虚假证明文件的,只定提供虚假证明文件罪一罪,不另定受贿犯罪。(3)国家机关工作人员收受贿赂,实施了"被执行人、担保人、协助执行义务人与国家机关工作人员通谋,利用国家机关工作人员的职权妨害执行,致使判决、裁定无法执行的"行为的,同时构成拒不执行判决、裁定罪、受贿罪的,从一重罪处罚。

7.本罪既未遂形态

国家工作人员取得贿赂成立既遂。接受贿赂后,因自身或者与其受贿有关联的人、事被查处,为掩饰犯罪而退还或者上交贿赂的,不影响受贿罪既遂的认定。

(四)受贿罪的处罚

根据《刑法》第386条、第383条的规定,犯本罪的,根据情节轻重,分别依照下列规定处罚:受贿数额较大或者有其他较重情节的,处3年以下有期徒刑或者拘役,并处罚金;受贿数额巨大或者有其他严重情节的,处3年以上10年以下有期徒刑,并处罚金或者没收财产;受贿数额特别巨大或者有其他特别严重情节的,处10年以上有期徒刑或者无期徒刑,并处罚金或者没收财产;受贿数额特别巨大,并使国家和人民利益遭受特别重大损失的,处无期徒刑或者死刑,并处没收财产。对多次受贿未经处理的,按照累计受贿数额处罚。犯受贿罪,在提起公诉前如实供述自己罪行、真诚悔罪、积极退赃,避免、减少损害结果的发生,如果行为人属于受贿数额较大或者有其他较重情节的,可以从轻、减轻或者免除处罚;如果行为人属于受贿数额巨大或者有其他严重情节,或者属于受贿数额巨大或者有其他特别严重情节的,或者属于数额特别巨大,并使国家和人民利益遭受特别重大损失的,可以从轻处罚。索贿的从重处罚。

受贿数额特别巨大,犯罪情节特别严重、社会影响特别恶劣、给国家和人民利益造成特别重大损失的,可以判处死刑。但具有自首、立功,如实供述自己罪行、真诚悔罪、积极退赃,或者避免、减少损害结果的发生等情节,不是必须立即执行的,可以判处死刑缓期 2 年执行。

犯受贿罪,受贿数额特别巨大,并使国家和人民利益遭受特别重大损失,被判处死刑缓期执行的,人民法院根据犯罪情节等情况可以同时决定在其死刑缓期执行 2 年期满依法减为无期徒刑后,终身监禁,不得减刑、假释。受贿罪的终身监禁并非刑种,对其适用应该把握:第一,适用对象具有特定性,即终身监禁适用于受贿数额特别巨大,并使国家和人民利益遭受特别重大损失,被判处死刑缓期执行的犯罪分子。第二,人民法院根据犯罪情节确定。对于上述受贿犯罪分子判处死刑缓期执行的,人民法院要根据其所实施犯罪的具体情节综合考虑,决定是否需要终身监禁。第三,终身监禁的决定应在判处死刑缓期执行的同时作出,而非在死刑缓期执行 2 年期满后作出。第四,终身监禁,不得减刑、假释,也不得暂予监外执行。

《刑法》第 383 条对受贿罪规定的数额标准是概括数额,具体数额标准由司法解释规定、明确。国家工作人员利用职务上的便利为请托人谋取利益,离职前后连续收受请托人财物的,离职前后收受部分均应计入受贿数额。

受贿犯罪分子违法所得的一切财物,应该依照《刑法》第 64 条的规定予以追缴或者责令退赔,对被害人的合法财产应该及时返还。对尚未追缴到案或者尚未足额退赔的违法所得,应该继续追缴或者责令退赔。

四、单位受贿罪

(一)单位受贿罪的概念

单位受贿罪,是指国家机关、国有公司、企业、事业单位、人民团体,索取、非法收受他人财物,为他人谋取利益,情节严重的行为。

(二)单位受贿罪的特征

1.本罪客体是国有单位的廉政制度。犯罪对象为财物,"财物"的理解与受贿罪中的财物相同。

2.本罪在客观方面表现为国家机关、国有公司、企业、事业单位、人民团体,索取、非法收受他人财物归单位所有,为他人谋取利益,情节严重的行为。国家机关、国有公司、企业、事业单位、人民团体,在经济往来中,在账外暗中收受各种名义的回扣、手续费的,以单位受贿罪追究刑事责任。

3.本罪主体是国家机关、国有公司、企业、事业单位、人民团体,本罪是单位犯罪。

4.本罪主观方面是直接故意,并且具有非法获取贿赂的目的。

（三）单位受贿罪的认定

1.本罪的罪与非罪的界限

就单位受贿罪而言，无论是索取他人财物还是非法收受他人财物，必须同时具备为他人谋取利益的条件，且是情节严重的行为，才能构成单位受贿罪。涉嫌单位受贿，有下列情形之一的，应予追究刑事责任：单位受贿数额在10万元以上的，单位受贿数额不满10万元，但具有下列情形之一的：故意刁难、要挟有关单位、个人，造成恶劣影响的；强行索取财物的；致使国家或者社会利益遭受重大损失的。[①] 上述条件实际上是"情节严重"的标准，不具备该标准的，不成立单位受贿罪。

2.本罪与受贿罪的界限

受贿罪是指国家工作人员利用职务上的便利，索取他人财物，或者非法收受他人财物，为他人谋取利益的行为。本罪与受贿罪的界限在于：第一，犯罪客体。本罪客体是国有单位的廉政制度，受贿罪的客体是国家工作人员职务廉洁性。第二，犯罪主体不同。本罪主体是国家机关、国有公司、企业、事业单位、人民团体，受贿罪的犯罪主体是国家工作人员。

3.本罪与非国家工作人员受贿罪的界限

非国家工作人员受贿罪是指公司、企业或者其他单位的工作人员，利用职务上的便利，索取他人财物或者非法收受他人财物，为他人谋取利益，数额较大的行为。本罪与非国家工作人员受贿罪的界限在于：第一，犯罪客体。本罪客体是国有单位的廉政制度，非国家工作人员受贿罪的客体是公司、企业管理秩序以及非国家工作人员职务廉洁性。第二，犯罪客观方面不同。本罪与非国家工作人员受贿罪在客观方面的区别在于前者未明确规定"利用职务上的便利"，但实际上"为他人谋取利益"离不开利用职务上的便利。但是本罪是利用从事公务的便利，而非国家工作人员受贿罪利用的是非国家工作人员利用其在公司、企业内部从事某项职务活动的便利。第三，犯罪主体不同。本罪主体是国家机关、国有公司、企业、事业单位、人民团体，非国家工作人员受贿罪的犯罪主体是公司、企业或者其他单位的工作人员。

（四）单位受贿罪的处罚

根据《刑法》第387条的规定，犯单位受贿罪的，对单位判处罚金，并对其直接负责的主管人员和其他直接责任人员，处5年以下有期徒刑或者拘役。

五、利用影响力受贿罪

（一）利用影响力受贿罪的概念

利用影响力受贿罪，是指国家工作人员的近亲属或者其他与该国家工作人员关系密切的人，通过该国家工作人员职务上的行为，或者利用该国家工作人员职权或者地位形成的便利条件，以及离职的国家工作人员或者其近亲属、其他与其关系密切的人，利用该离职的国家工作人员原职权或者地位形成的便利条件，通过其他国家工作人员职务上的行为，为请托人谋取不正当利益，索取或者收受请托人财物，数额较大或者其他较重情节的行为。

（二）利用影响力受贿罪的特征

1.本罪客体是国家工作人员职务的廉洁性。犯罪对象为财物，"财物"的理解与受贿罪

---

① 1999年9月16日最高人民检察院《关于人民检察院直接受理立案侦查案件立案标准的规定（试行）》。

中的财物相同。

2. 本罪在客观方面表现为行为人基于其与国家工作人员之间的亲属关系、其他密切关系或者某种职权或者地位对国家工作人员所形成的影响力，通过该国家工作人员职务上的行为，为请托人谋取不正当利益，索取或者收受请托人财物，数额较大或者其他较重情节的行为。

所谓"影响力"，是指行为人基于其与国家工作人员之间的亲属关系或者其他密切关系，形成的足以对国家工作人员的心理和行为产生影响的能力，简单地说，行为人与国家工作人员之间的这种关系足以对国家工作人员的心理产生影响，从而做出为其谋取不正当利益的行为。所谓"谋取不正当利益"，是指谋取违反法律、法规、国家政策和国务院各部门规章规定的利益，以及谋取违反法律、法规、国家政策和国务院各部门规章规定的帮助或者方便条件。

以犯罪主体为标准，可将本罪客观方面具体表现分为以下四种情形：

第一，国家工作人员的近亲属，利用其与国家工作人员之间的近亲属关系，通过该国家工作人员职务上的行为，为请托人谋取不正当利益，索取或者收受请托人财物，数额较大或者其他较重情节的行为。

第二，与国家工作人员关系密切的、非近亲属关系的其他人，利用其与国家工作人员之间的密切关系，通过该国家工作人员职务上的行为，为请托人谋取不正当利益，索取或者收受请托人财物，数额较大或者其他较重情节的行为。

第三，离职的国家工作人员，虽然其已离职，但是其原职权或者地位仍对其他现任国家工作人员具有一定影响力，其通过其他现任国家工作人员职务上的行为，为请托人谋取不正当利益，索取或者收受请托人财物，数额较大或者其他较重情节的行为，成立利用影响力受贿罪。

第四，与离职的国家工作人员关系密切的、非近亲属关系的其他人，利用该离职的国家工作人员原职权或者地位对其他现任国家工作人员产生的影响力，通过其他现任国家工作人员职务上的行为，为请托人谋取不正当利益，索取或者收受请托人财物，数额较大或者其他较重情节的行为，成立利用影响力受贿罪。

3. 本罪主体是特殊主体，具体而言是国家工作人员的近亲属或者其他与该国家工作人员关系密切的人，以及离职的国家工作人员或者其近亲属、其他与其关系密切的人。

上述"国家工作人员的近亲属""其近亲属"，根据《民法典》第 1045 条的规定，包括配偶、父母、子女、兄弟姐妹、祖父母、外祖父母、孙子女、外孙子女；根据《最高人民法院关于适用〈中华人民共和国行政诉讼法〉的解释》第 14 条规定，包括配偶、父母、子女、兄弟姐妹、祖父母、外祖父母、孙子女、外孙子女和其他具有抚养、赡养关系的亲属。

"关系密切的人"并非法律术语，也没有明确的法律规定。因此理解不一，尚无权威定论。本书认为，"其他与该国家工作人员关系密切的人""其他与其关系密切的人"，是指与国家工作人员或者与离职的国家工作人员没有近亲属关系，但是关系密切，足以对国家工作人员的心理产生影响，从而做出为其谋取不正当利益的行为的人。

"离职的国家工作人员"，是指曾经具有国家工作人员身份，但是实施本罪行为时已不再具备该身份的人。不再具备国家工作人员身份，具体原因包括退休、辞退、离休、开除等。

4. 本罪主观方面是直接故意，具有非法占有贿赂的目的。

（三）利用影响力受贿罪的认定

1. 本罪的罪与非罪的界限

成立本罪的关键，一是犯罪主体要件。即实施为请托人谋取不正当利益，索取或者收受请托人财物，数额较大或者其他较重情节的行为的人，是否为国家工作人员的近亲属或者其他与该国家工作人员关系密切的人，以及离职的国家工作人员或者其近亲属、其他与其关系密切的人。二是是否具备法定的数额和情节。成立本罪需要具备"数额较大或者其他较重情节"，不具备这些情形的不成立本罪。根据 2016 年 4 月 18 日施行的最高人民法院、最高人民检察院《关于办理贪污贿赂刑事案件适用法律若干问题的解释》第 10 条第 1 款的规定，本罪的定罪量刑适用标准，参照该解释关于受贿罪的规定执行。

2. 本罪与受贿罪的界限

受贿罪是指国家工作人员利用职务上的便利，索取他人财物，或者非法收受他人财物，为他人谋取利益的行为。本罪与受贿罪的界限在于：第一，犯罪客观方面不同。本罪表现为行为人基于其与国家工作人员之间的亲属关系、其他密切关系或者某种职权或者地位对国家工作人员所形成的影响力，通过该国家工作人员职务上的行为，为请托人谋取不正当利益，索取或者收受请托人财物，数额较大或者其他较重情节的行为。受贿罪客观方面表现为利用职务上的便利，索取他人财物或者收受他人财物，为他人谋取利益的行为。在犯罪客观方面，本罪与受贿罪有如下区别：其一，本罪无论是索取他人财物，还是收受他人财物，都要求为请托人谋取"不正当利益"；而索贿型的受贿罪无"为他人谋取利益"要件，收受贿赂型受贿罪要求为他人谋取"利益"，而非"不正当利益"。其二，离职的国家工作人员成立利用影响力受贿罪，无论是"为他人谋取不正当利益"还是"索取或者收受他人财物"均在产生于离职后，这一点区别于约定的事后受贿型的受贿罪。第二，犯罪主体不同。本罪主体是国家工作人员的近亲属或者其他与该国家工作人员关系密切的人，以及离职的国家工作人员或者其近亲属、其他与其关系密切的人；受贿罪犯罪主体是国家工作人员。

成立利用影响力受贿罪，利用影响力索取或者收受贿赂的行为人与实施职务行为的国家工作人员之间并无实施权钱交易的通谋。换言之，实施职务行为的国家工作人员对利用影响力的行为人索取或者收受贿赂的行为并不明知，其中实施职务行为的国家工作人员并不成立受贿罪，利用影响力且索取或者收受贿赂的行为人成立利用影响力受贿罪。应当注意国家工作人员的近亲属或者其他与该国家工作人员关系密切的人，以及离职的国家工作人员或者其近亲属、其他与其关系密切的人与国家工作人员成立受贿罪共犯情形的认定。如果这些人员与国家工作人员通谋，利用国家工作人员职务上的便利，为请托人谋取不正当利益，索取或者收受请托人财物，数额较大或者其他较重情节的行为，国家工作人员与利用影响力实施索取或者收受贿赂的行为人均成立受贿罪。

（四）利用影响力受贿罪的处罚

根据《刑法》第 388 条之一的规定，犯本罪的，数额较大或者有其他较重情节的，处 3 年以下有期徒刑或者拘役，并处罚金；数额巨大或者有其他严重情节的，处 3 年以上 7 年以下有期徒刑，并处罚金；数额特别巨大或者有其他特别严重情节的，处 7 年以上有期徒刑，并处罚金或者没收财产。

六、行贿罪

（一）行贿罪的概念

行贿罪，是指为谋取不正当利益，给予国家工作人员以财物的行为。

（二）行贿罪的特征

1.本罪客体是国家工作人员职务的廉洁性。犯罪对象是财物，"财物"的理解与受贿罪中的财物相同。

2.本罪客观方面表现为行为人给予国家工作人员财物以谋取不正当利益的行为。根据《刑法》第389条第2款的规定，在经济往来中，违反国家规定，给予国家工作人员以财物，数额较大的，或者违反国家规定，给予国家工作人员以各种名义的回扣、手续费的，以行贿论处。

3.本罪主体是一般主体，即达到刑事责任年龄、具备刑事责任能力的自然人。

4.本罪主观方面是直接故意，且具有谋取不正当利益的目的。"谋取不正当利益"，是指谋取违反法律、法规、国家政策和国务院各部门规章规定的利益，以及谋取违反法律、法规、国家政策和国务院各部门规章规定的帮助或者方便条件。违背公平、公正原则，在经济、组织人事管理等活动中，谋取竞争优势的，应当认定为"谋取不正当利益"。

（三）行贿罪的认定

1.本罪的罪与非罪的界限

第一，区分本罪与一般馈赠行为的界限。馈赠，主要是出于亲朋好友的情谊，无条件地赠送物品。赠送者与接受馈赠者之间往往存在较为特殊的关系，给予馈赠者没有谋取利益的要求，接受馈赠者接受馈赠也与职务无关。应当注意实际生活中"打感情牌""细水长流"等做法，注意考察是正常礼尚往来的馈赠还是假借馈赠之名行行贿之实，判断的关键还是应当结合馈赠者与接受馈赠者之间的关系、馈赠财物价值、有无请托事项、有无谋取利益的承诺等因素。

第二，本罪为数额犯和情节犯，根据现行司法解释，为谋取不正当利益，向国家工作人员行贿，数额在3万元以上的，应当依照《刑法》第390条的规定以行贿罪追究刑事责任。行贿数额在1万元以上不满3万元，具有下列情形之一的，依照《刑法》第390条的规定以行贿罪追究刑事责任：向3人以上行贿的；将违法所得用于行贿；通过行贿谋取职务提拔、调整的；向负有食品、药品、安全生产、环境保护等监督管理职责的国家工作人员行贿，实施非法活动的；向司法工作人员行贿，影响司法公正的；造成经济损失数额在50万元以上不满100万元的。[①] 因此，行贿数额未达到3万元的，或者数额达到1万元，但不具备上述6种情形之一的，不成立行贿罪。

第三，根据《刑法》第389条第3款的规定，因被勒索给予国家工作人员以财物，没有获得不正当利益的，不是行贿。

2.本罪与对非国家工作人员行贿罪的界限

对非国家工作人员行贿罪，是指为谋取不正当利益，给予公司、企业或者其他单位的工

---

① 2016年4月26日最高人民法院、最高人民检察院《关于办理贪污贿赂刑事案件适用法律若干问题的解释》。

作人员以财物,数额较大的行为。本罪与对非国家工作人员行贿罪有诸多相同之处,如犯罪客观方面均表现为给予他人以财物,犯罪主体均为一般主体,犯罪主观方面表现为故意,并具有谋取不正当利益的目的。二者的界限在于:第一,犯罪客体不同。本罪客体是国家工作人员职务的廉洁性,对非国家工作人员行贿罪的犯罪客体是公司、企业或者其他单位的管理制度以及非国家工作人员职务廉洁性。第二,行贿对象不同。本罪行贿对象是国家工作人员,对非国家工作人员行贿罪的行贿对象是非国家工作人员。第三,本罪没有在条文中明文规定"数额较大"要件,而对非国家工作人员受贿罪对此要件进行了明文规定。第四,从宽处罚程度不同。本罪对行贿人在被追诉前主动交代行贿行为的,规定的是"可以从轻或者减轻处罚",而只有对"犯罪较轻的,对侦破重大案件起关键作用的,或者有重大立功表现的",方规定"可以减轻或者免除处罚";而对非国家工作人员行贿罪对行贿人在被追诉前主动交代行贿行为的,"可以减轻处罚或者免除处罚"。后者从宽幅度明显大于前者。第五,刑罚不同。本罪法定最低刑为5年有期徒刑或者拘役,并处罚金,法定最高刑为无期徒刑;而对非国家工作人员行贿罪的法定最低刑为3年以下有期徒刑或者拘役,并处罚金,法定最高刑为3年以上10年以下有期徒刑,并处罚金。后者刑罚明显轻于前者。

3. 本罪的罪数形态

行贿人谋取不正当利益的行为构成犯罪的,应当与行贿犯罪实行数罪并罚。

(四)行贿罪的处罚

根据《刑法》第389条的规定,犯行贿罪的,处5年以下有期徒刑或者拘役,并处罚金;因行贿谋取不正当利益,情节严重的,或者使国家利益遭受重大损失的,处5年以上10年以下有期徒刑,并处罚金;情节特别严重的,或者使国家利益遭受特别重大损失的,处10年以上有期徒刑或者无期徒刑,并处罚金或者没收财产。司法解释对"情节严重的""情节特别严重的""使国家利益遭受重大损失的""使国家利益遭受特别重大损失的"均作出了明确。[①]

行贿人在被追诉前主动交代行贿行为的,可以从轻或者减轻处罚。其中,犯罪较轻的,对侦破重大案件起关键作用的,或者有重大立功表现的,可以减轻或者免除处罚。"被追诉前",是指检察机关对行贿人的行贿行为刑事立案前。"犯罪较轻的",是指根据行贿的事实、情节,可能被判处3年有期徒刑以下刑罚的情形。"重大案件",是指根据犯罪的事实、情节,已经或者可能被判处10年有期徒刑以上刑罚的,或者在本省、自治区、直辖市或者全国范围内有较大影响的案件。"对侦破重大案件起关键作用",是指具有下列情形之一的:主动交代办案机关未掌握的重大案件线索的;主动交代的犯罪线索不属于重大案件的线索,但该线索对于重大案件侦破有重要作用的;主动交代行贿事实,对于重大案件的证据收集有重要作用的;主动交代行贿事实,对于重大案件的追逃、追赃有重要作用的。

行贿犯罪取得的不正当财产性利益应当按照《刑法》第64条的规定予以追缴、责令退赔或者返还被害人。

因行贿犯罪取得财产性利益以外的经营资格、资质或者职务晋升等其他不正当利益,建议有关部门依照相关规定予以处理。

多次行贿未经处理的,按照累计行贿数额处罚。国家工作人员利用职务上的便利为请

托人谋取利益前后多次收受请托人财物,受请托之前收受的财物数额在 1 万元以上的,应当一并计入受贿数额。

七、对有影响力的人行贿罪

（一）对有影响力的人行贿罪的概念

对有影响力的人行贿罪,是指为谋取不正当利益,向国家工作人员的近亲属或者其他与该国家工作人员关系密切的人,或者向离职的国家工作人员或者其近亲属以及其他与其关系密切的人行贿的行为。

（二）对有影响力的人行贿罪的特征

1.本罪客体是国家工作人员职务的廉洁性。犯罪对象是财物,"财物"的理解与受贿罪中的财物相同。

2.本罪客观方面表现为向国家工作人员的近亲属或者其他与该国家工作人员关系密切的人,或者向离职的国家工作人员或者其近亲属以及其他与其关系密切的人行贿的行为。

3.本罪主体是一般主体,即达到刑事责任年龄、具备刑事责任能力的自然人。单位也可以成立本罪。

4.本罪主观方面是直接故意,且具有谋取不正当利益的目的。"谋取不正当利益"的认定与行贿罪是一致的。

（三）对有影响力的人行贿罪的认定

1.本罪的罪与非罪的界限

根据 2016 年 4 月 18 日施行的最高人民法院、最高人民检察院《关于办理贪污贿赂刑事案件适用法律若干问题的解释》第 10 条第 2 款、第 3 款的规定,本罪的定罪量刑适用标准,参照该解释关于行贿罪的规定执行。单位对有影响力的人行贿数额在 20 万元以上的,应当依照《刑法》第 390 条之一的规定,以对有影响力的人行贿罪追究刑事责任。对未达到该标准的,不成立对有影响力的人行贿罪。

2.本罪与行贿罪的界限

行贿罪,是指为谋取不正当利益,给予国家工作人员以财物的行为。本罪与行贿罪的犯罪客体均表现为国家工作人员职务上的廉洁性,犯罪客观行为都表现为给予他人以财物,犯罪主体均为一般主体,犯罪主观方面是直接故意,并且具有谋取不正当利益的目的。二者的区别在于给予财物的对象不同。本罪给予财物的对象是国家工作人员的近亲属或者其他与该国家工作人员关系密切的人,或者离职的国家工作人员或者该离职的国家工作人员的近亲属以及其他与该离职国家工作人员关系密切的人;行贿罪中行为人给予财物的对象是国家工作人员。

3.本罪与对非国家工作人员行贿罪的界限

对非国家工作人员行贿罪,是指为谋取不正当利益,给予公司、企业或者其他单位的工作人员以财物,数额较大的行为。本罪与对非国家工作人员行贿罪有诸多相同之处,如犯罪客观方面均表现为给予他人以财物,犯罪主体均为一般主体,犯罪主观方面表现为故意,并具有谋取不正当利益的目的。二者的界限在于:第一,犯罪客体不同。本罪客体是国家工作人员职务的廉洁性,对非国家工作人员行贿罪的犯罪客体是公司、企业或者其他单位的管理制度以及非国家工作人员职务廉洁性。第二，行贿对象不同。本罪行贿对象是国家工作人员的近亲属或者其他与该国家工作人员关系密切的人，或者离职的国家工作人员或者该离职的国家工作人员的近亲属以及其他与该离职国家工作人员关系密切的人；对非国家工作人员行贿罪的行贿对象是非国家工作人员。

（四）对有影响力的人行贿罪的处罚

根据《刑法》第390条之一的规定，犯本罪的，处3年以下有期徒刑或者拘役，并处罚金；情节严重的，或者使国家和人民利益遭受重大损失的，处3年以上7年以下有期徒刑，并处罚金；情节特别严重的，或者使国家利益遭受特别重大损失的，处7年以上10年以下有期徒刑，并处罚金。单位犯本罪的，对单位判处罚金，并对其直接负责的主管人员和其他直接责任人员，处3年以下有期徒刑或者拘役，并处罚金。

八、对单位行贿罪

（一）对单位行贿罪的概念

对单位行贿罪，是指为谋取不正当利益，给予国家机关、国有公司、企业、事业单位、人民团体以财物的，或者在经济往来中，违反国家规定，给予各种名义的回扣、手续费的行为。

（二）对单位行贿罪的特征

1.本罪客体是国家机关、国有公司、企业、事业单位、人民团体的正常管理活动。

2.本罪犯罪客观方面表现为给予国家机关、国有公司、企业、事业单位、人民团体以财物的，或者在经济往来中，违反国家规定，给予各种名义的回扣、手续费的行为。

3.本罪主体是一般主体；即达到刑事责任年龄、具备刑事责任能力的自然人。单位也可以成立本罪。

4.本罪主观方面是直接故意，并具有谋取不正当利益的目的或者是明知违反国家规定，仍给予国有单位各种名义的回扣、手续费。"谋取不正当利益"的理解同行贿罪。

（三）对单位行贿罪的认定

1.本罪的罪与非罪的界限

第一，成立对单位行贿罪，需要达到司法解释规定的数额或者情形。个人行贿数额在10万元以上、单位行贿数额在20万元以上的，个人行贿数额不满10万元、单位行贿数额在10万元以上不满20万元，但具有下列情形之一的，为谋取非法利益而行贿的，成立对单位行贿罪：向3个以上单位行贿的；向党政机关、司法机关、行政执法机关行贿的；致使国家或者社会利益遭受重大损失的。[①] 未达到上述标准的，不成立对单位行贿罪。

第二，应当注意本罪与赞助的界限。实践中，有关单位或者个人对国家机关、国有公司、企业、事业单位、人民团体的有关活动进行赞助，这些赞助一般是不附加条件的，如支持建设办公场地，支持教育事业、公益事业等，但应注意假借赞助之名行贿赂之实的行为认定。区分的关键在于：其一，给予国家机关、国有公司、企业、事业单位、人民团体以赞助的背景和事由；其二，给予国家机关、国有公司、企业、事业单位、人民团体以赞助的行为方式；其三，赞助单位有无请托事项；其四，赞助单位与国家机关、国有公司、企业、事业单位、人民团体之间的

---

① 1999年9月16日最高人民检察院《关于人民检察院直接受理立案侦查案件立案标准的规定（试行）》。

关系,重点考察赞助单位与国有单位之间有无执法、审批、许可、资源配置和市场机会等管辖、牵制、制约关系;其五,国家机关、国有公司、企业、事业单位、人民团体若有为赞助单位提供便利或者谋利的行为,考察其行为是否违规、是否公平公正。当然,不能单从上述某一因素得出结论,应该综合考察上述因素得出结论。

2.本罪与行贿罪的界限

行贿罪,是指为谋取不正当利益,给予国家工作人员以财物的行为。本罪在犯罪客体、犯罪主观方面等要件上与行贿罪一致,但是存在如下界限:一是行贿对象。本罪行贿对象是国家机关、国有公司、企业、事业单位、人民团体,行贿罪的行贿对象是国家工作人员。二是犯罪主体。本罪犯罪主体既可以是自然人,也可以是单位;行贿罪的犯罪主体不包括单位。

3.本罪与对非国家工作人员行贿罪的界限

对非国家工作人员行贿罪,是指为谋取不正当利益,给予公司、企业或者其他单位的工作人员以财物,数额较大的行为。本罪与对非国家工作人员行贿罪在犯罪主体、犯罪主观方面等要件上具有相同特点,但是存在如下界限:一是犯罪客体不同。本罪客体是国家机关、国有公司、企业、事业单位、人民团体的正常管理活动,对非国家工作人员行贿罪的犯罪客体是公司、企业或者其他单位的管理制度以及非国家工作人员职务廉洁性。二是行贿对象不同。本罪行贿对象是国家机关、国有公司、企业、事业单位、人民团体,对非国家工作人员行贿罪的行贿对象是非国家工作人员。

4.本罪与对有影响力的人行贿罪的界限

对有影响力的人行贿罪,是指为谋取不正当利益,向国家工作人员的近亲属或者其他与该国家工作人员关系密切的人,或者向离职的国家工作人员或者其近亲属以及其他与其关系密切的人行贿的行为。本罪与对有影响力的人行贿罪在犯罪主体、犯罪主观方面等要件上具有相同特点,但是在如下方面存在界限:一是犯罪客体。本罪客体是国家机关、国有公司、企业、事业单位、人民团体的正常管理活动,对有影响力的人行贿罪的犯罪客体是国家工作人员职务廉洁性。二是行贿对象不同。本罪行贿对象是国家机关、国有公司、企业、事业单位、人民团体,对有影响力的人行贿罪的行贿对象是国家工作人员的近亲属或者其他与该国家工作人员关系密切的人,或者是离职的国家工作人员或者其近亲属以及其他与其关系密切的人。

(四)对单位行贿罪的处罚

根据《刑法》第391条的规定,犯本罪的,处3年以下有期徒刑或者拘役,并处罚金。单位犯本罪的,对单位判处罚金,并对其直接负责的主管人员和其他直接责任人员,处3年以下有期徒刑或者拘役,并处罚金。

九、介绍贿赂罪

(一)介绍贿赂罪的概念

介绍贿赂罪,是指向国家工作人员介绍贿赂,情节严重的行为。

(二)介绍贿赂罪的特征

1.本罪客体是国家工作人员职务廉洁性。

2.本罪客观方面表现为在行贿人和国家工作人员之间实施引荐、沟通、撮合,促使行贿受贿得以实现,情节严重的行为。《现代汉语词典》对"介绍"一词有如下三种解释:其一,双方相识或发生联系,如向某人介绍某人;其二,引进、带入(新的人或事物),如介绍入伙;其三,使了解或者熟悉,如介绍情况。① 结合我国《刑法》中"介绍"行为成立犯罪的情形,本书认为,介绍贿赂罪中的"介绍"行为主要指的是上述解释中的第一种和第三种含义,也就是使违法犯罪者之间相识或者发生联系,或者是使违法犯罪者了解或者熟悉某种情况。刑法理论通说认为,介绍贿赂的行为通常表现为以下两种形式:一是接受行贿人的请托,为其物色行贿对象,疏通行贿渠道,引荐受贿人,转达行贿信息,为行贿人转交贿赂物,向受贿人传达行贿人的要求。二是按照受贿人的意图,为受贿人寻找索贿对象,转告索贿人的要求等。②

3.本罪主体是一般主体,即达到刑事责任年龄,具备刑事责任能力的自然人。

4.本罪主观方面是直接故意,行为人明知行贿人有行贿国家工作人员意图而从中实施介绍行为。

(三)介绍贿赂罪的认定

1.本罪的罪与非罪的界限

成立本罪,需要符合以下情形:介绍个人向国家工作人员行贿,数额在2万元以上的;介绍单位向国家工作人员行贿,数额在20万元以上的。介绍贿赂数额没有达到上述标准,但具有以下情形之一的,应予以立案:为使行贿人获取非法利益而介绍贿赂的;3次以上或者为3人以上介绍贿赂的;向党政领导、司法工作人员、行政执法人员介绍贿赂的;致使国家或者社会利益遭受重大损失的。

2.本罪与斡旋受贿情形的界限

斡旋受贿,是指国家工作人员利用本人职权或者地位形成的便利条件,通过其他国家工作人员职务上的行为,为请托人谋取不正当利益,索取请托人财物或者收受请托人财物的行为。本罪与斡旋受贿的界限在于:一是犯罪主体,斡旋受贿者本身具备国家工作人员身份,而本罪犯罪主体是一般主体。二是犯罪客观方面,斡旋受贿者利用了本人所具备的国家工作人员的职权或者地位形成的便利条件,本罪无此要求。此外,斡旋受贿者索取或者收受了财物,本罪无此要求。三是犯罪主观方面,斡旋受贿者有为请托人谋取不正当利益的目的,本罪无此要求。

3.本罪与行贿罪、受贿罪共犯的界限

我国刑法理论的通说认为,介绍贿赂罪是指在行贿人与受贿人之间进行沟通、撮合,使行贿与受贿得以实现,情节严重的行为。对于介绍贿赂罪的行为与贿赂犯罪帮助行为之间的关系,理论界有"同一说"和"区别说"两种观点。

"同一说"认为这些行为其实都是贿赂犯罪的帮助犯。不过,"同一说"的内部又可分为两种观点:

一种观点认为通说所列举的两种行为分别是行贿罪和受贿罪的共犯,不应当独立成立介绍贿赂罪,认为介绍贿赂罪应指的是:"行为人明知某人欲通过行贿谋求国家工作人员的

---

① 《现代汉语词典》(第六版),商务印书馆2012年版,第667页。
② 高铭暄:《新编中国刑法学》,中国人民大学出版社1998年版,第996-997页。

职务行为,而向国家工作人员提供该信息,在此基础上,情节严重的才成立介绍贿赂罪"。[1]

另一种观点认为,介绍贿赂罪中的介绍行为是行贿或者受贿的帮助行为,但是该观点认为介绍贿赂罪只有在行贿人、受贿人行为都不构成犯罪的情况下才发挥作用,换言之,只有行贿、受贿行为都不成立犯罪时,这种帮助性质的介绍行为才成立介绍贿赂罪,而当行贿或者受贿行为成立犯罪时,这种帮助性质的介绍行为应以行贿或者受贿的帮助犯处理。因此,介绍贿赂罪起到的是一种补漏的作用。[2]

与"同一说"相对的"区别说"认为,介绍贿赂罪与贿赂罪的帮助犯在主客观方面都存在区别。在客观上,贿赂犯罪的帮助行为是《刑法》总则所规定的非实行行为,而介绍贿赂行为则是《刑法》分则规定的实行行为;在主观上,贿赂罪的帮助犯仅有单纯帮助贿赂实行犯的意思,而介绍贿赂行为人并不仅有帮助贿赂实行犯的意思,而是出于介绍贿赂的故意。[3]

本书认为,从罪刑法定的角度看,既然《刑法》单独规定了介绍贿赂罪,就说明其独立于行贿罪和受贿罪存在,有自身的构成要件。区分本罪和行贿罪、受贿罪共犯的关键在于,本罪并不在主观上倾向于某一方,不存在教唆、帮助行为,并不与行贿、受贿某一方形成共同犯罪故意,与行贿、受贿者也没有共同利益,而在于提供信息、居间撮合,行贿罪、受贿罪的成立与否不影响介绍贿赂罪的成立。

（四）介绍贿赂罪的处罚

根据《刑法》第392条的规定,犯本罪的,处3年以下有期徒刑或者拘役,并处罚金。介绍贿赂人在被追诉前主动交代介绍贿赂行为的,可以减轻处罚或者免除处罚。

十、单位行贿罪

（一）单位行贿罪的概念

单位行贿罪,是指单位为谋取不正当利益而行贿,或者违反国家规定,给予国家工作人员以回扣、手续费,情节严重的行为。

（二）单位行贿罪的特征

1. 本罪客体是国家工作人员职务的廉洁性。

2. 本罪客观方面表现为为谋取不正当利益而行贿,或者违反国家规定,给予国家工作人员以回扣、手续费,情节严重的行为。

3. 本罪犯罪主体是单位,且只能由单位构成。根据《刑法》第30条的规定,单位包括公司、企业、事业单位、机关、团体。根据1999年6月25日最高人民法院《关于审理单位犯罪案件具体应用法律有关问题的解释》,《刑法》第30条规定的"公司、企业、事业单位",既包括国有、集体所有的公司、企业、事业单位,也包括依法设立的合资经营、合作经营企业和具有法人资格的独资、私营等公司、企业、事业单位。2001年1月21日最高人民法院《全国法院审理金融犯罪案件工作座谈会纪要》指出,以单位的分支机构、部门的名义实施犯罪,违法所得亦归分支机构或者内设机构、部门所有的,应认定为单位犯罪。

[1]　张明楷:《受贿罪的共犯》,《法学研究》2002年第1期。
[2]　朱铁军:《介绍贿赂罪与行贿、受贿共犯界限之分析——由浙江腐败"名托"被判刑所引发的思考》,《中国刑事法杂志》2003年第1期。
[3]　王作富:《刑法分则实务研究（下）》（第二版）,中国方正出版社2003年版,第2035页。

4.本罪犯罪主观方面是故意,且具有谋取不正当利益的目的。

(三)单位行贿罪的认定

1.本罪罪与非罪的界限

成立本罪,需要符合以下情形之一:单位行贿数额在20万元以上的。单位为谋取不正当利益而行贿,数额在10万元以上不满20万元,但具有以下情形之一的:为谋取非法利益而行贿的;向3人以上行贿的;向党政领导、司法工作人员、行政执法人员行贿的;致使国家或者社会利益遭受重大损失的。不具备上述条件的,不成立本罪。

2.本罪与行贿罪的界限

本罪与行贿罪的界限主要在于犯罪主体不同,本罪是单位犯罪,行贿罪是自然人犯罪。但是,根据《刑法》第393条的规定,因行贿取得的违法所得归个人所有的,依照《刑法》第389条、390条的规定,以个人行贿的行贿罪追究刑事责任。

3.本罪与对单位行贿罪的界限

对单位行贿罪,是指为谋取不正当利益,给予国家机关、国有公司、企业、事业单位、人民团体以财物的,或者在经济往来中,违反国家规定,给予各种名义的回扣、手续费的行为。本罪与对单位行贿罪的主要区别在于给予财物的主体和给予财物的对象。关于给予财物的主体,本罪是单位,对单位行贿罪是自然人或者单位;关于给予财物的对象,本罪是国家工作人员,对单位行贿罪是国家机关、国有公司、企业、事业单位、人民团体。

(四)单位行贿罪的处罚

根据《刑法》第393条的规定,犯本罪的,对单位判处罚金,并对其直接负责的主管人员和其他直接责任人员,处5年以下有期徒刑或者拘役,并处罚金。

十一、巨额财产来源不明罪

(一)巨额财产来源不明罪的概念

巨额财产来源不明罪,是指国家工作人员的财产、支出明显超过合法收入,差额巨大的,且国家工作人员不能说明其来源的行为。

(二)巨额财产来源不明罪的特征

1.本罪客体是国家工作人员职务的廉洁性。

2.本罪客观方面表现为国家工作人员不能对其明显超过合法收入且差额巨大的财产、支出说明来源的行为。"国家工作人员的财产、支出明显超过合法收入,差额巨大的"并不是本罪的实行行为,本罪的实行行为是面对说明财产来源的"责令",行为人"不能说明",因此本罪是真正的不作为犯。

3.本罪犯罪主体是国家工作人员。"国家工作人员"的理解等同于贿赂犯罪中的"国家工作人员"。

4.本罪犯罪主观方面是故意。

(三)巨额财产来源不明罪的认定

在本罪的认定过程中,可以分为如下情形分别认定:一是行为人的财产、支出明显超过合法收入,且差额巨大,行为人能说明其来源,属合法来源的且查证属实的,行为人无罪。二是行为人的财产、支出明显超过合法收入,且差额巨大,行为人能说明其来源,但来源非法且经查证属实的,视情况依法律法规或者党纪规定处理,符合相关犯罪构成要件的,依法应以相关犯罪定罪处罚。三是行为人的财产、支出明显超过合法收入,且差额巨大,行为人不能说明其来源的,认定为本罪。行为人不能说明其来源,包括以下情况:(1)行为人拒不说明财产来源;(2)行为人无法说明财产的具体来源;(3)行为人所说的财产来源经司法机关查证并不属实;(4)行为人所说的财产来源因线索不具体等原因,司法机关无法查实,但能排除存在来源合法的可能性和合理性的。按照1999年9月16日最高人民检察院《关于人民检察院直接受理立案侦查案件立案标准的规定(试行)》的规定,涉嫌巨额财产来源不明,数额在30万元以上的,应予立案。

关于"非法所得"的数额计算。本罪所规定的"非法所得",一般是指行为人的全部财产与能够认定的所有支出的总和减去能够证实的有真实来源的所得。在具体计算时,应注意以下问题:(1)应把国家工作人员个人财产和与其共同生活的家庭成员的财产、支出等一并计算,而且一并减去他们所有的合法收入以及确属与其共同生活的家庭成员个人的非法收入;(2)行为人所有的财产包括房产、家具、生活用品、学习用品及股票、债券、存款等动产和不动产;行为人的支出包括合法支出和不合法支出,包括日常生活、工作、学习费用、罚款及向他人行贿的财物等,行为人的合法收入包括工资、资金、稿酬、继承等法律和政策允许的各种收入;(3)为了便于计算犯罪数额,对于行为人的财产和合法收入,一般可以从行为人有比较确定的收入和财产时开始计算。

(四)巨额财产来源不明罪的处罚

根据《刑法》第395条第1款的规定,犯本罪的,处5年以下有期徒刑或者拘役;差额特别巨大的,处5年以上10年以下有期徒刑。财产的差额部分以非法所得论,应予追缴。

十二、隐瞒境外存款罪

(一)隐瞒境外存款罪的概念

隐瞒境外存款罪,是指国家工作人员未依照国家规定申报境外存款,或是隐瞒不报,数额较大的行为。

(二)隐瞒境外存款罪的特征

1.本罪客体是国家工作人员职务的廉洁性和国家关于国家工作人员境外存款的申报制度。

2.本罪客观方面表现为国家工作人员未依照国家规定申报境外存款,隐瞒不报、数额较大的行为。行为人应当如实申报境外存款而隐瞒不报,属于"当为能为而不为",符合真正的不作为犯的特征。

3.本罪犯罪主体是国家工作人员。"国家工作人员"的理解等同于贿赂犯罪中的"国家工作人员"。

4.本罪犯罪主观方面是故意,故意内容包括行为人明知国家工作人员应依照规定申报其境外存款而故意隐瞒不报或者作虚假申报。

(三)隐瞒境外存款罪的认定

1.本罪的罪与非罪的界限

按照1999年9月16日最高人民检察院《关于人民检察院直接受理立案侦查案件立案标准

的规定(试行)》的规定,涉嫌隐瞒境外存款,折合人民币数额在 30 万元以上的,应予立案。

2.本罪与巨额财产来源不明罪的界限

巨额财产来源不明罪,是指国家工作人员的财产、支出明显超过合法收入,差额巨大的,且国家工作人员不能说明其来源的行为。本罪与巨额财产来源不明罪在犯罪客体、犯罪主体等方面具有相同特点,二者的界限在于:一是犯罪对象不同。巨额财产来源不明罪的犯罪对象是与国家工作人员合法财产差额巨大的财产、支出,本罪是境外存款。二是不作为的义务来源不同。尽管二者都违反了义务,但是巨额财产来源不明罪的义务来源是司法机关的"责令",本罪的义务来源是《刑法》的命令性规定。三是客观方面表现不同。巨额财产来源不明罪是不能说明其巨额财产或者支出的合法来源,本罪表现为对境外存款不依照规定进行申报或者作虚假申报。

(四)隐瞒境外存款罪的处罚

根据《刑法》第 395 条第 2 款的规定,犯本罪的,处 2 年以下有期徒刑或者拘役;情节较轻的,由其所在单位或者上级主管机关酌情给予行政处分。

十三、私分国有资产罪

(一)私分国有资产罪的概念

私分国有资产罪,是指国家机关、国有公司、企业、事业单位、人民团体,违反国家规定,以单位名义将国有资产集体私分给个人,数额较大的行为。

(二)私分国有资产罪的特征

1.本罪客体是国家工作人员职务的廉洁性和国有资产的所有权。犯罪对象是国有资产。"国有资产",是指国家依法取得和认定的,或者国家以各种形式对企业投资和投资收益、国家向行政事业单位拨款等形式形成的资产。包括国家拨给国有单位的资产,国有单位按照国家规定运用国有资产组织收入形成的资产,以及接受捐赠和其他经法律确认为国家所有的资产,其表现形式为流动资产、固定资产、无形资产和对外投资等。[①]

2.本罪客观方面表现为违反国家规定,以单位名义将国有资产集体私分给个人,数额较大的行为。

3.本罪犯罪主体是国家机关、国有公司、企业、事业单位、人民团体。本罪是单位犯罪。

4.本罪犯罪主观方面是直接故意,并且具有非法集体私分国有资产的目的。

(三)私分国有资产罪的认定

1.本罪的罪与非罪的界限

按照 1999 年 9 月 16 日最高人民检察院《关于人民检察院直接受理立案侦查案件立案标准的规定(试行)》的规定,涉嫌私分国有资产,累计数额在 10 万元以上的,应予立案。

2.本罪与贪污罪的界限

贪污罪,是指国家工作人员,或者受国家机关、国有公司、企业、事业单位、人民团体委托管理、经营国有财产的人员,利用职务上的便利,侵吞、窃取、骗取或者以其他手段非法占有公共财物的行为。本罪与贪污罪的界限在于:第一,犯罪客体不同。贪污罪客体是国家工作

---

① 2006 年 5 月 30 日财政部《事业单位国有财产管理暂行办法》。

人员职务的廉洁性;本罪客体除国家工作人员职务廉洁性外,还有国有资产的所有权。第二,犯罪客观方面不同。贪污罪的客观方面表现为利用职务上的便利,侵吞、窃取、骗取或者以其他手段非法占有公共财物的行为;本罪客观方面表现为违反国家规定,以单位名义将国有资产集体私分给个人。第三,犯罪主体不同。贪污罪的主体是国家工作人员,或者受国家机关、国有公司、企业、事业单位、人民团体委托管理、经营国有财产的人员,是自然人犯罪,本罪犯罪主体是国家机关、国有公司、企业、事业单位、人民团体;本罪是单位犯罪。第四,犯罪主观方面不同。贪污罪的主观方面表现为非法占有公共财产物,本罪主观方面表现为非法集体私分国有资产。

截留国有资产账外暗中私分的,个人决定私分国有资产的,将国有资产私自分给单位领导或者部分成员的,应认定为贪污罪。

按照2010年11月26日最高人民法院、最高人民检察院《关于办理国家出资企业中职务犯罪案件具体应用法律若干问题的意见》第2条的规定,国有公司、企业违反国家规定,在改制过程中隐匿公司、企业财产,转为职工集体持股的改制后公司、企业所有的,对其直接负责的主管人员和其他直接责任人员,以私分国有资产罪定罪处罚。改制后的公司、企业中只有改制前公司、企业的管理人员或者少数职工持股,改制前公司、企业的多数职工未持股的,以贪污罪定罪处罚。

（四）私分国有资产罪的处罚

根据《刑法》第396条第1款的规定,犯本罪的,对其直接负责的主管人员和其他直接责任人员,处3年以下有期徒刑或者拘役,并处或者单处罚金;数额巨大的,处3年以上7年以下有期徒刑,并处罚金。

十四、私分罚没财物罪

（一）私分罚没财物罪的概念

私分罚没财物罪,是指司法机关、行政执法机关违反国家规定,将应当上缴国家的罚没财物,以单位名义集体私分给个人的行为。

（二）私分罚没财物罪的特征

1.本罪客体是国家工作人员职务的廉洁性和司法机关、行政执法机关对罚没财物的所有权。犯罪对象是罚没财物。"罚没财物",是指依照法律判处罚款、罚金或者没收财产、没收违法犯罪所得、没收供犯罪所用的本人财物等应当上缴国库的财物。

2.本罪客观方面表现为违反国家规定,将上缴国家的罚没财物,以单位名义集体私分给个人的行为。

3.本罪犯罪主体是司法机关、行政执法机关。本罪是单位犯罪。

4.本罪犯罪主观方面是直接故意,并且具有非法集体私分罚没财物的目的。

（三）私分罚没财物罪的认定

1.本罪的罪与非罪的界限

按照1999年9月16日最高人民检察院《关于人民检察院直接受理立案侦查案件立案标准的规定(试行)》的规定,涉嫌私分罚没财物,累计数额在10万元以上的,应予立案。

2.本罪与私分国有资产罪的界限

本罪与私分国有资产罪的界限体现在:第一,犯罪客体不同。本罪客体是司法机关、行政执法机关的正常活动和司法机关、行政执法机关对罚没财物的所有权;私分国有资产罪的犯罪客体是国有单位的正常活动和国有资产的所有权。第二,犯罪对象不同。本罪私分的对象是罚没财物,私分国有资产罪的犯罪对象是国有资产。第三,犯罪主体不同。本罪主体是司法机关、行政执法机关;私分国有资产罪的犯罪主体是国家机关、国有公司、企业、事业单位、人民团体。第四,犯罪主观方面不同。本罪主观方面具有非法集体私分罚没财物的目的,私分国有资产罪在主观方面体现在非法集体私分国有资产。

(四)私分罚没财物罪的处罚

根据《刑法》第 396 条第 2 款的规定,犯本罪的,对其直接负责的主管人员和其他直接责任人员,处 3 年以下有期徒刑或者拘役,并处或者单处罚金;数额巨大的,处 3 年以上 7 年以下有期徒刑,并处罚金。

十五、职务侵占罪

(一)职务侵占罪的概念

职务侵占罪,是指公司、企业或者其他单位的人员,利用职务上便利,将本单位的财物非法占为己有,数额较大的行为。

(二)职务侵占罪的特征

1.本罪的客体是公司、企业或者其他单位的财产所有权。本罪的犯罪对象是单位所有的财物。既包括有体物,也包括无体物,包括已在本单位控制之下的财物,还包括虽然不在单位控制之下,但是应当归单位收入的财物。在本单位管理、使用或者运输中的私人财产,应当以本单位财产论,属于本罪犯罪对象。

2.本罪的客观方面表现为利用职务上便利,将本单位的财物非法占为己有,数额较大的行为。"利用职务上的便利",是指利用本人职权范围内或者因执行职务而产生的主管、经手、管理单位财物的便利条件。行为人仅利用熟悉工作环境、工作场所、工作机会的便利,通过非法手段将他人保管的本单位财物据为己有的,不能成立本罪。将本单位财物非法据为己有的方式方法包括窃取、侵吞、骗取等。本罪的"数额较大",本罪的数额较大,根据 2022 年 5 月 15 日生效的最高人民检察院、公安部《关于公安机关管辖的刑事案件立案追诉标准的规定(二)》第 76 条的规定,是指数额在 3 万元以上。

3.本罪的犯罪主体是特殊主体,即公司、企业或者其他单位的人员。但不包括国有公司、企业或者其他国有单位从事公务的人员或者其他国有单位委派到非国有公司、企业或者其他单位从事公务的人员,这类人员如有上述客观行为,应以贪污罪定罪处罚。本罪的犯罪主体认定中应注意以下几个易混淆问题:(1)根据《刑法》第 183 条规定,保险公司的工作人员(国有保险公司的工作人员和国有保险公司委派到非国有保险公司从事公务的人员除外)利用职务上的便利,故意编造未曾发生的保险事故进行虚假理赔,骗取保险金归自己所有的,以职务侵占罪论处。(2)根据 2001 年 5 月 22 日最高人民法院《关于在国有资本控股、参股的股份有限公司中从事管理工作的人员利用职务便利非法占有本公司财物如何定罪问题的批复》,在国有资本控股、参股的股份有限公司中从事管理工作的人员,除受国家机关、国有公司、企业、事业单位委派从事公务的以外,不属于国家工作人员。对其利用职务上的便利,将本单位财物非法占为己有,数额较大的,应以职务侵占罪定罪处罚。(3)根据1999年10月27日《全国法院维护农村稳定刑事审判工作座谈会纪要》,关于村委会和村党支部成员利用职务便利侵吞集体财产犯罪的定性问题,为了保证案件的及时审理,在没有司法解释规定之前,对于已起诉到法院的这类案件,原则上以职务侵占罪定罪处罚。(4)根据1999年6月25日最高人民法院《关于村民小组组长利用职务便利非法占有公共财物行为如何定性问题的批复》,对村民小组组长利用职务上的便利,将村民小组集体财产非法占为己有,数额较大的行为,应以职务侵占罪定罪处罚。当然,如果村委会等村基层组织工作人员在协助人民政府从事行政管理工作时,利用职务便利侵吞公共财物的,应以贪污罪定罪处罚。

4.本罪的犯罪主观方面是故意,并且具有非法占有的目的。

(三)职务侵占罪的认定

1.职务侵占罪共犯认定

行为人与公司、企业或者其他单位的人员勾结,利用公司、企业或者其他单位人员的职务便利,共同将该单位财物非法占为己有,数额较大的,以职务侵占罪共犯论处。公司、企业或者其他单位中,不具有国家工作人员身份的人与国家工作人员勾结,分别利用各自的职务便利,共同将本单位财物非法占为己有的,按照主犯的犯罪性质定罪。

2.职务侵占罪与盗窃罪、诈骗罪的区分

职务侵占罪与盗窃罪、诈骗罪的客体相同,都为公私财产权利,犯罪客观行为也有相同之处,如职务侵占罪可以采用窃取、骗取等手段,犯罪主观方面都是故意,且都有非法占有的目的。但是也有区别,首先,职务侵占罪的犯罪对象只能是公司、企业或者其他单位的财物,而盗窃罪、诈骗罪的犯罪对象无此限制。其次,职务侵占罪的客观行为必须是利用职务上的便利,而盗窃罪、诈骗罪的客观行为无此要求。最后,职务侵占罪的犯罪主体是特殊主体,即公司、企业或者其他单位的人员,而盗窃罪、诈骗罪的犯罪主体是一般主体。

3.职务侵占罪与侵占罪的界限

职务侵占罪与侵占罪都侵犯财产权利,也都具有非法占有目的。二者的区别在于:第一,二者的犯罪对象不同,职务侵占罪的犯罪对象是公司、企业或者其他单位的财物,而侵占罪的犯罪对象代为保管的他人财物以及他人的遗忘物、埋藏物。第二,二者的客观行为不同,职务侵占罪的客观行为是利用职务上的便利,将本单位的财物非法占为己有,数额较大的行为,而侵占罪的实施与职务无关,是将代为保管的他人财物非法占为己有,拒不退还,或者是将他人的遗忘物、埋藏物非法占为己有,拒不交出的行为。第三,职务侵占罪的犯罪主体是特殊主体,即公司、企业或者其他单位的人员,而侵占罪的犯罪主体是一般主体。

(四)职务侵占罪的处罚

根据《刑法》第271条的规定,犯职务侵占罪的,处5年以下有期徒刑或者拘役;数额巨大的,处5年以上有期徒刑,可以并处没收财产。根据2013年12月23日最高人民法院《关于常见犯罪的量刑指导意见》,构成职务侵占罪的,可以根据下列不同情形在相应的幅度内确定量刑起点:(1)达到数额较大起点的,可以在2年以下有期徒刑、拘役幅度内确定量刑起点。(2)达到数额巨大起点的,可以在5年至6年有期徒刑幅度内确定量刑起点。在量刑起点的基础上,可以根据职务侵占数额等其他影响犯罪构成的犯罪事实增加刑罚量,确定基准刑。

十六、挪用资金罪

（一）挪用资金罪的概念

挪用资金罪，是指公司、企业或者其他单位的人员，利用职务上的便利，挪用本单位资金归个人使用或者借贷给他人，数额较大、超过3个月未还的，或者虽未超过3个月，但数额较大、进行营利活动的，或者进行非法活动的行为。

（二）挪用资金罪的特征

1.本罪的犯罪客体是公司、企业或者其他单位的资金使用权。犯罪对象仅限于本单位的资金。根据2000年10月9日最高人民检察院《关于挪用尚未注册成立公司资金的行为适用法律问题的批复》，筹建公司的工作人员在公司登记注册前，利用职务上的便利，挪用准备设立的公司在银行开设的临时账户上的资金，归个人使用或者借贷给他人，数额较大、超过3个月未还的，或者虽未超过3个月，但数额较大、进行营利活动的，或者进行非法活动的，应对按照挪用资金罪定罪处罚。

2.本罪的客观方面表现为利用职务上的便利，挪用本单位资金归个人使用或者借贷给他人，数额较大、超过3个月未还的，或者虽未超过3个月，但数额较大、进行营利活动的，或者进行非法活动的行为。"利用职务上的便利"，是指利用本人在职务上主管、经手、保管单位资金的便利条件。"挪用单位资金归个人使用或者借贷给他人使用"，根据2000年6月30日最高人民法院《关于如何理解〈刑法〉第272条规定的"挪用单位资金归个人使用或者借贷给他人"问题的批复》，挪用单位资金归个人使用或者借贷给他人使用，是指公司、企业或者其他单位的非国家工作人员，利用职务上的便利，挪用本单位资金归个人或者其他自然人使用，或者挪用人以个人名义将挪用的资金借给其他自然人和单位的行为。根据2022年5月15日最高人民检察院、公安部《关于公安机关管辖的刑事案件立案追诉标准的规定（二）》第85条的规定，"归个人使用"，包括将本单位资金供本人、亲友或者其他自然人使用的，以个人名义将本单位资金供其他单位使用的，个人决定以单位名义将本单位资金供其他单位使用，谋取个人利益的。挪用资金罪必须是挪用的资金数额较大、超过3个月未还的，或者虽未超过3个月，但数额较大、进行营利活动的，或者进行非法活动的行为。由此可见，挪用资金罪的具体形式包括如下三种情况：

第一，挪用本单位资金，进行非法活动的。非法活动是指法律禁止的一切活动，包括违法行为和犯罪行为，刑法第272条并未规定挪用资金进行非法活动的挪用时间和数额的限制，但是根据2022年5月15日最高人民检察院、公安部《关于公安机关管辖的刑事案件立案追诉标准的规定（二）》第77条的规定，挪用资金罪中的"进行非法活动"情形的数额起点为3万元。

第二，挪用本单位资金，数额较大，进行营利活动的。挪用本单位资金进行营利活动，是指挪用本单位的资金进行经营或者其他谋取利润的行为。《刑法》第272条规定了进行营利活动的数额要求较大，但是没有挪用时间和是否归还的限制。根据2022年5月15日最高人民检察院、公安部《关于公安机关管辖的刑事案件立案追诉标准的规定（二）》第77条的规定，挪用资金罪中的"进行营利活动"情形的数额起点为5万元。

第三，挪用本单位资金，数额较大，超过3个月未还的。此种类型的挪用资金是指排除挪用资金进行营利或者非法活动的情形,包括挪用资金用于家庭生活,或者将资金挪归自己控制但尚未使用等情形。此情形的挪用资金罪,既有归还时间的要求,又有挪用金额的限制,归还时间限定为超过 3 个月,根据 2022 年 5 月 15 日最高人民检察院、公安部《关于公安机关管辖的刑事案件立案追诉标准的规定(二)》第 77 条的规定,挪用资金罪中的"数额较大,超过三个月未还"情形的数额起点为 5 万元。

3.本罪的犯罪主体是特殊主体,即公司、企业或者其他单位的人员,但不包括国有公司、企业或者其他国有单位从事公务的人员和国有公司、企业或者其他国有单位委派到非国有单位从事公务的人员。

4.本罪的主观方面是故意,且具有非法使用本单位资金的目的。

(三)挪用资金罪的认定

1.挪用资金罪的既遂与未遂的界限

完整的挪用资金行为通常由两部分内容组成,即"挪"和"用","挪"是"用"的前提,"用"是"挪"的目的。但是,挪用资金罪的既遂形态并非必须同时具备两部分行为方可成立。因为本罪的犯罪客体是资金使用权,行为人一旦完成"挪"的行为,本单位即丧失对资金的使用权,因此不需要行为人完成"用"的行为,只要完成"挪"即控制本单位资金的行为,挪用资金罪就构成既遂。

2.挪用资金罪与职务侵占罪的界限

挪用资金罪与职务侵占罪有许多相同之处,如两罪都侵犯本单位的财产权利,两罪的客观方面都有利用职务便利的行为,两罪的犯罪主体都是公司、企业或者其他单位的人员。但是两罪也有如下不同之处:一是两罪的犯罪客体不完全相同,挪用资金罪的犯罪客体是本单位的资金使用权,职务侵占罪犯罪客体是本单位财产的所有权;二是两罪的犯罪对象不同,挪用资金罪的犯罪对象是本单位资金,而职务侵占罪的犯罪对象是本单位财物;三是两罪的犯罪客观方面不完全相同,挪用资金罪的三种客观行为,《刑法》第 272 条作了明确规定,不同的挪用资金行为有不同的定罪标准,而职务侵占罪的客观行为是将本单位的财物非法据为己有,数额较大的;四是两罪的犯罪主观方面不尽相同,挪用资金罪的犯罪目的是短暂使用本单位财物,行为人没有非法占有本单位资金的目的,而职务侵占罪的犯罪目的是将本单位的财物非法占有。

(四)挪用资金罪的处罚

根据《刑法》第 272 条的规定,犯挪用资金罪的,处 3 年以下有期徒刑或者拘役。挪用本单位资金数额巨大的,或者数额较大拒不退还的,处 3 年以上 10 年以下有期徒刑。"不退还",是指挪用人由于某种原因在一审宣判前,不能归还所挪用的资金。

十七、挪用特定款物罪

(一)挪用特定款物罪的概念

挪用特定款物罪,是指挪用用于救灾、抢险、防汛、优抚、扶贫、移民、救济款物,情节严重,致使国家和人民群众利益遭受重大损害的行为。

(二)挪用特定款物罪的特征

1.挪用特定款物罪的犯罪客体是复杂客体,即公共财物的所有权和特定款物的财经管理制度。本罪的犯罪对象只能是救灾、抢险、防汛、优抚、扶贫、移民、救济款物。根据 2003 年 1 月 28 日最高人民检察院《关于挪用失业保险基金和下岗职工基本生活保障资金的行为适用法律问题的批复》，挪用失业保险基金和下岗职工基本生活保障资金属于挪用救济款物。

2. 挪用特定款物罪的犯罪客观方面表现为挪用用于救灾、抢险、防汛、优抚、扶贫、移民、救济款物，情节严重，致使国家和人民群众利益遭受重大损害的行为。"挪用"在本罪中特指此公用挪作彼公用，如果是将特定款物挪作私用，则成立《刑法》第 384 条挪用公款罪。"情节严重，致使国家和人民群众利益遭受重大损害的行为"的具体情形，在没有新出台的司法解释前，可以参照 2010 年 5 月 7 日最高人民检察院、公安部《关于公安机关管辖的刑事案件立案追诉标准的规定（二）》第 86 条，挪用特定款物，涉嫌下列情形之一的，应予立案追诉：（1）挪用特定款物数额在 5000 元以上的；（2）造成国家和人民群众直接经济损失数额在 5 万元以上的；（3）虽未达到上述数额标准，但多次挪用特定款物的，或者造成人民群众的生产、生活严重困难的；（4）严重损害国家声誉，或者造成恶劣社会影响的；（5）其他致使国家和人民群众利益遭受重大损害的情形。上述情形即是对本罪客观方面的具体细化。

3. 挪用特定款物罪的犯罪主体是特殊主体，即主管、经手、管理特定款物的工作人员，包括国家工作人员、集体经济组织工作人员，其他主管、经手、管理特定款物的人员。

4. 挪用特定款物罪的犯罪主观方面是直接故意，即明知是专用的特定款物，而故意挪作他用。

（三）挪用特定款物罪的处罚

根据《刑法》第 273 条的规定，犯挪用特定款物罪的，对直接责任人员，处 3 年以下有期徒刑或者拘役；情节特别严重的，处 3 年以上 7 年以下有期徒刑。

复习与练习

本章提要

利用职务的经济犯罪，是指利用自己或者他人职权或者通过自己或他人职务行为而实施经济犯罪，依照刑法应当受刑罚处罚的行为。《刑法》分则第 8 章从 382 条到 396 条，共 15 个条文规定了 14 个罪名，分别是：贪污罪、挪用公款罪、受贿罪、单位受贿罪、利用影响力受贿罪、行贿罪、对有影响力的人行贿罪、对单位行贿罪、介绍贿赂罪、单位行贿罪、巨额财产来源不明罪、隐瞒境外存款罪、私分国有资产罪、私分罚没财物罪、职务侵占罪、挪用资金罪和挪用特定款物罪。

贪污罪，是指国家工作人员，或者受国家机关、国有公司、企业、事业单位、人民团体委托管理、经营国有财产的人员，利用职务上的便利，侵吞、窃取、骗取或者以其他手段非法占有公共财物的行为。挪用公款罪，是指国家工作人员利用职务上的便利，挪用公款归个人使用，进行非法活动，或者挪用公款数额较大、进行营利活动，或者挪用公款数额较大、超过 3 个月未还的行为。受贿罪，是指国家工作人员利用职务上的便利，索取他人财物，或者非法收受他人财物，为他人谋取利益的行为。单位受贿罪，是指国家机关、国有公司、企业、事业单位、人民团体，索取、非法收受他人财物，为他人谋取利益，情节严重的行为。利用影响力受贿罪，是指国家工作人员的近亲属或者其他与该国家工作人员关系密切的人，通过该国家工作人员职务上的行为,或者利用该国家工作人员职权或者地位形成的便利条件,以及离职的国家工作人员或者其近亲属、其他与其关系密切的人,利用该离职的国家工作人员原职权或者地位形成的便利条件,通过其他国家工作人员职务上的行为,为请托人谋取不正当利益,索取或者收受请托人财物,数额较大或者其他较重情节的行为。行贿罪,是指为谋取不正当利益,给予国家工作人员以财物的行为。对有影响力的人行贿罪,是指为谋取不正当利益,向国家工作人员的近亲属或者其他与该国家工作人员关系密切的人,或者向离职的国家工作人员或者其近亲属以及其他与其关系密切的人行贿的行为。对单位行贿罪,是指为谋取不正当利益,给予国家机关、国有公司、企业、事业单位、人民团体以财物的,或者在经济往来中,违反国家规定,给予各种名义的回扣、手续费的行为。介绍贿赂罪,是指向国家工作人员介绍贿赂,情节严重的行为。单位行贿罪,是指单位为谋取不正当利益而行贿,或者违反国家规定,给予国家工作人员以回扣、手续费,情节严重的行为。巨额财产来源不明罪,是指国家工作人员的财产、支出明显超过合法收入,差额巨大的,且国家工作人员不能说明其来源的行为。隐瞒境外存款罪,是指国家工作人员未依照国家规定申报境外存款,并且隐瞒不报,数额较大的行为。私分国有资产罪,是指国家机关、国有公司、企业、事业单位、人民团体,违反国家规定,以单位名义将国有资产集体私分给个人,数额较大的行为。私分罚没财物罪,是指司法机关、行政执法机关违反国家规定,将上缴国家的罚没财物,以单位名义集体私分给个人的行为。职务侵占罪,是指公司、企业或者其他单位的人员,利用职务上便利,将本单位的财物非法占为己有,数额较大的行为。挪用资金罪,是指公司、企业或者其他单位的人员,利用职务上的便利,挪用本单位资金归个人使用或者借贷给他人,数额较大、超过3个月未还的,或者虽未超过3个月,但数额较大、进行营利活动的,或者进行非法活动的行为。挪用特定款物罪,是指挪用用于救灾、抢险、防汛、优抚、扶贫、移民、救济款物,情节严重,致使国家和人民群众利益遭受重大损害的行为。

思考题

1.贪污罪的犯罪对象是什么? 贪污罪的犯罪主体有哪些?

2.如何理解挪用公款"归个人使用"?

3.什么是"斡旋受贿"?

4.如何理解"利用影响力受贿罪"?

5.职务侵占罪与挪用资金罪的主要区别是什么?

参考文献

1.高铭暄著:《中华人民共和国刑法的孕育诞生和发展完善》,北京大学出版社2012年版。

2.高铭暄、马克昌主编:《刑法学》(第7版),高等教育出版社、北京大学出版社2015年版。

3.王作富主编:《刑法分则实务研究》(下),中国方正出版社2003年版。

4.张明楷著:《刑法学》(第5版),法律出版社2015年版。

5.李永升、朱建华主编:《经济刑法学》,法律出版社2011年版。

参考文献

[1] 曹坚:《走私武器、弹药罪定罪量刑标准的具体理解与适用》,《海关与经贸研究》2014 年第 6 期。

[2] 曹子丹、侯国云:《中华人民共和国刑法精解》,中国政法大学出版社 1997 年版。

[3] 陈兴良:《刑种通论》(第二版),中国人民大学出版社 2007 年版。

[4] 陈兴良:《刑种通论》,人民法院出版社 1993 年版。

[5] 陈兴良:《罪名指南》,中国政法大学出版社 2000 年版。

[6] 陈泽宪:《经济刑法新论》,群众出版社 2001 年版。

[7] 陈忠林:《刑法散得集》,法律出版社 2003 年版。

[8] 单民、李莹莹:《生产、销售伪劣产品罪的若干问题研究》,《中国刑事法杂志》2009 年第 4 期。

[9] 邓天来、邓修明:《论拘役刑的存与废》,《法学研究》1989 年第 4 期。

[10] 甘雨沛、何鹏:《外国刑法学》(上册),北京大学出版社 1984 年版。

[11] 高铭暄、马克昌:《刑法学》,北京大学出版社、高等教育出版社 2000 年版。

[12] 高铭暄、马克昌:《刑法学》(第 3 版),北京大学出版社、高等教育出版社 2007 年版。

[13] 高铭暄、马克昌:《刑法学》(第 6 版),北京大学出版社、高等教育出版社 2015 年版。

[14] 高铭暄、马克昌:《刑法学》(第 7 版),北京大学出版社、高等教育出版社 2016 年版。

[15] 高铭暄:《刑法学原理》(第一卷),中国人民大学出版社 1993 年版。

[16] 高铭暄:《中华人民共和国刑法的孕育诞生和发展完善》,北京大学出版社 2012 年版。

[17] 顾肖荣:《经济刑法(1)》,上海人民出版社 2003 年版。

[18] 顾肖荣:《经济刑法总论比较研究》,上海社会科学院出版社 2008 年版。

[19] 黄玉:《生产、销售有毒有害食品罪研究》,《法学研究》2012 年第 5 期。

[20] 江维龙:《经济刑法学》,广西师范大学出版社 2009 年版。

[21] 蒋珍珍:《环境资源刑事保护问题探析》,《湖北警官学院学报》2015 年第 2 期。

[22] 柯葛壮、张震:《经济犯罪非刑罚处罚及程序研究》,《社会科学》2007 年第 9 期。

[23] 李洁:《犯罪对象研究》,中国政法大学出版社 1998 年版。

[24] 李瑞生、热依木江、徐疆:《当代经济刑法学》,中国人民公安大学出版社 2013 年版。

[25] 李希慧、董文辉、李冠煜:《环境犯罪研究》,知识产权出版社 2013 年版。

[26] 李永升、朱建华:《经济刑法学》,法律出版社 2011 年版。

[27] 郦毓贝、彭凤莲:《破坏金融管理秩序罪认定与疑难问题解析》,中国人民公安大学出版社 2009 年版。

[28] 林山田:《经济犯罪与经济刑法》,台湾三民书局 1981 年版。

[29] 林山田:《刑法各罪论》,台湾光丰印刷有限公司 1996 年版。

［30］刘东根：《刑事损害赔偿研究》，中国法制出版社 2005 年版。

［31］刘家琛：《新罪通论》，人民法院出版社 1996 年版。

［32］刘家琛：《经济犯罪罪名解释与法律适用》，中国检察出版社 2003 年版。

［33］刘仁文：《环境资源保护与环境资源犯罪》，中信出版社 2004 年版。

［34］刘蔚文：《侵犯商业秘密罪中"重大损失"司法认定的实证研究》，《法商研究》2009 年第 1 期。

［35］刘宪权：《中国刑法发展的时代脉动——97〈刑法〉颁布实施 20 年刑事法治纵览与展望》，《法学》2017 年第 5 期。

［36］楼伯坤：《刑法学》（第三版），浙江大学出版社 2015 年版。

［37］麻锐：《经济犯罪刑事责任纲要》，吉林大学博士论文 2008 年。

［38］马倍战：《环境犯罪案件实务指南》，法律出版社 2013 年版。

［39］马克昌：《经济犯罪新论》，武汉大学出版社 1998 年版。

［40］欧阳涛：《生产、销售假冒伪劣产品犯罪剖析及对策》，中国政法大学出版社 1994 年版。

［41］［日］大谷实著，黎宏译：《刑法各论》，法律出版社 2003 年版。

［42］［日］神山敏雄，尹琳译：《经济刑法的理论框架》，载顾肖荣主编《经济刑法（1）》，上海人民出版社 2003 年版。

［43］阮方民：《洗钱犯罪比较研究》，中国人民公安大学出版社 2002 年版。

［44］孙国祥、魏昌东：《经济刑法研究》，法律出版社 2005 年版。

［45］孙晋、李胜利：《竞争法原论》，武汉大学出版社 2011 年版。

［46］孙力：《虚假出资、抽逃出资罪研究》，《法学家》2000 年第 5 期。

［47］孙利：《经济犯罪研究与刑法适用》，中国检察出版社 2001 年版。

［48］王晨：《证券期货犯罪的认定与处罚》，知识产权出版社 2008 年版。

［49］王世洲：《德国经济犯罪与经济刑法研究》，北京大学出版社 1999 年版。

［50］王作富：《刑法分则实务研究》（下），中国方正出版社 2003 年版。

［51］熊选国、任卫华：《刑法罪名适用指南——破坏环境资源保护罪》，中国人民公安大学出版社 2007 年 1 版。

［52］熊选国：《生产、销售伪劣商品罪》，中国人民公安大学出版社 1999 年版。

［53］薛瑞麟：《金融犯罪研究》，中国政法大学出版社 2000 年版。

［54］杨书文：《复合罪过形式论纲》，北京大学博士论文 2001 年。

［55］杨兴培、李翔：《经济犯罪和经济刑法研究》，北京大学出版社 2009 年第 1 版。

［56］杨秀英：《经济刑法学》，中国人民公安大学出版社 2007 年版。

［57］皮勇：《侵犯知识产权罪案疑难问题研究》，武汉大学出版社 2011 年版。

［58］张军：《破坏金融管理秩序罪》，中国人民公安大学出版社 2003 年版。

［59］张明楷：《刑法学》（第三版），法律出版社 2007 年版。

［60］张明楷：《刑法学》，法律出版社 2016 年版。

［61］张明楷：《刑事责任论》，中国政法大学出版社 1992 年版。

［62］张明楷：《刑法学》（第 5 版），法律出版社 2015 年版。

［63］张文：《刑事责任要义》，北京大学出版社 1997 年版。

［64］张旭、顾阳:《行政犯罪中刑事责任和行政责任聚合之处断规则》,《辽宁大学学报(哲学社会科学版)》2012 年第 3 期。

［65］章惠萍:《公司经营中的刑法风险》,中国科技大学出版社 2004 年版。

［66］赵秉志:《环境犯罪及其立法完善研究:从比较法的角度》,北京师范大学出版社 2011 年版。

［67］赵秉志、王秀梅、杜澎:《环境犯罪比较研究》,法律出版社 2004 年版。

［68］赵秉志:《中国死刑立法改革新思考——以〈刑法修正案(九)(草案)〉为主要视角》,《吉林大学社会科学学报》2015 年第 1 期。

［69］赵秉志:《中国特别刑法研究》,中国人民公安大学出版社 1997 年版。

［70］赵秉志:《中国刑法修改若干问题研究》,《法学研究》1996 年第 5 期。

［71］赵秉志:《新刑法教程》,中国人民大学出版社 1997 年版。

［72］赵长青:《经济刑法学》,法律出版社 1999 年版。

［73］郑飞:《金融诈骗罪的研究》,立信会计出版社 2014 年版。

［74］周峨春、孙鹏义:《环境犯罪立法研究》,中国政法大学出版社 2015 年版。

［75］周洪波、田凯:《走私武器、弹药罪司法疑难问题探讨》,《中国刑事法杂志》2003 年第 6 期。

［76］周洁、高锋:《侵犯注册商标权犯罪中几个关键问题研究》,《安徽警官职业学院学报》2013 年第 6 期。

［77］周珂、尹兵:《我国走私废物罪的构成分析及立法建议》,《河南省政法管理干部学院学报》2009 年第 4 期。

［78］宗鹏飞:《生产、销售有毒、有害食品罪的定罪与处罚》,《江西青年职业学院学报》2011 年第 9 期。

后　记

　　编写的本书,是为落实中央政法委、教育部实施全国卓越法律人才教育培养计划的实践教学的需要。

　　基于对法学教学的热爱,在多年编写刑法学教材的基础上,针对本科院校刑法学课程课时不足、经济刑法大多单独开课的实际,我们开始尝试编写独立的经济刑法学讲义,除了概要讲述经济刑法的概念、范围与相关范畴的关系外,主要讲解刑法分则第三章的内容。在编写讲义的过程中,参考了有关论述经济犯罪、经济刑法方面的论文,也查阅了刑法学、经济刑法学、经济犯罪学等方面的教材;在后期形成书稿的过程中,又参考了国内外大量的文献资料以引用相关观点,我们在文本中作了注解,但难免可能会有疏漏。特别是在多年修改讲义的过程中,对某些文献的出处标注是直接引用或是转引用可能会不够清晰,但只要在本书理论观点的形成有过参考的,我们都致以诚挚的谢意。

　　本书的编写,得到了浙江省教育厅和浙江工商大学的立项资助,分别将其作为"浙江省普通高校新形态教材项目"和"浙江工商大学重点教材建设项目",使得教材获得了作为相关课程指定教材的资格,参与对卓越法律人才的培养。各编写教师及其所在单位对本书的编写工作给予了大力支持。汕头大学法学院满涛、杭州师范大学法学院钱文杰、杭州市临安区监察委陈致远、浙江广播电视大学长兴学院章玺,在前期资料收集和整理过程中提供了帮助,北京大成(杭州)律师事务所王天娇律师、王吉祥律师协助主编在修订过程中做了不少工作,在此一并表示感谢。

　　本书的出版,还得到了北京师范大学刑事法律科学研究院赵秉志教授的热情支持,他在百忙中专门为本书作序,并就经济刑法的几个重要问题阐明了观点,为本书的理论研究指明了方向,也给读者提供了宝贵的资料。在此,向赵秉志教授表示衷心的感谢。

　　由于经济刑法理论尚在形成和发展中,而我们的认识能力和研究水平又非常有限,书中定会存在错误和不足,敬请读者批评指正,以便日后再修正。

主　编

2021 年 11 月 28 日

图书在版编目(CIP)数据

经济刑法学 / 楼伯坤主编. —杭州:浙江大学出
版社,2017.9(2024.8重印)
ISBN 978-7-308-17391-9

Ⅰ.①经… Ⅱ.①楼… Ⅲ.①经济犯罪—刑法—法学
—中国—高等学校—教材 Ⅳ.①D924.331

中国版本图书馆 CIP 数据核字(2017)第 221744 号

经济刑法学

主　　编	楼伯坤	
副主编	章惠萍	
责任编辑	葛　娟	周卫群
责任校对	李海燕	丁莲荣
封面设计	周　灵	
出版发行	浙江大学出版社	
	(杭州市天目山路 148 号　邮政编码310007)	
	(网址:http://www.zjupress.com)	
排　　版	杭州青翊图文设计有限公司	
印　　刷	广东虎彩云印刷有限公司绍兴分公司	
开　　本	787mm×1092mm　1/16	
印　　张	31	
字　　数	730 千	
版印次	2017 年 9 月第 1 版　2024 年 8 月第 10 次印刷	
书　　号	ISBN 978-7-308-17391-9	
定　　价	70.00 元	